BODY AND THE EAST

od šestdesetih let do danes/**From the 1960s to the Present**

Moderna galerija Ljubljana/Museum of Modern Art

kustos razstave/curator of the exhibition: **Zdenka Badovinac**

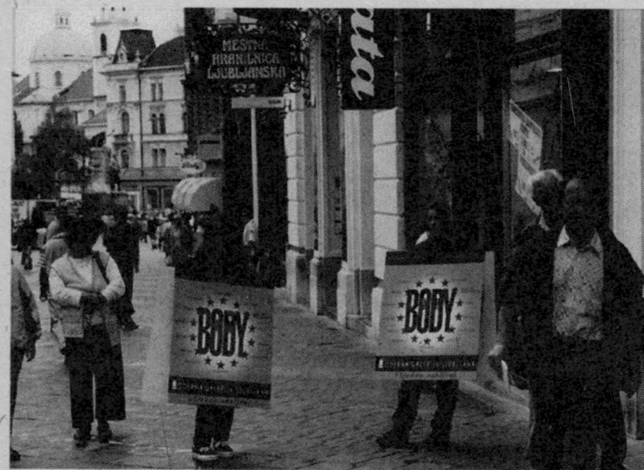

Posebne zahvale / Special thanks

Dunja Blažević, Sarajevo
Pavlina Drbalová, Praga / Prague
Jarmila Kovandová, Praga / Prague
Dimitrij Orlač, Ljubljana
Tadej Pogačar, Ljubljana
Jaka Prijatelj, Ljubljana
Milada Słyzinska, Varšava / Warsaw
Nedko Solakov, Sofija / Sofia
Peter Vezjak, Ljubljana
Jadranka Vinterhalter, Zagreb
Dr. Ursula Zeller, Stuttgart
Nadja Zgonik, Ljubljana
Breda Ilich Klančnik
Andrej Dobrin, ADD, Ljubljana

Realizacijo razstave so ljubeznivo omogočili
The realisation of this exhibition has been made possible by generous support from

Ministrstvo za kulturo Republike Slovenije/
The Ministry of Culture of the Republic of Slovenia

ifa

Ifa – Inštitut za mednarodne kulturne odnose/
Institute for Foreign Cultural Relations, Stuttgart

Zavod za odprto družbo, Sorosevi centri za sodobne umetnosti
Open Society Institute, Soros Centres for Contemporary Arts
Belgrade, Bratislava, Chisinau, Vilnius, Sarajevo in/and
Inštitut za sodobno umetnost Zagreb,
Institute for Contemporary Art Zagreb

Mücsarnok, Palace of Art, Budimpešta/Budapest

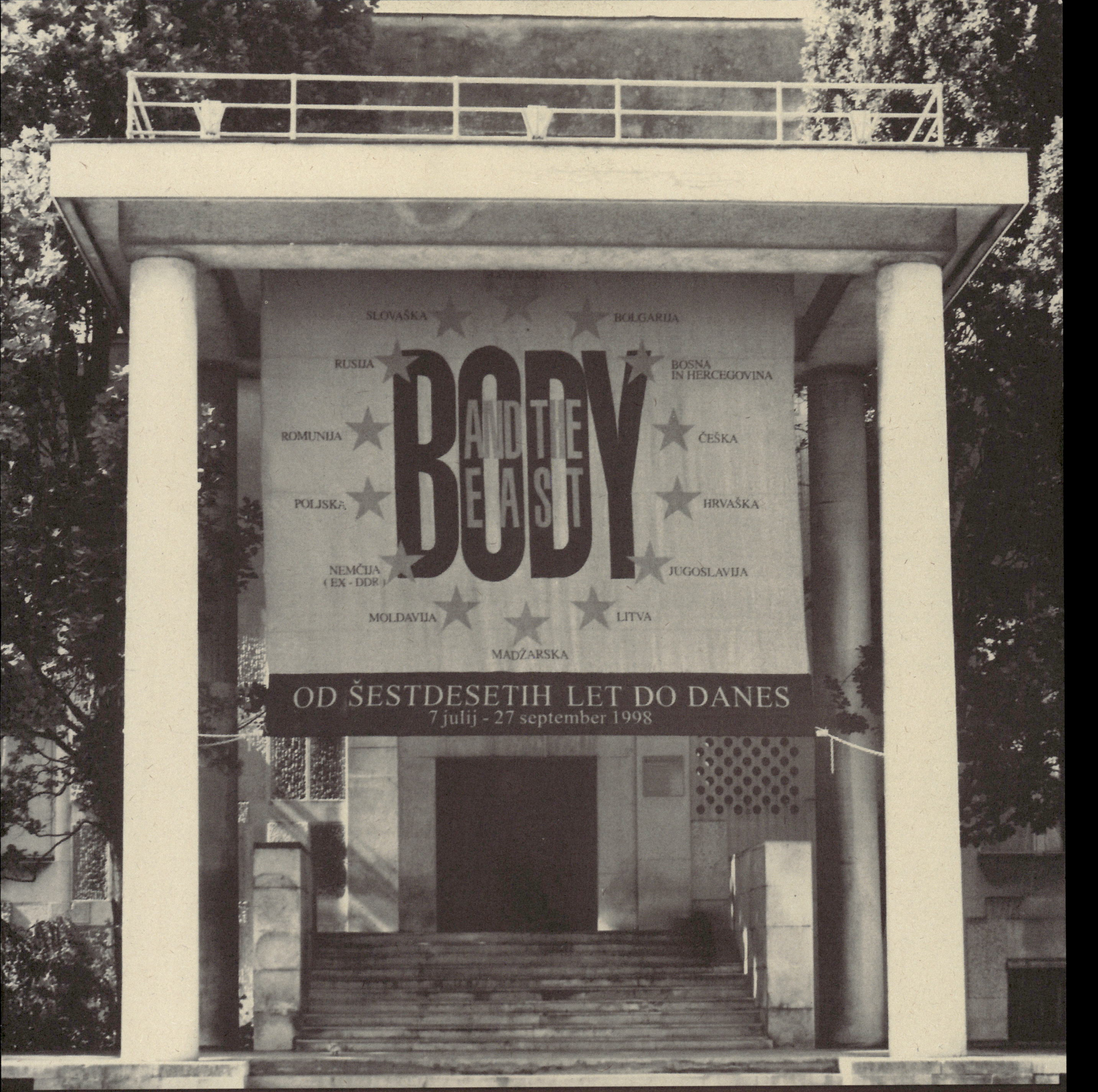

Moderna galerija Ljubljana/Museum of Modern Art

Body and the East
od šestdesetih let do danes / From the 1960s to the Present
Moderna galerija Ljubljana / Museum of Modern Art
7. julij – 27. september 1998 / 7 July – 27 September 1998

Kustosinja razstave / Curator of the exhibition
Zdenka Badovinac

Organizatorka razstave / Exhibition organiser
Nives Zalokar

Stiki z javnostjo / Public relations
Adela Železnik

Koordinacija priprave fotografskega gradiva /
Preparation of the photographic material coordinated by
Maja Finžgar

Konzerviranje in restavriranje poškodovanega gradiva /
Conservation and restoration of the exhibits
Nada Madžarac

Asistentka pri razstavi / Exhibition assistant
Bojana Piškur

Postavitev razstave / Installation design
Novi kolektivizem

Tehnična ekipa / Installation team
Miro Milanovič (vodja/head), Boris Fister, Vojko Kmetič, France Mlakar, Lojze Murgelj

Strokovni svetovalci pri izboru umetnikov in gradiva
Consultants on the choice of artists and exhibits

Bolgarija / Bulgaria

Iara Boubnova
umetnostna kritičarka in kustosinja / art critic and curator
Sofija / Sofia

Bosna in Hercegovina / Bosnia and Hercegovina

Meliha Husedžinović
muzejski svetnik / museum counsellor
Umjetnička galerija BiH
Sarajevo

Češka / Czech Republic

p.h. **Jiří Ševčík,** Csc.
prorektor / vice-chancellor
Akademie výtvarnýh uměni v Praze
Praga / Prague

Hrvaška / Croatia

Branka Stipančić
SCCA Croatia
Zagreb

Jugoslavija / Yugoslavia

Bojana Pejić
samostojna umetnostna kritičarka in kustosinja /
independent curator and art critic
Berlin

Dejan Sretenović
direktor / director
SCCA Yugoslavia
Beograd / Belgrade

Litva / Lithuania

Raminta Jurėnaitė
direktorica / director
SCCA Lithuania
Vilnius

Madžarska / Hungary

Dr. László Beke
direktor / director
Műcsarnok
Budimpešta / Budapest

Moldavija / Moldova

Octavian Esanu
direktor / director
SCCA Moldova
Chisinau

Nemčija (bivša NDR) / Germany (former GDR)

Inke Arns
samostojna kustosinja / independent curator
Berlin

Poljska / Poland

Agata Jakubowska
doktorandka / doctoral candidate
Univerza Adam Mickiewicz / Adam Mickiewicz University
Poznanj / Poznan

Romunija / Romania

Ileana Pintilie
samostojna kustosinja in predavateljica /
independent curator and lecturer
West University
Temišvar / Timisoara

Rusija / Russia

Joseph Backstein
direktor / director
The Institute of Contemporary Art
Moskva / Moscow

Slovaška / Slovakia

Jana Oravcová
SCCA Slovakia
Bratislava

Slovenija / Slovenia

Igor Zabel
kustos / curator
Moderna galerija Ljubljana
Ljubljana

Jurij Krpan
organizator / organiser
Galerija Š. O. U. Kapelica
Ljubljana

Nisem povezan z ekonomsko kritiko komunističnega sistema in ne morem preiskati, ali je ukinitev zasebne lastnine smiselna in koristna. Spoznal pa sem, da so psihološke podmene tega sistema iluzije, ki se ne morejo obdržati. Z odvzemom zasebne lastnine vzamemo človeški želji po agresiji le eno orodje, ki je nedvomno pomembno, a nikakor ni najpomembnejše. To še zdaleč ne spremeni razlik v moči in vplivu, ki jih agresivnost zlorablja za svoje cilje, pa tudi ne njenega bistva.

Sigmund Freud [1]

I have no concern with any economic criticisms of the communist system; I cannot enquire into whether the abolition of private property is expedient or advantageous. But I am able to recognize that the psychological premisses on which the system is based are an untenable illusion. In abolishing private property we deprive the human love of aggression of one of its instruments, certainly a strong one, though certainly not the strongest; but we have in no way altered the differences in power and influence which are misused by aggressiveness, nor have we altered anything in its nature.

Sigmund Freud[1]

Zdenka Badovinac

BODY AND THE EAST

Ko danes govorimo o umetnosti Vzhodne Evrope[2] kot nekem izoliranem fenomenu, tvegamo, da bomo to ustvarjalnost, ki je bila še nedolgo tega sorazmerno izolirana, še bolj odrinili v svet drugosti. Tvegamo, da bomo njeno drugost naredili še bolj vidno, in sicer v institucionaliziranih okvirih, saj si same sebe, hote ali nehote, največkrat zamišljamo tako, kot mislimo, da bi nas rad videl Drugi. Še več pa bi tvegali, če bi kar pozabili na njeno drugost in nastopali v duhu nove združene Evrope kot enaki in če bi poudarili le tiste kulturnozgodovinske značilnosti, ki se skladajo z zadnja leta zelo popularnim reklom, da smo tudi mi že od nekdaj v Evropi. Ideja združene Evrope temelji predvsem na zahodni razlagi evropskosti, politično in ekonomsko pa jo je institucionalizirala Evropska skupnost, ki zdaj previdno odpira vrata novim članicam z Vzhoda. Pozicija moči je tukaj popolnoma jasna in ni prikrita, kakor se to dogaja z multikulturalizmom v kulturi, ki poskuša skriti »kulturno logiko multinacionalnega kapitala«.[3] Res je, da je drugost Vzhoda že stereotipizirana in skorajda folklorizirana tudi na področju umetnosti. Naj navedem najprej zgled dveh zelo popularnih filmov, ki sta nastala na področju Jugoslavije v času vojne in o katerih piše Slavoj Žižek v eseju, katerega naslov prej parafraziram. O filmu Emira Kusturice *Podzemlje* in o filmu Milčeja Mančevskega *Pred dežjem* Žižek piše: »...oba filma zahodnemu liberalnemu pogledu ponujata natanko to, kar bi ta pogled rad videl v balkanski vojni – spektakel brezčasnega, nerazumljivega, mitičnega krogotoka strasti, v nasprotju z dekadentnim in anemičnim zahodnjaškim življenjem.«[4]

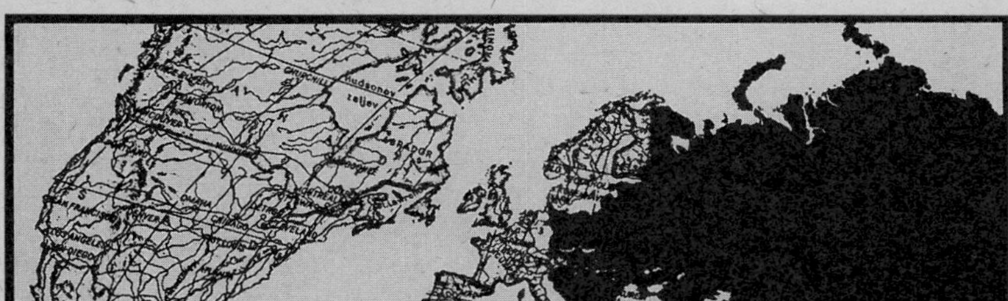

IRWIN: Zemljevid vzhodnega modernizma, objavljen v katalogu »Zeichen im Fluss«, 1990, ob tekstu *Uho izza slike* (Eda Čufer in IRWIN)
IRWIN: The map of Eastern modernism published in the catalogue »Zeichen im Fluss«, 1990, accompanying the text *The Ear behind the Painting* (by Eda Čufer and IRWIN)

Res pa je, da je na Vzhodu vrsta umetnikov, ki lastno drugost problematizirajo kot identiteto, ki se konstruira skozi igro reprezentacij. Naj omenim vsaj dva najbolj očitna zgleda s pričujoče razstave, Aleksandra Brenerja in Olega Kulika, h katerima se bom še vrnila, ter vsaj dva zgleda zunaj konteksta te razstave, ki se ukvarjata z dekonstruiranjem vzhodne identitete – delo bolgarskega umetnika Nedka Solakova in slovenske skupine IRWIN (oz. njenega širšega kolektiva Neue Slowenische Kunst, kamor sodi tudi skupina Laibach,

If we talk about art creativity in Eastern Europe[2], which until recently was relatively isolated from the world, as being a separate phenomenon, we risk pushing it even further into the world of otherness. We risk making its otherness even more evident, even within institutionalised frameworks, since we mostly present ourselves – consciously or not – in the way we believe the Other would want to perceive us. But we would be risking more if we simply forgot about its otherness and presented ourselves – in the spirit of the newly united Europe – as being equal, and if we pointed to those cultural-historical characteristics which comply with the recently very popular slogan that we have always been part of Europe. The idea of the united Europe rests primarily on the Western definition of being European, and it has been politically and economically institutionalised in the European Union, which is now cautiously opening its doors to new members from the East. The position of power in this case is perfectly evident, not at all covert, in contrast with the multiculturalism in culture, which endeavours to hide the »cultural logic of multinational capital«[3]. It is true that the otherness of the East is also already stereotyped and almost folklorised in the domain of art. In this context I would like to first mention two examples of very popular films made in Yugoslavia during the war, *Underground* by Emir Kusturica and *Before the Rain* by Milče Mančevski, discussed by Žižek in the above paraphrased essay. Žižek writes: »... to the Western liberal view, both films offer precisely what this view would like to see in the Balkan conflict – a spectacle of timeless, incomprehensible, mythical circuit of passion, in contrast with the decadent and anaemic Western life.«[4]
It is true, however, that numerous artists from the East have been critical of their own otherness as the identity constructed through the play of representations. The most outstanding examples of this at the present exhibition are Alexander Brener and Oleg Kulik (and I shall refer to them later), and there are other examples – not in the context of this exhibition – dealing with the deconstruction of Eastern identity – the work of the Bulgarian artist Nedko Solakov and the Slovene group IRWIN (or its wider collective, Neue Slowenische Kunst, including the Laibach group presented at this exhibition as a collective body). Solakov creates narrative installations in which he deconstructs the Western art system by shifting its power elsewhere, where it is not expected: to himself, an artist from the East, or even – as in one of his installations – to a chief of an African tribe. The IRWIN group reacted immediately to the political changes in the East at the end of the eighties and to the newly emerged situation, which culminated in the conflict in the Balkans. They immediately took a critical stance towards the priority of national context into which the artist has been pushed by the new conditions. One of their projects, *Transnational* (1996), focused on the issues of the displacement of centre and the circulation of ideas. It was realised by IRWIN, together with some

ki na tej razstavi nastopa v kontekstu kolektivnega telesa). Solakov ustvarja narativne instalacije, v katerih dekonstruira zahodni umetniški sistem, tako da prestavlja njegovo moč drugam, tja, kjer je ne bi pričakovali: k samemu sebi, torej k umetniku z Vzhoda, v eni od instalacij pa celo k afriškemu plemenskemu poglavarju. Skupina Irwin je na politične spremembe na Vzhodu ob koncu osemdesetih let in na novi položaj, ki je kulminiral v vojni na Balkanu, takoj reagirala. Takoj so začeli kritično analizirati prioritete nacionalnega konteksta, v katerega so nove razmere porinile umetnika. Eden izmed njihovih projektov, *Transnacionala* (1996), se je osredotočil na problem prestavljanja centra in kroženja idej, kar je skupina Irwin, skupaj s povabljenimi umetniki, kustosi in teoretiki, izpeljala na mnogih pogovorih in predavanjih na potovanju z vzhodne na zahodno ameriško obalo. Odnos med identiteto in drugačnostjo ostaja v delih teh umetnikov odprto vprašanje, nikoli končan proces medsebojnega določanja v neskončnih kombinacijah. Dela sodobnih avtorjev se skozi neprestani dvom in dekonstrukcijo iger reprezentacij razlikujejo od del njihovih starejših kolegov, ki so si pri premoščanju drugačnosti pomagali s starodavnimi praksami in ezoteričnimi rituali. Kreativno združevanje idej vzhoda in zahoda oziroma njunih temeljnih načel pa je ostalo utopija, ki je doživela eno od svojih najodličnejših »uresničitev« v akciji *Eurasienstab*, ki jo je Joseph Beuys, naslanjajoč se na antropozofske ideje, izpeljal leta 1967 na Dunaju skupaj s fluxusovcem Henningom Christiansenom.[5] Stremljenje različnosti k enosti, bodisi različnih političnih prostorov (katerih energetski tokovi so bili najbolj drastično ločeni z Berlinskim in s Kitajskim zidom) bodisi moškega in ženske, pa sta najbolj monumetalno obeležila Marina Abramović in Ulay na Kitajskem zidu v projektu The Great Wall Walk Project leta 1988. Projekt se je, namesto s poroko med ljubimcema, ki se po dvomesečni hoji bližata eden drugemu s severne in južne strani zidu, končal z njuno intimno razdružitvijo.

O ujetosti umetnika v pasti multikulturalnega sveta drugosti kritično pišejo zlasti pisci s področij, ki sodijo pod pokroviteljsko skrb »novega internacionalizma«. O drugosti vzhodnega umetnika nam veliko pove Ekaterina Dyogot: »Ruska umetnik in umetnica sta nenehno vpeta med Scilo in Karibdo dveh avtomatično in brezobzirno delujočih predstavitvenih mehanizmov. V Rusiji (…) pomeni biti 'sodobni umetnik' to, da predstavljaš zahodno kulturo (…). Na zahodu, po drugi strani, morata ruska umetnik in umetnica nujno predstavljati Rusijo.«[6]

In kakšno zvezo ima do sedaj problematizirana tematika drugosti s temo pričujoče razstave, s tematiko umetnikovega lastnega telesa kot njegovega osnovnega medija izražanja – kajpak, poleg očitnega namena, da razstava predstavi segment ustvarjalnosti kulturnega prostora, ki je bil še nedavno sorazmerno neznan? Prav ta neznanost pa še nastopa kot spoznavnost, in glavna vprašanja te razstave se vrtijo prav med tema navideznima protislovjema. Gre za vprašanje, ki so ga do sedaj ob različnih primerih postavili Slavoj Žižek, Ekaterina Dyogot in Igor Zabel:

»Ali se je mogoče izogniti tej »reprezentacijski« vlogi vzhodnega umetnika?«[7] In zakaj se mi zdi, da je prav umetnost, ki gradi na umetnikovem lastnem telesu primeren zgled, če poskušamo odgovoriti na to vprašanje?

Odgovor je: ker je umetnikovo telo nujno opredeljeno šele v odnosu do drugega in ker je zaradi inherentne intersubjektivnosti in performativnosti lahko model drugačne reprezentacijske ekonomije. (S pojmom performativnost označujem tu razsežnosti javnega nastopanja ali igranja v umetniških delih.)

Umetnikovo telo v body artu ni samozadostno, marveč je njegova identiteta kontekstualizirana; hkrati pa je telo tudi prostor projekcij gledalčevih želja. Intersubjektivnost in odvisnost zanikata neposrednost in enkratno prezentnost telesa v body artu (in performansu).[8]

Prezentnost telesa ne zagotavlja resnice, ni odsev jaza in se ne ponuja gledalcu v enosmernem odnosu. Body art ne zagotavlja resnice, ampak je njegovo bistvo v tem, da ohranja proces nastajanja resnice kot odprto strukturo. Razumevanje body arta kot enkratne prezentnosti telesa kot subjekta je zato metafizika sedanjika; zaradi te se pojavlja dvom, da je mogoče taka dela reproducirati (to še zlasti velja za bodiartistični performans). Ne glede na to, da se z reproduciranjem in dokumentiranjem preformansa zgublja njegova celostnost, povedano dokazuje, da sta fragmentarnost in odvisnost tem praksam inherentni. Postmoderni pisci enake značilnosti pripisujejo tudi fotografiji.

invited artists, curators and theorists, in a series of discussions and lectures held during their trip from the east coast to the west coast of the United States. The works of these artists leave the relationship between identity and otherness an open question, a never-ending process of mutual characterisation in countless combinations. The permanent doubt and the deconstruction of the play of representation distinguish the works of contemporary artists from their older colleagues who used ancient practices and esoteric rituals to overcome the otherness. But the creative coupling of Eastern and Western ideas, or their basic principles, has remained a utopia, and one of its most prominent »realisations« was the *Eurasienstab* action, performed by Joseph Beuys on the basis of anthroposophical ideas and with the participation of the Fluxus-member Henning Christiansen in Vienna in 1967.[5] The striving of the different for oneness – be it of different political spaces (whose energetic flows were most drastically broken by the Berlin Wall, and still are by the Great Wall of China), or of man and woman – was expressed in the most monumental manner by Marina Abramović and Ulay in their project *The Great Wall Walk Project* in 1988 on the Great Wall of China. The lovers approached each other, walking from the south and the north ends of the wall respectively, for two months, but the project did not end with the marriage, but with their intimate divorce.

The captivity of artists in the traps of the multicultural world of otherness has been questioned primarily by writers from the regions that fall under the patronage of »new internationalism«. Ekaterina Dyogot[6] tells us a lot about the otherness of the Eastern artist: »The Russian artist perpetually finds him/herself between the Scylla and Charibdis of two representational mechanisms which are switched on automatically and ruthlessly. In Russia, (…) being 'contemporary artist' means to represent Western culture (…). In the West, on the other hand, a Russian artist must inevitably represent Russia.«

And what is the connection between the above topic and the theme of the present exhibition, with the issue of the artist's own body as his basic medium of expression, besides the evident intention, of course, to present a segment of creativity of the cultural space that until recently had been quite unknown? This strangeness is starting to be seen as distinctiveness, and the main questions of the present exhibition rotate precisely around these apparent oppositions. We face the question posed on various occasions by Slavoj Žižek, Ekaterina Dyogot, and Igor Zabel[7]: Is it possible to avoid the »representational« role of the Eastern artist? And why is it that it is precisely art based on the artist's own body that appears to be the best guide if we attempt to answer this question?

The answer runs as follows. It is because the artist's body is necessarily defined only in terms of the relation with the other, and because – due to its inherent intersubjectivity and performativeness – it can be a model of another representational economy. The artist's body in body art is not self-sufficient – his/her identity acts within a context, but at the same time his/her body is also the location for projections of viewers' desires. The intersubjectivity and dependence deny directness and the unique presence of body in body art (and performance)[8].

The presence of body is not a guarantee of truth, nor a reflection of the self, and it does not offer itself to the viewer as a one-way relationship. Body art does not guarantee the truth; its essence is rather in the fact that it upholds the process of the development of truth as an open structure. This is why the description of body art in the sense of a unique presence of body as subject is the metaphysics of current times, which raises doubts about its reproducibility. (This applies primarily to body art performance.) Regardless of the fact that a performance loses its totality if reproduced and documented, this proves that the fragmentariness and dependence are inherent to these practices. Post-modern writers also ascribe these properties to photography.

Performativeness or theatricality, critically renounced by Michael Fried, who claimed that it had robbed minimalism of its self-sufficiency and self-reference, emphasises the importance of physical experience and shakes the central position of reason. Body art is counter-formalist, its meaning

Performativnost ali teatralnost, ki jo je Michael Fried kritično obsodil, ker je minimalizmu odvzela samozadostnost in avtoreferenicalnost, poudarja pomen telesne izkušnje in zamaje osrediščeno pozicijo razuma. Body art je antiformalističen, njegov pomen ni zajet v meje avtonomnega in fiksnega predmeta. Namesto končanega samozadostnega artefakta imamo zdaj pred seboj proces nastajanja in, kar je enako pomembno, tudi proces recepcije. V modernizmu se partikularno umetnikovo telo nadomesti z objektom, ki ga ne samo nadomešča, temveč presega njegove partikularnosti in ga zato preživi in umetnikov genij ohrani za večno. O body artu ves čas govorimo z današnje postmoderne perspektive. Ta v ospredje postavlja njegov performativni značaj, ki nasprotuje dokončnim definicijam. Neki umetniški praksi vsak čas pripiše svoje značilnosti. Modernistična razlaga body arta tako, recimo, zanemarja pomembne implikacije peformativnosti. Telo je v modernizmu locus subjektovega enkratnega bistva. Umetnik se dokoplje do lastne esence največkrat skozi fizično bolečino. Modernistično telo torej pod površinsko socialno kodiranostjo, ki jo umetnik premaguje s šamanskim akcionizmom body arta, vsebuje univerzalno bistvo.

In če se zdaj vrnemo k vprašanju, ali se je možno rešiti reprezentativnega značaja tako umetnosti Vzhodne kot tudi Zahodne Evrope, bomo s pomočjo jezika performativnih umetniških praks rekli:

Če bi umetnosti Vzhoda in Zahoda zadnjih petdeset let obravnavali kot dva velika in dolgotrajna preformansa, bi lahko ugotovili, da se je umetnost obeh prostorov interpretirala v glavnem skozi reprezentirano, torej odsotno telo performansa, drugače kot v performativnih umetniških praksah, ki reprezentirano telo obravnavajo vedno v odnosu z realnim. Konkretno: kot se je zahodna umetnost relativno izoliranemu Vzhodu največkrat predstavljala z reprodukcijami v revijah in knjigah, tako je bil tudi Vzhod predstavljen Zahodu z neprimerno manjšim številom dokumentov slabe kvalitete, z belimi lisami v pregledih evropske umetnosti in z miti o uradni umetnosti ter trpečih disidentih. V tem dialogu je moč vedno ostajala na strani Zahoda, ki je ves ta čas ustvarjal nove trende, ki jim je pripisoval univerzalni značaj, kot tudi njihove interpretacije, ki so v glavnem pomagale ohranjevati politične meje vidnega. Vzhodna umetnost je bila ves čas vidna toliko, kolikor je sodila v meje te reprezentančne ekonomije – se pravi toliko, kolikor je bila bodisi sama ideološka, bodisi kritična do te ideologije in kolikor je sodila v okvire, ki so jih narekovali zahodni evropski in ameriški trendi. Ko govorimo o vprašanju reprezentančnosti, kot ga je ob ruski umetnosti ponazorila Ekaterina Dyogot, govorimo o nečem, kar je že označeno in kar sodi v ideologijo vidnega.

V svoji knjigi »Unmarket – The Politics of Performance« Peggy Phelan piše o pomenu in moči tistega, kar je neoznačeno in česar zato ne moremo zajeti v meje ideologije vidnega. »Z umeščanjem subjekta v nekaj, česar v ideologiji vidnega ni mogoče reproducirati, poskušam znova spodbuditi vero v subjektivnost in identiteto, ki nista vidno predstavljivi. To ni isto kot poziv k večji vidnosti doslej nevidenega. *Unmarket* pretresa implicitne podmene o zvezi med predstavitveno vidnostjo in politično močjo, ki predstavlja prevladujočo silo v kulturni teoriji zadnjih desetih let.«[9]

Body art in performans temeljita na izmenjavi vidnega in nevidnega, navzočnosti in odsotnosti. Bolečina v body artu, ki je nereproduktibilna, je zaradi te svoje kvalitete eno od signifikantnih »izraznih sredstev«. Peggy Phelan v »Unmarket« dokazuje, da je prepričanje, da večja vidnost pomeni tudi večjo moč, zmotno. Tako razmišljanje bi nas lahko pripeljalo do precej komičnega zaključka, da slečene ženske vladajo svetu. Moč je ravno v tistem, kar je nevidno in nereprezentabilno. Nevidno, odsotno je analogno neartikuliranemu, ki je prisotno v delih dveh ruskih umetnikov na tej razstavi, Olega Kulika in Aleksandra Brenerja. Rekli bi lahko, da dela teh dveh umetnikov predstavlja »aktivno neoznačeno«, tisto, kar ne sodi v meje institucionaliziranega in nadzorovanega, tisto, kar v dialogu Vzhod–Zahod podira ustaljeno reprezentančno ekonomijo, ki je ujeta v okvire politične moči.

O obstoječem dialogu med Vzhodom in Zahodom nam veliko pove primer, ki ga v svojem članku »Love me, love my dog« navaja Renata Salecl: »Iz Foucaultove teorije in tudi od Deleuza in Guattarija vemo, da so komunikacija, dialog in izmenjevanje idej sredstva različnih oblik boja za oblast …«.[10] Renata Salecl se v svojem članku navezuje na akcijo Olega Kulika in Aleksandra Brenerja v času otvoritve razstave Interpol v Fargfabriken Con-

is not comprised within the limits of an autonomous and fixed object. Instead of a finished self-sufficient artefact we face the process of creation and, equally important, the process of perception. Modernism has replaced a singular artist's body with an object that not only substitutes it, but also surpasses its singularities and thus survives it and preserves the artist's genius forever. We always speak of body art from our contemporary, post-modernist perspective, which places at the forefront its performative character that resists ultimate definitions and always ascribes individual characteristics to particular art practices. The modernist understanding of body art neglects, for example, important implications of performativeness. In modernism, the body is a locus of the subject's unique essence. An artist reaches his/her own essence mainly through physical pain. Under the superficial social codification, which the artist surpasses with the shamanic actionism of body art, the modernist body thus contains a universal essence.

If we now return to the question of whether is it possible to avoid the representative character of both Eastern and Western European art, we can say – in the language of performative art practices – that if we consider Eastern and Western art in the last fifty years as being two large, long-lasting performances, we can see that the art of both sectors has been interpreted primarily through the represented – i.e., absent – body of performance, in contrast with the performative art practices which always regard the represented body in the relation with the real. To be more concrete: just as Western art has mainly presented itself to the relatively isolated East as reproduced in magazines and books, so the East has been presented in the West with a small quantity of poor-quality documents, with white spots in retrospectives of European art, and with the myths of official art and the suffering dissidents. In this dialogue, the power always remained on the side of the West, which has been constantly producing new trends – ascribed with a universal character – and their interpretations that primarily helped to preserve the political frontiers of the visible. The Eastern art was always visible only to the extent to which it figured within the limits of representative economy – that is, inasmuch as it was either ideological itself, or critical to that ideology, or inasmuch as it figured within the frameworks dictated by Western European and American trends. When we look at the issue of representativeness, as illuminated by Ekaterina Dyogot with the example of Russian art, we are talking about something already signified and belonging to the ideology of the visible.

Peggy Phelan writes in her book *Unmarket – The Politics of Performance* about the significance and the force of that which is non-signified, and which therefore cannot be confined within the borders of the ideology of the visible. »By locating a subject in what cannot be reproduced within the ideology of the visible, I am attempting to revalue a belief in subjectivity and identity which is not visibly representable. This is not the same thing as calling for greater visibility of hitherto unseen. *Unmarket* examines the implicit assumptions about the connection between representational visibility and political power which have been dominant force in cultural theory in the last ten years.«[9]

Body art and performance are based on the exchange of the visible and invisible, presence and absence. The pain in body art is irreproducible, and precisely this quality makes it one of the significant »means of expression«. Peggy Phelan claims in *Unmarket* that the conviction that greater visibility also means greater power is false. Such an observation could bring us to the rather comical conclusion that naked women rule the world. Power is located precisely in what is invisible and irrepresentable. The invisible, the absent, is analogous to the non-articulated, which is manifested in the works by the Russian artists included in this exhibition, Oleg Kulik and Alexander Brener. We could say that the works of these two artists represent »the actively non-signified«, something that does not figure within the borders of the institutionalised and controlled, something that undermines – in the dialogue between East and West – the stable representative economy captured within the frameworks of political power.

temporary Art Center v Stockholmu, katere namen je bil ravno vzpostavitev dialoga med vzhodnimi in zahodnimi umetniki. Renata Salecl navaja primer performansa Olega Kulika, v katerem umetnik nastopa kot pes. Kulik je na odprtju razstave dejansko napadel in ogrizel nekaj ljudi in ga je zato odpeljala policija. Performansa Kulika in Brenerja sta povzročila veliko ogorčenje ostalih umetnikov in organizatorjev ter nazadnje povzročila mednarodni škandal. »In v zvezi s Kulikovim performansom lahko rečemo, da Zahod estetsko uživa, ko gleda ruskega 'psa', toda le pod pogojem, da se ta pes ne obnaša zares po pasje. Ko je Kulik nehal biti okrasni umetniški objekt – vzhodni sosed, ki predstavlja bedo ruskega pasjega življenja – in se začel vesti tako, da je osupnil svoje občudovalce, so ga hitro označili za sovražnika. Njegov performans (skupaj s performansom drugega ruskega umetnika, Aleksandra Brenerja, ki je na razstavi Interpol uničil delo kitajskoameriške umetnice Wende Gu) so opisali kot 'neposreden napad na umetnost, demokracijo in svobodo izražanja' ter kot 'klasični vzorec imperialističnega obnašanja' (An Open Letter to the Art World, *Siksi* 1, 1996)«[11]
O svoji umetnosti Aleksander Brener pravi, da ima še stoletno demokratično tradicijo, tradicijo plebejcev, proletariata, sužnjev, upornikov. Brener govori o kulturi protesta in uničevanja, vendar pa kulturi, ki ni doma samo v nižjih slojih, ampak jo počnejo tudi vrhunski intelektualci. Brener našteva nekaj svojih zgledov: »François Villon in Walt Whitman, gledališče, ki sta ga ustvarjala Antonin Artaud and Berthold Brecht, filmi bratov Marx in Busterja Keatona.«[12]
Še veliko bi jih lahko našteli in omenili naposled tudi samega Maleviča, na čigar sliko je Brener leta 1997 z razpršilom narisal dolar Andyia Warhola. Tisti, ki so to dejanje obsodili, verjetno niso vedeli, da je sam Malevič v svojem eseju o muzejih priporočil sežig vseh starih del umetnosti, da bi uživali v pogledu na pepel.[13]
V sodobnem kontekstu pa moramo o podobnih akcijah, kot jih izvajata Brener in Kulik, reči, da umetnost na sploh danes mnogo pogosteje rabi jezik metonimije kot metafore, in ko govori o agresiji, trpljenju in travmah naše civilizacije, teh stanj ne opisuje, ampak jih uteleša.

Beauty and the Beast

Performativni karakter takih umetniških praks, kot so body art, performans, happening ipd., še od njihovega nastanka v petdesetih in šestdesetih letih vzbuja nelagodje, ker vsebuje elemente nepredvidljivega, nečesa, kar ves čas uhaja nadzoru.
Od tod tudi problematičnost performativnih umetniških praks, ki v vsej zgodovini svojega delovanja potrebujejo interprete. Ti jih, v službi obrambe in lažjega razumevanja, skušajo umestiti v okvire različnih kulturnih kontekstov. Celo anarhistični Brener ima potrebo, da svoje delo brani tako, da ga razlaga znotraj že znanega. Thomas Mc Evilley vidi v svojem eseju »Umetnost v temi« konceptualne žanre in žanre performansa na temni strani lune, kjer ves čas spreminjajo pravila umetnosti.[14] Mc Evilley tem praksam, predvsem tistim iz šestdesetih in sedemdesetih let, išče kulturnozgodovinski kontekst v freudovskem brezčasnem skladišču otroških spominov, v jungovskem kolektivnem nezavednem, v šamanski literaturi in v odkrivanju eksotičnih kultur. V tem kontekstu umetnost kot nekakšna psihoanalitska ali šamanska praksa osvobaja stvari, ki jih je javna morala zatrla, in nam omogoča, da jih spoznamo in njihovo moč uravnovesimo z navidezno jasno identiteto svetle strani. Mc Evilley govori v svojem eseju o estetiki izbire in volje, ki zamenjuje tradicionalno estetiko zamisli in izpeljave, o strogosti zaobljube, ki nadomešča obrtniško težnjo po popolnosti oblike ter o čistosti izvajanja brez kakršne koli pragmatičnosti, ki je ekvivalent običajni kvaliteti umetniškega dela. Mc Evilley nas opozori na približevanje tovrstne umetnosti mnenju Arnolda Toynbeeja, da so najvišje kulture tudi najmanj pragmatične. Mc Evilley umetnosti s temne strani lune, v zvezi s katero lahko govorimo o estetiki grdega, pravzaprav pripiše tisti pomen, ki ga Freud vidi v lepoti. Tudi Freud potrebi po lepem pripiše nepragmatičnost in tudi zato mu umetnost in znanost pomenita vrhunski dokaz razvitosti neke kulture. Vidimo torej, da je ravno nepragmatičnost skupni imenovalec estetike grdega in estetike lepega, dionizičnega in apoliničnega. Nepragmatičnost je tista kvaliteta, ki obe estetiki združuje pod skupno streho umetnosti. Avtentični vzgibi in motivi vsake umetnosti pa ležijo v obeh na-

The current dialogue between East and West is largely clarified in the example mentioned by Renata Salecl in her paper »Love me, love my dog«: »We know from the theory of Foucault as well as from Deleuze and Guattari, that communication, dialogue and exchange of ideas are all means for various forms of power struggle...«[10] In this paper, Renata Salecl refers to the action of Oleg Kulik and Alexander Brener at the opening of the Interpol exhibition in the Fargfabriken Contemporary Art Center in Stockholm, aimed precisely at the establishment of the dialogue between Eastern and Western artists. Salecl speaks of Oleg Kulik's performance, in which the artist acted like a dog. Kulik actually assaulted and bit several people at the exhibition, and was taken by the police as a result. Kulik's and Brener's performances caused great disdain among other artists and organisers, and ultimately even in an international scandal. »And, in regard to Kulik's performance it can be said that the West finds an aesthetic pleasure in observing the Russian 'dog', but only on condition that he does not behave in a truly dog-like behaviour. When Kulik ceased to be decorative art object – the eastern neighbour who represents the misery of the Russian dog-like life – and started to act in a way that surprised his admirers, he quickly became designated as the enemy. His performance (together with the performance of another Russian artist Alexander Brener, who at the Interpol show destroyed a work by Chinese-American artist Wenda Gu) was described as 'direct attack against art, democracy and the freedom of expression', and as a 'classical model of the imperialist behaviour'«. (»An open letter to the world«, *Siksi* 1/1996).[11]
Alexander Brener says of his art that it has a centuries-long democratic tradition, the tradition of plebeians, proletarians, slaves, and rebels. Brener speaks of the culture of revolt and destruction, but also of the culture that is not based only in lower strata, but is also practised by topmost intellectuals. Brener lists some of his heroes thus: »François Villon and Walt Whitman, the theatre created by Antonin Artaud and Berthold Brecht, films by the Marx brothers and Buster Keaton«.[12]
We could continue with the list, and finally we would come to Malevich himself: in 1997, Brener sprayed Andy Warhol's dollar onto one of his paintings. Those who condemned this act were probably unaware of the fact that Malevich himself, in his essay on museums, argued for the burning of all old pieces of art in order to enjoy the view of ashes.[13]
If we look at the actions, as performed by Brener and Kulik, from the contemporary point of view, we must admit that current art uses the language of metonymy much more than that of metaphor. When speaking about the aggression, suffering, and traumas of our civilisation, it does not describe them but embodies them.

Beauty and the Beast

Since the very emergence of art practices such as body art, performances and happenings in the fifties and sixties, their performative character has provoked embarrassment for its inclusion of elements of the unpredictable, of something continually eluding control.
Hence also the problems of performative art practices: throughout their history they called for interpreters. These latter have endeavoured, in the service of their defence and easier understanding, to place them within the bounds of various cultural contexts. Even the anarchistic Brener was urged to defend his work through explanations within what was already known. Thomas Mc Evilley, in his essay »Art in the Dark« (1985)[14], saw conceptual and performance genres on the dark side of the Moon, where they constantly alternate the rules of art. Mc Evilley tried to find the historical context of these practices – particularly those from the sixties and seventies – in the Freudian timeless storage of childhood memories, in the Jungian collective unconscious, in shamanic literature, and in discovering exotic cultures. Art in the sense of a kind of psychoanalytic or shamanic practice liberates issues supressed by public morality, and it enables us to get acquainted with these issues and to counterbalance their force with the seemingly distinct identity of the light side. Mc Evilley speaks in his essay of the aesthetics of choosing and will, which has substituted the

ravah človeka: v človeku, ki je hkrati lepotica in zver. Slavoj Žižek celo govori o ontološki primarnosti grdote: »lepota je tista, ki je neke vrste obramba pred Grdim in njegovim odvratnim obstojem ali, še bolje, obstojem *nasploh,* saj je (...) tisto kar je resnično grdo, konec koncev brutalno dejstvo obstoja (realnega) kot takega.«[15] Peter Weibel je v svojem referatu na simpoziju »Living with Genocide« leta 1996 v ljubljanski Moderni galeriji kritično komentiral Freudovo teorijo kulture in družbe, ki po Freudu temeljita na delovanju dveh gonov: Erosa in Thanatosa. Medtem ko Freud meni, da potlačevanje destruktivnosti in agresivnosti s pomočjo lepote, snažnosti in reda omogoča razvoj kulture, pa Weibel misli, da je naloga umetnosti, da razkriva Thanatosa kot nekaj, kar ne pripada samo naravi, temveč tudi družbi in njeni kulturi. Tista umetnost, ki hoče preseči naivni humanizem, ne sme skrivati temnih sil človekove narave, marveč mora zarezati v telo družbe, ki agresivnost in destrukcijo proizvaja in katere del je tudi sama.

Ruski teoretik Aleksander Jakimovič v svojem članku »Eros in Thanatos komunizma«[16], sklicujoč se na Batailla, dokazuje podobne vzgibe v delovanju totalitarnih politikov komunizma in nacizma in genijev, ki ustvarjajo vrhunsko kulturo in umetnost: oboji pripadajo šamanističnim, iracionalnim, marginalnim, boemskim in prestopniškim silam družbe. A medtem ko si oblastniki po svojih romantično-revolucionarnih evforijah popravijo pedigre in skrbijo za primerno biografijo, vse bolj postaja naloga umetnosti, da osvobaja v dionizično temo ovite stvari in dekonstruira skrite mehanizme oblasti.

Body art je tista vrsta umetnosti, ki, vsaj z današnje perpektive, obravnava telo kot nekaj, kar spoznavamo prek reprezentacij. V tem smislu je socialni konstrukt, hkrati pa ni samo to, saj ne moremo zanikati materialnega obstoja telesa. Obe naravi telesa nista nujno v soglasju, telo je kontrolirano, obenem pa samo kontrolira.[17]

Telo je v pričujočem tekstu metafora tudi za mnoge druge odnose, kjer se vzpostavljajo igre moči in nadzora. Do zdaj je tekla beseda o igrah nadzora v odnosu Vzhod–Zahod in v odnosu telo–razum. V nadaljevanju pa me podobna problematika zanima še v razmerju body arta do institucij umetnosti Vzhodne Evrope in v odnosih med posameznikom in kolektivom, kot ga razkriva body art Vzhodne Evrope v šestdesetih in sedemdesetih letih, med identiteto in prevzeto vlogo v obnašanju telesa v umetnosti osemdesetih let ter med staro in novo identiteto v času socialne in politične tranzicije na Vzhodu v body artu devetdesetih.

Na robu državno subvencioniranih institucij

Začetki umetnosti, ki je gradila na umetnikovem lastnem telesu in ki so jo tudi na Vzhodu poimenovali body art, sodijo v šestdeseta leta. Termin body art v našem primeru zajema zelo različne umetniške prakse, ki temeljijo na umetnikovem lastnem telesu kot glavnem nosilcu različnih družbenopolitičnih, eksistencialnih in kozmoloških vsebin. V okviru praks, ki temeljijo na umetnikovem lastnem telesu, so posamezni umetniki kar izumljali poimenovanja, da bi poudarili posebnost lastnega početja in da bi tako poudarili svojo neodvisnost od zahodnih trendov. Pri tem početju je najbolj izrazit poljski umetnik Jerzy Bereś, čigar delo še najbolj temelji na nacionalni tradiciji. Bereś je razvil celo lastni koncept »neodvisnosti«, ki obsega tako umetnikovo individualno svobodo kot tudi širšo svobodo kolektiva.

Body art Vzhodne Evrope, ki začne nastajati še v času McLuhanove globalne vasi, gotovo sodi v razvojno linijo širše evropsko-ameriške umetnostne tradicije. Hubert Klocker išče genealogijo evropskih performativnih praks v delih dadaistov, Duchampa in Pollocka ter v utelešenju obupnih socialnih pogojev Evrope štiridesetih in petdesetih let v delih Alfreda Wolsa in Antonina Artauda. Klocker poudarja, kako pomembno je bilo po padcu totalitarnih režimov, ne samo komunističnega, ampak tudi nacističnega in fašističnega v Avstriji, Nemčiji in Italiji, vračanje k predvojnim umetniškim nacionalnim tradicijam.[18]

Če torej odštejemo širšo evropsko tradicijo, predvojno izkušnjo futuristov, dadaistov in nadrealistov, nam v kontekstu vzhodnoevropske umetnosti ostane bogata tradicija ruskih futuristov in konstruktivistov in mnogih lokalnih avantgard z začetka stoletja. Izkušnja avantgarde in njena metoda dela je pomagala umetnikom, še zlasti tam, kjer je bil komunistični režim najbolj represiven, ustvariti nekakšno komunikacijsko mrežo. Že predvojne avantgarde so izobli-

traditional aesthetics of idea and execution; he speaks of the strictness of the oath, which has replaced the craftmans' tendency for the perfect form, and of the pureness of execution without any pragmatism equivalent to the common quality of an artwork. Mc Evilley points out to us that such art comes close to Arnold Toynbee's view that the highest cultures are also the least pragmatic. In fact, Mc Evilley ascribes the meaning which Freud saw in beauty to art from the dark side of the Moon, art in relation to which we can speak about the aesthetics of the ugly. Freud also attributed non-pragmatism to the need for what is beautiful, and this is why, among other things, he viewed art and science as crowning proof of the developmental level of particular cultures. We can see, therefore, that non-pragmatism is precisely the common denominator of both the aesthetics of the ugly and the aesthetics of the beautiful, Dionysian and Apollonian. Non-pragmatism is the quality uniting both aesthetics under the common roof of art. The authentic impetuses and motives of any art lie in both human natures – beauty and the beast – at the same time. Slavoj Žižek even speaks of the ontological primacy of ugliness: »Beauty represents a kind of defence against the Ugly and its disgusting existence or, rather, existence *itself*, since (...) what is really ugly is the brutal fact of existence (of what is real) as such.«[15] Peter Weibel commented critically on Freud's theory of culture and society in his paper presented at the Living with Genocide symposium in the Ljubljana Museum of Modern Art in 1996. According to Freud, culture and society are founded on the function of two drives: Eros and Thanatos. But while Freud held that the suppression of destruction and aggression by means of beauty, purity and order enables the development of culture, Weibel claims that the goal of art is to reveal Thanatos as something belonging not only to nature, but also to society and its culture. Art which aims to surpass naïve humanism should not hide the dark sides of human nature; instead, it should cut into the body of the society which produces aggression and destruction and in which it forms a part.

In his paper *Eros and Thanatos of Communism*[16], the Russian theorist Alexander Jakimovich refers to Bataille in pointing to the motives for the work of totalitarian communist and Nazi politicians, and geniuses who create the highest culture and art: both groups belong to shamanic, irrational, marginal, bohemian, and delinquent forces in society. Yet while after their romantic revolutionary euphoria the powerful have adjusted their pedigree and have taken care to secure appropriate biographies, the role of art has been more and more to liberate those issues wrapped in the Dionysian darkness and to deconstruct the hidden mechanisms of power.

Body art is the kind of art that treats the body – at least from the current perspective – as something perceived by means of representation. In this sense it is a social construct, but not exclusively, for we cannot deny the physical existence of the body. Both natures of the body are not necessarily concordant; the body is being controlled, but at the same time it also exercises control itself.[17]

In this text, the body represents a metaphor for numerous other relationships, in which the games of power and control take place. Earlier we spoke of the games of control in the relationships between East and West, and between body and reason. Now I wish to discuss this issue from the aspect of the relationships between body art and Eastern European institutions of art, between the individual and the collective as evidenced in Eastern European body art of the sixties and seventies, between identity and the assumed role of the body in the framework of art in the eighties, and between the old and the new identity of body art in the period of social and political transitions in the East in the nineties.

On the Margin of State-Subsidised Institutions

The beginnings of art based on the artist's body, called body art also in the East, go back to the sixties. The term body art includes very different art practices based on the artist's own body as the main bearer of various socio-political, existential and cosmological contents. Certain artists have been constantly inventing new names for art within this framework, only to emphasise the importance of their own work and their independence

kovale načine medsebojnega povezovanja, ki so v času totalitarizma umetnikom pomagali premagovati njihovo izolirano in marginalno pozicijo. Še zlasti umetniki, ki so se oprijeli novih umetniških praks, so po zgledu avantgard mnogokrat delovali v skupinah, izdajali časopise, pisali manifeste, pripravljali skupne akcije in, kolikor je bilo to le mogoče, internacionalizirali svojo dejavnost. Mednarodno gibanje Fluxus je imelo velik pomen tudi na Vzhodu, saj je, recimo, umetnikom omogočilo stik z zunanjim svetom vsaj npr. prek mail arta, če že ne drugače. Leta 1966 je bil celo v Pragi Fluxus festival, ki ga je Milan Knížák organiziral skupaj z Benom Vautierom, Alison Knowels, Sergeom Oldenburgom in Dickom Higginsom.
Seveda pa so bile stopnje izoliranosti na Vzhodu različne. Najbolj represiven je bil režim v Romuniji, Bolgariji in Rusiji, medtem ko je bila stopnja svobode največja v nekdanji Jugoslaviji. V državah z najnižjo stopnjo osebne svobode so se izoblikovali posebni pogoji izvajanja preformativnih praks. Romunski umetnik Ion Grigorescu je svoje performanse izvajal doma in samo pred fotografskim aparatom. Take aktivnosti so bile namreč v javnem prostoru prepovedane. V Moskvi, še zlasti v njenih predmestjih, se je v sedemdesetih in osemdesetih letih razvila pomembna kultura akcij in ritualov v zasebnih stanovanjih. V sedemdesetih letih je največ dogodkov za zaprte kroge ljudi izpeljala skupina Collective Action Group in njen karizmatični vodja Andrej Monastirski. Po drugi strani pa so, recimo, umetniki v nekdanji Jugoslaviji delovali manj izolirano in imeli več možnosti za povezovanje z zunanjim svetom, še zlasti prek gostovanj mnogih pomembnih tujih umetnikov, ki so razstavljali, na primer, v beograjski galeriji študentskega kulturnega centra SKC, na mednarodnih festivalih, kot je bil npr. leta 1967 ustanovljeni BITEF (Belgrade International Theatre Festival), na mednarodnih razstavah, kot so bile Nove tendence v Zagrebu v šestdesetih letih in Mednarodni grafični bienale v Ljubljani od leta 1955. Performativne prakse z Vzhoda so bile na prireditvah na Zahodu zastopane bolj občasno, npr. z nastopi posameznih umetnikov na festivalih v Edinburghu, na bienalih mladih v Parizu, pod skupnim imenovalcem umetnosti Vzhodne Evrope pa na mednarodni manifestaciji Works and Words leta 1979 v fondaciji De Appel v Amsterdamu, kjer so se predstavili umetniki iz Madžarske, Češkoslovaške, Poljske in Jugoslavije. Mednarodne aktivnosti vzhodnoevropskih umetnikov so se razširile v osemdesetih letih, ko se je izrazito povečalo tudi zanimanje za umetnost s tega področja. V tem času se je oblikoval reprezentančni tip vzhodnoevropske umetnosti, ki ga je skorajda narekovala umetnost Rusov, še zlasti Erika Bulatova, Ilje Kabakova ter Komarja in Melamida. Ti umetniki so na Zahodu postali prave zvezde, poleg njih pa so reprezentativno sliko Vzhoda pomagale ustvarjati razstave ruske, češke, poljske, hrvaške... umetnosti, ki so se začele vrstiti na Zahodu. Reprezentančni tip vzhodnoevropske umetnosti se je oblikoval v splošnem ozračju obračanja umetnosti od modernističnega univerzalnega k postmodernemu partikularnemu.
Leta 1994 je bila v Bonnu narejena prva velika razstava vzhodnoevropske umetnosti 20. stoletja, imenovana Evropa, Evropa. Takrat se je zdelo, da se bo interes za Vzhod samo še stopnjeval. Zgodilo pa se je ravno nasprotno, zanimanje za vzhodnoevropsko umetnost začne upadati. Oko multikulturalizma se začne obračati drugam, v Latinsko Ameriko, Azijo in Afriko. Toda nikoli več ne bo tako, kot je bilo. Političnim in ekonomskim izmenjavam med Vzhodom in Zahodom sledijo tudi kulturne. Za večji pretok informacij v vzhodnoevropskih državah skrbijo, poleg zdaj že vsaj malo manj inertne mreže državnih galerij, predvsem Sorosovi centri za sodobno umetnost, katerih vloga je v nekaterih državah celo odločilna. Za kontinuirano predstavljanje vzhodne umetnosti na Zahodu na najboljši način skrbi leta 1996 ustanovljeni novi evropski bienale Manifesta.
Omenila sem že, da umetnost, o kateri govorim tu, kljub svoji zdaj že nekaj desetletni tradiciji neprestano potrebuje potrjevanje skozi izpostavljanje lastne tradicije in kulturnega konteksta. Ne glede na to pa lahko o marginalnem statusu performativnih praks na Zahodu govorimo le pogojno. Kljub svoji živosti in inherentni provokativnosti je body art kot umetniška zvrst na Zahodu vendarle že institucionaliziran. Tudi body artu in njemu podobnim praksam je vrhunsko specializirana muzeologija na Zahodu že uspela poiskati ustrezne načine zbiranja, prezentiranja in shranjevanja. Eden od važnih vzrokov nastanka performativnih praks, nasprotovanje komercializaciji in tudi muzea-

from Western trends. Most outstanding in this connection is the Polish artist Jerzy Bereś, whose work is based primarily on his national tradition. Bereś developed his own concept of »independence« comprising both the artist's individual freedom and freedom of the wider collective.
Body art in Eastern Europe started to emerge back in the time of McLuhan's global village, and it certainly belongs to the developmental line of the broader European-American art tradition. Hubert Klocker searched for the genealogy of European performative practices in the works of Dadaists, Duchamp and Pollock, in the development of desperate social conditions in Europe in the forties and fifties, and in the works of Alfred Wols and Antonin Artaud. Klocker emphasised the importance of turning back – after the fall of totalitarian regimes, both the Communists and the Nazi-Fascists – to the pre-war national art traditions.[18]
If we thus discount the wider European tradition, the pre-war experience of Futurists, Dadaists and Surrealists, from the context of Eastern European art, we are left with the rich tradition of Russian Futurists and Constructivists, together with numerous local avant-garde movements from the beginning of the century. Particularly where the Communist regime was at its most repressive, the model of the avant-garde and its manner of work helped artists to create a kind of communication network. Even pre-war avant-garde movements had developed ways of connecting with each other, which helped artists to overcome their isolated and marginal position during the totalitarian period. Particularly those artists who relied on new art practices frequently functioned in groups modelled on the avant-garde; they published newspapers, wrote manifestos, prepared joint actions, and internationalised their activities to a workable extent. The Fluxus international movement had great significance also in the East – if nothing else, it enabled Eastern artists to make contacts with the outer world, i.e. via mail art. Prague even had its own Fluxus festival in 1966, organised by Milan Knížák together with Ben Vautier, Alison Knowels, Serge Oldenburg, and Dick Higgins.
Of course, the levels of isolation in the East varied. The most repressive regimes were in Romania, Bulgaria and Russia, while the level of freedom was highest in the former Yugoslavia. In the countries with the lowest level of personal freedom special conditions emerged for carrying out performative practices. The Romanian artist Ion Gigorescu staged his performances at home, only in front of a photographic camera, since this kind of activity was prohibited in public spaces. In the seventies and eighties, a significant culture of actions and rituals developed in private apartments in Moscow, particularly in its suburbs. The Collective Action Group with its charismatic leader Andrei Monastyrsky performed the biggest number of events for closed circles of people in the seventies. On the other hand, for instance, artists in the former Yugoslavia functioned in a less isolated way and had more opportunities for cooperation with the outside world, primarily via guest exhibitions of numerous important foreign artists exhibiting particularly in the Belgrade Student Cultural Centre Gallery and at international festivals such as BITEF (Belgrade International Theatre Festival, founded in 1967), or the New Tendencies international exhibitions in Zagreb in the sixties, and International Biennials of Graphic Art, held in Ljubljana since 1955. Performative practices from the East were only seldom represented at events in the West, e.g. the appearances of individual artists at the Edinburgh festivals and the Biennale of the Young in Paris, and at the »Works and Words« international manifestation at the De Appel foundation in Amsterdam in 1979 under the label of art from Eastern Europe, introducing artists from Hungary, Czechoslovakia, Poland, and Yugoslavia. The international activity of Eastern European artists multiplied in the eighties, together with an intensive growth of interest in art from these regions. This was a time when the representative type of Eastern European art was forged; it was virtually dictated by Russian artists, especially Erik Bulatov, Ilya Kabakov, and Komar and Melamid. These artists became real stars in the West, while exhibitions of Russian, Czech, Polish, Croatian, and other national arts helped to create the representative picture of the East. The representative type of Eastern European art was formed in the general

lizaciji umetnosti, je že zdavnaj pozabljen. Nematerialnost teh del pa še zdaleč ne onemogoča njihove prezentacije in kroženja skozi mrežo umetnostnega trga. Naj omenim samo en primer, letošnjo razstavo Marine Abramović v Bernu, kjer je umetnica najboljše performanse iz svoje tridesetletne ustvarjalnosti reciklirala s pomočjo vrhunske tehnologije in s tem, narobe od trditev, da samo prezentnost omogoča polni pomen dela, svojim performansom dala novo življenje.
Na Vzhodu se stvari še vedno počasi premikajo. O tem govori že preprosto dejstvo, da sem večino gradiva za razstavo dobila od umetnikov samih. V depojih državnih muzejev je zelo majhen del tega gradiva.
Verjetno ni potrebno posebej poudarjati dokaj slabe tehnične kvalitete materiala, ki smo ga morali za potrebe pričujoče razstave v Ljubljani mnogokrat ponovno prekopirati. Dejstvo pa je, da so imele ravno državne institucije v času socializma edine možnost skrbeti za te prakse. Res je, da tega niso hotele početi osrednje državne institucije, so pa za nove oblike umetnosti skrbeli marginalni, mladinski in študentski centri ter drugi alternativni prostori (npr. galerije študentskih kulturnih centrov v Zagrebu, v Beogradu in v Ljubljani, galerija Foksal in galerija Remont v Varšavi, galerija Labirint v Lublinu in Klub mladih umetnikov v Budimpešti). V teh galerijah so občasno gostovali tudi najbolj aktualni sodobni mednarodni umetniki. Kakor pa sem že omenila, je veliko teh akcij potekalo v zasebnih stanovanjih, zunaj nadzora in skrbi institucij. Akcije v javnih prostorih, še zlasti na ulici, pa je policija največkrat preprečila in umetnike celo zaprla. Umetniki so bili pogosto obsojani zaradi huliganstva, rušenja svetinj komunizma in socializma, v osemdesetih letih v Sloveniji pa celo fašizma.
Na Zahodu so od šestdesetih let naprej umetniki tako ali drugače ves čas nastopali proti manipulacijam umetniškega trga. Na Vzhodu, ki trga ni poznal (in kjer se še do danes ni oblikoval), so umetniki nastopali proti manipulaciji s strani državno-ideološkega aparata. Medtem ko je Zahod drugost lastnih umetniških praks znal izrabiti in z njihovo drugostjo dokazati lastno odprtost, je vzhodni režim nove umetniške prakse ves čas uspel držati na robu. V mnogočem še danes vzbujajo nelagodje.
Zaradi odsotnosti umetniškega trga se je umetnost na Vzhodu obračala sama k sebi in k svojemu jeziku. V tej odrinjenosti pa so umetniki videli delno tudi svojo individualno svobodo. Prostor na robu so sprejeli kot oazo svobode, kjer se je edino lahko razvijala umetnikova avtonomna kreativnost, ki jo je sicer ogrožal prevladujoči kolektivistični duh. V takih razmerah je umetnost na Vzhodu, še zlasti v šestdesetih in sedemdesetih letih, dobila posebno utopično dimezijo in oblikoval se je poseben tip boemskega umetnika s heroično individualistično držo.
Med performativnimi praksami v vzhodnoevropski in zahodnoevropski umetnosti v šestdesetih in sedemdesetih letih vsaj na površini, po njihovem videzu, ni bilo bistvenih razlik. Ne strinjam se z nekaterimi mnenji, češ da se je represija Vzhoda odražala npr. v večji agresiji vzhodnoevropskih umetnikov do svojega telesa. Chris Burden, Gina Pane ali Günter Brus niso mučili svojih teles nič manj od Marine Abramović, Petra Štembere ali Tibora Hajasa. Lahko bi tudi iskala razlike v posebnih tematikah, ki so se navezovale, še zlasti v delih Jerzya Bereśa in Paula Neaguja, na lokalno tradicijo, pa vendar se tako ne bi približala bistvu. Tudi poudarjanje politične tematike, kot jo, na primer, najdemo pri Raši Todosijeviću, Radomiru Damnjanu in Jerzyu Truszkowskem, v delih umetnikov komunističnega režima, v glavnem ni bilo tako neposredno, da bi nam ta lahko določala usmeritev pri iskanju posebnosti umetnosti telesa na Vzhodu.
Razlika v praksah teh dveh različnih prostorov leži v nečem, kar je pravzaprav nevidno, neoznačeno. Tako nam, na primer, golo moško telo na fotografijah Iona Grigorescuja ali Tomislava Gotovca samo s svojo pojavnostjo ne pove kaj dosti o partikularnostih umetnikovega socialno-političnega prostora. V Gotovčevem golem teku po beograjskih ulicah in v Grigorescujevem fotografiranju lastnih genitalij ni direktne politične vsebine. Pa vendar, če poznamo kontekst, znotraj katerega so ta dela nastala, vemo, da je imelo politično dimenzijo že samo dejstvo pojavljanja nagega umetnika v javnosti. Na Vzhodu, kjer je bila ves čas v zraku grožnja policijskega nadzora in cenzura, so bili ljudje izredno previdni v javnem obnašanju in komunikaciji. Res je, da je bilo (in še vedno je) izpostavljanje privatnega v javnosti tudi v demokratičnih prostorih omeje-

atmosphere of the transition of art from modernist universalism to postmodernist particularism.
In 1994, the first major exhibition of 20th-century Eastern European art was staged in Bonn under the title *Europa, Europa*. It seemed at the time that what lies ahead is an ever-growing interest in the East. Now what is actually happening is exactly the opposite of what was expected – the interest in Eastern European art is vanishing. The eye of multiculturalism has turned elsewhere, to Latin America, Asia and Africa. However, it will never be as it was. The political and economic exchanges between East and West resulted in cultural exchanges. Networks of state-run galleries, at least a bit less inert nowadays, provide for a larger flow of information in Eastern European countries, together with the Soros Centres for Contemporary Arts, whose role in some countries is decisive. And Manifesta, the new European biennale established in 1996, is now ensuring continuous presentations of Eastern art in the best possible way.
As already mentioned, the art discussed here requires permanent confirmation – despite its decades-long tradition – by emphasising its own tradition and cultural context. Regardless of this fact, however, we can speak of the marginal status of performative practices in the West only under certain conditions. Despite its liveliness and inherent provocativeness, body art as an art form has already been institutionalised in the West. The highly specialised Western museology has succeded in finding appropriate ways of collecting, presenting and recording body art and similar art practices. One of the important reasons for the emergence of performative practices – opposition to the commercialisation and musealisation of art – has been long forgotten. And the non-materiality of these works no longer prevents their presentation and circulation in the art market network. One clear example is this year's exhibition of Marina Abramović in Bern, in which the artist recycled her best performances from her thirty-year history of creative work by means of the latest technology, and thus invested them – in contrast to the claims that only physical presence enables the full meaning of a work – with new life.
But things are still moving slowly in the East. This is evidenced by the simple fact that the bulk of material for the exhibition has been acquired from the artists themselves. Very little of this kind of material can be found in the repositories of state museums. There is probably no need to point out the low technical quality of the material; a great part of it had to be copied for the needs of the current Ljubljana exhibition. The fact is, however, that it was precisely and only state institutions that were in a position to support such practices during socialism. Of course, the main state institutions did not want to occupy themselves with such matters, but the new forms of art were taken care of by marginal, student and youth centres and other alternative spaces (e.g., galleries of the student cultural centres in Zagreb, Belgrade and Ljubljana, the Foksal Gallery in Warsaw, etc.). And as mentioned, many of these actions took place in private apartments, out of the control and attention of institutions, while actions in public, particularly on the streets, were most frequently banned – and artists even arrested – by the police. Artists were often condemned for hooliganism, for destroying the sacred icons of communism and socialism, and in Slovenia in the eighties even for Fascism.
From the sixties on, artists in the West have been acting, in one way or another, against the manipulation of the art market. In the East, where the market was non-existent (nor has it developed to date), artists acted against manipulation by the state-ideological apparatus. If the West knew how to take advantage of the otherness of artistic practices and prove its own openness, the Eastern regimes succeeded in keeping new art practices constantly on the margin – even today they arouse unease.
Because of the absence of an art market, art in the East has referred to itself and has used its own language, while the artists understood this remoteness as their personal freedom. They took the space on the margins as their oasis of freedom, the only space which allowed the development of artists' autonomous creativity, which elsewhere was under attack from the prevailing spirit of collectivism. In such conditions, art in the East, particularly in the sixties and seventies, acquired a special utopian dimen-

vano, vendar pa se je to dogajalo predvsem zaradi javne morale. Ena od bistvenih razlik med Vzhodom in Zahodom je torej v tem, da se podobne geste v različnih prostorih različno berejo. Pa še to samo na neki ravni, saj moramo korenine vsakega obnašanja iskati globje od trenutne socialnopolitične situacije. Golo moško telo v umetnosti Vzhoda in golo moško telo v umetnosti Zahoda se v svoji sporočilnosti po drugi strani niti ne razlikujeta tako, kakor bi kdo utegnil sklepati. Medtem ko je bil v pojavljanju moškega nagega telesa in njegovih genitalij v vzhodnoevropski umetnosti[19] že izpostavljen simbol anarhičnosti, pa sta bili v zahodni umetnosti, konkretno na Mapplethorpovih fotografijah, kjer je najbolj subverziven element prav gotovo penis v erekciji, poudarjeni dve stvari: »demistifikacija patriahalnosti in izpostavljanje homoseksualnosti kot najbolj zastrašujočega elementa«.[20] Moramo priznati, da se ti dve označbi med seboj v bistvu ne razlikujeta.Tudi žensko telo, ki ga je socrealistična umetnost upodabljala kot aseksualno in androgino, se v performativnih praksah pojavlja predvsem kot nosilec svobode in individualnosti. Ne glede na to, ali gre za ritualno telo Marine Abramović, kozmološko telo v neposredni povezavi z naravnimi ritmi Natalije LL in Terese Murak, intimno telo Sanje Iveković, erotično telo Vlaste Delimar, v medu in masti »negovano« telo Eglė Rakauskaitė ali pa od bolezni izmučeno telo Katarzyne Kozyre, dela teh umetnic zastopajo telesno osvoboditev in tako vsaj posredno poudarjajo aktiven odnos tako do družbe kot do narave. Čeprav so bila sedemdeseta leta na sploh odprta do individualnih mitologij, ki jih je promovirala Szeemannova *documenta* 5, ne smemo pozabiti, da je imela avtonomija, katere nosilec je bilo tudi golo telo, na Vzhodu še dodaten pomen. Avtonomija posameznika na Vzhodu je imela politično dimenzijo, ker je bil individualizem marginaliziran.

V osemdesetih letih, ko se začnejo na Vzhodu pripravljati demokratične spremembe, ki jih še najbolj vehementno naznani perestrojka Mihaila Gorbačova, se začne podirati vera v velike ideologijje. Hkrati razpade tudi konstrukt avtonomnega posameznika, mit umetnika heroja iz prejšnjih desetletij. Novost, ki jo prinesejo preformativne prakse v tem desetletju, je predvsem v distanci do lastne identitete, pa tudi do čistih in koherentnih oblik izražanja. Osemdeseta leta prinesejo nove oblike socialnega obnašanja, ki ne temeljijo več na iskanju avtentične identitete posameznika, temveč na oblikovanju persone. Teater je v tem desetletju povsod: na ulici, v subkulturni sceni – kjer na Vzhodu prevladuje punk gibanje – in v umetnosti. Performativne prakse zdaj ne poudarjajo več umetnikovega telesa kot nosilca individualnosti, marveč njegovo možnost transformacij skozi različne vloge. V osemdesetih letih je performativna aktivnost še zlasti zanimiva v okviru t.i. subkulturne scene, kjer se prepletajo področja vizualne umetnosti, rocka, novih medijev in teatra. Ena najmočnejših tovrstnih scen je bila v tem času prav gotovo v Ljubljani, o čemer pričajo predvsem nastopi skupin Borghesia in Laibach. Igra izenačevanj nacistične in komunistične ikonografije (Laibach) ter podiranja seksualnih tabujev (Borghesia) je bila v teh praksah analogna odpiranju travmatičnih točk v psihoanalitični dejavnosti. Vendar pa je bil terapevtski učinek zdaj usmerjen bolj na družbo in manj na posameznika, kar je bilo značilno za starejše performativne umetnosti. Primerjajmo performans Marine Abramović *Role Exchange* iz leta 1975, kjer umetnica nadomesti amsterdamsko prostitutko v izložbi, ta pa umetnico nadomešča na otvoritvi njene razstave, s performansom skupine Laibach, intervjujem, v katerem novinar TV Slovenija vloge totalitarnih tipov, ki jih člani te skupine igrajo, vzame popolnoma zares. Razlika v igranju vlog v prvem in drugem performansu je v bistvu razlika med performativnimi praksami sedemdesetih in osemdesetih let: medtem ko Marina Abramović s pomočjo vloge samo preizkuša svojo voljo v neki zahtevni situaciji, je namen Laibacha ta, da skozi svoje uprizorjeno obnašanje razkriva mehanizme oblasti. V osemdesetih letih se umetniki začnejo distancirati od napornih in samomučilnih preformansov iz sedemdesetih let in jih celo ironizirajo. V nekaterih performansih iz osemdesetih (pa tudi iz devetdesetih) let, npr. pri Maretu Kovačiču, skupini Autoperforationsartisten, Józefu Robakowskemu in Jiřiju Surůvki, ne vidimo samo ironije, ampak že kar parodijo body arta.

Izguba identitete je za umetnike v devetdesetih dosti bolj usodna, kot pa v igrah osemdesetih. V devetdesetih, po združenju komunističnega režima, so se umetniki v nekaterih državah znašli še v slabšem položaju kot v času represivnega režima. V tem času se ne oblikuje samo nova družbenopolitična si-

sion, resulting in the emergence of a special type of bohemian artist marked by a heroic individual stance.

Performative practices in Eastern and Western European art in the sixties and seventies did not display – at least superficially, in their appearance – any essential differences. I do not agree with some arguments claiming that the repression in the East was reflected in the greater aggression of Eastern European artists towards their bodies, for example. Chris Burden, Gina Pane, or Günter Brus did not torture their own bodies less than Marina Abramović, Petr Štembera, or Tibor Hajas. We could also look for differences in subjects related to local traditions, particularly in the works of Jerzy Bereś and Paul Neagu, but this would not bring us any closer to the essence. In the work of artists living under the communist regime, such as Raša Todosijević, Radomir Damnjan, and Jerzy Truszkowski, the stressing of political themes was also not so direct that this could determine our orientation in the search for particularities of body art in the East.

The difference between the practices of these two contrasting spaces lies in something that is actually invisible and non-signified. Thus, for example, the naked men's bodies in the photographs by Ion Grigorescu or Tomislav Gotovac do not tell us much about the particularities of the artist's socio-political surroundings. When Gotovac ran naked through the streets of Belgrade, and Grigurescu photographed his own genitals, these acts bore no direct political message. Nevertheless, if we know the context in which these works were made, we also know that the very fact of the appearance of a naked artist in public had a political dimension. In the East, where the threat of police surveillance and censorship was omnipresent, people were very cautious in their public behaviour and communication. It is true that the public exposure of what was private was (and still is) also limited in democratic environments, but this is ascribed primarily to public morals. One of the essential differences between East and West lies in the fact that similar gestures are read differently in different spaces. And they are only read at a certain level, for the roots of every human behaviour must be searched for much deeper than the momentary socio-political situation. On the other hand, the messages of the naked man's body in Eastern art and in Western art do not differ to the extent that might be imagined. While it has already been said that the representation of the naked man's body and his genitals in Eastern European art[19] bore the mark of anarchy, Western art – specifically, Mapplethorpe's photographs with surely the most subversive element, the erect penis – underlined two other dimensions: the »demystification of the patriarchate and exposition of homosexuality as the most frightening element«[20]. We must admit that in essence these two identifications are not much different. And the woman's body, depicted in social realism as asexual and androgyne, featured in the performative practices primarily as a bearer of freedom and individuality. Be it the ritual body of Marina Abramović, the cosmological bodies in the direct connection with natural rhythms of Natalia LL and Teresa Murak, the intimate body of Sanja Iveković, the erotic body of Vlasta Delimar, the body of Eglė Rakauskaitė, »treated« with honey and fat, or the disease-exhausted body of Katarzyna Kozyra: the works of these artists represent the liberation of the body, they point – at least indirectly – to an active relationship with both society and nature. Despite the fact that the seventies were prone to individual mythologies, promoted at Szeemann's *Documenta 5*, it should not be forgotten that autonomy, borne also by the naked body, had another meaning in the East, where the autonomy of the individual included a political dimension because of the marginalisation of individualism.

In the eighties, when democratic changes began to take place in the East – most notably in Mikhail Gorbachev's *perestroika* – the belief in great ideologies started to crumble. Together with this we also saw the decline of the construct of the autonomous individual, the myth of the artist-hero from previous decades. The novelty introduced by performative practices in this decade has been primarily in the distance towards one's own identity, as well as towards pure and coherent modes of expression. The eighties brought new forms of social behaviour, no longer based on a search for

tuacija, oblikujejo se tudi nove države. S temi državami se začnejo oblikovati tudi novi prostori umetnosti, na primer v Litvi in Moldaviji, kjer performativne prakse nimajo nobene tradicije. Tam zdaj kar na lepem najdemo umetnike, ki suvereno, s pomočjo jezikov performativnih praks, izražajo novonastale razmere. V teh se umetnik dostikrat počuti odrinjen na rob civilizacije, kot v delu Česlovasa Lukenskasa z naslovom *A Thrown-out Man*, ko je umetnik v svojem performansu dobesedno vržen na smetišče. Devetdeseta leta so čas novega socialnopolitičnega kaosa, ki ga ponekod obvladuje samo še mafija. Na takšno situacijo sem že opozorila v zvezi z deli Brenerja in Kulika. Devetdeseta so tudi čas novih nacionalističnih režimov, še zlasti v Srbiji in na Hrvaškem. Iz takšnih domovin umetniki odhajajo, tam pa, kjer ostajajo, se njihova prisotnost čuti bolj kot odsotnost. O tem nam zelo poetično govori Tanja Ostojić iz Beograda. Ta umetnica je svoje delo z naslovom *Osebni prostori* najprej naselila s svojim telesom, nato pa se je od tam umaknila in ves čas trajanja razstave na belem prahu pustila zgolj svojo sled. Devetdeseta so tudi čas vojne na Balkanu, ki se je v delih Dubrovčanov Božidarja Jurjevića in Slavena Tolja ter Sarajevčana Nebojše Šerića – Šobe odražala kot situacija, v kateri je umetnik ne samo brez hrane, ampak tudi izoliran in brez komunikacije in jezika. V tem desetletju se umetniki zopet vračajo k fizičnemu telesu, ki so ga osemdeseta skorajda preskočila. Da smo ujeti v svoj materialni obstoj, na to nas je zopet, vsaj na Vzhodu, spomnil šok, ki smo ga doživeli ob prehodu v novo realnost in celo ob neposredni grožnji našemu telesu z vojno, ki se na Balkanu dogaja res neposredno na telesu, in to z najbolj arhaičnim orožjem, z nožem in posilstvi. Čeprav je na Vzhodu veliko novega, pa zdaj ne bi mogla govoriti o reprezentančnem tipu vzhodne umetnosti, saj tudi umetnost na Zahodu obuja telo. Reagira podobno, vendar ne zaradi docela enakih vzrokov. Tam se podobna umetnost ustvarja tudi zaradi grožnje smrti, vendar pa je temu bolj vzrok še močnejši občutek izginevanja realnega v virtualnem, AIDS, rasna diskriminacija, še vedno neosvobojene ženske in pa bioinženiring. Vsi ti vzroki pa tudi nam na Vzhodu niso tako daleč.

V zadnjih letih v vzhodnoevropski umetnosti poleg ikonografije Smrti najdemo tudi ikonografijo Življenja, ki se v delih umetnikov mlajše generacije odraža kot navduševanje nad novimi tehnologijami, novimi komunikacijami in pospešenim pretokom energij med Vzhodom in Zahodom. Najbolj očiten primer tega je delo Rassima Krasteva. Ta svoje telo vsak dan izboljšuje s telovadbo in z vitamini, ki mu jih pošilja Ami Barak, kustos z Zahoda.

Vzhod in Zahod še vedno ostajata dva različna prostora, med katerima pa so igre reprezentacij vse težje spoznavne. Vzhodna identiteta v performativni umetnosti devetdesetih let postaja vse manj vidna, vse bolj zmuzljiva, lebdeča med lokalnimi partikularnostmi in množico identitet, razpršenih v virtualnih prostorih med rdečo zvezdo komunizma in novo rumeno zvezdo Evropske skupnosti.

Opombe

[1] Sigmund Frojd, *Iz kulture i umetnosti. Nelagodnost u kulturi*, Matica srpska, Novi Sad, 1973, str. 320.

[2] Vzhodna Evropa tu ni mišljena kot geografski, marveč kot popularno-politični termin, ki se nanaša na države nekdanjega socialističnega režima v vseh njegovih različicah.

[3] Po naslovu članka Slavoja Žižka: »Multikulturalizem ali kulturna logika multinacionalnega kapitalizma«, *Razpol, glasilo freudovskega polja*, št.10, *Problemi* 5–6/1997, letnik XXXV.

[4] S. Žižek, op. cit. str. 107.

[5] Pri tem je dejstvo, da je Beuys Vzhodno Evropo raztegnil vse tja do Kitajske, popolnoma zanemarljivo.

[6] Ekaterina Dyogot: »The Revenge of the Background«, v: Silvia Eiblmayr (ur.): *Zonen der Verstörung / Zones of Disturbance*. Steirischer Herbst, Gradec 1997, str. 44.

[7] I. Zabel: »'We' and 'the Others'«. Esej je bil predstavljen na konferenci *We and the Others*, organizirani v kontekstu Moscow International Art Fair ART Manege 97, 6. in 7. 12. 1997.

[8] Na tem mestu bi rada opozorila na razliko med body artom in performansom, kot jo opisuje Amelia Jones: »Nekateri sodobni pisci so dela, ki so nastala v tem obdobju – od 60. do sredine 70. let – imenovali 'body art' ali 'body works', da bi jih ločili od koncepta 'umetnosti performansa', ki je bil hkrati širši (v tem, da je segal nazaj do dadaizma in zajemal vsakovrstne teatralizirane predstave likovnih umetnikov) in ožji (v tem, da je impliciral, da se mora performans dejansko odigrati pred občinstvom, najpogosteje na izrecno gledališki sceni, ki temelji na prosceniju). Zanimajo me dela, ki so se bodisi odigrala pred občinstvom ali pa ne; dela – … –, ki *se odvijajo z udejanjanjem umetnikovega telesa*, naj gre za 'performansko' prizorišče ali za relativno zasebnost ateljeja; *to se dokumentira, tako da lahko dogodek naknadno doživljamo s pomočjo fotografije, filma, videa* in/ali besedila.« Amelia Jones, *Body Art. Performing the Subject*, University of

the authentic identity of the individual, but emphasising the formation of personality. In this decade we find theatre everywhere: on the streets, in the subculture scene – with the prevailing punk movement in the East – and in art. Performative practices no longer exposed the artist's body as the bearer of individuality, but emphasised its possibility of transformation into different roles. In the eighties, performance activity was especially interesting within the »subculture« scene, combining the domains of visual art, rock music, new media, and theatre. One of the strongest scenes of this kind was certainly in Ljubljana, exemplified in the concerts of the groups Borghesia and Laibach. The play on equating Nazi and Communist iconography (Laibach) and on destroying sexual taboos (Borghesia) was analogous to the unveiling of traumatic issues in psychoanalytic practice. But then the therapeutic effect was directed more towards society and less towards the individual, which was the characteristic of older performance arts. Compare Marina Abramović's performance »Role Exchange« from 1975, in which the artist replaced an Amsterdam prostitute in a shop window, while the latter replaced the artist at the opening of her exhibition, and the performance by the group Laibach, that is the interview in which members of the group assumed the roles of totalitarians, while the TV Slovenia reporter took them quite seriously. The difference in the acting between the former and the latter is actually the difference between the performative practices of the seventies and those of the eighties: while Marina Abramović merely tests her will by acting the role in a rather challenging situation, Laibach's intention is to expose – through their acted behaviour – the mechanisms of power. In the eighties, artists started to distance themselves from and even satirise the laborious and self-torturing performances of the seventies. Certain performances in the eighties (and also in the nineties) – e.g. by Mare Kovačič, the Autoperforationsartisten, Józef Robakowski, and Jiří Surůvka – show not only irony, but even a parody of body art.

The loss of identity in the nineties is more disastrous for the artists than the loss in the games of the eighties. In the nineties, after the fall of Communist regimes, artists in certain countries have found themselves in even worse conditions. This is not only a time when a new socio-political situation has been emerging, but also a time of formation of new states. In these new states began the development of new spaces of art: in Lithuania and Moldavia, for example, where performance practices have no tradition. We can suddenly find artists there, who express the newly-emerged situation with the sovereign languages of performance. In these conditions the artist often feels as if he is being pushed to the edge of civilisation, as evidenced in the work »A Thrown-out Man« by Česlovas Lukenskas, in which the artist is literally thrown to a rubbish dump. The nineties is also a time of new socio-political chaos, in certain places only controlled by mafia. I have already pointed to such a situation in the connection with the works of Brener and Kulik. The nineties is, furthermore, a time of new nationalistic regimes, particularly in Serbia and Croatia. Artists have been emigrating from these countries, but if they stayed, their presence is felt more as absence. Tanja Ostojić speaks very poetically of a such situation in her work »Personal Spaces«. She first inhabited it with her own body, but then abandoned it, and throughout the exhibition there was only her trace in the white dust on the floor. The nineties is also a time of the war in the Balkans, reflected in the works of Božidar Jurjević and Slaven Tolj from Dubrovnik, and Nebojša Šerić – Šoba from Sarajevo as a situation in which the artist finds himself not only without food, but also without communication and language. This is the decade in which the artists have been returning to the physical body, which was almost entirely overlooked in the eighties. The shock experienced in face of the transition to the new reality, and the direct threat of war to our bodies – for the war in the Balkans was actually directed against the body, it employed the most primitive means, i.e. knives and raping – have reminded us that we are captives of our physical existence. Despite of the fact that many new things are taking place in the East, we could not speak of a representative type of Eastern art, since also art in the West is restarting to use body. It reacts similarly, but not entirely because of same reasons. In the West,

Minnesota Press, Minneapolis, London, 1998, str. 13. (Kurziva – avtorica.)
[9] Peggy Phelan: *Unmarked – The Politics of Performance*, Routledge, London and New York,1993, str. 1.
[10] Renata Salecl, »Love me, love my dog...«, v: *Index. Contemporary Scandinavian Art and Culture*, 1966, nos. 3–4, str. 177.
[11] Renata Salecl, op. cit.
[12] Alexander Brener: »The dream of democratic culture, It's a better world«, v: *Russischer Aktionismus und sein Kontext*, Wiener Sezession, Dunaj, 6. 6.–13. 7.1997, razstavni katalog, str. 22.
[13] Primer je naveden v eseju Huberta Klockerja: »Gesture and the Object«, v: *Out of Actions – Between Performance and the Object*, The Museum of Contemporary Art, Los Angeles, 8. 2. – 10. 5. 1998, razstavni katalog, str. 166.
[14] Thomas Mc Evilley: »Art in the Dark«, *Artforum*, Summer 1983, str. 62–71.
[15] Slavoj Žižek: *Kuga fantazem*, Analecta, Ljubljana 1997, str. 86.
[16] Aleksandar Jakimović, »Eros i Thanatos Komunizma«, *New Moment*, Beograd, 4/1995, str. 110
[17] Za osvetlitev problematike primera telesa, ki kontrolira, naj opozorim na problematiko sodnih praks. O tem piše Alan Hyde, ki omenja primere obtoženih za spolno nasilje. V svojo obrambo so se sklicevali na to, da niso mogli nadzorovati svojega telesa. Alan Hyde: *Bodies of Law*, Princeton University Press, Princeton, New Jersey, 1997.
[18] Hubert Klocker, op. cit.
[19] Bojana Pejić: »Communism in my Mind«, v: *Wounds: Between Democracy and Redemption in Contemporary Art*. Moderna Museet, Stockholm, 1998, razstavni katalog.
[20] Alan Hyde navaja Petra Brooka, op.cit., str. 150.

this kind of art is also created because of the threat of death, but even more pronounced reasons are the stronger sense of the disappearance of the real in the virtual, AIDS, racial discrimination, non-liberated women, and bio-engineering. But all these reasons are not so distant even in the East.

In recent years we find the iconography of Life in Eastern European art beside the iconography of Death, which is reflected in the works of younger artists as the enthusiasm for new technologies, new communications and the accelerated flow of energies between East and West. The most notable example of this kind is the work of Rassim Krastev, who invigorates his work daily with vitamins sent by Ami Barak, a curator from the West.

The East and the West still remain two different spaces, but the plays of representation between them are less and less discernible. The Eastern identity in the performance art of the nineties is becoming more and more elusive, hovering between local particularities and a mass of identities dispersed in virtual spaces, between the red star of Communism and the new yellow star of the European Community.

---

[1] Sigmund Freud, *Civilization and Its Discontents*, W. W. Norton & Company Inc., New York, 1962, p. 60.
[2] Eastern Europe is not meant as a geographical term, but as a term of popular politics, referring to the countries of the various former socialistic regimes.
[3] After the title of Slavoj Žižek's essay, »Multiculturalism, or the Cultural Logic of Multinational Capitalism«, in: *Razpol, glasilo freudovskega polja,* No. 10, *Problemi* 5-6/1997, XXXV.
[4] S. Žižek, *op. cit.*, p. 107.
[5] The fact that Beuys had stretched Eastern Europe as far as China, is entirely irrelevant in this case.
[6] Ekaterina Dyogot, »The Revenge of the Background«, in: Silvia Eiblmayr (Ed.): *Zonen der Ver-Störung / Zones of Disturbance*. Steirischer Herbst, Graz, 1997, p. 44.
[7] I. Zabel, »'We' and 'the Others'«. The essay was presented at the *We and the Others* conference, organised in the framework of the Moscow International Art Fair ART Manege 97, 6-7 December 1997.
[8] Here I would like to point to the difference between body art and performance, as stated by Amelia Jones: »The work that emerged during the period – from the 1960 to the mid-1970 – was labelled 'body art' or 'body works' by several contemporaneous writers who wished to differentiate it from a conception of 'performance art' that was at once broader (in that it reached back to dada and encompassed any kind of theatricalized production on the part of a visual artist) and narrower (in that it implied that a performance must actually take place in front of an audience, most often in an explicitly theatrical, proscenium-based setting). I am interested in work that may or may not initially have taken place in front of the audience: in works – ... – as *take place through enactment of the artist's body*, whether it be 'performance' setting or in the relative privacy of the studio, *that is then documented such that it can be experienced subsequently through photography, film, video* and/or text.« Amelia Jones, *Body Art. Performing the Subject*, University of Minnesota Press, Minneapolis, London, 1998, p. 13. (Italics by the author.)
[9] Peggy Phelan, *Unmarket – The Politics of Performance*, Routledge, London and New York, 1993, p. 1.
[10] Renata Salecl, »Love me, love my dog«, in: *Index. Contemporary Scandinavian Art and Culture*, 1996, nos. 3–4., p. 117.
[11] Renata Salecl, *op. cit.*
[12] Alexander Brener, »The Dream of Democratic Culture, It's a Better World«, in: *Russischer Aktionismus und sein Kontext*, Wiener Sezession, Vienna, 6 June-13 July 1997; exhibition catalogue, p. 22.
[13] Quoted in the essay by Hubert Klocker, »Gesture and the Object«, in: *Out of Actions – Between Performance and the Object, 1949–1979,* The Museum of Contemporary Art, Los Angeles, 8 Feb. – 10 May 1998; exhibition catalogue, p. 166.
[14] Thomas Mc Evilley, »Art in the Dark«, *Artforum*, Summer 1983, p. 62–71.
[15] Slavoj Žižek, *The Plague of Phantasms*, Analecta, Ljubljana, 1997, p. 86.
[16] Aleksandar Jakimović, »The Eros and Thanatos of Communism«, *New Moment*, Belgrade, 4/1995, p. 110.
[17] Regarding the body that controls I shall point to the problem of judicial practice. Alan Hyde discusses the issue of the sexual-violence convicts, who defended themselves by stating that they were unable to control their bodies. Alan Hyde, *Bodies of Law*, Princeton University Press, Princeton, New Jersey, 1997.
[18] Hubert Klocker, *op. cit.*
[19] Bojana Pejić, »Communism in my Mind«, in: *Wounds, Between Democracy and Redemption in Contemporary Art*. Moderna Museet, Stockholm, 1998; exhibition catalogue.
[20] Alan Hyde quotes Peter Brook, *op. cit.*, p. 150.

*Kristine Stiles**

ZNOTRAJ/ZUNAJ: Kolebanje med smetiščem in večnostjo[1]

Uvod

Konec decembra leta 1980 je Petr Štembera izvedel »Živeti, kot bi bilo treba«. Umetnik, oblečen v poslovno obleko s kravato, je stal na glavi in prepeval »Živeti, kot bi bilo treba«, takrat priljubljeno češkoslovaško pesem. Štembera se je spominjal, da »je pesem, zelo butasto pesem *à la* Bruce Springsteen, posnel 'režimski rock pevec', /ki/ se je kazal kot trd mož, ki se svobodno obnaša po svoji lastni volji«.[2] Štembera je poudaril, da je bilo v tistem času »zelo nevarno« peti to pesem, saj je bila pristna rock glasba prepovedana in rock glasbeniki »preganjani, zasliševani in (nekateri) zaprti«. Ta imitacija, »prorežimska pesem preoblečena v rock«, je bil tipičen način infiltriranja države v popularno kulturo. S prisvajanjem in posnemanjem oblik te kulture za prodor v vsakdanje življenje je Država dosegla, da je postalo interpretiranje vsebine in vrednosti kakršnegakoli sporočila izjemno težavno. V sobi, kjer je izvedel svojo akcijo, je Štembera na strop nalepil besedilo, nanj pa je pritrdil tudi navzdol visečo vrv. Vsakdo, ki je želel prebrati sporočilo, je bil prisiljen splezati po vrvi. A če so se ljudje potrudili plezati, je pojasnil Štembera, so ugotovili, da je »sporočilo brez vsake vrednosti«. »Poskusite si predstavljati časopis, v katerem lahko vidite tisoč črk brez vsake vsebine in smisla«, je zapisal. »Ljudem sem hotel pokazati enega od tisoč nesmiselnih člankov iz komunističnega časnika *Rudé právo* na dan akcije, a lahko ste prepričani, da so bili članki prejšnjega ali naslednjega dne iste sorte.«

»Živeti, kot bi bilo treba« je bil Štemberov zadnji performans. On in njegov bližnji prijatelj in občasni sodelavec, Jan Mlčoch, sta leta 1980 prenehala izvajati akcije. V resnici sta se povsem prenehala ukvarjati z umetnostjo v trenutku, kot pravi Štembera, »ko sta postala /prepoznana kot/ umetnika«.[3] Leta 1997 je Štembera lahko zapisal, da je bila umetnost zanj »Še dolga, dolga, številna dolga leta mrtva«.[4] Mlčochova in Štemberova umetniška praksa se je absurdno in brezupno končala na način, ki odraža, kaj je »Živeti, kot bi bilo treba« pomenilo v nekdanji Češkoslovaški.

»Usoda sodobne češke umetnosti je zgodovina izoliranosti in nerazumevanja«, je pisala Marie Judlová. »Eden tragičnih pojavov v naši sodobni zgodovini je postopno izgubljanje kontinuitete … nenehne prekinitve in težavna vračanja v sedanjost«, je pojasnila. »To je zgodovina iluzij in močnih emocij, izdatnih osebnih vlaganj in skromnih rezultatov. To je naša usoda; moramo jo uvideti in se sprijazniti z njo.«[5] Tudi v Romuniji pred letom 1989 so imeli tisti redki umetniki, ki so se ukvarjali z umetniškimi akcijami, le malo ali nič stikov s svojimi romunskimi predhodniki. Ni treba posebej reči, da na umetniških akademijah niso poučevali eksperimentalne umetnosti. Informacije so prehajale z generacije na generacijo predvsem s pomočjo govorjene besede, a izmenjevanje eksperimentalnih idej, podvrženih kontroli *Securitate*, romunske tajne policije, je bilo nevarno. Vsaka generacija je bila primorana sama ponovno iznajti eksperimentalno umetnost. Zato je eksperimentalna umetnost v zgodovini le stežka pridobivala gostoto, težo, resnost ali zagon.

Rezultat teh nenehnih prelomov v zgodovini in praksi eksperimentalne umetnosti v Vzhodni Evropi (zlasti v Romuniji) je, da je njena zgodovina pogosto pisana od »zunaj«. Kot zahodnjaško »outsiderko« – še Evropejko ne –, ki jo zanima eksperimentalna umetnost Vzhodne Evrope, so me k preučevanju vzhodnoevropske umetnosti pritegnili načini, na katere so umetniki na Vzhodu ustvarjali umetnost iz možnosti in nujnosti preživetja. V primerjavi z visoko skomercializiranim, družbeno zbanaliziranim in skeptičnim kontekstom, v katerem delujejo umetniki na Zahodu, se je zdelo, da je ostala vera v krepilno vrednost in humani smoter umetnosti v težavnih političnih in družbenih razmerah na Vzhodu nedotaknjena. Vsakomur, ki tako kot jaz že naprej verjame v terapevtske možnosti in intelektualno svobodo, ki jih omogoča vizualno znanje, je vzhodnoevropska eksperimentalna umetnost nudila laboratorij za preučevanje učinkovitosti umetnosti v skrajnih situacijah.

Zato mi je v čast, da sem edina avtorica v tem katalogu, ki prihaja od »zunaj«.

*Kristine Stiles**

INSIDE/OUTSIDE: »Balancing Between A Dusthole And Eternity«[1]

Introduction

In late December 1980, Petr Štembera performed »Live as one should.« Dressed in a business suit and tie, the artist stood on his head singing »Live as One Should,« then a popular song in Czechoslovakia. Štembera remembered that »the song, a very stupid song à la Bruce Springsteen had been recorded by a »regime rock singer' [who] presented himself as a hard man acting very freely after his own will.«[2] Štembera pointed that it was »very dangerous« to sing the song at the time when authentic rock music was banned and rock musicians were »prosecuted, interrogated and (some of them) jailed.« This imitation »pro-regime song, clothed as rock« was typical of how the State infiltrated popular culture. Appropriating and imitating its forms in order to penetrate everyday life, the State made it extremely difficult to interpret the content and value of any message. In the same room where he performed this action, Štembera taped a text to the ceiling from which he also hung a rope. Anyone who wished to read its message would be obliged to climb the rope. But if people made the effort to climb, Štembera explained, they found a »message without any value.« »Try to imagine some newspaper where one can see thousand letters without any content and sense,« he stated. »My aim was to present people one of thousands of non-sense articles from the communist paper *Rudé právo,* from the day of this action when you can be sure articles from a day before or a day later would be in the same vein.«

»Live as one should« was Štembera's last performance. Both he and his close friend and sometimes collaborator, Jan Mlčoch, stopped making actions in 1980. In fact, they stopped making art altogether when, in Štembera's words, »we began to be [recognized as] artists.«[3] By 1997, Štembera could write that art was for him a »long, long, many years long, died thing.«[4] Mlčoch's and Štembera's art practice came to an absurd and hopeless conclusion in a manner that itself reflects what it meant to »live as one should« in the former Czechoslovakia.

»The fate of Czech modern art is a history of isolation and misunderstanding,« Marie Judlová has written. »One of the tragic phenomena of our contemporary history is a gradual loss of continuity... incessant interruptions and difficult returns to the present,« she explained. »It is a history of illusion and strong emotions, heavy personal investments and modest results. It is our fate; we have to know it and come to terms with it.«[5] Similarly in Romania before 1989, the very few artists who worked in action art had little or no contact with their Romanian predecessors. Needless to say, no experimental art was taught in art academies. Information from generation to generation was obtained mostly through word-of-mouth, and then it was dangerous to exchange experimental ideas that were vulnerable to scrutiny by Securitate, the Romanian secret police. Each generation was forced to reinvent experimental art for itself. This made it more difficult for experimental art to gain density, weight, gravity or momentum in history.

The result of these constant ruptures in the history and practice of experimental art in Eastern Europe (especially in Romania) has been that its history has often been written from the »outside.« As a Western »outsider« – not even a European – interested in the experimental art of Eastern Europe, I was compelled to study Eastern European art because of the ways in which artists in the East created art out of the contingencies and necessities of survival. Compared to the highly commercialized, socially trivialized, and skeptical context in which artists in the West labor, a belief in the recuperative value and human purpose of art under difficult political and social conditions seemed to remain intact in the East. For anyone who still believes in the therapeutic possibilities and intellectual freedoms visual knowledge enables, as I do, Eastern European exper-

Vem, kaj pomeni biti »outsider« v Vzhodni Evropi. Izraz »zunaj« sem prvič slišala med svojim obiskom v Romuniji leta 1991. »Zunaj« je bil način, na katerega so Romuni govorili o tistih, ki so lahko v času Ceausesca potovali prek romunskih meja, ali o tistih, ki so emigrirali v druge dežele. Ko sem drugič slišala, da je bil ta izraz uporabljen na ta način, je bilo to – presenetljivo – v Izraelu. Tako v Romuniji kot v Izraelu, kjer je življenje z zgodovinskega gledišča boj za obstanek in identiteto, se tisti, ki so »znotraj«, nahajajo vsaj na istem skupnem bojišču. »Iti ven« ni bilo le nekaj zavidljivega in zaželenega, veljalo je tudi za »izdajo«. Na umetnike, ki so sprejeli državljanstvo dveh držav – denimo izraelski Američan Joshua Neustein –, se gleda s sumničenjem in določeno sovražnostjo. Celo po letu 1989, ko umetniki lahko potujejo, delajo in razstavljajo zunaj Romunije, se te ugodnosti drži nekakšna stigma.

»Iti ven« je bil boj tudi v nekdanji Češkoslovaški. Milan Knížák ga je bojeval štiri desetletja. Tomáš Ruller ga je bojeval leta 1986, ko se je brezupno trudil sprejeti vabilo za razstavljanje na Documenti 8. Dan pred odhodom v Nemčijo so mu brez obrazložitve odvzeli potni list. Svoj boj je živo zabeležil z akcijo »8.8.1988«, katere del je vključeval samozažig. Zares, podoba Rullerjevega telesa, prekritega z blatom in z gorečim hrbtom, kako se opoteka prek puste urbane pokrajine industrijskih odpadkov in umazanije, bi morala zadostovati za vizualno razumevanje tega, kakšen je bil psihofizični občutek, če so te prisilili v paradoks »znotraj/zunaj«. Akcija »8.8.1988« je bila načrtovana za dvajseto obletnico samomora Jana Palacha, študenta, ki se je ubil leto dni po sovjetski zasedbi Češkoslovaške leta 1967, ki jo je za dvajset let odrezala od Zahoda.

Vem, kaj pomeni priti od zunaj, bivati na kraju imunosti »onkraj«, a tudi biti prikrajšana za privilegij izkušnje od znotraj. Opažanja v tej razpravi ponujam zatorej v duhu nekoga, ki priznava to dihotomijo v jedru vzhodnoevropske družbe. Vendar menim, da prav trpljenje povezuje znotraj/zunaj v enotno polje skupnih sfer vednosti. Na nekem drugem mestu sem zapisala, da je izkušnja trpljenja jasno vidna v vedenju in predstavah tistih, ki so prestali travmo in bolečino – ne zato, ker lahko kdorkoli natančno pozna bolečino nekoga drugega, temveč, ker je življenje lažje, če si povezan s tistimi, ki »vedo«.[6] Tisti, ki trpijo, iščejo drug drugega. Moje zanimanje za Vzhodno Evropo se je začelo z dopisovanjem z Milanom Knížákom v zgodnjih 80. letih. Leta 1991 se je začelo moje obširno raziskovanje in privrženost romunski eksperimentalni umetnosti. V Romuniji sem prepoznala nekaj, kar je spominjalo na moje lastne življenjske izkušnje, ne glede na razlike v okoliščinah in dogodkih. To, kar sledi, so torej opažanja le o romunskih in čeških umetnikih, o katerih nekaj vem. Hvala za privilegij, da sem udeležena v vašem svetu.

I.

»Brezimno stanje duha« (1991) je naslov, s katerim je Amalia Perjovschi naslovila svoj sprehod po mestnih ulicah Temišvara, po prostorih, kjer se je 16. decembra 1989 začela romunska revolucija.[7] Umetnica je predhodno napravila svojo senco, kolaž iz tkanine in papirja, dekorativno pobarvan s črno in sivo barvo. Dolgi trakovi tega dovršenega kosa oprave, baročnega v svoji kompleksnosti in razsežnosti, so viseli in se ob njeni lastni senci vlekli po tleh. Svojo senco je nosila na hrbtu, hodila je po sredini ceste kot mesečnica, ki se ne zaveda svoje okolice. Šla je čez Trg zmage. Šla je od katedrale do opere. Z javnih površin je šla naprej v območje zasebnih hiš in se tam spontano in mimogrede znebila svoje sence, temnih oblik stvari, ki niso prav dobro vidne, ki so morda celo neznane, a pogojene s telesom. Tako je to v Romuniji.

Sprehod Lije Perjovschi je vizualiziral dele njene biti: telo kot fizični vsebnik samovoljnega duha, odločenega, da se bo gibal po svetu; breztelesni in fenomenološki podaljšek telesa kot senca narave in senca v naravi; in telo v kulturi – v zvezi z izgrajeno okolico, implicirano v zaščiti z oblačilom. S projiciranjem akcije v družbeni prostor se je glede na svojo dejansko zgodovinsko in politično situacijo premikala kot subjekt v procesu. Umetnica je nosila materialno rematerializacijo same sebe v obliki sence na svojem hrbtu, podobno kot sužnja Seth, junakinja romana *Beloved* afroameriškega pisatelja Tonija Morrisona, za katerega je prejel Nobelovo nagrado. Seth, ki na svojem telesu nosi sledove gospodarjevega biča, se odloči, da bo raje umorila svoje dete, kot da bi njena hčer odrasla v njeno lastno stanje neznosnih bolečin. Žrtvovani otrok se ji je

imental art provided a laboratory for the study of the efficacy of art in extreme situations.

I am honored, therefore, to be the only writer in this catalogue who comes from »outside.« I know what it means to be an »outsider« to Eastern Europe. The first time I heard the term »outside« was when I visited Romania in 1991. »Outside« was the way in which Romanians referred to those who had been able to travel beyond its borders during the Ceausescu period, or to those who had emigrated to other lands. The second time I heard the term used in this way, surprisingly, was in Israel. In both Romania and Israel, where life has historically been a struggle of survival and identity, those who are on the »inside« belong at least to the same common field of struggle. »Going out« was not only something envied and longed for, it was also understood as a betrayal. Artists who have shared their citizenship with two countries – for example the Israeli-American Joshua Neustein – are considered with suspicion and a certain hostility. Even since 1989 when artists have been able to travel, work, and exhibit outside of Romania, a stigma has been attached to that advantage.

»Going out« was also a battle in the former Czechoslovakia. Milan Knížák waged it for four decades. Tomáš Ruller waged it in 1986 when he tried desperately to accept the invitation to exhibit at Documenta 8. His passport was inexplicably revoked the day before he was to leave for Germany. His battle is vividly recorded in his powerful action »8. 8. 1988,« a segment of which included self-immolation. Indeed, the image of Ruller stumbling through in a barren, urban landscape of industrial debris and muck with his body covered in mud, and his back aflame, should be enough to understand visually what it may have felt like psychophysiologically to be forced into the paradox of »inside/outside.« »8. 8. 1988« was planned on the twentieth anniversary of the suicide of Jan Palach, a student who killed himself one year after the 1967 Soviet occupation of Czechoslovakia that cut it off for twenty-two years from the West.

I know what it means to come from without, to reside in the place of immunity »beyond,« and also to lack the privilege of experience from inside. Therefore the observations I make in this essay are offered in the spirit of one who acknowledges this dichotomy at the core of Eastern European society. I believe, however, that suffering itself unites inside/outside in a common field of shared domains of knowledge. I have written elsewhere that the experience of suffering is literally visible in the behaviors and representations of those who have experienced trauma and pain, not because anyone can know precisely an other's pain, but because living is made easier by being connected to those who »know.«[6] Those who have suffered seek each other out. My interest in Eastern Europe began with my correspondence in the early 1980s with Milan Knížák. In 1991, I began extensive research in and commitment to Romanian experimental art. In Romania I recognized something that resembled my own life experiences, however different in circumstances and events. What follows then, are comments only on Romanian and Czech artists about whom I know some things. Thank you for the privilege of participating in your world.

I.

»Nameless State of Mind« [1991] is the title Amalia Perjovschi gave to her walk through the city streets of Timisoara, the actual spaces where the Romanian revolution began on December 16, 1989.[7] The artist had earlier constructed her shadow from textiles and paper collaged together and decoratively painted in black and gray. This elaborate piece of attire, baroque in its complexity and dimension, hung down with its long tails dragging near her own cast shadow on the ground. She carried her shadow on her back, walking in the middle of the road, a somnambulist oblivious to her environment. She walked through Victoria Square. She walked from the Cathedral to the Opera House. She walked beyond the civic spaces to a place of domestic houses where, spontaneously and at random, she abandoned her shadow, the dark shape of things not quite able to be seen, perhaps even unknown, but contingent with the body. So it is in Romania.

Lia Perjovschi's walk visualized components of her being: the body as a

nenehno prikazoval in odtlej jo je vedno spremljala senca. Brazgotine od bičanja, ki si jih je zapomnila po občutku, ni pa jih mogla videti, so na njenem hrbtu oblikovale podobo češnjevega drevesa.

Čeprav umetnica tega romana ni poznala, ko je nastopala na ulicah Temišvara, je skulpturalno senco, ki jo je nosila (in odvrgla), primerjala s tem, čemur je rekla »karakterna lutka«. Tako kot je mogoče to figuro, puščeno na ulicah Temišvara, razumeti kot plod umetničine ustvarjalnosti, je sama umetnica otrok Romunije, ki je odvrgla svojo senco, da bi prenehala replicirati bolečo preteklost. A če je Seth prenašala težo svoje identitete pod bremenom prikazni njenega umorjenega otroka (stalna zapuščina teže suženjstva na njenem hrbtu, ki je ne more videti), umetničina senca in sama umetnica replicirata – obenem pa tudi sproščata – prav atribute dežele, ki jo slabita. Nacionalne razsežnosti in videz so sicer trdovratno navzoči v umetničinem telesu, vendar ostajajo neprepoznavni. S kontinuiranostjo svoje identitete še naprej prenaša njihovo težo in nevidnemu izrazu svoje dežele se odreka le z največjim naporom.

Preveč enostavno bi se bilo sklicevati na sodobne teorije fragmentirane postmodernistične razdvojene identitete, da bi opisali številne podpise, ki vključujejo mnogostranskost avtoričinega sistematičnega raziskovanja osebnosti. Lijin edinstven napor, da bi izoblikovala svojo lastno identiteto, namreč deluje – z njenimi besedami in vsled velikih političnih pritiskov – kot združujoča sila oblikovanja, preoblikovanja in nenehnega reartikuliranja pretočnosti njenih s strani družbe pripisanih identitet, ki se simbolično reproducirajo v poimenovanju. V tem pogledu se njena pogosta sklicevanja tako na senco (izginjajoči dvojnik) kot na njeno ukvarjanje z vertikalnim življenjem (njen koncept človeške kreposti) nanašajo na pogoje njene osebnosti, ki odražajo ne le osebni vrednostni sistem, temveč širšo pogojenost romunske kulture, kjer se je lotila tega, čemur pravi »boj«.

V »Borim se za svojo pravico biti drugačna« (1993) je zastavila vprašanje razlike (vidno iz njenega koncepta osebnosti kot »tujca in sanjača«) in ponovno uporabila motiv dvojnika, ki ga je obdelala v »Brezimno stanje duha«. V tem dogodku je izvedla niz poudarjeno čustvenih dejanj, segajočih od ljubeznive interakcije do napadalne nasilnosti, usmerjene k lutki človeške velikosti, katere telo je bilo bolj plastično in tridimenzionalno od karakterne lutke – skupaj s senco – iz prejšnje akcije. Umetnica je pojasnila, da se je na začetku performansa »igrala z Lijo«: lutko je oblekla povsem v belo – barva, ki jo umetnica povezuje s čistostjo –, ji govorila z gibi in kazala grimase.[8] Umetnica se je nato slekla in v črno moško obleko, ki jo je dotlej nosila sama, preoblekla lutko. S tem ji ni spremenila le spola in tako nakazala njeno moško identiteto namesto ženske, ampak je spremenila tudi moralno vrednost, ki ji alegorično pripada zaradi simbolnega pomena barve. »Lia«, prej ženska in bela, je zdaj postala »slaba, umazana ali pokvarjena«, privzela je moški videz. Pod moško obleko, v katero je oblekla svojo lutko, je bila Lia oblečena v črno. Toda čeprav je umetnica odstranila priveske (obleko) svojega moškega vidika in ponovno vzpostavila svojo žensko obliko, je mračna senca stikov s patriarhalnim svetom ostala.

V nadaljevanju akcije je postajala umetnica vse bolj zategnjena zaradi svoje moške osebnosti in od nje je zahtevala, da »jo posluša, ji pomaga in jo ljubi«. Napadla je lutko in jo polila s črno barvo, začela jo je metati ob steno in naokrog po sobi, za kar je potrebovala dokajšnjo moč, saj se je lutka človeške velikosti dotlej napila barvnega pigmenta in postala težka. Lia je metala lutko proti tihi, potrpežljivi, negibno sedeči publiki in jo kdaj pa kdaj poškropila s črno barvo, ki je zaradi sunkovitih gibov frčala z lutke. Vsakič, ko je odvrgla lutko, je imitirala položaj, v katerega je padla lutka. Ob koncu performansa je brcnila lutko navzdol po stopnišču in stran s prizorišča. Podoba umetnice, ki je ležala na tleh skupaj z lutko, obe pa sta bili poškropljeni z barvo, je predstavljala strašljivo menjavo: eksorcizem, boj, neuspelo revolucijo, dvojni samomor.

V »diskurzu strahu«, ki je okužil Romunijo, ni nič strašljivejšega od dejstva, da predmet/oseba/pojav, ki ni bil imenovan, sploh ni obstajal. Na performanskem festivalu leta 1993 je Lijin mož, umetnik Dan Perjovschi, izvedel akcijo, v kateri si je na roko vtetoviral besedo *Romania* in avtentičnost svojega bivanja stavil na to ime. Ta tetovaža kaže na odvisnost njegove identitete od njegove države, od ozemlja, ki ga označujejo stoletja negotovosti in oporekane, manipulirane in travmatizine razmere, v katerih so živeli in živijo on in njegovi

physical container of willful mind determined to move in the world; the incorporeal and phenomenological extension of a body as a shadow in, and of, nature; and the body in culture – in its alliance with the built environment implied by the shelter of clothing. Projecting action within social space, she moved in relation to her actual historical and political circumstance as a subject in process. The artist wore the material rematerialization of herself in the form of a shadow on her back, as did the slave Seth, heroine of African-American writer Toni Morrison's Nobel Prize winning novel *Beloved*. Bearing the marks of the slave master's whip on her body, Seth chose to murder her baby girl, Beloved, rather than to raise her daughter into her own conditions of unbearable pain. Marked by the haunting of a sacrificed child, Seth's identity was shadowed ever after. Remembered in feeling but invisible to her own sight, the scars from lashings formed the image of a cherry tree on her back.

Although the artist did not know this novel when she performed in the streets of Timisoara, she likened the sculptural shadow she wore (and discarded) to what she called a »character-doll.« Just as this effigy, abandoned in the streets of Timisoara, may be considered the artist's creative offspring, the artist is herself a child of Romania who shed her shadow to cease replicating a painful past. But whereas Seth endured the weight of her identity in the burden of the ghost of her murdered child (a continuous legacy of the weight of slavery unseen on her back), the artist's shadow and the artist herself replicate, while they equally release, the very attributes of the land they attenuate. Insistently present in the body of the artist, the nation's dimensions and appearance nonetheless remain unrecognizable. While continuing to bear its weight in the continuity of her identity, she departs from her country's invisible countenance only with the greatest of effort.

It would be too easy to summon current theories of the fragmented postmodern schizophrenic identity to describe the many signatures that comprise the multiplicity of this artist's systematic exploration of identity. For Lia's singular effort to construct her own identity, in her own terms and in the face of great political pressures, operates as a unifying force in shaping, reshaping, and continuously rearticulating the fluidity of her socially ascribed identities symbolically reproduced in naming. In this regard, her frequent references both to the shadow (an evanescent double) and her concern with a vertical life (her concept of human virtue) involve conditions of her personality that reflect not only a personal value system but the broader conditioning of Romanian culture in which she waged what she describes as her »fight.«

In »I'm fighting for my right to be different« [1993], she took up the question of difference (vivid in her concept of self as an »alien and dreamer«) again utilizing the motif of the double, which she explored in »Nameless State of Mind.« For this event she performed a series of intensely emotional acts, ranging from gentle interaction to aggressive violence directed at a life-size doll with a more plastic, three-dimensional body than the character-doll, *cum* shadow, of the earlier action. The artist explained that at the beginning of the performance she »played with Lia,« making gestures and facial expressions at the doll, which she had dressed all in white, a color the artist associates with purity.[8] Then taking off her own clothes, the artist redressed the doll in the man's black suit that she herself had been wearing. In this way, Lia not only shifted the gender of the doll, suggesting a male rather than female identity, but also changed the moral value allegorically attached to it through the symbolic meaning of color. Once female and white, »Lia« now became »bad, dirty, or spoiled,« and she assumed a male countenance. Under the man's suit in which she dressed her doll, Lia herself remained dressed in black. Yet although the artist removed the trappings (clothes) of her masculine aspect, restoring her female form, a sullied shadow from its contact with the patriarchal world remained.

As the action progressed, the artist became more and more aggravated with her masculine personae, which she wanted to »listen to me, help me, and love me.« Attacking the doll, Lia doused it with black paint and began throwing the figure against the wall and around the room, an effort

sodržavljani. Toda njegova tetovaža je prav tako nedoločen znak, ki pomeni sočasnost vidne rane in znaka časti. Kot simbol odpora in znak marginalnosti predstavlja podpis ujetosti, masko, ki hkrati opredeljuje in prikriva identiteto. Ta tetovaža, označevalec polne kompleksnosti romunske nacionalne identitete, ožigosa Perjovschijevo telo z arbitrarno geografsko identiteto, ki so jo sporazumno določile državne vlade, in razkriva dvoumno psihološko lojalnost, ki jo take meje neizogibno porajajo v mislih. Njegova akcija-inskripcija sporoča tudi del vsebine zraščenih prostorov romunskega trpljenja in krivde – krivde, o kateri je govoril Perjovschi, ko je razlagal, da se v Romuniji, kjer so tako zapornike kot državljane navadno spremenili v hudodelce, krivda in nedolžnost med seboj neločljivo mešata. Vprašal je: »Kdo lahko pokaže s prstom?« Tetovaža Dana Perjovschija je, končno, izvrstna prispodoba za paradoks hkratnega življenja znotraj/zunaj.

II.

Kmalu po 2. svetovni vojni, 1949–1950, je češki slikar Vladimír Boudník »hodil po praških pločnikih in iskal razpadajoče stene, na katere je risal fantastične in abstraktne oblike« in jih uokvirjal s praznimi okvirji.[9] Z okvirjanjem sveta za javnost je Boudník predhodnik Milana Knížáka in skupine AKTUAL. Nobena razprava o zgodovini češkega body-arta ali performansa ni popolna, če ne vključuje Knížáka.

»Prvič sem sanjal o novi družbi, ko sem bil star osemnajst let«, je razlagal Knížák.[10] V tistem času so umetnika »vrgli« z univerze in umetniške akademije ter ga za dve leti in štiri mesece vpoklicali v vojsko, kjer je bil pogosto zaprt, ker ni hotel izpolnjevati ukazov. Okrog 1962–1963 je začela v stanovanju v ulici Novy Svet št. 19 v Pragi nastajati skupnost AKTUAL. Skupnost umetnikov so sestavljali Sonja Švecová, Jan Trtilek, brata Jan in Vit Mach in Zdenka Šišková. Med 1964 in 1966 je Knížák izvedel svoje prve »ceremonije« in »demonstracije«. Tipični dogodek skupine AKTUAL, ki ga je leta 1965 izvedel Knížák, je bil »Kako doseči, da bo obleka aktualna«:

S plašča je odtrgan rokav.
Ovratnik je pobarvan z neskladno barvo.
Na spodnji rob plašča (zarobek) je pritrjen 30 cm dolg rob. Njegovi konci so lahko spleteni.
Plašč je po vsej svoji dolžini prerezan.
Vsako polovico nosimo posebej.
Kvadrat 20 x 20 cm je izrezan iz zgornjega dela plašča, široka stran je vzporedna z rameni. Enako na jakni, srajci.
Majica. Na zunanjo stran so odtisnjeni velikonočni vzorci.
Slečene obleke zvijemo v sveženj in jih nosimo kot nahrbtnik, itn., itn.

Knížák in skupina AKTUAL niso bili edini, ki so izvajali dogodke od zgodnjih do poznih 60. let tega stoletja. Pesnik Eugen Brikcius je sredi 60. let izvajal ulične dogodke, v katerih je zasmehoval zgodovinsko kulisje češkoslovaškega stalinističnega in neostalinističnega režima v grenkih dneh predsednikov Novotnyja in Husaka. Ti dogodki ponazarjajo »usodo češkega nekonformističnega intelektualca, ki mu je politika razredne segregacije onemogočila študij na univerzi, ki ga je preganjalo skorumpirano sodstvo, ki so ga zaprli in končno izgnali iz njegove rodne države.«[11] Stanislav Filko in Alex Mlynárčik sta leta 1965 v Bratislavi izvedla svoj HAPPSOC. Ta dogodek je potekal od 2. do 8. maja 1965 po vsej Bratislavi; v katalogu sta ga opredelila kot »bratislavsko resničnost«, ki vključuje »Ženske, moške, pse, hiše in začasne zgradbe, balkone, kmečke hiše, industrijske objekte (tovarne, itn.), stanovanja, vodne pipe v stanovanjih, vodne pipe na prostem, električne štedilnike, plinske kuhalnike, pralne stroje … tulipane …«[12] Tako delo nas spomni, da je tudi Knížák vsako stvar spremenil v umetnost: streljal je v knjige in napravil »Ubite knjige«; knjige je polagal v malto in napravil »Dokumentarne knjige«; delal je »Uničeno glasbo« s ploščami, ki jih je spraskal, nanje risal, jih lomil in znova sestavljal; in ustvarjal je ročno izdelane samozaložniške publikacije z pisanimi, tipkanimi, slikanimi, risanimi in ciklostiranimi manifesti, risbami, pesmimi in teoretskimi spisi o umetnosti, matematiki, destrukciji in mnogih drugih temah.

V času »Žametne revolucije« je bil Knížák več kot tristokrat zaprt (za čas od ene ure do nekaj dni in do več mesecev) zaradi najrazličnejših razlogov, od

that took great strength as the life-size doll was now heavy and soaked with colored pigment. Throwing the doll at the public which sat quietly and patiently without moving, Lia sometimes spattered them with the black paint flying from the doll because of the violent movements. Each time she threw the doll, she imitated the position into which it fell. The performance ended when she kicked the doll down a flight of stairs and out of the performance space. An image of the artist lying on the floor with the doll, both of them spattered in paint portrayed an horrific exchange: an exorcism, a battle, a failed revolution, a double-suicide.

Nothing is more pernicious in the »discourse of fear« that plagued Romania than the fact that if an object/person/phenomenon was not named, then she/he/it simply did not exist. With the word *Romania* tattooed onto his arm, an action he made during a performance festival in 1993, Lia's artist husband Dan Perjovschi staked the authenticity of his existence on that name. This tattoo states the dependence of his identity upon his nation, a territory marked by centuries of uncertainty and the challenged, manipulated, and traumatized conditions in which he and his fellow Romanians have lived. But his tattoo is also an indeterminate sign signifying the synchronicity of a visible wound and a mark of honor. A symbol of resistance and icon of marginality, it is a signature of capture, a mask that both designates and disguises identity. As a signifier for the charged complexity of Romanian national identity, the tattoo brands Dan Perjovschi's body with the arbitrary geographical identity agreed upon by governments, and it displays the ambiguous psychological allegiances such boundaries inevitably commit to the mind. His action-inscription also conveys some of the content of the accreted spaces of Romanian suffering and guilt, guilt that Perjovschi addressed when he explained that in Romania, where both prisoners and citizens alike habitually were transformed into perpetrators, guilt and innocence intermingle inseparably. And he asked, »Who may point a finger?« Dan Perjovschi's tattoo is, finally, the perfect emblem of the paradox of living inside/outside simultaneously.

II.

In the early years after World War II, 1949–50, Czech painter Vladimír Boudník »walked the pavements of Prague in search of crumbling walls, on which he made drawings of fantastic and abstract shapes« which he framed with empty frames.[9] Framing the world for the public, Boudník anticipated Milan Knížák and the AKTUAL Group. No discussion of the history of Czech body art or Performance is complete without acknowledging Knížák.

»My first dreams about a new society occurred when I was eighteen,« Knížák has explained.[10] During this period, the artist was »kicked out« of the university and the art academy, drafted, and spent two years and four months in the army during which time he was often jailed for refusing to follow orders. By 1962-3, the AKTUAL Community began to take shape at an apartment on Novy Svet (New World) Street No. 19. in Prague. The community of artists consisted of Sonja Švecová, Jan Trtilek, the brothers Jan and Vit Mach, and Zdenka Žižková. Between 1964-1966, Knížák created his first »ceremonies« and »demonstrations.« A typical AKTUAL event by Knížák was »How to Make Clothing Actual,« 1965:

A sleeve is ripped off the coat.
The collar is painted a clashing color.
On the bottom (hemline) of the coat, a 30 cm long fringe is attached. Its ends may be braided.
The coat is cut apart along its entire length.
We wear each half separately.
A square 20 x 20 cm is cut out on the bodice of an overcoat, the wide side is parallel to the shoulders. The same on the jacket, shirt.
Undershirt. Easter decals are printed on the skin.
Clothes which are taken off are rolled into a bundle and carried on one's back like a knapsack, etc. etc.

Knížák and the AKTUAL group were not alone in creating events in the early to late 1960s. Poet Eugen Brikcius made street events in the mid-

njegove umetnosti do njegovega vedenja, videza, prepričanj in neuklonljivega veselja.[13] »Vsakič, ko je Brežnjev prišel v Prago«, mi je dejal, »so me policaji prijeli dva dni prej in me spustili po njegovem odhodu. Niso me marali; morda sem bil preveč odprt; imel sem dolge lase in videti sem bil čuden; nisem hotel biti ovaduh; nisem se skrival in zato sem vedno zašel v težave«.
Kljub poskusu, da bi ga utišali in obvladali, je imela Knížákova umetnost celih štirideset let vpliv brez primere, ne le v njegovi državi, temveč tudi v tujini, kjer je podoba preroka, jasnovidca, mučenika in grobega, prostaškega, seksi, arogantnega slikarja-pesnika-izvajalca-happeningov-teoretika-rokovskega pevca-aktivista-moškega navdihnila mnoge, ki so spoznali njegova umetniška dela. O dogodkih, ki jih je izvedel skupaj s skupino AKTUAL, je Knížák sprva razmišljal kot o »ceremonijah« in »demonstracijah«. Toda ob koncu leta 1965 je začel zavračati uporabo vsakih imen, ker se mu je zdelo to preveč nenaravno, in je hotel svojo umetnost razpustiti »v tok vsakdanjega življenja«:
Pretihotapil sem jo /umetnost/ v njihova življenja … O umetnosti sem razmišljal kot o jarku, ki ga izkopljejo pred tvojo hišo, tako da sploh ne moreš ven ali pa moraš napraviti most. V življenja ljudi sem hotel vtihotapiti določene občutke. Hotel sem doseči, da bi ljudje živeli bogato vsak milimeter svojega vsakdanjega življenja … Glejte, bil sem pod močnim vplivom komunističnega ideala. V njem smo živeli. Čeprav sam nikdar nisem bil komunist, nikdar. Toda bil sem pod močnim vplivom ideje, da je življenje pomembno, da je treba narediti življenje zelo bogato, da moramo živeti resnično in globoko. Verjeti moramo v pravičnost. O tem so govorili, nikdar pa tega niso izpolnili. V šoli so nas učili o čudovitih stvareh, toda med tem in resničnostjo je bilo veliko nasprotje. To je bilo popolnoma različno. Vselej sem razmišljal o revolucijah, spremembah v življenju, o spremembi v tem življenju. To je v temelju moje biti. O tem so me učili. Učili so me, da so revolucije prinesle nekaj novega in pomembnega. Nisem se zavzemal za družbeno revolucijo, hotel sem narediti revolucijo v vsakdanjem življenju.
V posebni številki *Vytvarné Umení*, vodilni češki tiskovini o umetnosti in književnosti, o »Prepovedani umetnosti« so uredniki zapisali, da so bile v 70. letih tega stoletja »prepovedane vse oblike svobodnega mišljenja, ki je pravi podstat umetnosti, /četudi/ so v nekaterih državnih institucijah zaradi potrpežljivosti in nepokorljivosti številnih določenih posameznikov, ki so delali v njih, mnoge stvari prišle skozi … /toda/ dejstvo, da so morale biti vse oblike umetniške dejavnosti potrjene s strani partijskih organizacij v odgovarjajočih državnih komitejih, samo po sebi govori /o tem/, koliko jih je bilo zavrnjenih s kratko pridigo, kaj je dovoljeno in kaj prepovedano.«[14]
Le tisti, ki so živeli v stalnem zatiranju, molčečnosti, strahu in pretirani opreznosti; ki so trpeli zaradi nespečnosti, živčnih motenj in paranoje, ki so jo povzročale in podžigale dejanske razmere; ki jim je bila kratena pravica do potovanja in do zbiranja; ki so morali prijaviti svoje pisalne stroje in so jim pregledali vsako napisano besedo in »šli skoz« vsako ustvarjeno podobo; od katerih se je zahtevalo, da delajo, a jim ni bilo dovoljeno imeti službe; le tisti, ki so se spraševali, ali bodo njihovo mater, očeta, sestro, brata, babico, dedka, strica, teto, nečakinjo, nečaka, soseda, prijatelja ali ljubimca zaprli ali, paradoksalno (in diabolično), če katera od teh oseb ali več njih vohuni za državo in tako izdaja zaupanje; le tisti, ki so jih izolirali in opazovali in zasledovali in zasliševali in aretirali in zaprli in mučili – morda lahko le ti ljudje zares razumejo pomen naslednjih dveh preprostih akcij.
a) 20. decembra 1974 je Jan Mlčoch v navzočnosti nekaj prijateljev preprosto slekel svoja oblačila in se umil po vsem telesu.
b) 5. septembra 1977 se je Petr Štembera vlekel po tleh, plosko po trebuhu, z na hrbtu zvezanimi rokami, po dveh linijah črnega in belega praška, vsaka linija za eno nogo. Prizadeval si je, da bi prišel do konca teh linij, toda med njegovim premikanjem je asistent zlival kislino na niti, ki sta se vlekli za njegovimi golimi stopali. Kislina je razjedala niti, tako da so se pljuski kisline – kot pri prižgani varovalki – postopoma bližali njegovim golim, navzgor obrnjenim stopalom.[15]
»Ker je bil moj očim filozof in je moja mama na univerzi študirala jezike«, je pripovedoval Štembera, »mi niso dovolili na univerzo, državne represalije pa sem doživljal (že leta 1958–1959 kot osemleten deček), ko nisem smel hoditi v normalno šolo, ampak so me poslali v šolo za otroke inteligence na drugem koncu mesta, ki jo je vodila zelo zmešana ženska iz Komunistične partije, ki

1960s that satirized the historic scenery of the Czechoslovak Stalinist and neo-Stalinist regime, in the bitter days of Presidents Novotny and Husak. These events illustrate »the fate of the Czech non-conformist intellectual prevented by class apartheid from studying at university, persecuted by corrupt jurisdiction, imprisoned and eventually expelled from his native country.«[11] Stanislav Filko and Alex Mlynárčik realized their HAPPSOC in Bratislava, 1965. This event included the entire city of Bratislava from May 2–8, 1965, which they catalogued as »Bratislava reality« including: »women, men, dogs, houses and temporary buildings, balconies, farm houses, plants (factories, etc.), flats, water faucets in flats, water faucets outside, electric stoves, gas cookers, washing machines...tulips...«[12] Such a work recalled how Knížák, too, had turned everything into art, shooting at books to make »Killed Books,« encasing books in cement to make »Documentary Books,« making »Destroyed Music« from records he scratched, drew on, broke, and reassembled, and creating handmade Samizdat publications containing written, typed, painted, drawn, and mimeographed manifestos, drawings, poems, and theoretical writings on art, mathematics, destruction, and many other topics.
By the time of the »velvet revolution«, Knížák had been jailed (for periods from an hour to a few days and many months) over three-hundred times for everything from his art to his behavior, appearance, beliefs, and irrepressible joy.[13] »Every time Bresnev came to Prague,« he told me, »the cops would pick me up two days before and let me out after he had left. They didn't like me; maybe I was too open; I had long hair and looked strange; I refused to sneak; I didn't hide myself and I always got in trouble for this«.
In spite of the attempt to silence and control him, Knížák's art had an unprecedented effect not only in his own country for forty years, but also abroad where the image of a prophet, a clairvoyant, a martyr, and a rowdy, baudy, sexy, arrogant, painter-poet-happening-maker-theorist-rock-singer-activist-man inspired many who experienced it through his works of art. Knížák initially thought of the events he made with the AKTUAL group as »ceremonies« and »demonstrations.« But by the end of 1965, he began to refuse to use any names at all because he felt too artificial and he wanted to dissolve his art »into the stream of everyday life:
I smuggled it [art] into their lives....I thought about art like a ditch that is dug out in front of your house and you just can't get out, or you just have to make a bridge. I wanted to smuggle certain feelings into people's lives. I wanted people to live richly every millimeter of their everyday life... Look, I was very influenced by the Communist ideal. We lived in it. Even if I was never a Commie, never. But I was very much influenced by the idea that life is important, that we have to make life very rich, we have to live really and deeply. We have to trust in justice. They said these things but they never did it. We were taught at school about fantastic stuff and there was a great contrast between this and the reality. They were totally different. I always thought about revolutions, changes in life, change in the life. That is at the base of my being. I was taught about it. I was taught that revolutions brought something new and important. I didn't want to make social revolution, I wanted to make revolution in everyday life.
In a special issue on »The Forbidden Art,« of *Vytvarné Umení*, a leading Czech publication on art and literature, the editors wrote that during the decade of the 1970s, »all forms of free thought, which is the very foundation of art, were forbidden [even though] in certain state institutions, thanks to the fortitude and unassailableness of many particular individuals working there, many things got through,...[but] the fact that all forms of artistic activity had to be sanctioned by party organizations in the relevant national committees, speaks for itself [of] how many were turned away with a brisk lecture on what was permitted and what forbidden?«[14]
Only those who have lived under constant tyranny, secrecy, fear, and hyper-vigilance; who have suffered from the inability to sleep, from nervous disorders, from paranoia induced and fueled by real conditions; who have been deprived the right to travel, and to assemble; who had to register their typewriters and have every word examined that they wrote and every image »passed« that they created; who were required to work but

se je izšolala v tridesetih letih /pod najostrejšimi stalinističnimi postopki/.«[16] Leta 1966 je začel Štembera slikati v slogu, na katerega je vplival španski slikar Tàpies, toda obisk v Parizu med Praško pomladjo je spremenil njegovo usmeritev. Umetnik je dve leti delal s svojo lastno krvjo in »se poskušal odločiti, kaj storiti«, prakticiral je jogo in razne asketske režime. To fizično disciplino je mogoče razumeti kot nekakšno urjenje osebne odpornosti.

Leta 1974 so Štemberove akcije postale bolj ritualistične. V »Narcis, št. 1«, na primer, ki jo je izvedel decembra 1974, je stal zazrt v svoj portret, nameščen na improviziranem, s svečami osvetljenem »oltarju«. Potem mu je Mlčoch s hipodermično brizgalko vzel kri iz žile. Štembera jo je zmešal s svojim urinom, lasmi in postrižki nohtov ter to mešanico popil pred svojim oltarjem. Taka akcija spominja na šamanske in vudu prakse za akumuliranje moči, zaščito pred zlimi duhovi in splošno varovanje duše. V akciji »Cepljenje«, izvedeni aprila naslednjega leta, je Štembera poskušal na svoje telo cepiti rastlino (uporabil je navadno vrtnarsko metodo, ki je vključevala strupene cepitvene snovi); razložil je, da je hotel »doseči stik z rastlino, si jo vcepiti v svoje telo, da bi bil z njo tako dolgo, kot je le mogoče«.

Štembera je vztrajal, da »obupanost«, ki so jo jasno sporočale te akcije, ni bila »namerna«, in dodal:

Gre za vprašanje položaja človeka, ki ne pomeni nič (jaz), in za drugačno situacijo človeka, ki je morda znan; za znano osebo je bilo to politično, zame pa ne. Bistvo teh idej je bilo odkritje lastnega telesa, fizične izkušnje in fizične biti v svetu. A naj poudarim, da nobena od teh študij ni segla v globino. Ukvarjal sem se z definiranjem svoje lastne izkušnje, ne z asimiliranjem kakšnih sistemov. Dejanska oblika mojih performansov se je razvijala pod neposrednim vplivom zahodne umetnosti. V tistih dneh sem bil v razmeroma tesnem stiku s Terryjem Foxom, Tomom Marionijem, Chrisom Burdenom in drugimi, in dokaj dobro sem vedel, kaj se dogaja po svetu. Odbijala pa me je »Dunajska šola« in njeno perverzno ozračje »konca stoletja«. (Freud je lahko živel le tam.)[17]

Aprila 1975 je Tom Marioni odpotoval v Prago zaradi raziskave za posebno številko revije *Vision*, ki jo izdajajo v Oaklandu v Kaliforniji, o vzhodnoevropski eksperimentalni umetnosti. V času njegovega bivanja v Pragi sta Marioni in Štembera ustvarila »Združitev«, akcijo, v kateri sta umetnika združila svoji telesi s krogi kondenziranega mleka in kakava, nanje pa poslala lačne mravlje. Krožni vzorec je označeval njuno bratstvo v konfliktu znotraj/zunaj, kar je bila tedanje stanje Vzhoda in Zahoda.

Še mnogi drugi umetniki na Češkoslovaškem so v tistem obdobju uporabljali telo v namene umetnosti, med drugimi Zorka Ságlová, Jaroslav Andel, Karel Miler, Rudolf Nemec, Rudolf Sikora, Jan Steklík, Jiří Valoch in Jan Wojnar. Toda Rullerjev prvi happening »Mimogrede« – uprizoril ga je, ko je imel šele sedemnajst let – nas spominja na starodavno vprašanje o znotraj in zunaj, ki je podlaga zahodne epistemologije in njenih binarnih stanj biti in vednosti. Ta happening je izvedel skupaj s skupino prijateljev v jami Pekarna v Moravskem Krasu, pokrajini z jamami blizu Prage. Njihovo delo je trajalo kakšnih trideset minut. Ti mladi ljudje so se premikali v svetlobi, ki je izza njih prodirala v jamo, in tako postali sence, ki so vizualizirale Platonova razglabljanja o idejnem in pojavnem svetu. Ruller je udejanjil metaforo razcepov, ki označujejo konceptualizacijo telesa in duha, in spomnil celo na dualistično stališče, ki ga je Platon postavil za sfero umetnosti, ko je umetnike obsojal zaradi njihove spretnosti reprezentiranja sveta in delil ontologijo na reprezentacijo in prezentacijo.

Taka filozofska zgodovina separacijskih akcij prikliče v misli vprašanje in akcijo »Was ist Kunst?« jugoslovanskega umetnika Raša Todosijevića, izvedeno večkrat v letih 1976–1978. Videla sem njegova izredna performansa na Dunaju in v Beogradu leta 1978. V tej akciji je umetnik stal pred mikrofonom, s hrbtom proti občinstvu, in vanj v različnih tonih in intonacijah ves čas šepetal, vpil, brbljal, kričal, moledoval, prosil in preprosto vpraševal eno in isto vprašanje – »Kaj je umetnost?« – , pri tem pa gledal v zaveso, na kateri so bile z ročno pisavo na veliko izpisane iste besede, pred njo pa sta bila tiha ženska (Marinela Koželj), ki je ravnodušno sedela in gledala proti občinstvu, in moški (nemški umetnik, takrat znan pod psevdonimom Aquinada, kasneje pa kot Ecke Bonk) s črnim ogrinjalom čez glavo in ramena, ki je stal tam z vrvjo okrog vratu. Akcija je trajala kakšnih petindvajset minut, dokler se ni

not allowed to have a job; only those who wondered if their mother, father, sister, brother, grandmother, grandfather, uncle, aunt, niece, nephew, neighbor, friend, or lover would be imprisoned, or, paradoxically (and diabolically) if one or more of the same people would spy for the State, betraying trust; only those who have been isolated and watched and followed and interrogated and arrested and imprisoned and tortured, perhaps only these people can truly understand the import of the following two simple actions

a) December 20, 1974, in the presence of a few friends Jan Mlčoch simply took off his clothes and washed his whole body.

b) September 5, 1977, Petr Štembera drew himself along the floor, flat on his stomach, hands tied behind him, over two lines of black and white powder, one for each leg. He was striving to reach the end of these lines, but as he moved, an assistant poured acid onto strings trailing behind his bare feet. The acid burned away the strings so that gradually, like a lit fuse, the splashes of acid came closer to his bare, upturned feet.[15]

»Because my stepfather was a philosopher and my mother had studied languages in the university,« Štembera recounted, »I was not permitted to go to the university and experienced State reprisals (already as a boy of eight in 1958–59) when I was not allowed to go to normal school, but sent across town to a school for the children of the intelligentsia run by a very crazy woman from the Communist party who had been trained in the 1930s [under the most severe Stalinist procedures].«[16] Štembera began painting in 1966 in a style influenced by the Spanish painter Tàpies, but a visit to Paris during the Prague Spring altered his direction. For two years, the artist worked with his own blood »trying to decide what to do,« and practiced yoga and various ascetic regimes. This physical regimentation might be understood as a kind of personal resistance training.

By 1974, Štembera's actions had become increasingly ritualistic. In »Narcissus, No. 1,« for example, performed December 1974, Štembera stood gazing at his portrait placed on an improvised »altar« lit with candles. Then blood was drawn from his vein with a hypodermic syringe by Mlčoch which Štembera mixed with his own urine, hair and nail clippings, and drank the mixture in front of his altar. Such an action recalls shamanistic and voodoo practices for accumulating power, protecting against evil spirits, and generally guarding the soul. In »Grafting,« performed in April of the following year, Štembera attempted to graft a plant to his body (using the normal gardening method that included poisonous materials for grafting), explaining that he wanted »to make contact with the plant, to put it in my body to be together with it as long as possible.«

The »desperation« that was clearly communicated in these actions was not »intentional,« Štembera insisted, and added:

It is a question of the position of one man who was nobody (myself), and another situation for a man who might be known; it was political for that one person who is known, but not for me. The essence of these ideas was the discovery of one's own body, of physical experience and physical being in the world. But I should stress that all of these studies were not done in depth. I was concerned with defining my own experience, not with the assimilation of some systems. The actual form of my performances evolved under the direct influence of Western art. In those days I was in relatively close contact with Terry Fox, Tom Marioni, Chris Burden and others, and I had a pretty good idea of what was going on in the world. But I was repelled by the 'Viennese school' and its perverse 'end of the century' atmosphere. (Freud could only exist there).[17]

In April, 1975, Tom Marioni traveled to Prague as part of the research for a special issue on Eastern European experimental art of *Vision* Magazine, published in Oakland, California. While in Prague, Marioni and Štembera created »Joining,« an action in which the two artists united their bodies with circles of condensed milk and cocoa to which they applied hungry ants, the circular pattern signifying their brotherhood within the inside/outside conflict that was then the East and West.

Many other artists in Czechoslovakia used the body to make art during this period: Zorka Ságlová, Jaroslav Andel, Karel Miler, Rudolf Nemec, Rudolf Sikora, Jan Steklík, Jiší Valoch, and Jan Wojnar, among others.

Todosijević utrudil in je bilo njegov globok, hripav, močan glas komajda še slišati. Mučno je bilo biti tam, poslušati in čutiti. Kajti vprašanje je bilo nerešljivo povezano z umetnikovimi lastnimi kulturnimi razmerami, ki so zatirale neizpodbiten izziv *vsakega* poskusa avtentičnega vizualiziranja dejanskih izkušenj sodobnega življenja, četudi je jasno, kako neukrotljiva je lahko umetnost, bodisi v okviru pogoltne kapitalistične potrošnje ali nasilne komunistične represije. Če je uprizorjeno vpraševanje postavilo pod vprašaj veljavnost same umetnosti, so nemi odgovor in stalna navzočnost prelepe priče (Koželj) in mučenega moškega (Aquinada) služili le temu, da potrdijo uporništvo umetnosti in, širše, zmožnost človeštva, da nasprotuje, se zoperstavlja in kljubuje s pomočjo povsem neobvladljivih imaginativnih sil, ki jih nobena stroka ne goji tako močno kot prav umetnost.

III.

Med umetniki, ki so se v 70. letih ukvarjali z akcijami v Romuniji, sta bila Ion Grigorescu in Geta Bratescu, njuno rabo telesa pa so anticipirale skupine, kakršne so ustanovili Constantin Flondor in Stefan Bertalan (ki sta v Temišvaru ustanovila »Grupului 111«, 1967–1968, in »Grüpul Sigma«, 1971, da bi uresničila interaktivne instalacije na deželi) ter Mihai Olos in Ana Lupas (ki sta prav tako izvajala happeninge v podeželskem okolju z mešanjem nečesa podobnega *arte povera* z romunskimi ljudskimi izročili). V 70. letih so se akcije dogajale predvsem v kontekstu fotografije, saj je bilo skoraj nemogoče, da bi se umetniki zbirali in nastopali skupaj. Ko je Grigorescu leta 1977 pisal o razmerju med performansom in fotografijo, je govoril o »nihanju med happeningom (happeningi) in foto-dokumentarcem (*réportage*)« v delu številnih avtorjev, kot so Eugenia Pop, Mihia Oroveanu, Andrei Gheorghiu, Ion Dimitriu, Horia Bernea, Decebal Scriba in Antonio Albici, Iosif Szilagy, Matei Lazarescu in Marilena Preda Sanc. Sredi 70. let je Grigorescu organiziral več razstav v Hiši Friedricha Schillerja v Bukarešti, osredotočenih na tako rabo fotografije, kjer fotoaparat – kot je pojasnil – »obravnava orodja prav kakor ljudi«.[18] Ko je Grigorescu govoril o svojem lastnem delu, je za svoje »Avtofotografije« dejal, da izhajajo iz »nekaj happeningov«, ki so bili po njegovem mnenju povezani z njegovo lastno »osebnostjo« v kontekstu »individualnega voyeurizma«.[19]

Ena od teh »Avtofotografij« je privedla do njegovega niza z naslovom »Skok s palico – reka Traisteni«, 1976. Te fotografije, ki jih je posnel Andrei Gheorghiu, prikazujejo umetnika v različnih dejavnostih ob reki. Grigorescuja vidimo, kako sedi na ogromnem drevesnem štoru, kriči v zrak, skače s palico v prostor in se nato pojavi z vratom, okrog katerega ima kovinski obod. Na drugem avtoportretu vidimo umetnika z podaljšanim vratom, prek njega pa je videti podobo slavnega sarkofaga egiptovskega kralja Tuta. Druge fotografije iz tega obdobja kažejo Grigorescuja, kako izvaja body-art akcije v svojem lastnem stanovanju. »Jezik«, 1976, upodablja le anatomski videz umetnikovih ust, široko zevajočih, kakor v kriku. Že sama razstavitev take podobe bi sprožila pri oblasteh vprašanja o Grigorescujevih motivih za »kričanje«. Zato se Grigorescu tenkočutno zanima za ta del telesa (jezik in njegova nezmožnost govorjenja), ne pa za politični kontekst, ki je tak govor zatiral. Nenaslovljeni niz prikazuje golega umetnika v divji akciji, omejeni na majhen prostor njegove sobe. Grigorescu je pri tej skupini slik pustil zaslonko odprto tako dolgo, kot je mogel, in se hitro premikal pred lečo.

Na vseh teh fotografijah se umetnik pojavlja spet in spet pomnožen. Zatorej to niso le umetnikovi avtoportreti, pač pa reprezentacije razcepljenega psihičnega stanja, v katerem je živelo toliko Romunov, medtem ko se je njihova razbita nacionalna identiteta jačala in odmevala v drobljenju osebne identitete. Katherine Verdery, antropologinja iz ZDA in strokovnjakinja za romunsko kulturo, je pri Romunih opazila »družbeno shizofrenost« in jo opisala kot zmožnost doživljanja »resnično pomenljivega in koherentnega Jaza *le* v razmerju do sovražne strani«.[20] Nadalje je trdila, da je bil najočitnejši proces, s katerim so Romunom vcepili poslušnost, prisila, dvojna zavezanost (intenzivni nacionalizem v povezavi z ekonomskim pomanjkanjem), zaradi katere so se ljudje lahko videli edinole kot »absolutno odvisni od vlade; niso je mogli kritizirati, ne da bi obveljali za nepatriote«.[21] Ta paradoksna situacija je v Romuniji spodbudila nekaj, čemur Verderyjeva pravi »simbolno-ideološki« diskurz, diskurz, ki uporablja »Narod … kot glavni *simbol*« in ki prežema ro-

But Ruller's first happening, »By The Way,« staged when he was just seventeen years old, recalls us back to the ancient theme of inside and out fundamental to Western epistemology and its binary conditions of being and knowing. This happening was performed with a group of friends in Pekarna Cavern, Moravsky Kras, caves in the countryside outside of Prague. Their activity lasted for about thirty minutes. Moving against the light flooding into the cave from behind them, the young people became shadows visualizing Plato's meditations on the world of ideas and phenomena. Ruller enacted a metaphor of the divisions that mark the conceptualization of the body and mind and recalled even the dualistic regard Plato established for the realm of art itself, condemning artists for their skill in re-presenting the world and further dividing ontology between representation and presentation.

Such a philosophical history of separation action calls to mind Yugoslavian artist Raša Todosijević's question and action: »Was ist Kunst?« performed repeatedly between 1976 and 1978. I witnessed Todosijević's remarkable performance in Vienna and Belgrade in 1978. In this action, the artist stood with his back to the audience before a microphone into which, in various tones and intonations, he whispered, shouted, ranted, screamed, pleaded, begged, and simply asked the same question over and over again – »What is Art?« – while facing a hand-written backdrop on which the same words were boldly written, and against which a silent woman (Marinela Koželj) sat impassively facing the audience, and a man (the German artist who at that time went by the pseudonyms Aquinada, and later Ecke Bonk) stood with a black cloth over his head and shoulders tied with a rope around his neck. The action lasted some twenty-five minutes until Todosijević was exhausted and his deep, husky, powerful voice could barely be heard. It was excruciating to witness, to hear, and to feel. For the question was inextricably bound to the artist's own cultural conditions, wherein the unremitting challenge to *any* attempt to visualize authentically the actual experiences of contemporary life was suppressed, even though one knew how irrepressible art may be whether within the voracious consumption of capitalism or the compulsive repression of communism. While the staged interrogation placed the validity of art itself in question, the mute response but constant presence of the beautiful witness (Koželj) and the tortured man (Aquinada) only served to confirm art's resistance, and by extension, humanity's ability to oppose, confront, and persist through the absolutely uncontrollable imaginative powers that no discipline so powerfully cultivates as art.

III.

Artists associated with actions in the 1970s in Romania included Ion Grigorescu and Geta Bratescu and whose use of the body was anticipated by such groups as those founded by Constantin Flondor and Stefan Bertalan (who formed »Grupului 111,« 1967–68, and »Grüpul Sigma,« 1971, in Timisoara to realize interactive installations on the land), and Mihai Olos and Ana Lupas (who also created happenings in rural environments fusing something akin to *arte povera* with Romanian folk traditions). Action in the 1970s occurred primarily in the context of photography since it was nearly impossible for the artists to gather and perform together. Writing about the relationship between performance and photography in 1977, Grigorescu discussed the »oscillation between happening[s] and photo-documentary (*réportage*)« in the work of a number of artists including Eugenia Pop, Mihia Oroveanu, Andrei Gheorghiu, Ion Dimitriu, Horia Bernea, Decebal Scriba and Antonio Albici, Iosif Szilagy, Matei Lazarescu, and Marilena Preda Sanc. In the mid-1970s, Grigorescu organized several exhibitions at the Friedrich Schiller House in Bucharest focused on the use of photography in which the camera, as he explained, »treat[s] tools just as persons.«[18] Referring to his own work, Grigorescu described his »Autophotographies« as emerging out of »a few happenings« that he considered related to his own »personality« in a context of »individual voyeurism.«[19]

One of these »Autophotographies« resulted in his series entitled, »Pole Vault – River Traisteni,« 1976. The photographs, taken by Andrei Gheor-

munsko umetnost, v kateri so telo in njegova dejanja identificirani hkrati kot Jaz in kot sovražnik.[22]

Skratka, Romuni so se počutili konfliktno, paradoksno, razdvojeno in kužno. Ta razdvojenost in razcepljenost se kaže v vseh fotografijah in filmih, ki jih je Grigorescu posnel o sebi. V šestminutnem črnobelem filmu »Dialog z Nikolajem Ceausescom«, 1978, igra umetnik v dialogu obe vlogi, diktatorja in samega sebe. V »Boksanju« se umetnik boksa sam s seboj. V »Moško/žensko« se kaže kot oba spola. V »Ame« se spoprijema s svojo dušo. Grigorescujeva reprezentacija in prezentacija samega sebe – samoobtoževan, poln krivde, besa, plehkosti in zdrobljenega smisla za družbeno izkušnjo – odraža tudi to, kar je Alexandra Cornilescu, lingvistka z univerze v Bukarešti, razložila kot romunsko tehniko preživetja: zmožnost »ograditve«, zmožnost voditi in živeti več življenj, reči eno in misliti nekaj drugega, govoriti v razplastenih kodah, ki jih ovaduhi ne morejo dojeti (in ki pogosto begajo celo prijatelje), uporabljati svoje oči in gibe, kot da bi bile besede.«[23] Ali, kot je zapisal romunsko-ameriški pesnik Andrei Codrescu: »Lažem zato, da bi skril resnico pred bebci.«[24]

Ta občutja koreninijo v novinarskih metaforah, ki govorijo o Romuniji kot o »mrtvem« ali »bolanem telesu«, »organizmu, … ki prestaja nekakšno terapijo … hudo bolečino … nočne more« in ki je potreben »Šok terapije«.[25] Tako terapijo izvajajo v «Bine si Rau« /Dobro in zlo/, 1976–1986. Na tej fotografski montaži je Grigorescu s predelavo več fotografij iz »Skoka s palico – reka Traisteni« ustvaril serijo podob, nato pa to sestavljanko prebarval in skolažiral z zlato folijo. Grigorescu se je upodobil kot osvajalec in kot premagani, kot sv. Jurij, ki zarine veliki leseni kol v ukrivljen hrbet »zmaja«, ki brizga kri, a se izkaže za podobo avtorja samega. Z vizualnim primerjanjem umetnikovega osebnega boja z bojem svetnika je ta slika samo-žrtvovanje zvedla na mučeništvo Romunije. S prizivanjem krščanskih sil, potrebnih za uničenje zveri, je Grigorescu ubil sovražnika na enak način, ki je bil potreben, da se je svet osvobodil mitskega romunskega grozodelca Drakule: z zabodenjem količka skozi srce, kar je morda metafora njegove želje, da bi pobil resničnega romunskega tirana Ceausesca. Toda s tem dejanjem si Grigorescu porine kol skozi svoje lastno srce, zlomi svoj lasten konfliktni občutek, da so on sam in njegove ideje zli, in prelije svojo kri na skalo, ki spominja na cerkev sv. Petra.

Montaži »Bine si Rau«, 1976–1986, pripisujejo že mnoge druge pomene. Gre za strnitev boja, ki ga je umetnik od konca 60. let in skozi 80. leta vodil s svojim egom, s svojim konceptom »duše«, z eksistencialno dilemo življenja in ustvarjanja umetnosti v razmerah absolutnega in nevzdržnega podrejanja, prisile in nadzorovanja, ki ga je umetnik preusmeril sam nase:

Sem v sebi, sam … ko kdo reče »jaz«, samega sebe tam ne čutim. »Jaz« sem torej na svetu sam – v sebi. A vendar moram iskati (sebe), najbolj potrebujem to, da se srečam. Ne težim k identifikaciji z menoj, obstaja tudi model Boga.[26]

Grigorescujevo delo odraža tudi dejanske materialne razmere Romunov, ki so že v 90. letih tega stoletja trpeli veliko materialno pomanjkanje. Del senzibilnosti in domiselnosti Grigorescujevega dela je način, kako je te razmere vizualiziral z izborom in uporabo materialov: za ustvarjanje svojih filmov in fotografij je uporabljal le romunsko blago najslabše kakovosti in tako jasno in nepozabno izpostavil korupcijo in propad svoje dežele. V tem pogledu Grigorescujeve akcije niso bile le psihični avtoportreti, temveč romunski nacionalni portreti.[27]

IV.

Leta 1954, ko je bil star šestnajst let, je romunski umetnik Paul Neagu začel razvijati teorijo estetike v risbah, asemblažih, kipih, pisanju in končno performansu. Svoj sistem evolucije človeka, organiziran okrog trojice simbolov, atributov in obnašanj, je razdelil v tri cikluse, vsakega s svojimi posebnimi značilnostmi. Ti koncepti, ki se začenjajo z naravo in napredujejo po stopnjah višje zavesti, so se sprva kazali v obliki človekolike figure z imenom »Antropokozmos«, ki se je v akcijah spremenila v umetnika samega, in se končno pretvorili v »Vezaj«, obliko povezave med dvema načeloma ali stanjema, dinamična vez, ki tvori zvezo in razmerje.

Leta 1976 je Neagu te tri cikluse strnil v instalaciji in performansu »Divjanje-Vezaj«. Akcija je potekala v instalaciji risb in velikega »Vezaja«, postavljeni v galeriji Serpentine v Londonu. Neagu je akcijo izvedel skupaj s partnerko Perry Robinson, ki je z zavezanimi očmi stala ob galerijski steni in jo označe-

ghiu, document the artist in various actions by the river. Grigorescu is seen sitting on a huge tree stump, screaming into the air, pole-vaulting into space, and then appearing with his neck ringed in a metal crown. In another self-portrait the artist appears with an elongated neck over which is superimposed the image of the Egyptian King Tut's renowned coffin. Other photographs from the period show Grigorescu performing body-actions in his own living quarters. »The Tongue,« 1976, pictures only anatomical feature of the artist's mouth, gaping wide open, in what appears to be a scream. Just the exhibition of such an image would have brought questions by authorities as to Grigorescu's motives for »screaming,« hence Grigorescu's subtle attention to the body part (the tongue and its inability to speak) rather than the political context within which such speech was repressed. An untitled series depicts the artist nude in frantic action confined to the tiny space of his room. In this group of images, Grigorescu left the shutter open as long as he could while quickly moving in front of the lens.

In all of these photographs, the artist appears multiplied again and again. They must stand, therefore, not only as auto-portraits of the artist, but as representations of the dissociated condition of psychic condition in which so many Romanians existed as their ruptured national identity was reinforced in, and echoed by, the shattering of personal identity. Katherine Verdery, a US anthropologist specializing in Romanian culture, recognized a »social schizophrenia« among Romanians which she described as an ability to experience a »real meaningful and coherent self *only* in relation to the enemy party.«[20] In addition, she argued that while coercion was the most obvious process by which Romanians were traumatized into obedience, a double bind (comprised of intense nationalism coupled with economic shortage) that left the people incapacitated to perceive themselves as anything other than »absolutely dependent upon a government which they could not criticize without being labeled unpatriotic.«[21] This paradoxical predicament reinforced what Verdery described as the »symbolic-ideological« discourse in Romania, a discourse that utilizes »the Nation... as a master *symbol*,« and that pervades Romanian art, wherein the body and its actions are identified as both self and enemy.[22]

In short, Romanians felt conflicted, paradoxical, doubled, and contaminated. This doubling and splitting appears throughout the photographs and films Grigorescu made of himself. In »Dialogue with Nicolae Ceausescu,« 1978, a 6-minute black and white film, the artist assumes the role of both the dictator and himself in a dialogue. In »Boxing« the artist boxes with himself. In »Male/Female« he appears as two genders. In »Ame,« he grapples with his soul. Grigorescu's representation and presentation of himself – as self-recriminating, filled with guilt, anger, futility, and a fractured sense of social experience – also reflects what Alexandra Cornilescu, a linguist from Bucharest University, explained was a Romanian survival technique: the ability to »hedge,« to cultivate and live multiple lives, to say one thing and to mean something else, to speak in layered codes impenetrable to informers (often even confusing to friends), to use one's eyes and gestures as if they were words.«[23] Or, as Romanian-American poet Andrei Codrescu wrote: »I lie in order to hide the truth from morons.«[24]

These emotions are embedded in journalistic metaphors that refer to Romania as a »dead« or »diseased body,« an »organism...undergoing some form of therapy...severe pain...nightmares,« and in need of »shock therapy.«[25] Such »therapy« is administered in »Bine si Rau« [Good and Evil] 1976–1986. In this photographic montage Grigorescu created by manipulating several photographs from the »Pole Vault – River Traisteni« series of images, and then overpainting and collaging the composite with gold foil. Grigorescu pictured himself as both conqueror and vanquished, St. George who plunges a huge wooden stake through the bent back of the »dragon« who, spurting blood, turns out to be the image of himself. This picture collapsed self-sacrifice into the martyrdom of Romania, visually comparing the artist's personal struggle to that of the Saint. Summoning the forces of Christianity necessary to vanquish the predator, Grigorescu slew the enemy in the same manner required to rid the world of the myth-

vala tam, kjer je »začutila« Neagujev pristanek, potem ko je umetnik tekal in skakal in se s svojimi stopali odbijal od stene, kakor visoko je le mogel (divjanje). Vsakič, ko je Neagu skočil, je Robinsonova občutila vibriranje zaradi njegovega udarca, intuitivno določila mesto udarca in ga »slepo« označila na steni. Po drugi strani je Neagu označil vsak svoj skok na notranji strani strukture »Vezaja«. Ko je Neagu postal preutrujen, da bi izvedel skok, je s performansom začela Robinsonova, skakala je in označila recipročno dejanje. To je bil Neagujev zadnji performans.

Začel sem verjeti, da bistvo pravega performansa ne more biti omejeno v meje »gledaliških« ureditev, z občinstvom in nastopajočimi kot ločenima kategorijama, ki nemočno upata na skupno platformo razumevanja. Z isto potrebo po globinskem komuniciranju sem moral performerja, kar sem bil, in njegov gib občutiti navznoter, in tako sem ugotovil, da ta ideja negibnega in strmečega gledalca daje enosmerno komunikacijo, ki je dosti preplitka za moje goreče ambicije. Tako sem se odločil, da ohranim take impulze zase, občinstvu pa pokašem le formalizirano poročilo.[28]

To »formalizirano poročilo« Neagujeve kozmologije je »Vezaj«. A preden je nehal nastopati, je Neagu realiziral več performansov, utemeljenih na njegovem metafizičnem sistemu. Mednje sodijo »Slep ugriz« (predstavljen v različicah v letih 1971, 1972 in 1975); »Horizontalni dež«, 1973; »Prehajam v tornado«, 1975; in »Postopno prehajam v tornado«, 1976. Za vsako od teh akcij si je Neagu zamislil popoln odnos med fizičnim in psihičnim življenjem v okolju. »Vezaj« je fizična metafora za vse te preoblikovalne sile in nosi vso simbolično težo Neagujevega alternativnega epistemološkega, ontološkega, metafizičnega in estetskega sistema. Toda »Vezaj« je bil tudi rezultat dolgega procesa umetniškega delovanja. Najprej se je pojavil v obliki kipa, ki ga je poimenoval »Generator subjekta«, 1975. Tvorila ga je pravokotna površina, podobna mizi (narejena iz centimeter debelega stekla), podpirale pa so jo tri lesene noge, dve kratki in ena, ki je bila na sredini podaljšana v prostor. Pravokotna zgornja ploskev, trikotna oblika, ki so jo tvorile noge, in dejstvo, da je dolgi element izrisal krog, če smo kip zavrteli v prostoru – vse to je pomenilo, da so bili trikotnik, pravokotnik in element, ki je tvoril spiralo, zajeti v eno obliko. Nadalje, na stekleno zgornjo površino mize je Neagu namestil povečevalno steklo, ogledalo, usmerjeni žaromet, kačo, leseno ploščo, mavčno podlago na platnu, kovinsko svetilko in transformator. »Subjekt«, risba tega objekta s svinčnikom iz leta 1974, nudi jasen dokaz za dejstvo, da je ta objekt antropomorfna reprezentacija samega umetnika, in predmeti, položeni na površino, ne predstavljajo le »novih subjektov«, temveč elemente energije, ki jo »generira«.

Ta risba nudi vpogled v pomen njegovega dela. S tem, ko dobesedno riše vzporednico med seboj kot umetnikom in »Subjektom«, nakazuje, da so se tudi sile generiranja umetnosti prestavile k »Subjektu«. Zbirka standardnih umetniških delovnih materialov na površini objekta in osnovne geometrične oblike njegove podporne strukture so torej materiali za generiranje umetnosti. »Subjekt« je meta-umetniško umetniško delo: delo, ki uteleša vse možnosti in predpogoje umetnosti.

V »Prehajam v tornado« je umetnik postal vrteči se derviš, ki se je sukal kot giroskop. Na svoje vrteče se telo je pritrdil »kulturno prtljago« (svojo zvito obleko) in jo uporabil kot nekakšen »balast«, ki mu je omogočal hitrejše vrtenje. Sam je zapisal, da je:

»… kvazi-ekstatičen značaj 'tornada', ki kulminira v ciklusu, njegov prečiščevalen in absorptiven tok, to je, gre za ekstravagantno in opustoševalno razbremenitev, ki transcendira vse, kar pride v njene vrtince.«[29]

»Postopno prehajam v tornado« je umetniku pomenil »spoštovanje fizičnega življenja in duha«, hkrati pa tudi priznavanje »'nadčloveških' razsežnosti, … (ki) spajajo EVOLUCIJO kot učinkovito izločanje in REVOLUCIJO kot nenadno nasilno spremembo občutka«.[30]

»Vezaj« predstavlja strnitev in premestitev – v kiparski obliki – Neagujevega izdelanega in kompleksnega sistema energije, zavesti in evolucije. Začel se je z organskim življenjem in skoz družbeno življenje prešel h kvantnim silam, ki metaforično predstavljajo hitrosti, ki širijo zavest v višjo sfero. Neagu je bil v svojem delu predan mišljenju, da je končni smisel človeškega obstoja na zemlji evolucija in da je njegova vloga umetnika v tem, da ustvarja oblike z vsemi sredstvi, od risb do akcij, tako da bo družba skoz »preoblikovanje pri-

ic Romanian terror – Dracula – by plunging a stake through the heart, a metaphor, perhaps, of his desire to sleigh the real Romanian tyrant, Ceauscesu. But in doing so, Grigorescu drives the stake through his own heart dashing his own conflicted sense of himself and his ideas as evil, and shedding his blood on the rock that suggests St. Peter's church.

Many other meanings accrue to the montage »Bine si Rau,« 1976-1986, which is a summation of the struggle the artist had from the late 1960s through the 1980s with his ego, his concept of »soul,« with the existential dilemma of living and making art in a condition of absolute and unendurable coercion, constraint, and surveillance which the artist turned back onto himself:

I am in me, alone...when somebody says 'I', I'm not feeling me there. Therefore 'I' am alone in the world – in me. Yet I must look for [me], the greatest need is to meet me. I'm not looking for identification with me, there is also the model of God.[26]

Grigorescu's work also reflected the actual material conditions of the Romanians who into the 1990s suffered great material deprivations. Part of the sensitivity and intelligence of Grigorescu's work is the way in which he visualized these conditions in the selection and use of materials, employing only the poorest quality Romanian goods to create his films and photographs, rendering palpable and unforgettable the actual corruption and decay of his country. In this regard, Grigorescu's actions were not only psychic self-portraits, but Romanian national portraits.[27]

IV.

In 1954 when the Romanian artist Paul Neagu was sixteen, he began to evolve a theory of aesthetics in drawings, assemblages, sculptures, writing, and, eventually performance. Organized around a trinity of symbols, attributes, and behaviors, he divided his system of human evolution into three cycles, each with its own particular characteristics. Beginning with nature and progressing through levels of higher consciousness, these concepts originally appeared in the form of a humanoid figure he called »Anthropocosmos,« that transformed into the artist himself in actions, and were resolved in »Hyhpen« – the form of connection between two principles or states, that dynamic commissure creating linkage and relationship.

In 1976, in an installation and performance, »Ramp-Hyphen,« Neagu summarized the three cycles. He performed an action in the midst of an installation of drawings and a large »Hyphen« placed in the middle of the Serpentine Gallery in London. Neagu undertook the action with a female partner, Perry Robinson, who with her eyes blind-folded and standing against the gallery wall, marked the wall where she »felt« Neagu had landed after the artist ran and jumped landing with his feet as high as possible on the wall (ramp). Each time Neagu jumped, Robinson felt the vibration of his impact and intuited its place, then marked it »blindly« on the wall. Neagu, in turn, marked each of his jumps on the inside of the »Hyphen« structure. When Neagu became too exhausted to execute the jump, Robinson began the performance making the jumping and marking a reciprocal act. This was Neagu's last performance:

I had come to believe that the essence of true performance could not be confined within the boundaries of 'theatrical' arrangements, with audience and performers as separate categories, helplessly wishing for a common platform of understanding. With the same need for depth communication, the performer that I was and his gesture had to be felt from inside, so I discovered that this idea of the static and staring spectator gives a one-track communication much too shallow for my ardent ambitions. Thus I decided to keep such impulses to myself and may be shown to the public only a formalized record.[28]

That »formalized record« of Neagu's cosmology is the »Hyphen.« But before he stopped performing, Neagu had realized a number of performances based on his metaphysical system. They included »Blind Bite« (performed with variations in 1971, 1972 and 1975), »Horizontal Rain,« 1973, »Going Tornado,« 1975, and »Gradually Going Tornado,« 1976. In each of these actions, Neagu conceived a total environmental relationship bet-

mernejšega sredstva/telesa« morda dosegla konstruktivnejše in »boljše razumevanje kompleksnih značilnosti preobrazbe energije« s pomočjo umetnosti.[31]

V.

Take akcije, kjerkoli se pač zgodijo, predstavljajo živo komunikacijo med umetniki in navzočimi posamezniki. Akcije oznanjajo intersubjektivnost – vezaj – medprostor, ki zahteva angažiranost in potegne gledalce v dialog, ki lahko grozi, odbija, prestraši ali zapelje; akcije tudi izobražujejo in razsvetljujejo. To je metonimična povezava, ki izraža »neko breztelesno ali neotipljivo stanje v pojmih telesnega ali otipljivega«[32]. Metonimija je spremenjeno komunikacijsko sredstvo žive, performerske umetnosti. Nekateri filozofi jezika so celo menili, da je proces metonimije pred pomenskimi zmožnostmi metafore. Metonimija »zahteva povezavo vzdolž kombinatorične osi (zaznavanje stičnih razmerij)« in kadar taka povezava vključuje človeške odnose, lahko privede do redukcije človeških dejanj »na manj kompleksno in ponavadi konkretnejšo sfero biti«[33]. S tem, ko so umetniki, ki so proizvajali akcije, dobesedno nastopali v prostoru med osebo, ki gleda subjekt, in konvencionalnim umetniškim objektom, so kot posredniki med obema predstavili kompleksno presečišče, kjer subjekti srečujejo objekte, kjer se v dogodku rodi artefaktualnost objekta in kjer sam umetnik ali umetnica postane tako subjekt, ki proizvaja objekt, kot tudi ta objekt sam. To je temeljni način, na katerega sama artefaktualnost umetnika in dogodka ohranja potencial za povezavo odtujenih subjektov s pomočjo tranzicije telesa. S prehodom od tradicionalne in izključne odvisnosti vizualne umetnosti od komunikacijskih mehanizmov metafore k mehanizmom metonimije je odtujenost med enim subjektom in drugim morda mogoče zmanjšati, *ne pa tudi odpraviti*.[34]
Ta esej sem začela s citiranjem Tadeusza Kantorja, velikega poljskega umetnika in inovatorja happeninga, ki je življenje opisal kot »kolebanje med smetiščem in večnostjo«. Ta fraza nam omogoča, da se spomnimo prefinjenega ravnotežja, ko je v medprostoru, ki ga najdemo med znotraj in zunaj, velikansko lahko uravnoveženo z neznansko majhnim. To je tudi prostor, ki sem ga teoretizirala kot »vez«, prostor povezave, ki ga označuje telo v performansu. Vez izhaja iz latinskih besed *commisura*, ki pomeni združiti, in *committere*, povezati, zaupati, dati v hrambo (iz česar izhaja angleška beseda »commit« /zaupati, poveriti, izročiti/). Med mnogimi pomeni te besede se *commisure* nanaša tudi na odprtino v telesu, ki loči očesni veki oz. ustnici. Če se zamislimo, da so akcije povezane, da so vezi, lahko dojamemo, da *predstavljajo umetniška vedenja, ki so narejena tako, da jih gledamo na enak način, kot gledamo objekt*. Vezem je v akcijah delegirano (zaupano) to, da delujejo kot povezave, ki vodijo nazaj k estetskim konceptom. V tem smislu lahko imamo umetnikovo telesno akcijo za odprtino med vekama in ustnicama gledajočih in govorečih subjektov, najsi gre za subjekte v akciji ali za gledajoče subjekte, ki generirajo diskurz o njih.
Če akcije razumemo kot vezi, jih moramo sprejeti kot znake predanosti gledalcem, kot znake, ki so ponujeni v želji po komuniciranju o dejanju. Umetniki, ki so uporabljali akcijo, so hoteli z odmikom umetnosti od povsem formalističnih zadev in komodifikacije objektov ter z vnovično povezavo umetnosti (kot vedenja) z vedenjem gledalcev ponovno vključiti tako same sebe kot tudi gledalce v aktivno izkušnjo. Umetniške akcije in akcije-objekti potujejo skozi telo umetnika v njegovi/njeni materialnosti do gledalca v družbenem svetu. Akcije-objekti so nosilci tiste informacije, ki jo oživlja akcija. Oznanjajo, da nikdar ni dovolj, če preprosto gledamo objekt akcije, ne da bi vstopili v angažirano razmerje, v situacijo, v kateri objekt potegne gledalce nazaj k akcijam in tako dopolni ciklus odnosa med nastopajočimi subjekti, objekti in gledajočimi subjekti. Mihail Bahtin je take vizualne demonstracije opisal kot heteroglosije, govorice zatiranih, ki hrepenijo po tem, da bi govorili sami zase. Ugotovil je, da je celotno družbeno življenje nenehno potekajoč boj med poskusi oblasti, da vsilijo enoten jezik, in poskusi tistih spodaj, da bi govorili v svojih lastnih narečjih (heteroglosijah).[35] V Vzhodni Evropi je tako prizadevanje privedlo do heteroglosije notranjih glasov v javnem forumu, kjer se je notranjost posameznika lahko srečala z zunanjostjo družbenega telesa. Ali je preveč, če menimo, da je ta fizični glas morda prispeval h končnemu srečanju Vzhoda in Zahoda, ki je sprožilo začetek konca razmerja znotraj in zunaj?

ween physical and psychical existence. »Hyphen« is the physical metaphor for all these transformative powers, and it bears the entire symbolic weight of Neagu's alternative epistemological, ontological, metaphysical, and aesthetic system. But »Hyphen« was also the result of a long process of artmaking. The first form in which it appeared was a sculpture he titled »The Subject Generator,« 1975. It consisted of a rectangular table-like surface (made of glass 1cm thick) supported by three wooden legs, two short and one entended from the middle out into space. Together the rectangular top, the triangular shape formed by the legs, and the fact that if the sculpture was rotated in space the long element would draw a circle meant that the triangle, rectangle, and element for spiraling were contained within one form. Moreover, on the glass surface of the table top, Neagu placed a magnifying glass, mirror, spotlight, snake, wooden board, gesso on canvas, a metal lamp, and a transformer. A 1974 pencil drawing of the object labeled, »The Subject,« clearly offers evidence of the fact that the object is an anthropomorphic representation of the artist himself and the objects placed on its surface represent not only the »new subjects« but the elements of energy it »generates.«
This drawing gives insight into the meaning of his work. By literally drawing a parallel between himself as artist and »The Subject,« he suggests that the powers of generating art are likewise transferred to »The Subject.« The agglomeration of standard art-making materials on its surface and the basic geometric shapes of its support structure are, then, the materials for the generation of art. »The Subject« is a meta-art artwork: a work that embodies all the possibilities and preconditions for art.
In »Going Tornado,« the artist became a whirling dervish spinning like a gyroscope. Attached to his spinning body, he fastened »cultural baggage« (his rolled up clothing) which he used as a kind of 'ballast' to enable him to spin faster. As he wrote:
The quasi-ecstatic character of a 'tornado' as culminative within the cycle is its expurgative and absorptive flow, that is to say it is an extravagant and wasteful disentanglement transcending everything which enters its whirls.«[29]
For the artist, »Gradually Going Tornado« signified »respect for physical life and spirit,« at the same time as an appreciation of the »'suprahumane' dimensions... blend[ing] together EVOLUTION as forcible extraction, and REVOLUTION as sudden violent change of feeling.«[30]
The »Hyphen« represents the condensation and displacement in sculptural form of Neagu's elaborate and complex system of energy, consciousness, and evolution. It began with organic life and moved through social life to quantum forces that metaphorically represented speeds that expand consciousness into a higher realm. Neagu has worked with a commitment to the belief that human existence on earth has a definite purpose to evolve, and that his role as an artist is to create forms in all media from drawing to action whereby in »reshaping a more suitable vehicle/body« society might arrive at a more constructive and »better understanding of the complex characteristics of the transformation of energy« through art.[31]

V.

Actions such as these, wherever they take place, represent vital communication between artists and the individuals who witnessed them. Actions announce an intersubjectivity – that hyphen – an interstice that requires engagement, drawing spectators into a dialogue that may threaten, repulse, dismay, or seduce; even as they educate and illuminate. This is the metonymic connection that conveys »some incorporeal or intangible state in terms of the corporeal or tangible.«[32] Metonymy is the altered communicative means of live, performed art. Some philosophers of language have even suggested that the metonymic process precedes the signifying capabilities of metaphor. Metonymy »requires connection along the axis of combination (a perception of contiguous relations),« and when such a connection includes human relations it may have the effect of reducing human actions »to a less complex and usually more concrete realm of being.«[33] By literally acting in the space between a human viewing sub-

[*] Dr. Kristine Stiles je umetnica in izredna profesorica zgodovine umetnosti na Univerzi Duke. Skupaj s Petrom Selzom je napisala *Theories and Documents of Contemporary Art*, University of California Press, 1996. Je mednarodno priznana strokovnjakinja za happeninge, Fluxus, umetniški performans in sodobno romunsko umetnost. Je začetnica preučevanja destrukcije v umetnosti, njeno specialno področje so travme in umetnost.

[1] Deli tega eseja so vzeti iz članka »Uncorrupted Joy: International Art Actions«, objavljenega v *Out of Actions: Between Performance and The Object 1949–1979*, Los Angeles Museum of Contemporary Art, 1998, str. 226–328, in iz moje knjige v nastajanju *Uncorrupted Joy: Considering the Social Value of Artists' Performance Internationally, 1949–1999*, ki bo izšla pri University of California Press leta 1999.

[2] Pismo Petra Štembera avtorici z dne 30. septembra 1997. Vse navedbe Štembera so iz tega pisma, razen če je navedeno drugače.

[3] Petr Štembera in Jan Mlčoch v pogovoru z avtorico 22. maja 1995 v Pragi.

[4] *Ibid.* V nekem drugem pismu z dne 25. marca 1997 je pisal Kim Cooper, koordinatorki razstav za *Out of Actions*: »Zdaj je moja umetnost tako (ne)pomembna kot ženska, ki sem jo ljubil pred leti: bilo je prijetno in lepo (tedaj), zdaj je le še spomin ….«

[5] Marie Judlová, »Focal Points of Revival: Czech Art 1956–1963«, v *Ohniska Znovuzrození: České umení 1956–1963*, Galerie hlavního mesta Prahy in Kultur Kontakt, Praga in Dunaj, 1994, str. 331.

[6] Glej Kristine Stiles, »Shaved Heads and Marked Bodies: Representations from Cultures of Trauma«, *Strategie II: Peuples Mediterranéens*, 64–65/julij-december 1993, Paris, str. 95–117; skrajšano in ponatisnjeno v francoščini in angleščini v *Lusitania*, 6/1994, New York, str. 23–29; skrajšano in ponatisnjeno v *Dan Perjovschi: Anthroprogramming*, Franklin Furnace, New York, 1996; skrajšano ponatisnjeno v nemščini v *kursiv*, 2–3/1995, Linz, Avstrija, str. 19–25; ponatisnjeno v celem z novim »Pogovorom« v Jean O'Barr, Nancy Hewitt, Nancy Rosebaugh (ur.), *Talking Gender: Public Images, Personal Journeys, and Political Critiques*, University of North Carolina Press, Chapel Hill, 1995, str. 36–64.

[7] Več podatkov o Liji Perjovschi najdete v mojem delu *amaLIA perjovschi: Shadows in a Vertical Life*, Soros Foundation, Bukarešta, Romunija, 1997.

[8] Vse navedbe Lije Perjovschi so iz mojih neobjavljenih razgovorov z umetnico v Romuniji v letih 1992–1996.

[9] Petr Štembera, »Events, Happenings and Land-Art in Czechoslovakia. A short information. *Revista de Arte/The Art magazine*, 7. december 1970, Universidad de Puerto Rico, ponatisnjeno v posebni številki o »Vzhodni Evropi« v *Vision*, 2. januar 1976, Oakland, Kalifornija, str. 42.

[10] Milan Knížák v pogovoru z avtorico 23. in 24. maja 1995 v Pragi. Če ni drugače navedeno, so vsi citati Knížáka iz tega intervjuja.

[11] Vladimir Borecky, »Brikcius's Capitulation and Recapitulation«, *Vytwarne Umeni: The Magazine for Contemporary Art*, 3/91, 1991, str. 57.

[12] Štembera, »Events, Happenings, and Land-Art …«, *op. cit.*

[13] Marca 1981 mi je v odgovor na moje pismo, v katerem sem mu razložila, kako pomembno je njegovo delo zame kot umetnico in strokovnjakinjo, odpisal: »*Hvala* za tvoje *prijazne* besede/vedno bolj razrušijo mojega duha kot kakršnokoli nasilje – porušijo običajno in navadno podobo o obnašanju ljudi.«

[14] Milena Slavická in Marcela Pánková, »Beseda urednika«, *Vytvarné Umení*, 3/4, 1995, str. 6 – posebna številka o »Prepovedani umetnosti« (»Zakázané Umeníi«).

[15] Roland Miller, »The Curtain Rises«, *Variant*, 12, 199?, str. 20-21.

[16] Štembera v pogovoru z avtorico 24. maja 1995 v Pragi. Če ni drugače navedeno, so vsi navedeni biografski podatki o umetniku iz tega pogovora.

[17] Štembera v pogovoru z Ludvikom Hlavačkom, »Vzpominka na akcni umeni 70. let«, *Vytvarne Umeni: The Magazine for Contemporary Art*, 3/91, 1991, str. 66.

[18] Ion Grigorescu, »Short presentation of Rumenian photography«, *Oosteuropese Conceptuele Fotografie*, Technische Hogeschool, Eindhoven, 1977, str. 8.

[19] *Ibid.*

[20] Katherine Verdery, »Nationalism & the 'Transition' in Romania«, predavanje na Univerzi Duke, 23. februar, 1993.

[21] Katherine Verdery, *National Ideology Under Socialism: Identity and Cultural Politics in Ceausescu's Romania*, University of California Press, Berkeley, str. 101.

[22] *Ibid.*, str. 122.

[23] Alexsandra Kornilescu, »Transitional Patterns: Symptoms of the Erosion of Fear in Romanian Political Discourse«, neobjavljen govor na letnem srečanju Modern Language Association, New York, 1992. Vse nadaljnje navedbe Cornilescujeve so iz tega članka.

[24] Andrei Codrescu, *Monsieur Teste in America & Other Instances of Realism*, Coffeee House Press, Minneapolis, 1987, str. 14.

[25] Alexandra Cornilescu, »Transitional Patterns…«, *op. cit.*

[26] Ion Grigorescu v številnih pogovorih z avtorico v različnih presledkih med jesenjo 1992 in letom 1996 v Bukarešti.

[27] Koncept avtoportreta kot nacionalnega portreta teoretizira Edvard Allen Shanken v »'*Le Coq* C'est Moi!' Brancusi's *Pasarea Maiastra*: Nationalistic Self Portrait?«, pred natisom v *Art Criticism*, 1998.

[28] Paul Neagu, »Gradually Going Ahead«, *Artscribe*, 16/1979, str. 50., citirano v Overy, *op. cit.*

[29] Paul Neagu v *Gradually Going Tornado! Paul Neagu and his Generative Art Group*, str. 24.

[30] *Ibid.*, str. 27.

[31] *Ibid.*

[32] Kenneth Burke, *A Grammar of Motives*, Prentice-Hall, New York, 1945, str. 504.

[33] Glej Robert J. Matthews in Wilfried Ver Eecke, »Metaphoric-Metonymic Polarities: A Structural Analysis«, *Linguistics: An International Review*, 67, marec 1971, str. 49. Citirano v moji neobjavljeni dizertaciji »The Destruction in Art Symposium (DIAS)«, 1987, *op. cit.*

[34] Te ideje sem prvič ubesedila v svoji doktorski disertaciji »The Destruction in Art Symposium (DIAS): The Radical Project of Event-Structure Live Art«, University of California at Berkeley,

ject and the conventional art object, as the mediator between the two, the artists who produced actions exhibited the complex intersection where subjects meet objects, where the artifactuality of the object is born in an event, and where the artist him or herself becomes both a subject who produces an object and the object itself. In this fundamental way, the very artifactuality of the artist and the event holds the potential to link alienated subjects through the transit of the body. Shifting from visual art's traditional and exclusive dependence on the communicative mechanisms of metaphor to those of metonymy, alienation between subject and subject might be reduced, *even if never resolved*.[34]

I began this essay by quoting Tadeusz Kantor, the great Polish artist and innovator of happenings, who described existence as »balancing between a dusthole and eternity.« His phrase enables us to remember the tenuous equilibrium that the vast can balance with the infinitesimal in the interstice that exists between inside and out. This is also the space that I have theorized as the »commissure,« the space of connection that is marked by the body in performance. Commissure is derived from the Latin terms *commissura*, meaning to join together, and *commitere*, meaning to connect, entrust, or give in trust (from which the English word »commit« is derived). Among its many meanings commissure also refers to the corporeal slit separating the two eye-lids and the lips. Thinking of the actions as connected, as commissures, one may grasp that *they constitute artistic behaviors that are made to be viewed in the same way that we look at the object*. As such, commissures are entrusted in action as delegated (committed) to act themselves as connections leading back to aesthetic concepts. In this sense, an artist's body action may be considered like the slit between the eyes and the lips of the viewing and speaking subjects whether as acting subjects, or viewing subjects generating a discourse about them.

Understood as commissures, actions must be acknowledged as signs of commitment to viewers, signs given in a desire for communication about the condition of acts. Removing art from purely formalist concerns and the commodification of objects, artists employing action sought to reengage both themselves and spectators in an active experience by reconnecting art (as behavior) to the behavior of viewers. Art actions and action-objects move through the body of the artist in his/her material circumstance to the viewer in the social world. Action-objects are carriers of that information enlivened by action. They announce that it is never enough to simply look at the object of an action without entering into a committed relation, a situation in which the object draws viewers back to actions completing the cycle of relation between acting subjects, objects, and viewing subjects. Mikhail Bakhtin described such visual demonstrations as a heteroglossia, the languages of the oppressed who long to speak for themselves. He observed that all social life is an ongoing struggle between the attempt of power to impose a uniform language and the attempt of those below to speak in their own dialects (heteroglossia).[35] In Eastern Europe such a commitment brought the heteroglossia of internal voices into a public forum where the inside of an individual could meet outside of the social body. Is it too much to suggest that this corporeal voice may have contributed to the final meeting of East and West that began the beginning of the end of inside and outside?

[*] Dr. Kristine Stiles is an artist and Associate Professor of Art History at Duke University. She is co-author with Peter Selz of *Theories and Documents of Contemporary Art*, University of California Press, 1996. She is an international authority on Happenings, Fluxus, Performance Art, and contemporary Romanian art. She pioneered scholarship on destruction in art, and specializes in trauma and art.

[1] Parts of this essay are excerpted from »Uncorrupted Joy: International Art Actions,« in *Out of Actions: Between Performance and The Object 1949–1979* (Los Angeles Museum of Contemporary Art, 1998): 226–328; and from my forthcoming book, *Uncorrupted Joy: Considering the Social Value of Artists' Performance Internationally, 1949–1999*, to be published by University of California Press, 1999.

[2] Petr Štembera's letter to the author, September 30, 1997. All quotes from Štembera come from this letter unless otherwise cited.

[3] Petr Štembera and Jan Mlčoch in conversation with the author May 22, 1995, Prague.

1987. Glej tudi moj članek »Survival Ethos and Destruction Art«, *Discourse*, 14/2, pomlad 1992, str. 95-96.
[35] Glej Mikhail Bakhtin, *The Dialogical Imagination*, University of Texas Press, Austin, 1981, navedeno v Katherine Verdery, *National Ideology Under Socialism: Identity and Cultural Politics in Ceausescu's Romania*, University of California Press, Berkeley, str. 122.

[4] *Ibid.* In another letter he wrote to Kim Cooper, Exhibition Coordinator for Out of Actions, March 25, 1997.: »My art is, now, as (un) important as a woman I loved years back: it was fine and nice (then), now it's only a memory...«
[5] Marie Judlová, »Focal Points of Revival: Czech Art 1956–1963,« in *Ohniska Znovuzrození: České umení 1956–1963* (Prague and Vienna: Galerie hlavního mesta Prahy and Kultur Kontakt, 1994): 331.
[6] See, Kristine Stiles, »Shaved Heads and Marked Bodies: Representations from Cultures of Trauma,« *Strategie II: Peuples Mediterranéens* [Paris] 64–65 (July-December 1993): 95–117; excerpted and reprinted in French and English in *Lusitania* [New York] 6 (1994): 23–39; excerpted and reprinted in *Dan Perjovschi: Anthroprogramming* (New York: Franklin Furnace, 1996); excerpted reprinted in German in *kursiv* [Linz, Austria] 2–3 (1995): 19–25; reprinted in full with a new »Afterword,« in *Talking Gender: Public Images, Personal Journeys, and Political Critiques.* Eds., Jean O'Barr, Nancy Hewitt, Nancy Rosebaugh. (Chapel Hill: University of North Carolina Press, 1995): 36–64.
[7] For more information on Lia Perjovschi see my, *amaLIA perjovschi: Shadows in a Vertical Life*. Bucharest: Soros Foundation, Romania, 1997.
[8] All quotes from Lia Perjovschi come from my unpublished discussions with the artist in Romania between 1992 and 1996.
[9] Petr Štembera, »Events, Happenings and Land-Art in Czechoslovakia, A short information« *Revista de Arte / The Art Magazine* (Universidad de Puerto Rico 7 (December 1970), reprinted in special issue on »Eastern Europe« in *Vision* [Oakland, California] 2 (January 1976): 42.
[10] Milan Knížák in conversation with the author May 23–24, 1995, Prague. All quotes from Knížák unless otherwise cited come from this interview.
[11] Vladimir Borecky, »Brikcius's Capitulation and Recapitulation,« *Vytvarné Umení: The Magazine for Contemporary Art* 3/91 (1991): 57.
[12] Štembera, »Events, Happenings, and Land-Art...«, *op. cit*
[13] In March of 1981, in response to a letter I sent him explaining how important his work was to me as an artist and a scholar, he answered: »*Thanx* for your *kind* words/they always destruct my mind more than any violence – they destruct the ordinary and usual image about people's acting.«
[14] Milena Slavická and Marcela Pánková, »From the Editor,« *Vytvarné Umení* 3/4 (1995): 6, special issue on »Forbidden Art« (Zakázané Umenií).
[15] Roland Miller, »The Curtain Rises,« *Variant* 12 (199): 20–21.
[16] Štembera in conversation with the author May 24, 1995, Prague. All biographical information about the artist unless otherwise cited comes from this discussion.
[17] Štembera in conversation with Ludvik Hlavaček, »Vzpominka na akcni umeni 70. let,« *Vytvarné Umení: The Magazine for Contemporary Art* 3/91 (1991): 66.
[18] Ion Grigorescu, »Short presentation of Romanian photography,« *Oosteuropese Conceptuele Fotografie* (Eindhoven: Technische Hogeschool, 1977): 8
[19] *Ibid.*
[20] Katherine Verdery, »Nationalism & the 'Transition' in Romania«, a lecture given at Duke University, February 23, 1993.
[21] Katherine Verdery, *National Ideology Under Socialism: Identity and Cultural Politics in Ceausecu's Romania* (Berkeley: University of California Press) 101.
[22] *Ibid:* 122.
[23] Alexandra Cornilescu, »Transitional Patterns: Symptoms of the Erosion of Fear in Romanian Political Discourse,« unpublished talk at the Modern Language Association Annual Meeting, New York, 1992. All further quotes by Cornilescu come from this article.
[24] Andrei Codrescu, *Monsieur Teste in America & Other Instances of Realism* (Minneapolis: Coffee House Press, 1987) 14.
[25] Alexandra Cornilescu, »Transitional Patterns: Symptoms of the Erosion of Fear in Romanian Political Discourse,« unpublished talk at the Modern Language Association Annual Meeting, New York, 1992. All further quotes by Cornilescu come from this article.
[26] Ion Grigorescu in numerous discussions with the author at various intervals between the fall of 1992 and 1996, Bucharest.
[27] The concept of a self-portrait as a national portrait is theorized by Edward Allen Shanken in »'*Le Coq* C'est Moi!' Brancusi's *Pasarea Maiastra*: Nationalistic Self Portrait?« forthcoming in *Art Criticism*, 1998.
[28] Paul Neagu, »Gradually Going Ahead,« *Artscribe* 16 (1979): 50, quoted in Overy, *op. cit.*
[29] Paul Neagu, in *Gradually Going Tornado! Paul Neagu and his Generative Art Group*: 24.
[30] *Ibid:* 27.
[31] *Ibid.*
[32] Kenneth Burke, *A Grammar of Motives* (New York: Prentice-Hall, 1945): 504.
[33] See Robert J. Matthews and Wilfried Ver Eecke, »Metaphoric-Metonymic Polarities: A Structural Analysis,« *Linguistics: An International Review* 67 (March 1971): 49. Quoted in my unpublished dissertation, »The Destruction in Art Symposium (DIAS)«, 1987, *op. cit.*
[34] I first expressed these ideas in my 1987 doctoral dissertation »The Destruction in Art Symposium (DIAS): The Radical Project of Event-Structure Live Art,« University of California at Berkeley. See also my »Survival Ethos and Destruction Art,« *Discourse* 14:2 (Spring 1992): 95–96.
[35] See Mikhail Bakhtin's *The Dialogical Imagination* (Austin: University of Texas Press, 1981), quoted in Katherine Verdery, *National Ideology Under Socialism: Identity and Cultural Politics in Ceausescu's Romania* (Berkeley: University of California Press): 122.

BODY AND THE EAST

Bolgarija / Bulgaria

Iara Boubnova

Zdi se mi, da lahko celo danes izraz »body art« v kontekstu bolgarske sodobne umetnosti uporabljamo samo provizorično. Izraz se je pojavil v jeziku umetnostne kritike in likovne umetnosti na splošno sočasno s prvimi poskusi performansov sredi osemdesetih let. Seveda je bilo telo v umetnosti kot tradicionalni objekt prezentacije »navzoče« že davno pred tem. V skladu s postulati socialističnega realizma je bilo telo bodisi odsev človeškega socialnega ozadja in povezav bodisi jasno prepoznaven znak konkretne tematike. Ogromna količina aktov, v glavnem ženskih teles, upodobljenih v tradiciji klasične umetnosti, kljub vsem mogočim pozam in perspektivam, ki so jih uporabljali umetniki, ni kazala niti sledu erotike. Nasprotno, akti so bili namenoma aseksualni, tako, da naj bi se gledalec osredotočil na duhovne lastnosti modela, na implicitno socialno funkcijo in/ali na profesionalno veščino avtorja. Bolgarskim umetnikom je bila v socialističnih časih sicer dovoljena določena slogovna svoboda, celo večja od svobode v drugih socialističnih državah; kljub temu pa »telesna« tematika nikoli ni veljala za povsem ideološko ustrezno. Odnos do telesa se je običajno ravnal po ljudskem pojmovanju »zdravega duha v zdravem telesu«, ki izvira iz sveta medicine in ne iz sveta estetike, kar pa je bilo že davno pozabljeno.

Sočasno pa je bila družba kot celota telesu precej bolj naklonjena. Tako imenovani »nestinari« – moški in ženske, ki v starodavnem ritualu bosi plešejo po živi žerjavici – so bili v sedemdesetih in osemdesetih letih sprejeti in priznani kot narodni fenomen, imeli so blagoslov oblasti in bili so celo izvozno promovirani. Njihova osupljiva spretnost se je metaforično projicirala na celoten narod in s tem potrjevala njegovo zgodovinsko, kulturno in morda celo genetsko izjemnost. Nastajali pa so tudi drugi poluradni miti o bolgarskem »narodnem« telesu in njegovih krepostih. Najznačilnejši med njimi je bil gotovo splošno razširjeno prepričanje o svetovni priljubljenosti semena bolgarskih darovalcev – o kakovosti semena in njegovih moških proizvajalcev. Obenem so bile na obali Črnega morja, ob rekah in jezerih po vsej državi neštete nudistične plaže. V šestdesetih in sedemdesetih letih so bile skorajda uradno spodbujane in so bile ne le številne, temveč tudi priljubljene pri vseh družbenih slojih. Blago »zatiranje« nudistov, ki se je začelo v zadnjem desetletju socializma, je bilo predvsem posledica povečanega dotoka sovjetskih turistov in je imelo lenoben in zelo apologetski značaj… Kasneje sta telo in njegova golota postala eden najpopularnejših simbolov novopridobljene svobode v prvih letih političnih sprememb po letu 1989. Takrat so nešteta tekmovanja tipa »miss monokini« (»miss zgoraj brez«), »miss mokre majice« in celo »mister bang bang« pritegnila velikansko število udeleženk oz. udeležencev in občinstva. Tekmovanja so navdušeno pozdravljala množična občila kot znak svobode, »zahodnega« načina življenja, pogosto pa tudi kot sinonim dokončne osvoboditve duha (!) od socialistične ideologije in provincionalne morale. Te prireditve, na katerih so ocenjevali, vrednotili in presojali velikost, obseg in »lepoto« vseh mogočih telesnih delov, so se redno organizirale dve ali tri leta in so se odvijale na najbolj javnih krajih – ob bazenih in v parkih večjih mest po vsej državi. Izkazalo pa se je, da so glavno občinstvo teh dogodkov skromni obiskovalci, cele družine, ki jim nizki dohodki niso omogočali poletnih počitnic na morju.

Poleg teh privlačnih javnih dogodkov so instrument »osvoboditve« telesa postale tudi specializirane moške in ženske publikacije s svojim šokantnim prevodnim izrazjem in zapeljivimi plagiranimi ilustracijami. Te publikacije so povzročale javno razpravo o razliki med erotiko in pornografijo, v kateri je sodelovalo celo ministrstvo za kulturo. Mnogi najbolj znani (=najkomercialnejši) umetniki danes radi slikajo gola telesa žensk, ki jih poznajo ali ne, pred fotografsko ali TV kamero, svoje početje pa opredeljujejo kot body art. Pred nedavnim so to počeli celo parlamentarni poslanci… Vsiljive televizijske reklame za damske vložke in tampone se zdijo kot nekakšen refren te hiperreprezentacije telesa.

Iara Boubnova

It seems to me that even now the term »Body Art« could only be used within the context of Bulgarian contemporary art in a provisional way. The term appeared in the language of art criticism, and the visual arts in general, simultaneously with the first attempts at performance art in the middle of the 1980s. Naturally, the body was »present« as a traditional object of representation in art long before that. In full accordance with the postulates of Socialist Realism, the body was either a reflection of the social background and affiliations of man or a clearly recognizable sign for a particular subject matter. The vast quantity of images of the nude, mainly female body, that were executed within the tradition of classical art, display not even a hint of eroticism in spite of all kinds of poses and viewpoints used by the artists. On the contrary, the nudes were intentionally asexual so that the viewer could concentrate on the spiritual qualities of the models, on their implied social functions and/or on the professional fluency of the author. Bulgarian artists in socialist times were permitted a level of stylistic freedom which was greater than that of their colleagues in other socialist countries. Regardless of that, the »body« thematics were never considered quite ideologically correct. The body attitudes more often than not followed the popular concept about the »healthy spirit in a healthy body« which comes from the world of medical sciences and not from the one of aesthetics, a fact which is long since forgotten.

At the same time society as a whole was rather more »benevolent« to the body. The so called »nestinari« – men and women who dance barefoot on live coals in an ancient ritual – were accepted and acknowledged during the 1970s-80s as a national phenomenon, a subject to official approval and promotional export. Their amazing talents were metaphorically extrapolated over the entire nation in order to confirm its historical, cultural and almost genetic exceptionality. Other semi-official myths about the Bulgarian »national« body and its virtues were born as well. The most indicative of those is, no doubt, the wide-spread story about the world-wide popularity of sperm from Bulgarian donors – its own quality and that of its male producers. On the other hand, there were the countless nudist beaches on the Black Sea coast, near the rivers or the lakes all over the country. Almost officially sanctioned during the 1960s and the 1970s, they were not only abundant but enjoyed popularity with all kinds of social strata. The mild »repressions« of the nudists that took place in the last decade of socialism, were caused mainly by the increased flow of Soviet tourists and had a lazy and very apologetic nature... On the other hand, the body and its stripping down became one of the most popular symbols of the newly found freedom during the first years after the political changes in 1989. At that time the countless contests of the type of »Miss Monokini« (»Miss Topless«), »Miss Wet-T-Shirt«, and even »Mr. Bang-Bang«, attracted huge numbers of participants and large audiences. The contests were widely hailed by the mass media as a sign of freedom, of the »western« way of life, and quite often as the synonym of the ultimate liberation of the spirit (!) from the socialist ideology and the provincial morals. These shows which used to measure, evaluate and judge the size, the volume and the »beauty« of all kinds of human body parts, were organized regularly for 2-3 years and took place in the most public locations – the swimming pools and the parks in the bigger cities of the country. The main audience, however, turned out to be the humble all-the-family-together type of viewer whose low income could not provide for a summer vacation on the sea coast.

Outside the attractive public events, the specialized male and female publications, with their shocking translated terminology and the seductive plagiarized illustrations, became instrumental for the »liberation« of the body. These publications in their turn caused a public discussion, with the

V tem času se je družba dejavno spoznala s človeškim telesom prek množične kulture. Vse do danes je njena interpretacija telesa najprivlačnejša in najpopolnejša v prostoru med političnimi, socialnimi in kulturnimi omejitvami kolektivnega telesa socializma iz nedavne preteklosti na eni strani in ekshibicionistične umetniške telesnosti današnjih umetniških praks na drugi.
V konceptualnem smislu se je proces formulacije vizualnega jezika umetniške telesnosti v Bolgariji sprožil na začetku devetdesetih let s performansi Orlina Dvorjanova, ki je skušal rekonstruirati nekatere starodavne orfične rituale, pa tudi z umetnostjo ženske umetniške skupine »DA« pod vodstvom Daniele Nenove. Njihove teatralizirane akcije so temeljile na koreografiji in na raziskavah meja telesa, ki še vedno izraža nekatere metafore arhaičnega univerzalizma. Ciklus del Albene Mihailove iz leta 1991, ki je predstavila fotografije svojega golega telesa v devetem mesecu nosečnosti, ni bil le ena najbolj šokantnih umetniških kršitev lokalnega tabuja, temveč je predstavil tudi bolj artikuliran odnos do lastnega telesa, sprejetega obenem kot meja telesa in kot meja sveta. Georgi Toušev, Kossio Minčev in Houben Čerkelov so v svoji instalaciji »Fotografije iz…« (1995), ki jo sestavlja dolga vrsta barvnih fotografij iz njihovega razigranega vsakdanjega skupinskega življenja, skušali prikazati svojo osebno telesno svobodo kot sinonim za eksistencionalno svobodo. Demonstracija telesa se je tu spremenila v demonstracijo antidogmatizma. Tako je umetniška reflekcija »opazila« telo, vendar pa je bilo to še vedno navzoče v umetnosti samo kot projekcija neke informacije, kot ilustracija, ne pa kot ovira, ki mora premagati samo sebe.
V tem shematsko začrtanem kontekstu se zdita odnosa, ki ju Vencislav Zankov in Rasim Krastev izkazujeta do svojega telesa, ko z njim manipulirata pri ustvarjanju umetniških del, kot dva nasprotna pola. »Nostalgični« in »racionalni«, »duhovni« in »tržni« – pola, ki imata različne definicije glede na trenutno dualistično stanje zavesti. Vencislav Zankov sprejema telo kot posodo duše z mogočnimi konotacijami zapora, najresničnejše meje med javnim in zasebnim, od Boga dane oblike, ki razkazuje/skriva substanco. V njegovih performansih vse od začetka devetdesetih let (»Rdeča« in »Limes agoniae«) je telo vedno konkretno – telo umetnika Zankova. Obenem je kreator in kreacija, njegovo telo združuje božansko in zemeljsko med ritualom, ki je prav toliko mističen kot ekshibicionističen. Resnična navzočnost v prostoru rituala je dejanska navzočnost umetnika v prostoru umetnosti. Njegovo telo igra vlogo posrednika med znanimi kulturnimi stereotipi in trenutno resničnostjo. Kri se preliva ali pije, ali pa dela na platnu krvave odtise živalskih teles. Akcije se lahko dogajajo v klavnici, zunaj, v snegu, ki prekriva mestni park, ali pa v razstavišču. Akcije imajo liturgično naravo, pripomočki kažejo na krščanstvo, pozornost občinstva se osredotoča na postavo avtorja, pomen dogodka pa je žrtvena daritev. Umetnik, človek, se »žrtvuje« – javno in ceremonialno, resno in odkrito, pri tem pa sproža nedvoumne biblične asociacije.
V svoji akciji »Zrezek in pomfrit« (1992) si je Zankov dal ostriči lase, kot Samson, pred živim občinstvom in televizijskim zaslonom z zamrznjeno podobo njegovega lastnega obraza, kakršen je bil pred spremembo zunanjosti. Avtorjeva privlačna podoba boemskega umetnika se je spremenila v privlačno, vendar nekolikanj bolj strogo podobo ujetnika ali vojaka, ki je vključen v sistem, poln omejitev. Element, ki je instrument resignifikacije umetnikovega telesa, ritualističnega telesa, njegovi lasje, konča zmešan z govejim zrezkom, ki ga nazadnje poje. Pri tem je kot starogrški titan Kronos, ki žre svoje lastne otroke, da bi se rešil pred neizogibno spremembo; da bi zaustavil čas, Zankov poje in uniči del sebe, razliko med seboj poprej in seboj odslej, pri tem pa javno razkazuje svojo temeljno nespremenjenost/nespremenljivost. Avtor sam je svojo akcijo formuliral kot »meje agonije v času, ki je naredil mojo preteklost nesnovno, mojo prihodnost pa brez oblike«. Sebe je razglasil za glas Časa.
Po letu 1996 je bilo celotno življenje Rasima Krasteva proces realizacije določene body art akcije. Takrat je začel projekt z naslovom »Popravki«, v katerem skuša preobraziti svoje telo v stanje fizične popolnosti. Za vzor si je postavil mačistični ideal zvezdnikov hollywoodskih akcijskih filmov (Schwarzenegger, Stallone ipd.), ki ga še krepijo body-builderska tekmovanja. Umetnik se je vključil v resen program treninga v telovadnici za body building pod vodstvom posebnega inštruktorja, živi zdravo atletsko življenje in si povečuje mišično maso z uživanjem proteinov in vitaminov. Njegovo akcijo podpira FRAC Languedoc-Rousillon iz Montpellierja v Franciji. Vsaka umet-

participation of the country's Minister of Culture, on the difference between erotics and pornography. Many of the most famous = most commercial artists are now in the habit of painting the naked bodies of women, whom they do or don't know, in front of photographic or TV cameras, while defining their actions as body-art. Lately this is done by members of parliament as well… The intrusive TV advertisements for ladies' sanitary pads and tampons seem like a refrain to this hyper-representation of the body.
During this time society actively familiarized itself with the human body through the mass culture. To this day its interpretation of the body is the most attractive and complete one within the space which is located between, on one hand, the political, social and cultural restrictions over the collective body of socialism from the recent past, and on the other, the exhibitionistic artistic corporeality of the present day art practices.
Conceptually speaking, the process of formulation of a visual language for artistic corporeality in Bulgaria originated in the early 1990s with the performances of Orlin Dvorianov, who attempted to reconstruct some ancient orphic rituals, as well as those of the female artists' group »DA«, under the leadership of Daniela Nenova. Their theatricalized actions relied on choreography and investigations on the limits of the body which is still expressive of some metaphors for archaic universalism. The cycle of works from 1991 by Albena Mishailova which represented in photographs her own naked and nine-months pregnant body, was not only one of the most strikingly artistic transgressions of the local taboo, but also represented a more articulated attitude to one's own body, accepted as the limit of the body and the world simultaneously. Georgi Toushev, Kossio Minchev and Houben Tcherkelov attempted to demonstrate their own personal body freedom as a synonym to existential freedom in their installation »Photographs from…« (1995), which consisted of a long row of standard color photographs from their cheerful everyday group life. The demonstration of the body here is turning into a demonstration of antidogmatism. Thus, the artistic reflexion took »notice« of the body but it was still present in art only as a projection of some information, as an illustration, rather than as an obstacle which has to overcome itself.
Within this schematically sketched context, the attitudes which Ventsislav Zankov and Rassim Krastev display toward their own bodies, while manipulating them for the creation of art works, would appear to be located at two opposite poles. On the »nostalgic« and the »rational« ones, or on the »spiritual« and the »market« ones – the poles could have various definitions in connection with the current dualistic state of consciousness. Ventsislav Zankov accepts the body as a vessel for the soul with the following possible connotations for: the prison, the most real border between the public and the private, the God given form which displays/hides the substance. In his performances from the early 1990s (»Red« and »Limes agoniae«) the body is always a concrete one – the body of the artist Zankov. He is the creator and the creation, his body combines the divine and the earthly during a ritual which is as much mystical as it is exhibitionistic. The real presence in the space of the ritual is the actual presence of the artist in the space of art. His body functions as a mediator between the familiar cultural stereotypes and the current reality. Blood is being shed or drunk, or imprints some bloody animal bodies on canvas. The actions may take place in the slaughterhouse, or outdoors in the snow covered City Park, or in an exhibition hall. The actions have a liturgical nature, the accessories refer to Christianity, the attention of the audience is concentrated on the figure of the author while the meaning of the event is in the sacrificial offer. The artist, the man, »sacrifices« himself – publically and ceremonially, seriously and honestly, while triggering unmistakable biblical associations.
In his action »Steak and Chips« (1992) Zankov's hair was being cut down, like the hair of Samson, in front of a live audience and his own face, frozen on the screen of a monitor as before the change of the artist's exterior. The author's attractive image of a bohemian artist is turning into an attractive but somewhat more severe image of a prisoner or a soldier, who is involved in a system full of restrictions. The element which is instru-

niška dejavnost Rasima Krasteva se spreminja v element tega velikega projekta – publikacije in plakati, ki predstavljajo njegovo olepšano telo, sodelovanje na modnih revijah, v televizijskih intervjujih z njim kot »zvezdnikom«, njegovo vsakdanje »zvezdniško« pojavljanje v javnost ipd. Po drugi strani v svetu današnje stvarnosti v Bolgariji ta variacija umetniškega ekshibicionizma sproža asociacije z neko specifično, dobro definirano in po naravi »mafijsko« skupino ljudi – skupino bivših socialističnih športnikov-rokoborcev, ki so postali simbol zgodbe o hitrem uspehu. Čudovito telo Rasima Krasteva je umetnikov glavni in malone edini instrument, obenem pa je rezultat umetniške dejavnosti. Telo ni metafora za obstoj, je obstoj sam. Telo ne ponotranja problemov umetnosti, temveč postaja umetnina in tako »vstopa v kontekst umetnosti«. Skupaj s svojim telesom tudi umetnik Rasim Krastev »vstopa« v umetnost. Po svoji lastni logiki projekt »Popravki« postopoma raste in zajema umetnikovo celotno življenje – zdaj okolje umetniku ne dovoljuje več, da bi pozabil na svojo podobo »zvezdnika«, ki jo je ustvaril sam. Grozi mu, da se bo njegovo življenje spremenilo v trajno razstavo projekta, obenem pa delovalo kot trajna in neposredna reklama samo zase. Kot je lucidno izjavil avtorjev kolega, umetnik Lučezar Bojadžijev, »ta projekt vnaša umetnikovo telo v svet mednarodne umetnosti tako kot celotna Bolgarija vstopa v Evropo – z napihovanjem mišic in z zahodnim denarjem«.

Oba tipa body art prakse v delu Vencislava Zankova in Rasima Krasteva kažeta nekakšno obrnjeno logiko – oba začenjata z avtorjevim »jazom« v telesni inkarnaciji, da bi dosegla umetniške učinke. To je v nasprotju s klasičnim »zahodnim« tipom telesne umetnosti Dennisa Oppenheima in Vita Acconcija, ki oba izhajata iz ideje, da bi dosegla telo kot zadnje zatočišče za tisto, kar je znano in kar je mogoče poznati.

mental for the re-signification of the artist's body, of the ritualistic body, the hair, is then eaten up together with a beefsteak. Just like the ancient Greek titan Cronus, who eats his children in order to save himself from the inevitable change, that is – in order to stop time, Zankov eats up and destroys a part of himself, the difference between himself from before and himself from now, while demonstrating publically his basic unalterness/unalterability. The author himself formulates his action as »the limits of agony in a time which has made my past immaterial and my future – formless«. He acknowledges himself as the voice of Time.

Since 1996 the entire life of the artist Rassim Krastev is actually a process of realization of a certain body-art action. He started then a project titled »Corrections« which aims to transform his own body with the purpose of making it physically perfect. For a role model, the artist has chosen the macho ideal of the stars from the Hollywood action movies (Schwarzenegger, Stallone, etc.) which is being multiplied by the body-building contests. The artist is undergoing a serious process of training in fitness centers for body-building, under the guidance of a special instructor, keeps the healthy way of an athlete's life and increases his muscle tissue by taking proteins and vitamins. The whole action is supported and financed by FRAC Languedoc-Rousillon in Montpellier, France. Currently, any type of Rassim Krastev's artistic activity is turning into an element of the big project – publications and posters that represent his beautified body, participations in designer fashion shows, TV interviews with him as a »star«, his everyday-life public appearance »as a star«, etc. On the other hand, within the current realities in Bulgaria, this variation of artistic exhibitionism triggers associations with one specific, well-defined and »mafioso« in nature, group of people from the country's population – the group of the former socialist athletes-wrestlers, who have become symbolic for clear and fast success stories.

Rassim Krastev's own beautiful body is the main and almost only instrument of the artist but at the same time it's also the result of his artistic activities. The body is not a metaphor for existence, it is existence itself. The body does not interiorize the problems of art but becomes a work of art and thus »enters the context of art«. Along with his own body, the artist Rassim Krastev »enters« art as well. Within its own logic, the project »Corrections« is growing gradually with the tendency to engulf the entire life of its author – now the environment would not give any chances to the artist to forget his self-made »star« image. His life threatens to turn into a permanent exhibition of the project but also to function as its permanent and immediate advertisement. According to the brilliant observation of the author's colleague, the artist Luchezar Boyadjiev, »this project infiltrates the body of the artist within the international art world much in the same way as the whole of Bulgaria is entering Europe – by pumping muscle and western money«.

Both these types of body-art practices in Ventsislav Zankov's and Rassim Krastev's work seem to display a kind of inversed logic – the practices start with the author's »self« in its body incarnation in order to reach artistic results. And this is opposed to the classical »western« type of the body-art works by Dennis Oppenheim and Vito Acconci, for instance, both of whom start from the idea in order to reach the body as the last refuge for the known and the knowable.

Rassim Krastev

Popravki

Na videoposnetku *Popravki* Rasim Krastev dokumentira proces svojega treninga v telovadnici za body-building, ki je potekal zadnji dve leti. Cilj procesa je »predizajniranje« (kiparska upodobitev in preoblikovanje) umetnikovega lastnega telesa, dokler ne bo dosegel najpopolnejšega mogočega rezultata fizičnega razvoja. V svojem prizadevanju za popolnost Rasim Krastev ravna po posebej pripravljenem programu za »polnjenje mišic« pod trenerjevim vodstvom in jemlje ustrezne proteine in vitamine pod nadzorom strokovnjaka za prehrano. Videoposnetek dokumentira tri stopnje »popravkov« – prvi obisk v telovadnici, spremembe umetnikovega telesa po enem letu temeljitega treninga in končni rezultat, ki je »najboljši« mogoč glede na fizični potencial avtorja. Videoposnetek je del večjega, še vedno nastajajočega projekta z istim naslovom, ki ga podpira in financira FRAC Languedoc-Rousillon v Montpellierju, Francija, in ki bo prikazan ob koncu leta 1998.

Iara Boubnova

Corrections

In his videotape *Corrections* Rassim Krastev is documenting the process of his own training in the body-building gym which has been going on during the last two years. The aim of this process is to »redesign« (sculpt and reshape), to improve the artist's own body to the point of achieving the most perfect possible result of physical development. In his strive for perfection, Rassim Krastev follows a specially designed program of »pumping muscle« guided by a trainer and takes the adequate proteins and vitamins under the supervision of a dietary specialist. The videotape documents three stages of »corrections« – the first visits to the gym, the changes in the artist's body after one year of extensive training and the end result which is »the-best« possible one for the physical potential of the author. The videotape is part of a bigger, on-going project under the same title, which is supported and financed by FRAC Languedoc-Roussillon in Montpellier, France, and will be shown there at the end of 1998.

Iara Boubnova

BIOGRAFIJA / BIOGRAPHY

Rojen / Born : **1972, Pleven, Bolgaria / Bulgaria**
Šolanje / Education : **1991 – 1996 National Academy of Fine Arts, Sofia**
Živi in dela / Lives and works : **Sofia**

IZBRANA BIBLIOGRAFIJA
SELECTED BIBLIOGRAPHY

Galina Bogdanova, »Rassim gave his trade mark to the National Gallery«, *Democracy*, 13 February 1998.
Galina Bogdanova, »Artist poses naked with his girlfriend for an elite magazine«, *Standard*, 21 April 1998.
Iara Boubnova, »The Drug«, *Cutlery*, no. 43, 21 October 1995.
Marina Gržinić, »Poster«, *Art Vivendy*, no. 13, 1997.
Ilina Koralova, »RASSIM=advertising«, *Premier*, no. 11, 14 – 20 March 1996.
Boris Kostadinov, »RASSIM®«, *Culture*, no. 25, 21 June 1996.
Christopher Phillips, » Report from Sofia : The View from Europe's Lower East Side«, *Art in America*, New York, vol. 85, no. 10 (October), 1997.
Ruen Ruenov, »Rassim as a work and live classic«, *Cutlery*, no. 10, 8 March 1996.
Claudia Teibler, »Bulgariaavangard«, *Münchner Merkur*, München, no. 98, 1998.
Diliana Vassileva, »I don't want to be a God, I want to be Nr.1«, *Literary newspaper*, no. 11, 20 – 26 March 1996.
_____, » Art–inquire 1996 : Exhibition of the year«, *Culture*, no. 1, 10 January 1997.

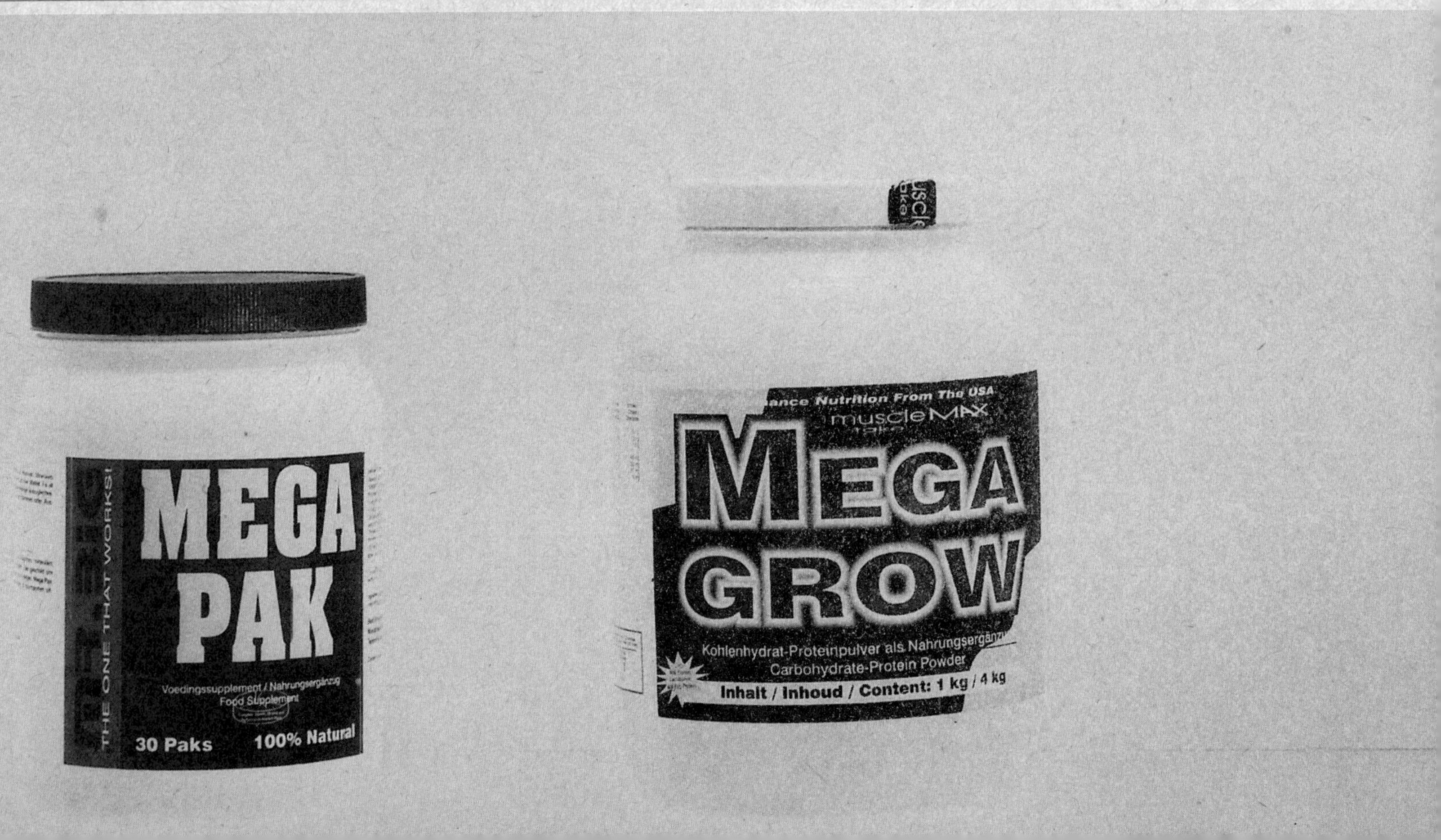

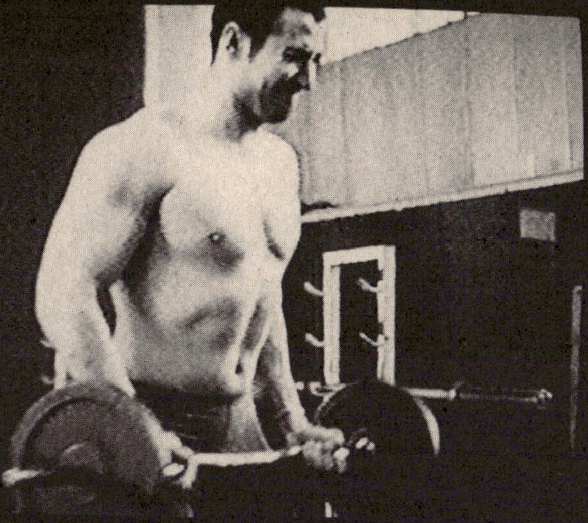
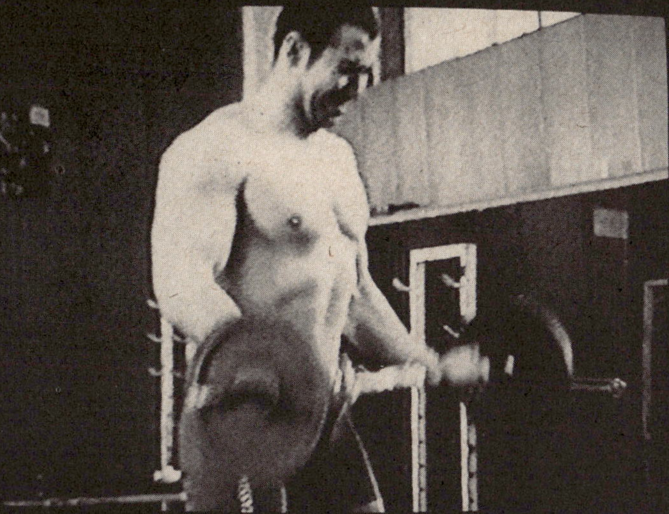
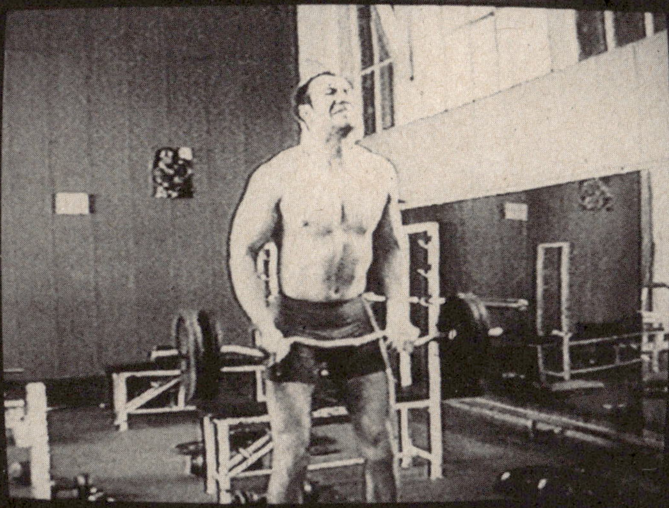
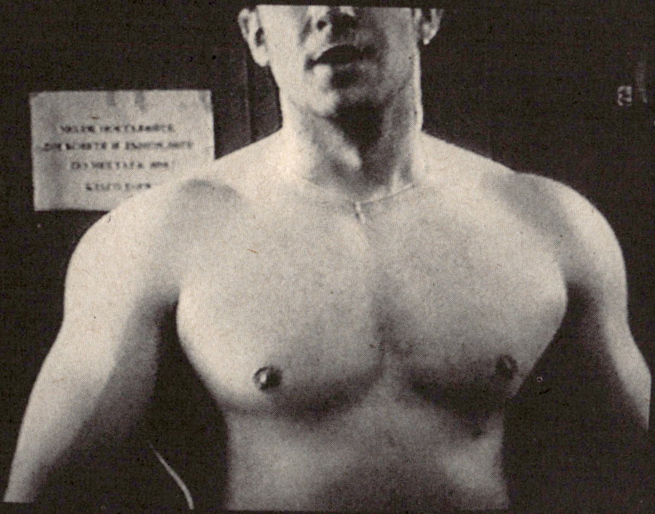
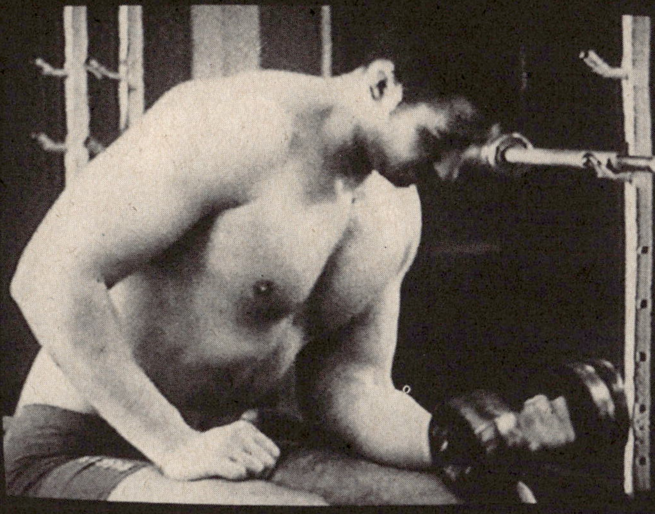
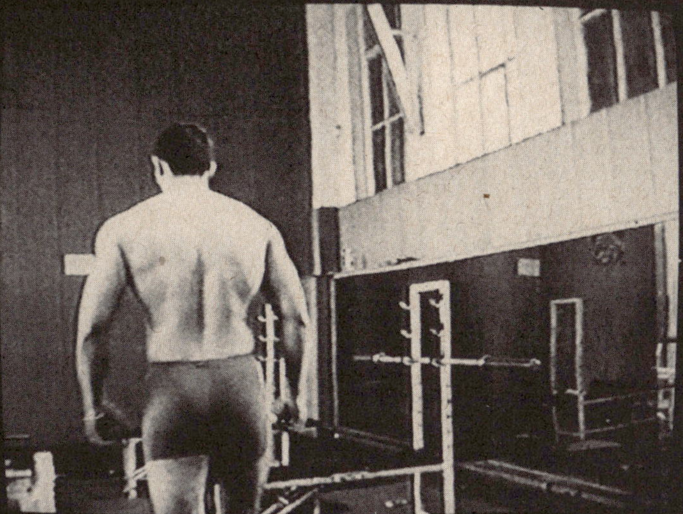

Ventsislav Zankov

Sofija, 11. februar. Vencislav Zankov je predstavil drugi del svoje trilogije 'Limes agoniae' ... Videokamera je posnela sliko dolgolasega umetnika z belim listom z napisi v latinščini v ozadju. Potem mu je frizer pred očmi gledalcev ostrigel lase zelo na kratko. Nazadnje je avantgardni umetnik pojedel zrezek, pomešan z odrezanimi lasmi, televizijski zaslon za njim pa je prikazoval njegov obraz pred striženjem. Z vseh strani so ga obkrožale njegove slike, vse poškropljene s krvjo.

Časopis »Faks«, 12. februar 1992

Zrezek in pomfrit

Razstava *Limes agoniae* (gradovi, kri in latinščina) Vencislava Zankova je bila 11. februarja 1992 odprta z zrezkom in brez pomfrita (»Zrezek in pomfrit« je delo Rolanda Barthesa, objavljeno v »Mitologijah«, Editions du Seuil, Pariz, 1957).

Otvoritev

Glas je bral dele besedila Rolanda Barthesa, V. Zankovu pa so postregli z njegovimi odstriženimi lasmi, pomešanimi s koščki dobro zapečenega zrezka. Kasneje so v razstavni dvorani, med okrvavljenimi eksponati, latinskimi napisi in črno-belimi diapozitivi postregli z okoli sto zrezki: gledalci, ki so prišli na otvoritev, so jih z veseljem pojedli. Tako se je razstava spremenila v zabavo za rumeni tisk (Venelin Sapundžijev, časopis »Svobodni narod«, 28. februarja).

Bilo je leto 1992, umetnik je uporabljal televizor v razstavni dvorani kot zrcalo, s katerim je ohranil svojo podobo nespremenjeno. Gledalci med striženjem niso mogli videti njegovega obraza, le njegovo podobo (z dolgimi lasmi) na televizorju. Mikrofon je sledil glasovom škarij, dokler ni bilo striženja konec, in umetnik se je z novim obrazom obrnil proti občinstvu...

Zdelo se mi je, da je to meja agonije, meja agonije, ki je naredila mojo preteklost nesmiselno in izbrisala mojo prihodnost kot brezoblično. Oropan preteklosti in prihodnosti sem obtičal v mračni preteklosti z njenim neskončnim obzorjem...

V. Z.

Sofia, February 11th. Ventsislav Zankov presented the second part of his trilogy »Limes agoniae« . . . A video-camera shot a picture of the long-haired artist, a white sheet with headlines in Latin at the background. Then a barber cut his hair really short, in front of the eyes of the visitors. In the end the avant-garde artist ate up a steak mixed with his cut hair, and the TV set behind him kept showing his face before the haircut. His pictures were all around him, and all of them blood sprayed.

'Fax' Newspaper, February 12th, 1992

Steak and Chips

On February 11th, 1992 Zankovs' *Limes agoniae* exhibition (castles, blood and Latin) was inaugurated with Steak and without Chips (»Steak and Chips« is one of Roland Barthes's works published in the »Mythologies«, Editions du Seuil, Paris, 1957)

The Inauguration

A voice was reading parts from Roland Barthes's text while V. Zankov was served his cut hair, mixed with pieces of well cooked steak. About one hundred steaks were served later in the exhibition hall, among the blood exposition, Latin headlines and black & white slides: the spectators that had come to the inauguration were delighted to eat the steaks up. In this way the exhibition turned to be the cocktail of the week for the yellow press (Venelin Sapundjiev, »Free nation« Newspaper, of February 28th).

The year was 1992, the TV set in the exhibition hall was used by the artist as a mirror to keep his image unaltered. Spectators could not see his face while he was having his hair cut, but only his image (with the long hair) from the TV set. A microphone followed the sound of clippers until the haircut was over, the artist turned his new face to the spectators. . .

I thought that was the limit of agony, the limit of my agony that made my past useless and dismissed my future as shapeless. Deprived of both past and future I was left in the grim past with its endless horizons . . .

V. Z.

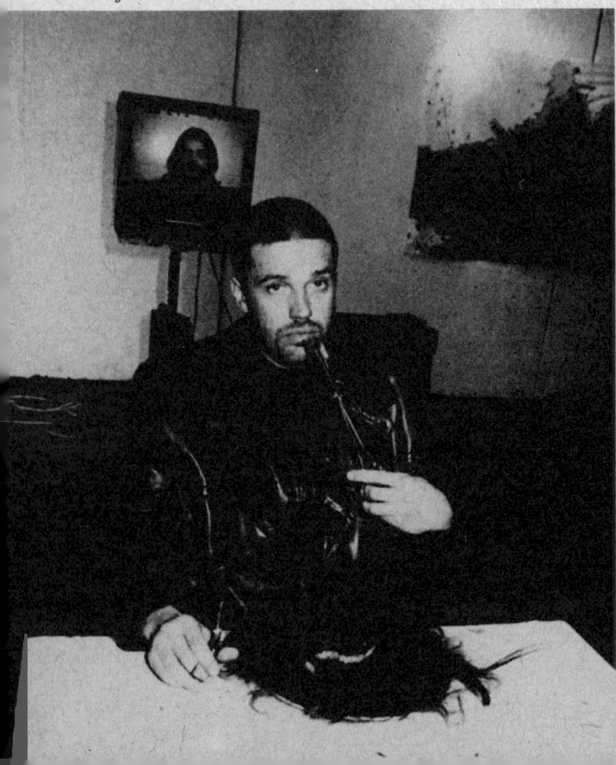

BIOGRAFIJA / BIOGRAPHY

Rojen / Born : **1962, Sofia, Bolgaria / Bulgaria**
Šolanje / Education : **National Academy of Fine Arts, Sofia**
Živi in dela / Lives and works : **Sofia**

IZBRANA BIBLIOGRAFIJA
SELECTED BIBLIOGRAPHY

Geneva J. Anderson, »Dossier : Sofia, Bulgaria«, *Sculpture*, Washington D.C., vol. 12, no. 4, July–August 1993, pp. 20 – 21.
Jaroslava Boubnova, »The art of Ventsislav Zankov...«, *Lettre Internationale*, 8 / 1995.
Spasiana Evtimova, »A Happening – Creation – Art in Action«, *Democracy*, no. 174, 24 July 1991.
Magdalena Gigova, »Ventsi Zankov Naked with his National Identity«, *Noshten Trud*, 21 – 22 February 1997, pp. 1 – 5.
Kalcho Ivanov, »The limits of Agony Executed by the Blood–Stained King of the Avant–Garde«, *Trud*, 14 – 17 February 1992, p. 16.
Georgi & Lessedra Kolev, *Contemporary Bulgarian Art*, razstavni katalog / exhibition cat., vol. II, 1994.
Margarita Metodieva, »Thirty Litres of Blood on the Snow«, *Democracy*, no. 48, 26 February 1991.
Vladimir Munzelov, »Bulgarian Avant–garde Artist shooting with Kalashnikov in Ljubljana«, *Kontinent*, 1–31 May 1997, p. 24.
Diana Popova, »Wood–Carved Sculptures and a Cold Winter«, *Pulse*, no. 41, 9 October 1990, p. 6.
Svilen Stefanov, »The Ego as an aesthetic object«, *Iskustvo*, no. 21, 1995, pp. 18 – 19.
Diliana Vassileva, »My Ideal Spectator is a Corpse : Is There Videoart in Bulgaria?« – Diliana Vassileva talks to Ventsislav Zankov, *Democracy*, 27 April 1994, p. 6.
Maria Vassileva, »The Dazzling Taboo Breaker«, *Pari*, 13 October 1997, p. 12.
Marieta Zlateva, »48 Hours from the Life of Ventsislav Zankov«, *24 Chasa*, 6 May 1998, p. 24.
_____, *Menschenbilder*, razstavni katalog / exhibition cat., Institut für Auslandsbeziehungen, Bonn, 1997, pp. 36 – 40.

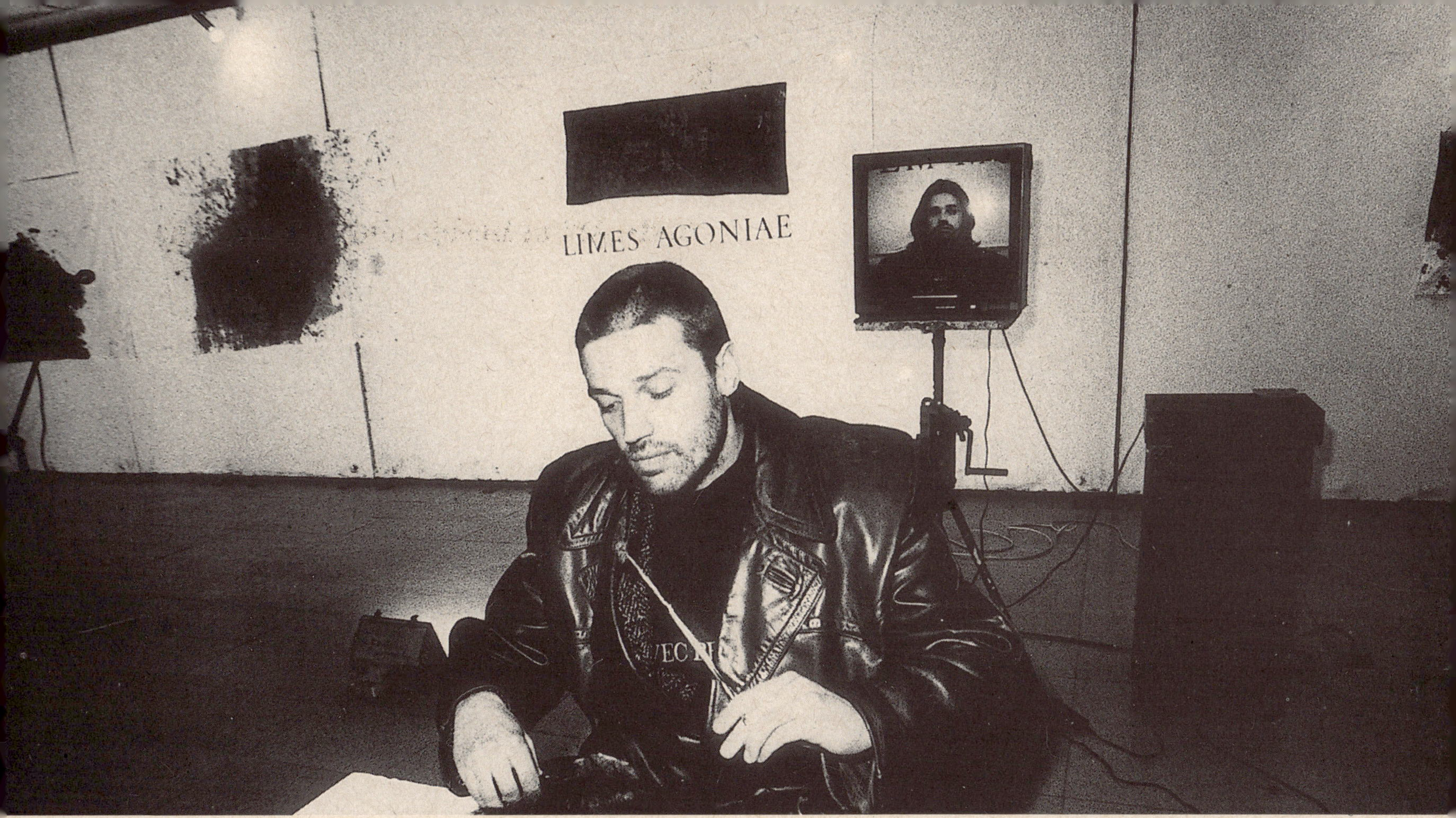
LIMES AGONIAE

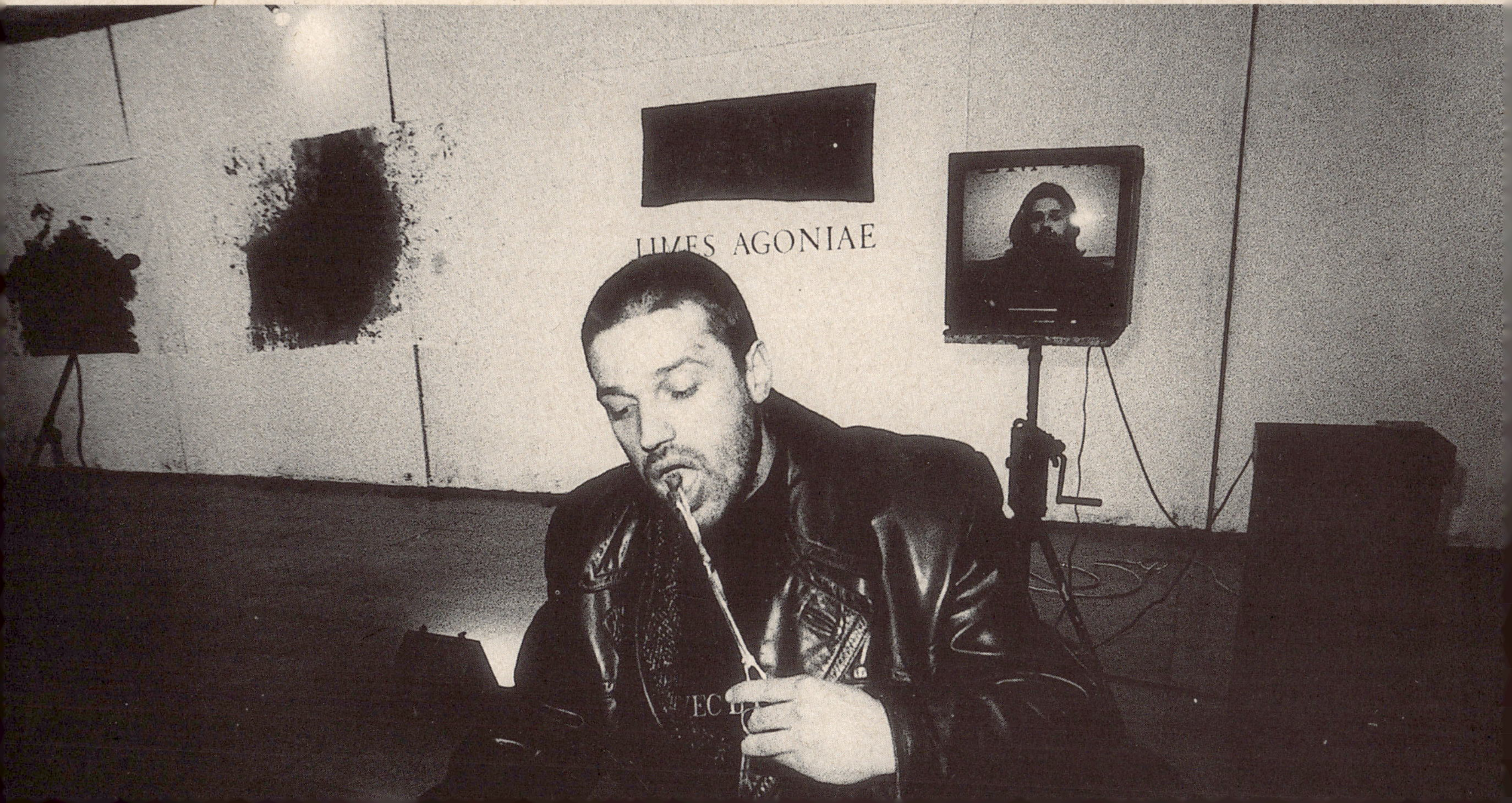
LIMES AGONIAE

Bosna in Hercegovina / Bosnia and Herzegovina

Meliha Husedžinović

Body art v Bosni in Hercegovini

Do zdaj narejeni sintetični pregledi o dogodkih v umetnosti razpadle Jugoslavije in Bosne in Hercegovine, taki kot sta, denimo, *Nova umetniška praksa 1966–1978*[1] in *Umetnost Bosne in Hercegovine 1974–1984*[2], niso zabeležili nobenih podatkov, ki bi bili v zvezi s poskusi »dematerializacije umetnosti« in vseh tistih pojavov, ki so šli pod »jezik razširjenega pojma umetnosti« v tej Republiki. Pa vendar so takšni pojavi tukaj bili, čeprav ob gostovanju avtorjev od drugod. Azra Begić je tako poklicala in predstavila skupino OHO iz Ljubljane, v sezoni 1979/80 je imela sarajevska galerija Collegium artisticum ciklus umetniških delavnic, razstav in predavanj pod naslovom Nova umetniška praksa. Znotraj ene od takšnih delavnic je v Sarajevu izveden tudi prvi body art performance. Pod imenom *Signal* ga je 16. novembra 1979 opravil ameriški umetnik David Smith Greenwood. Prišel je iz kolidža Hope, iz univerze Great Valley, kjer je v tem času vodil delavnico za performanse. Po pričanju Azre Begić – njeni percepciji in spominu pa lahko verjamemo – je bila to neka vrsta obreda, v katerem je umetnik uporabljal lastno nago telo, obloženo s prižganimi žarnicami.
Mustafa Skopljak, Edin Numankadić in Muradif Čerimagić so še nekajkrat izjavili, da so prav oni, in sicer februarja 1972, izvedli prvi performans v Sarajevu: na otvoritvi skupne razstave, imenovane *1+1+1*. Ob glasbi J. Cagea so izvedli akcijo brez rekvizitov, tako da so postavili same sebe v določeno situacijo, se pravi v izvajanje klovnovskih gibov, z namenom, da vlogo umetniškega efekta odigra presenečenje gledalcev. Vendar njihova energija ni imela toliko naboja, da bi mogla izzvati verižno reakcijo drugih umetnikov in jih opogumiti k čemu podobnemu. Moralo je miniti deset let do korenitejše ločitve od tradicije, konvencij in institucionalizirane umetnosti. Tedaj se je pojavila skupina Zvon, kmalu zatem pa tudi Jusuf Hadžifejzović.
Zvon so sestavljali slikarji Sadko Hadžihasanović, Biljana Gavranović, Sead Čizmić in Narcis Kantardžić, ki so skupaj s kiparjem Aleksandrom Bukvićem izšli iz sarajevske Akademije za likovno umetnost. Nikoli se niso nehali ukvarjati s slikarstvom in kiparstvom, pri tem pa so razvijali vsakdo svoj osebni izraz. Ime Zvon so povzeli po bifeju, v katerem so se zbirali in na katerega stenah so imeli svoje prve razstave. Kmalu so iz bifeja stopili na ulice in trge, celo na stadione, kjer so obenem z razstavami prirejali nekakšne happeninge z neogibnim sodelovanjem gledalcev. Očitne so bile reference na informacije o dogodkih v svetu. Toda kritiki in umetnostni zgodovinarji so jih spremljali le poredko. Imeli so jih pač za izoliran in stihijski pojav. Zato je o tem obdobju zelo malo dokumentov za rekonstrukcijo zamisli in stvaritev. Ti dogodki obstajajo danes samo v spominu očividcev, zato jih ni mogoče popolnoma preveriti. Težko jih je rekonstruirati brez verodostojne zgodbe samih udeležencev, ti pa so sedaj razseljeni po vsem svetu (ZDA, Kanada, itd.) Dokumentacija o delu Zvona obstaja le od tedaj, ko se je skupini pridružil tudi fotograf Kemal Hadžić. Ta je bila obenem tudi njegov umetniški prispevek k akcijam skupine.
Če pod body artom razumemo telo in akcije, ki se na njem opravljajo, potem lahko ugotovim, da v delu članov skupine Zvon tega modela obnašanja v glavnem ne srečamo v čisti obliki, ampak se izraža kot hibrid body arta in happeninga. Z namenom, da se zoperstavijo patriarhalni kulturi, so izvedli nekaj akcij slačenja do golega v javnosti. Pri tem so preizkušali meje lastnih zmožnosti, obenem pa so z razgaljanjem sebe verjetno poskušali odkriti zadušene frustracije pri drugih. V tem kazanju lastnega telesa ni bilo nikoli agresije proti samemu sebi, ni bilo osvobajanj energije – če seveda izvzamemo nepredvidljive reakcije s strani gledalcev, ki bi jih lahko ogrozile. Dogodki so bili večinoma statični, trajajoči pa le toliko, da jih je posnelo oko kamere. Največ energije in zmožnosti koncentracije je skupina vložila v performans, imenovan *Izložba*, izveden leta 1985 v izložbi blagovnice Beograd v Beogradu. Prostor so člani preoblikovali tako, da so se postavili tako v pozicijo objekta (lutke) kot subjekta, ki opazuje in je opazovan, ki je notri in gleda od znotraj. Vsak član se je, oblečen pač v lastno obleko, postavil v določen položaj in v njem vztrajal do konca delovnega časa blagovnice. Očitno je bil poleg vlaga-

Meliha Husedžinović

Body Art in Bosnia and Herzegovina

The synthetic overviews which have been made so far of the happening in art in former Yugoslavia and in Bosnia and Herzegovina, like for instance *New Artistic Practices 1966–1978*[1] and the *Art of Bosnia and Herzegovina 1974–1984*[2], do not record any data related to the attempts of »dematerializing art« and to all the phenomena which went under the heading of »the language of the extended notion of art« in this republic. Nevertheless, such phenomena did occur, even though through visits of artists from elsewhere. Thus Azra Begić invited and presented the Group OHO from Ljubljana, and in the season of 1979/80 the Sarajevo gallery Collegium artisticum hosted a series of art workshops, exhibitions, and lectures entitled New Artistic Practice. The first body art performance to take place in Sarajevo was carried out at one of such workshops. It was entitled *Signal* and performed on 16 November 1979 by American artist David Smith Greenwood. He came from Hope College, Great Valley University, where at that time he was head of the performance workshop. According to Azra Begić – and her perception and memory can both be relied on – the performance was a kind of ritual in which the artist used his nude body surrounded with lighted light-bulbs.
Mustafa Skopljak, Edin Numankadić, and Muradif Čerimagić have stated on a number of occasions that they were the very first to make a performance in Sarajevo, i.e. in February of 1972, at the opening of their group exhibition entitled *1+1+1*. To the music of J. Cage they executed an action without any props by placing themselves in a particular situation, namely into executing clownish motions with the intention of having the spectators' surprise perform the role of artistic effect. Their energy, however, did not have sufficient charge to start a chain reaction on the part of other artists and encourage them to head in a similar direction. Ten years were to pass before a substantial breach with the tradition, the conventions, and institutionalized art occurred. That was when the group Zvon appeared, and soon after Jusuf Hadžifejzović.
Zvon consisted of painters Sadko Hadžihasanović, Biljana Gavranović, Sead Čizmić, and Narcis Kantardžić, who, together with sculptor Aleksandar Bukvić, came from the Sarajevo Fine Arts Academy. They never ceased working as painters and sculptors, each developing their own personal expression. They took the name Zvon after the bar in which they used to assemble and on whose walls they had their first exhibitions. Soon they went out of the bar and into the streets and the squares and even stadiums, where they organized, simultaneously with the exhibitions, some kind of happenings with compulsory participation of the viewers. References to the news of what was going on in the world were obvious. But art critics and art historians rarely attended these shows. They were considered an isolated and rather disorganized phenomenon. This is the reason for the scarcity of documentation which would enable a reconstruction of the ideas and the realizations. The events now exist only in the memory of those who witnessed them, and are therefore impossible to verify one hundred percent. They are hard to reconstruct without a reliable account of the participants themselves, who are now scattered all over the world (USA, Canada, etc). Documentation about Zvon's work is available only from the time when photographer Kemal Hadžić joined the group. His documenting the work of the group was his artistic contribution to the group's actions.
If under the name of 'body art' we understand the body and the actions carried out on it, then I can say that the work of the members of the group Zvon did not represent, for the most part, this model of conduct in its pure form, but was rather a crossbreed between body art and happening.

nja fizične in mentalne energije tudi čas konstitutivni element in vsebina dela. Uporabljajoč svoje lastno telo predvsem kot kip, ne kot instrument, so člani skupine, bivajoč ob poletjih v dolini Ukrine okoli Dervente, naredili množico dokumentov, iz katerih je razvidno, da so uporabljali sebe za izrazitev nečesa, kar napeljuje na odnos telesa in likovnosti: denimo situiranje subjekta v prostor, s poudarkom na kompoziciji, simetriji postavitve, na odnosu z vodo, s kamnom, z rastlinjem. Današnji pogled v dokumentacijo nam pove, da je šlo za precej statično zadevo, za meditativni performans. Delovanje skupine je bilo na ravni akcije, toda brez refleksije, brez kritiške dimenzije; bilo je provokativno, ne pa tudi subverzivno. Kljub temu skupina ni bila spravljena s tistim, kar je gospodovalo tedanji umetniški sceni. Čeprav tega člani tekstualno ali verbalno nikoli niso znali argumentirano artikulirati, so njihove formulacije ostajale netransparentne, brez stika z vladajočo ideologijo, na ravni mladinske konfuznosti, toda skupina je vendarle odprla pot novi senzibilnosti – posebno tej, ki danes prevladuje v najmlajši generaciji bosanskohercegovskih umetnikov. Čeprav v želji, da bi bili drugačni, ločeni od tradicije, so vendarle ostali oprti bolj na vizualno kot na mentalno spoznanje. Za razliko od teles, izpostavljenih bolečini, tveganju, razdejanju ali katerem koli delovanju zunanjih sil, so bila njihova bolj v funkciji teatralizacije, brez nelagodnih vsebin, brez česar koli dramatičnega in ekspresivnega, v vsem pa je bilo mogoče zaslutiti citat in reference na delo drugih avtorjev, interpretacijo tistega, za kar so vedeli, da obstaja na svetovni umetniški sceni.[3]

V takšen skupni fizični in duhovni prostor skupine, v bife Zvon, je leta 1984 stopil Jusuf Hadžifejzović – toda s popolnoma drugačnimi analitičnimi in kritičnimi pozicijami in teoretičnimi eksplikacijami, s povsem drugačno sociološko in mentalno dimenzijo, zvezano s ponovnim preverjanjem vloge in funkcije umetnika v družbi. Prišel je iz študija v Beogradu (kjer je še deloval, vključen v krog umetnikov okoli študentovskega kulturnega centra (SKC) in iz postdiplomskega bivanja na Državni umetnostni akademiji v Düsseldorfu, v razredu Klausa Rinkeja, kjer je bil od 1980-1982. Prve performanse je imel še v Beogradu, Pulju in Milanu, šel je skozi fazo analitičnega in primarnega slikarstva in pravkar se je usmeril k desakralizaciji tako umetniškega delovanja kot tudi umetniškega dela. Prve performanse z elementi body arta je izvedel na otvoritvi Collegium artisticum leta 1984 pod naslovom *Umetnik se pripravlja na otvoritev razstave*. Javno se je umil, obril, si porezal nohte in se preoblekel. Istega leta je v avli sarajevske Viječnice izvedel performans *Kunstwollen Radenko Mišević*. Postavil se je v položaj drugega umetnika, ki si nikoli ni upal realizirati ideje, ki ga je večno preganjala. Ideja je bila Miševićeva, realiziral pa jo je Jusuf. Tedaj je prvikrat uporabil kot rekvizite nože in štruce kruha. Štruce so bile s selotejpom pritrjene na stebre v avli, on pa jih je ciljal z noži. Naslednje leto je uprizoril odpiranje svoje samostojne razstave. V galeriji Roman Petrović je izvedel performans *Spanje na otvoritvi razstave*. Na improvizirani postelji v kotu galerije je, naj mu verjamemo?, celotni ritual odpiranja prespal. Pri tem sicer ni bilo uporabe kakih elektrod, nevrosinhronizatorjev in podobne opreme, znane iz performansov Brucea Gilchrista, ki bi registrirala, kaj se dogaja v avtorjevi zavesti. Po tej razstavi, na kateri so bila razstavljena dela v duhu »nove podobe«, se je Jusuf popolnoma odmaknil od kategorij, kakršni sta slikarstvo in kiparstvo. Vse, kar je poznaje naredil, spada v področje »depologije« in se nanaša na njegovo vrsto inštalacij – kar pa je tema drugega diskurza. Kar zadeva njegove depo-inštalacije, je v njih pogosto nastopal tudi kot performer, uvajajoč v performans ob še videnih elementih vedno nove in novejše rekvizite in opravila. Vrhunec je dosegel z *Depojem Sarajevo* leta 1997 na letni razstavi SCCA Sarajevo. V performansih in depojih so se do leta 1990 ves čas pojavljale parodija, domislica in ironija kot vodilni motiv. Kakor so razmere v skupni nam domovini postajale vse bolj dramatične, tako so se skorajda biblijski simboli, kot so kruh, nož, riba in ritualno urejanje vse bolj pojavljali kot znaki, napoved prihajajoče kataklizme, medtem ko je njegovo obnašanje preraščalo v svojstveno etično držo. Začetek vojne je Jusufa doletel zunaj Sarajeva, tačas pa je Sarajevo postalo geto, v katerem je bilo nasilje vsakdanje dejstvo. V njem so ljudje izgubili pravico do življenja, človek pa je postal gibljiva tarča. Skratka, zavladala je stvarnost, v kateri je bilo telo edino in zadnje zatočišče subjekta, lastna zavest pa edino oporišče in v njej slike iz preteklosti. Takšno stanje, ki ga je doživel malokdo, stanje vegetiranja in borbe za goli obstoj – glede na količino grobosti in silovitosti, ki je ogrožala življenjske funkcije – je doumeval tudi Jusuf, delujoč v tujini in prisluškujoč odmevom bosanskohercegovske in sarajevske drame.

With the intent of challenging the patriarchal culture, they performed a number of actions of undressing completely in the public. In doing this, they put to the test the limits of their own capacities, and at the same time, by exposing their bodies, probably tried to expose the repressed frustrations of others. Their displaying their bodies never entailed any self-oriented aggression, nor was there any release of energy – not counting, of course, the unpredictable reactions of the viewers which could have jeopardized the artists. The events were for the most part static, and lasted only long enough for the eye of the camera to record them. The performance in which the group invested the most energy and concentration was entitled *The Shop-window* and carried out in 1985 in the window of the department store Beograd in Belgrade. The artists transformed the space by putting themselves in the position of both the object (mannequin) and the subject who is both observing and observed, who is inside and looks out from the inside. Every member of the group, dressed in their own clothes, assumed a certain position and maintained it until the end of the opening hours of the store. Apart from the physical and mental energy employed, time was obviously a constitutive element and content of the work. The members of the group would spend their summers in the Ukrina valley near Derventa, and using their own bodies primarily as statues, not as instruments, they produced extensive documentation which indicates that they used themselves to express something leading to an association of body and fine art; for instance, positioning a subject in space, with emphasis on composition, on the symmetry of the arrangement, on the relation to water, to rocks, to vegetation. Viewing these documents from the present standpoint, we can assess the action as fairly static, as meditative performance. The work of the group did reach the level of action, but was short of reflection, of a critical dimension; it was provocative without being subversive. Nevertheless, the group was not reconciled with the forces in power of the then art scene. Although the members were textually or verbally never able to articulate this in arguments, and their formulations remained non-transparent, unconnected with the ruling ideology, and on the level of youthful confusion, they did beat a track for a new sensibility – in particular that which today prevails among the youngest generation of artists of Bosnia and Herzegovina. Despite their wish to be different and separate from tradition, the group continued to rely on the visual perception to a greater extent than on the mental. As different from bodies exposed to pain, risk, destruction, or any other impact of the external forces, their bodies served the function of adding a theatrical element, free of any uncomfortable contents, without anything dramatic or expressive, and in all of it there could be sensed a quotation of or a reference to the work of other artists, an interpretation of what they knew there existed on the world art scene.[3]

In 1984, Jusuf Hadžifejzović entered this shared physical and spiritual space of the group, the bar Zvon, bringing with him a set of completely different analytical and critical stands and theoretical explications, and a totally different sociological and mental dimension related to the reassessment of the artist's role and function in the society. Prior to arriving in Sarajevo he had studied in Belgrade (where he was active in the circle of artists associated with the Student Cultural Center SKC), and had followed postgraduate studies from 1980 to 1982 at the National Fine Arts Academy in Düsseldorf in the class of Klaus Rinke. He made his first performances in Belgrade, Pula, and Milan, went through a phase of analytical painting and primary painting, and then started focusing on desacralizing both artistic creation and the artwork. He carried out his first performance with elements of body art at the opening of an exhibition at the Collegium artisticum in 1984 entitled *The Artist Prepares for the Opening of the Exhibition*. He publicly washed, shaved, cut his fingernails, and changed his clothes. In the same year, he had a performance in the entrance hall of the Sarajevo city hall entitled *Kunstwollen Radenko Mišević*. He put himself in the position of another artist who had never dared realize an idea which constantly haunted him. The idea was Mišević's, and the realization Jusuf's. That was the first time he used knives and loaves of bread as props. The loaves of bread were attached with adhesive

Štel je vojne dni in na nekega od teh je izvedel svojo najbolj tvegano body akcijo. To je bilo v okviru manifestacije *Hommage à Sarajevo – Destruction de l' image / image de la destruction*. Akcija se je imenovala *B/H war day N° 556 Le Mans dépôt*. Sedel je za mizo, telefoniral, pil vino in na glavi držal kamnito kocko, ki jo je z električnim vrtalnim strojem luknjal njegov pomočnik. Metafora, duhovni pomen in apel k razmišljanju so bili dovolj razvidni, medtem ko sta koncentracija in disciplina smeli tudi popustiti.[4]

Kar so začeli avtorji iz Zvona in kar je artikuliral Jusuf, ni ostalo marginalizirano in tudi ni šlo v pozabo. Nebojša Šerić – Šoba je prišel še pred agresijo na BiH razstavljat v bife Zvon, z namenom, da bi dojel, za kaj gre pri vsej stvari – čeprav je bilo v nastopih njegovih predhodnikov marsikaj neartikulirano – potem pa je krenil po podobni poti, toda v drugačnih, povojnih okoliščinah, utemeljujoč svojo »umetnost obnašanja« na duhu absurda. To je navsezadnje tudi zares tisto, kar se nam je zgodilo.

---

[1] izdale Galerije grada Zagreba, Zagreb, 1978

[2] izdala Umjetnička galerija Bosne i Hercegovine, Sarajevo, 1984

[3] Katalog razstave skupine Zvon, Collegium artisticum, Sarajevo, junij 1986. V tem katalogu je reproduciranih največ akcij te skupine, akcija *Izložba* pa je reproducirana tudi na str. 60 časopisa *MOMENT* št. 5, NIRO »Dječje novine«, Gornji Milanovac, 1986. Vzore tej akciji lahko po eni strani najdemo pri Beuysovi ureditvi izložbe neke trgovine v Düsseldorfu, po drugi pa v delu *Interrelation in Time* Marine Abramović in Ulaya. Performans *Pržna polja* (naslov je dvoumen, pomeni tako prodnata polja kot polja za praženje) Biljane Gavranović, izveden ob Ukrini leta 1985, v katerem umetnica leži na soncu, prameni njenih las, razporejeni kot venčni lističi cveta, pa so obteženi s težkimi kamni, asociira na Oppenheimov »Položaj branja za opekline II. stopnje«.

[4] Dunja Blažević, *Ateliers, Hommage à Sarajevo, Destruction de l' image / image de la destruction*, LA FONDERIE et L' HARMATTAN, Le Mans – Pariz, 1997, str. 102; isti tekst je objavljen tudi v *Art Press*, št. 192, Pariz, junij 1994, str. 46–s50.

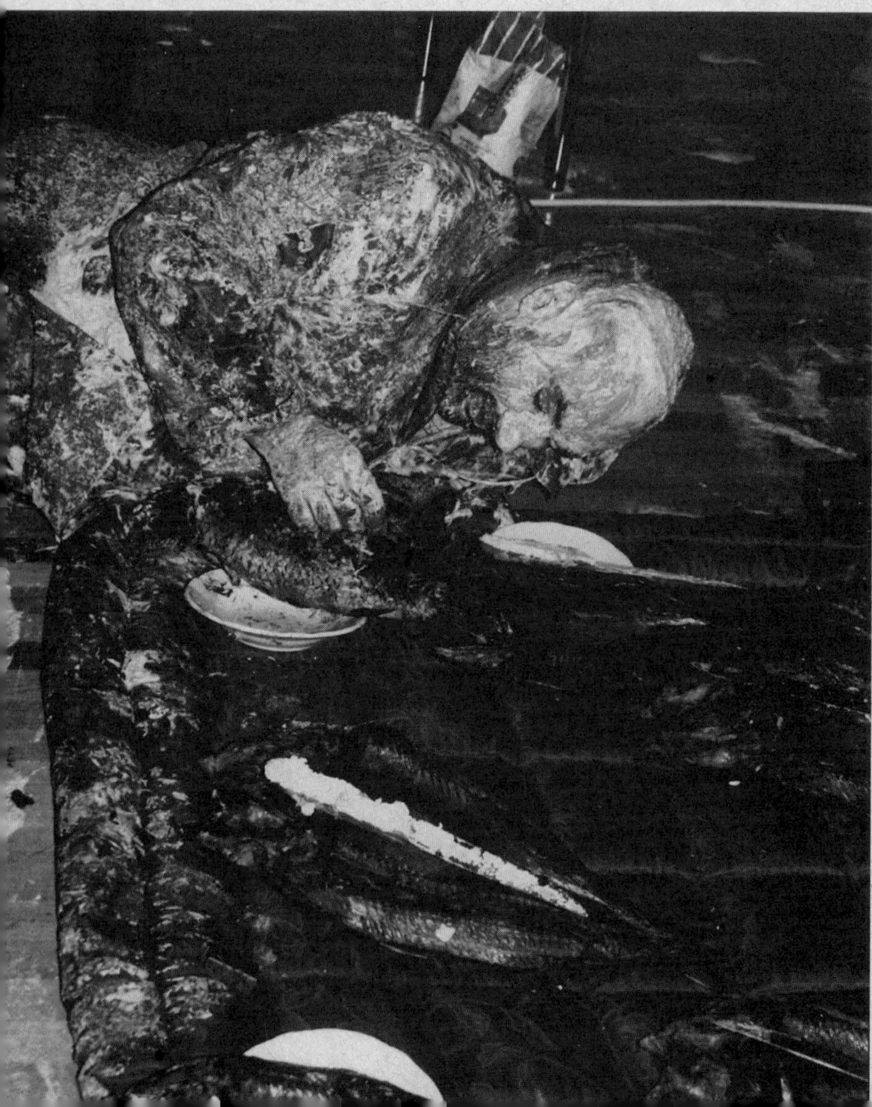

tape to the pillars in the hall, and he threw knives at them. The following year he staged the opening of his own solo exhibition. In the gallery Roman Petrović he carried out the performance *Sleeping at the Opening of an Exhibition*. On a make-shift bed in a corner of the gallery he – if we believe it – slept through the entire ceremony of the opening view. He did not use any electrodes or neurosynchronizers or any other equipment familiar from the performances of Bruce Gilchrist, which would register what was going on in his brain. After this show, in which he exhibited works in the spirit of the »new image«, Jusuf completely abandoned categories like painting and sculpture. Everything he made after that pertains to the domain of »depology« and refers to a series of installations, which are, however, the topic of another discourse. Suffice it to say that in his depot-installations he also frequently appeared as a performer, introducing into the performance, in addition to the already seen elements, forever new props and activities. The acme of all this was the *Sarajevo Depot* at the SCCA Sarajevo 1997 annual show. Recurrent features of his performances and depots (storerooms) since 1990 have been parody, irony and brainwaves. Parallel with the increasingly tense situation in Yugoslavia, he augmented his use of almost Biblical symbols, like bread, knives, fish, and ritual cleansing, as signs, portents of the coming cataclysm, while his conduct transformed into an individual ethical stance. The outbreak of the war found Jusuf out of Sarajevo, while the city turned into a ghetto in which violence became an everyday fact. In Sarajevo people were denied the right to life, and a person became but a moving target. In short, there came to reign a reality in which the body was the only and the final refuge of the subject, and one's consciousness the only stronghold, populated with images from the past. This state, experienced by few, of vegetating and struggling for bare survival – in view of the amount of violence and the greatness of forces imperiling life – is what also Jusuf comprehended, working abroad and listening to the echoes of the drama in Bosnia and Herzegovina and in Sarajevo. He counted the days of the war, and on one of them he performed his most hazardous body action. It happened as part of the manifestation *Hommage à Sarajevo – Destruction de l'image / image de la destruction*. The action was entitled *B/H war day N° 556 Le Mans depot*. The artist sat at a table, talked on the phone, and drank wine, while holding on his head a block of stone which his assistant bored with a power drill. The metaphor, the spiritual significance, and the call for reflection were made sufficiently evident, while concentration and discipline were allowed to slacken.[4]

What the artists from the group Zvon had started, and Jusuf had articulated, did not remain marginal, nor did it sink into oblivion. Nebojša Šerić – Šoba came to exhibit in the bar Zvon even before the outbreak of the aggressions, with the intention of comprehending what it was all about - although a lot remained unarticulated in the performances of his precursors – and he took a similar path, although in the altered, post-war circumstances, and founded his »art of conduct« in the spirit of the absurd. This is, after all, what has really happened to us.

---

[1] Published by Galerije grada Zagreba, Zagreb, 1978

[2] Published by Umjetnička galerija Bosne i Hercegovine, Sarajevo, 1984

[3] Exhibition catalogue of the group Zvon, Collegium artisticum, Sarajevo, June 1986. The catalogue contains the greatest number of reproduced actions by the group, while the action *The Shop-window* is reproduced also on p. 60 of the newspaper *MOMENT*, No. 5, NIRO »Dječje novine«, Gornji Milanovac, 1986. The models for this action can be found on the one hand in Beuys's arrangement of a shop-window in Düsseldorf and on the other in the work of Marina Abramović and Ulay, *Interrelation in Time*. Biljana Gavranović's performance *Pržna polja* (which has a double meaning: fields of pebbles and for sunbathing) which she made on the shore of the Ukrina, lying in the sun with strands of hair arranged around her head like petals and weighed down with heavy stones, associates Oppenheim's »Position for reading with second degree burns«.

[4] Dunja Blažević, *Ateliers, Hommage à Sarajevo, Destruction de l'image / image de la destruction*, LA FONDERIE et L'HARMATTAN, Le Mans – Paris, 1997, p. 102; the same text was published also in *Art Press*, No. 192, Paris, June 1994, pp. 46–50

←Jusuf Hadžifejzović

Jusuf Hadžifejzović

Performans *Od kiča do krvi je le korak* je Jusuf Hadžifejzovič izvedel v Cetinju leta 1991. To je bilo eno v vrsti del, ki so temeljila na preučevanju življenjske usode preko lastnega telesa. Ta dejanja samoraziskovanja so bila pogosto popolnoma izven dosega razumskega nadzora, in v njih smo lahko videli zgodovinsko metaforo za usodo Balkana.
Performans se je začel z obredom; Jusuf se je obril, pil in zmešal obrite dlake z moko in vodo. Ženske modrčke, razobešene na steni galerije (bolj simbole materinstva kot seksualnosti), so potem odstranili, da je ostal prostor za besede »Od kiča do krvi je le korak«, ki jih je napisal umetnik. V zadnjem in verjetno najbolj impresivnem delu performansa je Jusuf Hadžifejzovič vzel dvanajst ostrih, doma narejenih črnogorskih nožev in jih zabadal v dvanajst rib razporejenih med drugimi ikonami gospodarstva, kulture in vojne (zaboji za suhe slive in za strelivo so sestavljali nekakšen prestol, podoben tistemu, ki ga knez Nikola Petrović ni hotel uporabljati kot svoj »gledališki« sedež).
Med zadnjim delom performansa je bil Hadžifejzović od mešanice »vzhodnjaških« in »zahodnjaških« žganih pijač še opit. Testo mu je drselo z glave in ga slepilo. Iz hudih vbodnin je krvavel in od tega občasno izgubil zavest. Komaj mu je uspelo izpeljati do konca zamišljeno simbolno dejanje zaustavitve vojne. Spomnim se, kako sem ga obupano poskušala rešiti pred njegovo lastno »metaforo«, a me je skorajda grobo nagnal nazaj med opazujoče gledalce. Nenadoma pa je dogodek ušel s področja razumske razlage. Kar naenkrat se je razdivjala grozna nevihta, in zmanjkalo je elektrike. Osupla publika z umetnikom in njegovimi dejanji obupa vred je izginila v temi. Umetnik je skoraj umrl, zato so ga odpeljali na urgenco.
Ta krvavi performans lahko razumemo kot točko, na kateri je prišlo do bistvenega preobrata na umetniški poti Jusufa Hadžifejzovića. Potem, ko je dolga leta preučeval izvor znanja, je energijo dokončno osredotočil na raziskovanje lastne usode in usode drugih prebivalcev Balkana. In cetinjski performans iz leta 1991 temu grozljivo ustreza.

Nermina Zildžo

The performance of Jusuf Hadžifejzović *From Kitsch to Blood Is Only One Step* took place in Cetinje in 1991. It was just a segment of his continuing performing based on questioning his life's fate through his own body. Often totally out of rational control, these acts of self-exploring could be seen as a historical metaphor for the Balkan doom.
The performance started with the ritual of Jusuf's shaving, drinking and mixing the shaved hair with flour and water. Female bras, displayed on the gallery wall (as symbols of maternity rather than sexuality) were then removed to leave the space for the words »From Kitsch to Blood Is Only One Step«, written by the artist. Final, and probably the most impressive segment of Jusuf Hadžifejzović's performance, was sticking twelve sharp, domestically made Montenegrin knives in twelve fish spread out among other economical, cultural, and war icons (prune or ammunition boxes formed a throne like the one that Prince Nikola Petroviž refused to use as his »theater« seat).
During the final stage of the performance, Hadžifejzović was already intoxicated by a mixture of »Eastern« and »Western« hard liquor. The dough slipping from his head blinded him. Bleeding from his serious knife wounds he periodically lost consciousness. The artist was hardly able to accomplish the intended symbolic act of stopping the war. I remember my desperate attempt to save him from his own »metaphor«, but I was almost brutally sent back to join the witnessing audience. Suddenly the event escaped from the realm of rational explanation. A terrible thunderstorm sprang up, cutting off electricity. The stunned audience, along with the artist and his desperate actions, disappeared in the darkness. The artist almost died and was taken to hospital.
This bloody performance can be understood as the point of the major change in Jusuf Hadžifejzović's artistic career. After many years of examining the origin of his knowledge he definitely focused his energy on exploring his own fate and that of his fellow inhabitants of the Balkans. The Cetinje 1991 performance horribly fits.

Nermina Zildžo

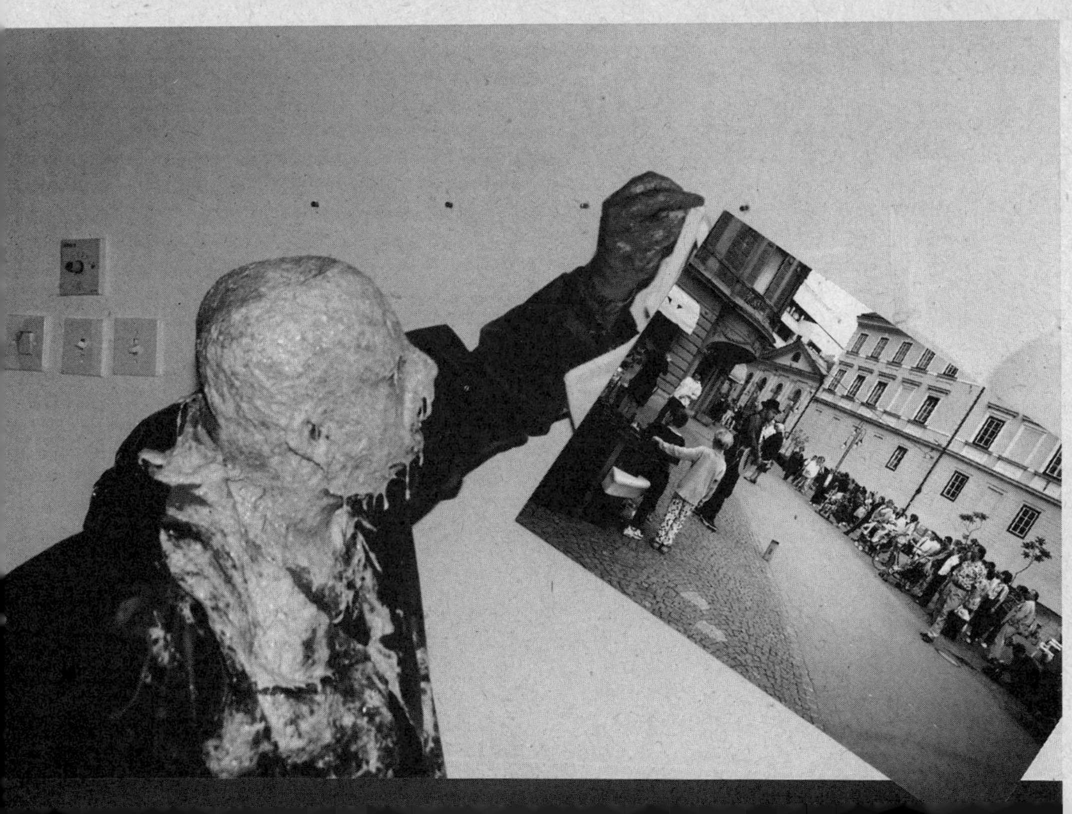

BIOGRAFIJA / BIOGRAPHY

Rojen / Born : **1956, Prijepolje, Jugoslavija / Yugoslavia**
Šolanje / Education : **1976 – 1980 Fakulteta likovnih umetnosti / Art Academy, Beograd ;**
1980 – 1982 Staatliche Kunstakademie, Düsseldorf
Živi in dela / Lives and works : **Sarajevo, Antwerpen**

IZBRANA BIBLIOGRAFIJA / SELECTED BIBLIOGRAPHY

Emmanuel Abela, »The Future Now«, *Lime Light*, no. 24, 1994.
Tanja Alvađ, »Stanje šoka«, *Nedelja*, Sarajevo, 20. IX. 1991.
Zorica Beus, » Igrom slučaja do depo projekata«, *Oslobođenje*, Sarajevo, 26. 9. 1990.
Zorica Beus, »Od kiča do krvi je samo korak«, *Oslobođenje*, Sarajevo, 10. IX. 1991.
Elisabeth Jappe, *Performance – Ritual – Prozess : Handbuch der Aktionskunst in Europa*, München; New York : Prestel Verlag, 1993, p.67.
Nermina Kurspahić, Jolanda Todorović, Berislav Valušek, *Kafe Depo*, razstavni katalog / exhibition cat., Galerija ALU–Energoinvest, Sarajevo, 1990.
Nermina Kurspahić, »Spoj spoznaje i energije«, *Oslobođenje*, Sarajevo, 29. 9. 1990.
Johan Pas, »From Kitsch to Blood is One Step«, *Artefactum*, Antwerpen, no. 49, September 1993.
Bojana Pejić, » Reviews: Berlin«, *Artforum*, New York , vol. XXXII, no. 2, October 1993, pp. 109 – 110.
Giacinto di Pietrantonio, »Miracoli in Yugoslavia«, *Flash Art*, Milano, no. 155, November – December 1990.
Krešimir Purgar, »Fragmented Space«, *Flash Art*, Milano, no. 155, November – December 1990.
Ugo Vlaisavljević, »Extracted letter from Depot«, *Lica*, Sarajevo, no. 1 – 4, 1997.

Nebojša Šerić – Šoba

V *No Lyrics, No Music, No Country, Nothing*... (Brez teksta, glasbe, države, ničesar..., 1997), Šoba izrecno ne uporabi svojih glasbeniških izkušenj. Pojavi se kot fantom na ulicah Ljubljane in Sarajeva, kot pouličnі pevec. S tablo brez napisa, obešeno okoli vratu, s kitaro brez strun v rokah 'prepeva', vendar iz sebe ne spravi niti enega samega glasu. Ob umetniku se ustavi mestni avtobus in skozi okna ga radovedno gledajo potniki, kajti zdi se jim, da nekaj poje, a da glasu ne morejo slišati. Mimoidoči verjetno mislijo, da je Šoba eden tistih, ki jih je vojna duševno prizadela, saj mu mečejo denar v pločevinko Ameriškega fonda za nujno pomoč z oznako: »Ni za prodajo ali izmenjavo«. Ljudem iz bivše Jugoslavije je oznaka »Ni za prodajo ali izmenjavo« razumljiva, saj gre za paradoksno izjavo, skoraj za psihološki koncept osamitve in izgube v kontekstu divergentnih gospodarskih in političnih interesov v jugoslovanski vojni, kjer se je kupovalo in prodajalo tako človeška življenja kot samo bosansko državo. *No Lyrics, No Music, No Country, Nothing*... kot nem in nenapovedan nastop opisuje realnost človekovega delovanja in realnost ideoloških fantazij ter njihovih učinkov na posameznika: to, kar je inherentno avtistično v skupinskem konkretiziranju pojma 'narod'.

Lars Bang Larsen, »Sarajevo: Nebojsa Seric-Soba. No bowing down to sedentary genre imperatives«, v: *Siksi*, The Nordic Art Review, zv. XII, št. 4, zima 1997, str. 54–s55

In *No Lyrics, No Music, No Country, Nothing*... (1997), Šoba specifically does not make any use of his experience as a musician. As a specter on the streets of Ljubljana and Sarajevo, the artist makes his appearance as a street singer wearing a sign around his neck bearing no inscription, holding a guitar without strings, and 'sings' without giving forth as much as one sound, A bus stops where Šoba is standing and the passengers look at him curiously through the windows, because they think that something is being sung without their being able to hear the sound. Presumably because they believe that Šoba must be a psychiatric casualty of the war, people passing by throw money into the American emergency relief fund's can labeled: »Not to be sold or exchanged«.
»Not to be sold or exchanged« is clear to the people of ex-Yugoslavia. It is a paradoxical assertion, almost a psychological concept of isolation and loss, in the context of the divergent economic and political interests in the Yugoslavian war, where human life as well as the Bosnian state were both bought or sold. A mute and unnanounced occurrence, *No Lyrics, No Music, No Country, Nothing*... describes the reality of human action, and of ideological fantasies and their effect on the individual: what is inherently autistic in the notion of 'the nation' as a collective projection.

Lars Bang Larsen, »Sarajevo: Nebojsa Seric-Soba. No bowing down to sedentary genre imperatives«, in: *Siksi*, The Nordic Art Review, Vol. XII, No. 4, Winter 1997, p. 54–55

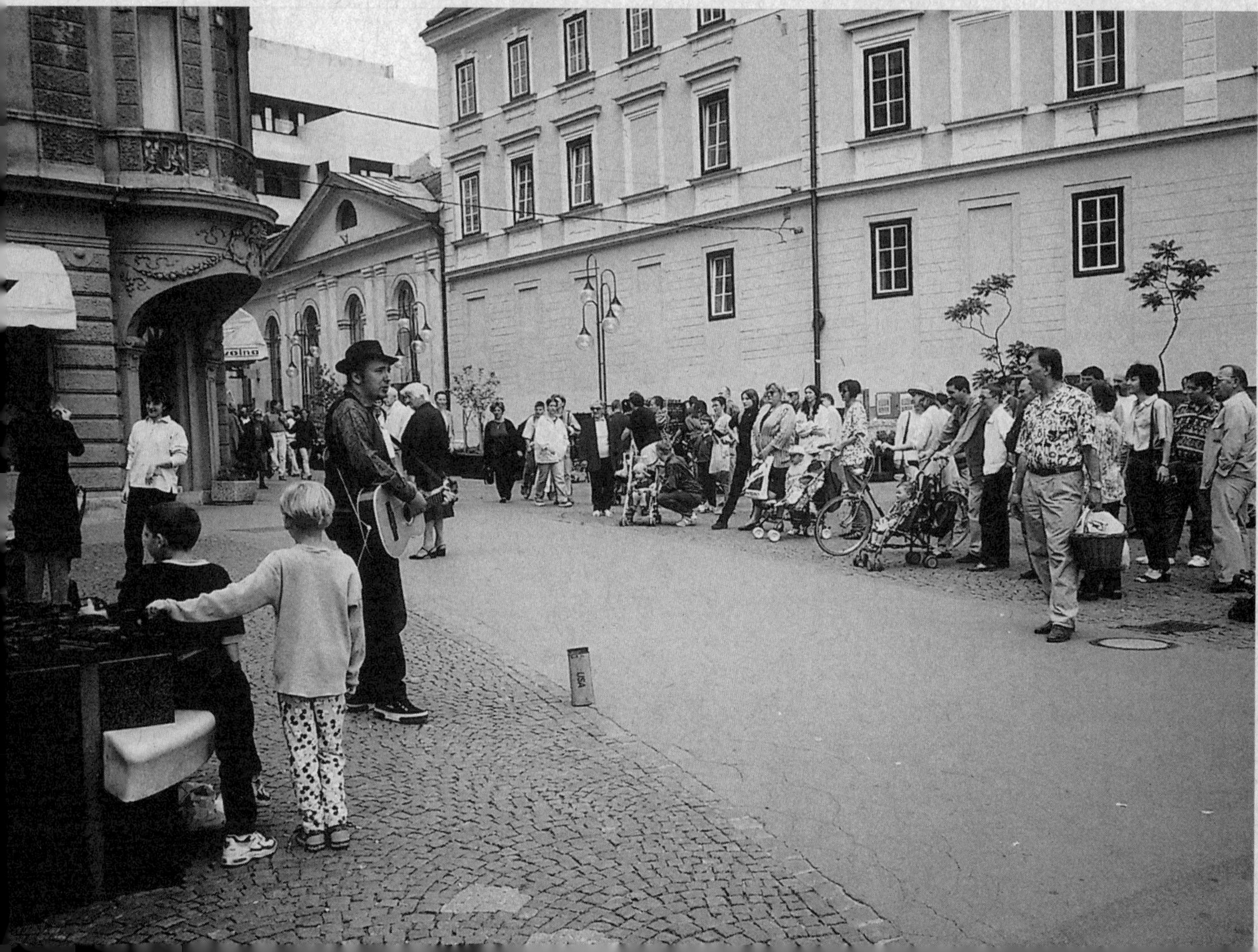

BIOGRAFIJA / BIOGRAPHY

Rojen / Born : **1968, Sarajevo, Bosna in Hercegovina / Bosnia and Herzegovina**
Šolanje / Education : **Akademija likovnih umjetnosti / Academy of Fine Arts, Sarajevo**
Živi in dela / Lives and works : **Sarajevo**

IZBRANA BIBLIOGRAFIJA
SELECTED BIBLIOGRAPHY

Nidžara Ahmetašević, »De Facto umjetnik«, *Dani*, Sarajevo, august, 1997.
Lars Bang Larsen, »No bowing down to sedentary genre imperatives«, *Siksi*, Helsinki, no. 4, winter 1997.
Marko Čeović, »Čovjek s misijom«, *Oblici*, Sarajevo, 23. 12. 1997.
Ula Engberg, »Blixtrande Energi«, *Göteborgs Posten*, Göteborg, 31. 12. 1996.
Celso Fioravante, » E a arte foi para a guerra«, *Folha ilustrada*, Sao Paolo, 6. 3. 1998.
Ivica Pinjuh, *The Edge of Awarness – Arts for world*, razstavni katalog / exhibition cat., Geneve, 1998.

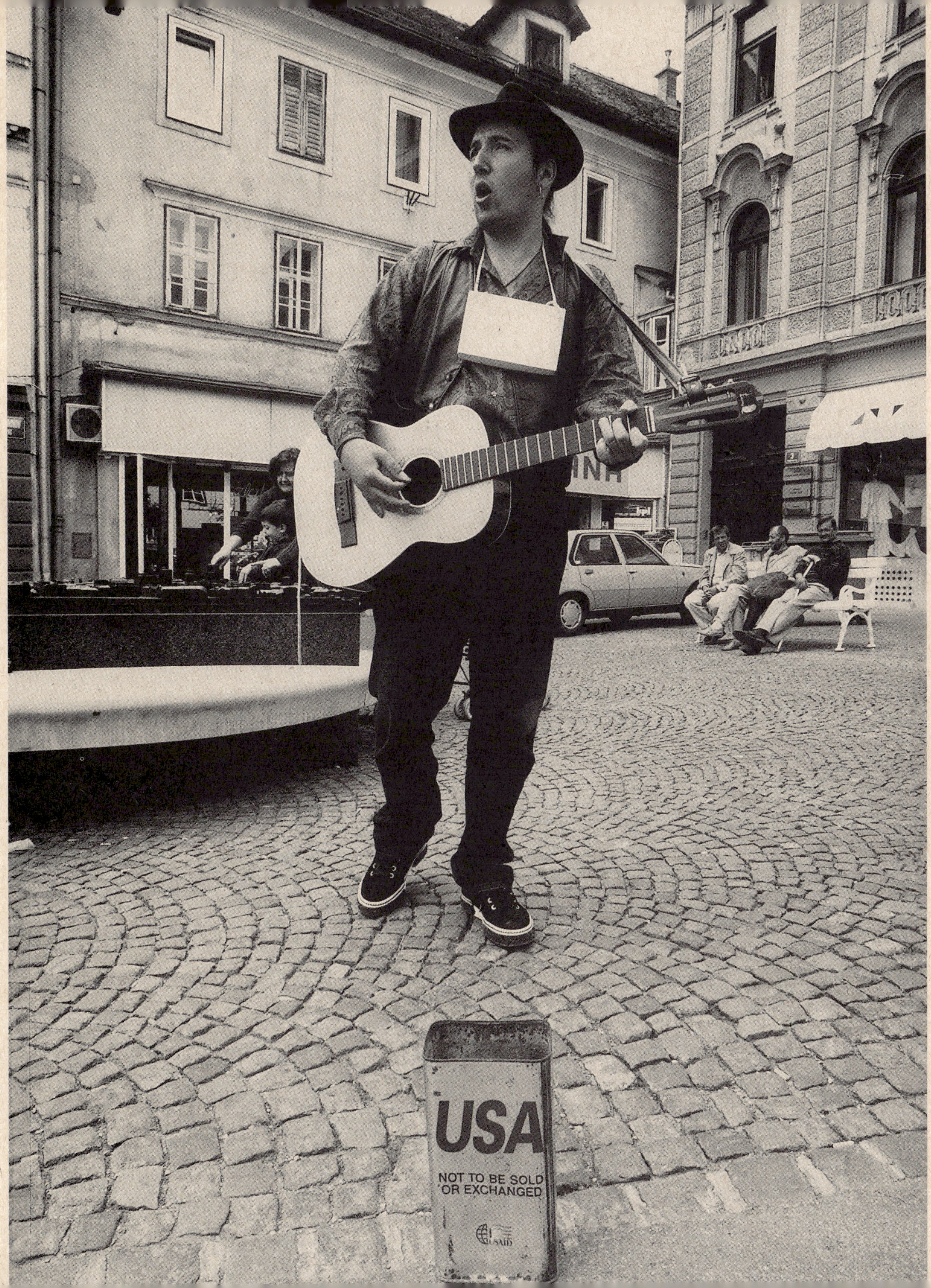
USA
NOT TO BE SOLD
OR EXCHANGED
USAID

Češka / Czech Republic

Jiří Ševčík

Med šamanom in klovnom

Performansi, happeningi, demonstracije, rituali so se pojavili na Češkem spontano na začetku 60. let. Med leti 1962-1964 je napisal Milan Knížák tudi prve manifestativne tekste o akcijski umetnosti in njegova skupina Aktual se je kmalu srečala z gibanjem Fluxus. V programu Aktual je omenjeno tudi to, da so radikalno drugačni pogoji kapitalistične in socialistične družbe paradoksalno izzvali enako reakcijo na obeh straneh. Ta argumentacija se je obdržala in je bila še močneje izražena deset let pozneje, ko je bila pri nas iznesena enako absolutna sodba tako o kapitalističnem sistemu (manipulacija trga) kot o posttotalitarnem socializmu (birokratska manipulacija). (Glej Jindřich Chalupecký, *Nova umetnost na Češkem*, Praga 1994.) Program Aktual se je zato spočetka do gibanja Fluxus opredeljeval kritično.

Manifesti aktualne umetnosti so se v dobi radikalnih sprememb pojma umetnost širili na češki politični sceni. Široko sprejeti in popularni model t. i. imaginativne umetnosti, izhajajoče iz surrealistične estetike, je bil postavljen v dvomljivo luč z modelom umetnosti kot abstraktne konceptualne konstrukcije oziroma kot akcije, dogodka, procesa, v katerih je aktivirana telesna navzočnost. Razumljivo je, da se je pri tem spremenil tudi družbeni statut umetnika na obeh straneh. Prekoračitev mej dotlej veljavnega estetskega sistema je imela tudi neposredne politične posledice, ker so bile hkrati prekoračene meje na socialnem in političnem področju. Manifest Aktual je bil v svojem principu izziv za neomejeno ustvarjalnost, ki je še sama brez novih vsebin delovala prevratniško. Temeljna teza manifestov Aktual (razen splošno deklarirane akcijskosti) je bila šamansko-pedagoško-terapevtska funkcija umetnosti. Novi pojem o umetnosti in umetniku je bil nevaren, grozil je, da bo povzročil spremembe v zavesti in obnašanju in postal v javnem prostoru nekontroliran. Knížákove akcije, ceremoniali in rituali ter sprehodi so bili anonimni in navodila k njim so za razliko od kasnejših akcij v 70. letih izgledala pogosto kot poetično-terapevtska priporočila in so dopuščala ponavljanja. Te akcije so imele v sebi tudi prvine nasilja, npr. nasilne fluxusovske povezanosti med nesorodnimi prvinami in pogostokrat so vnašale totalne zahteve do udeležencev. Pojem »agresivnega lirizma« oziroma »lirske agresije« je za Knížáka zelo primeren. Vprašanje je, če so telesni performansi bili nadomestilo za manjkajoče politične aktivnosti in če so utesnjene naravne reakcije sproščale pri lirski agresivnosti akcijo. Cilj je v vsakem primeru bila sprememba, zato imajo pogosto značaj posvečenja (iniciacij). Posledica ritualno didaktične funkcije je, da »je umetnost samo bergla«, šamanska bergla, katera naj bi povsem osmislila življenje in potem izginila (Milan Knížák, *Die Kunst ist nur eine Krücke*, katalog razstave, Hamburger Kunsthalle, 1986).

Argumentacije s telesom so odkrivale v 60. in prav tako v 70. letih psevdorealnost socialnega življenja in grozila je tu dvojna nevarnost. Na eni strani cenzura oblasti in na drugi strani njihove interpretacije (in s tem paraliziranja) kot čisto simbolične akcije, kot miti, arhetipi itd. Take razlage so za performans ustvarile pomirjeno in ujemljivo ozadje in ga vračale v razumljive sfere umetnosti.

Po političnih izkušnjah je leta 68 prišlo do pospravljanja javnega prostora, performansi so se premaknili navznoter, v mentalno sfero in dematerializirali so se dovršeno npr. v Knížákovih procesih za misel.

V 70. letih, v dobi t. i. normalizacije, je začela v Pragi s svojo dejavnostjo neustaljena skupina treh umetnikov mlade generacije: Petr Štembera, Jan Mlčoch in Karel Miler. Razstavljajo in publicirajo zelo hitro v inozemstvu in se povezujejo v svojih kontaktih z osebnostmi akcijske umetnosti – s Chrisom Burdenom, Terryjem Foxom, Tomom Marionijem in z drugimi. Pomembno pa je tudi, da so bili njihovi performansi nemudoma interpretirani na neoficialnih predavanjih, v tekstih samizdata in končno v publikaciji *Telo, stvar in resničnost v sodobni umetnosti* češkega filozofa Petra Rezka (Jazzová sekce, Praga 1982).

Jiří Ševčík

Between a Shaman and a Clown

In Czechoslovakia, performances, happenings, demonstrations and rituals emerged spontaneously in the beginning of the 1960s. Milan Knížák wrote the first manifesto texts on action art between 1962 and 1964, and his group Aktual soon met with the Fluxus movement. The Aktual declaration stated, among other things, that the radically different conditions of capitalist and socialist society had induced – paradoxically – the same reactions on both sides. This argumentation has prevailed, and it was expressed even more strongly ten years later, when the equally categorical judgement was made about both the capitalist system (manipulation of the market) and the post-totalitarian socialism (bureaucratic manipulation). (See Jindřich Chapupecký, *New Art in Czechoslovakia*, Prague, 1994.) In the beginning, the Aktual declaration was therefore critical towards the Fluxus movement.

During the period of radical change in the comprehension of art, manifestos on topical art had spread in the Czech political scene. The model of art as an abstract conceptual construction, or an action, event, or process, which all comprise the presence of the body, had cast a dubious light on the widely accepted and popular model of »imaginative art« based on the surrealist aesthetics. It is evident that this also brought a change in the social status of artists on both sides. The crossing of borders of the previously accepted aesthetic system caused immediate political consequences, since borders were crossed also in social and political spheres. In principle, the Aktual manifesto was a challenge to unimpeded creativity, which was revolutionary in itself, even without new contents. The main thesis of the Aktual manifestos (besides the generally declared actionism) was the shamanic-pedagogic-therapeutic function of art. The new comprehension of art and artist was dangerous, it threatened to incite changes in consciousness and behaviour, and to run wild in public. Knížák's actions, ceremonies, rituals, and promenades were anonymous, and the accompanying instructions were frequently written – in contrast to the actions in the 70s – in the style of poetic-therapeutic advice; they allowed for repetition. These actions also included the element of violence, e.g. of the violent Fluxus-like connection of disparate elements, and they often demanded everything from the participants. The appropriate term in connection with Knížák would be »aggressive lyricism«, or »lyrical aggression«. The question is whether body art performances served as a substitute for the lack of political activities, and whether the frustrated natural reactions stimulated actions in the vein of lyric aggressiveness. One way or another, the ultimate aim was a change, and therefore these actions often display a character of initiation. The ritually didactic function leads to »art as merely a crutch«, a shamanic crutch supposed to substantiate life and then pass away (Milan Knížák, *Die Kunst ist nur eine Krücke*, exhibition catalogue, Hamburger Kunsthalle, 1986).

In the 60s and then in the 70s, argumentation using the body exposed the pseudo-reality of social life, and this was doubly dangerous: the censorship of authorities on the one hand, and interpretations (and thus a paralysing) of these actions as purely symbolic acts, as myths, or archetypes, on the other. Such explanations pacified and accommodated the framework of performances, and returned them to comprehensible spheres of art.

The political experiences of 1968 were followed by the cleaning of public space; performances moved inwards, into the mental sphere, and they were perfectly dematerialised, as in Knížák's processes for thought, for example.

In the 70s, the period of »normalisation«, an informal group of three artists of the younger generation – Petr Štembera, Jan Mlčoch, and Karel Miler – started to work in Prague. They soon began to exhibit and publish abroad, and made connections with foreign action artists – Chris Burden, Terry Fox, Tom Marioni, and others. It is also significant that their performances were immediately theorised in non-official lectures, samizdat publications, and in *Body, Object and Reality in Modern Art* (Jazzová sekce, Prague, 1982), a book by the Czech philosopher Petr Rezek.

Rezek's phenomenological explanation is basically different from ordinary

Rezkova fenomenološka razlaga se je izrazito ločila od običajnih umetnostnih opisov in je radikalizirala interpretacijo performansa. Za poglobitev »iniciacijskega« pojmovanja performansa (performansa kot procesa spremembe) je bistvenega pomena njegov poudarek na neimaginativno resničnost akcije, na sedanjost v močnem pomenu besede, na »resnično resničnost« (mimogrede: to je pojem, ki se je pojavil še v Knížákovih programih 60. let). Rezkova fenomenologija dovoljuje globlje razumevati probleme 60.-70. let, vključno njihove moralne in politične aspekte, znane kot vprašanja »življenja v resnici ali v laži«. Akcija Jana Mlčocha *Obešenje – Veliki spanec* (Praga 1974), kjer je umetnikovo telo obešeno na podlago v treh točkah, je takrat postala tema v paradigmatični razlagi filozofa. Čutilo se je, da je v njej izražena situacija takratne dobe v paradoksu telesne akcije: na eni strani opustitev vseh oprijemljivih točk, izolacija od pojavne resničnosti, zlitje s celoto bitja; na drugi strani peza človeške situiranosti, ki se oglaša z bolestjo, sili performerja, da se pusti odrezati in sestopiti v vsakdanjo resničnost.

V performansih Petra Štembere je igrala vedno vlogo ogroženost odznotraj in odzunaj, riziko, nasilje, v katerih se odigrava sprememba in v katerih je nevarnost obvladana in odvrnjena. Štembera se prek samouničevalnih akcij dokoplje do transcendentalnih doživetij. Njegovi performansi so samovzpostavitev in preizkus identitete v nevzdržnem položaju, ki ga prostovoljno sprejema. Nekatere med njegovimi akcijami so spraš,evale po »morali in estetiki bolečine«, ki se v kontekst 70. let uvrščajo enako kot iniciacije in pridobile so si značaj žrtve za ostale. Nekatere so imele izrecno političen podtekst in se samoironično nanašale na intelektualno situacijo v neoficialni družbi. *Predavanje*, izvedeno v madžarskem Zsolnay-Muzeju (1976), je povezovalo telesno in duševno torturo (ponavljanje stavkov iz Heideggerjevega dela *O resnici in biti*, povezano s klečanjem na grahu in konzumiranjem alkohola do popolne pijanosti).

Akcije Karla Milerja so bile nasproti temu zelo konceptualizirane in so skoraj povsem potisnile simbolične pomene. Na faktografiji, na evidenci tistega, kar se dogaja, temeljijo tudi njegovi komadi, ki s telesno akcijo zamejujejo limite in kot v zenu poskušajo integrirati duševno in fizično.

H krogu Štembere, Mlčocha in Milerja se v drugi polovici 70. let na praški sceni priključi Jiří Kovanda. Večina njegovih performansov je v telesni akciji, uresničevani v normalnem socialnem prostoru. So pa tako nevpadljivi, da jih je težko ločiti od ravnanja ostalih naključnih udeležencev. V njih ni niti sledu lirske tiranije, niti sledu mazohizma, ne dajo se interpretirati simbolično in se tudi ne vzpostavljati z arhetipi. Dali bi se razložiti kot narobe obrnjeni patos, kot akcija, ki ji manjka dramatični vrh. Do iniciacije prihaja na zelo nevpadljiv način, skoraj neopazno. Izgleda, kot da bi se Kovanda nastavljal tudi ranam in bolečinam in jih premagoval nebahaško, v skoraj popolni skritosti in anonimnosti. Kovanda zavestno resignira na junaško avro avtorja in na šamansko avro mesije.

V naslednji generaciji, ki se navezuje na performanse praške skupine 70. let, je očitna vse bolj bogata instalacija in vse močnejša mitologizacija akcij. Značilna so ikonografska napotila, prepletenost različnih medijev, alkimija in delo z energijami. Telo tu obstaja v imaginativnem nasprotju s sliko in umetnik si znova prizadeva za sintezo med imaginativno resničnostjo in »resnično resničnostjo« tako kot v akcijah Margite Titlove-Ylovsky.

Zadnje zanimanja vredne performacijske aktivnosti – po postmodernih 80. letih – izvajajo umetniki novo pojavljajoče se scene Ostrava v severni Moravski (v skupino »Předkapela Lozinski« spadajo: Jiří Surůvka, Petr Lysáček idr.). Nadaljujejo s staro prakso militantne ironije in spet izganjajo gledalca z galerije. Oddaljujejo pa se tudi od preglednega libreta starejših akcij in so usmerjeni k absurdnemu gledališču in kabaretu, kjer je klasični performans spodkopan, ironično citiran. »Provizorična umetnost« s »provizorično filozofijo«. Jiří Surůvka predvaja samega sebe v vlogi znanih reprezentantov oblasti v družbi in umetnosti. Estetika morale in bolečine se pri tem obrne narobe, namesto Šamana nastopa klovn, ki kaže, da najnavadnejši telesni akt lahko pomeni, da je naše življenje v nevarnosti. Iniciacijski moment, ključna performacijska strategija, se ohranja, vendar do zaželene spremembe lahko pride samo po neresni poti, v absurdnem kabaretu. Zdi se, da je v spektaklu sodobne češke politične scene spet potrebno argumentirati na javnem mestu s telesom.

descriptions of art, and has radicalised the interpretation of performances. The most important feature of a profound - »initiating« – comprehension of performance (performance as a process of change) is its emphasis on the unimaginative reality of action, on the present (in the strict sense of the word), on the »real reality« – the term which, we might add, can be found in Knížák's programmes from the 60s. Rezek's phenomenology allows for a deeper understanding of the problems in the 60s and 70s, including their moral and political aspects known as the question of »living in truth, or in a lie«. The action by Jan Mlčoch, *The Hanging – Big Sleep* (Prague, 1974), in which the artist's body hung at three points from a support, was included in the paradigmatic explanation of the philosopher. It could be perceived as the situation of the time expressed through the paradox of physical action: the abandonment of all fixed points, isolation of phenomenological reality, integration in the totality of being on the one hand; on the other hand, the weight of the human condition, which finds expression in pain, forces the performer to allow himself to be cut off and descent to everyday reality.

Petr Štembera's performances always included a threat from both inside and outside, a risk and violence, featuring a change and a successful dealing with danger. Through his self-destructive actions Štembera had been reaching transcendental experiences. His performances represented self-identification and the test of identity in a voluntary unbearable situation. In some of his actions he raised questions of »the morals and aesthetics of pain«; in the context of the 70s they featured as initiations, and some of them acquired the character of sacrifice. Some had a marked political impact, ironically referring to the intellectual situation in civil society. *The Lecture*, carried out at the Zsolnay–Museum, Hungary in 1976, combined physical and mental torture (repeating sentences from *Truth and Being* by Heidegger, while kneeling on peas in total alcoholic inebriation).

Actions by Karel Miler, in contrast, were utterly conceptual, almost completely ignoring symbolic meanings. His events were based on factography, on the record of the development of the event, and they explored body actions for the definition of limits and tried to integrate the spiritual and physical in the manner of Zen.

Jiří Kovanda joined the circle of Štembera, Mlčoch and Miler on the Prague scene in the end of the 70s. Most of his performances featured body actions, performed in common public spaces. They were so unintrusive that it was hard to differentiate them from the proceedings of incidental participants. They expressed no trace of lyric tyranny, or masochism; they cannot be interpreted through symbolism, or grasped as archetypes. They could be explained as a reversed pathos, as actions without a dramatic peak. Initiation took place in a very unintrusive manner, almost imperceptible. It seemed as if Kovanda would expose himself to affliction and pain, and bear these without boasting, almost perfectly hidden and anonymous. Kovanda consciously renounced the heroic aura of the artist, and the shamanic aura of the Messiah.

Performances of the next generation of the Prague group of artists in the 70s were characterised by the growing use of installations and wider mythologisation of actions, featuring iconographic instructions, simultaneous use of different media, alchemy and exploration of energies. The body figured in imaginative opposition to the painting, and the artists tried again to achieve a synthesis between imagined reality and »real reality«, as in the actions of Margita Titlová-Ylovsky, for example.

The last interesting performance activities – after the postmodernist 80s – have been connected with the artists of the newly emerging scene in Ostrava in northern Moravia (the »Předkapela Lozinski« group including Jiří Surůvka, Petr Lysáček, and others). They are continuing the old practice of aggressive irony, and once again drive the viewer out of the gallery. They also distance themselves from intelligible librettos of older actions, and direct themselves to the theatre of absurd and cabaret, in which the classical performance is subverted and cited with irony. »Provisional art« with »provisional philosophy«. Jiří Surůvka reproduces himself in the roles of famous representatives of power in society and art. In this process the aesthetic of morals and pain is turned upside down, and in place of the shaman appears a clown, pointing out that the most common physical act can represent a danger to our life. The moment of initiation, the key performance strategy, is preserved, but the desired change can only occur along a frivolous course, in a cabaret of the absurd. It seems that the spectacle of the contemporary Czech political scene again requires an argumentation with the body in the public arena.

Milan Knížák

Ko se začneš zavedati kamna, 1977

Umij si telo.
Umij kamen.
Zakotali kamen prek svojega telesa.
Poljubi kamen.
Spi s kamnom.
Kamen vedno prenašaj s seboj.
Udari kamen.
Pobožaj kamen.
Povej kamnu zgodbo svojega življenja.
Poslušaj, kaj ti pove kamen.
Raztrešči kamen na tisoč koščkov.
Pojej malo kamenega prahu.
Naredi nov kamen iz preostalega prahu.
Vrni kamen, kjer si ga našel.

M. K.

Becoming aware of a stone, 1977

Wash your body.
Wash a stone.
Roll a stone over your body.
Kiss a stone.
Sleep with a stone.
Carry a stone around with all the time.
Stroke a stone.
Tell a stone the story of your life.
Listen to what a stone tells you.
Smash a stone to smithereens.
Eat a little stone dust.
Make a new stone from left over dust.
Put a stone back where you found it.

M. K.

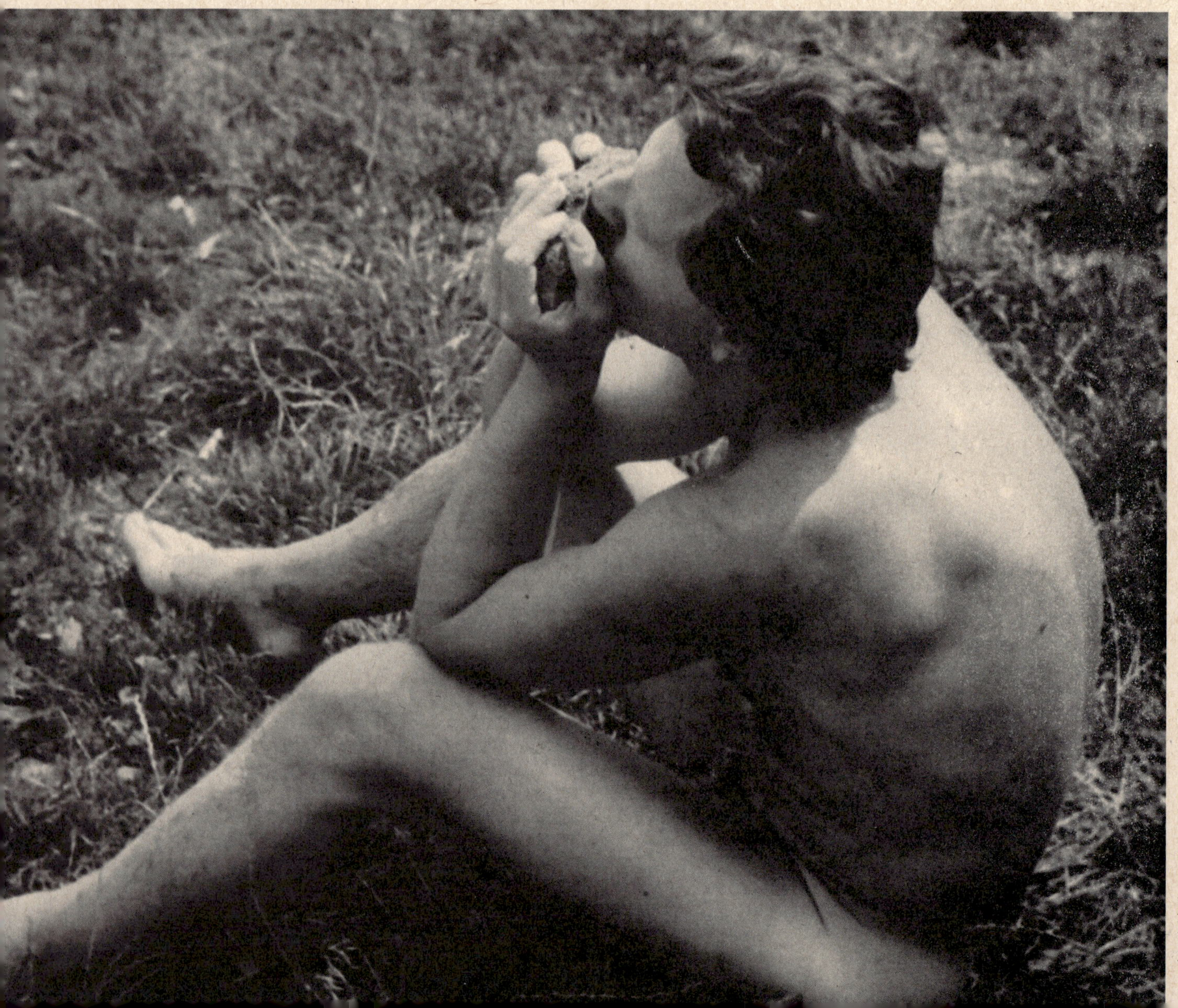

BIOGRAFIJA / BIOGRAPHY

Rojen / Born : **1940, Plzeń, Češka / Pilsen, Czech Republic**
Šolanje / Education : **Pedagogic University, Praga / Prague (izključen / thrown out) ; Preliminary Art School, Praga / Prague (izključen / thrown out) ; Academy of Fine Arts, Praga / Prague (izključen / thrown out) ; Charles University – Mathematic Faculty, Praga / Prague ; Music School, Mariánske Lázne**
Živi in dela : **Praga / Prague**

IZBRANA BIBLIOGRAFIJA
SELECTED BIBLIOGRAPHY

Gregory Battcock, Robert Nickas (ur./ed.), *The Art of performance : a critical anthology*, New York : E. P. Dutton, 1984.
Ursula Block, Michael Glasmeier (ur./ed.), *Broken music : artist's recordworks*, razstavni katalog / exhibition cat., Daadgalerie, Berlin ; Gemeentemuseum, Den Haag ; Magasin Grenoble, 1989.
Allan Kaprow, *Assemblage, environments & happenings*, New York : H.N. Abrams, 1966.
Milan Knížák, *Unvollständige Dokumentation, 1961–1979 = Some documentary, 1961–1979*, Berlin : Edition Ars Viva, 1980.
Milan Knížák, *Milan Knížák : Lauter ganze Hälften. Action as a lifestyle = Auswahl der Aktivitäten, 1953–1985*, razstavni katalog / exhibition cat., Hamburger Kunsthalle, 1986.
Milan Knížák, *Nový Ráj : 1952–1995*, razstavni katalog / exhibition cat., Mánes, Praga / Prague, 1996.
_____, *Tradition und Avantgarde in Prag*, razstavni katalog / exhibition cat., Osnabrück ; Köln, 1996.
_____, *Ubi FLUXUS – Ubi MOTUS, 1962–1990*, razstavni katalog / exhibition cat., La Biennale di Venezia, 1990.

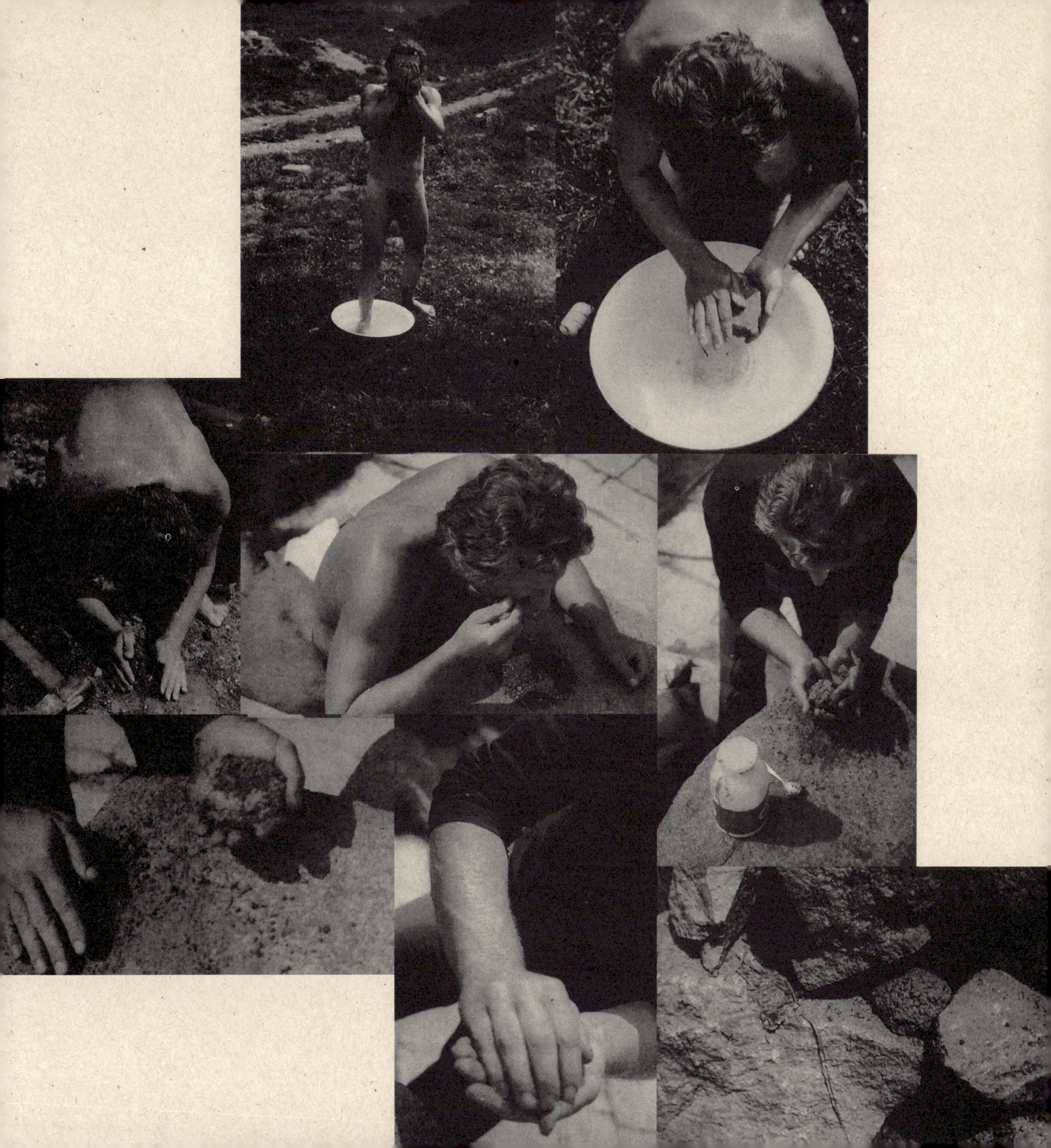

Jiří Kovanda

BIOGRAFIJA / BIOGRAPHY

Rojen / Born : **1953, Praga, Češka / Prague, Czech Republic**
Šolanje / Education : **samouk / self–taught artist**
Živi in dela / Lives and works : **Praga / Prague**

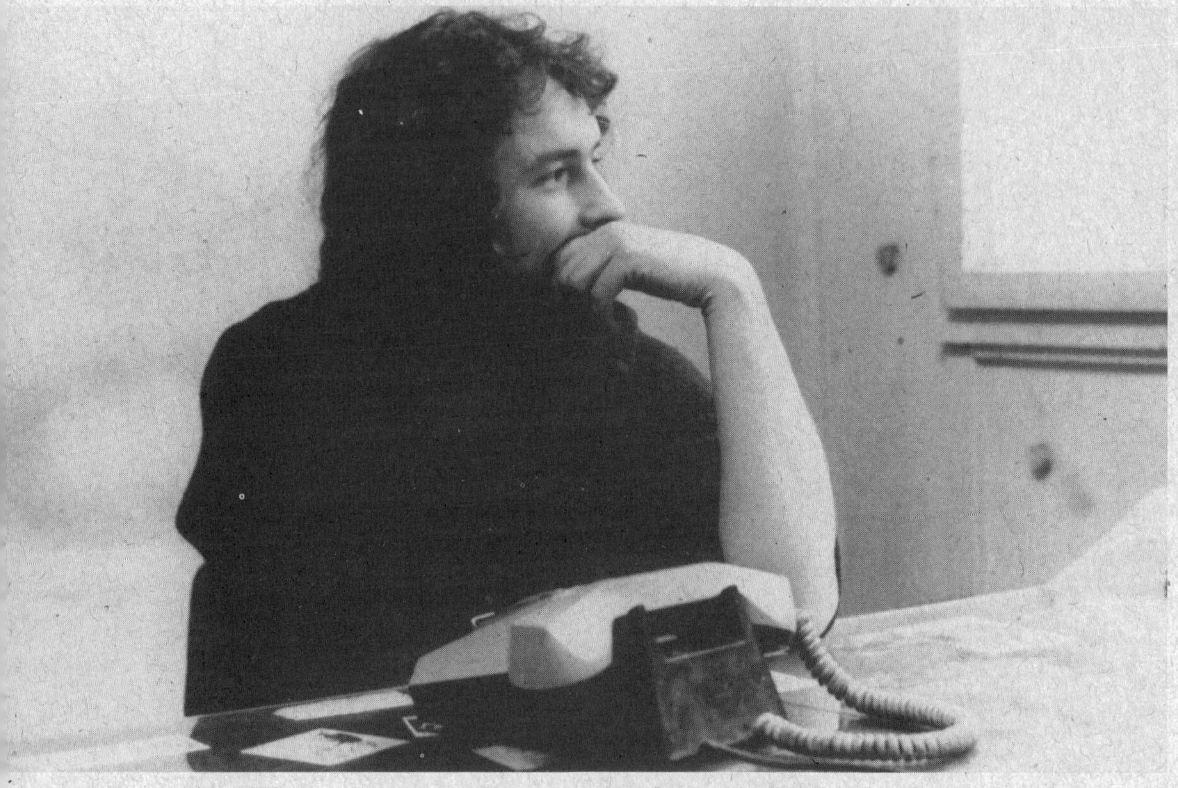

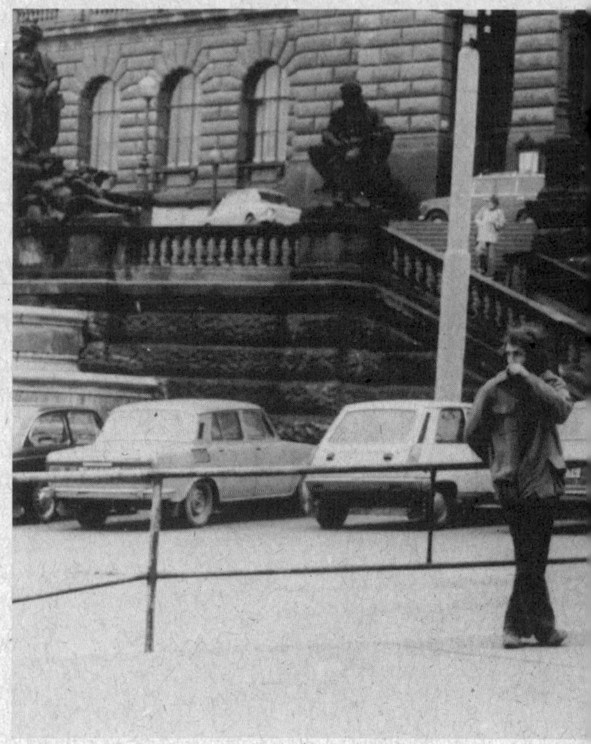

↑*1/ 18. november 1976*
Praga
Čakam, da mi kdo telefonira ...

1/ 18th November 1976
Prague
I am waiting for someone to phone me...

↓*2/ november 1976*
Praga
Obnašam se natanko po zapisanem scenariju. Moje kretnje in gibi so izbrani tako, da nobeden od mimoidočih ne ugotovi, da gleda predstavo.

2/ November 1976
Prague
I behave exactly according to the written script. My gestures and movements are chosen so that no one of the passers-by guesses he is watching a performance.

↑*3/ 19. november 1976*
Praga
(Brez besedila)

3/ 19th November 1976
Prague
(No text)

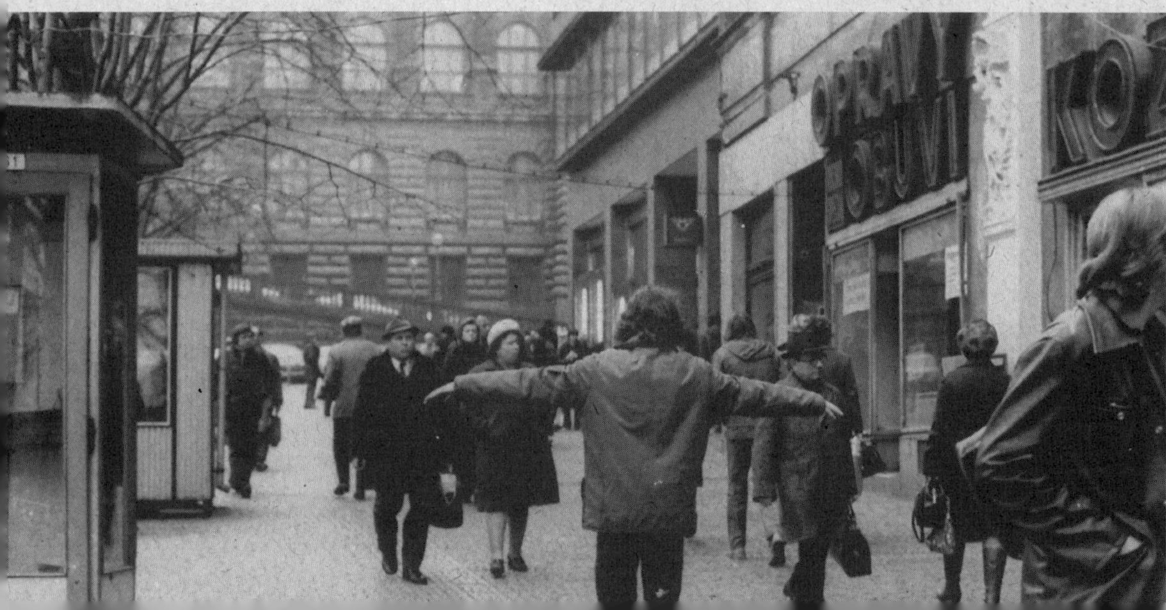

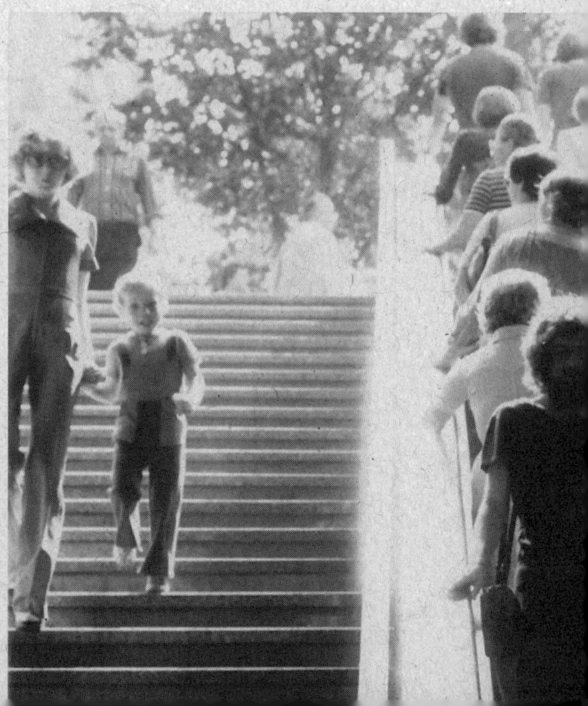

IZBRANA BIBLIOGRAFIJA
SELECTED BIBLIOGRAPHY

Vlasta Čiháková–Noshiro, *Experience Book*, razstavni katalog / exhibition cat., Gallery Maki, Tokyo, 1978.
Vlasta Čiháková–Noshiro, Jiří Valoch, *Umění akce = Art of Action*, razstavni katalog / exhibiton cat., Mánes, Praga / Prague ; Žilina, 1991.
Petr Rezek, *Tělo, věc a skutečnost v současném umění = Body, Thing and Reality in Contemporary Art*, Praga / Prague : Jazzová sekce, (Jazz petit ; 17), 1982.
Tomasz Sikorski, »22. XI. – 10. XII. 76 Galeria Mospan«, *Linia*, February – March 1977, p. 11.
Karel Srp jr., »Jiří Kovanda«, *Jazz*, no. 26, 1980, pp. 56 – 57.
Tomas Straus, *Works and Words*, razstavni katalog / exhibition cat., De Appel, Amsterdam, 1979.
Jiří Zemánek, Miloš Vojtěchovský, *L'art au corps«*, razstavni katalog / exhibition cat., MAC–Galeries contemporaines des Musées du Marseille, 1996, pp. 246 – 247.

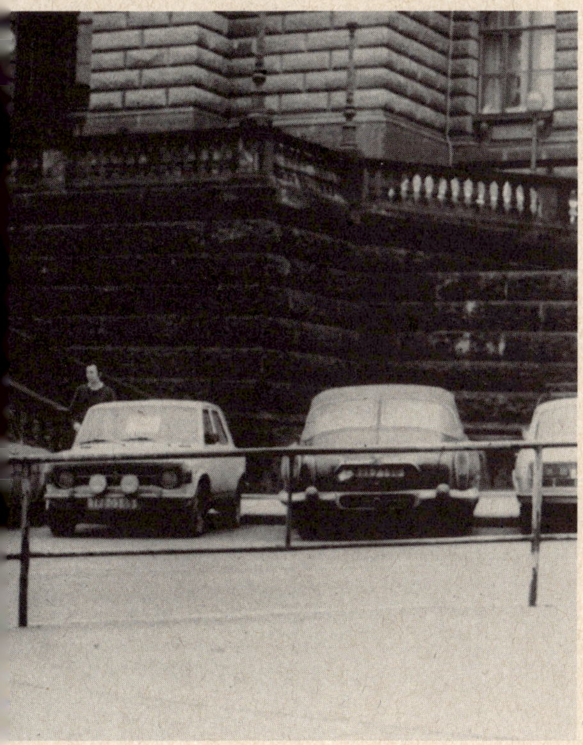

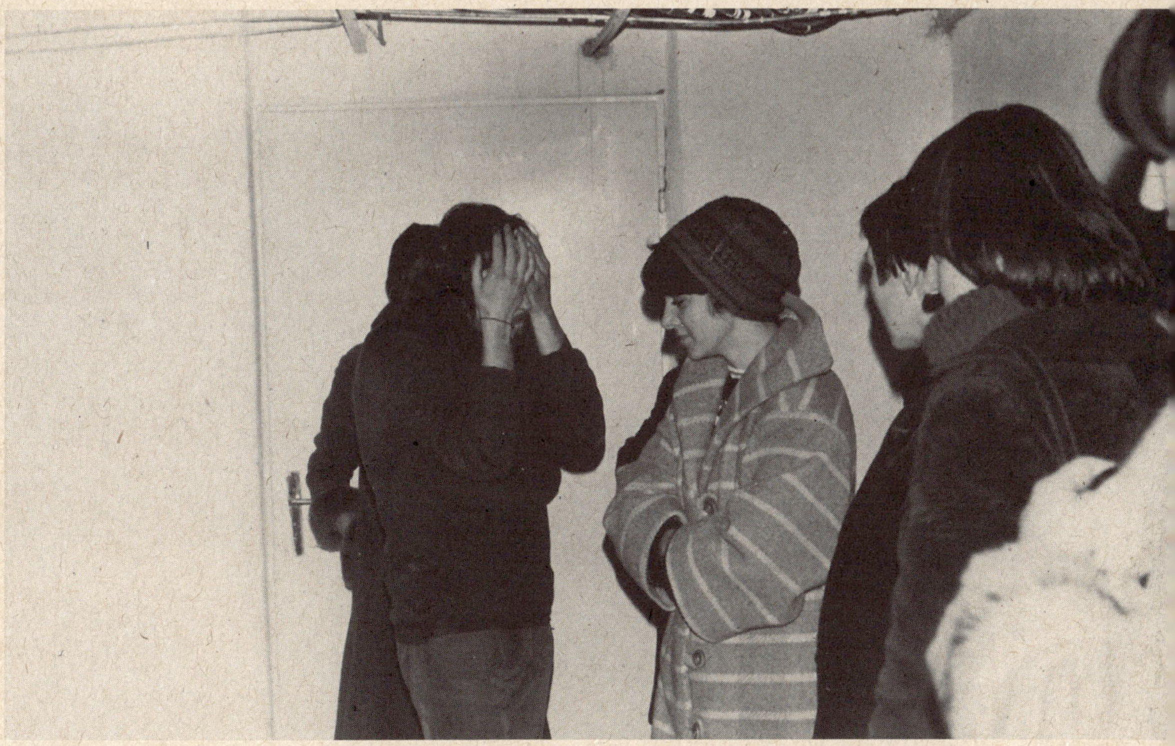

↓4/ 3. september 1977
Praga
V dvigalu ... obrnjen nazaj strmim v oči osebe, ki stoji za menoj ...

4/ 3rd September 1977
Prague
On the escalator... turned back I am gazing into the eyes of the person standing behind me...

↑5/ 8. december 1977
Praga
Z rokami si zakrivam oči in slepo zakorakam v skupino gledalcev, ki stoji na drugem koncu hodnika.

5/ 8th December 1977
Prague
Covering my eyes with hands I walk blindly into a bunch of viewers standing at the opposite side of the corridor.

↓6/ 23. januar 1978
Praga
Šel sem na zmenek z več prijatelji ... stali smo sredi trga in se pogovarjali ... nenadoma sem začel teči ... tekel sem prek trga in se izgubil v eni od ulic ...

J. K.

6/ 23rd January 1978
Prague
I had a date with several of my friends... we were standing in the square talking... suddenly, I started to run... I was running over the square and got lost in one of the streets...

J. K.

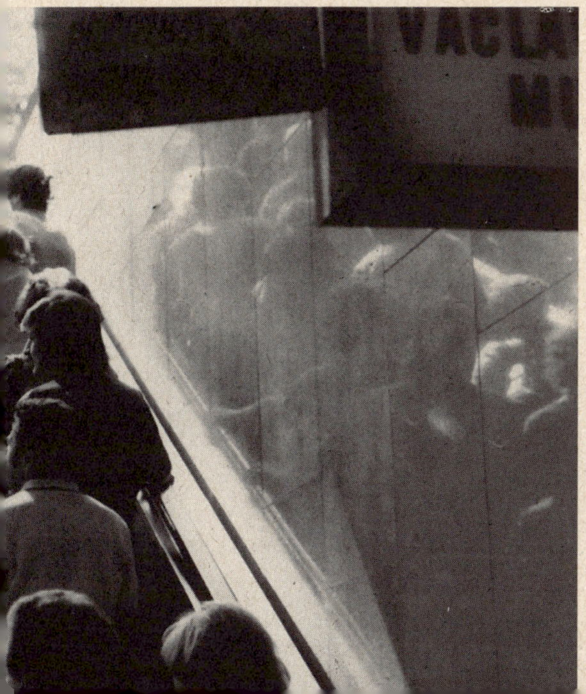

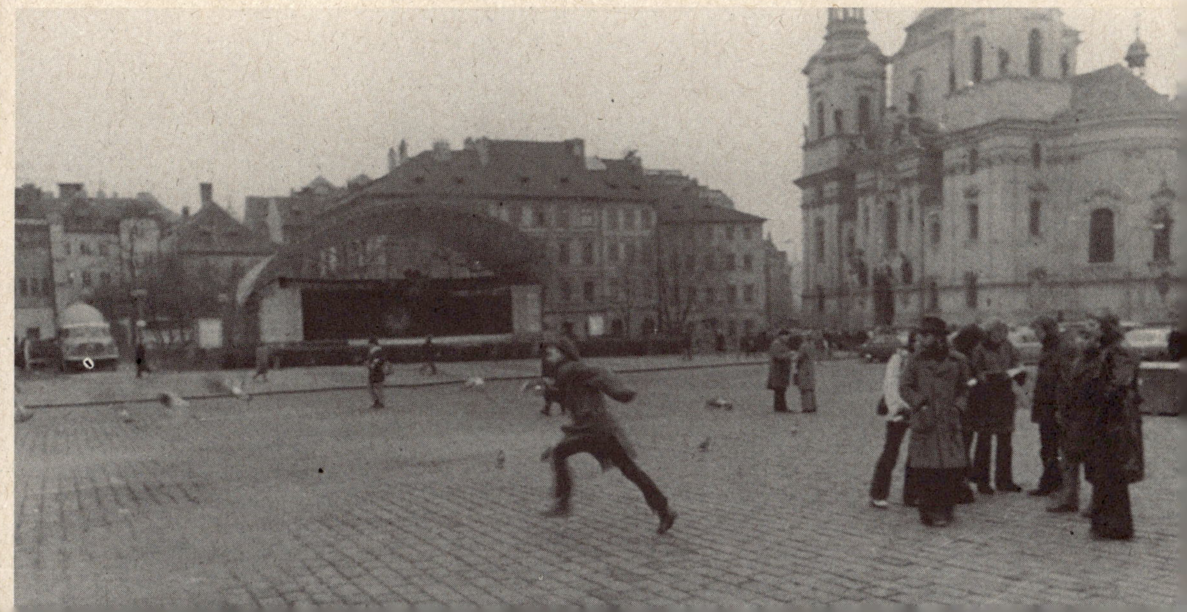

Karel Miler

Bliže k oblakom, 1977

Vsakdo ima možnost, da se približa oblakom. Ni treba sanjati, zadostuje, da malo poskočimo. Ne gre za poetično metaforo, temveč za običajno, navadno aktivnost, ki kaže naše omejitve.

K. M.

***Close to the Clouds,* 1977**

It is within everyone's possibility to be closer to the clouds. It is not necessary to dream; it suffices to jump up a bit. It is not a poetic metaphor, but a normal, ordinary activity pointing to our limits.

K. M.

BIOGRAFIJA / BIOGRAPHY

Rojen / Born : **1940, Praga , Češka / Prague, Czech Republic**
Šolanje / Education : **1961 – 1966 Charles University – (Umetnostna zgodovina / History of Fine Arts), Praga / Prague**
Živi in dela / Lives and works : **Praga / Prague**

IZBRANA BIBLIOGRAFIJA
SELECTED BIBLIOGRAPHY

Geneviéve Bénamou, »Petr Štembera, Karel Miler, Jan Mlčoch«, *Artitudes*, no. 30 – 32, 1976, pp. 38 – 40.
Petr Rezek, *Tělo, věc a skutečnost v současném umění = Body, Thing and Reality in Contemporary Art*, Praga / Prague : Jazzová sekce, (Jazz petit ; 17), 1982, pp. 95 – 102.
Karel Srp, *Karel Miler, Petr Štembera, Jan Mlčoch 1970 – 1980*, razstavni katalog / exhibition cat., Galerie hlavního města Prahy, Praga / Prague, 1997.
Jiří Zemánek, Miloš Vojtěchovský, *L'art au corps*, razstavni katalog / exhibition. cat., MAC– Galeries contemporaines des Musées du Marseille, 1996, pp. 232 – 255.

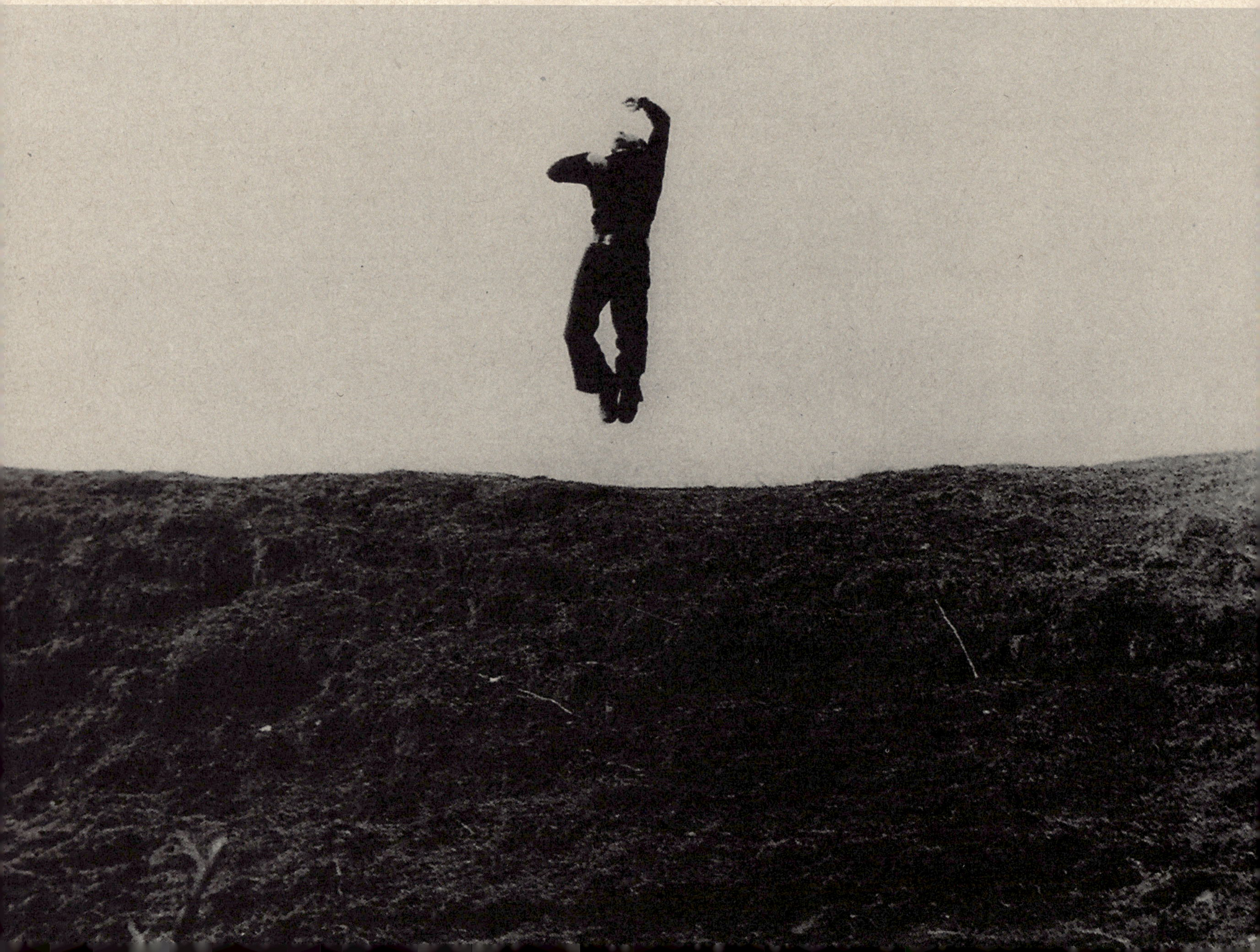

Jan Mlčoch

20 minut, Praga, 7. december 1975

V kletni sobi sem pravokotno na steno položil na tla dolgo železno palico. En konec sem privil v tla, na drugega pa sem privezal velik nož, katerega konica se je dotikala stene. Nekoga iz občinstva sem zaprosil, da mi pomaga. Zaprosil sem ga, da sede na leseno desko, položeno na palico, in da se takrat, ko bo videl, da nisem zbran, pomakne navzgor, kakor daleč želi. Budilko sem nastavil na dvajset minut, ne da bi on za to vedel, ter sedel med nož in steno. Ura ni dobro delovala. Po 44 minutah sem dogajanje prekinil.

J. M.

20 minutes, Prague, 7 December 1975

In a basement room, I placed a long iron rod on the ground, perpendicular to the wall. I screwed one end to the floor and tied a large knife to the other end whose tip touched the wall. I asked a member of the audience to assist me. I asked him to sit on a wooden board placed on the rod and when he saw that I wasn't concentrating, to move up any distance he chose. I set the clock at 20 minutes without him knowing about this limit, and sat down between the knife and the wall. The clock didn't work properly. I stopped the action after 44 minutes.

J. M.

BIOGRAFIJA / BIOGRAPHY

Rojen / Born : **1953, Praga, Češka / Prague, Czech Republic**
Šolanje / Education : **Technical High School, Praga / Prague**
Živi in dela / Lives and works : **Praga / Prague**

IZBRANA BIBLIOGRAFIJA
SELECTED BIBLIOGRAPHY

Geneviéve Bénamou, »Petr Štembera, Karel Miler, Jan Mčloch«, *Artitudes*, no. 30–32, 1976, pp. 30 – 40.
Jindřich Chalupecký, *Na hranicích umění*, Mnichov, 1987 (ed. Arkýř), pp.134–146.
Petr Rezek, *Tělo, věc a skutečnost v současném umění = Body, Thing and Reality in Contemporary Art*, Praga / Prague : Jazzová secke, (Jazz petit ; 17), 1982, pp. 95 – 102.
Karel Srp, *Karel Miler, Petr Štembera, Jan Mlčoch 1970 – 1980*, razstavni katalog / exhibition cat., Galerie hlavního města Prahy, Praga / Prague, 1997.
Petr Štembera, »Causa Mlčoch«, *Marzec*, 1/9, March 1977.
Jiří Zemánek, Miloš Vojtěchovský, *L'art au corps*, razstavni katalog / exhibition cat., MAC– Galeries contemporaines des Musées du Marseille, 1996, pp. 232 – 255.

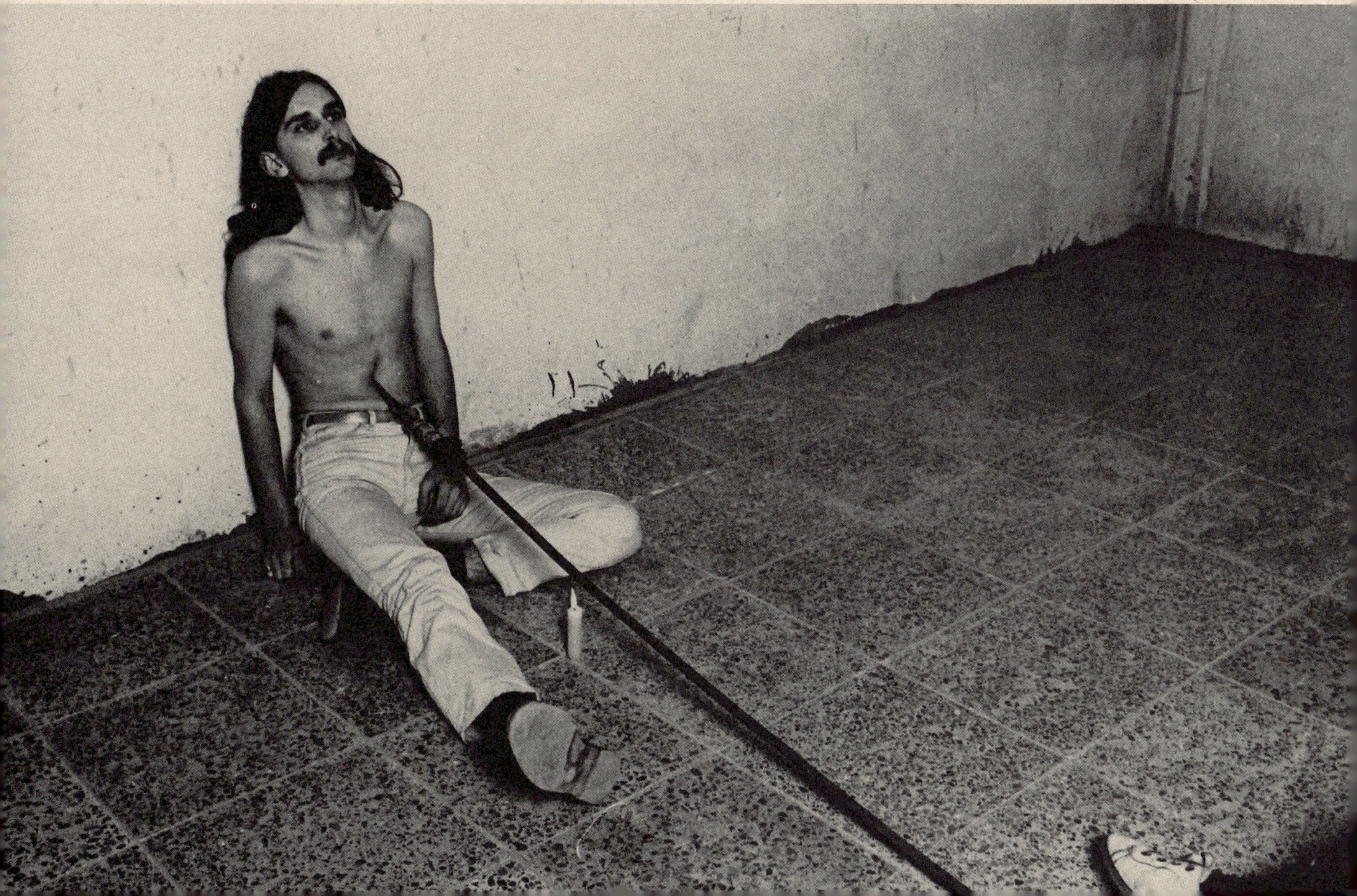

Jiří Surůvka

Akcija Kalokagathia, Ostrava, 1995

Moto za to akcijo so bile besede, ki jih je slišal moj prijatelj Jan Balabán, ko je vstopal na tramvaj: »... bil je debel kot prašič in hiter kot prasica ...!« Besede vsebujejo nesmisel, ki je tako značilen za sodobno umetnost z njenimi protislovnimi poskusi, da bi opredelila tako lastnost kot lepoto. Maskiran v impresionista v zanemarjeni obleki sem se približal »napravi«, tj. stojalu za grafike, in opravil nekaj psevdogimnastičnih vaj. Ko sem to počenjal, so me slikali (debel kot prašič). Slike sem nato računalniško obdelal do vrhunskih športnih rezultatov (hiter kot prasica). Nazadnje sem izpise iz laserskega tiskalnika povečal na 100 x 70 cm, jih postavil na stojalo in razstavil.

J. S.

***Kalokagathia action*, Ostrava, 1995**

The motto for the action is a phrase overheard by my friend Jan Balabán while going on the tram: »... he was fat as a pig and nimble as a swine...!« The phrase contains a non-sense which is also symptomatic of modern art with its contradictory attempts at defining both a quality and a beauty. Disguised as an Impressionist in dishabille, I approached an »apparatus«, i. e. a rack for holding graphics, and performed a few pseudo-gymnastic exercises. Doing it, I had photos taken of me (fat as a pig). The photographs were then computer-manipulated to the top sports results (nimble as a swine). Finally, laser printer outcomes were enlarged to the dimensions 100 x 70 cm, mounted in the frames of the rack and exhibited.

J. S.

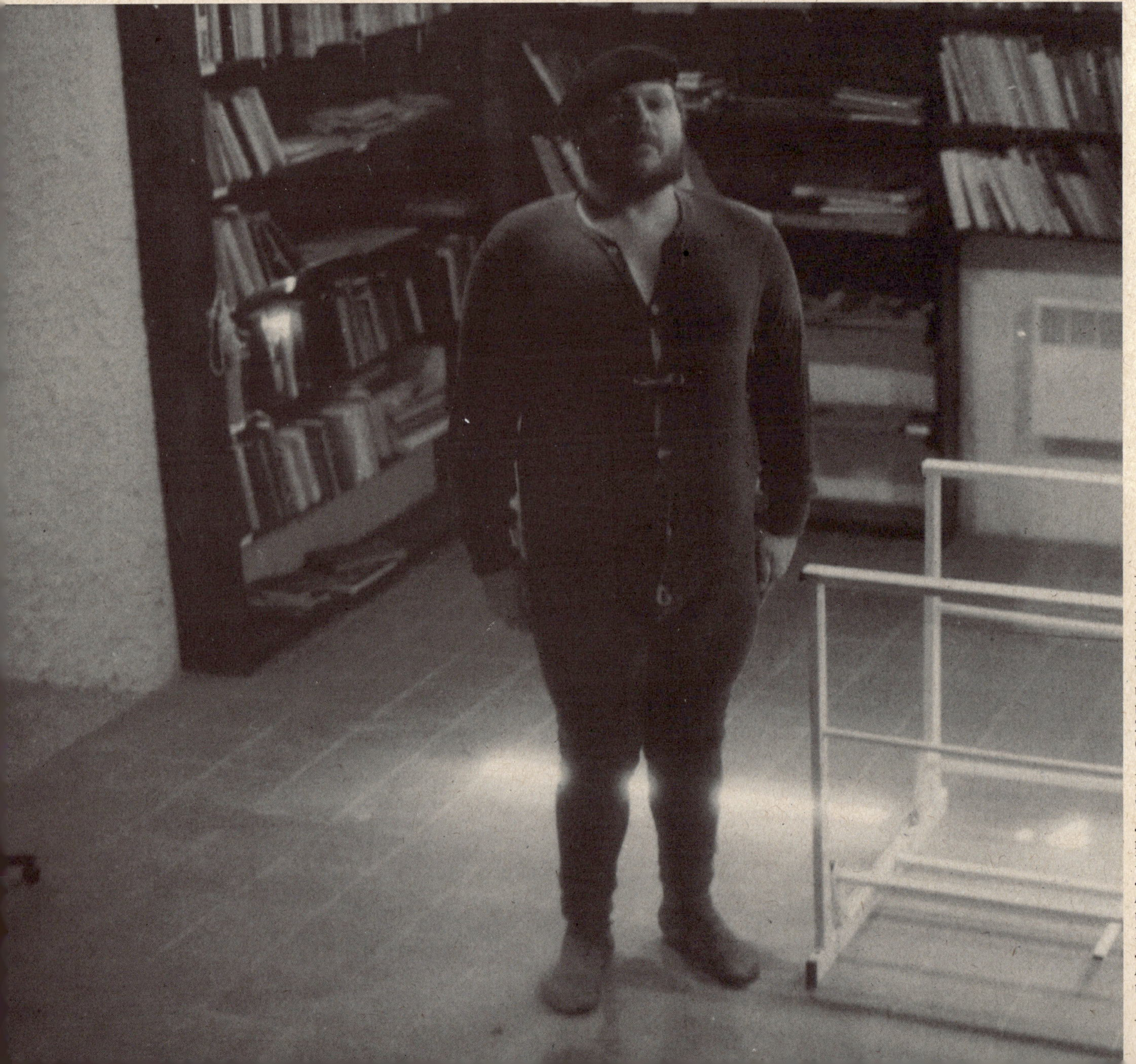

BIOGRAFIJA / BIOGRAPHY

Rojen / Born : **1961, Češka / Czech Republic**
Šolanje / Education : **Ostrava University – Faculty of Philosophy ; ustanovitelj skupine / founder of the group : »Předkapela Lozinski«**
Živi in dela / Lives and works : **Ostrava**

IZBRANA BIBLIOGRAFIJA
SELECTED BIBLIOGRAPHY

Jana and Jiří Ševčík, *Test Run*, razstavni katalog / exhibition cat., Mánes, Praga / Prague, 1995.
Jana and Jiří Ševčík, *Quiet Messages*, razstavni katalog / exhibition cat., Budapest Galéria, Budimpešta / Budapest, 1997.
Jana and Jiří Ševčík, *Reduced Budget*, razstavni katalog / exhibition cat., Mánes, Praga / Prague, 1998.

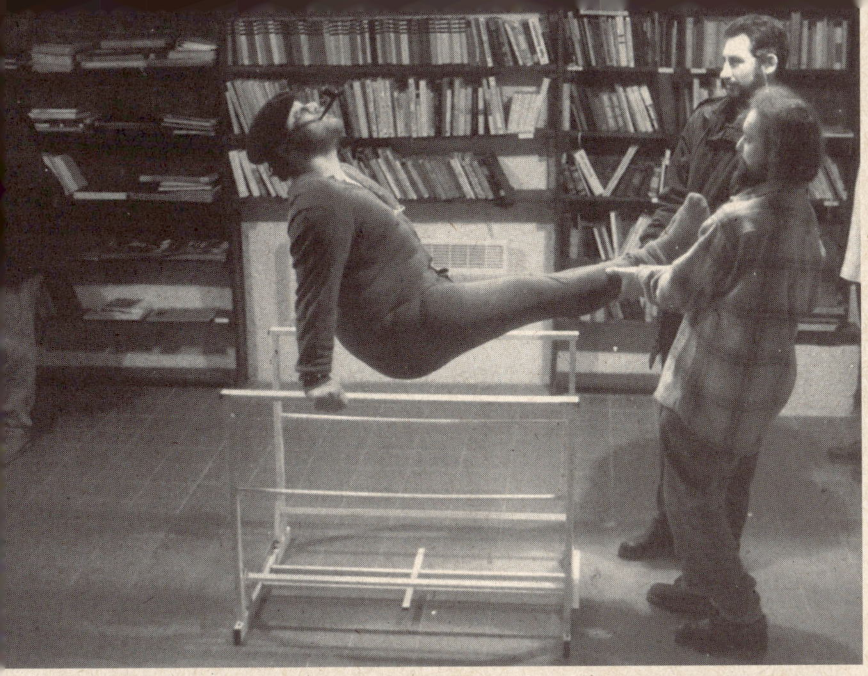

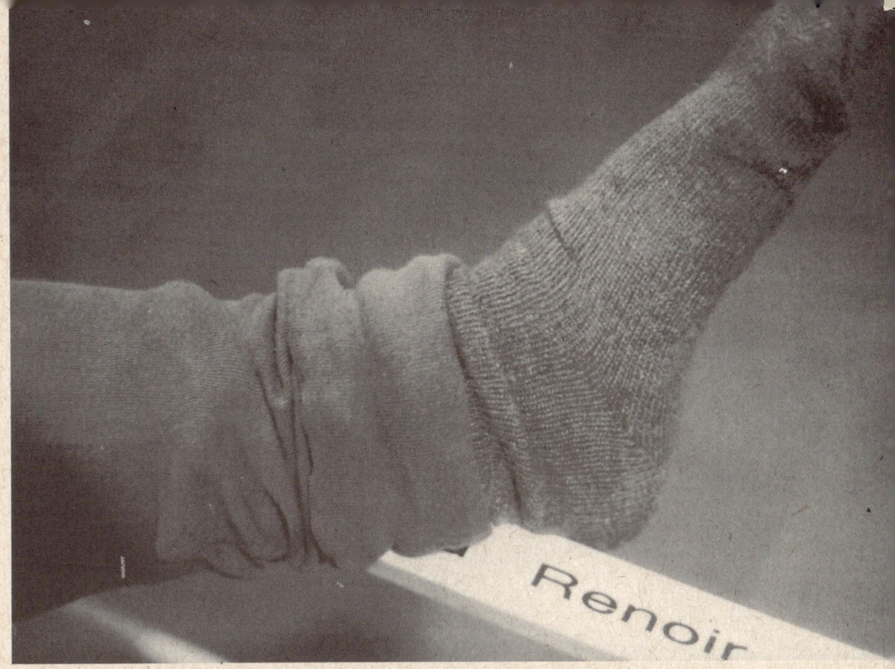
Renoir

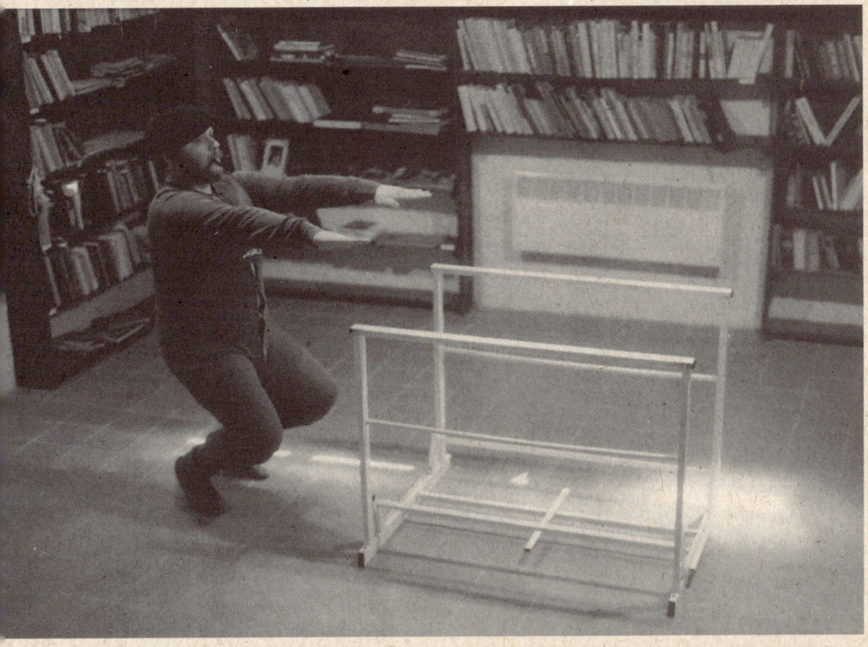

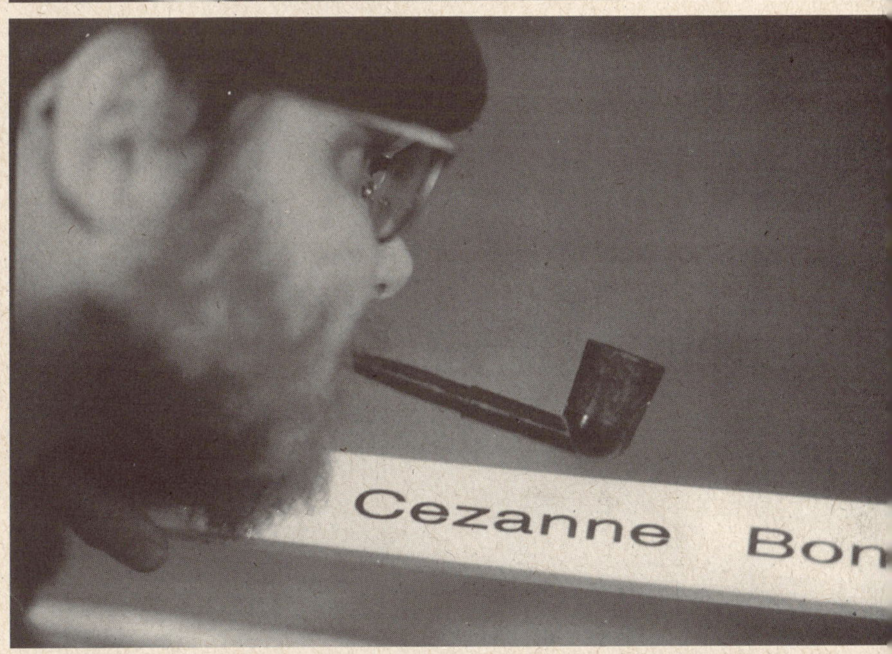
Cezanne

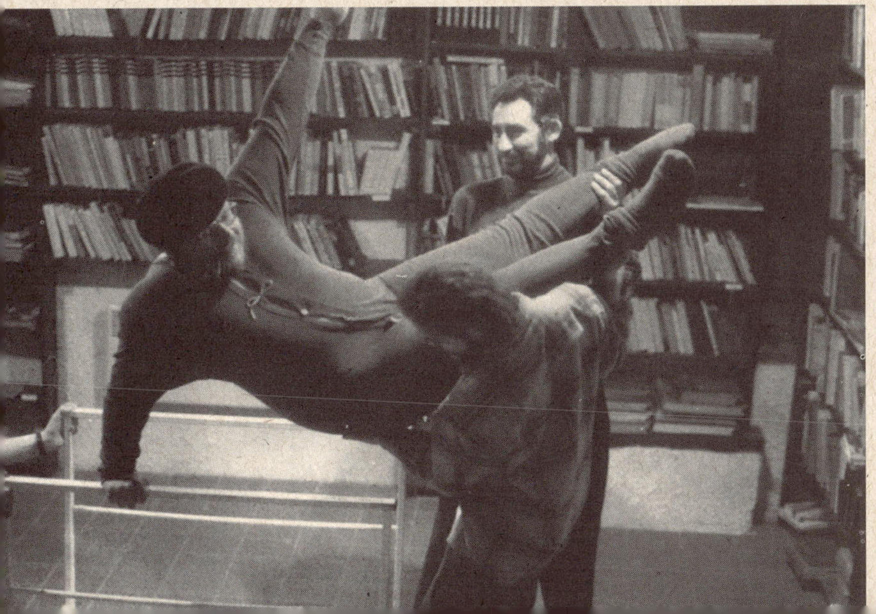

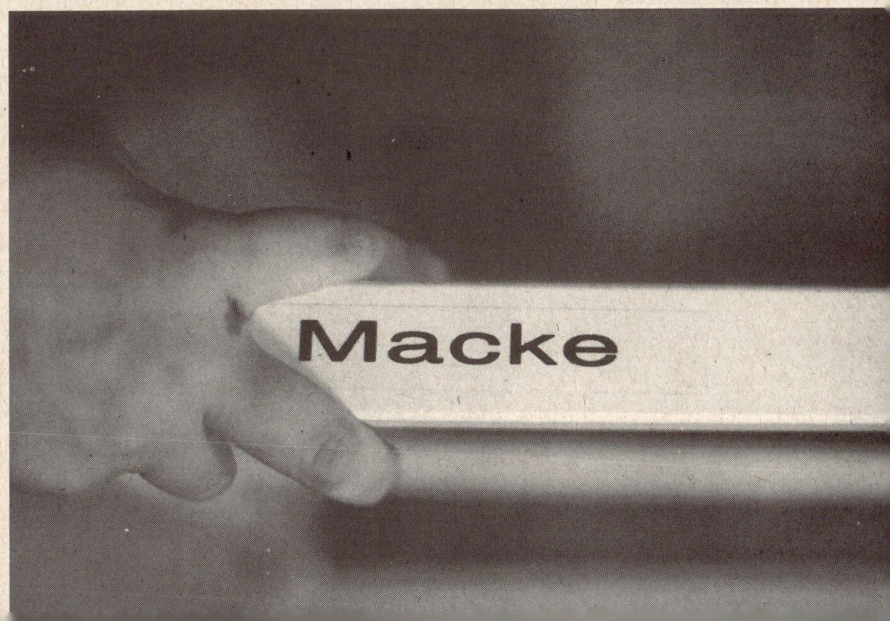
Macke

Petr Štembera

Cepljenje, Praga, april 1975

Kot se to dela v sadjarstvu, sem cepil vejo, odrezano z grma, na svojo roko.

P. Š.

***Grafting,* Prague, April 1975**

In a manner customary in fruit-farming, I grafted a branch taken from a shrub to my arm.

P. Š.

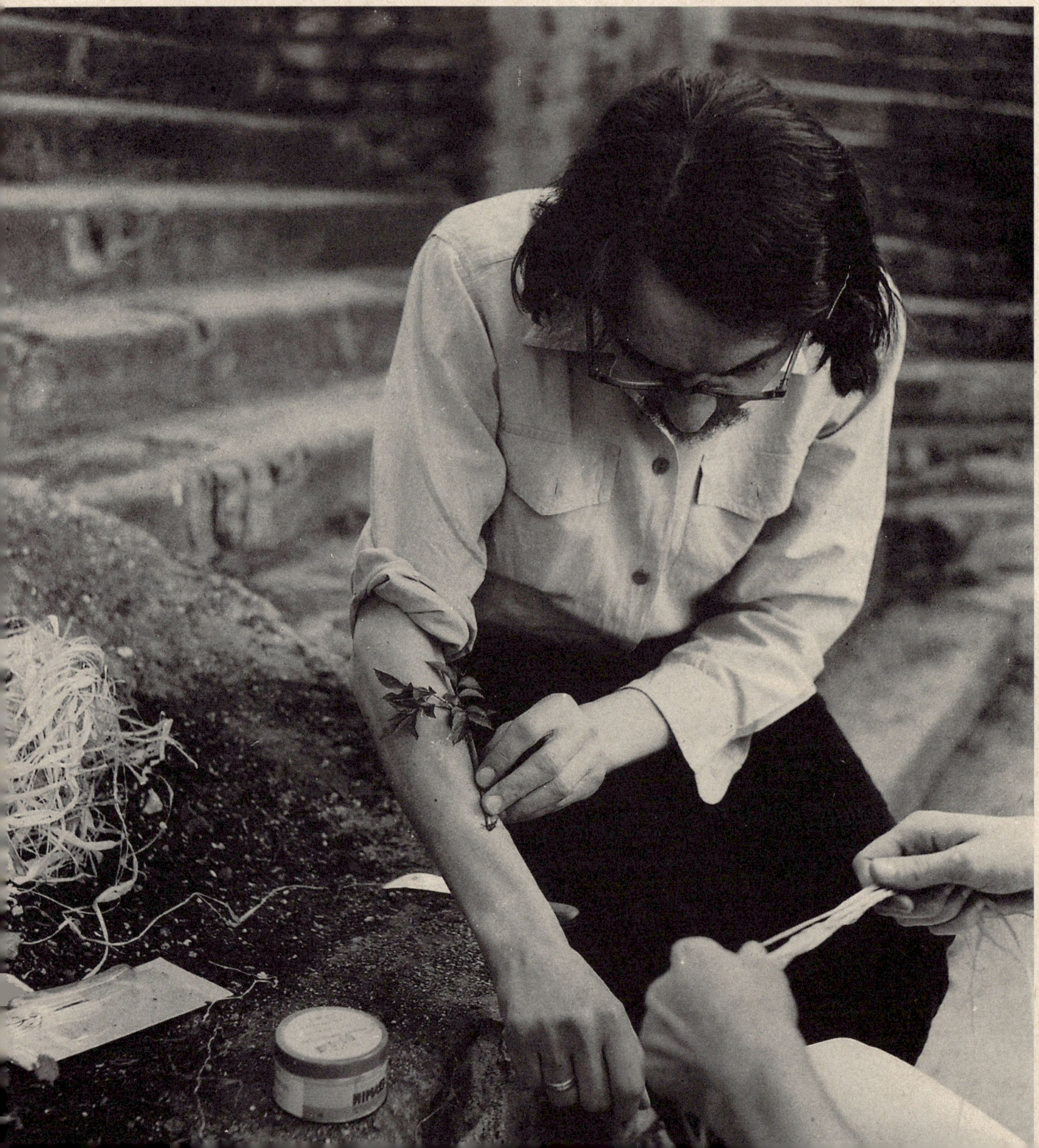

BIOGRAFIA / BIOGRAPHY

Rojen / Born : **1945, Plzeň, Češka / Pilsen, Czech Republic**
Živi in dela : **Praga / Prague**

IZBRANA BIBLIOGRAFIJA
SELECTED BIBLIOGRAPHY

Geneviéve Bénamou, »Petr Štembera, Karel Miler, Jan Mčloch«, *Artitudes*, no. 30 – 32, 1976, pp. 30 – 40.
Jindřich Chalupecký, *Na hranicích umění*, Mnichov, 1987 (ed. Arkýř), pp. 134 – 146.
Petr Rezek, *Tělo věc a skutečnost v současném umění = Body, Thing and Reality in Contemporary Art, Praga / Prague : Jazzová secke, (Jazz petit ; 17), 1982, pp. 95 – 102.*
Karel Srp, *Karel Miler, Petr Štembera, Jan Mlčoch 1970 – 1980*, razstavni katalog / exhibition cat., Galerie hlavního města Prahy, Praga / Prague, 1997.
Jiří Zemánek, Miloš Vojtěchovský, *L'art au corps*, razstavni katalog / exhibition cat., MAC–Galeries contemporaines des Musées du Marseille, 1996, pp. 232 – 255.
_____, *3 Europeans : Richard Kriesche, Austria, Gina Pane, France, Petr Stembera, Czechoslovakia*, razstavni katalog / exhibition cat., Los Angeles Institute of Contemporary Art, 1978.

Margita Titlová-Ylovsky

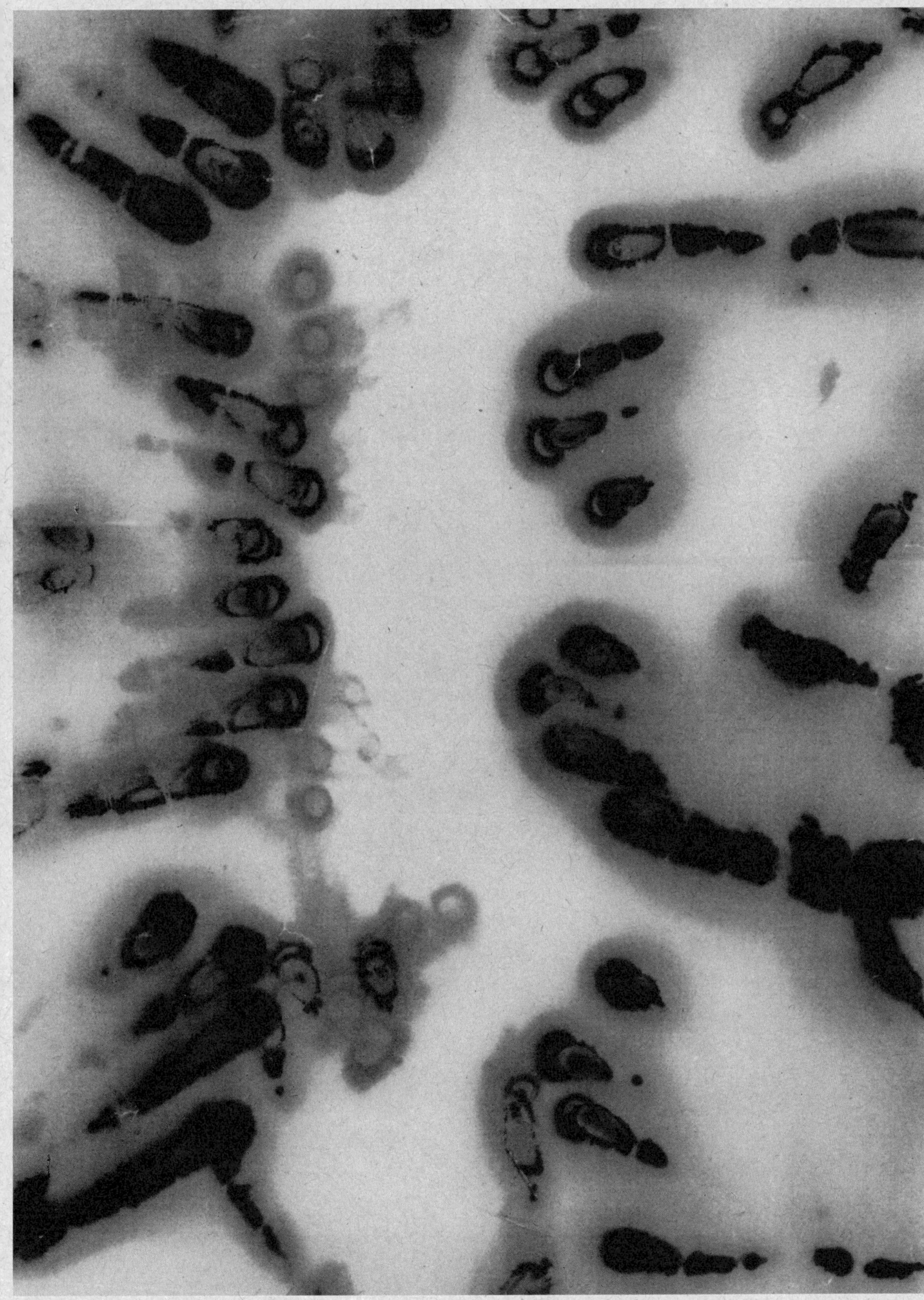

Lastnost človeškega telesa
a) Monolit energije telesa

Barvna fotografija, ki je bila 10. februarja 1994 eno uro izpostavljena reakciji človeškega telesa/roke s kovinsko ploščo, priključeno na kirilovski stroj. Energija telesa je spremenljiva, fluidna, časovno opredeljena in dinamična. Povezana je z okoljem in odvisna od njega, od tega, kar vidimo, slišimo in uživamo. Odziva se na občutje dobrega in zlega.

M. T.-Y.

Property of Human Body
a) A Monolith of Body Energy

Colour photograph, exposed for 1 hour on February 10th, 1994 to the reaction of human body/hand and a metal plate connected to a Kirilian machine. Body energy is changeable, fluid, determined by time, and dynamic. It is related to and dependent on the environment, that is, on what we see, hear, and eat. It responds to the feelings of good and evil.

M. T.-Y.

BIOGRAFIJA / BIOGRAPHY

Rojena / Born : **1957, Praga , Češka / Prague, Czech Republic**
Šolanje / Education : **1977 – 1983 Academy of Fine Arts, Praga / Prague**
Živi in dela : **Praga / Prague**

IZBRANA BIBLIOGRAFIJA
SELECTED BIBLIOGRAPHY

Barbara Benish, »Telex reports Prague«, *Vernacular*, winter 1994.
Vlasta Čiháková–Noshiro, »Margita Titlová«, *Atelier*, no. 21, 1993.
Kim Levin, »Margita Titlová«, *Voice*, October 1994.
Andrew Nairn, Hanna Rousová, *Margita Titlová*, razstavni katalog / exhibition cat., Glasgow, 1987.
Ivona Raimonová, »Sculpture in the New Central Europe : Czech Republic«, *Sculpture*, Washington D.C., vol. 15, no. 10, December 1996, pp. 35 – 38.
Merle Sipper, »Dialog Prague : Los Angeles«, *Vision*, winter 1990.

Hrvaška / Croatia

Branka Stipančić

GOVORICA TELESA
v hrvaški umetnosti

»Družba ne more brez odziva sprejeti govorice telesa, ker ta ne vstopa v okvire avtomatizmov, nujnih za funkcioniranje njenega sistema. Resnično vkalupljanje 'našega telesa' sledi normativnim zahtevam Družbe, vrednote, ki jih ta izraža prek telesa, pa pogojujejo naše vedenje: notranjo cenzuro in občutek krivde. Ta družbena strukturiranost »našega telesa« prizadeva našo celotno vsakdanjo in navidez naravno dejavnost. Če naj uničimo tako »stanje stvari«, se ne smemo zabubiti v tisto, kar se zdi varno, nasprotno: prizadevati si moramo, da razkrijemo in obsodimo suženjske mehanizme, kjerkoli so: v umetnosti, znanosti, politiki, vsakdanjosti.« (Gina Pane[1]).

V šestdesetih letih, ko so se pojavila prva dela umetnikov, ki so delali s svojim telesom, je postal Zagreb živo umetniško središče: prirejale so se mednarodne razstave Novih tendenc, glasbeni Bienale, Festival žanrskega filma, festivali študentskih gledališč, zelo razvita je bila tudi eksperimentalna filmska scena, dejavnost skupine Gorgona, vizualna poezija, uprizarjali so se prvi happeningi in dogodki[2]. Spremljamo lahko tudi pojav konceptualne umetnosti z Grupo Tihomirja Simčića, ambientalnih del in posegov v mestni prostor umetnikov, zbranih okoli Galerije študentskega centra in Galerije sodobne umetnosti, videoprodukcije umetnikov, na začetku, ter razstave-akcije Skupine šestih avtorjev okoli sredine sedemdesetih let. V teh pojavih, ki so prinesli veliko sprememb v dojemanje koncepta umetnosti in umetniškega vedenja, je bilo zbrane veliko emancipatorske energije. Meje med obstoječimi umetniškimi disciplinami so se zabrisale, umetniki pa so se obrnili proti neskončni sferi realnega življenja in uporabljali najrazličnejše materiale in medije: od razvitih tehnoloških do primarnih organskih, med katerimi je takrat tudi samo telo postalo posebno pomembno. Z izrazom »body art« označujemo sodelovanje telesa/sebe (z vsemi očitnimi zavednimi ali nezavednimi oznakami spola, rase, razreda in drugega) v umetniškem delu kot neulovljivega označevalca, subjektivnega mesta v družbi, najbistvenejše točke med naravo in kulturo[3]. Umetnik, ki postavi sebe v okolico: estetsko, prav tako kot družbeno in politično, je odkrilo telo, ki je bilo v umetnosti dotlej skrito.

Če se ozremo po hrvaški umetniški sceni, lahko rečemo, da pri mnogih umetnikih zanimanje za delo s telesom ni v ospredju, temveč samo del širše dejavnosti, s katero so se ukvarjali umetniki. Zato težko govorimo o body artu na Hrvaškem, temveč je bolje izpostaviti »govorico telesa« v posameznih delih. Pomembno je tudi povedati, da so se umetniki izražali s telesom ne le v performansih, temveč so tudi razstavljali fotografije, fotosekvence, snemali filme in videe ter tiskali umetniške knjige.

Tomislav Gotovac, umetnik, filmar in avtor performansov, ki je radikaliziral svoja stališča v umetnosti in življenju že v zgodnjih 60. letih, je v svoje delo uvedel dimenzijo telesa, zelo primernega za neposredno komunikacijo, izpostavljenega »nevajenemu pogledu«. S serijo fotografij svojega telesa v različnih položajih (*Glave*, 1960), fotografij *Listanje po časopisu Elle* (1962) in *Vdihavanje zraka* (1962), pa tudi filmov *Kapljica na kapljico do zdravih las*[4] (1965), *Družinski film* (1971) ... je zastavil svoje avtorsko stališče »govora v prvi osebi« ter koncipiral svoja dela kot dogodke, podobne dogodkom v vsakdanjem življenju, obenem pa povezane tudi s filmom. V številnih performansih, ki jih je izvedel na ulicah mesta, npr. *Striženje in britje na javnem kraju – Hommage to Carl Theodor Dreyer* (1981), *Beračenje*, *Pometanje ulice*, *Branje časopisa*, *Poslušanje radia*, *Gledanje televizije* (vse leta 1980) – kjer je proces realnega časa vključen v umetniško delo –, je umetniško akcijo razumel kot del samega življenja. Tisto, kar sicer ni deležno nikakršne pozornosti, je s tem izdvojil; umetniška dejanja, ki so se razlikovala od običajnih po svoji demonstracijski naravi, največ pa po tem, da jih je izvajal sam umetnik, so

Branka Stipančić

BODY LANGUAGE
in Croatian art

»Society cannot accept the language of the body without responding to it, because it does not fall within the scope of the automatisms essential for the functioning of its system. Truly, the molding of »our body« follows the normative requirements of Society, and the values Society expresses by means of the body determine our behavior: inner censorship and a feeling of guilt. This social structuring of »our body« concerns all of our everyday and apparently natural activity. To destroy this state of affairs, one should not cocoon oneself into what seems to be safe, but, on the contrary, should attempt to uncover and condemn slavish mechanisms wherever they are found: in art, science, politics, everyday life.« (Gina Pane[1])

In the sixties, when the first works of artists working with their bodies appeared, Zagreb was a lively arts center: the events held there included international exhibitions of New Tendencies, the musical Biennial, the Genre Film Festival and student theater festivals; the experimental film scene was highly developed, the Gorgona Group was active, visual poetry was presented, and the first happenings and events took place[2]. Conceptual art appeared on the scene with the Tihomir Simčić Group, environments and interventions in the spaces of the city were executed by the artists gathered round the Students' Center Gallery and the Gallery of Contemporary Art, artists started producing videos, and the exhibition-actions of the Group of Six Artists took place in the mid-seventies. There was enormous emancipating energy concentrated in these phenomena, which led to numerous changes in the way art and artistic behavior was understood. The boundaries between the existing disciplines in art were pushed back, and artists turned to the endless domain of real life, using a much broader range of materials and media; from sophisticated technological ones to primary organic ones, among which the body itself acquired a special importance. The term »body art« is used to denote the participation of the body/self (with all the evident conscious or unconscious characteristics of gender, race, class, etc.) in a work of art as an elusive signifier, a subjective locus in society, the most important point between nature and culture.[3] An artist placing him/herself into an environment – one that is as aesthetic as it is social and political – has revealed the body, which has hitherto been hidden in art.

Observing the Croatian arts scene, one might say that in the case of many artists, interest in body art projects was not a priority, but only a part of their broader activity. That is why it is difficult to speak of body art in Croatia; instead, the »body language« in certain works should be highlighted. It is also important to mention that artists expressed themselves through their bodies not only in performances, but that they also exhibited photographs and sequences of photographs, made films and videotapes, and printed artist books.

Tomislav Gotovac, an artist, film-maker and performer who radicalized his standpoints in art and in life in the early sixties, introduced into his work a bodily dimension which was highly suitable for direct communication, exposing it to the »unaccustomed gaze«. He inaugurated his artistic stance of »speaking in the first person« with a series of photographs of his own body in various situations (*Heads*, 1960) and the photographs *Browsing the Magazine Elle* (1962) and *Inhaling Air* (1962), as well as the films *Drop by Drop to Healthy Hair*[4] (1965); *Family Film* (1971), and others, conceiving his works as events similar to those in everyday life, but also connected to film. As in his numerous performances in the city streets, such as *A Haircut and a Shave in a Public Space – Hommage to Carl Theodor*

brisala razliko med zasebnim in javnim, razbijala učinek konvencije in ozaveščala publiko o resničnosti.
Performans vključuje umetnikove ideje, pa tudi družbeni kontekst, politično zavest in kolektivno stanje – izvaja se v življenjski situaciji, kot pravi Ješa Denegri, v javnosti, ki je »pod pritiskom«. Naj bodo navedeni performansi še tako »nedolžni« – glede na to, da so se odvijali na javnem kraju, so lovili ravnotežje na ostrem robu politizacije. Gotovac se je zavedal, da so njegovi »miroljubni« performansi v kontekstu socialistične Jugoslavije provokativni. Prirejal jih je lahko samo na ulici, toda, tako kot v mnogih drugih državah, samo, če se niso dotikali političnih tem in če je bil seksualni element zmeren. Vendar pa se ni oziral na ta nenapisana pravila, zato so se njegovi performansi pogosto končali na policijski postaji. Gotovac sicer ni bil nikoli zaprt, kot njegov češki kolega Milan Knížák[5], ki je živel v »trši« družbeni ureditvi, pogosto pa je bil aretiran: po performansih *Zagreb, rad te imam* (1981) in *Beračenju*, da ne govorimo o problemih, ki jih je imel, ko je kot kolporter prodajal Polet in se izražal z vsem razumljivimi arhetipi in simboli (*Srp, kladivo in rdeča zvezda*, 1985). Gotovac ni nikoli izgubil želje po subverzivnem, zato je njegovo delo vznemirljivo. Včasih je svojim performansom dajal oster ton provokacije – kot v *Paranoia View Art – Moj obračun z njimi* v Galeriji DDT (1986), ko je želel šokirati publiko in jo prisiliti k odzivu. Skrajno ekstremno obnašanje umetnika, ki je mahal s pendrekom, kričal in zmerjal ljudi iz kulture, od katerih se je pričakovalo, da odločneje ukrepajo za promoviranje sodobne umetnosti, je bil grob poskus provokacije zavesti kustosov, s katerimi je sodeloval.
Tudi Sanja Iveković je bila zelo neposredna, njeni performansi pa intimnejši. Tudi kadar so bili politični, so bili »tihi«. *Trikotnik*, akcija ob času prihoda predsednika Tita v Zagreb, ko je Sanja brala, pila, se razkazovala in se pretvarjala, da se samozadovoljuje na balkonu svojega stanovanja, kjer so jo lahko videli samo uslužbenci varnostne službe, nameščeni na strehi bližnjega hotela, je bila ena od oblik državljanske nepokorščine. V performansu *Odprtje*, ki ga je imela na samostojni razstavi v Galeriji sodobne umetnosti v Zagrebu (1977), se je umetnica rokovala s publiko, ki jo je pričakala pri vhodu z obližem čez usta, obenem pa se je prek zvočnikov ves čas slišalo utripanje njenega srca. Sanja se je opirala na zelo subtilne učinke. Pogosto je neposredno komunikacijo s publiko nevtralizirala prek medija – videotraku, ki je po letu 1973 postal njen glavni medij, na primer v performansu *Inter nos* (MM Centar, 1977), v katerem je med sebe in sodelavce v skupni akciji postavila »membrano«. Pojavljala se je samo na zaslonu. Kamera spremlja gledalca, ki ga umetnica vidi na svoji strani membrane in mu prek televizijskega zaslona pošilja sporočila. Umetnica je ločena, video pa je obenem ovira in kanal komunikacije. Njeno delo govori o izolaciji, o zaprtosti, in demonstrira poskus prebitja le-te.
Po drugi strani pa je medij videotraku v nekaterih telesnih delih postal pomembno sredstvo za usmerjanje pozornosti na podrobnost, ki jo umetnik želi izpostaviti. V Sanjinem *Make up – Make down* (1976), delu, ki ima za podlago reklamo, se kamera osredotoča na ženski dekolte in roke, ki z erotizirajočimi gibi segajo po šminki. Sanja, ki si je nabrala feministične izkušnje, se zaveda reklame kot zrcala družbeno vcepljanih tabujev in v mnogih svojih delih, med drugim tudi v umetniških knjigah *Tragedija neke Venere* in *Dvojno življenje* (obe iz 1975-1977), ironizira olepševanje, ki ga vidi kot strah in sram zahodnega človeka pred lastnim telesom, ki ne more biti povsem nadzorovano.
V nasprotju s tem pa Dalibor Martinis svoje telo združuje s tehniko: v video delu *Odprti kolut* (1976) je umetnikova glava uporabljena kot kolut za navijanje traku, v enako duhovitem delu *Videoimuniteta* (1976) pa se umetnik »prha« pod videokamero, ki ga snema in pri tem posnema prho.
Nekateri umetniki so raje predstavljali svoja dela s telesom prek fotografij, da bi ovekovečili dogodke, ki so se zgodili nekje drugje, ali dokumentirali svoje delo, v katerem igra telo odločilno vlogo, vendar tako, da učinek fizične komunikacije ni v ospredju. Željko Borčić je v Galeriji študentskega centra (1973) predstavil svoj *Superavtoportret*, celovit dokumentarni prikaz svojega življenja prek raznih podatkov, med katerimi so bile posebno pomembne fotografije vseh podrobnosti njegovega telesa. V Skupini šestih avtorjev je bil vsak od njih na tak ali drugačen način navzoč v svojem delu tudi s telesom, kar

Dreyer* (1981), *Begging, Sweeping the Street, Reading the Paper, Listening to the Radio, Watching Television* (all in 1980) – where the process of real time is integrated into the work of art – he understood artistic action as a part of life. Something to which no attention is usually paid was set apart; the artists' actions differed from the usual actions in their demonstrative character, and most of all in that they were performed by the artist himself. They abolished the distinction between the private and the public, they shattered the effect of conventions and heightened awareness of reality.
A performance, however, includes not only the artist's ideas, but also the social context, political consciousness and the collective state. In the words of Ješa Denegri, it is carried out in a real-life situation and in public, a public that is »under pressure«. And however »innocent« the abovementioned performances might be, since they were carried out in a public place, they balanced on the sharp edge of becoming political. Gotovac was aware of the fact that his »peaceful« performances were provocative in the context of Socialist Yugoslavia. They could be held in the street, but only if, as in many other countries, they did not touch upon political topics and if the sexual element was moderate. Gotovac disregarded these unwritten rules. That is why his performances often ended up in a police station. Gotovac was never jailed, as was his Czech colleague Milan Knížák[5], who lived in a more hard-line social system, but he was often brought in for questioning: after *Zagreb, I Love You* (1981) and after *Begging*, not to mention the trouble he got into when selling the magazine *Polet* as a newsvendor, expressing himself in generally understood archetypes and symbols (*The Hammer, Sickle and Red Star*, 1985). Gotovac never lost his wish for the subversive, which made his work exciting. Sometimes he imbued his performances with a strongly provocative note, as in *Paranoia View Art – My Showdown with Them* in the DDT Gallery (1986), wishing to shock the public and make it respond. The extreme behavior of the artist, who waved a truncheon about, yelling out curses against the people involved in cultural life who were expected to take more decisive steps in promoting contemporary art, was an uncouth attempt to provoke the conscience of the curators he worked with.
Sanja Iveković was also very direct, but her performances were more intimate. Even when they were political, they were »silent«. *Triangle*, an action carried out during President Tito's visit to Zagreb, in which Sanja read, drank, exposed herself and pretended to be masturbating on the balcony of her flat, where she could be seen only by the security men located on the roof of a nearby hotel, was a form of civil disobedience. In the performance *Inauguration*, which she carried out at her solo exhibition in the Gallery of Contemporary Art (1977), the artist shook hands with the public, meeting them at the entrance with a Band-Aid stuck over her mouth, while her heartbeats could be heard over the loudspeaker throughout the performance. Sanja relied on very subtle effects. She often neutralized direct communication with the public by means of a medium – the videotape, which became her predominant medium after 1973, as in the performance *Inter nos* (MM Center, 1977), where she introduced a »membrane« between herself and the participants in a joint action. She appeared only on the screen. The camera followed the viewer, who was seen by the artist on her side of the membrane and who sent messages via the TV screen. The artist was separated from the public, and the video was simultaneously a hindrance to and a channel of communication. The work speaks of isolation, of being closed in, and demonstrates an effort to break through.
On the other hand, in some of her body works the videotape became a significant means of directing attention toward a detail she wished to set apart. In Sanja's *Make up – Make down* (1976), a work based on the pattern of the commercial, the camera focuses on a woman's neckline and her hands, reaching for some makeup with eroticized movements. Sanja had acquired a feminist experience and was aware of commercials as a mirror of socially conditioned taboos. She treated skin care and makeup with irony in many of her works, including her artist books *Tragedy of a Venus* and *Double Life* (both in 1975–1977), seeing in them the fear and

je bilo značilno za to postkonceptualistično obdobje. *Vnašanje in izločanje tekočine* (1977) Borisa Demurja; *Imenovanje* Vlada Marteka (iz 1978), *Telo* (umetnikovo telo v maskah, 1977), *Moja rdeča* (rezanje prsta z britvico in pisanje s krvjo, 1977) Mladena Stilinovića; *Odtisi lastnega telesa na fotopapirju* (1975) in *Rentgenski odtis* (1976) Željka Jermana; analitična fotografska dela Fedorja Vučemilovića in Svena Stilinovića, pa tudi fotografska dela umetnikov Marijana Molnarja, Antuna Maračića, Željka Kipkeja, Vladimirja Dodiga Trokuta in mnogih drugih usmerjajo k umetnikovemu telesu kot bistvenemu elementu konstitucije dela.

Mnoga dela s telesom so imela tudi emocionalni in samoosvobajajoč značaj. Taka so dela Vlaste Delimar, umetnice, ki je začela s skupnimi performansi z možem Željkom Jermanom (*Poskus poistovetenja*, 1979, *Desimbolizacija*, 1980, *Poroka*, 1982) in raziskovala, kako odnosi med moškim in žensko vplivajo na žensko umetnico, z uporabo moških in ženskih arhetipov, pozneje pa nadaljevala samostojno v fotografskih kolažih in performansih. Fotografski kolaži *Dekoracije* (1982) so bili precej drastični. V njih so premešani detajli razgaljenega telesa umetnice v različnih položajih, veliki plani vagine na otroški blazinici, obraz umetnice med orgazmom itd. s spremnim besedilom, kot so »ljubim kurca«, »jebeš žensko dostojanstvo« in podobno, kar tvori večplastne pomene, spolnost pa je vedno navzoča in odprto, včasih pa tudi groteskno razkraja kulturološki in konvencionalni pristop ter sugerira neposredni stik z življenjsko stvarnostjo. Vlasta je jasno zavrnila fetišizirajoče procese, ki pričakujejo od žensk, da ne izpostavljajo atributov svojega spola, in je naredila serijo osvobajajočih del zelo intenzivne seksualnosti, kot so *M in Ž* (skupaj z Ž. Jermanom), *Ženica* (1984), *Draga Vlasta* (1985), *Spanish Fly* (1985), pa tudi vrsto zelo poetičnih performansov *Fuk je žalosten* (1986), *Elsi von Freytag-Loringhoven* (1988) in drugih; vsi razkrivajo seksistično ideologijo, ki se manifestira v skrivanju in sramu (ženske) spolnosti. Če pristanemo na to, da je telo danes tako zelo socializirano, vsak Vlastin performans žali družbo. Obenem so ti performansi orožje, s katerim napada družbeno strukturo, ki jo želi vznemiriti.

Značilno je, da dela umetnikov, ki so na Hrvaškem delali s svojim telesom, ne temeljijo na nevarnosti, tveganju in samoranjevanju. Umetniki v glavnem niso proučevali dosega svoje fizične zdržljivosti; performansi mladega dubrovniškega umetnika Bože Jurjevića iz zgodnjih devetdesetih let pa vključujejo tudi nevarnost, ki odseva vojno pustošenje, ki mu je bil izpostavljen Dubrovnik. V performansu *Slepec* (1990) je umetnik z zavezanimi očmi in s palico hodil po ograji stopnišča Knežjega dvorca, v *O-kroženju* (1994) pa je tekal znotraj majhnega, omejenega krožnega prostora, ki ga je na tleh začrtal z zgorelo posteljnino zažganega dubrovniškega hotela, do popolne izčrpanosti oziroma do padca. Umetnik se je postavil v položaj, v katerem doživlja nevarnost, ki je več ne trpi od zunaj, temveč si jo naloži sam, ko se giblje proti novim izkušnjam, ki osvobajajo strah in relativizirajo pojem nevarnosti.

Umetniki v svojih akcijah v glavnem ne uporabljajo besed. Telo je samo po sebi zadosten zapis, organizacija znaka, primerna za neposredno nejezikovno komunikacijo. V performansih *Brez naslova* (1993) in *Hrana za preživetje* (1993) Slaven Tolj zelo jasno prikazuje dominantne teme obkoljenega Dubrovnika – smrt in problem preživetja, medtem ko se zagrebški umetnik Nenad Dančuo v svojem performansu *Hardcore* (1997) v sugestivnem prostoru zapuščene železniške postaje osredotoča na telo in napore delavcev. Njuno delo je, tako kot navadno tudi telesna dela drugih umetnikov, neločljivo od družbene stvarnosti, tudi kadar to ni neposredno izraženo. Umetniki aktivirajo svoje telo v odprtem angažmaju, ne skušajo dajati dokončnih odgovorov, temveč postavljajo številna vprašanja. Mnoga od teh telesnih del radikalno polemizirajo s tradicionalnim videnjem in razumevanjem vizualne kulture ter dajejo pobudo za proučitev premika v konceptu in doživljanju subjektivnosti, ki se je zgodil v zadnjih štirih desetletjih.

[1] Gina Pane, »Pismo neznancu«, *Artitudes* št. 15/17, okt.–dec. 1974, povzeto po *Performance meeting*, SKC, Beograd, 1978.

[2] Tomislav Gotovac je leta 1967 v Zagrebu (v kleti Ilice 12) izvedel prvi happening z naslovom *Happ naš*; Želimir Koščević, direktor Galerije študentskega centra, je 1969 organiziral dogodek – razstavo žensk in moških, pri katerem je občinstvo povabil v prazno galer-

shame felt by people in the West with respect to their own bodies, which cannot be totally controlled.

In contrast to this, Dalibor Martinis joined his body to technology: in the video work *Open Reel* (1976), the artist's head serves as a reel for the tape, while in another witty work, *Video Immunity* (1976), the artist »took a shower« underneath a videotape filming him, simulating a shower.

Some artists preferred to present their body works by means of photographs, in order to record events that happened somewhere else or document their work in which the body played a decisive role, but without stressing the effect of physical communication. In the Students' Center Gallery (1973), Željko Borčić exhibited his *Superselfportrait*, a comprehensive documentary presentation of his life using various data, among which special importance was given to photographs of all the details of his body. In the Group of Six Artists, each of them, in one way or another, were also physically present in their works, which was characteristic of the Post-Conceptual period. The photographed actions *Conveying Liquid in and Conveying it out* (1977) by Boris Demur; *Appointments* by Vlado Martek (from 1978); *The Body* (the artist's body with masks, 1977); *My Red* (cutting the finger with a razor blade and writing in blood, 1977) by Mladen Stilinović; *Impressions of His Body on Photographic Paper* (1975) and *X-Ray Picture* (1976) by Željko Jerman; the analytical photographic works by the artists Fedor Vučemilović and Sven Stilinović, as well as the photographic works of the artists Marijan Molnar, Antun Maračić, Željko Kipke, Vladimir Dodig Trokut and many others all indicate the importance of the artist's body in the structure of the work.

Many of these body works had an emotional and self-liberating character. Such are the works of Vlasta Delimar, an artist who started out in joint performances with her husband, Željko Jerman (*An Attempt at Identification*, 1979, *Desymbolization*, 1980, *Wedding*, 1982), exploring the way in which male-female relations affect a woman artist using male and female archetypes. She carried on her work on her own in photographic collages and performances. From her very first works, sexuality was an integral part of her explorations. The photographic collages *Decorations* (1982) were quite drastic. They included mixed-up details of the artist's naked body in various situations, close-ups of her vagina on a child's pillow, the artist's face while having an orgasm... – with juxtaposed texts such as »I love a cock«, »fuck female dignity«, ... producing layered meanings. Sex, however, is always present primarily to destroy, openly and sometimes grotesquely, the culturological and conventional approach and to suggest a more direct contact with the reality of life. Vlasta clearly rejected processes of fetishization, in which a woman is expected not to expose the attributes of her gender, and she produced a series of liberating works of very intense sexuality such as *M and Ž* (together with Ž. Jerman), *Little Woman* (1984), *Dear Vlasta* (1985), *Spanish Fly* (1985), as well as a series of very poetic performances: *Fucking is Sad* (1986), *To Elsa von Freytag-Loringhoven* (1988)... , all of them uncovering the sexist ideology manifested in the concealment of (female) sexuality and the feelings of shame it provokes. If we accept the fact that the body is so socialized today, each one of Vlasta's performances is an insult to society. At the same time it is a weapon she uses to attack the social structure she wishes to disturb.

It is characteristic of the body works by artists in Croatia that they were not based on some kind of danger, risk, or self-inflicting of injuries. For the most part, artists did not explore the limits of their physical endurance. However, the performances by the young artist from Dubrovnik, Božo Jurjević, dating from the early nineties involved danger, which was a reflection of the wartime destruction suffered by Dubrovnik. In the performance *Blind Man* (1990), the artist walked blindfolded, with the aid of a stick, up the banister of the staircase of the Rector's Palace, while in *O-Circling* (1994) he ran around within a small, limited circular space marked on the floor with the charred bed-clothes of a gutted Dubrovnik hotel until he collapsed from exhaustion. The artist placed himself in a position in which he tested danger, no longer suffered from the outside, but self-imposed, moving toward a new experience that released fear, making the concept of danger a relative one.

ijo; Mladen Stilinović je leta 1970 v Teatru ITD organiziral happening *Majski in drugi rituali.*

[3] Amelia Jones, *Body Art, Performing the Subject*, University of Minnesota Press, Minneapolis, London, 1998.

[4] Avtor: Ivo Luksa s Tomislavom Gotovcem in Anđelkom Habazinom.

[5] S. Morawski v svoji knjigi *Somrak bogov* navaja, da je bil Milan Knížák, češki fluxus umetnik, obsojen na dve leti zapora zaradi poskusa, da nemškemu zbiratelju Hansu Sommu izroči svoja dela, ki jih je carinska policija zaplenila in ga obtožila razpečevanja pornografskega gradiva.

For the most part, artists did not use words in their actions. The body in itself was a sufficient organization of signs suitable for direct non-linguistic communication. In the performances *Untitled* (1993) and *Food for Survival* (1993), Slaven Tolj clearly mediated the topics predominating in Dubrovnik under siege – death and the problem of survival, while Nenad Dančuo, an artist from Zagreb, focused his attention on the bodies and efforts of laborers, executing his performance *Hardcore* (1997) in the suggestive space of a disused railway station. Their works, like most of the body works of other authors, are inseparable from social reality, although this is not expressed directly. Artists put their bodies into action in an open commitment, without trying to provide definite answers, but rather to pose numerous questions. Many of these body works enter into a radical polemic with the traditional view and understanding of visual culture and encourage exploration of the shifts in the conception and experience of subjectivity that have taken place over the past four decades.

[1] Gina Pane, »A Letter to a Stranger«, *Artitudes,* No. 15/17, Oct–Dec 1974, taken from the *Performance Meeting*, SKC, Belgrade, 1978.

[2] In 1967, Tomislav Gotovac performed the first happening in Zagreb, which took place in the basement of Ilica 12 and was entitled *Happ naš;* In 1969, Želimir Koščević, the director of the Students' Center Gallery, organized an event-exhibition of men and women, inviting the public into an empty gallery; in 1970, Mladen Stilinović organized the happening *May and Other Rituals* in the ITD Theater.

[3] Amelia Jones, *Body Art, Performing the Subject*, University of Minnesota Press, Minneapolis, London, 1998.

[4] Author: Ivo Luksa together with Tomislav Gotovac and Anđelko Habazin.

[5] In his book *The Twilight of the Gods*, S. Morawski states that Milan Knížák, a Czech fluxus artist, was sentenced to two years in prison for attempting to hand over his works to the German collector Hans Somm, from whom the works were confiscated by customs officers who accused him of carrying pornographic material.

Nenad Dančuo

Hardcore
Performans, 1997, Blagovno skladišče Zahodne železniške postaje, Zagreb
Čas trajanja: 50–60 minut

Performans poteka v opuščenem kolodvorskem skladišču na robu velemesta (Zahodna železniška postaja). Izvajalec-delavec (Adolf Hönecke) prevaža črno oglje s točke A na točko B ob spremljavi značilne glasbene kulise mehanskega techno hardcore zvoka. Vse to nesmiselno sizifovsko »DELO« je normirano s števcem prevoženih poti od 0 do 54. Delavec-junak (ene dobe in vseh dob) odide na zasluženi počitek – za vedno.
Asistent odpelje gledalce ven iz hladnega in mučnega skladišča.

Hardcore
Performance, 1997, Warehouse at the Western Railroad Station, Zagreb
Duration: 50–60 min

The performance takes place in the abandoned railroad warehouse on the outskirts of the city (Western Railroad Station). The performer-worker (Adolf Hönecke) transports black coal from point A to point B, accompanied by a meaningful musical background of mechanical techno hard core sound. The norm for his pointless Sisyphean »TOIL« is set by a counter of the rounds completed, from 0 to 54. The worker-hero (of an era and of all eras) leaves to get his hard-earned rest – forever.
An assistant leads the viewers out of the cold and dismal warehouse.

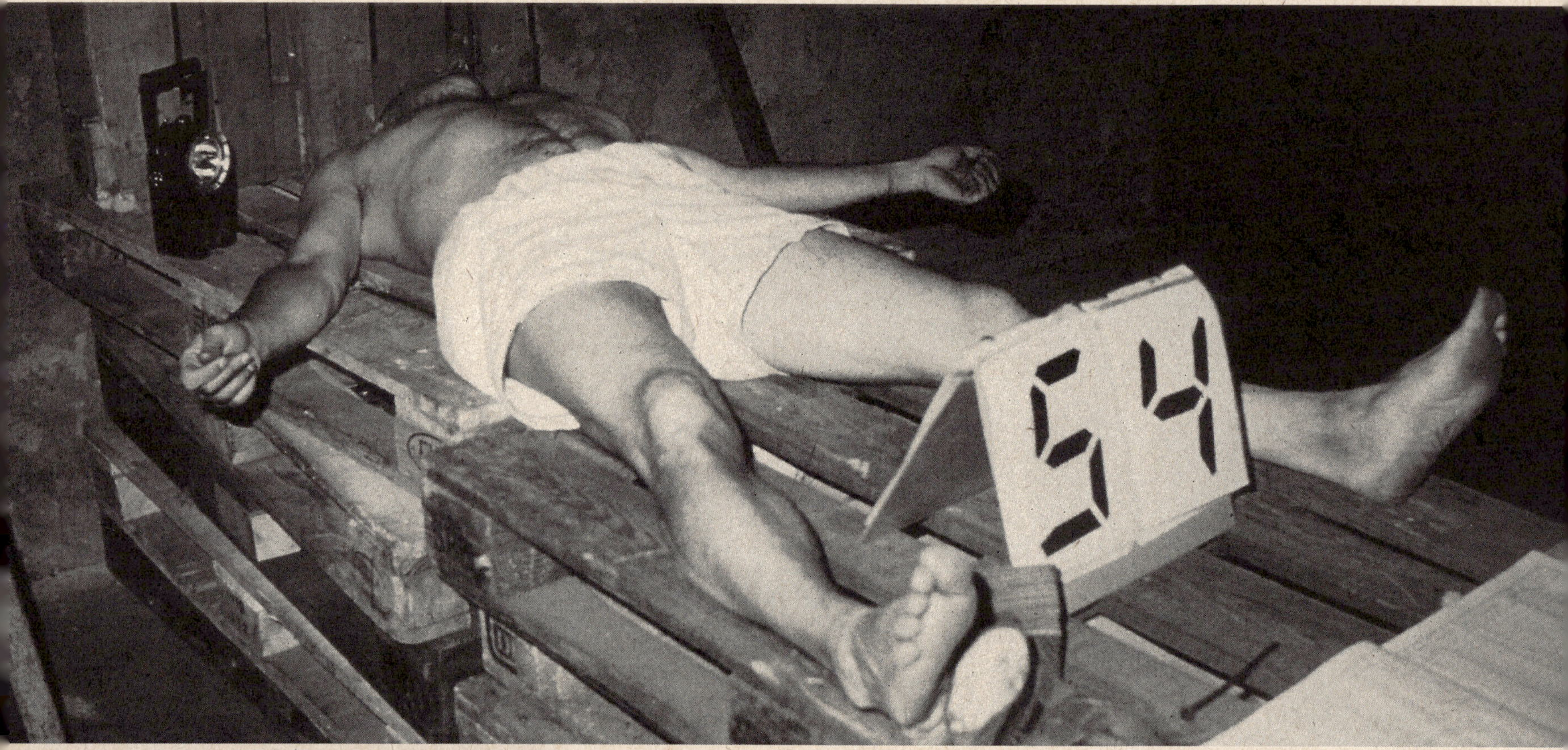

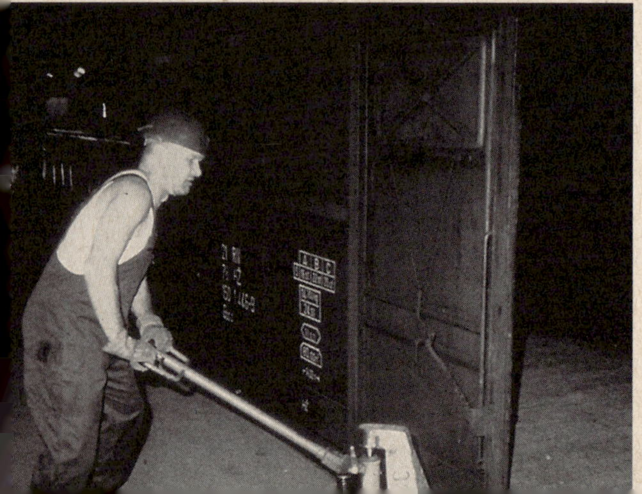

BIOGRAFIJA / BIOGRAPHY

Rojen / Born : **1954, Zagreb, Hrvaška / Croatia**
Šolanje / Education : **1973 – 1977 Akademija likovnih umjetnosti / Academy of Fine Arts, Zagreb**
Živi in dela / Lives and works : **Zagreb**

IZBRANA BIBLIOGRAFIJA
SELECTED BIBLIOGRAPHY

A. Lj. Domić, »Akcija Gepard«, *Vjesnik*, Zagreb, 6. 6. 1985.
D. Jendrić, »Barantanje lopatom«, *Večernji list*, Zagreb, 14. 4. 1989.
D. Jendrić, »Crno bijelo u koloru«, *Večernji list*, Zagreb, 10. 5. 1990.
A. Lendvaj, »Dančuo – Meyer 1:0«, *Danas*, Zagreb, 13. 8. 1991.
Željko Kipke, »Gluho doba skulpture«, *Danas*, Zagreb, 13. 8. 1991.
A. Maračić, »Neka bude svjetlost«, *Vjesnik*, Zagreb, 10. 12. 1991.
W. Titz, »Zeichen der Gegenwart«, *Kleine Zeitung*, Graz, 1992.
W. Titz, »Kunst und Politik«, *Kleine Zeitung*, Graz, 1992.
H. Schütz, »Art d'Eco«, *Kunstforum International*, Ruppichteroth, no. 120, 1992.

Vlasta Delimar

Poroka
z Željkom Jermanom
Zagreb, cerkev Sv. Marka, Studio Galerije suvremene umjetnosti, 1982
Čas trajanja: ok. 2 uri

S publiko odidemo v cerkev na poroko. Po obredu se vrnemo v galerijo na proslavo dogodka. V galeriji je postavljena razstava fotografij z najine poroke na občini, naknadno pa še s cerkvene. Magnetofon predvaja posnetek matičarjevega in duhovnikovega govora.

V. D.

Wedding
with Željko Jerman
Zagreb, St. Mark's Church, Gallery of Contemporary Art Studio, 1982
Duration: cca 2 hours

Accompanied by the audience we go to the church to get married. After the ceremony, we return to the gallery to celebrate. Exhibited in the gallery are the photos from the civil marriage ceremony; later the photos from the church are added. Recorded speeches by the official and the priest are played over the tape.

V. D.

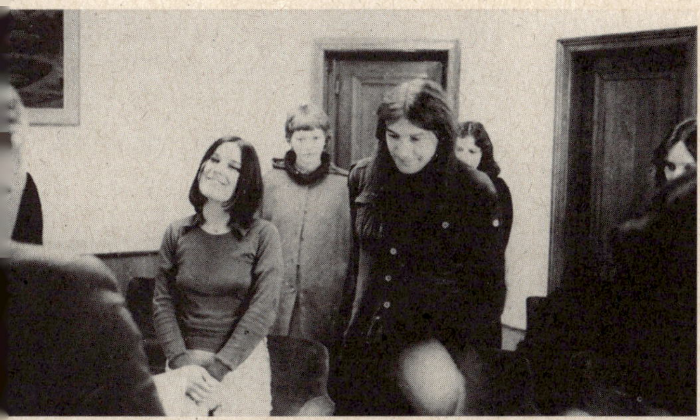

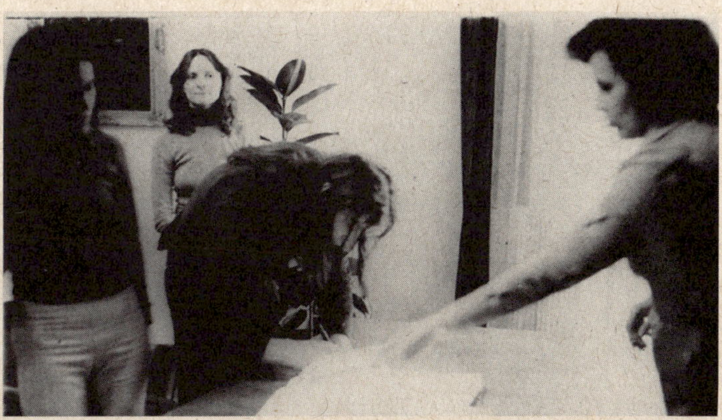

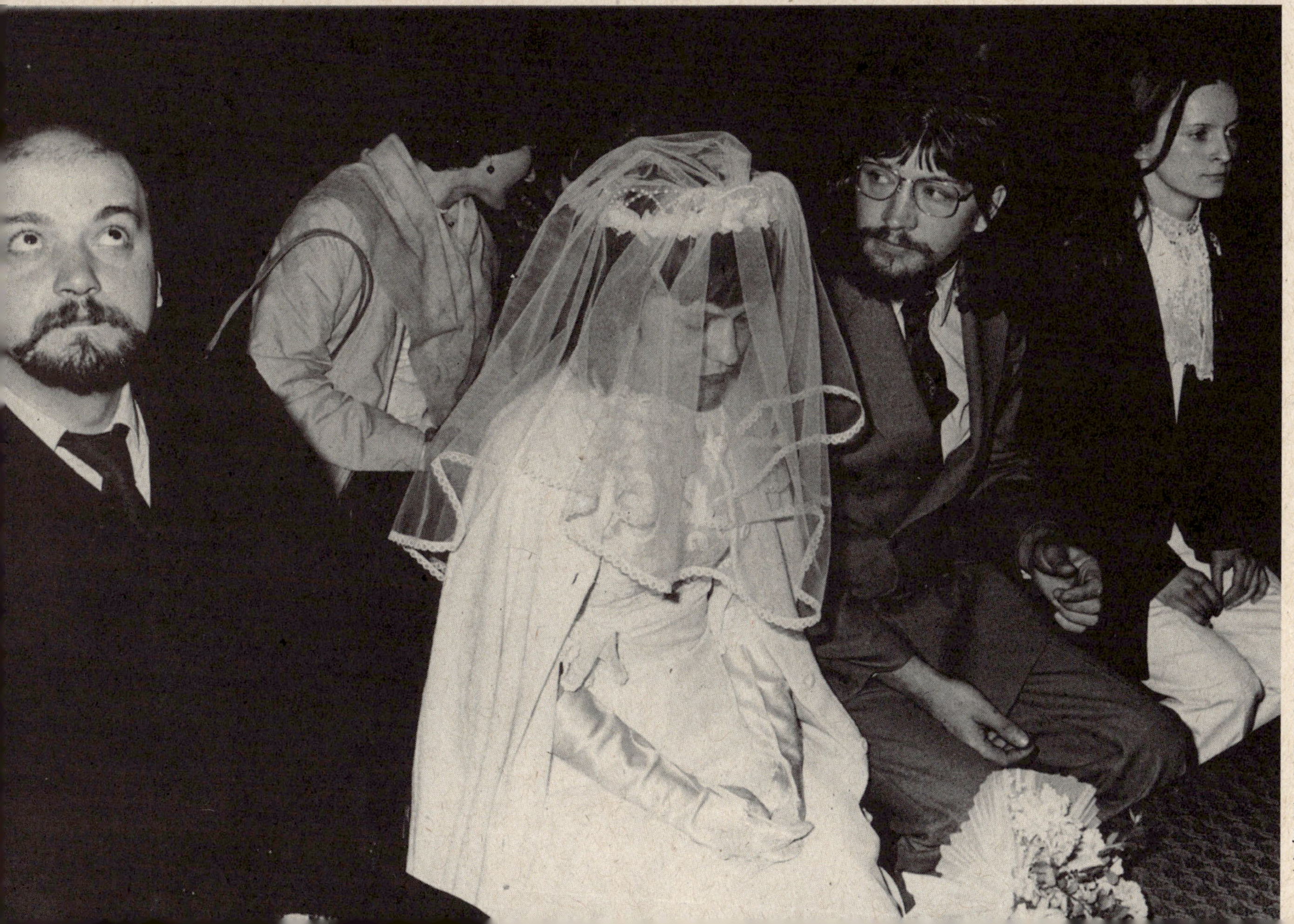

BIOGRAFIJA / BIOGRAPHY

Rojena / Born : **1956, Zagreb, Hrvaška / Croatia**
Šolanje / Education : **Škola primjenjene umjetnosti / School of Applied Arts, Zagreb**
Živi in dela / Lives and works : **Zagreb**

IZBRANA BIBLIOGRAFIJA
SELECTED BIBLIOGRAPHY

Jovan Čekić, *Pogled iz Fontainebleaua*, razstavni katalog / exhibition cat., Galerija ESCE, Zagreb, 1991.
Markita Franulić, »Svakodnevno razmišljanje o sebi – performansi Vlaste Delimar«, *Frakcija*, Zagreb, no. 4, 1997.
Marina Gržinić, *Vlasta Delimar – znak i ikona istodobno*, razstavni katalog / exhibition cat., Muzej suvremene umjetnosti, Zagreb, 1993.
Radmila Iva Janković, »The Theatralisation of Reality«, *Virus*, Milano, no. 9, 1996.
Ljiljana Kolešnik, »Intuitivni feminizam Vlaste Delimar«, *Quorum*, Zagreb, no. 4, 1997.
Vlado Martek, *La Tropfemme. Performances 1979 – 1989*, razstavni katalog / exhibition cat., Studio Galerije suvremene umjetnosti, Zagreb, 1989.
Vlado Martek, *Fotografija kao tlo žene*, razstavni katalog / exhibition cat., Muzej suvremene umjetnosti, Zagreb, 1993.
Balint Szombathy, »A negyveneves asszonyka«, *Magyar Muhely*, Budimpešta / Budapest, no. 104, 1997.
Miško Šuvaković, »Fetiši i mašine jezika pola – Vlasta Delimar«, *ProFemina*, Beograd, no. 11, 1997.

Tomislav Gotovac

Streaking (gibanje golega moškega telesa po mestnem središču)
Beograd, Sremska ulica, 12. maj 1971, ob 12. uri
Čas trajanja: 90 sekund
Foto: Brana Srđić, Beograd

Happening – akcija je v okviru preučevanja problema človeške figure v urbanem prostoru v okviru estetike filma. Avtor akcije je idejni avtor, režiser in glavni igralec.
Človeška figura je samo eden od sestavnih delov filmske slike, kakor so tudi ulica, avtomobil ali asfalt, kamen, prometni znak, izložba trgovine.
Akcija je med drugim dokumentirana s 35-mm filmsko kamero in vključena v igrani film režiserja Lazarja Stojanovića »Plastični Jezus« iz l. 1971. Film je bil l. 1971 prepovedan, l. 1991 pa odobren za predvajanje.

T. G.

Streaking
Belgrade, Sremska Street, 12 May 1971, 12:00
Duration: 90 sec
Photo: Brana Srđić, Belgrade

The happening – action was part of the examination of the problem of human figure in urban space within the framework of the esthetics of film. The performer of the action is the author of the idea, the director and the leading actor.
The human figure is just one element of the motion picture, like the street, the cars or the blacktop, the flagstones, road signs, shop windows.
The action is also documented with a 35-mm camera and integrated in the 1971 feature film »The Plastic Jesus« by the director Lazar Stojanović. The film was banned in 1971, and released in 1991.

T. G.

BIOGRAFIJA / BIOGRAPHY

Rojen / Born : **1937, Sombor, Srbija / Serbia**
Šolanje / Education : **Akademija za gledališče, film, radio in televizijo / Academy for theatre, film, radio and television / Beograd**
Živi in dela / Lives and works : **Zagreb**

IZBRANA BIBLIOGRAFIJA
SELECTED BIBLIOGRAPHY

Zorica Beus, »Statista na specialnom zadatku«, *Oslobođenje*, Sarajevo, 27. 7. 1991.
Goran Blagus, »Sve je podređeno disanju«, *Kontura*, Zagreb, no. 26, April 1994.
Ješa Denegri, »Tomislav Gotovac«, *Umetnost*, Beograd, no. 49, 1976.
Ješa Denegri, »Tomislav Gotovac : Tri serije fotografija«, *Spot*, Zagreb, no. 11, 1978.
Tomislav Gotovac, »Grupno uživanje u otvorenom prostoru«, *Vidici*, Beograd, no. 137, 1970.
Miljenko Jergović, »Muke s riječima«, *Nedeljna Dalmacija*, Split, 6. 2. 1992.
Kim Levin, »Art that Intervenes«, *The Village Voice*, New York, 15. 1. 1991.
Dušan Makavejev, »Anti–film I GEFF – prvi, drugi, treći«, *Gledišta*, Beograd, no. 1, 1966.
F.M., »Pristup jednom događaju«, *Čovjek i prostor*, Zagreb, no. 335, February 1981.
Goran Petercol, *Paranoia View Art*, razstavni katalog / exhibition cat., Galerija DDT, Zagreb, 1986.
H. Turković, G. Trbuljak, »Interview : Sve je to movie«, *Film*, Zagreb, no. 10 – 11, 1978.
Lawrence Weschler, »Exhibition«, *The New Yorker*, New York, 14. 1. 1991.

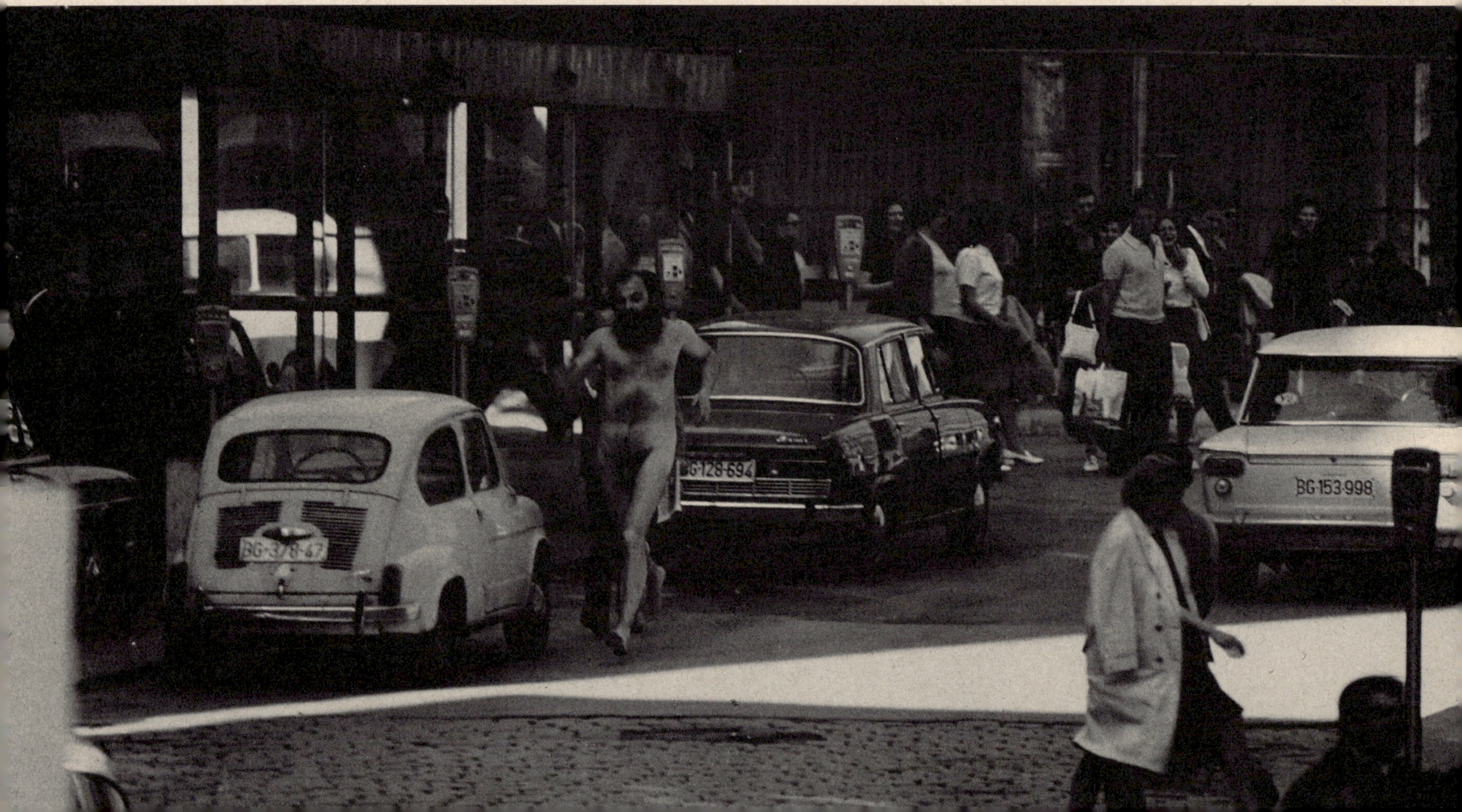

Božidar Jurjević

O-kroženje
Performans, 1994, Galerija OTOK, Art delavnica Lazareti, Dubrovnik
Čas trajanja: 15 minut

Performansu za osnovo služijo ohranjeni ostanki zgorele posteljnine iz skladišča hotela Imperijal, ki je bil poškodovan v požaru po obstreljevanju z granatami novembra 1991. Posteljnina je gorela tako, da je ostala nepoškodovana samo sredina, pri čemer je nastala eliptična oblika beline, ki jo obdajata rjava avreola in črn, zgorel rob. Materija s takim vizualnim izgledom postane prostor, v katerem se odvija tako usoda posameznika kot tudi usoda okrožja. Performans O-kroženje se začne z gibanjem, kroženjem po belih dovoljenih poljih napol zgorelih oblik. Dvanajst teh likov je razporejenih v okroglo obliko ure in pritrjenih na tla. Gibanje postaja vse hitrejše, in čeprav se med performansom smer kroženja spreminja, performans traja vse do prevlade centripetalne sile, vrtoglavice, ki povzroči padec.

O-Circling
Performance, 1994, OTOK Gallery, Art Workshop Lazareti, Dubrovnik
Duration: 15 min

The basis for this performance was the preserved remains of charred bed linen from the storeroom of the Hotel Imperijal, which was damaged in the fire following the shelling of Dubrovnik in November 1991. The bed linen burned in such a way that only the middle part stayed intact, forming an oval of white encircled by a brown halo and the black scorched edge. The matter with such visual appearance becomes the space in which the fate of the individual and the fate of the community take place. The performance O-Circling begins with movement, with going around in circles on the white, permitted areas of the flame-damaged forms. Twelve such forms are arranged in the circular shape of a clock and attached to the ground. The motion becomes increasingly fast, and although the direction of circling is changed a few times, the performance lasts until the centripetal force prevails, causing dizziness resulting in a fall.

BIOGRAFIJA / BIOGRAPHY

Rojen / Born : **1963, Dubrovnik, Hrvaška / Croatia**
Šolanje / Education : **Akademija likovnih umjetnosti / Academy of Fine Arts, Sarajevo**
Živi in dela : **Dubrovnik**

IZBRANA BIBLIOGRAFIJA
SELECTED BIBLIOGRAPHY

Krešimir Galović, »Javno tijelo«, *Čovjek i prostor*, Zagreb, no. 48, 11. XII. 1997.
Theresa Judge, »Colours of war and peace«, *The Irish Times*, Dublin, 25. 9. 1997.
Snježana Matejčić, »Kad malo mjesto postane svjetska pozornica«, *Glas Istre*, Rijeka, 22. 9. 1997.
Antun Nodilo, *Okruženje*, razstavni katalog / exhibition cat., Galerija Kovačka 3, Dubrovnik, 1994.
Antun Nodilo, *Karantensko okruženje*, razstavni katalog / exhibition cat., Umjetnička galerija, Dubrovnik, 1996.
Berislav Valušek, *Gradovi u sukobu*, referat na AICA konferenci / paper from the AICA conference, Belfast, 1997.
Sandi Vidulić, »Apologija zajedništva«, *Slobodna Dalmacija*, Split, 5, 1997.

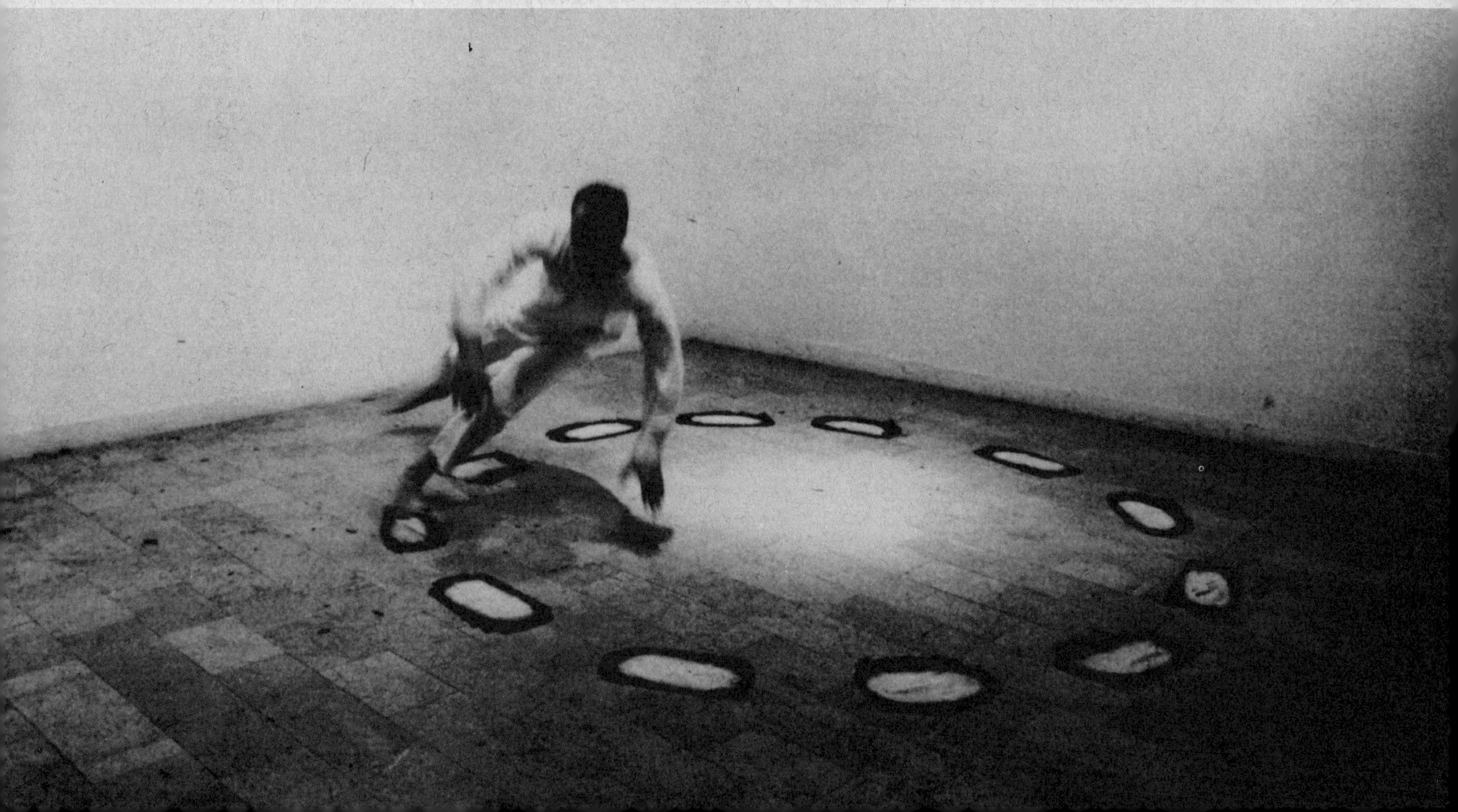

Aleksandar Ilić

Weekend Art: Hallelujah the Hill, 1996–1998
Ciklus fotografij in razglednic (na osnovi performansa)
Performans: Ivana Keser, Tomislav Gotovac, Aleksandar Ilić

Weekend Art: Hallelujah the Hill je ciklus fotografij, ki so bile posnete izključno ob nedeljah na hribu Medvednica blizu Zagreba med leti 1996 in 1998, spremlja pa jih nepretrgani večletni performans trojice umetnikov: Ivane Keser, Tomislava Gotovca in Aleksandra Ilića. Performans je sestavljen iz sprehodov po vedno istem hribu blizu Zagreba, vedno izključno na nedeljo (Weekend art) preteklih nekaj let, z začetkom leta 1996. Projekt je »work in progress« (delo v nastajanju), zato se bo še nadaljeval. Posnetki so narejeni s samosprožilcem, do zdaj pa je bilo posnetih več kot 500 diapozitivov.
Projekt govori o dialogu z naravo, o realnosti, življenju, življenjskem prostoru in o umetniških okoliščinah. Običajni nedeljski sprehodi v naravi so postali akcija in performans. *Weekend Art: Hallelujah the Hill* je sestavljen iz projekcij diapozitivov, Ilfochroma in razglednic, ki jih neprestano distribuirajo.

***Weekend Art: Hallelujah the Hill,* 1996–1998**
A series of photographs and postcards (based on the performance)
Performance: Ivana Keser, Tomislav Gotovac, Aleksandar Ilić

***Weekend Art: Hallelujah the Hill* is a series of photographs taken exclusively on Sundays on the hill Medvednica near Zagreb (between 1996 and 1998), and it accompanies the several-year long performance by three artists: Ivana Keser, Tomislav Gotovac, and Aleksandar Ilić. The performance consists of a stroll always up the same hill in the vicinity of Zagreb, always exclusively on Sundays (Weekend Art) for the past few years, starting in 1996. The project is a »work in progress« and will therefore continue. The shots are taken with the self-timer, and so far more than 500 slides have been produced.**
This project is about the dialogue with nature, about reality, life, life space, and artistic circumstances. Customary Sunday walks in the countryside have become an action and a performance. *Weekend Art: Hallelujah the Hill* consists of projections of slides, Ilfochrome, and postcards which are continuously distributed.

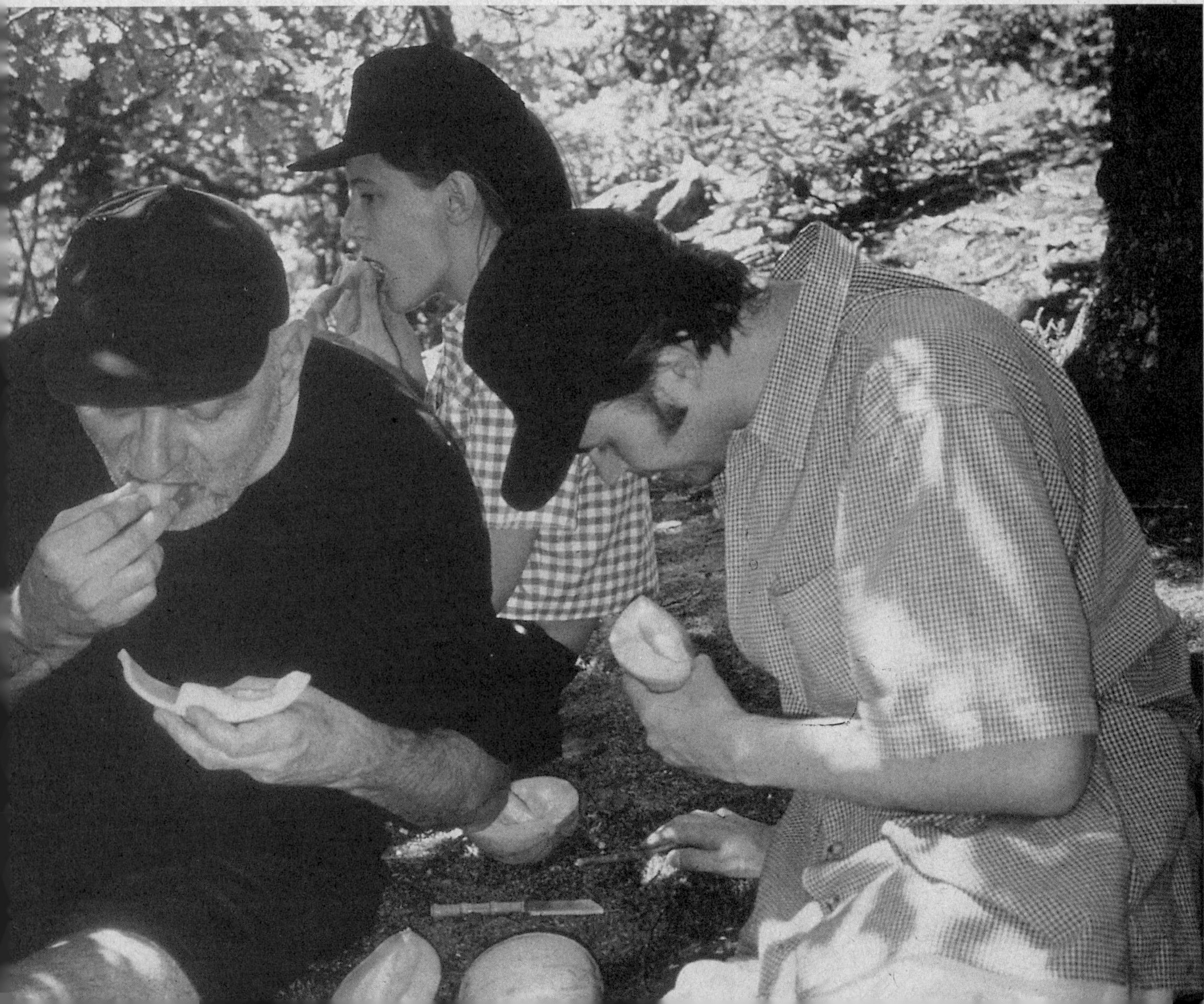

BIOGRAFIJA / BIOGRAPHY

Rojen / Born : **1965, Karlovac, Hrvaška / Croatia**
Šolanje / Education : **Akademija likovnih umjetnosti / Academy of Fine Arts, Zagreb**
Živi in dela / Lives and works : **Zagreb**

IZBRANA BIBLIOGRAFIJA
SELECTED BIBLIOGRAPHY

Werner Fenz, »Die Kunst des Sonntagsspaziergangs«, *Lichtungen*, no. 72, 1997.
Branko Kostelnik, »Drugačije nedelje na Medvjednici«, *Vjesnik*, Zagreb, 28. 9. 1997.
Želimir Koščević, *Zentrum Zagreb*, razstavni katalog / exhibition. cat., Duisburg, 1994.
Davor Matičević, *EgoEast*, razstavni katalog / exhibition cat., Muzej suvremene umjetnosti, Zagreb, 1992.
Tihomir Milovac, *EgoEast*, razstavni katalog / exhibition cat., Muzej suvremene umjetnosti, Zagreb, 1994.
Matthew Remsky, *ŠAMIS*, razstavni katalog / exhibition cat., Šternberk, 1994.
Darko Šimičić, *Words & Images*, razstavni katalog / exhibition cat., SCCA, Zagreb, 1995.
Darko Šimičić, *Reality, Alegria, Reliquiem, Ambiguity*, razstavni katalog / exhibition cat., Praga / Prague, 1995.

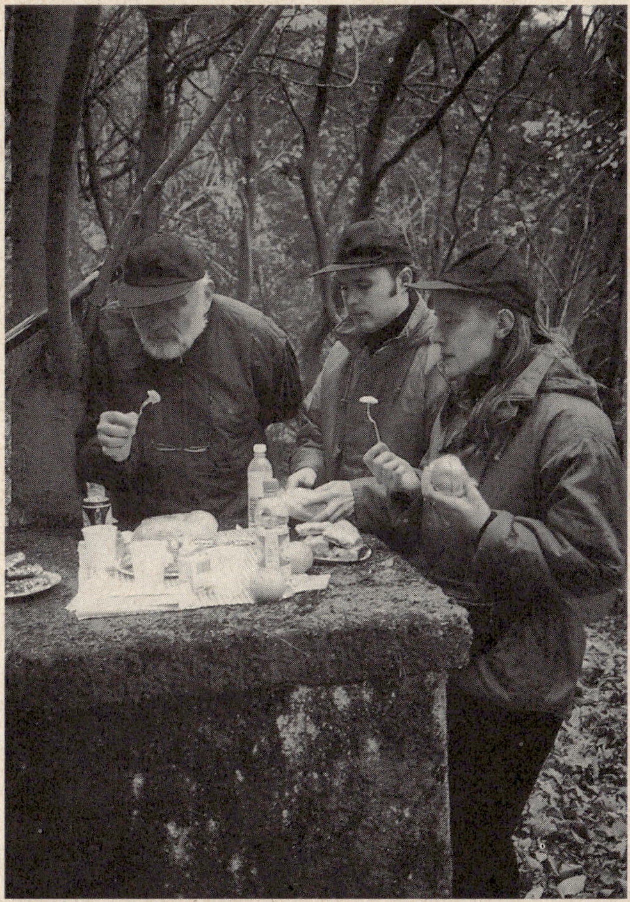
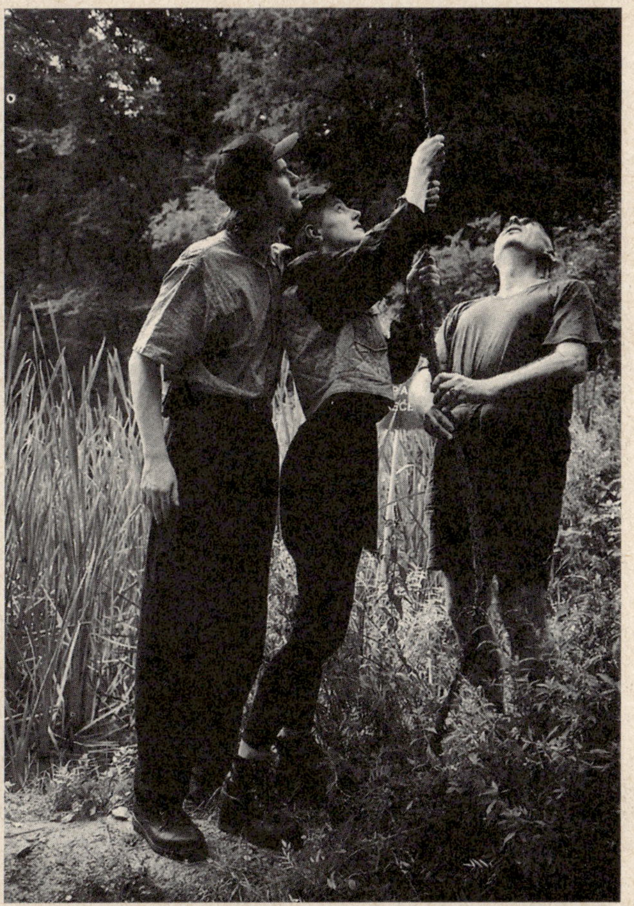
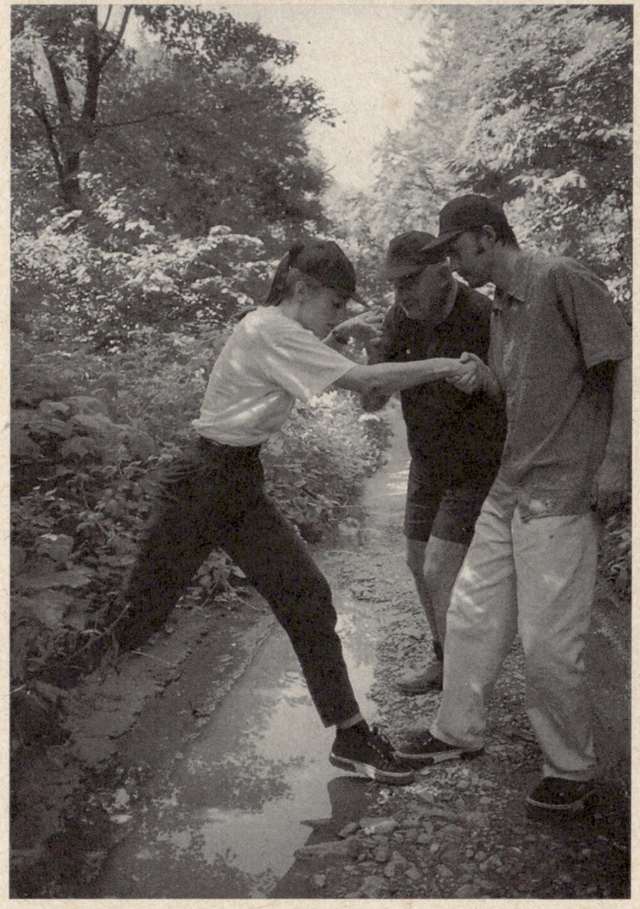
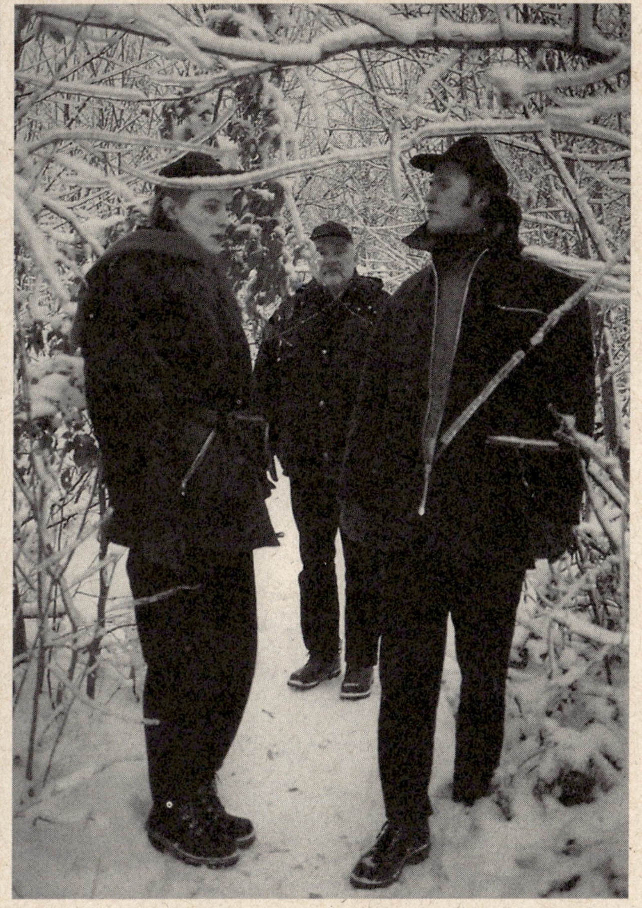

Sanja Iveković

Trikotnik
Zagreb, Savska 1, 10. maj 1979
Čas trajanja: 18 minut

Akcija se dogaja na dan, ko je bil najavljen obisk Predsednika v Zagrebu, v njej pa sodelujejo tri osebe:
1 oseba na strehi hotela na drugi strani ulice,
2 varuh reda na ulici pred mojim blokom
3 in jaz na balkonu.
Zaradi betonske ograje balkona lahko akcijo vidi in spremlja le oseba na strehi hotela. Predpostavljam, da ima daljnogled in walkie-talkie, s katerim lahko stopi v stik z varuhom reda na ulici.
Akcija se začne, ko stopim na balkon. Prinesem si dva stola, steklenico viskija, cigarete, knjige. Sedim, pijem, kadim in berem. Potem privzdignem krilo in izvajam kretnje, kot da se samozadovoljujem. Čez nekaj časa pozvoni na mojih vratih in po domofonu mi človek, ki se predstavi kot uradna oseba, ukaže, naj »se odstranijo vse osebe in predmeti z balkona«. S tem se akcija zaključi.

S. I.

Triangle
Zagreb, Savska 1, 10 May 1979
Duration: 18 min

The action takes place on the day of the President's visit to the city. It develops as intercommunication between three persons:
1 a person on the roof of the high building which is across the street from my apartment
2 a policeman on the street in front of the house
3 myself on the balcony.

Due to the cement construction of the balcony, only the person on the roof can actually see me and follow the action. My presumption is that this person has a pair of field-glasses and a walkie-talkie. I also notice that the policeman in the street has a walkie-talkie.
The action begins when I walk out on the balcony and sit on a chair. I drink whiskey, read a book, and pretend to masturbate. After some time a policeman rings on my doorbell and orders that »persons and objects should be removed from the balcony«.

S. I.

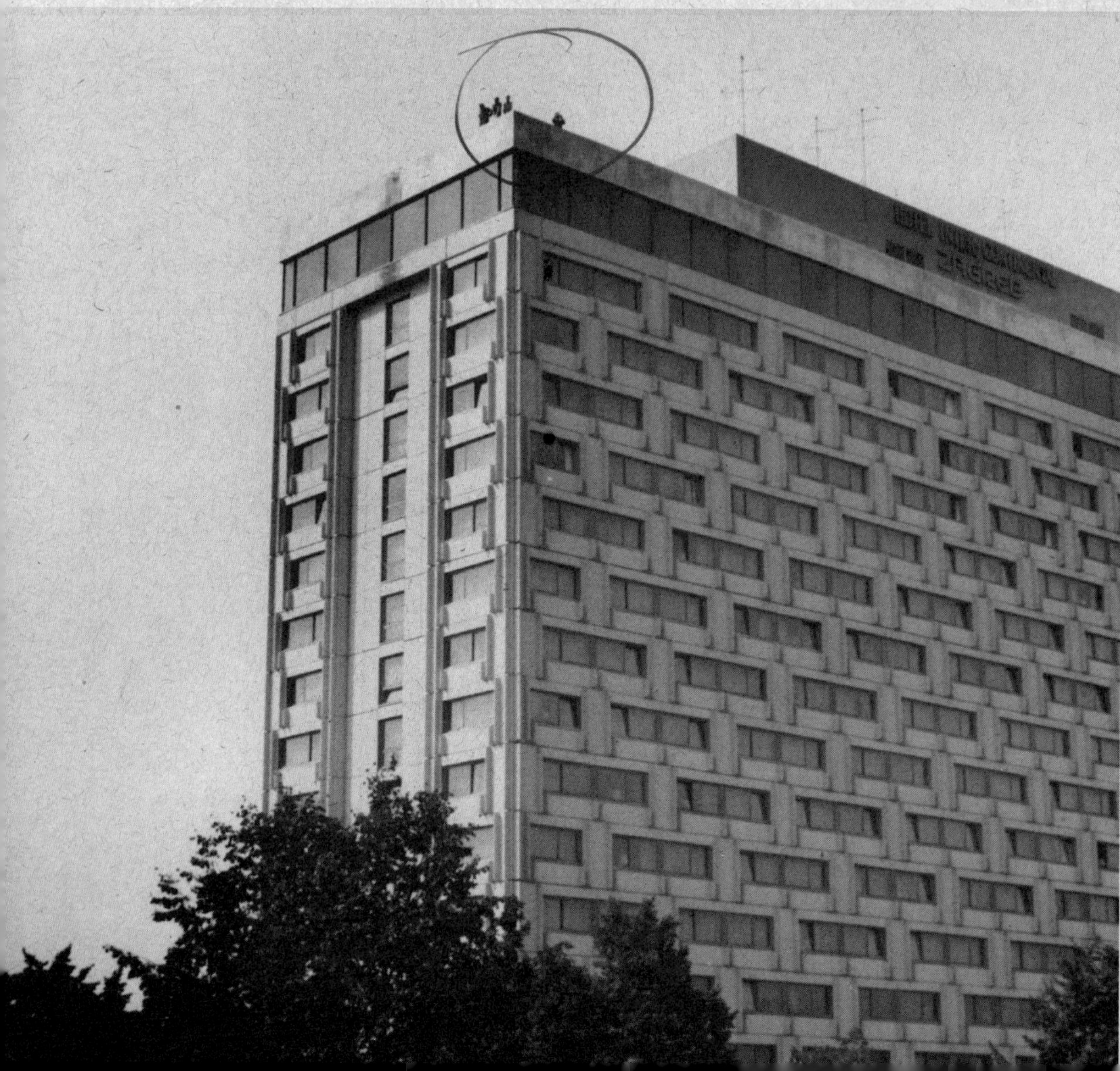

BIOGRAFIJA / BIOGRAPHY

Rojena / Born : **1949, Zagreb, Hrvaška / Croatia**
Šolanje / Education : **Akademija likovnih umjetnosti / Academy of Fine Arts, Zagreb**
Živi in dela : **Zagreb**

IZBRANA BIBLIOGRAFIJA
SELECTED BIBLIOGRAPHY

Elizabeth Jappe, *Performance, Ritual, Prozess : Handbuch der Aktionskunst in Europa*, München ; New York : Prestel Verlag, 1993.
Leonida Kovač, *Towards a Media Reality, Real Life*, razstavni katalog / exhibition cat., Ifa, Stuttgart, 1996.
Friedmann Malsch, *Sanja Iveković : Video im Kölnischen Kunstverein*, razstavni katalog / exhibition cat., Kunstverein, Köln, 1990.
Davor Matičević, *Sanja Iveković : Dokumenti 1949 – 1976*, razstavni katalog / exhibition cat., Galerija suvremene umjetnosti, Zagreb, 1976.
Lela B. Njatin, *Stereo–Tip*, razstavni katalog / exhibition cat., Mestna galerija, Ljubljana, 1995.
Anna Steininger, *X Location – 6 Videoinstallationen*, razstavni katalog / exhibition cat., Linz, 1994.
Marijan Susovski, *Sanja Iveković : Performans, Instalacije*, razstavni katalog / exhibition cat., Studio Galerie suvremene umjetnosti, Zagreb, 1981.

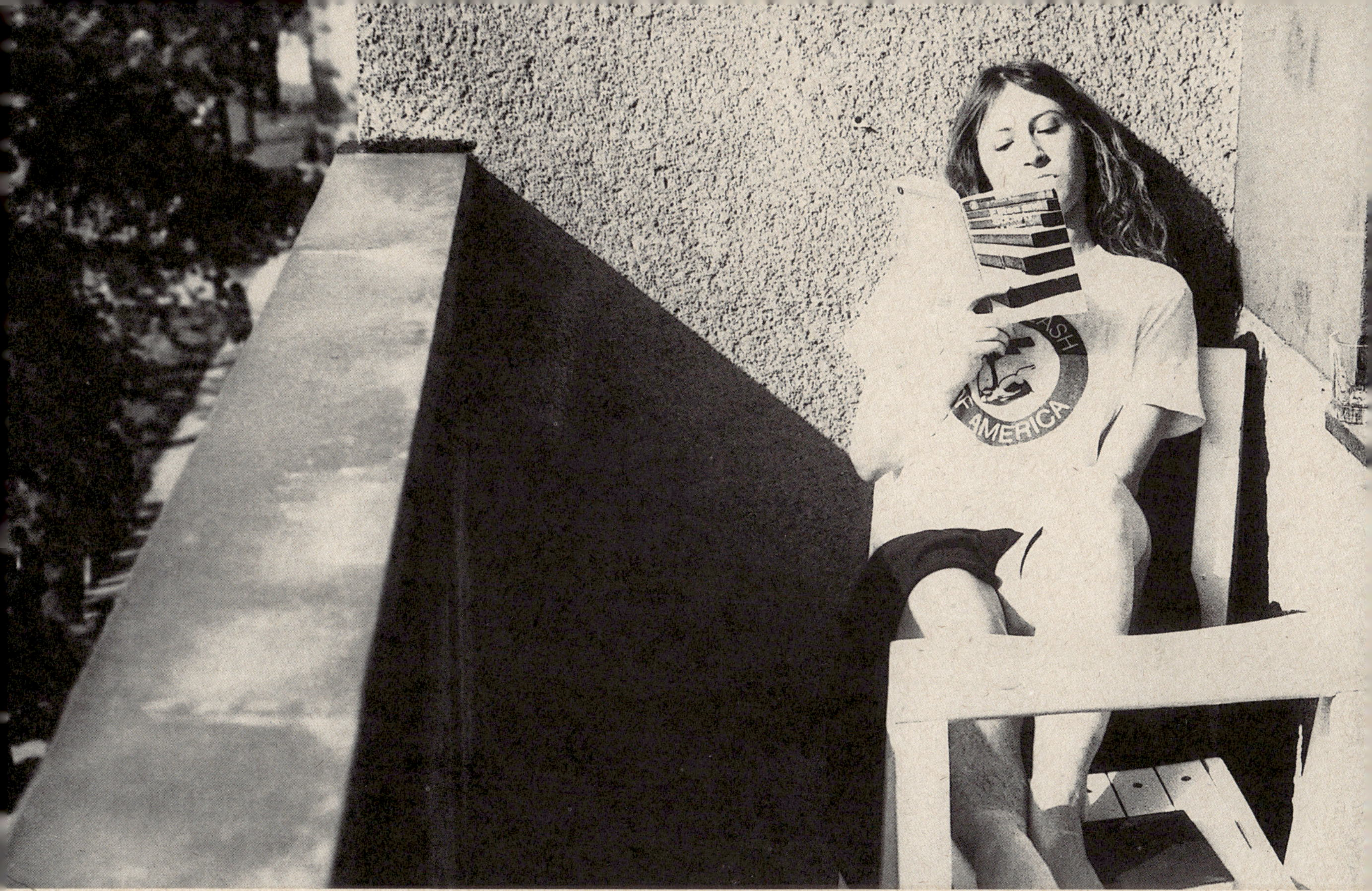
AMERICA

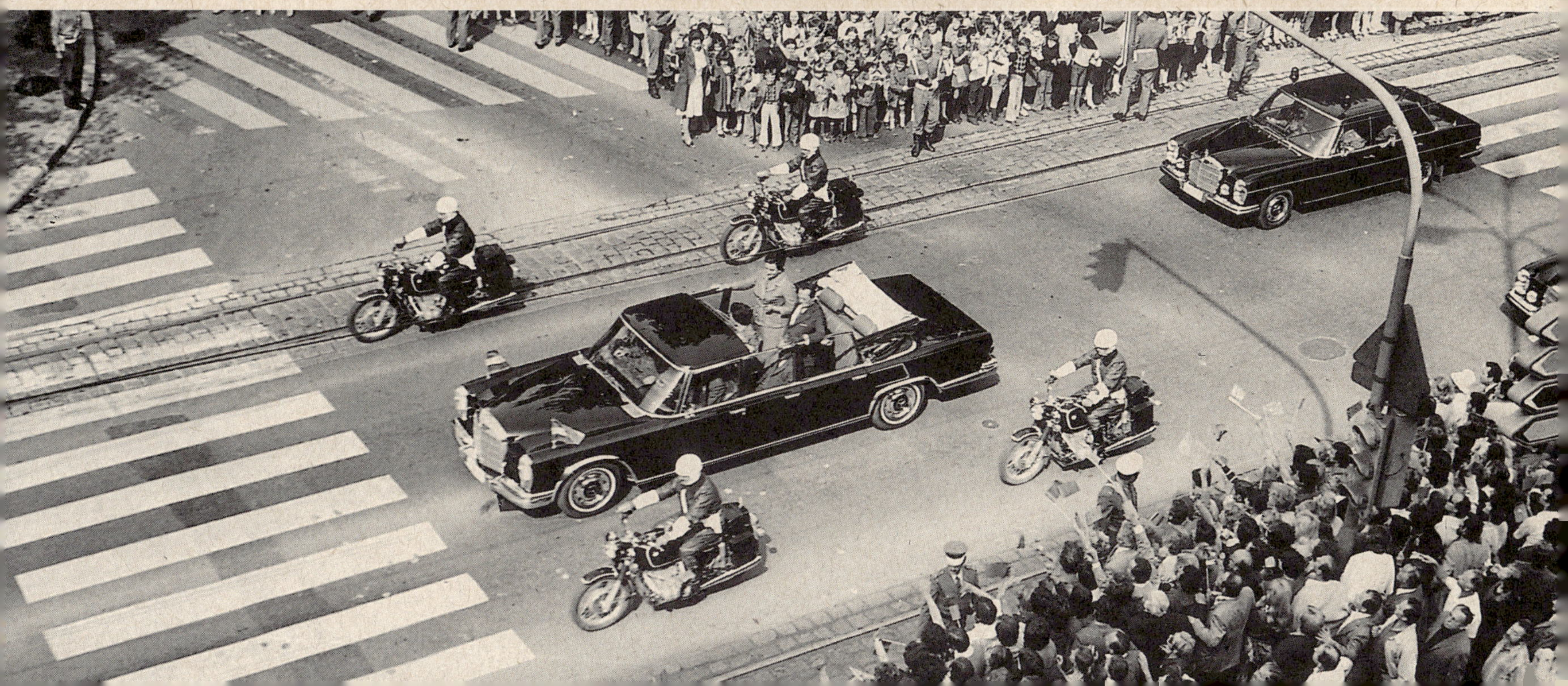

Dalibor Martinis

Odprti kolut, 1976
Video, č/b, 4 minute

Kamera na stativu je povezana z videorekorderjem. Umetnik sedi pred kamero. Vključi snemanje, nato pa prime videotrak, ki se odvija s prvega koluta in teče preko magnetne glave videorekorderja; namesto na drugi kolut ga ovija okoli svoje glave, medtem ko se obrača na stolčku. Njegov obraz se sčasoma popolnoma prekrije z videotrakom, na katerem je posnet njegov obraz, okoli katerega se ovija videotrak, na katerem je posnet njegov obraz, okoli katerega se ovija...

***Open Reel,* 1976**
Video, b/w, 4 minutes

A camera mounted on a tripod is connected to a video tape recorder. The artist is sitting in front of the camera. He starts filming, then picks up the video tape which unwinds from the first reel and runs past the magnetic recorder head; instead of around the second reel, he winds it around his head as he revolves on the stool. His face gradually becomes completely covered with the tape, which stores the image of his face being wrapped in video tape which stores the image of his face being wrapped . . .

BIOGRAFIJA / BIOGRAPHY
Rojen / Born : **1947, Zagreb, Hrvaška / Croatia**
Šolanje / Education : **Akademija likovnih umjetnosti / Academy of Fine Arts, Zagreb**
Živi in dela : **Zagreb**

IZBRANA BIBLIOGRAFIJA
SELECTED BIBLIOGRAPHY

Nada Beroš, *Observatorium*, razstavni katalog / exhibition cat., Moderna galerija, Rijeka / Venice Biennale, 1997.
P. Bianchi, »Inselhaftes Denken / Biennale Venedig«, *Kunstforum International*, Ruppichteroth, Sept./Nov. 1997.
S. Biggs, »Byzantine (E)Valuations«, *Mediamatic*, Amsterdam, no.2, 1987.
Christoph Blase, »Die Beute des Kunstsommers aus Venedig, Kassel und Münster«, *Kunst–Bulletin*, Zürich, no. 7/8, 1997.
Wulf Herzogenrath, Edith Decker (ur./ed.), *Video–Skulptur : retrospektiv und aktuell, 1963–1989*, Köln : DuMont, 1989.
R. Kluczszynski, *Observatorium*, razstavni katalog / exhibition cat., Moderna galerija, Rijeka / Venice Biennale, 1997.
Leonida Kovač, *Martinis – Between Surfaces*, rázstavni katalog / exhibition cat., 1995.
Bojana Pejić, »D. Martinis«, *Artforum International*, New York, Sept., 1990.
Valentina Valentini, *Portraits : Greenaway, Martinis, Pirri, Viola*, razstavni katalog / exhibition cat., Taormina Arte, 1987.
Berislav Valušek, *Observatorium*, razstavni katalog / exhibition cat., Moderna galerija, Rijeka / Venice Biennale, 1997.

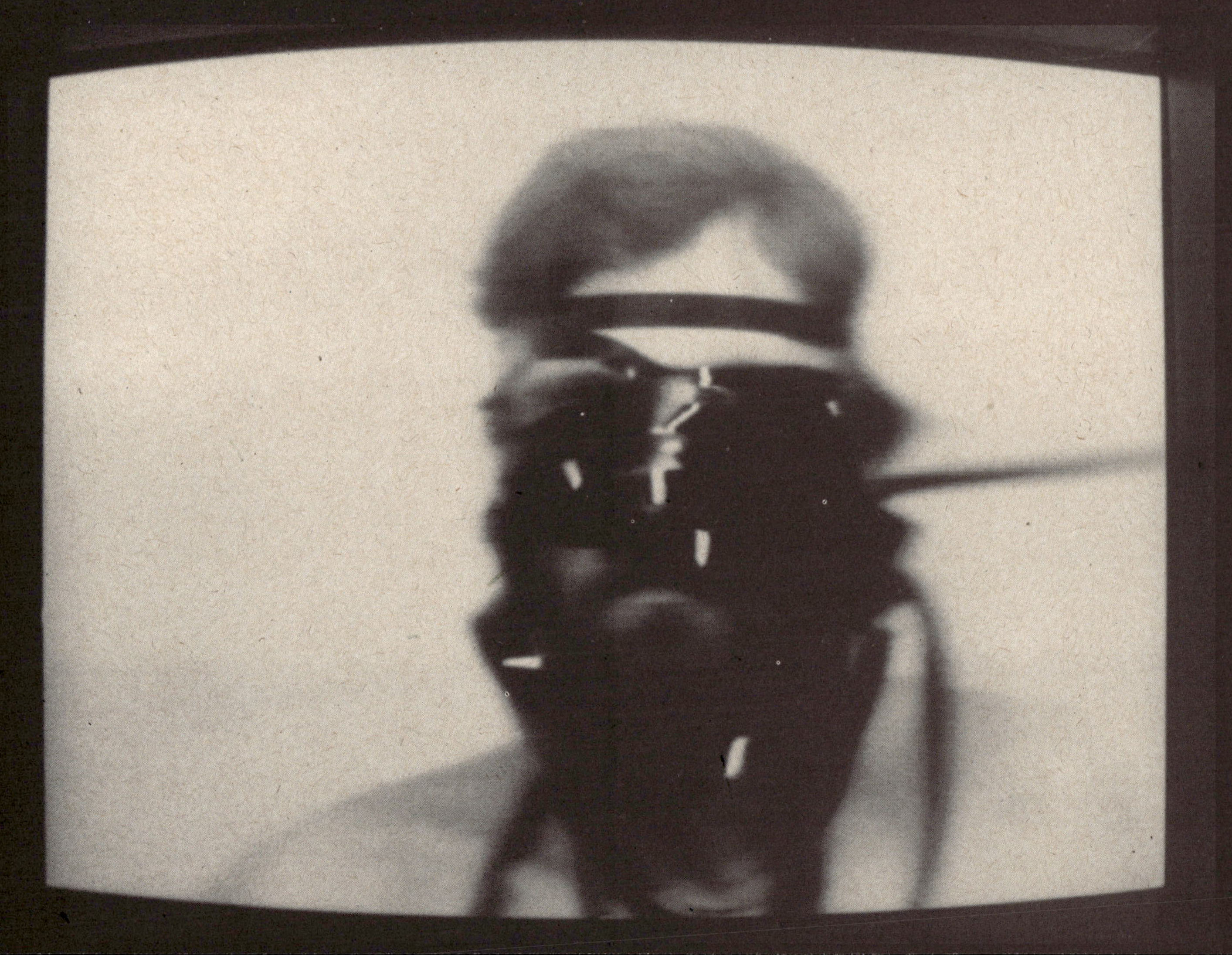

Slaven Tolj

Hrana za preživetje
Performans, MUU-ry – Tower of Babel, Helsinki, 27. september 1993
Čas trajanja: 25 minut
Foto: Vika Sakari

Umetnika, par Marija in Slaven, za izvajanje performansa uporabita neidentificirano maso iz velike pločevinke humanitarne pomoči s suhoparnim imenom, napisanim v več jezikih (nemškem, italijanskem, francoskem), »Hrana za preživetje«. Slaven z nožem odpre pločevinko, potem z dodajanjem vode pripravita zmes ter drug drugega namažeta s tem ciničnim proizvodom civilizacije, nakar ga pojesta neposredno s svojih golih teles (gola sta do pasu). Metafora krčevite borbe za obstanek je združena s sorodnim ljubezenskim prizorom. Pri tem se ganljivost izenači z obtožbo, tragika pa se izmenjuje z (avto)ironijo.

Antun Maračić (iz kataloga »Bubo-bubo maximus«)

Survival Rations
Performance, MUU-ry – Tower of Babel, Helsinki, 27 September 1993
Duration: 25 min
Photo: Vika Sakari

The couple of artists, Marija and Slaven, carry out the performance using the unidentified mixture which comes in the large tins of humanitarian aid dryly labeled (in several languages: German, Italian, French) »Survival Rations«. With a knife, Slaven opens the tin, then, adding water, they prepare the mixture and smear each other with this cynical product of civilization, proceeding thereupon to consume it directly from each other's naked body (they are nude to the waist). The metaphor of a desperate struggle for survival is combined with an analogous love scene. In the process, what is touching becomes identical to an accusation, and what is tragic alternates with (self)irony.

Antun Maračić (from the catalogue »Bubo-bubo maximus«)

BIOGRAFIJA / BIOGRAPHY

Rojen / Born : **1964, Dubrovnik, Hrvaška / Croatia**
Šolanje / Education : **Akademija likovnih umjetnosti / Academy of Fine Arts, Sarajevo**
Živi in dela / Lives and works : **Dubrovnik**

IZBRANA BIBLIOGRAFIJA
SELECTED BIBLIOGRAPHY

Mario Kopić, »Art radionica Lazareti«, *Moment*, Beograd, no. 20, 1990.
Sandra Križić Roban, »Documenta X : Na peronu kulturnog kolodvora«, *Vjesnik*, Zagreb, 16. 7. 1997.
Antun Maračić, »Genius loci ili plima i oseka«, *Vjesnik*, Zagreb, IX, 1989.
Antun Maračić, *Bubo–bubo Maximus*, razstavni katalog / exhibition cat., Umjetnička galerija, Dubrovnik, 1994.
Alexandre Melo, »Ni centre ni périphérie : note sur le géographie de la légitimation artistique«, *Les Cahiers du Musée national d'art moderne*, Paris, no. 55, Printemps 1996, pp. 107 – 117.
P.S. (Paul Sztulman), *Short guide=Kurzführer Documenta X*, Kassel : Museum Fridericianum ; Ostfildern : Cantz Verlag, 1997, p. 224.
Janka Vukmir, *Checkpoint*, razstavni katalog / exhibition cat., Soros Centar za suvremenu umjetnost, Zagreb, 1995.
Janka Vukmir, *Perceptual Art : Slaven Tolj*, Zagreb : Soros Centar za suvremenu umjetnost & Meandar ; Visual Arts Library, 1997.
Ivica Župan, »Energija grada u predvečerje«, *Slobodna Dalmacija*, Split, 25. X. 1994.

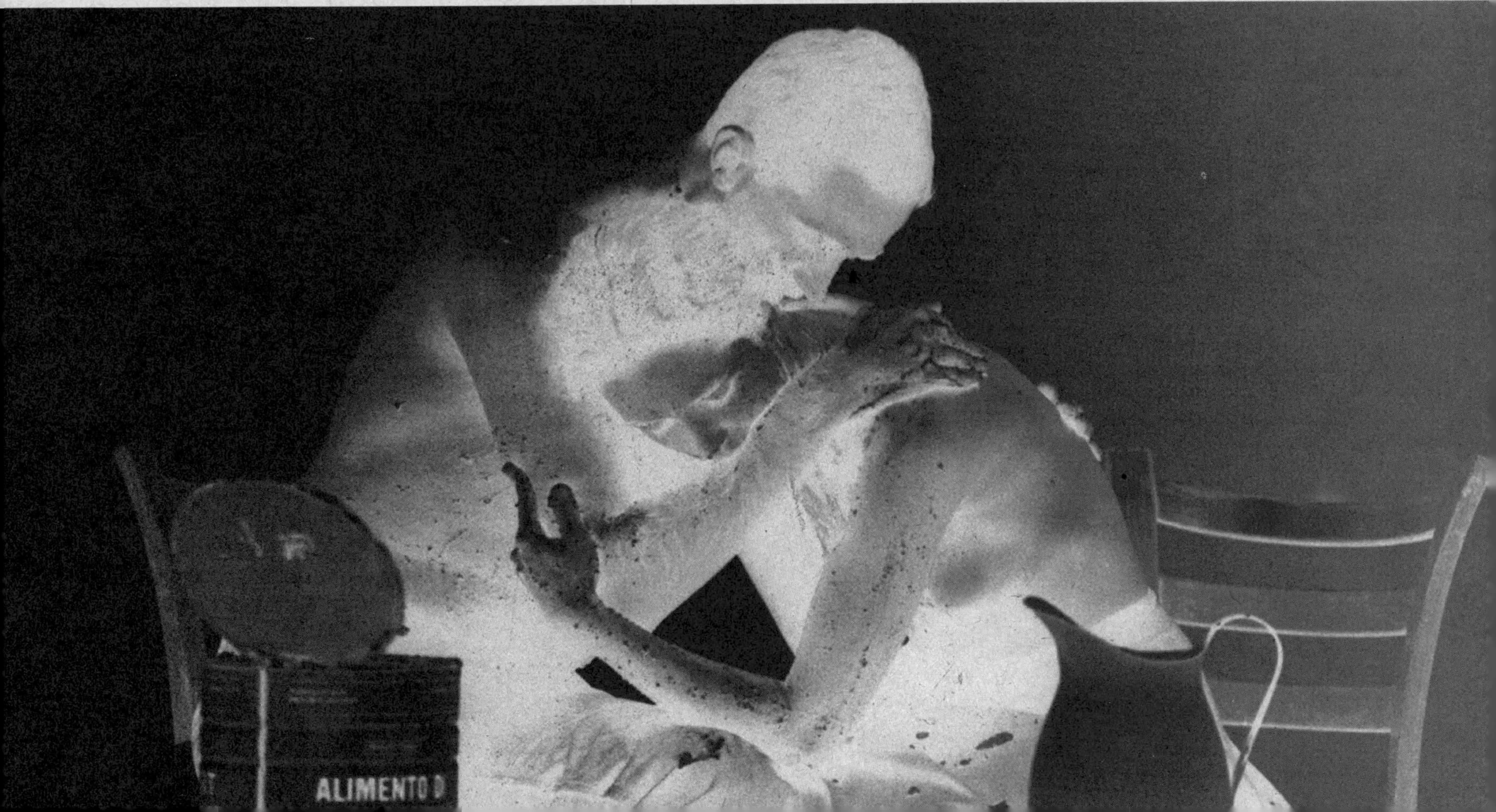

Jugoslavija / Yugoslavia

Bojana Pejić

Umetnost, utemeljena na telesu: Srbija in Črna gora

Umetnostni kritiki so različne oblike postpredmetne umetnosti, ki so se v SFRJ pojavile okrog leta 1968, imenovali *Nova umetniška praksa*[1]. S tem skupnim izrazom so zaobjeli *earth works*, konceptualno in procesualno umetnost, anti formo, *arte povera*, video in umetniške filme ter analitično slikarstvo kot tudi dela, zasnovana na telesu, na primer poulične akcije, fluxus dogodke, performanse, »drugačno drugo glasbo« in *body art*.
Nova umetniška praksa je bila *konstelacija*, ki se je vrasla v »telo« jugoslovanske komunistične družbe in ki je sprva povezovala umetnike iz Novega Sada, Ljubljane, Zagreba, Beograda in pozneje tudi Sarajeva kot tudi umetnostne kritike ter muzejske in galerijske kustose mlajše generacije. Glavna značilnost Nove umetniške prakse je bil kritičen pristop, ki je tvoril kulturno ozračje po letu 1968. Peter Bürger je zahodno umetnost po letu 1968 kritično označil za »neoavantgardo«, s čimer je izpostavil medsebojno povezanost radikalnih umetniških praks in umetnostnega trga. Tega izraza pa ne moremo uporabiti za umetnost, ki je nastajala v socialističnih državah, saj so te države temeljile na planskem gospodarstvu.
Sam izraz *Nova umetniška praksa* je pomenil začetek novega besednjaka srbske (in celotne jugoslovanske) umetnostne kritike, s katerim so se tako umetniki kot kritiki skušali oddaljiti od umetniške produkcije, ki jih je obdajala. Zaradi spora med komunistično Jugoslavijo in Sovjetsko zvezo leta 1948 »uradna« jugoslovanska umetnost ni bila socialistični realizem, temveč modernizem. V zgodnjih šestdesetih letih je modernistična umetnost v svoji povojni obliki postala obvezna estetika socialističnih držav. Srbski socialistični modernizem (asociativna in lirična abstrakcija na eni strani in nova figuralika ter večno pogrevanje nadrealizma na drugi) ni kazal nobenega zanimanja za družbeno resničnost. Kot politično nevtralna umetnost se srbski modernizem ni mogel in se tudi ni ukvarjal z resničnostjo, saj je bil tako kot katerikoli drugi modernistični slog usmerjen k »notranjim« vidikom umetniškega dela. »Nova umetnost« se je tej produkciji uprla: preusmerila se je od umetnosti kot »univerzalnega jezika« k umetnosti kot »individualnemu jeziku«. Zavrnila je koncept »avtorske poetike« in se odločila za koncept »avtorskega odnosa«.[2]
Kljub enostrankarskemu sistemu in planskemu gospodarstvu je bila Titova Jugoslavija država, ki si je prizadevala svetu pokazati svoj internacionalizem in kulturno odprtost. Zato je financirala mnoge mednarodne prireditve, na primer Beograjski mednarodni gledališki festival (BITEF), ki je prvič odprl svoja vrata leta 1967. Od leta 1968 naprej je bila za likovni del programa BITEF-a zadolžena Biljana Tomić, svobodna umetnostna kritičarka iz Beograda. Vabila in predstavljala je umetnike iz vse Jugoslavije in tujine, ki so se ukvarjali s konceptualno umetnostjo, *arte povera* ali performansom (skupina OHO iz Slovenije, Pistoletto s svojim gledališčem LO ZOO, Giuseppe Chiari, Jannis Kounnelis, Daniel Buren itd.). Zaradi mednarodnega ozračja, ki je bilo značilno za čas okrog leta 1968, so se mnogi jugoslovanski umetniki predstavljali tudi na tujem. Prvi performansi srbskih umetnikov Marine Abramović, Raše Todosijevića, Zorana Popovića in Gergelja Urkoma, ki so temeljili na telesu, so se odvijali na Edinburškem festivalu umetnosti leta 1973, ki ga je organizirala Galerija Richarda Demarca. Tam so se ti umetniki seznanili z delom »neoavantgarde«, med drugim tudi z Josephom Beuysom.
Nova umetniška praksa je imela v Srbiji okrog leta 1970 to prednost – ali pomanjkljivost –, da so jo podpirale in predstavljale javne galerije, ki so bile del univerz ali mladinskih organizacij. V Vojvodini je bila takšen prostor galerija Tribine mladih v Novem Sadu, kjer se je srečevala in pod vplivom Fluxusa ter ameriške konceptualne umetnosti delovala skupina *KOD* (ustanovljena leta 1970, delovala do leta 1971). Nekateri njeni člani so sodelovali pri dveh revijah, ki jih je izdala ista ustanova: *Uj symposion* (v madžarščini) in *Polja* (v srbščini). Tribina mladih je leta 1972 tudi izdala prvo publikacijo v nekdanji Jugoslaviji, ki je bila posvečena izključno body artu.

Bojana Pejić

Body-based Art: Serbia and Montenegro

**For various manifestations of post-object art which appeared in the SFR of Yugoslavia around 1968, the art critics usually used the term *New art practice*[1]. With this umbrella term they embraced earth works, conceptual and process art, anti forms, arte povera, video and artist's film, analytic painting as well as body-based works, like street actions, fluxus-oriented events, performances, »different other music«, and body art.
The New art practice was a *constellation* which inserted itself into the »body« of Yugoslav communist society and involved, at first, artists from Novi Sad, Ljubljana, Zagreb, Belgrade and later also Sarajevo, as well art critics and museum and gallery curators belonging to the younger generation. The major characteristic of the New art practice was its contentious consciousness which was otherwise central to the cultural climate after 1968. Post-sixty-eight art produced in the West was critically labelled by Peter Bürger the »neo-avant-garde« by which he stressed the inter-dependence of radical artistic gestures and the art market. However, this term cannot be applied to the art produced in socialist countries, since these countries were based on a state-run economy.
The very term *New art practice* was the inception of a new vocabulary in Serbian (and also Yugoslav) art criticism with which both the artists and critics intended to distance themselves from the art production that surrounded them. Due to the break between communist Yugoslavia and the Soviet Union in 1948, the »official« art in Yugoslavia was not socialist realism, but Modernism. In the early 1960s, modernist art in its post-war version became a new and compulsory aesthetic in socialist countries. Socialist Modernism in Serbia (associative and lyric abstraction on the one hand, and new figuration and the Serbian everlasting reiterations of Surrealism, on the other) was an art which did not show any interest in social reality. As politically neutral art, it could not and did not question the given reality, as it was, like any modernist style, oriented toward the »inner« aspects of the work of art. The »new art« related to such a production by opposing it: it made a shift from art as a »universal language« to art as an individual »language«; it refused the concept of the »artistic poetic« and opted instead for the concept of »artistic attitude.«[2]
Despite a one-party system and a state-run economy, Titoist Yugoslavia was a country which intended to prove its internationalism and cultural openness, and financed many international events such as the Belgrade International Theatre Festival (BITEF), founded in 1967. Since 1968, the visual art program of BITEF was curated by the free-lance art critic, Biljana Tomić from Belgrade. She started to invite or show the artists involved in conceptual art, arte povera or performance from Yugoslavia and abroad (the group OHO from Slovenia, Pistoletto with his theatre LO ZOO, Giuseppe Chiari, Jannis Kounnelis, Daniel Buren etc). Due to the international spirit which spread around after 1968, many Yugoslav artists were invited to show/perform abroad, and the first body-based performances made by artists from Serbia (Marina Abramović, Raša Todosijević, Zoran Popović and Gergelj Urkom) took place at the Edinburgh Art Festival, organized by the Richard Demarco Gallery in 1973 where they were acquainted with the work of the »neo-avant-garde« Joseph Beuys, among others.
The benefit – but also disadvantage – the New art practice experienced in Serbia of the 1970s was that it was promoted and regularly shown in the public galleries making parts of the universities or youth organisations. In Vojvodina, such a place was the Tribina mladih Gallery in Novi Sad where the group *KOD* (founded in 1970 and existing till 1971), inspired partly by the Fluxus and partly by American conceptual art, started to show or meet. Some of them collaborated on the two reviews published by**

Antologija *Telo umetnika kao subjekt i objekt umetnosti* (Umetnikovo telo kot subjekt in objekt umetnosti), ki jo je uredil Vlado Kopicl, je vključevala tudi prevedena besedila na temo zgodnjega ameriškega body arta.[3]
Beograjski študentski kulturni center (SKC), ustanovljen leta 1969 in uradno odprt aprila 1971, je bil del beograjske univerze in je deloval kot inštitut za sodobno umetnost. Prva direktorica galerije SKC je bila Dunja Blažević, ki jo je pozneje zamenjala Biljana Tomić. Skupaj z osebjem SKC je Tomićeva med letoma 1972 in 1977 pripravljala festival *Aprilsko srečanje – razširjeni mediji*. Kot program SKC je Aprilsko srečanje z državnim denarjem financirala beograjska univerza. S tem želim poudariti, da nadzor nad delom kulturnih ustanov ni deloval v obliki običajne cenzure, temveč na ravni (občasne) ustavitve financiranja programov. Na teh enotedenskih mednarodnih srečanjih umetnikov in kritikov so številne performanse ustvarili tuji in jugoslovanski umetniki, na primer Gina Pane (1974), Luigi Ontani, John Baldessari (1973), Joseph Beuys, Tom Marioni (1974), Ulrike Rosenbach, Katharina Sieverding, Natalia LL (1975), Petr Štembera, Jan Mlčoch (1976) in mnogi drugi. Mednarodna dogodka sta bila tudi *Srečanje performans* leta 1978 in *Srečanje video-video performans* leta 1979, ki ju je prav tako pripravila Tomićeva.
Delovanje v javni galeriji je za umetnike Nove umetniške prakse, ki je vključevala body art, pomenilo, da njihova umetnost ni bila podtalna ali disidentska. Čeprav je imela galerija SKC svojega profesionalnega kustosa, je bila del beograjske univerze. Zato so kritično usmerjeno umetnost opravičevali z »eksperimentiranjem« in »mladostjo« umetnikov. Čeprav je jugoslovanska Nova umetniška praksa uspevala v komunistični državi, je še posebej v Srbiji ostajala na obrobju. Muzej sodobne umetnosti v Beogradu je »novo umetnost« začel gostiti leta 1970, vendar ni poskrbel za ustrezno dokumentiranost, saj za svojo stalno zbirko ni pridobil najpomembnejših del.
Skoraj vsi srbski umetniki Nove umetniške prakse so ustvarili vsaj po en performans, utemeljen na telesu. Vendar se razen Marine Abramović, ki je Beograd zapustila leta 1976, ni nihče od srbskih umetnikov »specializiral« za body art ali performans. V vsej svoji karieri so se ukvarjali tudi s performansom, vendar so ustvarjali dela tudi v drugih medijih, kot so *ready-made*, konceptualna umetnost, analitično slikarstvo, film, video, fotografija in instalacija. Za potrebe tega članka sem verjetno nekoliko neumestno določila več »telesnih modelov«, v katere sem razvrstila dela, utemeljena na telesu enega umetnika. Ti modeli so utemeljeni na glavni temi, s katero se umetnik v performansu ukvarja, ali pa zgolj izpostavljajo enega izmed vidikov telesa, ki mogoče sploh ni značilen za umetnika na splošno. Glede dejanskih »začetkov« body arta v Srbiji je treba omeniti, da je prišlo do razmaha body arta leta 1973, ko je večina umetnikov ustvarila svoja prva dela v tej smeri, čeprav so nekatera dela zgodnejša.

(Post)socialistično telo. Bálint Szombathy (rojen l. 1950) je bil član skupine *Bosch+Bosch* iz Subotice (1969-1976). Ukvarjal se je z vizualno poezijo, tako kot drugi člani skupine, vendar so ga zanimale tudi akcije, *mail art* in intervencije v mestnem prostoru. Za dokumentiranje svojih uličnih performansov je uporabljal fotografijo. Za svojo akcijo *Lenin in Budimpešta* v Budimpešti leta 1972 je uporabil fotografijo – citat iz komunistične vizualne kulture. Szombathy se je po mestu sprehodil z Leninovo fotografijo, pritrjeno na drog, in pri tem posnemal uporabo političnih portretov na komunističnem Vzhodu, kjer je te portrete delavski razred »spontano« nosil na družbenih/socialističnih prireditvah in proslavah. Vendar, v njegovem primeru umetnik sliko nosi prostovoljno. Pri tem obišče tovarne, prečka trge in svojo prisotnost dokumentira s pomočjo fotografskega aparata. S svojim dejanjem izpostavlja družbeni/socialistični prostor, kjer politični portret ali »telo moči« signalizira prisotnost moči. V svojem drugem delu, *Telesna signalizacija* (1973), telo uporabi kot prostor za posameznika – umetnik se pojavi z ožigosanim telesom. Vendar telo obenem postane sredstvo za signalizacijo, saj fotografija signaliziranega telesa ni posneta v studiu, temveč prikazuje umetnika na ulici.
Szombathyev zadnji performans je nastal v sodelovanju z rokovskim pevcem Milanom Muminom iz Novega Sada, ki je za ta dogodek z naslovom *Hommage poslednjemu video umetniškemu delu* posebej napisal pesem *Waver*. Po Novem Sadu je bil performans predstavljen na multi-medialnem

this institution, *Uj symposion* (published in Hungarian) and *Polja* (»Fields,« published in Serbian). The first publication in the former Yugoslavia entirely dedicated to body art was published by Tribina mladih in 1972. The anthology edited by Vlado Kopicl, *Telo umetnika kao subjekt i objekt umetnosti* (The Artist's Body as Subject and Object of Art) was comprised of the translated texts dealing with early American body works[3].
The Student Cultural Centre (SKC) in Belgrade, founded in 1969 and inaugurated in April 1971, was a part of the University of Belgrade and has the activity of an institute of contemporary art. The first director of the SKC Gallery was Dunja Blažević, later succeeded by Biljana Tomić. Together with the SKC staff, Tomić curated the *April Meeting – Expanded Media Festival* organized by SKC from 1972 till 1977. The April Meeting, as well as the program of the SKC in general, was financed by the University of Belgrade, that is, it relied on state funding. In stressing this fact I only want to suggest that control over the work of cultural institutions did not function through blatant censorship, rather control appeared in the form of (occasionally) cutting funds for the programs. During these international meetings of artists and critics, each lasting one week, foreign and Yugoslav artists produced many performances, like Gina Pane (1974), Luigi Ontani, John Baldessari (1973), Joseph Beuys, Tom Marioni (1974), Ulrike Rosenbach, Katharina Sieverding, Natalia LL (1975), Petr Štembera, Jan Mlčoch (1976) and many others. Both the *Perfomance Meeting* in 1978 and the *Video-Video Performance Meeting* in 1979, curated by Tomić, were also international.
The existence of such a place, a public gallery, meant that the New art practice (body art included) was not in a position to become underground or dissident art. But even though the SKC Gallery was a professionally curated place, it was still a part of the University of Belgrade and, consequently, art with a contentious spirit showed there has been associated with the »experimental« and »youth«. Thus, despite the fact that the Yugoslav New art practice could be made in a communist country, it remained marginalized particularly in Serbia. The Museum of Contemporary art in Belgrade started to show the »new art« in 1970, but it did not provide it with a proper historical context since it did not acquire the main works for its permanent collection.
Almost all artists from Serbia belonging to the New art practice produced at least once a body-based performance. Besides Marina Abramović, who left Belgrade in 1976, none of the artists in Serbia »specialized« in body art or performance. They did make performances throughout their artistic career, but also produced works in other media, like ready made, conceptual art, analytic painting, film, video, photography and installation. I have here, probably with some injustice, invented several »body models« and situated in each of them the body-related works of one artist. These models are based either on the main issue the artist dealt with permanence, or they only stress one aspect of the body which may not be indicative for the artist's production in general. If I am to mark the very »beginning« of body art in Serbia, I can say that, although some works are of earlier date, the »body boom« occurred in 1973. This is the year when most of them made their first body artwork.

***(Post) Socialist Body*. Bálint Szombathy (born 1950) was a member of the group *Bosch+Bosch* from Subotica (1969-1976). As with others from this group he was involved in visual poetry, but also made actions, mail art, interventions in the city space and used photography for recording his street performances. An appropriated photograph or »citation« (so to speak) from the communist visual culture was used in his action in Budapest 1972, *Lenin in Budapest*. Szombathy walks around the city with the photograph of Lenin on a pole and mimics the usage of political portraits in the communist East where the working class carried them »spontaneously« over the social/ist collective rituals or public celebrations. The artist, however, uses this picture by his own decision and visits factories, goes over the squares and makes his presence recorded by the photo camera. He stresses here the social/ist space as a space in which the political portrait, »the body of power,« signalizes the presence of power. In anoth-**

festivalu *Ostranenie 97* v Bauhausu v Dessauu (1997). Na zid so projicirani dia posnetki performansov petintridesetih video umetnikov. Podobe so projicirane prek Szombathya, ki sedi za mizo. Pred njim stojijo tri steklenice vodke. Občinstvo povabi, da se mu pridruži za mizo, in z vsakim obiskovalcem spije kozarec vodke. Performans traja več kot eno uro. Poleg tega, da se pokloni mediju, ki je verjetno spremenil zgodovino umetnosti, Szombathy brez samoironije in sentimentalnosti doseže še nekaj drugega. V performans je vključen postopek (Duchampovske) dekontekstualizacije: za svoj performans, utemeljen na telesu, umetnik uporabi vodko, pri čemer se popolnoma zaveda, da je vodka verjetno najbolj priljubljen »neumetniški« material, ki ga uživajo telesa na »Vzhodu«. Ker je delo izvedel v dobi »transformacije«, je umetnik opozoril, da je uživanje tega »materiala« *edina* značilnost »Vzhoda«, ki se je ohranila v obdobju preusmerjanja iz komunizma v postkomunizem.

Telo sprememb. Era Milivojević (rojen l. 1944) se je za umetniške nastope začel zanimati še pred svojimi drugimi umetniškimi kolegi. Na področju akcijske umetnosti se je pojavil s strukturo-happeningom, pri katerem je sodelovalo več ljudi. Takšne akcije so bile *Medex* (1972), *ŽIM* (kratica za »Živeo Prvi maj« – Naj živi prvi maj, 1972) in *Labodje jezero* (1973). Zasnovane so bile na načelu akumulacije in multiplikacije umetnikovih dejanj/gibov in izvedene na odprt, namerno nekontroliran način.
Vsa Milivojevičeva umetnost je utemeljena na pogosto hermetičnih, mentalno/vizualnih sistemih, ki jih osebno predstavi v galeriji. Vsako njegovo delo zahteva umetnikovo navzočnost. Leta 1970 je svoje razstave/navzočnosti v galerijskem okolju razglasil za »demonstracije«; leta 1980 je uvedel izraz *umetniško zasedanje* in z njim označil vse svoje dotedanje performanse. Leta 1981 je Milivojević začel razvijati enega izmed svojih sistemov, *Podoba spremembe*, ki označuje njegovo dosedanje delovanje. To ni zgolj naslov, temveč umetniška strategija, ki je sestavljena iz določanja pravil in poskusov prekoračitve omejitev, ki jih ta pravila postavljajo. Predvsem po vzoru *Knjige sprememb* je prva predstavitev *Podobe sprememb* (1981) obsegala 64 fraz (izjav), razvrščenih v nenehno spremenljivih slovničnih okoljih. Delo je najprej predstavil kot verbalni diagram, napisan/narisan na galerijska tla. Umetnik se po diagramu premika in hodi ter pri tem govori. Delovanje dela je demonstriral tudi z bosimi nogami.
Ker se Milivojević stalno ukvarja s spremembo in mutacijo, lahko ustvarja zelo različna dela, v katerih prečka meje umetniške zvrsti, na katero se osredotoča. V umetniškem zasedanju z naslovom *Umetnost je najbolj plemenita spretnost* (1989) primerja šport in umetnost/glasbo. Pri tem ustvari akt »fizičnega realizma«, ki je izredno nenavaden za njegovo delo in redek za sofisticirano fazo performansa osemdesetih let. Milivojević brez boksarskih rokavic 30 minut udarja po strunah pokončno postavljenega starega koncertnega klavirja. Pri tem opozarja na plemenitost (igre) umetnosti. V devetdesetih letih se je Milivojevićevo delo poslovilo od lingvistike. Število 64 je tudi število magičnega šaha, igre brez konca, ki je obsedla mnoge umetnike, tudi Milivojevića. Umetniško zasedanje z naslovom *Umetnost je starodavna igra* (Beograd 1994) se je odvijalo na ulici, tako kot njegova številna prejšnja body art dela. Tokrat je na trg narisal ogromno šahovnico in s svojim lastnim telesom simuliral solo šahovsko igro. Občinstvo je igro lahko spremljalo in spreminjanje podobe opazovalo le od zgoraj: umetnik je zato gledalce prosil, naj performans spremljajo z balkonov, oken in streh okoliških zgradb.

Politično telo. Raša Todosijević (rojen l. 1945) kot umetnik ni nikoli verjel v družbeno nevtralnost umetnika in etično nedolžnost umetnosti. Od svojega prvega performansa *Odločitev kot umetnost* (Edinburgh 1973) in dadaistično ostrih *Zgodb o umetnosti* pa vse do svojih najnovejših instalacij/performansov s skupnim naslovom *Gott liebt die Serben* (z začetkom leta 1989) ni nikoli prenehal uporabljati svojega »ciničnega razuma«. Nenehno budi »politično nezavedno« in razkriva zgradbo in delovanje kolektivnih dogem, ki veljajo za popolno Resnico. Todosijević Resnice nikoli ne zanika, temveč kot umetnik zgolj oblikuje vprašanja. V osnovi zanika resnico o Umetniku: idejo, da je umetnik genij, ki ustvarja iz svojega »želodca« (v svojih *Zgodbah* Picassa preimenuje v Pikasovića in ga tako prilagodi za balkansko rabo), ter koncept mojstra kot asocialnega posameznika/žrtev družbe, ki raziskuje globine svoje

er work, *Body signalization* (1973) the body is used as the space of the individual – the artist is shown with a stamp on his body – but the body becomes here also a means for socialization since the photograph of the signalized body is not taken in the studio, but shows the artist in the streets.
Szombathy's latest performance is made in collaboration with the rock singer Milan Mumin from Novi Sad, who composed the song *Waver* especially for this event entitled *Hommage to the Last Video Artwork*. After Novi Sad, it was performed at *Ostranenie 97*, a media festival at the Bauhaus, Dessau (1997). On the wall run the slides of the performances of 35 video artists, so that the projected images are also going over Szombathy who sits at the table. In front of him are 3 bottles of Vodka. The present audience is invited to sit at the table and with each person the artist drinks one Vodka. The performance lasted more than one hour. Besides his hommage to a medium which may change the history of art, Szombathy, without self-irony and sentimentalism, indicates also something else. The procedure of (Duchampean) decontextualization occurs here: for realizing his body-based performance the artist uses Vodka as his artistic material, fully aware that this is probably the most favorite »non-artistic« material consumed by the bodies in the »East«. As this work is realized in the age of »transformation«, it indicates that the consumption of this very »material« is the *single* aspect of the »East« remained untouched by the shift from communism to post-communism.

***Body of Change*. Era Milivojević (born 1944) became interested in the artist's staged presence before his other art colleagues and entered the field of action art by making pieces with a happening-like structure, engaging other participants. Such were the actions *Medex* (1972), *ŽIM* (abbreviation of the slogan »Živeo Prvi Maj« – Long live May the 1st, 1972) and *The Swan Lake* (1973). They were based upon the principle of accumulation, multiplication of the artist's actions/gestures, and were performed in an open, intentionally uncontrolled manner.**
Milivojević' s art was always based on several, often hermetic, mental/visual systems which he personally demonstrates in the gallery. Each of his works necessitates the artist's presence. In the 1970s he called his exhibitions/presences in the gallery context »demonstrations«; in the 1980s he introduced the term *artsession*, and applied this term retrospectively to his entire performance work. In 1981 Milivojević started to develop one of his systems, *The Image of Change* and it became the name covering his entire practice until today. More than a title, it indicates his artistic strategy consisting of setting the rules and then trying to cross the limitation these rules impose. Inspired partly by *The Book of Change*, the first artsession of *The Image of Change* (1981) comprised 64 phrases (statements) positioned in always changeable grammatical settings. The work was presented first as a verbal diagram, written/drawn on the gallery floor. The artist moved over the diagram, talked and walked, demonstrating the functioning of the work also with his bare feet.
Because he permanently deals with change and mutation, Milivojević is free to produce very different works in which he crosses the border of a discipline he is focused on. In the artsession called *Art is the Noblest Skill* (1989) he places together sport and art/music and demonstrates an act of »physical realism« unusual for him but also very rare in the performance art of the 1980s which had already entered its sophisticated phase. Without professional gloves, Milivojević boxes over 30 min the harp of an old concert piano placed in the upright position, stressing the nobility of (the game called) art. In the 1990s Milivojević's work left its linguistic ground. The number 64 is also the number constituting the magic of chess which, as a never-ending game, obsessed many artists, Milivojević included. The artsession entitled *Art is An Ancient Game* (Belgrade, 1994) took place in the street, as did many of Milivojević's previous bodysessions. This time he drew on the street square a huge chess diagram, simulating with his body movements a solo chess game. The audience could follow the game, and also see the image changing, only from the above: the artist asked the viewers to attend the performance from the balconies, windows and roofs of the neighboring buildings.

podzavesti (postneonadrealizem po srbsko). *Was ist Kunst?* je serija performansov (uprizorjena z manjšimi razlikami štirinajstkrat od 1976 do 1978 ter dvakrat leta 1981) iz sedemdesetih let, ko je med umetniki prevladoval impulz po demistifikaciji umetnosti in njenih mehanizmov. Vprašanje je postavljeno v nemščini, jeziku, ki ga takoj povežemo s totalitarizmom.
Performans *Was ist Kunst?* je na različne načine vključeval veliko nasilja in sovražnosti, ki je izražena s pomočjo umetnikovih besed. V njegovem drugem performansu *Vive la France – Vive la Tyranie* (uprizorjenem dvakrat leta 1979) je vloga »govorečega subjekta« zamenjana z vlogo molčečega. Zato se v tem delu nasilje izraža s pomočjo dejanja: Todosijević s kovinskim drogom v roki izmenično udarja kvader gline in kvader svinca, ki sta postavljena na mizah pred njim. Na vsaki strani sedi ženska s kasetofonom, ki predvaja posnetek njegovega glasu, ki ponavlja naslovni stavek dela. S sloganom »Vive la France, Vive la Liberté« umetnik opozarja na drugo plat kolektivno sprejete dogme, ki je v tem primeru človeška svoboda. Vsi vemo, da je bila večina obratov v zgodovini človeštva utemeljena na nasilju. Vendar potem, ko si pridobimo svoboščine, te postanejo institucionalizirane in vzdrževane s pomočjo nasilja. Nasilje, izraženo v Todosijevićevih performansih, se lahko nanaša na resnično družbeno nasilje ali pa tudi ne, in zato ostaja odprto za različne interpretacije in različne identifikacije. Na primer, nasilje, ki ga izvaja vsiljena ideologija, se odvija v konkretnem političnem prostoru (na primer v komunizmu) ali v prostoru, ki ga na splošno razumemo kot Zgodovino (na primer v fašizmu). Podobno je nasilje kolektivne fascinacije z nacionalno »mistiko« na splošno značilno za postkomunistično dobo in še posebej za umetnikovo domovino, kjer na splošno velja, da Srbe ljubi samo Bog.

Nedisciplinirano telo. Radomir Damnjan (rojen l. 1936) je leta 1973 namesto platna za površino/podlago neslikarske poteze uporabil svoj lastni obraz. Vsak črno-bel posnetek fotografske serije *V počastitev sovjetske avantgarde* (1973) prikazuje umetnika z zaprtimi očmi; na njegovem čelu je napisano ime enega izmed sovjetskih avantgardnih umetnikov (El Lissitzky, I. Puni, V. Hlebnjikov itd.). Preden se je začel ukvarjati z ikonskimi mediji, fotografijo in videom, je s skrajno reduciranimi potezami ustvaril ikonsko sliko. Izbira »novega« medija zanj ni pomenila negacije njegovega slikarskega poklica, temveč nujen korak zunaj slikovnega polja kot privilegiranega prostora, označenega z umetnikovo individualno »sledjo« ali *ductusom.* Njegov prvi korak v to smer je bilo prekrivanje njegovega lastnega obraza s sivo in črno barvo v seriji *Nič odvečnega v duhu* (1976), ki jo je predstavil v jugoslovanskem paviljonu na Beneškem bienalu leta 1976. Delo sestavlja šestnajst fotografij poslikanega telesa: obraz subjekta/umetnika nosi isti *ductus*, ki kot sled spreminja slikarja v umetniški subjekt. Vendar vsako fotografijo poslikanega obraza spremlja še en avtoportret, ki se nahaja pod njo: fotografska slika, podoba brez avričnih značilnosti umetnikove »sledi«.
Damnjan se v delu v čast sovjetske avantgarde identificira z umetniki, ki so soustvarjali Veliko utopijo. Vendar je prav ta zgodovinski trenutek, ki je pomenljivo imenovan »eksperiment«, v sebi nosil nepremostljivo vrzel: konflikt med individualnim in kolektivnim. To nasprotje igra v Damnjanovi umetnosti osrednjo vlogo. V performansu *Identiteta – Uničenje Marxovih in Heglovih knjig in Biblije* (Trigon, Gradec 1975) je knjige – Biblijo, Heglovo *Estetiko* in Marxov *Uvod v politično ekonomijo* – potopil v modro obarvano vodo in jih pribil na leseno desko; nato je med knjižne strani razbil jajca in kiparsko »maso« prevezal z vrvjo. Z delom s prav temi tremi knjigami se je osredotočil na pojme boga, človekovega duha in človekovega dela. Pri tem ne zanika, da je znanje v teh knjigah zaznamovalo – in spremenilo – zgodovino zahodnega humanizma. Pod vprašaj postavlja načine, na kakršne je bilo znanje teh »velikih del« preneseno v prakso in v različnih prostorih in različnih obdobjih uporabljeno za »blaginjo« kolektivnega telesa. S tem Damnjan ne nasprotuje nasilni ideologiji, temveč se ukvarja z »mikrofiziko moči« in poosebljenjem moči, ki je po Foucaultovem mnenju tako pomembno za tako imenovano »disciplinirano telo«. V svojem antihumanističnem diskurzu *Disciplina in kazen* (1975) Foucault definira politiko telesa kot »sklop materialnih elementov in tehnik, ki v obliki orožja, izmenjav, komunikacijskih poti in podpiranja moči in znanja ohranjajo odnose, ki vladajo človeškim telesom, in si jih podrejajo, tako da jih spremenijo v objekte znanja«.

***Political Body.* Raša Todosijević (b.1945) is an artist who never believed in the social neutrality of the artist and ethical innocence of art. Since his first performance *Decision as Art* (Edinburgh 1973) via his *Stories on Art*, written with dadaist sharpness, till his recent installations/performances having a common title *Gott liebt die Serben* (initiated in 1989), Todosijević never stopped using his »cynical reason«. He is permanently triggering the »political unconscious« and demasking the construction and functioning of collective creeds accepted as unquestionable Truth. Todosijević never says that the Truth is not true, he, as an artist, only formulates questions. Basically, he refuses the truth about the Artist: the idea of the artist as genius who either creates from the »stomach« (in his *Stories*, Picasso is adapted for the Balkan usage as Pikasovitsch) or the concept of *maître* as an asocial individual/social victim who explores the depths of his subconsciousness (post-neo-Surrealism *a la serbe*). *Was ist Kunst ?* (performed with variations 14 times from 1976-1978, and also twice in 1981) was his performance series produced in the 1970s when the impulse for demystification of art and its mechanisms was a dominant artistic stance. The question is formulated in German, a language which is easily associated with totalitarianism.**
The performance *Was ist Kunst ?* implicated in various ways excessive aggression and hostility, which was channelled through the artist's speech. In his other performance, *Vive La France – Vive La Tyranie* (performed twice in 1979), the role of the »speaking subject« was exchanged for the speechless one. In this piece the aggression is acted out through an excessive act: with a metal pole in his hand, Todosijević was alternately hitting a block of clay and a block of lead placed on the tables in front of him. He was flanked by two women each sitting with a tape recorder from which the taped voice pronounced the sentences used in the title of the work. In representing the slogan »Vive la France, Vive la Liberté,« the artist suggests the other side of a collectively shared creed, in this case human freedom. Most of the turning points in the history of our humanism were based on violence, we all know it. But each time after freedom was gained, it was institutionalized and kept through violence. The violence expressed in Todosijević's performances may and may not refer to a concrete societal violence and therefore remains open for various readings/identifications. For example, violence of an imposed ideology either in a concrete political geography (say, communism) or in a space generally understood as History (say, fascism). For example, violence of the collective fascination with the national »mystique« central to the post-communist age in general, and essential in his native country in particular, where it is believed that only God loves the Serbs.

***Undisciplined Body.* Instead of the canvas, Radomir Damnjan (born 1936), used his own face as a surface/support for a non-painterly gesture in 1973. In his photographic series *In Honour of the Soviet Avant-Garde* (1973) each of the black and white pictures shows the artist with closed eyes; on his forehead is written a name of an artist from the Soviet Avant-Garde (El Lissitzky, I. Puni, V. Hlebnikov, etc). Before he started to employ the iconic media, photography and video, Damnjan made an iconic painting with fully reduced gestures. The choice for the »new« media was for him not so much the negation of his profession of a painter. It was a necessary step outside the pictorial field conceived as a privileged site marked by the artist's individual »trace«, the *ductus*. His first attempt into this direction was the layering of the white, grey and black paint over his own face in the series *Nothing Superfluous in the Spirit* (1976), shown in the Yugoslav pavilion at the Venice Biennale in 1976. This work is composed of 16 photographs of the body paintings: the face of the subject/artist carries the very *ductus* which is a mark that constitutes a painter as an artistic subject. But each photograph of the painted face is matched by another self-portrait placed underneath: it is a photograph, an image without aural qualities or the artist's »trace.«**
In the work honoring the Soviet avant-garde, Damnjan associates himself with the artists who have contributed to the Great Utopia. This particular historical moment indicatively named »experiment« was nevertheless pregnant with an unbridgeable gap: the conflict between the individual

Erotično telo. Neša Paripović (rojen l. 1942) se ni nikoli ukvarjal z body artom kot dramatično akcijo, ki jo umetnik izvede pred občinstvom. Kljub temu vsa njegova dela izpostavljajo telo, torej telo umetnika. V svojih filmih in fotografskih serijah iz sedemdesetih let in video filmih iz osemdesetih let ne ponuja diskretnega in subtilnega razmisleka o »body artu«, temveč o telesu kot neizmernem viru tem in celo obsesij umetnosti. Njegov vizualni diskurz se je razvil skozi reprezentativne medije, kot so fotografija, osemmilimetrski film in video, povezuje pa ga en sam skupni element: v vsakem delu je posneta navzočnost umetnika. Umetnik sam uokvirja svoj celotni umetniški opus kot neke vrste avtoportret. Vendar Paripovićev avtoportret ni prostor za »egomanično« pripoved, prav tako ne za udejanjanje ideološko osredotočenega subjekta. Jedro njegovega avtoportreta je telo v gibanju. V filmu *1976 N.P.* (8 mm, nemi film, 30 min, 1976) se umetnik sprehaja po mestu in srečuje razne ljudi, pri čemer ima telo vlogo sredstva socializacije. V filmu *1977 N.P.* (8 mm, nemi film, 25 min, 1977) kamera Paripoviću sledi med njegovim sprehodom po mestu, pri prečkanju fizičnih ovir (klopi v parku ali ograje okrog hiš), plezanju čez zidove ali skakanju z ene strehe na drugo. Oba filma se ukvarjata s temo *flaneurja*, človeka, ki si s svobodnim gibanjem prisvaja mestni prostor.

Z drugim vidikom telesnosti se ukvarja v fotografski seriji *Analitična skulptura* (1979), ki obsega umetnikovo besedilo in 42 fotografij. Ta dela je treba na eni strani umestiti v kontekst Nove umetniške prakse, ki se je ukvarjala predvsem z analitičnim in ideološkim »raziskovanjem« umetnosti, ter na drugi v kontekst »serijske obravnave«, ki jo je razvil krog postminimalističnih kiparjev. V nobeni od teh struj se telo ne pojavlja v smislu telesnosti in spolnosti. Paripović je ustvaril edino delo v smeri srbske »nove umetnosti«, ki se ukvarja s telesom kot erotičnim pojavom. V tem primeru se je naslonil na tradicijo (zahodne) umetnosti in znova vzpostavil razmerje med umetnikom in njegovim modelom. V tej tradiciji gre vedno za spolno označen odnos med (moškim) »subjektom, ki gleda« in (ženskim) »nemim objektom«, kot to kritično opisuje feministični diskurz. Paripović poudarja, da je te vrste profesionalni odnos erotična/erotizirana povezava. Pri tem uporabi tradicionalni prostor po vzorcu moškega/ženske, aktivnega/pasivnega in subjekta/objekta, vendar pa obenem ustvari *metonimski obrat*. Čeprav takšna ateljejska situacija vedno nakazuje določeno intimnost, je zgodovinsko gledano brez izjeme utemeljena na razdalji, saj umetnikove oči potrebujejo nekaj prostora, da vidijo telo modela. Paripović izloči vlogo »gospodovalnega pogleda« in se telesu modela približa z zaprtimi očmi, s čimer se odreče vlogi »gledajočega subjekta«. Namesto da bi ustvaril razdaljo med seboj in telesom drugega, se z ustnicami dotakne telesa ženske/modela in s tem, ko ustvari bližino, vzpostavi metonimski odnos med dvema telesoma: dotik.

Anarhistično telo. Ilija Šoškić (rojen l. 1934) je v Beograd prišel iz Črne gore, zato da bi študiral umetnost na beograjski Akademiji za likovne umetnosti. Vendar je študij nezadovoljen opustil in leta 1969 odšel v Italijo. Na začetku sedemdesetih let je postal del politiziranega kulturnega ozračja galerije GAP v Rimu ter se pozneje povezal z galerijo L'Atico. Čeprav je radikalna naravnanost umetniških krogov iz leta 1968 začela popuščati, je vztrajal pri svojem v osnovi anarhičnem pristopu. Ta pristop ni temeljil na neke vrste uničevalnosti ali nasilju, naperjenem proti drugim; njegova naravnanost je utemeljena na iskrenem nezaupanju do kakršnekoli institucije moči (tako v smislu religije, ideologije, kapitala ali združenj, ki temeljijo na vodstveni hierarhiji), saj se umetnik zaveda, da samo delovanje teh aparatov moči temelji na nadzoru in prisili.

Trditev, da je Šoškić umetnik, ki upodablja porušeno ravnovesje med človekom in naravo, bi bila preveč preprosta, vendar pa ne neresnična. Čeprav se s tem vprašanjem ni nikoli ukvarjal v smislu sedanje pogosto trivialne »eko umetnosti«, pa še danes opozarja na dejstvo, da energetske vire našega planeta vse bolj izčrpavamo. To politično vprašanje tvori ozadje njegove umetnosti, čeprav nikoli ne dopusti, da bi njegovi performansi zdrsnili na raven del s političnim »sporočilom«. V vsakem od svojih *tableaux vivants* se Šoškić ukvarja z »naravo«, z nevidno naravno energijo, ki je prisotna v človekovem telesu. Pri svojih performansih izhaja iz temeljne kulturne resnice: naravna energija, energija človekovega telesa, je sila, ki je v naši kulturi potlačena ali

and the collective. This antagonism occupies the central place in Damnjan's art. In the performance *Identity – Destruction of Marx's and Hegel's Books and the Bible* (Trigon, Graz, 1975) he dipped the books – the Bible, Hegel's *Aesthetics* and Marx' s *Introduction to Political Economy* – into blue colored water, and nailed them onto a wooden board; he then broke the eggs between the pages and tied this sculpted »mass« with a rope. Working with these three particular books centered in the notions of god, human spirit and human labor respectively, he does not negate that books of knowledge marked – and changed – the history of western humanism. What is questioned here are the ways in which they have been implemented as »grand narratives« and, in different places and different times, instrumentalized for the »benefit« of a collective body. In dealing with knowledge, Damnjan does not suggest a simple violence-ideology opposition, but has in mind the »microphysics of power« and the embodiment of power which Foucault finds crucial for the production of what he names the »disciplined body«. In his anti-humanist discourse *Discipline and Punish* (1975) Foucault defines the body politic as »a set of material elements and techniques that save as weapons, relays, communication routes and supports for the power and knowledge relations that invest human bodies and subjugate them by turning them into objects of knowledge«.

***Erotic Body*. Neša Paripović (born 1942) was never involved in body art understood as a dramatic action the artist performs in front of an audience. But all his works, though, point to the body, the body of the artist. In his films and photographic series of the 1970s and the videos from the 1980s though, Paripović established a discrete and subtle visual reflection not on »body art« but on the body as an inexhaustible subject matter, even obsession, of art. His visual discourse was developed through the representational media, photography, 8mm film and video, and has one constant element: the presence of the artist is recorded in every work. The artist himself frames his entire artistic production as a self-portrait. The self-portrait for Paripović is not, however, a site for initiating an »egomaniac« narrative, nor is it a place for a manifestation of an ideologically-centered subject. The core of his self-portraiture is the body-in-movement. In the film *1976 N.P.* (8 mm, without sound, 30 min, 1976) the artist walks in the city meeting different people and here the body appears as a vehicle for socialization, and in the film *1977 N.P.* (8 mm, without sound, 25 min, 1977) the camera follows Paripović in his strolling through the city, walking and jumping over physical obstacles (park benches or house fences), climbing the walls, or jumping from the roof of one building to the other. Both films elaborate the theme of the flaneur, of a man who appropriates the city space by a free movement.**

Another aspect of corporeality is elaborated in his photographic series, *Examples of Analytical Sculpture* (1979) consisting of an artist's text and 42 photographs. These works should be situated in the context of the New art practice which was basically implicated in analytical and ideological »investigations« of art, on the one hand, and in the context of »serial attitude« developed in the circle of post-minimalist sculptors, on the other. In neither of them did the body exist in the sense of corporeality and sexuality. Paripović produced the only artwork in the Serbian »new art«, which deals explicitly with the body as an erotic site. He works here with the tradition of (western) art, and re-stages the relationship of the artist and the model. In this tradition, it was always a gendered relationship between the (male) »seeing subject« and the (female) »mute object« as the feminist discourse critically defines it. Paripović makes evident that this type of professional relationship is an erotic/eroticized alliance. He does re-make here the traditional setting of the male/female, active/passive and subject/object pattern, but produces, however, *a metonymical turn*. Historically, such a studio situation, although it always implies certain intimacy, leans upon distance since the artist's eyes needs some space in between to grasp the posing body. Paripović excludes the role of the »mastering gaze and approaches the model's body with his eyes closed, undoing himself as a «seeing subject». Instead of distance from the other body, Paripović places his lips on the body of the woman/model and in staging proximity establishes a metonymic relation between the two bodies: the touch.

pa je sploh še nismo našli. Med performansom umetnik skuša to energijo na novo vzpostaviti v sebi, zato vsak njegov performans kaže na ponavadi dolgo obdobje telesne nedejavnosti. Akcija je v vsakem performansu omejena na preproste gibe, počasne gibe rok ali pa na nenadno dejanje.
Šoškićev v osnovi *poganski* odnos do naravne in telesne energije ne predstavlja bega v predkulturno stanje, za katerega velja, da je človek *pripadal* samo naravi. Umetnik zgolj nakaže, da je imel človek pred krščanstvom, ki na naravo gleda negativno kot na Paradiž, kjer se po Stari zavezi ljudje še niso zavedali, »da so goli«, drugačen odnos do narave. Vendar je vzpostavljanje in razdiranje sveta, stvarjenje in uničenje, človeško delo. Na to dvojnost je opozoril v dveurnem performansu *Maksimalna energija – minimalni čas* (L'Atico, 1975). Šoškić se postavi med steklenico mleka, ki je naravni izdelek, in pištolo, ki je umetno izdelan predmet. Medtem ko v levici drži steklenico mleka, z desnico sproži pištolo, ki je uperjena v steno galerije.

Telo v glasbi. Miša Savić (rojen l. 1954) prihaja iz glasbenih krogov. Med študijem kompozicije na beograjski Glasbeni akademiji se je kot glasbenik formiral pri srbskih modernističnih glasbenikih. Srbski skladatelji so z glasbo skušali prečkati geografske omejitve, saj je po modernističnem prepričanju glasba tako »univerzalna« kot »humanistična«. Vendar pa so se obenem ukvarjali tudi z geografskim v smislu *genius loci*, pri čemer so skušali izraziti lokalno »bistvo«, ki so ga definirali kot srbski ali balkanski zvok. Te zamisli so Savića, tako kot Todosijevića, spodbudile, da se je o njih začel spraševati na likovnem področju. Svoja vprašanja je oblikoval v kontekstu Nove umetniške prakse v SKC, ki je vključevala tudi *drugačno novo glasbo*. Skupino *OPUS 4* so sestavljali štirje skladatelji: Miša Savić, Milimir Drašković, Miodrag Pashu in Vladimir Tošić. Čeprav je skupina delovala le kratek čas (1980-1983), so ti umetniki nadaljevali skupinske projekte ali koncerte tako kot pred ustanovitvijo skupine. S pomočjo teoretičnih besedil in manifestov je vsak izmed njih izoblikoval svoje stališče, kot mentalni okvir svojega delovanja pa so sprejeli vprašanje, ki ga je leta 1979 formuliral Miša Savić: »Kaj je glasba? in/ali Kje se glasba konča?« To vprašanje je nakazalo, da so bili izredno odprti za glasbo Johna Cagea in Fluxusa ter ameriško minimalistično glasbo, kar je vidno pri vseh članih skupine v smislu resda drugačnega »serijskega pristopa« in redukcije.
Savića je še posebej zanimal klavir kot medij in to zanimanje ga je pripeljalo do vprašanja telesa. V nasprotju z drugimi člani skupine je ustvaril številna glasbena dela, utemeljena na telesu. Klavir je verjetno najbolj »telesno« glasbilo, saj omogoča svobodnejše gibanje glasbenika. V »fenomenologiji izvajanja« glasbe je glasbenikovo telo ponavadi statično in glasbenik uporablja zgolj zgornji del telesa in seveda roke. S stališča tradicije je klavir pasiven objekt, do katerega »glasbeni« subjekt vzpostavlja aktiven odnos. Savić izhaja iz dejstva, da je klavir kot glasbilo objekt, ki ga lahko uporabljamo ne samo za igranje (kot so to pokazali umetniki Fluxusa). Vendar pa Savićev pristop ni tako nasilen in uničevalen kot pristop Fluxusa, temveč delo ustvarja s klavirjem in okoli njega. V številnih delih, kot sta *Ogrevan-krožeč-tonski-klavir* (1976) ali *Igrati-neigrati, neton-ton* (1980), se umetnik uleže na koncertni klavir in iz tega položaja skuša ustvariti zvok oziroma preprečiti svojemu telesu, da bi zvok ustvarilo. V performansu *24 ur/akord* (1977) nastopi Savić kot skladatelj/izvajalec v običajnem položaju pianista. Zato je to delo manj dramatično oziroma zanimivo v vizualnem smislu. V tem delu opravlja pianistovo delo štiriindvajset ur, pri čemer izvaja samo en akord šestih tonov v tempu MM-54.

Obredno telo. Marina Abramović (rojena l. 1946) se je tako kot Todosijević prvič predstavila z body art delom *Ritem 10* na Edinburškem festivalu umetnosti leta 1973. Bila je edina ženska med šestimi beograjskimi umetniki, ki so pogosto razstavljali skupaj, čeprav niso sestavljali skupine (preostali umetniki so Milivojević, Paripović, Popović, Urkom in Todosijević). Prav tako je edina, ki v svoji umetnosti še vedno uporablja svoje telo, vzrok za to pa je predvsem dejstvo, da od leta 1976 živi v tujini. Abramovićeva se je s telesom začela ukvarjati v istem času kot njeni moški kolegi, vendar se je v nasprotju z njimi, ki so se odločili za Duchampovski demistifikacijski pristop, podala v smer obrednega performansa. Skoraj vsa njena dela body arta, ki občasno vključu-

Anarchist Body. Ilija Šoškić (born in 1934) came from Montenegro to study art at the Academy of Fine Arts in Belgrade, then abandoned his studies in discontent and departed for Italy in 1969. In the early 1970s he became associated with the politicized cultural climate around the GAP gallery in Rome, and later with the L' Atico gallery. When the radical art attitudes of 1968 started to dissolve, he did not give up easily his basically anarchistic artistic attitude. This attitude is not motivated by any sort of destructiveness or aggression toward others; this stance is based on his genuine distrust in any institution of power (be it religion, ideology, the capital or a grouping based on the leadership), since the artist is aware that the very functioning of any such power apparatus is rooted in control and violence.
To claim that Šoškić is an artist whose work points out the disturbed relationship between man and nature would be too simple, but not untrue. He never dealt with this issue in terms of today's often trivial »eco art« but did stress the fact that the energy resources of our planet have been, and still are, increasingly dissipated. This is a political question which is a background of his art, but he never lets his performance slip into an artwork which transmits a political »message.« In each of his _tableaux vivants_ Šoškić works with »nature«, that is, with an invisible natural energy which exists in the human body. In making performances he starts from the basic cultural fact: natural energy, the energy of the human body, is a power which is in our culture either suppressed, wasted or even remained unfound. The artist tries to re-create this energy in himself in the course of the performance and therefore each of his performances imply usually long periods of body's quiescence. The action in a performance piece is reduced either to one simple artist's gesture, a slow movement of arms, or by an abrupt act.

Šoškić's essentially _pagan_ relation to the natural and the body's energy is not, however, an escape into a pre-cultural state in which, as it is often believed, man »belonged« only to nature. He only indicates that humankind had a different relation to nature before Christianity, where Nature is negatively conceived as Paradise in which the humans did not yet realize that »they were naked« as the Old Testament rendered it. Šoškić knows that the only possible way mankind could and can relate to nature is through culture: the preservation and waste of earth's energy are two different ways of relating to nature. But the making and unmaking of the world, the creation and the destruction are human deeds. This ambiguity was also carried out in the performance _Maximum Energy – Minimum Time_ (L'Atico, 1975) which lasted two hours. Šoškić positions himself between the bottle with milk, a natural product, and one man–made object (the gun), and having the milk bottle in his left hand, triggers the gun with his right hand pointing toward the gallery wall.

Body-in-Music. Miša Savić (born 1954) comes from music, so to speak. During his studies in composition at the Music Academy in Belgrade, he was educated by the Serbian music modernists. Serbian composers were involved in music which wanted to surpass the geographical, since music in the modernist view is both »universal« and »humanist«, but they also wanted to deal with the geographical in the sense of _genius loci_, trying to express the local »essence«, defined either as Serbianness or as Balkanness in tone. Surrounded by these ideas, Savić started, like Todosijević in the visual field, to ask questions. The questions were asked within the context of the New art practice in SKC which also included _other new music_. The group _OPUS 4_ was made up of four composers, Miša Savić, Milimir Drašković, Miodrag Pashu and Vladimir Tošić, and it had short life (1980-1983). Nevertheless, the artists continued to take part in collective projects or concerts, as they did before the group was founded. All of them formulated their positions in theoretical texts and manifests, and they accepted as a mental framework of their activity the question Miša Savić formulated in 1979: »What Is Music? and/or 2. Where Does Music Stop?« This question meant that they became fully open toward the music of John Cage, Fluxus and American minimalist music, as they all imply, although differently, a »serial attitude« and reduction.

jejo zadajanje ran lastnemu telesu, so obredne narave in so neke vrste duhovno očiščenje. Takšni deli sta na primer *Ritem 5* (1974), ki ga je izvedla na Aprilskem srečanju v študentskem kulturnem centru, in *Ritem 2* (1974), ki ga je predstavila v Galeriji sodobne umetnosti v Zagrebu.
Kot pravi sama, skuša z uporabo lastnega telesa kot »materiala« potisniti telo prek njegovih mentalnih in fizičnih meja. V tem se njeni performansi razlikujejo od del moških umetnikov. Svojega telesa v solo delih ne uporablja kot sredstva za socializacijo, temveč se obrača »navznoter« in raziskuje telesne in mentalne energije. Abramovićeva je leta 1975, pred sodelovanjem z Ulayem, izvedla tri dela, ki se ukvarjajo z različnimi procesi »pozabljanja«, ki jih je moč razumeti tudi kot očiščenje. V delu *Osvobajanje glasu* je ležeč na tleh kričala, dokler ni skoraj izgubila glasu; v video performansu *Osvobajanje spomina* je izgovarjala besede, ki so ji prihajale na pamet, dokler se ni mogla spomniti nobenih novih besed; in v *Osvoboditvi telesa* je gola, z izjemo črne rute na glavi, plesala v ritmu afriških bobnov. Njeno sodelovanje z Ulayem se je začelo leta 1976, končalo pa leta 1988 po njunem zadnjem skupnem performansu *Ljubimca – Hoja po Kitajskem zidu*. Delo je trajalo devetdeset dni. V tem času sta prehodila celoten Kitajski zid.
Mnoga omenjena dela Abramovićeva ponavlja v svojem gledališkem performansu *Biografija* (začet leta 1992), ki ga kot *work-in-progress* (delo v nastajanju) namerava nadaljevati do konca svojega življenja. Ključna pojma v umetniškem besednjaku Abramovićeve sta *tukaj* in *zdaj*. V svoji umetnosti nasprotuje ločitvi telesa in uma, ki je značilna za Zahodno/evropsko tradicijo, v kateri je imel *ratio* vedno poseben položaj. S številnimi oblikami »čiščenja hiše« skuša Abramovičeva izprazniti um s popolnim mirovanjem telesa ali pa s ponavljanjem nasilnega giba ali dejanja, zato da bi telo in um postala eno.

Berlin, junij 1998

[1] glej Marjan Susovski (ed.), *New Art Practice*, razstavni katalog, Zagreb: Galerija suvremene umjetnosti, 1978.
[2] *Nova umetnost u Srbiji 1970-1980*, razstavni katalog, Beograd: Muzej savremene umetnosti, 1983.
[3] Vlado Kopicl (ed.) *Telo umetnika kao subjekt i objekt umetnosti*, Novi Sad: Tribina mladih, 1972.

Savić was particularly interested in the medium of the piano and this interest brought him to the issue of the body. In contrast to the others from the group, he produced many body-based music pieces. The piano is probably the most »body-like« instrument since it enables the performer's body movements in a more free manner. In the »phenomenology of playing« music, the performer's body is usually static and she or he uses only the upper body parts and, naturally, the hand. Traditionally, the piano is a passive object to which the »music« subject relates actively. Savić starts from the fact that the piano as a musical instrument is an object which can be used not just for playing (as Fluxus artists demonstrated), however Savić does not share the aggressive and destructive attitudes of the Fluxus club and makes works with, on and around the piano. In several body pieces, like *Heated-Circulating-Sound -Piano* (1976) or *Playing - Not Playing, Non-Sound - Sound* (1980), he positions himself in a lying position on the concert piano, and from this position intends either to produce sound or to prevent his body from doing it. In the performance *24 Hours/Accord* (1977) Savić is the composer/performer who takes the usual position of a pianist and in this sense this piece is less dramatic or eventful in a visual sense. But in this work he performs the pianist's profession over 24 hours and produces only one accord of six tones in MM-54 tempo.

***Ritual Body*. Marina Abramović (born 1946), like Todosijević, made her first body work, *Rhythm 10*, during the Edinburgh Arts Festival in 1973. Of the six artists in Belgrade who often exhibited together but did not constitute themselves as a group, Milivojević, Paripović, Popović, Urkom and Todosijević, she was the only woman. She is also the only one who did not cease to use her body in her art due to the fact that she lived abroad since 1976. Abramović started to deal with body art in parallel with her male art colleagues, but in contrast to they who opted for a Duchampean and demystificatory attitude, she went into the direction of the ritualistic performance. Nearly all Abramović's body works, which occasionally imply the self-infliction of injuries, are ritual in character, and all are elaborations on a certain kind of spiritual purification. Such were, for example, her *Rhythm 5* (1974) which was performed at the April Meeting in the Student Cultural Centre or *Rhythm 2* (1974) in the Gallery of Contemporary Art in Zagreb.**
Using her body, according to her own words as a »material«, Abramović intended to push the body over its mental and physical limits. Here lies another difference in respect to the performances of the male artists. In her solo works she did not use the body as a vehicle of socialization, and in this sense she was oriented toward the »inside«, toward exploring corporeal and mental energies. In 1975, before Abramović started the cooperation with Ulay, she made three works dealing with the different processes of »forgetting«, understood also as a purification. Lying on the floor in *Freeing the Voice* she screamed until she lost her voice; in the video performance *Freeing the Memory* she pronounced the words that came to her mind and stopped when she could not remember any more words; and in *Freeing the Body* she danced undressed, with a black scarf entirely covering her head, following the rhythm of a black African drummer. The cooperative work with Ulay started in 1976. It ended in 1988 after they realized their last performance, *The Lovers – The Great Wall Walk*. The work lasted 90 days during which they walked the entire length of the Great Wall of China.
Many of the here mentioned pieces are re-performed in Abramović's theatre performances, *The Biography* (initiated in 1992), a work-in-progress she intends to carry out until the end of her life. In Abramović's artistic vocabulary the key notion is *here and now*. In her art she opposes the separation of the body and the mind which marked the Western/European tradition which has always privileged the *ratio*. In many forms of »cleaning the house« she tries to empty the mind, either 'by positioning the body in a state of total quiescence or by repetition of a violent gesture or action, in order that the body and mind can become one.

Berlin, June 1998

[1] cf. Marjan Susovski (ed.), *New Art Practice*, exh. cat., Zagreb: Galerija suvremene umjetnosti, 1978.
[2] cf. *Nova umetnost u Srbiji 1970-1980* (New Art in Serbia), exh. cat., Beograd: Muzej savremene umetnosti, 1983.
[3] Vlado Kopicl (ed.), *Telo umetnika kao subjekt i objekt umetnosti* (Artist's Body as Subject and Object of Art), Novi Sad: Tribina mladih, 1972.

Dejan Sretenović

Izgubljeno in znova najdeno telo

»Jedli bomo koreninice,« je brez razmišljanja odvrnil jugoslovanski politik na vprašanje novinarjev, kako bodo Jugoslovani preživeli mednarodne sankcije, ki jih je Varnostni svet OZN uvedel proti Jugoslaviji (maja 1992) zaradi njene vpletenosti v vojno v Bosni. Ta groteskna izjava, ki nacionalni ponos nadreja materialni blaginji, je prvi znak politične ekonomije, ki je značilna za jugoslovansko družbo v devetdesetih letih. Povedano drugače, ta ekonomija zavračanja telesa je posledica prisile, ki jo vladajoča ideologija maskira s tančico nacionalnega interesa, pri čemer sama deluje pod prisilo lastne katastrofalne politike, ki je imela za posledico mednarodno izolacijo in popoln kolaps družbenih funkcij. Ne moremo pa reči, da obstaja ali da je mogoče ustvariti enkraten reprezentativen model ali sliko telesa, ki bi neposredno izražalo to katastrofično situacijo, ker je politična ekonomija telesa posledica nestabilne in kaotične strukture celotnih družbenih odnosov, ki je ni mogoče lokalizirati v eni sami točki, v eni reprezentativni formaciji. Gre za delo tistega, kar imenuje Foucault abstraktni stroj ali diagram, ki deluje kot »imanenten nezdružujoči vzrok« družbenih procesov in pretresov, ki pa, neobstojen in fluiden, kot je, ustvarja mutacije kodov in smisla. Pogosto uporabljana metafora o Srbih kot »nebeškem narodu", ki so jo srbski nacionalisti prevzeli iz diskurza pravoslavne cerkve, uteleša abstraktni ideal kolektivnega, virtualnega telesa naroda, ki po skoraj pol stoletja vladavine titoistične ekonomije telesa kot proizvajalca materialnih vrednot zagovarja preobrat k duhovni proizvodnji za simbolični napredek Naroda. Ker pa gre za abstrakten ideal, ki najde svojo retorično obliko v političnih govorih, obenem pa ga ni mogoče ustrezno ikonično reprezentirati, je bilo treba vzpostaviti vidno korelacijo med tem idealom in konkretnimi oblikami reprezentacije. Slike iznakaženih teles civilistov in srbskih borcev v maskirnih uniformah, s katerimi so državni mediji med vojno na Hrvaškem in v Bosni kontaminirali medijski prostor, so postali ključne predstavitve ideala žrtvovanja in nacionalne homogenizacije, ki telo zvede na molekulo nacionalnega organizma, na brezoblično, inertno maso, ki jo pretresa razkol med deklariranim abstraktnim idealom in surovimi eksistencialnimi razmerami, katerih največja žrtev je telo. To prepletanje dveh modelov je mogoče spremljati tudi v drugih reprezentacijskih kodih (glasbeni klipi, politični marketing), njihova rezultanta pa je vedno proizvod spopada divergentnih sil vidnega in izrekljivega, posameznosti in množice. Povedano drugače, telo je kot površina za vpis različnih diskurzivnih formacij, ki so vedno izpostavljene delu neutelešenega diagrama, proizvajajočega shizofreno sliko stvarnosti, ki stvarem jemlje referenco, idejo in smisel. Ne obstaja semantika, ki bi bila imanentna telesu, ker je telo postalo lebdeči označevalec, ker so kodi, ki ga uporabljajo, tudi sami semantično nestabilni in transverzalni, in končno, kjer si telo v Jugoslaviji še vedno ni izborilo statusa referenčnega kulturnega objekta, kot se je zgodilo v potrošniških družbah razvitega sveta.

Glede na to, da sodobnemu jugoslovanskemu body artu manjka referenčna kulturna in socialna mreža, pa tudi povezava z body artom sedemdesetih let (ki v Jugoslaviji ni doživel ustreznega kritičnega ovrednotenja in reprezentacije, ki bi ga naredila referenčnega za nove generacije umetnikov), ta očrtava področje osebne izkušnje, za kar lahko rečemo, da je tudi splošna značilnost jugoslovanske umetnosti devetdesetih let, v kateri je telo ena od prevladujočih tem. Če je bil body art prejšnje generacije zaslužen za odkritje telesa kot medija, objekta in sižeja umetniškega dela, za pretvorbo telesa v instrument radikalne transgresije vladajočih estetskih norm, pa tudi za raziskovanje skrajnih meja telesnega izkustva, je tudi ponovno odkritje telesa v sodobnem body artu motivirano z željo po proučitvi skrajnih meja telesne izkušnje, v spremenjenem družbeno-kulturnem kontekstu pa je semantični učinek teh telesnih dispozicij povsem drugačen.

Dejan Sretenović

The Body Lost and Regained

»We'll eat grass,« a Yugoslav politician readily replied when journalists asked him how the Yugoslavs would survive the international sanctions imposed by the UN Security Council on Yugoslavia in May 1992 because of its involvement in the Bosnian war. This grotesque statement, which superordinates national pride to material well-being, is the first sign of a political economy typical of the Yugoslav society of the nineties. In other words, this economy of rejection of the body is a result of repression, masked by the ruling ideology by a veil of national interest – the ideology itself being repressed by its own disastrous policies which resulted in international isolation and a complete collapse of social functions. We cannot say whether a unique representative model or image of the body directly expressing this disastrous situation exists or whether it is possible at all – the political economy of the body is a result of the unstable and chaotic structure of social relations in their entirety which cannot be localised in a single point, in a single representative form. Here we witness an expression of what Foucault terms 'abstract machinery' or 'diagram', which functions as an 'internal non-unifying cause' of social processes and shocks, simultaneously, being unstable and fluid as it is, creating mutations of codes and sense. The oft-repeated metaphor of Serbs as »the divine people« taken by the Serb nationalists from the discourse of the Orthodox church, embodies the abstract ideal of a collective, virtual body of the nation which, after half a century of the rule of the Titoist economy of the body as a producer of material values, advocates a shift towards spiritual production for the symbolic progress of the People. Since this is an abstract ideal which finds its form in political speeches but at the same time cannot be appropriately represented iconically, a visual correlation between this ideal and concrete forms of representation had to be somehow established. Pictures of the mutilated bodies of civilians and Serb warriors in camouflage uniforms, with the media space during the Croatian and Bosnian wars being contaminated by national media, became the key representation of the ideal of sacrifice and national homogenisation which reduces the body to a molecule of the national organism, to an amorphous, inert mass shaken by the schism between the declared abstract ideal and the rough existential conditions in which the body is the greatest victim.

This intertwining of two models of the body can be also seen in other codes (music clips, political marketing), and their resultant is always a product of the conflict between the divergent forces of the visible and the pronounceable, of individuality and the masses. To express it in other words: the body is a surface on which different discursive formations can be written, formations which are always exposed to the operation of the disembodied diagram producing a schizoid image of reality which deprives objects of reference, idea, and sense. A semantics internal to the body does not exist, since the body has become a floating signifier, since the codes which use it are semantically unstable and transversal themselves, and, finally, since the body in Yugoslavia has still not achieved the status of a cultural object of reference, as was the case in the consumer societies of the developed world.

Since contemporary Yugoslav body art lacks a referential cultural and social background, as well as a connection with the body art of the seventies (which in Yugoslavia did not achieve an appropriate critical evaluation and representation that would make it a reference for new generations of artists), it outlines the field of personal experience which can be said to be a general characteristic of the Yugoslav art of the nineties, in which the body is one of the prevailing themes. While body art of the previous generation can be credited with the discovery of the body as a medi-

Skupna značilnost performansov, predstavljenih v tem katalogu, je avtoreferenčnost, ki se izraža prek izpostavljanja telesa nevarnosti – piku (Dejan Anđelković in Jelica Radovanović), izčrpanosti (Tanja Ostojić), padcu (Nenad Racković). Telo v teh delih nastopa bolj kot naravni in manj kot kulturni objekt; kot merilo psihofizičnih predispozicij in individualne ekvilibristike, nujno za obstanek na polju nevarnosti. Povedano drugače, telo se v teh performansih konstituira kot dogodek, ki je rezultanta delovanja nasprotujočih si sil, kot ravnovesje električnih polnjenj in praznjenj, ki ustvarjajo napetost na meji incidenta. Zato imajo ti performansi vrednost seizmografa, ki zapisuje nestabilno in nenehno spreminjajočo se pozicijo telesa v družbi, njegovo izpostavljenost delovanju abstraktnega stroja, ki proizvaja samo efekte telesa, ne pa tudi telo kot kulturno in družbeno kodiran znak ali metaforo. Zato sodobni umetniki v Jugoslaviji ne morejo vzpostaviti take kritične distance, kot so jo imeli njihovi predhodniki, saj delujejo v kontekstu, v katerem je meja med smislom in prividom tako zamegljena, da je vsak kritični diskurz v nevarnosti, da se bo spopadel zgolj z izmuzljivimi in neulovljivimi utvarami, ki kot take nevtralizirajo in onesmišljajo njegovo kritično moč. Umetnost je lahko samo vektor pozornosti, ki bo vidno prikazal delovanje abstraktnega stroja in njegove destruktivne ekonomije.

um, an object and a subject of art, with the transformation of the body into an instrument of radical transgression of the prevailing aesthetic norms and of the exploration of the extreme limits of physical experience, the rediscovery of the body in contemporary body art may also be motivated by a desire to explore the extremes of the physical experience, but in the changed socio-cultural context the semantic effect of these bodily dispositions is entirely different.

The common characteristic of the performances presented in this catalogue is auto-reference, expressed through the exposure of the body to danger – to sting (Dejan Anđelković and Jelica Radovanović), exhaustion (Tanja Ostojić), fall (Nenad Racković). The body in these works is more a natural and less a cultural object: it is a measure of the psycho-physical predisposition and individual equilibration necessary to survive in the field of danger. In other words, the body in these works is constituted as an event which is a resultant of the operation of conflicting forces, as a balance of electric filling and emptying creating tension on the verge of incident. That is why the performances function as seismographs recording the unstable and ever-changing position of the body in society, its exposure to the operation of the abstract machinery which only produces body effects, but not the body as a culturally or socially coded sign or metaphor. Thus contemporary artists in Yugoslavia cannot establish such critical distance as their predecessors since they operate in a context in which the line between meaning and illusion is so blurred that every critical discourse is in danger of fighting only slippery and elusive ghosts who as such neutralise its critical power and deprive it of meaning. Art can only be a vector of attention which will expose the working of the abstract mechanism and its destructive economy.

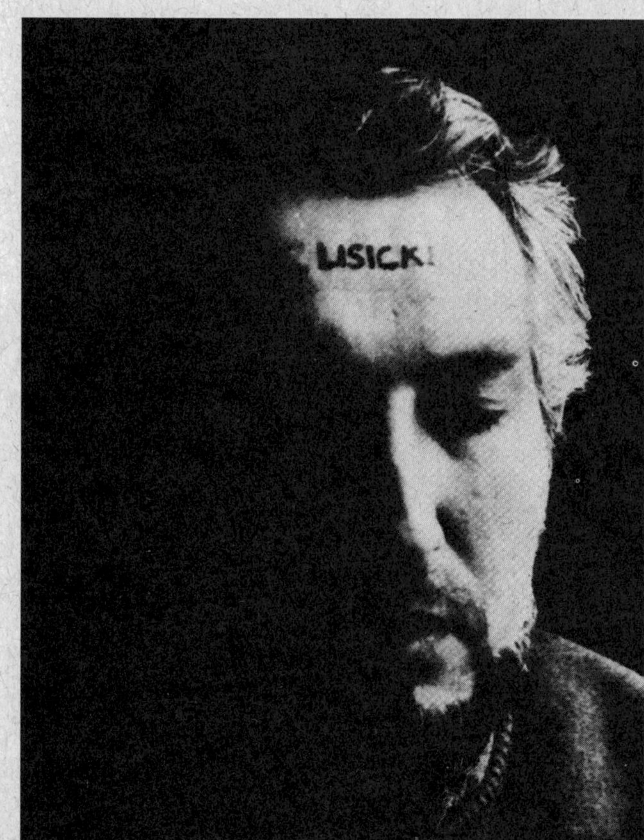

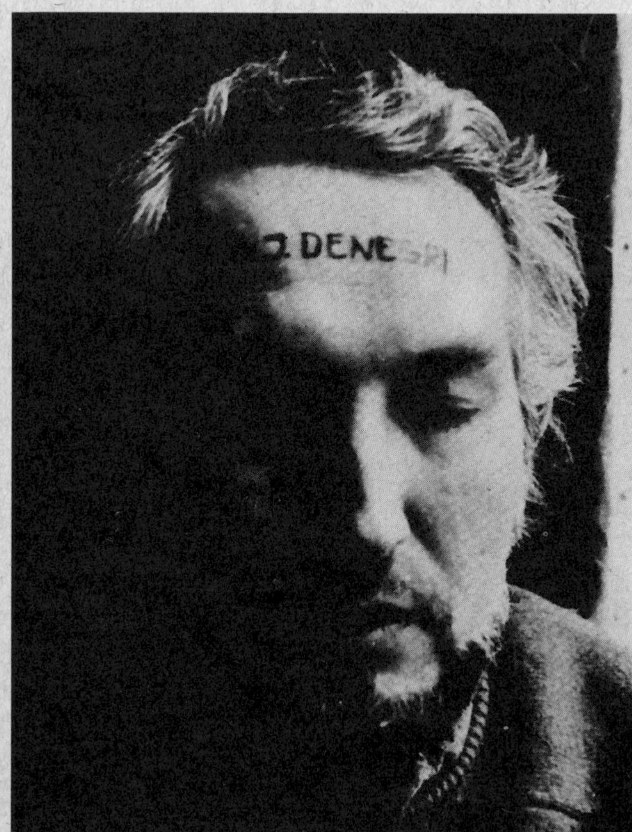

Radomir Damnjan

V počastitev sovjetske avantgarde, 1973
1 - El Lissitzky
2 - J. Denegri
3 - Ivan Puni
4 - V. Hlebnjikov

Razlogi za nastanek tega dela – serije fotografij in risb – so moralne, etične in družbenopolitične narave. S svojim izborom imen teh osebnosti želim opozoriti na njihov izredni pomen in na neizbrisljivo sled, ki so jo pustili za sabo, hkrati pa tudi na njihovo živo prisotnost v času, v katerem živimo.
Rusko skupino sem razširil z vključitvijo drugih umetnikov, da bi pričali o pomembnosti njihovega dela.
S pisanjem njihovih imen na svoje čelo opozarjam na nujnost ponovnega ovrednotenja nekaterih posameznikov, ki so s svojim raziskovanjem bistveno prispevali k razvoju človekove zavesti in odpirali nove ustvarjalne možnosti.
Sodobni kritiki in zgodovinarji so na te ustvarjalne sile pogosto gledali zgolj formalno, pri čemer so jim s svojim površnim pristopom zavestno zmanjšali vrednost in jih izključili iz historično-socialnega konteksta.

R.D.
Beograd, 10. decembra 1972

***In Honour of the Soviet Avant-Garde*, 1973**
1 - El Lissitzky
2 - J. Denegri
3 - Ivan Puni
4 - V. Hlebnikov

The motivations for this work – a series of photographs and drawings – are of moral, ethical and socio-political nature.
With my choice of names I would like to emphasise the exceptional significance and the indelible trace each of these personalities left behind, as well as their vivid presence in our time.
I have widened the Russian group by including other artists, in order to testify to the significance of their work.
Writing their names on my forehead, I indicate the necessity of revaluating some individuals whose research has been fundamental for the development of human consciousness and suggestive of new creative possibilities.
Very often contemporary critics and historians looked at these creative forces only in a formal way, consciously lessening their value with a superficial approach and detaching them from their historical and social context.

R. D.
Belgrade, 10 December 1972

BIOGRAFIJA / BIOGRAPHY

Rojen : **1936, Mostar, Bosna in Hercegovina / Bosnia and Herzegovina**
Šolanje : **Fakulteta likovnih umetnosti / Academy of Fine Arts, Beograd**
Živi in dela / Lives and works : **Milano**

IZBRANA BIBLIOGRAFIJA
SELECTED BIBLIOGRAPHY

Radomir Damnjan, *Niente di superfluo nello spirito = Nothing superfluous in the spirit = Ničeg suvišnog u ljudskom duhu*, Tübingen : Edition Dacić, 1978.
Radomir Damnjanović Damnjan, Natalija Cerović, S.Turkoni, Milana Piletić, Danka Šokić, *Radomir Damnjan : mrlje, praznine i punoća = macule, il vuote e il pieno = spots, the void and the full*, razstavni katalog / exhibition cat, Umjetnički paviljon »Cvijeta Zuzorić«, Beograd, 1997.
Ješa Denegri, *Radomir Damnjanović Damnjan : Izložba 1958 – 1986*, razstavni katalog / exhibition cat., Muzej savremene umetnosti, Beograd, 1986.

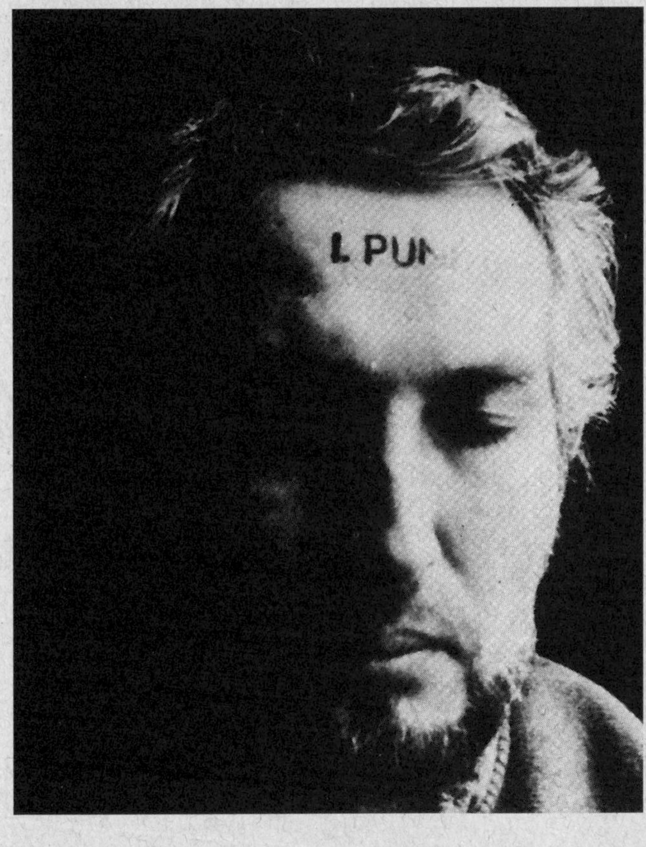

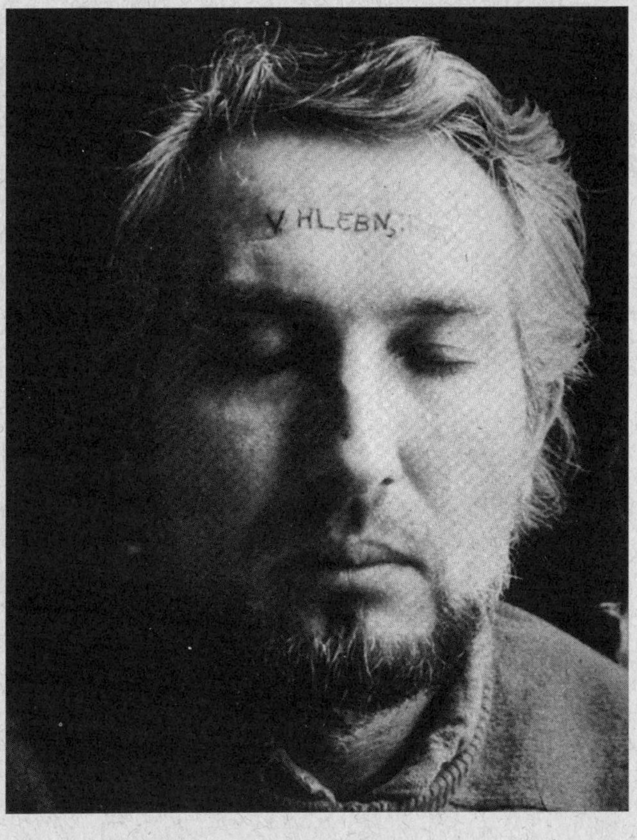

Marina Abramović

Ritem 5, 1974
Študentski kulturni center, Beograd
Čas trajanja: 1 1/2 ure
Z dovoljenjem: Sean Kelly – New York

Oblikujem peterokrako zvezdo (narejena je iz žaganja, namočenega v 100 litrih bencina).

Performans:
Prižgem zvezdo.
Hodim okoli zvezde.
Odrežem si nekaj las in jih vržem v vsak krak zvezde.
Ostrižem si nohte na rokah in jih vržem v vsak krak zvezde.
Ostrižem si nohte na nogah in jih vržem v vsak krak zvezde.
Vstopim v prazni prostor znotraj zvezde in ležem na tla.

Ko ležem v zvezdo, se ne zavedam, da je ogenj porabil ves kisik.
Izgubim zavest.
Ker ležim, gledalci ne reagirajo.
Ko se ognjeni zubelj dotakne moje noge in se na to ne odzovem, dva izmed gledalcev vstopita v zvezdo in me odneseta ven.
Soočena sem z omejitvami svojega telesa in performans je prekinjen.
Po tem performansu se vprašam, kako bi lahko uporabila telo pri zavesti ali brez nje, ne da bi prekinila performans.

M. A.

***Rhythm 5*, 1974**
Student Cultural Center, Belgrade
Duration: 1 1/2 hours
Courtesy: Sean Kelly – New York

I construct a five-pointed star (the construction is made in wood shavings soaked in 100 liters of petrol).

Performance:
I light the star.
I walk around the star.
I cut my hair and throw it into each end of the star.
I cut my finger nails and throw them into each end of the star.
I cut my toe nails and throw them into each end of the star.
I enter the empty space in the star and lie down.

I don't realize the fire has consumed all of the oxygen when I lay down in the star.
I lose consciousness.
Because I am lying the public does not react.
When a flame touches my leg and I still don't react, two persons from the public enter the star and carry me out.
I am confronted with the limits of my body and the performance is interrupted.
After this performance I ask myself how to use my body in and out of consciousness without interrupting the performance.

M. A.

BIOGRAFIJA / BIOGRAPHY

Rojena / Born : **1946, Beograd, Srbija / Serbia**
Šolanje / Education : **1965 – 1970 Fakulteta likovnih umetnosti / Academy of Fine Arts, Beograd; 1970 – 1972 Akademija likovnih umjetnosti / Academy of Fine Arts, Zagreb**
Živi in dela / Lives and works : **Amsterdam**

IZBRANA BIBLIOGRAFIJA / SELECTED BIBLIOGRAPHY

Marina Abramović, Ulay, *Marina Abramovič / Ulay, Ulay / Marina Abramović : Relation work and Detour*, Amsterdam : Idea Books, 1980.
Marina Abramović, Ulay, Paul–Hervé Parsy, *Abramović / Ulay*, razstavni katalog / exhibition cat., Galeries contemporaines du Musée national d'art moderne, Centre Georges Pompidou, Paris, 1990.
Marina Abramović, Charles Atlas, Thomas Wulfen, *Marina Abramović : biography*, Ostfildern bei Stuttgart : Cantz, 1994.
Marina Abramović, *Cleaning the House*, London : Academy Editions, 1995.
Marina Abramović, Chrissie Iles, RoseLee Goldberg, Thomas McEvilley, David Elliott, *Marina Abramović : object, performance, video, sound*, razstavni katalog / exhibition cat., Museum of Modern Art, Oxford, 1995.
Chrissie Iles, P. Kokke, *Ulay / Abramović : Performances 1976 – 1988*, razstavni katalog / exhibition cat., Stedelijk Van Abbemuseum, Eindhoven, 1997.
Toni Stoss (ur./ed.), *Marina Abramović : Artist Body. Performances 1969 – 1997*, razstavni katalog / exhibition cat., Kunstmuseum Bern ; Milano : Edizioni Charta, 1998.

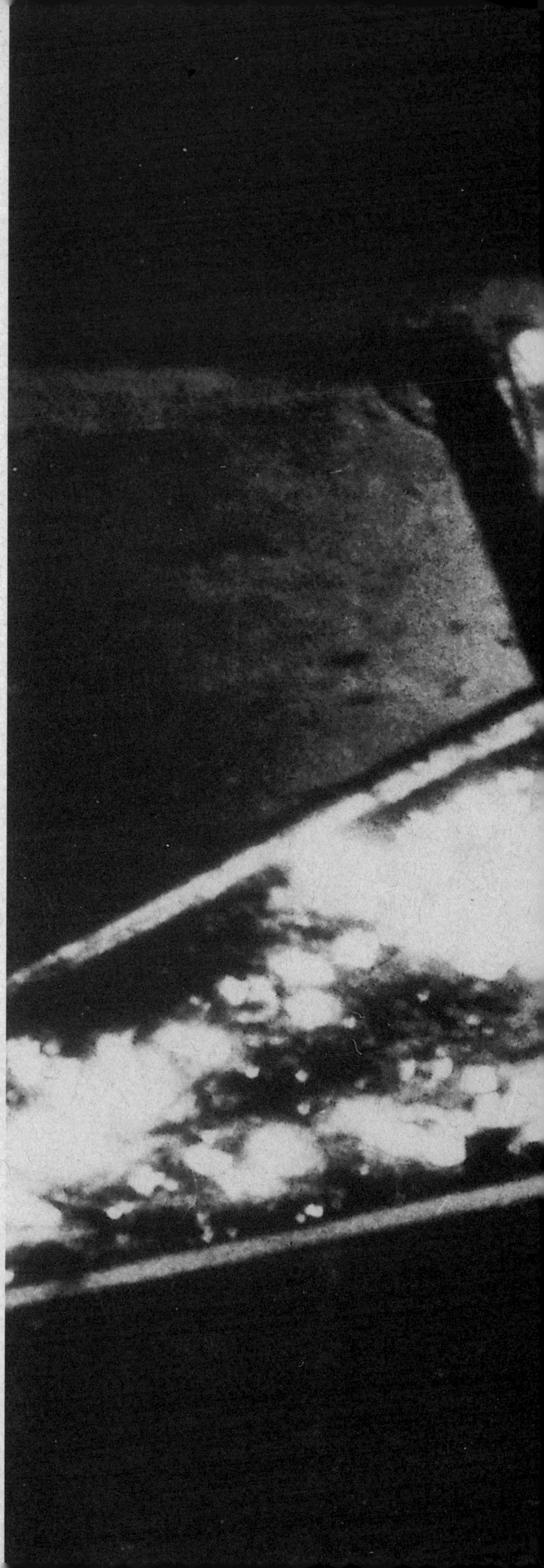

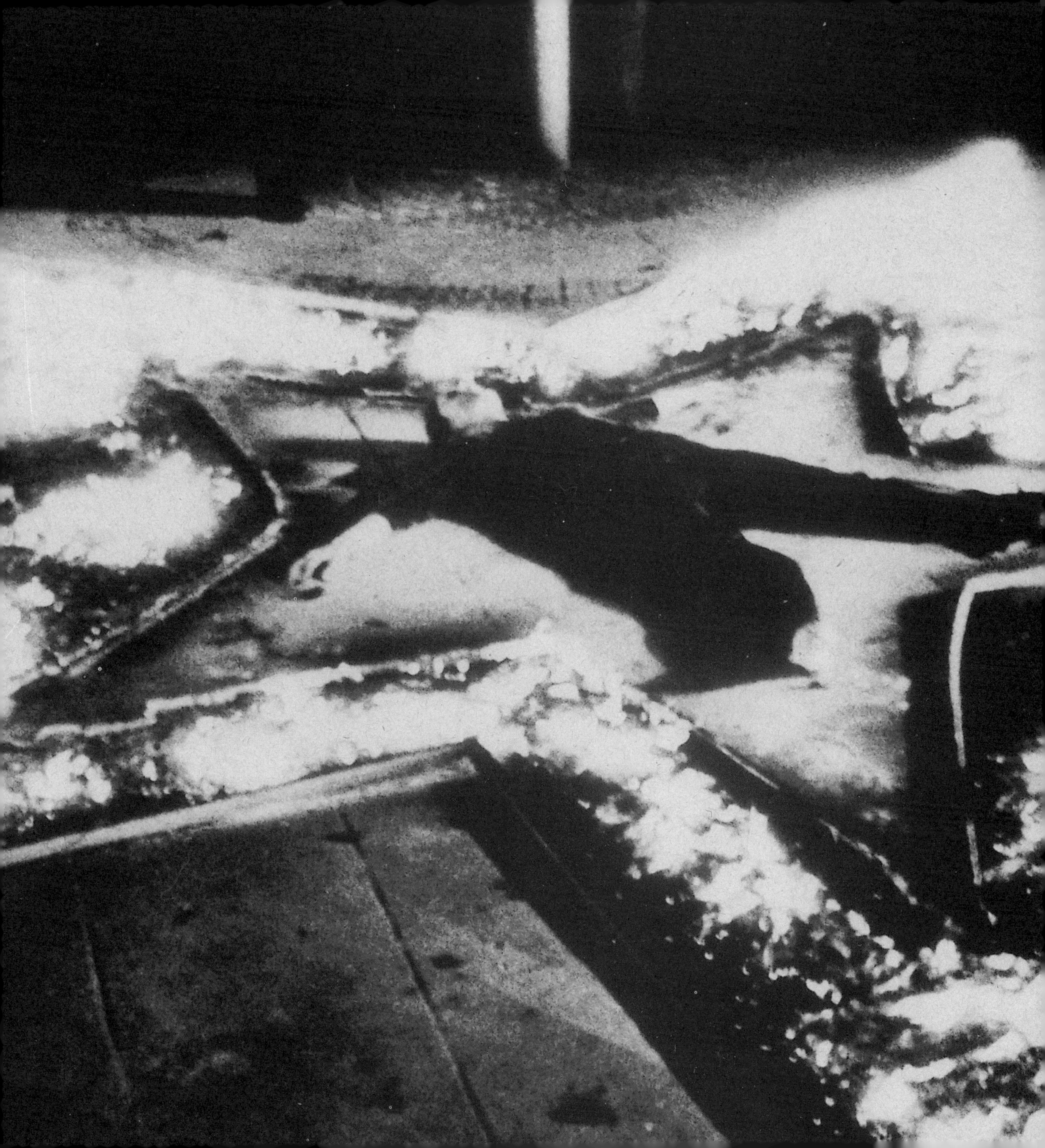

Dejan Anđelković & Jelica Radovanović

Brez naslova, 1996
Performance je bil izveden 2. oktobra 1996 na festivalu »Alter image« v kinu Rex v Beogradu.
Produkcija: Fondacija za odprto družbo
Glasba: dva stavka Mise Magnificat J. S. Bacha in glasba iz filma »Farinelli«.

Delo zaobjema tri vidike: dogodek, publiko in medijsko transkripcijo.

Dogodek:

Priprava, pojava noža, rezanje.
Tanko oblaganje telesa z mortadelo.
Izpostavitev z mortadelo pokritega telesa psom.

Publika:

Dogodek je bil medijsko transkribiran.
Ista, le malce modificirana vsebina je bila v živo projicirana na video topu, ki je bil postavljen pod kotom 45 stopinj glede na sceno.
Publika je bila prisiljena, da se odloči med intenzivnostjo dogajanja v živo in hladnimi slikami na ekranu.

Medijska transkripcija:

Za to priložnost je bil uporabljen sistem treh digitalnih video kamer, digitalne video mešalne mize in video rekorderja.
Performans je bil izveden dvakrat. Prvič je bil posnet brez publike in sinhrono sneman s tremi DV kamerami, ki so dogodek prenašale v živo. Ta projekcija vnaša asinhronost med dogodkom in njegovo video transkripcijo.

Performans je mogoče izvesti brez medijske transkripcije.

Material, ki je na kaseti, je reducirana video predstavitev dogodka.

***Untitled*, 1996**
The performance was carried out on 2 October 1996 at the »Alter Image« festival in cinema Rex in Belgrade.
Production: Open Society Foundation
Music: Two movements from the Misa Magnificat by J. S. Bach and the soundtrack of the film »Farinelli«.

The piece covers three aspects: The event, the audience, and the media transcription.

The event:

The preparation, the appearance of the knife, cutting.
Covering the body with thin slices of mortadella.
Exposing the mortadella-covered body to dogs.

The audience:

The event was media transcribed.
The same, only slightly modified content was broadcast live on a video-beamer which was set up at a 45-degree angle with respect to the scene.
The audience was forced to choose between the intensity of the live action and the cold pictures on the screen.

The media transcription:

A system of three digital video cameras, a digital video switcher and a VTR was used on this occasion.
The performance was carried out twice. The first time is was filmed without the audience and broadcast synchronously with three DV cameras, which broadcast the event live.
This projection introduces asynchronism between the event and its video transcription.

The performance can be executed without media transcription.

The material on the cassette is a reduced video presentation of the event.

BIOGRAFIJA / BIOGRAPHY

Dejan Anđelković

Rojen / Born : **1958, Kraljevo, Srbija / Serbia**
Živi in dela / Lives and works : **Beograd**

Jelica Radovanović
Rojena / Born : **1957, Dubrovnik, Hrvaška / Croatia**
Živi in dela / Lives and works : **Beograd**

IZBRANA BIBLIOGRAFIJA
SELECTED BIBLIOGRAPHY

Dejan Anđelković, Jelica Radovanović, *Moral i mitologija u savremenoj umetnosti*, Novi Sad : Centar susreta POKRET, 1995, pp. 200 – 205.
Zoran L. Božović, *Likovna umetnost osamdesetih i devedesetih u Beogradu – razgovori*, Beograd : Cicero, 1996, pp. 9 – 18.
Jasmina Čubrilo, *Pogled na zid 1994 – 1996*, razstavni katalog /exhibition cat., Beograd : Radio B92, 1996, pp. 82 – 83.
Ješa Denegri, *Beogradska umetnička scena osamdesetih i početka devedesetih*, Beograd : Cicero, 1997.
Marina Martić, »Jelica Radovanović : skulpture«, *Moment*, Beograd, no. 14, 1989.
Lidija Merenik, *Art in Yugoslavija 1992 – 1995*, Beograd : Radio B92, 1997.
Danijela Purešević, »Beograjska likovna scena : pomlad 1993«, *M'ZIN*, Ljubljana, no. 18 – 19, 1993, pp. 62 – 63.
Dejan Sretenović, *Art in Yugoslavia 1992 – 1995*, Beograd : Radio B92, 1997.
Irina Subotić, Gordana Stanišić, » Experiences from memory«, *Arti–international*, Atene / Athens, March/April 1996.

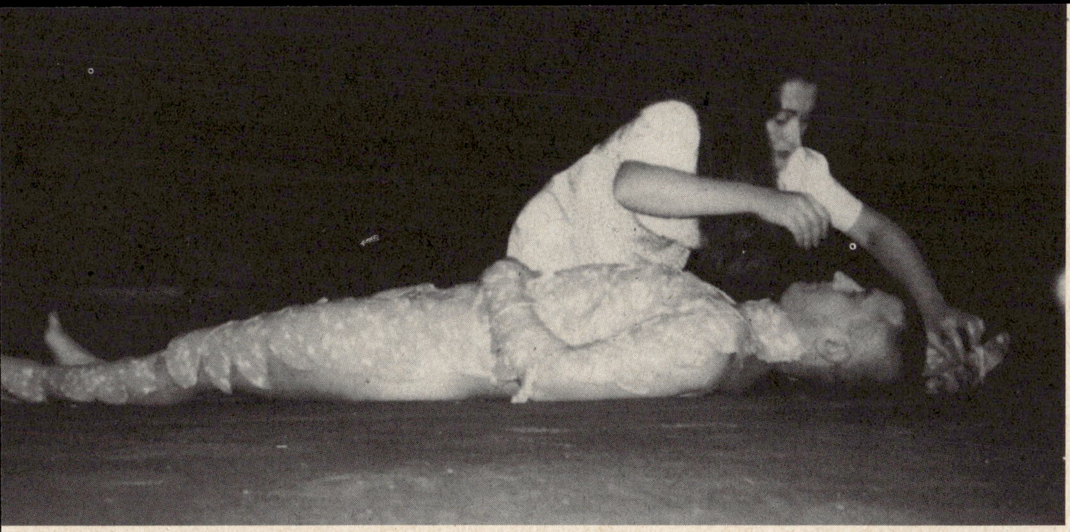
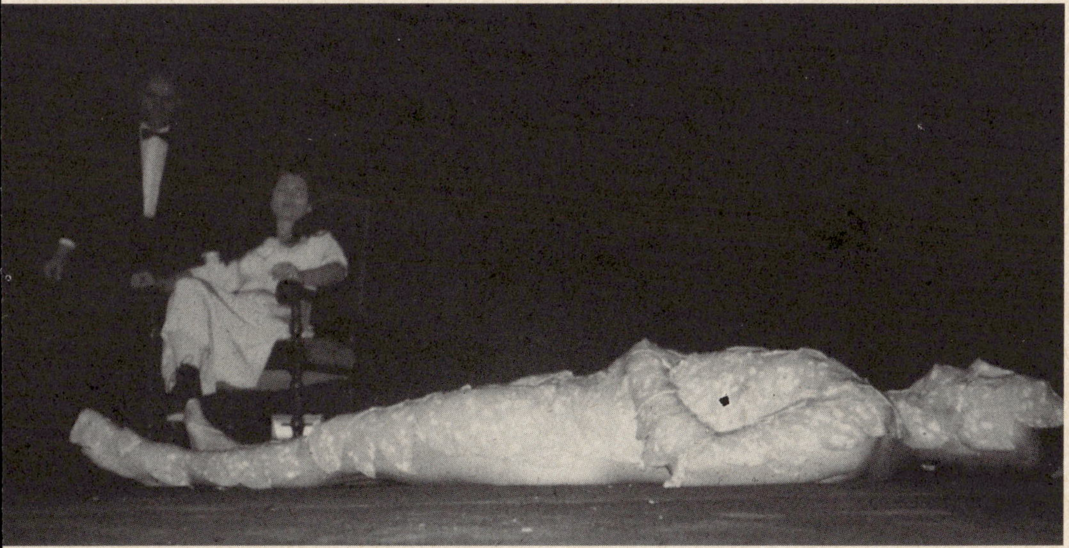
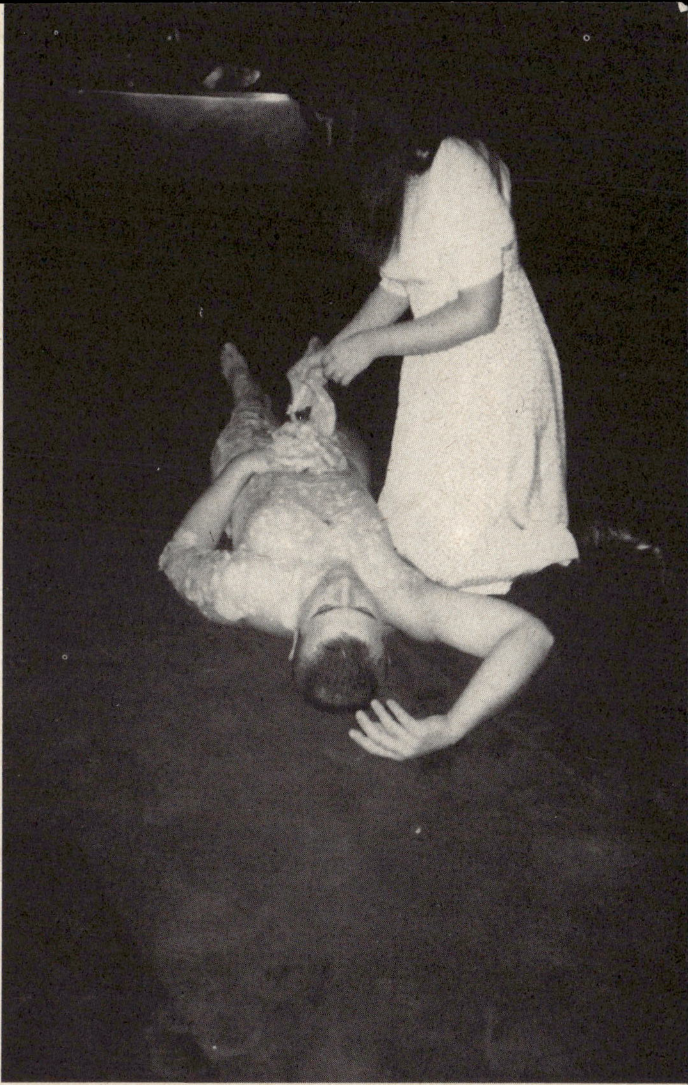
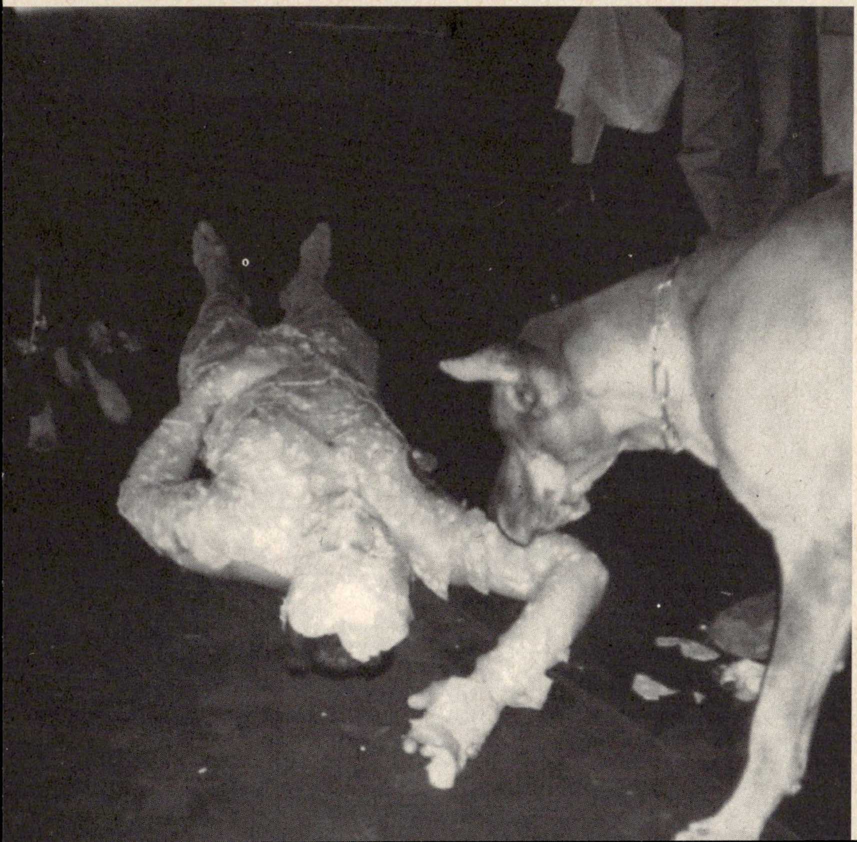
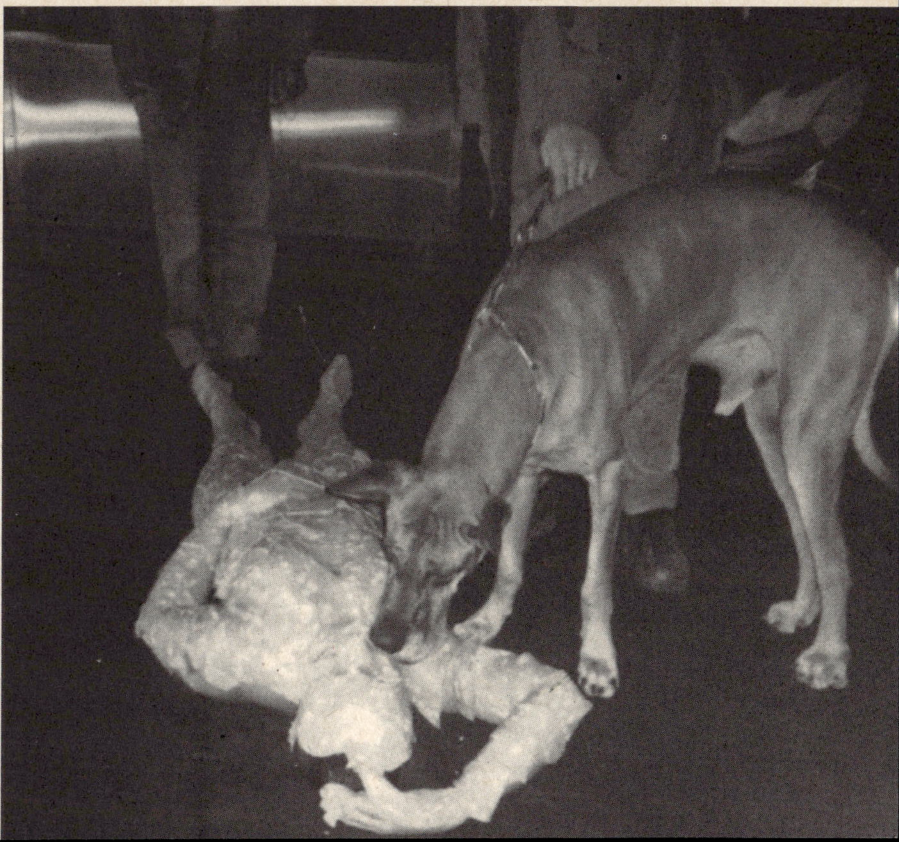

Era Milivojević

Art Session, študentski kulturni center, Beograd, "Majska srečanja", 1990

To je v nekem določenem smislu ponovljena situacija. Ko sem to delo pripravljal prej, je bil povod zanj boks – ena od športnih disciplin. Pri razlagi in pravilih je vse vzeto iz konteksta, da se dobi nek nov univerzalen pomen. Znotraj te ideje ali vsebine sem pripravil tudi besedilo kot razlago. Geslo za vse to je dejanje-geslo: umetnost je plemenita veščina. Oziroma protigeslo: umetnost ni plemenita veščina. Ob priliki »Majskih srečanj« to delo ponavljam tako, da grem naprej in ne iščem več neposredne povezave s športom. Preprosto izvajam performans z zvokom. Predmete, ki jih uporabljam, postavljam na oder, ali bolje, galerijsko postavko spreminjam na odru, kjer bodo predmeti, ki stojijo posamezno vsak zase, tisti predmeti, ki jih bom izbral za to priložnost. Tokrat so vnaprej razstavljeni, niso pa označeni kot umetniški predmeti. Ali bodo postali umetniški predmeti, bo odvisno od tega, kaj bom naredil z njimi. V trenutku, ko se bo performans zaključil, ne bodo več izgledali tako kot na začetku. Tu gre za povezavo z neko določeno uporabo in določenim naključjem, kjer z oživljanjem predmeta na način njegove primarne funkcije predmeti postanejo umetnina. Tako da bodo predmeti šele na koncu, če bo performans dovolj uspel, z ukinjanjem njihove funkcije v dovolj veliki meri postali umetniški predmeti. Med drugim sem gledalcem razdelil prazne liste papirja in jih naprosil, da vsak zabeleži svoje trenutno razmišljanje, ki ga je spodbudilo dogajanje, zvok, predmeti, skratka celota. Ta besedila bom potem uredil, da dobim neko interpretacijo. Lahko bi se zgodile zelo zanimive stvari.

E. M.

***Art Session,* Student Cultural Center, Belgrade, "May Encounters", 1990**

In a certain sense, this is a repeated situation. When I executed this work before, it was instigated by boxing – a sport. For the interpretation and the rules everything is taken out of context, to acquire a new universal meaning. Within this idea, or rather content, I also prepared a text as an explanation. The slogan for all this is the act-slogan: Art is a noble skill. Or the anti-slogan: Art is not a noble skill. For the »May Encounters« I have remade this piece by moving on and no longer seeking a direct relation to sports. I am simply making a performance with sound. The objects of my choice are placed on the stage, or rather, I am transforming the gallery premise on the stage, where the objects, which are standing individually each on its own, will be the objects which I choose for this occasion. Here, they are exhibited beforehand, but they are not marked as art objects. Whether they become art objects or not will depend on what I do with them. The moment the performance ends they will no longer look the way they did at the beginning. What is at issue here is a certain use and a certain coincidence, which, by bringing the objects to life in the manner of their primary function, make them works of art. So that only in the end, if the performance is successful enough, the objects, having had their function removed, will sufficiently become art objects. Among other things, I distributed blank pieces of paper among the viewers, asking them to record their thoughts at that moment, whatever ideas they had that were provoked by the happening, the sound, the objects, or the whole. I am going to sort out these texts later on, to get an integral interpretation. Some very interesting things might happen.

E. M.

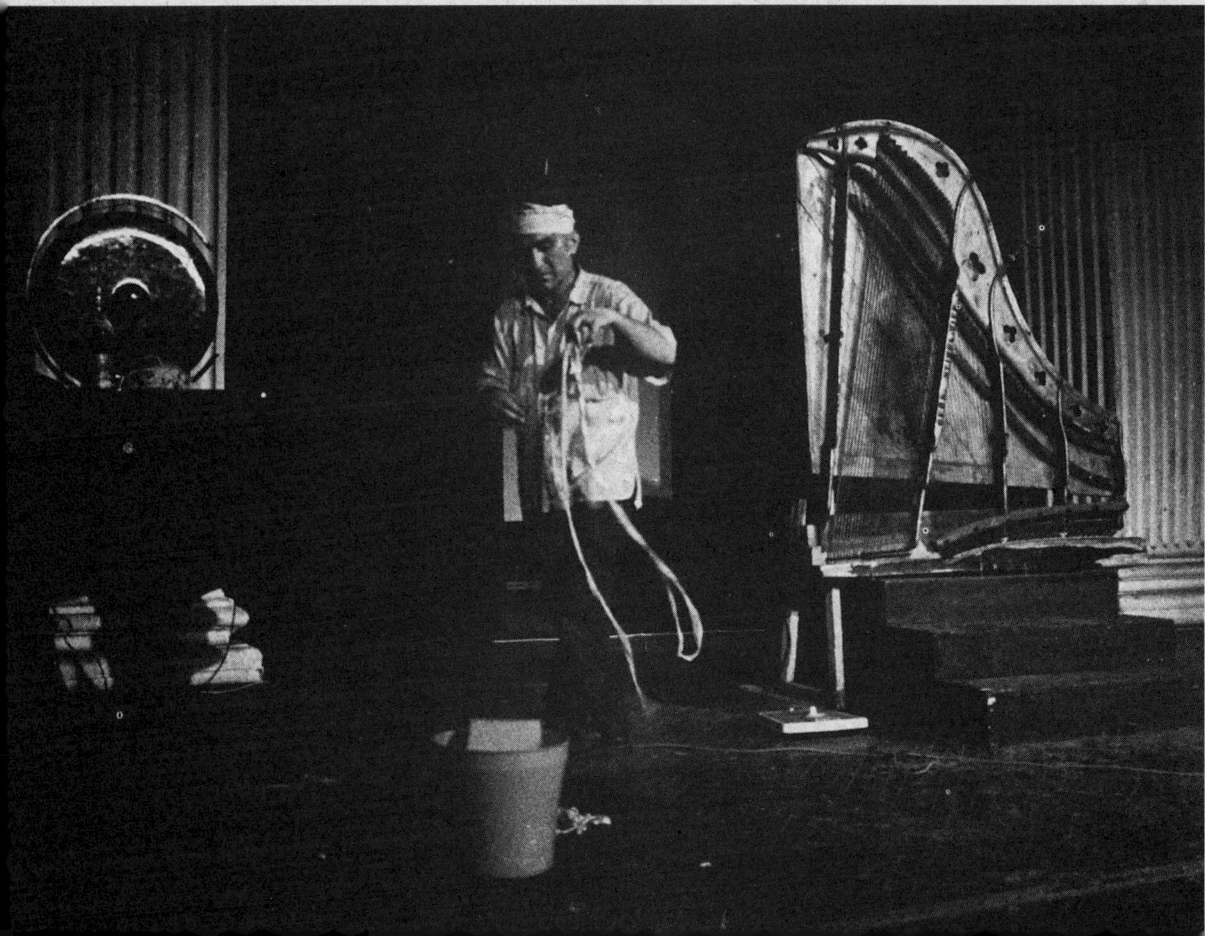

BIOGRAFIJA / BIOGRAPHY

Rojen / Born : **1944, Užice, Srbija / Serbia**
Šolanje / Education : **1965 – 1979 Fakulteta likovnih umetnosti / Academy of Fine Arts, Beograd**
Živi in dela / Lives and works : **Beograd**

IZBRANA BIBLIOGRAFIJA
SELECTED BIBLIOGRAPHY

Radivoje Davidović, »Slobodan Era Milivojević – Grad umetnosti«, *Likovni život*, Zemun, no. 43, 1993.
Ješa Denegri, *Kritičari si izabrali. Slobodan Milivojević, Zoran Popović, Dragoljub Todosijević*, razstavni katalog / exhibition cat., Galerija kulturnog centra, Beograd, 1972.
Ljubomir Gligorijević, *Dezeni*, razstavni katalog / exhibition cat., Galerija Doma omladine, Beograd, 1972.
Jasna Tijardović, *Nova umjetnička praksa: M. Abramović, S. Milivojević, N. Paripović, Z. Popović, R. Todosijević, G. Urkom*, razstavni katalog / exhibition cat., Galerija suvremene umjetnosti, Zagreb, 1978.
Nikola Vizner, »Slobodan Milivojević–Era«, *Umetnost*, Beograd, no. 29 – 32, 1972.
Stevan Vuković, *19. Memorijal Nadežde Petrović : Sheme pravilnosti strukturisanja nesvesnog : Era Milivojević. Linija, crtež, shema u svom zadiranju u prostor*, razstavni katalog / exhibition cat., Čačak, 1996, p. 16.

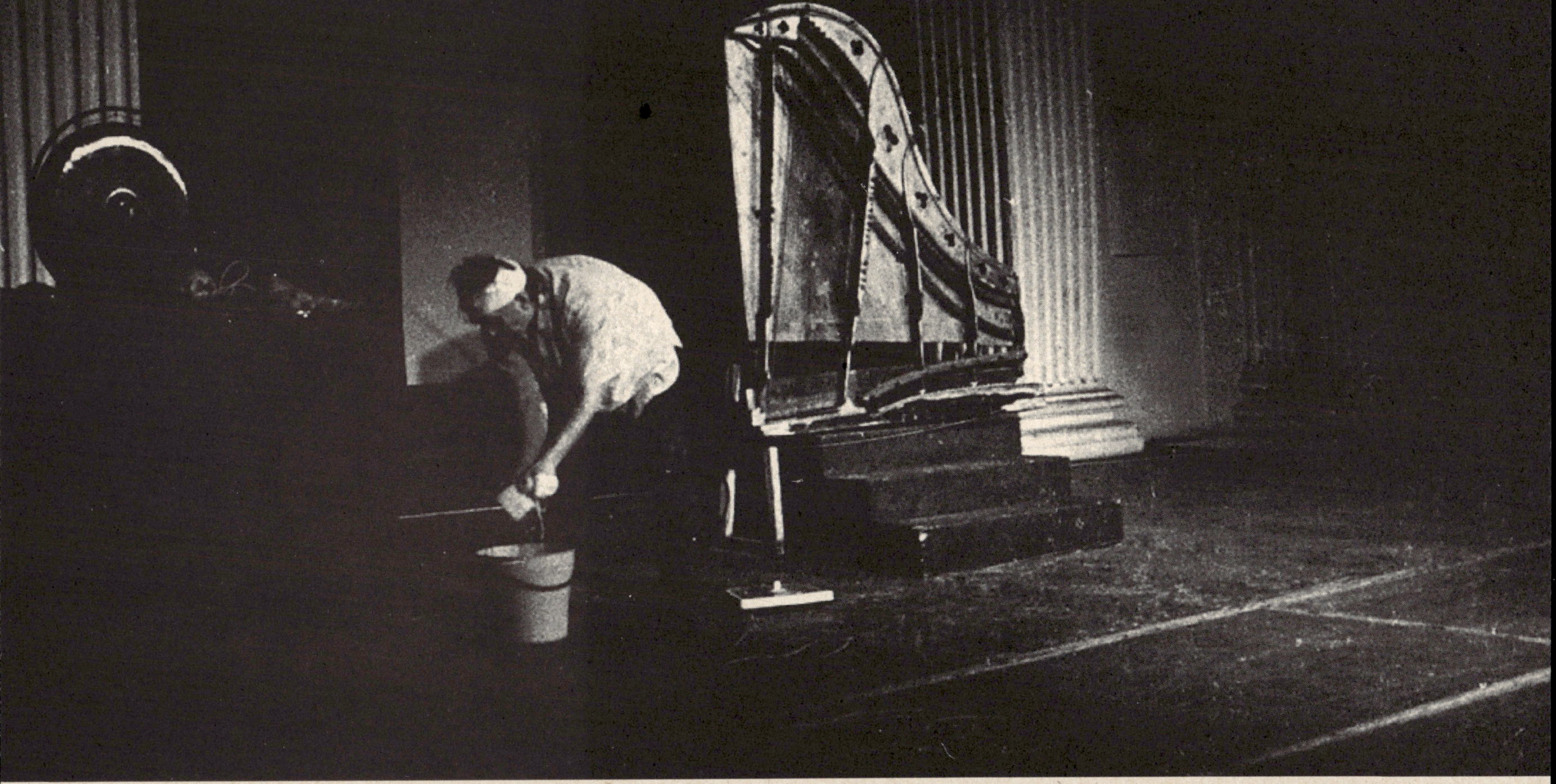

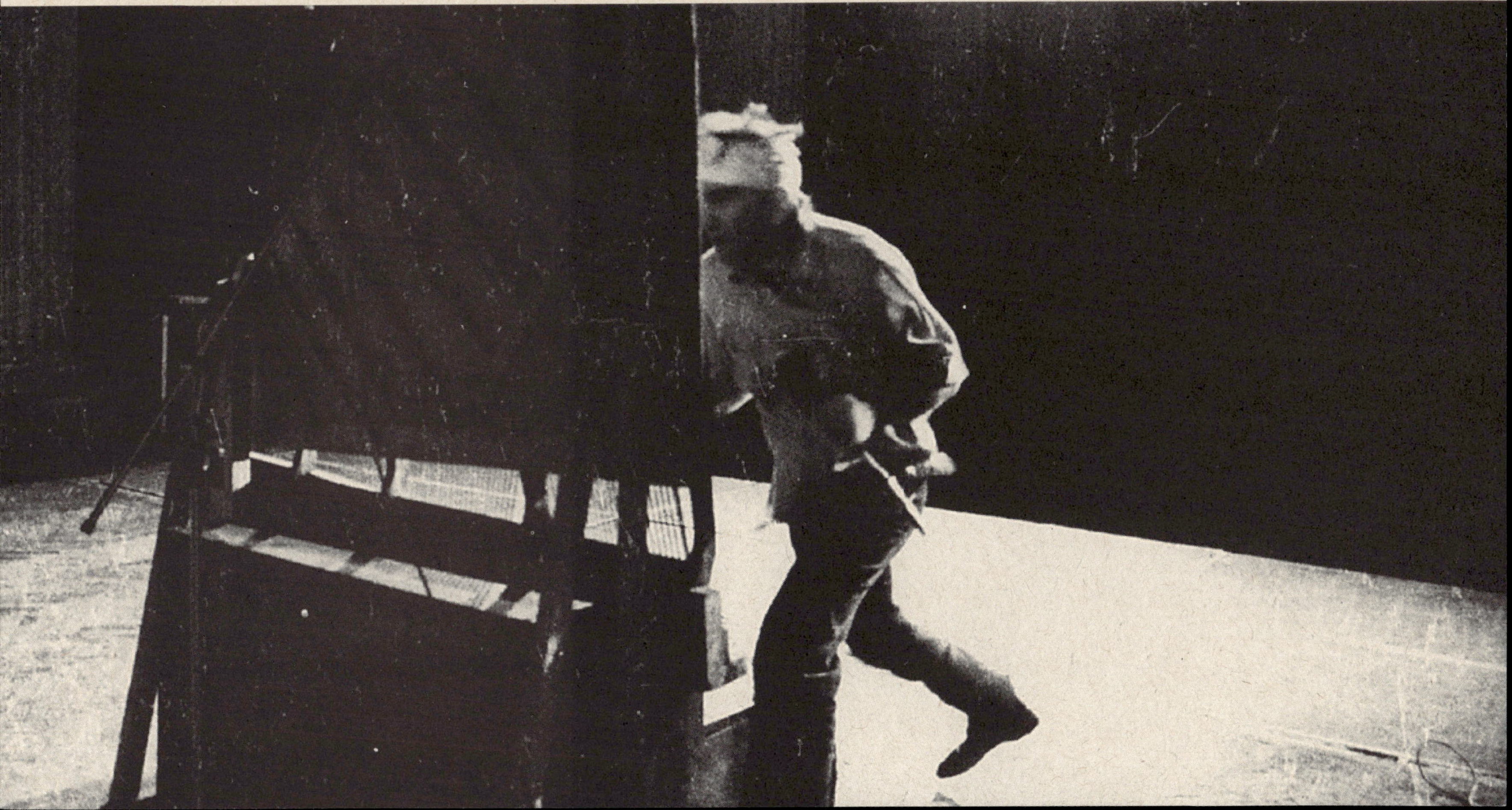

Tanja Ostojić

Performans *Osebni prostor* (čas trajanja dve uri) je bil prvič izveden julija 1996, na otvoritvi Drugega jugoslovanskega bienala mladih v Vršcu.
5 x 5m nefiksiranega marmornega prahu je bilo v obliki kvadrata nasuto na tla razsežnega galerijskega prostora Konkordija v Vršcu. Tanja Ostojić je bil obrita po glavi in telesu in prekrita z belim marmornim prahom. Performans je bil statičen in brez glasbene spremljave. Avtorica je zavzela položaj v sredini kvadrata, preden so gledalci vstopili v prostor galerije, ter izstopila iz kvadrata, potem ko se je galerija izpraznila.
Ves čas treh mesecev, kolikor je trajala razstava, je kvadrat marmornega prahu ostal na tleh in obenem označeval mesto dogajanja in poudarjal fizično odsotnost avtorice, štiri črno-bele fotografije, ki jih je posnel Saša Gajin, pa so bile razstavljene na steni kot dokument o performansu.

The performance *Personal Space* (lasting two hours) was realised for the first time in June 1996, at the opening of the Second Yugoslav Biennale of the Young in Vršac.
5m x 5m of unfixed marble dust in the shape of a square was spread on the ground of the extensive exhibition space in the Vršac gallery Konkordija. The head and the body of Tanja Ostojić were shaved and covered with the white marble dust. The performance was static and with no soundtrack. The artist assumed her position in the center of the square before the spectators entered the gallery, and exited the square only once the people had left.
During the following three months, i.e. for the duration of the exhibition, the square of marble dust remained on the floor, simultaneously marking the place of the event and underscoring the physical absence of the artist, while four black-and-white photographs, taken by Saša Gajin, were hung on the wall as a document about the performance.

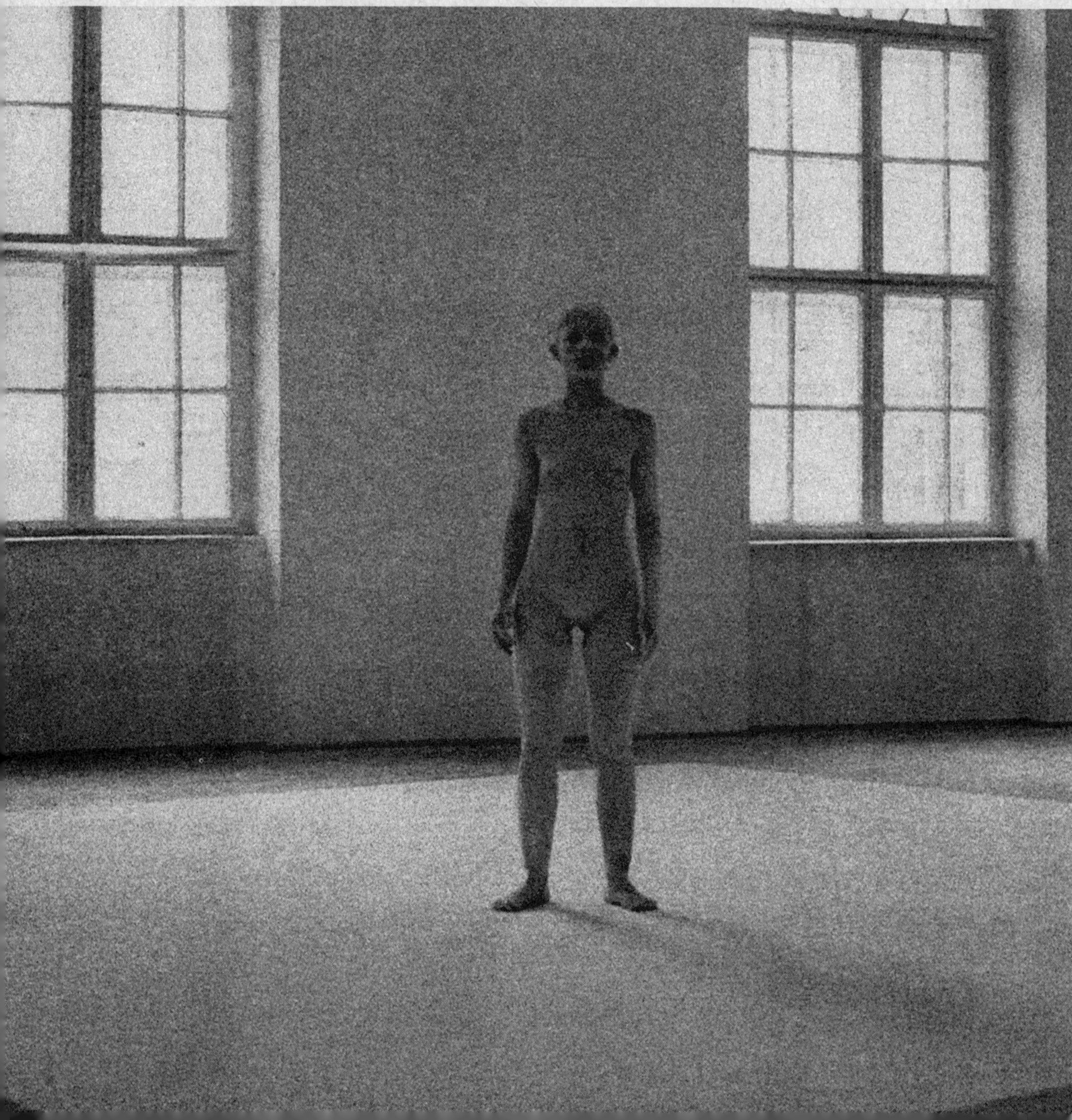

BIOGRAFIJA / BIOGRAPHY

Rojena / Born : **1972, Užice, Srbija / Serbia**
Šolanje / Education : **Fakulteta likovnih umetnosti / Academy of Fine Arts, Beograd**
Živi in dela / Lives and works : **Beograd**

IZBRANA BIBLIOGRAFIJA
SELECTED BIBLIOGRAPHY

Jasmina Čubrilo, *A Look at the Wall 1994 – 1996 : Tanja in First Person*, Beograd : Radio B92, 1996.
Branislav Dimitrijević, »Parametri ličnih prostora«, *Naša borba*, Beograd, 30. VII. 1996.
Branislav Dimitrijević, *Manifesta 2 : Europäische Biennale Zeitgenössicher Kunst*, Luxembourg, 1998.
Marija Đorđević, »Na sopstvenoj glavi«, *Politika*, Beograd, 9. X. 1996.
Anthony Howell, *The Analysis of Performance Art*, London : Harwood Academic Publishers, 1998.
Tanja Ostojić, Saša Gajin, *Lični Prostor*, razstavni katalog / exhibition cat., Galerija 12+, Beograd, 1996.
Tanja Ostojić, Saša Gajin, »Portfolio«, *Beorama*, Beograd, no. 59, 1996.
Nikola Šuica, »Personal Space«, *Arti international*, Atene / Athens, no. 36, 1997.
Andrej Tišma, *Kritičari su izabrali : Životne umetničke strategije*, razstavni katalog / exhibition cat., Galerija kulturnog centra, Beograd, 1998.

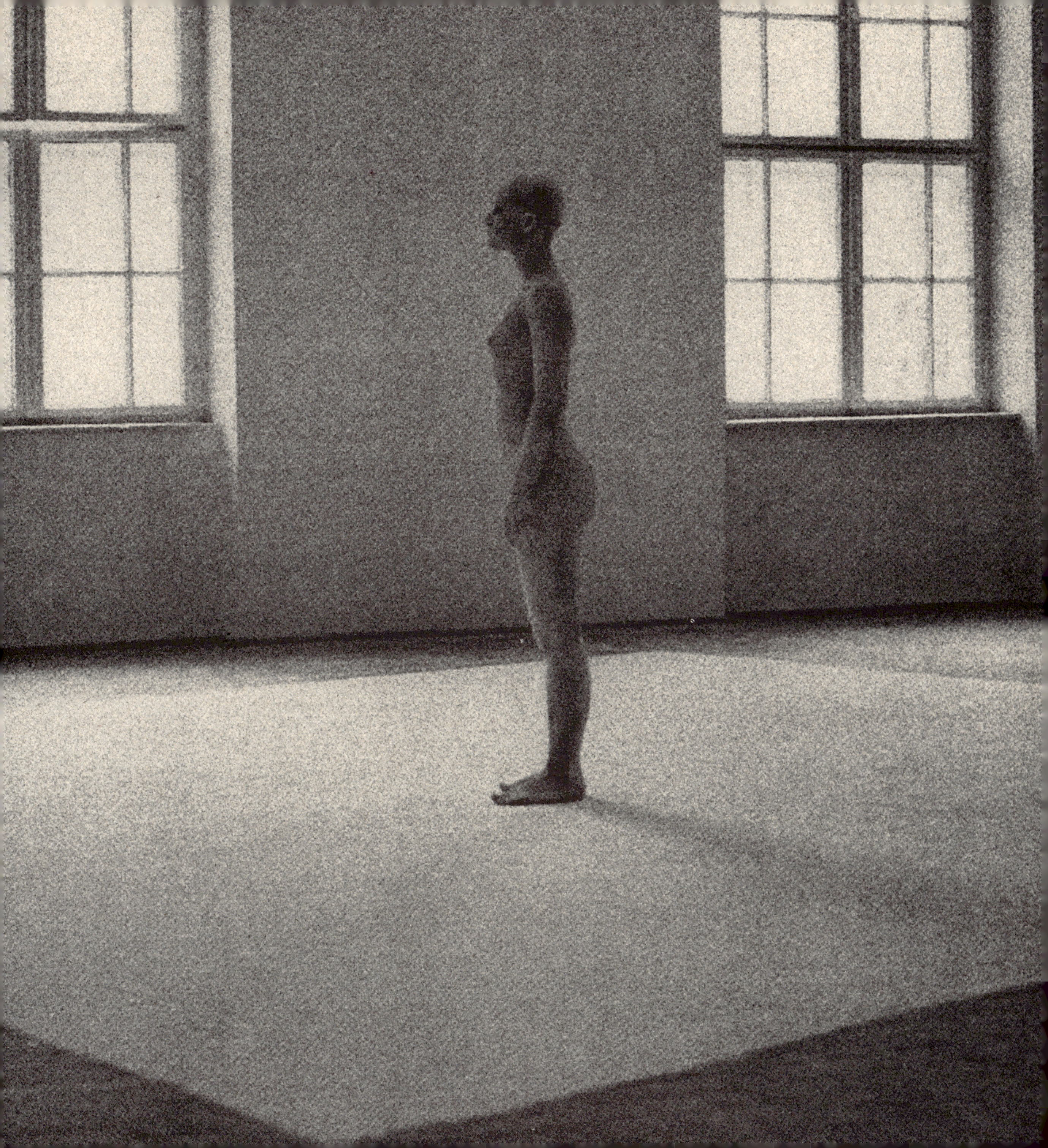

Neša Paripović

Primeri analitične skulpture
Delo je bilo prvič predstavljeno na "Srečanju ustvarjalcev performansa '78" v Galeriji študentskega kulturnega centra v Beogradu

Analitična skulptura je sestavljena iz 36 fotografij, velikih 24 x 30cm in razvrščenih v vodoraven friz.
Umetnik, ki je tudi idejni avtor dela, se z ustnicami dotika gole ženske v namišljeni spirali, tako da začne pri glavi in nadaljuje do prstov na nogah. Z velike bližine (30cm) fotoaparat beleži vsako točko ženskega telesa (uho, lice, ramo, hrbet, trebuh, bok, nogo, stopalo), ki se je umetnik dotakne z ustnicami razprtimi kot za poljub in z zaprtimi očmi, tako da je v središču fotografije dotik, s čimer je odpravljena kakršnakoli končna fotografska kompozicija ali estetika. Spiralno gibanje je bilo izvedeno v prostoru kot delo samo po sebi in nato predstavljeno v obliki fotografije kot pač najustreznejšega medija. Gola ženska je ves čas stala v klasičnem kiparskem kontrapostu. Trenutki, ko se ustnice dotaknejo gole površine, vizualno ustvarjajo razmerje med površino absolutne skulpture in njenega sprejemanja, odobravanja, odkritja možnega sistema za ... razmerje se konča.

N. P.

Examples of Analytical Sculpture
A work presented for the first time at the "Performance Meeting '78" at the Student Cultural Center Gallery in Belgrade

Analytical sculpture consists of thirty-six photographs, 24 x 30cm in size, set in a horizontal frieze.
The artist, who is also the author of the idea for the work, touches with his lips a nude female in an imaginary spiral, starting from her head and proceeding to the tip of her toe. In close proximity (around 30cm), the camera records every point of the woman's body (ear, cheek, shoulder, back, stomach, hips, legs, feet) that the artist touches, his lips opened as in a kiss and his eyes closed, so that the touch is in the center of each photograph and that any eventual photographic composition or esthetics may be avoided. The spiral movement was performed in space as a work in itself and was then necessarily presented in the form of a photograph as the most appropriate medium. All the while, the female nude stands in the classical sculpture's *contrapposto*. Visually, the moments of the lips touching the nude surface establish the relationship between the surface of the absolute sculpture and its receipt, acceptance, discovery of a possible system for . . . the relationship ceases to be.

N. P.

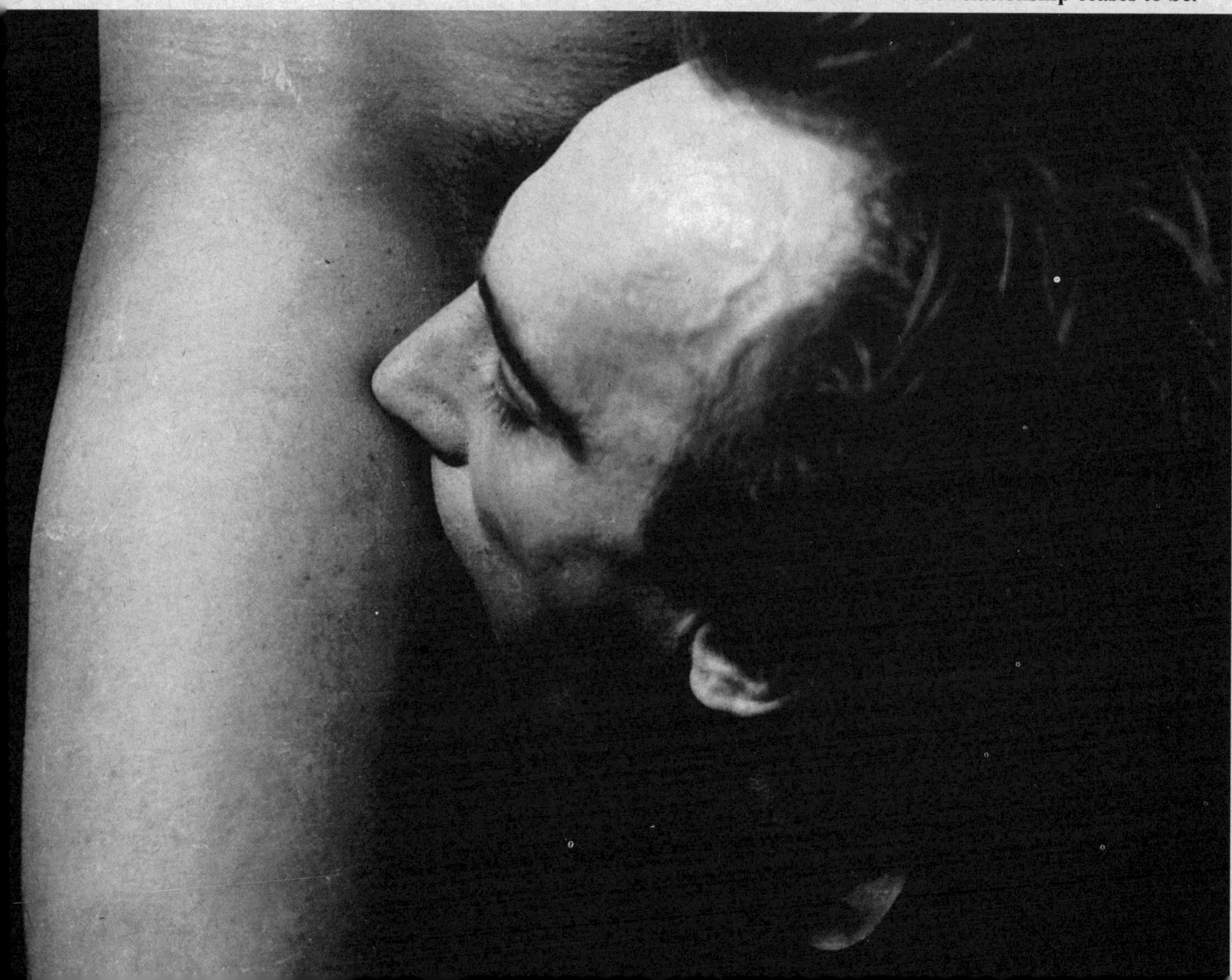

BIOGRAFIJA / BIOGRAPHY

Rojen / Born : **1942, Beograd, Srbija / Serbia**
Šolanje / Education : **Fakulteta likovnih umetnosti / Academy of Fine Arts, Beograd**
Živi in dela / Lives and works : **Beograd**

IZBRANA BIBLIOGRAFIJA
SELECTED BIBLIOGRAPHY

Miško Šuvaković, *Autoportreti = Self Portraits : Neša Paripović*, Novi Sad : Prometej, 1997.

Miroslav Miša Savić

Štiriindvajset ur je performans, ki preučuje skrajne sposobnosti udeležencev in materiala. Akord iz šestih tonov, okvirna melodija, se ponavlja vsako sekundo v trajanju ene rotacije Zemlje. Psihofizična izkušnja te situacije je še najbolj podobna kakemu ritualnemu mantričnemu obredu, zvedenemu na eno samo sliko. Delo je bilo izvedeno na "Aprilskih srečanjih" v študentskem kulturnem centru v Beogradu l. 1976.

M. M. S.

***Twenty-four Hours* is a performance which examines the limit capabilities of the participants and the material. A chord consisting of six tones, a frame melody, is repeated every second for the duration of one rotation of the Earth. The psychophysical experience of this situation is most reminiscent of a ritual mantric ceremony, reduced to a single frame. The performance was carried out at the "April Encounters" at the Student Cultural Center in Belgrade in 1976.**

M. M. S.

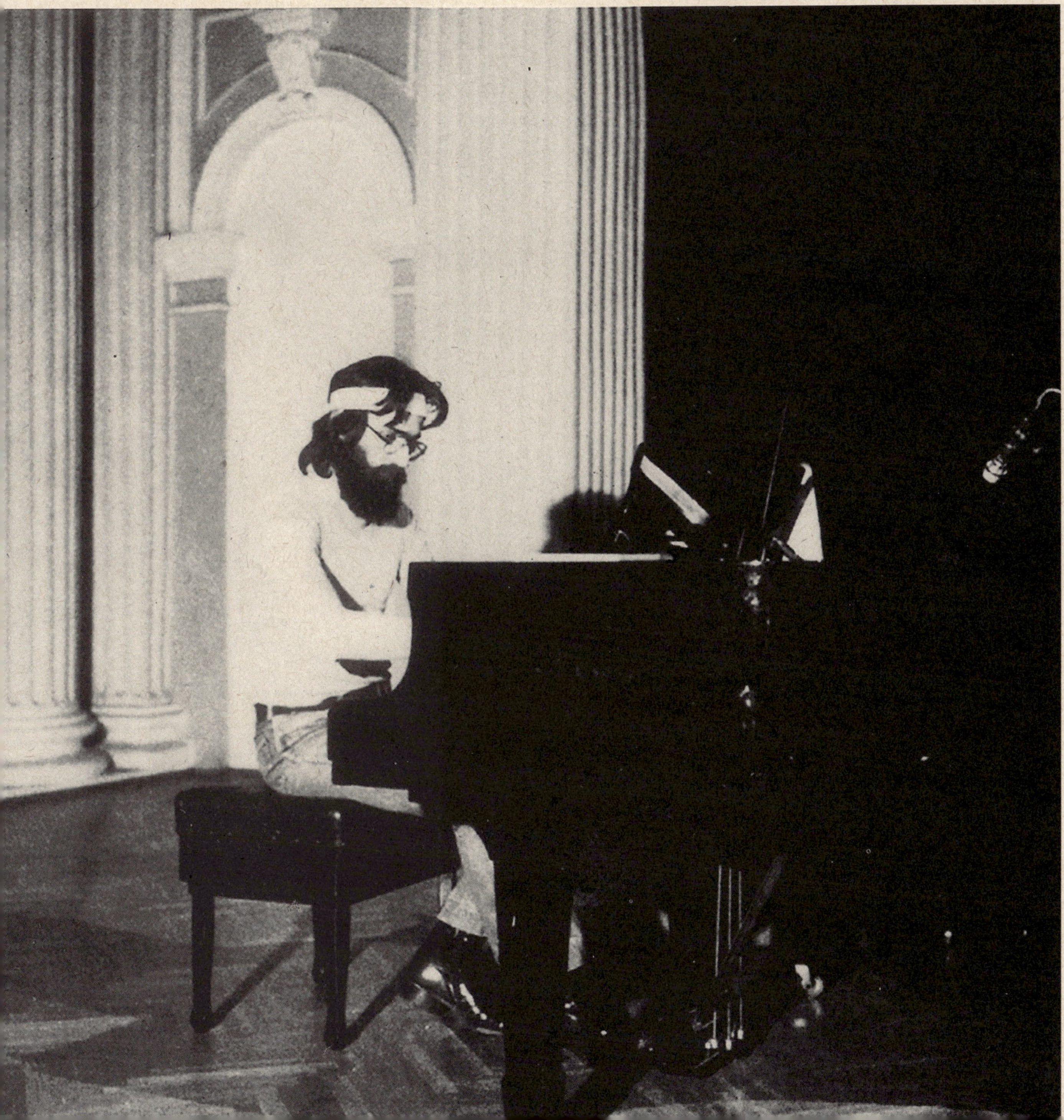

BIOGRAFIJA / BIOGRAPHY

Rojen / Born : **1954, Beograd, Srbija / Serbia**
Šolanje / Education : **Muzička akademija / Academy of Music, Beograd**
Živi in dela / Lives and works : **Beograd**

IZBRANA BIBLIOGRAFIJA
SELECTED BIBLIOGRAPHY

Marija Masnikosa, *Muzički minimalizam : Minimalistički opus Miroslava Savića*, Beograd : Clio, 1998, pp. 116 – 141.
Nataša Nikčević, »Gde prestaje muzika?«, intervju, *Pobjeda*, Podgorica, 3. III. 1992.
Lazarov Miodrag Pashu, » OPUS 4 – Savić, Drašković, Tosić i Pashu«, *Moment*, Beograd, no. 17, 1990, pp. 47 – 53.
Lazarov Miodrag Pashu, »Miodrag Miša Savić«, *Moment*, Beograd, no. 20, 1990, pp. 50 – 60.
Bojana Peić, »Post–communisme et réécriture de l'histoire (de l'art), *Art Press*, Paris, no. 192, 1994, pp. 37 – 41.
Miroslav Miša Savić, »Situacija nove muzike«, *Gradina*, no. 1, 1981, pp. 126 – 128.
Miroslav Miša Savić, »Situacija nove muzika«, *Moment*, Beograd, no. 17, 1990, p. 54.

Nenad Racković

Čas opazovanja, 1996
Performans (zračni balet) je bil izveden na festivalu »Letalo brez motorja«, Bitef teatar, Beograd, junij 1996.
Čas trajanja: 50 minut
Glasba: iz opere »Madame Butterfly« G. Puccinija
Posvečeno: Danili Kišu *(Ura anatomije)* in Draganu Jeremiću *(Narcis brez obraza),* zaradi katerih je umetnik skoval besedno zvezo »telo je delo« in izvedel performans pod tem geslom.

To je prvi skok s stavbe z višine 50 metrov v Evropi.
Isti performans je izvedel že septembra 1996 ob otvoritvi gledališkega festivala Bitef, ko je skočil s Sava centra.

***Time of Observation,* 1996**
The performance (air ballet) was carried out at the festival »Airplane without an Engine«, at the Bitef theater in Belgrade, in June 1996.
Duration: 50 min
Music: from the opera »Madame Butterfly« by G. Puccini
Dedicated to: Danilo Kiš *(Anatomy Lesson)* and Dragan Jeremić *(Faceless Narcissus),* on whose account the artist coined the phrase »the body is the work« and executed the performance in this spirit.

This is the first dive from a building from the height of 50 meters in Europe.
The artist carried out the same performance in September 1996, diving from the Sava Center building at the occasion of the opening of the theater festival Bitef in Belgrade.

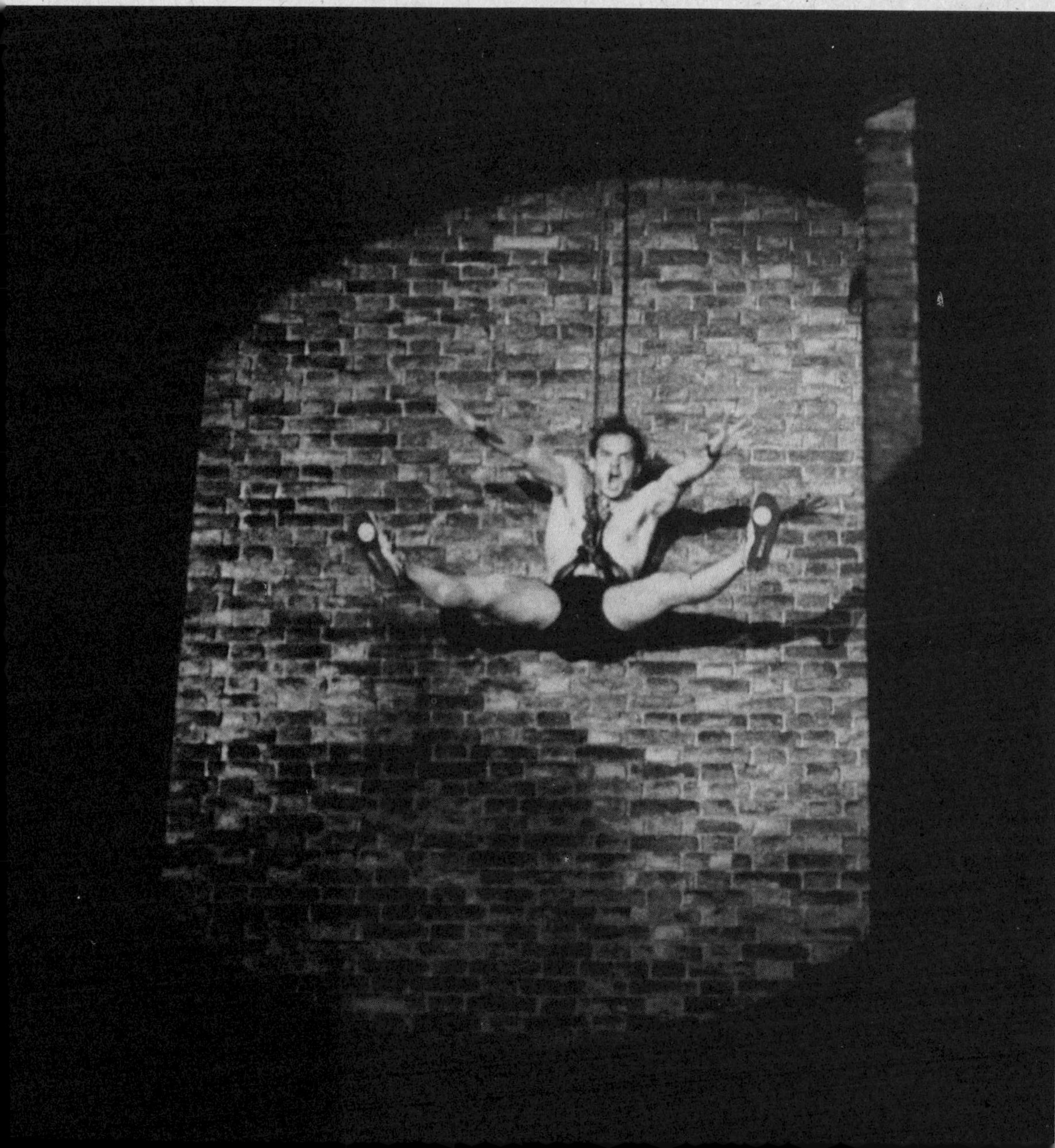

AVTOBIOGRAFIJA / AUTOBIOGRAPHY

Nenad Racković, rojen takrat in takrat, tam in tam, brez akademske izobrazbe, je umetnik približno tridesetih let. Vse, kar je napisano, ali kako drugače dokumentirano zdaj, pa tudi v bodoče, je legenda sama po sebi, tj. legenda medija. Živi in dela v Beogradu, na »Francuski ulici«, kot umetnik in gospod in ne kot nomad. Če karkoli njegovega razumete kot umetnost, je to nepomemben segment različnih faz in ciklusov njegovega življenja. Z eno besedo »GENIALNO«.

Nenad Racković, Beograd, 3. V. 1998

Nenad Racković, born some place some time, is an artist around 30, with no academic education. Whatever is written about him or documented in any other way, now or in the future, is a legend in itself, i.e. a legend of the medium. He lives and works in Belgrade, in »Francuska Street«, as a gentleman–artist and not as a nomad. If you should consider any part of his activities art, it is but a meaningless segment of the various stages and cycles of his life. In a word »BRILLIANT«.

Nenad Racković, Beograd, 3. V. 1998

IZBRANA BIBLIOGRAFIJA
SELECTED BIBLIOGRAPHY

Aleksandra Estela Bjelica, *Superstar : Mutanti mekog srca (ili : Ko je ubio umetnost?)*, razstavni katalog / exhibition cat., Galerija kulturnog centra, Beograd, 1994.
Aleksandra Estela Bjelica, »Nenad Racković«, *Projekat – časopis za vizuelnu umetnost*, Beograd, 3. VII. 1994, pp. 85 – 86.
Ješa Denegri, » Haos u nam i oko nas«, *Reč – časopis za književnost i kulturu*, Jan. 1997, pp. 111 –112.
Branislav Dimitrijević, »Ideologija kao matrica nasilja«, *Naša borba*, Beograd, 5. XI. 1996, p. 15.
Dejan Đorić, » Underground–Avantgarde«, *Likovni život*, Zemun, no. 41, 1992, pp. 7 – 8.
Zoran Markuš, »Umetnost podzemlja kao povod«, *Politika*, Beograd, 28. I. 1994.
Darka Radosavljević, *Nekrofagija : Na ivici sečiva*, razstavni katalog / exhibition cat., Studentski kulturni centar, Beograd, 1993.

Bálint Szombathy

Waver (Hommage poslednjemu video umetniškemu delu)
Performans s sodelovanjem Milana Mumina
OSTranenie, Das Internationale Forum Elektronischer Medien, Bauhaus, Dessau, 1997
NS Time Club, Novi Sad, 1997

Medtem ko se na platnu vrstijo 30-sekundne projekcije del mednarodnih video umetnikov, Bálint Szombathy za vsako delo spije kozarček vodke Absolut in čaka na koga od gledalcev, da bi nazdravil z njim. Po 35 kozarčkih Szombathy v imenu »poslednjega dela« v zgodovini video umetnosti spije še šestintrideseto vodko. Na sceno stopi Milan Mumin iz skupine Love Hunters s pesmijo *Waver*, ki je bila napisana posebej za to priložnost. Zaključni del performansa se odvije tako, da Szombathy vzame katodno cev televizorja, vanjo naredi luknjo in v odprtino izbljuva popito vodko, ki se kot »energija«, popita na čast umetnosti, na ta način vrne k istemu mediju.

Waver (Homage to the Last Video Artwork)
Artistic performance in cooperation with Milan Mumin
OSTranenie, Das Internationale Forum Elektronischer Medien, Bauhaus, Dessau, 1997
NS Time Club, Novi Sad, 1997

While works of international video artists are being projected on the screen, each for 30 seconds, Bálint Szombathy drinks a small glass of Vodka Absolut to each work, waiting for somebody from the audience to toast with him. After drinking 35 glasses, Szombathy drinks a 36th to the »last artwork« in the history of video art. Milan Mumin from the band Love Hunters comes on the scene with the song *Waver*, which was composed specially for this occasion. The concluding part of the performance consists in Szombathy taking a television set cathode ray tube, making a hole in it, and spewing into it the imbibed vodkas which, as »energy« drunk in a toast to art, return in this way to the same medium.

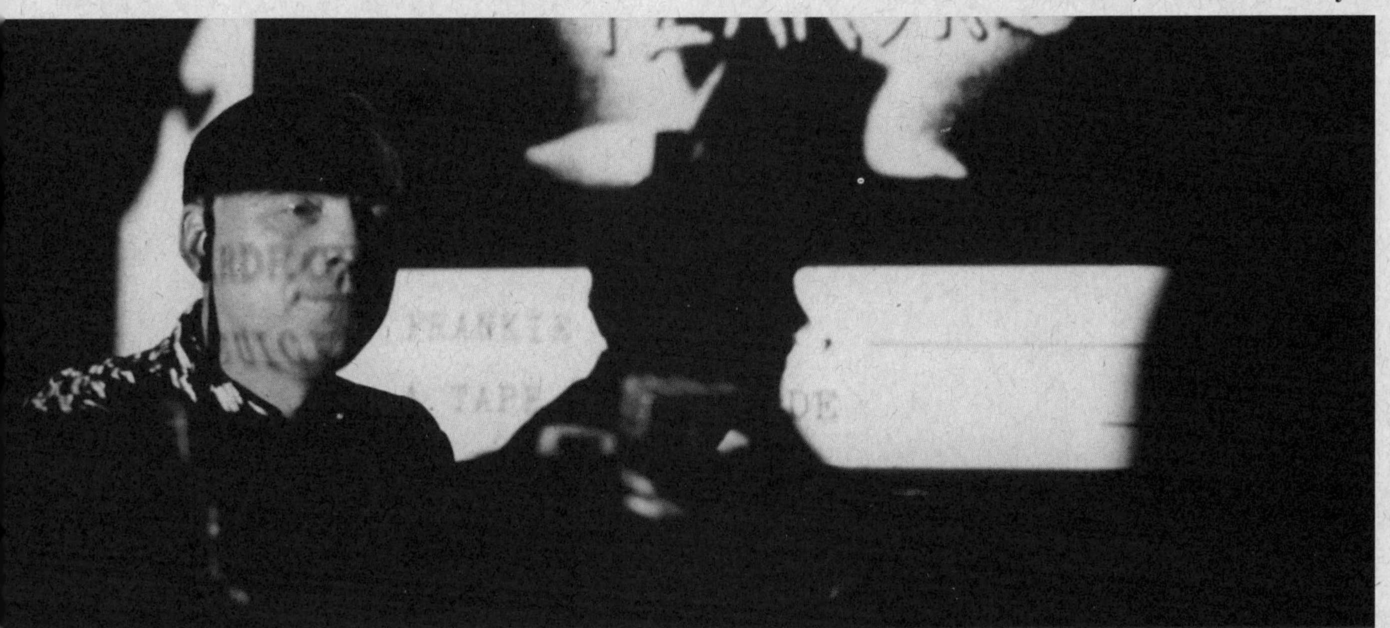

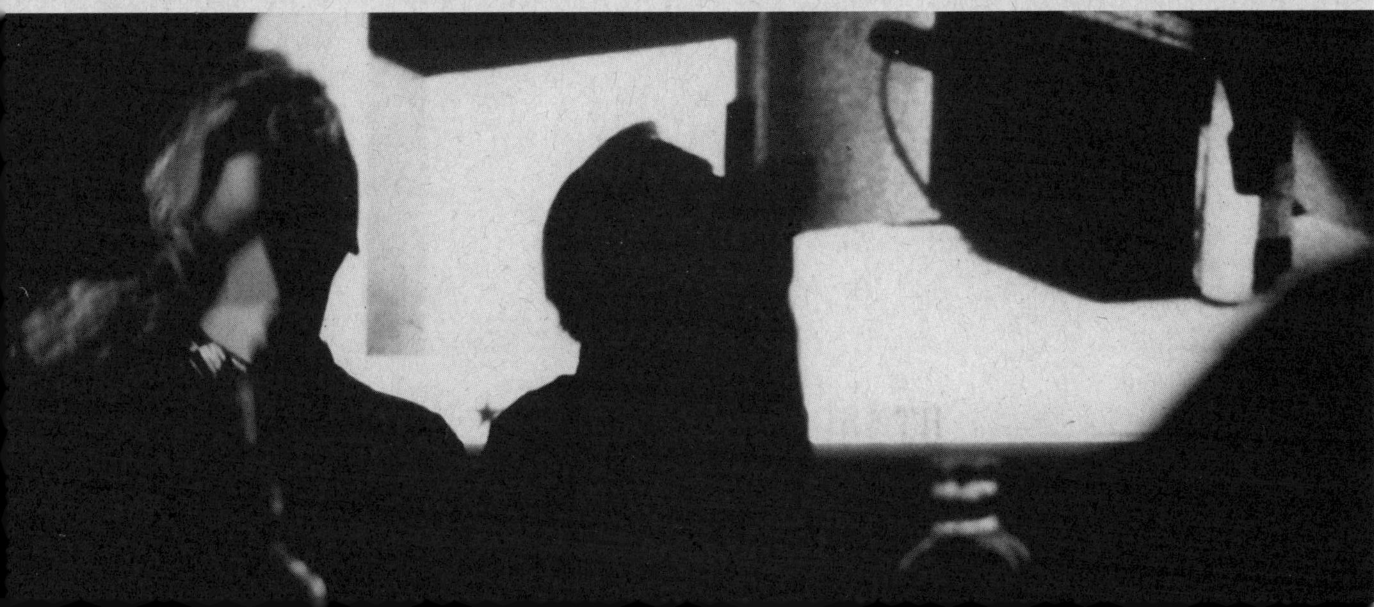

BIOGRAFIJA / BIOGRAPHY

Rojen / Born : **1950, Pačir, Srbija / Serbia**
Živi in dela / Lives and works : **Novi Sad**

IZBRANA BIBLIOGRAFIJA
SELECTED BIBLIOGRAPHY

Ješa Denegri, *Fragmenti. šezdesete–devedesete, umetnici iz Vojvodine : Bálint Szombathy*, Novi Sad : Prometej, 1994.
Marina Gržinić– Mauhler, *Rekonstruirana fikcija : novi mediji, video umetnost, postsocializem in retroavantgarda: teorija , politika, estetika 1997 – 1985*, Ljubljana : Študentska založba, 1997.
Martina Panzner, » Globale Dörfer: OSTranenie 95 am Bauhaus Dessau«, *Neue Bildende Kunst*, Berlin, no. 1, 1996, p.85.
Denis Poniž, »Jegyzetek Szombathy Bálint könyve kapcsán«, *Hid*, Novi Sad, no. 1, 1983.
Miško Šuvaković, *Prestupničke forme. Postmoderna i avangarda na kraju XX. veka*, razstavni katalog / exhibition cat., Centar za savremenu kulturu Konkordija, Vršac, 1998.

Raša Todosijević

Pitje vode – inverzije, imitacije in kontrasti
Performans v sodelovanju z Marinelo Koželj
Beograd, študentski Kulturni Center, 19. april 1974, Aprilska srečanja
(Opomba: Besedilo iz l. 1974 je prepisano brez naknadnih popravkov.)

Delo, ki sem ga poimenoval "Pitje vode – inverzije, imitacije in kontrasti«, sem izvedel 19. aprila 1974 v sodelovanju z Marinelo Koželj v galeriji študentskega kulturnega centra v Beogradu.
Delo je trajalo približno 35 minut. V tem času sem popil 26 kozarcev navadne vode.
Tik pred začetkom sem iz prej pripravljenega akvarija pred gledalce vrgel 1 kilogram 200 gramov težko ribo.
Pri pitju vode sem poskušal uskladiti ritem požiranja z namišljenim ritmom dihanja ribe, ki je bila ves čas na suhem.
Seveda sem to lahko počel samo nekaj časa, potem pa sem vzpostavil lasten ritem požiranja.
Zaradi velike količine tekočine v telesu sem občasno bruhal po mizi pred seboj.
Da bi okvirno omejil dolžino dela, sem pod belo rjuho, s katero sem prekril mizo, posul v vodi lahko topljiv vijoličast pigmentni prah. Računal sem, da bom delo prekinil takoj, ko bo rjuha zaradi mojega bruhanja popolnoma prepojena z vijoličasto barvo.
Prostor–avla, v kateri se je to dogajalo, je bila glede na letni čas precej hladna, zato sem dekletu – moji sodelavki – še pred začetkom predlagal, naj obleče kaj zelo toplega, s čimer bi v zavesti gledalca povečala nasprotje med mojim napol golim telesom in toplo jakno, v kateri je bila ona. Delo sem začel in končal z nizom inverzij in bistvenih kontrastov...

R. T., 28. aprila 1974, Beograd

Drinking water – inversions, imitations, and contrasts
Performance in cooperation with Marinela Koželj
Belgrade, Student Cultural Center, 19 April 1974, April Encounters
(Note: The text from 1974 has been copied without any subsequent changes.)

The work which I entitled »Drinking water – inversions, imitations, and contrasts« was realized on 19 April 1974 in cooperation with Marinela Koželj at the gallery of the Student Cultural Center in Belgrade.
The performance lasted approximately 35 minutes. During that time I drank 26 glasses of tap water.
Just before the beginning I took a fish weighing 1 kilogram 200 grams out of a previously prepared fish tank and threw it in front of the spectators.
I drank the water trying to synchronize my rhythm of swallowing with the supposed rhythm of breathing of the fish, which remained out of water all the time.
Naturally I was only able to do this for a while, until my own rhythm of swallowing was established and prevailed.
Due to the large quantity of liquid in my body I sporadically vomited over the table in front of me.
To limit approximately the duration of the performance, I powdered the table with an easily soluble purple pigment dust and covered it with a white sheet. My plan was to stop the performance as soon as the sheet became saturated with the purple dye due to my vomiting.
The hall in which this took place was rather cold in that time of year, so before the beginning I suggested to the girl who cooperated with me in the performance to wear something very warm to underscore in the awareness of the viewer the contrast between the semi-nudity of my body and the warmth of the jacket she wore. I started and finished the work with a series of inversions and essential contrasts...

R. T., 28 April 1974, Belgrade

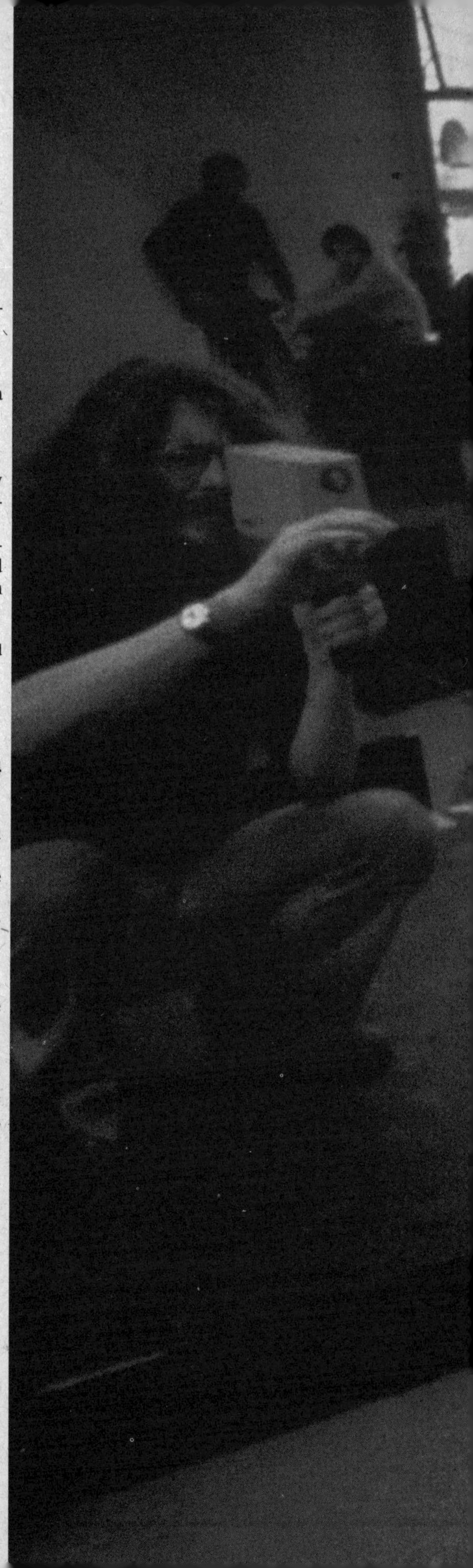

BIOGRAFIJA / BIOGRAPHY

Rojen / Born : **1945, Beograd, Srbija / Serbia**
Živi in dela / Lives and works : **Beograd**

IZBRANA BIBLIOGRAFIJA / SELECTED BIBLIOGRAPHY

Barbara Borčić, »Raša Todosijević : Odločitev kot umetnost«, *Likovne besede*, Ljubljana, no. 21 – 22, 1992.
Dragan Bulatović, »Gott liebt die Serben : Raša Todosijević«, *Moment*, Beograd, no. 23 – 24, 1994.
Ješa Denegri, »La situazone Iugoslava«, *DATa*, Milano, no. 27, 1977.
Gillo Dorfles, *L'ultima avanguardia Jugoslava*, razstavni katalog / exhibition cat., Galleria Civica, Modena, 1977.
Elisabeth Jappe, *Performance – Ritual – Prozess : Handbuch der Aktionskunst in Europa*, München; New York : Prestel Verlag, 1993.
Friedmann Malsch, »Raša Todosijević Dragoljub«, *Kunstforum International*, Ruppichteroth, no. 117, 1992.
Lidija Merenik, *Beograd : Osamdesetih*, Novi Sad : Prometej, 1995.
Georg F. Schwarzbauer, »Performance Festival Wien«, *Kunstforum International*, Ruppichteroth, no. 27, 1978.
Kristine Stiles, *Out of actions : between performance and the object, 1949 – 1979*, razstavni katalog / exhibition cat., The Museum of Contemporary Art, Los Angeles, 1998.
Raša Todosijević, *Vesela Kabalistička Koračnica*, Beograd : Cicero, 1997.

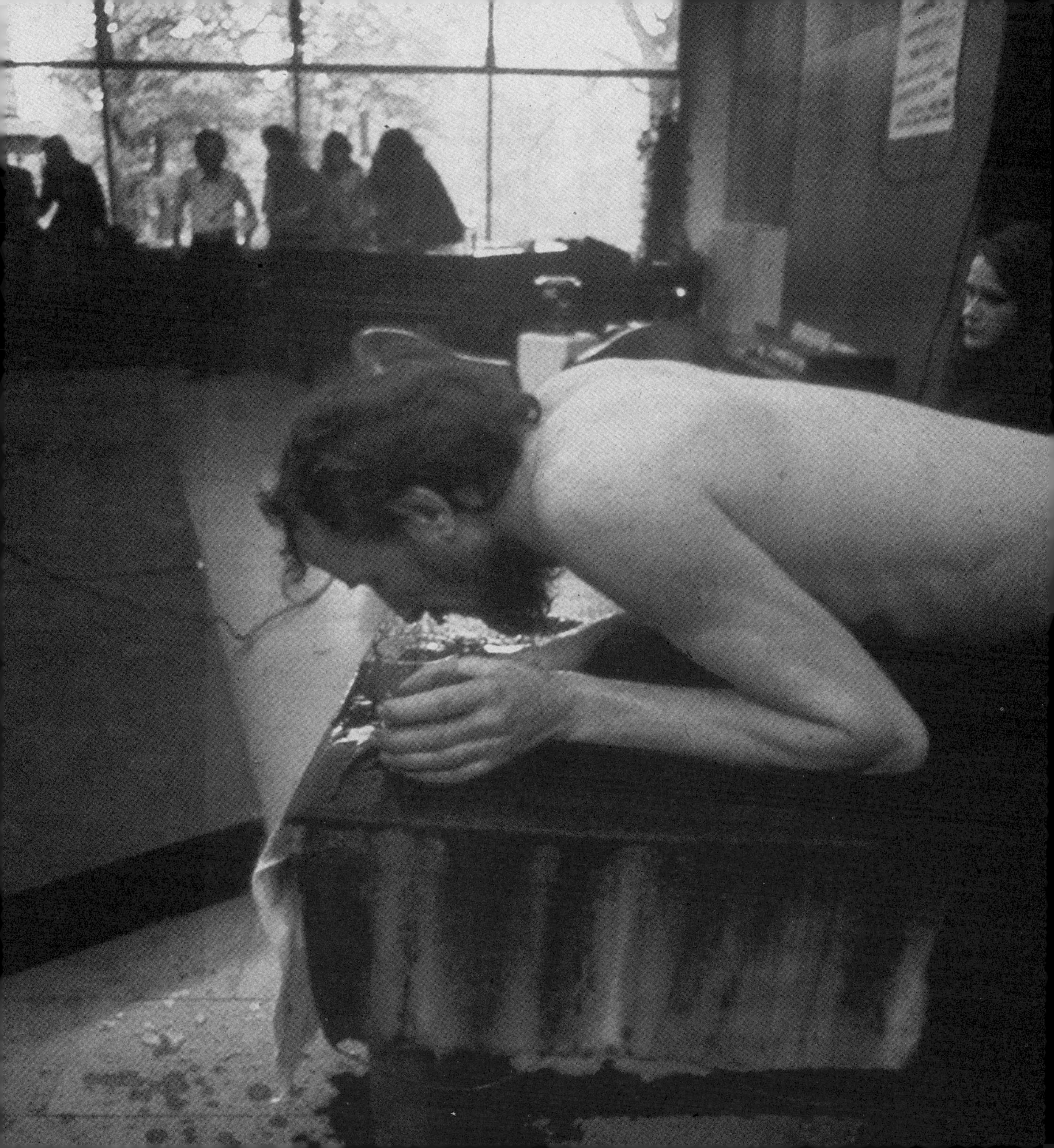

Ilija Šoškić

Maksimalna energija – minimalni čas, 1975
L'Atico, Rim

* gl. tekst Bojane Pejić v tem katalogu, str. 76

***Maximum Energy – Minimum Time,* 1975**
L'Atico, Rome

*** see the text by Bojana Pejić in this catalogue, p. 77**

BIOGRAFIJA / BIOGRAPHY

Rojen / Born : **1934, Črna gora / Montenegro**
Živi in dela / Lives and works : **Rim / Rome**

IZBRANA BIBLIOGRAFIJA
SELECTED BIBLIOGRAPHY

Bruno Cora, »24 ore su 24«, *Data*, Milano, no. 15, 1975.
Giorgio Cortenova, *Ilija Šoškić,* razstavni katalog / exhibition cat., Galleria Carbonesi, Bologna, 1971.
Dragica Čakić, *Ilija Šoškić*, razstavni katalog / exhibition cat., Grazer Kunstverein, Graz, 1989.
Jerko Denegri, »Kontraumjetnost i protuumjetnost«, *Moment*, Beograd, no. 1, 1984.
Mario Diacono, *Materialismo magico*, razstavni katalog / exhibition cat., Galleria »Mario Diacono«, Rim, 1980.
Nermina Kurspahić, *Ilija Šoškić*, Galerija Novi hram, Sarajevo, 1986.
Emilio Villa, *Ilija Šoškić*, razstavni katalog / exhibition cat., Centro attivita visive, Palazzo dei Diamanti, Ferrara, 1972.

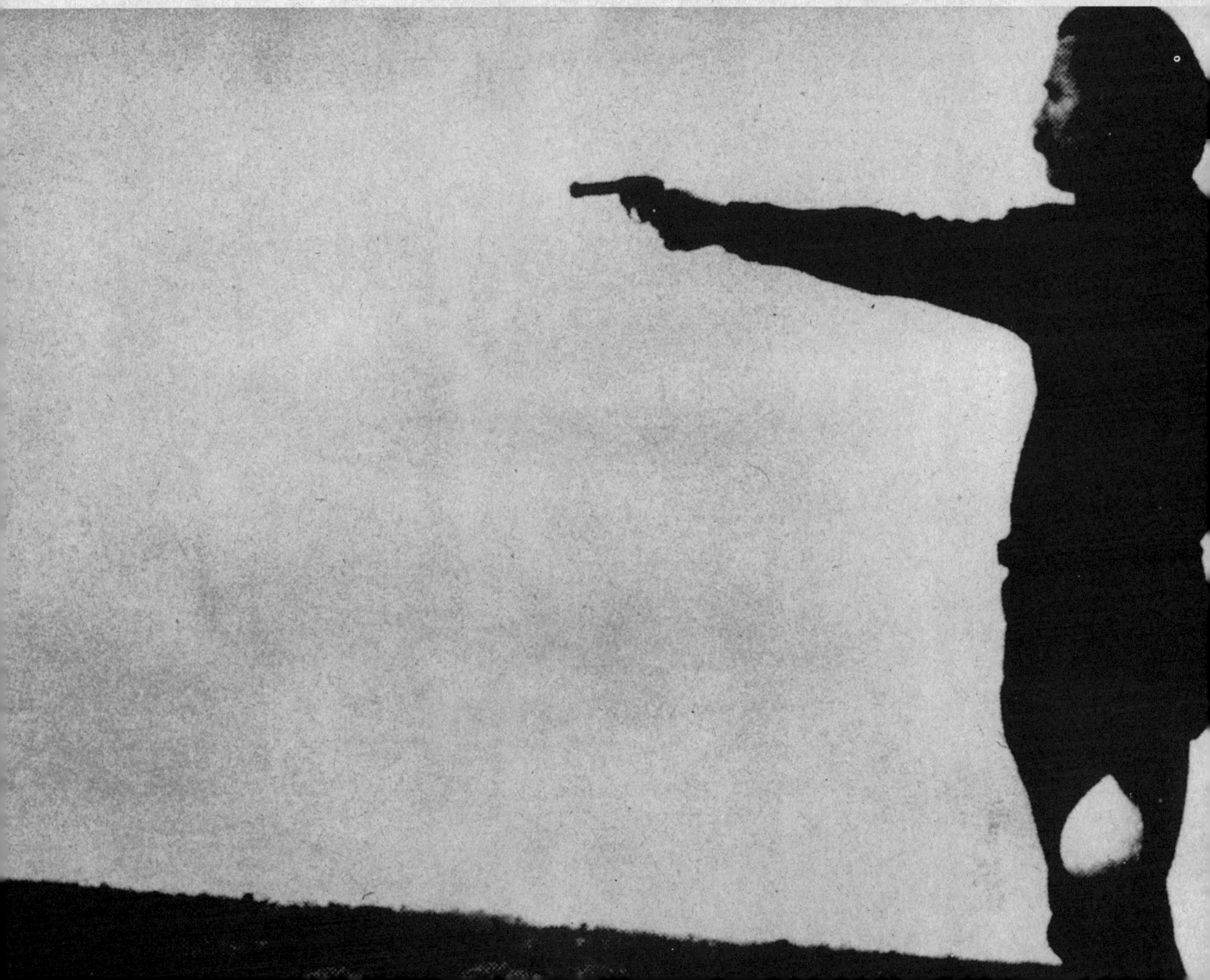

Litva/ Lithuania

Raminta Jurėnaitė

Porušeni mir prostora

V Litvi body art ni imel in nima ugodnega okolja za svoj razvoj. Litovska umetnost ne pozna tradicije občutja telesa in spolnosti kot tudi ne študij psihosomatskega telesnega izraza. V Litvi, ki je ena najmočnejših trdnjav katoliške vere, se tabu vsega, kar je povezano s telesom, paradoksalno ujema s postulati sovražne komunistične morale. Spolnost in strast kot tudi z njo povezani užitek ter kriminal uradno niso nikoli obstajali. Homoseksualno ljubezen so skupaj z raznimi oblikami perverznosti omenjali le v kriminalističnih priročnikih. Politične in družbene provokacije ter subjektivna izkušnja so v body artu našle primeren izraz šele leta 1989 z ustanovitvijo skupine POST ARS v Kaunasu. Njeni člani, Česlovas Lukenskas, Aleksas Andriuškevičius in Robertas Antinis, motijo lokalni, provincialni in filistrski mir s svojimi performansi, akcijami, objekti in instalacijami. Opustili so konvencionalna medija slikarstvo in kiparstvo, uporabljajo najdene predmete, naravno okolje in nesreče ter s pomočjo svojih teles skupaj raziskujejo, določajo in spreminjajo okolje. Včasih so njihove akcije zaprtega tipa in jih prirejajo le za ozek krog občinstva. Spet drugič pa njihove akcije vključujejo večje število udeležencev in gledalcev, ki imajo aktivno vlogo. Lokacije performansov in akcij skupine POST ARS so tako tradicionalne galerije kot alternativni nemuzejski prostori. Veliko dogodkov je bilo uprizorjenih na Lukenskasovi oddaljeni kmetiji ali pa v gramozni jami v okrožju Jonava, umetniških ateljejih, mestnih trgih in ulicah. Glavna tema akcij skupine POST ARS je metamorfoza človeškega telesa v grm, seme, peterokrako zvezdo, smeti ali steber.
Performans *Zavržen človek* (1989) Česlovasa Lukenskasa je brutalen odsev sodobnega časa. V talečem se umazanem snegu na bregu reke Nemunas, ki je onesnažen s smetmi mestnih prebivalcev, leži človeško (umetnikovo) golo in obvezano telo. Človek nepremično leži na trebuhu. Zdi se nezaželen, zavržen. Na smetišču se tudi človek sam spremeni v smeti. Nikjer ni ostankov dostojanstva ne življenja ne smrti.
Lukenskas uporablja sugestivno metodo, s katero v delo vključi in tematizira fenomene, ki so zunaj meja kulture. Situacijo uprizori kot rekonstrukcijo dogodkov in izzove asociacije z dokumentarnim filmom, zločinom in dnevnimi novicami in poročili o naraščanju masovnih konfliktov v raznih delih sveta.
Lukenskasu uspe s skromnimi sredstvi doseči radikalen učinek. Ne uporablja naracije. Situacija sama je dovolj zgovorna.
V videu *Moje potovanje* Aleksasa Andriuškevičiusa osebna izkušnja postane simbol. Umetnik se kotali čez mestni trg v starem delu Kaunasa, medtem ko mimoidoči hitijo mimo njega. Kotaljenje v ležečem položaju je znano kot igra otrok in mladine. Ta elementarni način gibanja omogoča raziskovanje površine tal. Počasno spoznanje o omejeni topografski situaciji postane dolgo potovanje, polno predpostavk in upanj. Vendar tu je proces potovanja preseljen na odprto in obiskano lokacijo. Tlak trga povzroča praske na telesu kotalečega se umetnika, ki postopoma upočasni hitrost in se ustavi. Tako kot v vsej vzhodnoevropski videoprodukciji, tudi tu zaradi omejenih materialnih možnosti ne najdemo kompleksnih tehničnih efektov. Tako ima veliko vlogo humor zgodbe same in estetika snemanja in montaže.
V središču akcij Robertasa Antinisa je povezava med človeškim telesom in okoljem ter povezava med izbranimi materiali. Zanima ga prehod med živim in neživim ter vmesno stanje med različnimi materiali in procesi. Vrhunec trenutkov kontemplativnih ritualov je določitev procesov dotikanja in transformacije. V akciji *Raztopljena glava* umetnik postane kip s pomočjo običajnih medijev: glavo si počasi prekriva z vato. Ne more več videti in slišati in postane nema oseba. Meje med telesom, stvarjo in umetniškim delom ni več mogoče občutiti. Golota je v litovski umetnosti še vedno redek pojav, četudi so po padcu socialističnih prepovedi televizijski programi polni pornografije in nočni klubi tekmujejo s predstavami moškega striptiza.

Raminta Jurėnaitė

The Disturbed Peace of Location

In Lithuania the body art had never had and has no favourable environment for its development. The sensation of one's body and sex as well as the studies of the psychosomatic expression of the body have no older traditions in art here. In Lithuania, one of the strongest bastions of Catholicism, the taboo against everything associated with body paradoxically coincides with its enemy's postulates of communist morality. Sexuality and passion as well as the joys experienced on this basis or crimes committed had never publicly existed. Love for the same sex together with perversions used to be mentioned only in the reference books of criminology.
Political and social provocations as well as the subjective experience through the body language found their expression as late as 1989 following the formation of the group POST ARS in Kaunas. Its members Česlovas Lukenskas, Aleksas Andriuškevičius and Robertas Antinis are striving to disturb the local provincial, philistine peace with the help of performances, actions, objects and installations. Having abandoned conventional media of painting and sculpture, they employ finds, nature deposits, calamities and together investigate, fix and change environment with their own bodies. Sometimes their actions are closed and performed in a narrow circle. In other cases, they include a great number of participants and spectators get active roles. The locations of POST ARS performances and actions – both traditional exhibition halls and alternative, non-museum spaces. A lot of events were held in Lukenskas' remote farmstead or a gravel-pit in the district of Jonava, artists' studios, city squares and streets. The main theme of actions performed by POST ARS – metamorphoses of man's body into the objects of nature or social symbols. Man's figure is transformed into a bush, a seed, a five-pointed star, rubbish or a post.
Česlovas Lukenskas brutally characterises the current time in his performance *The Thrown out Man* (1989). In the melting dirty snow on the bank of the river Nemunas, littered up by the residents of the city, lies man's naked, bandaged body (the artist himself). The prone, motionless man lying in a dump seems to be unwanted, thrown out. In a rubbish-heap, man becomes rubbish himself. There are no dignity relics either of life or death.
Here, Lukenskas employs a suggestive method: to include into work and to thematize the phenomena which are outside the boundaries of culture. He stages a situation as if reconstructing events. It provokes associations with documentary films, the place of crime in everyday news items or reportages about escalated mass conflicts in various points of the world.
Lukenskas manages to reach a radical effect by way of thrifty means. He employs no narration. The situation itself is eloquent enough.
A personal experience becomes a symbol in the video *My Journey* by Aleksas Andriuškevičius. The artist is rolling across the Town Hall square in the Kaunas Old Town, while different passers-by are hurrying past him. Rolling in a lying position is a well known action practised in childhood and adolescence. An elementary way of movement makes possible to examine the surface of the ground or floor. The slow realisation of a limited topographic situation becomes a long journey full of suppositions and hopes. However, now, the process of travelling is moved to an open and visited location. The cobble-stone of the square scratches the sides of the rolling artist until he finally stops, gradually slowing down the speed. Like in all East European video art, here are no complex technical effects due to the limited material possibilities. Therefore, first of all, a great role belongs to the witticism of the narration itself and the aesthetics of filming and editing.

Še redkeje se v umetnosti srečamo s svojim lastnim golim telesom. Prva, ki je prebila ta tabu, je bila fotografinja Violeta Bubelytė, ki že od leta 1982 fotografira svoje golo telo. Pri nas ta korak ni pomenil le prekršitev katoliških življenjskih norm, temveč tudi odvrnitev od tradicionalnih nepisanih pravil. V Litvi aspekte zasebnosti le stežka najdemo v javnosti. Poleg tega v Litvi ne poznamo feminističnega gibanja in debata o določenih omejitvah v odnosu do spolov se šele rojeva. V tem okolju performansi Eglė Rakauskaitė igrajo pomembno in provokativno vlogo. Njeni performansi vključujejo njeno lastno telo in so posneti na video kamero brez zunanje pomoči. To je potrebno, ker ti postopki zahtevajo izredno koncentracijo in pazljivost. Pri tem je meja med hedonistično igro in nevarnostjo izredno tanka. V živi skulpturi *Past. Izgon iz raja* (1995, 1996, 1997) umetnica s pletenjem kit trinajstih deklet v eno v Vilniusu, Varšavi in Carigradu lovi subtilno ravnotežje med lepim in grdim, ne da bi prestopila nevarno mejo. Z delom s svojim lastnim telesom umetnica spremeni nasilje v sestavni del interpretacije ženskosti.

Rakauskaitė v poldrugo uro dolgih performansih potopi svoje telo v med ali maščobo. Po tradiciji so žensko telo mazali z medom ali oljem, da bi zagotovili lepoto in podaljšali mladost. Tipična vloga ženske je bila, da se neguje, razvaja in doseže popolnost. Vendar v Rakauskaitinih performansih velika količina uporabljenih materialov postane nevarna. Med prekriva telesni embrio, ga ujame v gosto maso in onemogoči gibanje. V kadi, polni masti, je mogoče dihati le skozi cevko in obstaja nevarnost zadušitve. Počasni gibi udov in glave ustvarijo vtis zadušenega utripa. Organski materiali, ki v Beuysovih performansih simbolizirajo energijo, tu grejejo in ščitijo le minuto ali dve. Pozneje ustvarijo vtis konzerviranja in mumificiranja telesa. Golota je brez spolnih ali ekshibicionističnih predznakov za razliko od performansov Elke Kristufek. Potencialno nasilje nad ženskim telesom se v Rakauskaitinem ritualu razkriva kot nasilje nad življenjem. Silhueta telesa je vidna skozi nekakšen filter in obraz ni nič bolj razločen. Resničnost je zunaj zaznav. Gledalčev vojerizem je kaznovan z občutkom negotovosti.

V Litvi je body art popolnoma nov pojav.

In the centre of the actions created by Robertas Antinis – the link between man's body and environment as well as various selected materials. His curiosity is focused on the transition of something animate into inanimate and into the intermediate state of different materials and processes. Here the important fixation of the touching and transformation process becomes culmination moments of contemplative rituals. In the action *The Melting Head*, the artist becomes a sculpture employing the most ordinary media, i. e. gradually covering his head with cotton wood. He cannot see and hear, he becomes a mere dumb person. The limit between the body, thing and the work of art cannot be any longer felt.

In Lithuania nudity in art remains a rare phenomenon even now, though after socialist prohibitions TV programs are full of pornography and night clubs boast of their male striptease shows.

The exposition of one's own nude body can be even more seldom seen in art. The first to break this taboo was the photo artist Violeta Bubelytė who has been photographing her own nude body since 1982. In our country such a step meant not only the violation of Catholic norms of life but also the break of traditional unwritten provisions. Private aspects can hardly become public with us. Besides, there was no feminist movement in Lithuania, and discussions on the specific limits of attitudes toward sexes show only their first modest signs. In such a medium, the performances by Eglė Rakauskaitė play a big enough provocative role. Her performances with her own body are fixed by a videocamera without outsiders. It so happens because such processes require great concentration and carefulness. The limit between a hedonistic game and threat is greatly fragile here. In the live sculpture *Trap. Expulsion from Paradise* (1995, 1996, 1997) the artist subtly balanced between beauty and pain without stepping over a dangerous limit by way of plaiting the braids of thirteen girls into one in Vilnius, Warsaw and Instanbul. Working with her own body, the artist turns violation into a composite part of the interpretation of femininity.

In the course of some half an hour lasting performances, Rakauskaitė's body is immersed in honey or fat. In a historical tradition, alike today women's bodies are rubbed with honey or oils, searching for beauty or prolongation of youth. A typical woman's role – to cherish, spoil and perfect self. A too great quantity of materials, however, becomes threatening. The honey covers the embryo of the body, imprisoning it in a thick mass and paralysing movement. Breathing in the reservoir full of fat only through a tube poses a threat to suffocate. The slowly moved limbs and head produce the impression of a stifled throbbing. The organic materials, which in the performances by Beuys serve as an energy symbol, seem to be warming and protecting only for a minute or two. Later on, one gets the impression of the preservation and mummifying of the body. Her nudity has no sexual exhibitionist provocations for the public as in the performances by Elke Kristufek. The potential transgression of woman's body is disclosed in Rakauskaitė's ritual as the transgression of life. The silhouette of the body is seen as if through a filter and the face does not become more distinct. Reality is beyond tangibility. The spectator's voyeurism is punished by the experience of insecurity.

In Lithuania the body art is a completely new phenomenon.

POST ARS

Člani / Members: **Aleksas Andriuškevičius, Robertas Antinis, Česlovas Lukenskas, G. Zinkevičius**

Aleksas Andriuškevičius

Moje potovanje, 1992
Video
Foto: Gintaras Zinkevičius

Na videoposnetku fiksirano »potovanje« – umetnikovo kotaleče se gibanje v ležečem položaju po različnih krajih ter po odprtih in zaprtih prostorih. Zamenjava različnih prostorov, ki jih preide med različnimi potovanji, kot pravi umetnik, pomaga razkriti različna stanja popotnika. Drugi vidik tega dela je v nemožnosti, da bi se ceste in popotniki srečali. Medtem ko se premika v ležečem položaju, je umetnik navidezna vertikala, drugi mimoidoči, ki potujejo okrog njega na tradicionalen način, pa so horizontale v odnosu nanj. Zdi se, kot da se premikajo eden poleg drugega, vendar pa se njihove ceste ne križajo. Umetnik se vali in oni gredo mimo…

Kęstutis Kuizinas

***My Journey,* 1992**
Video
Photo: Gintaras Zinkevičius

The fixed »journey« on a video tape – the artist's movement in different premises, closed and open spaces rolling in a lying position. The shift of various spaces crossed during various journeys, as the artist put it, helps to reveal various states of the traveller. The second aspect of the work – the impossibility of the roads and travellers to meet each other. While moving in a lying position, the artist is a seeming vertical whereas the other passers-by travelling around him in a traditional way are horizontals in his respect. They seem to be moving beside each other, however, their roads do not cross each other. The artist rolls down and they pass by...

Kęstutis Kuizinas

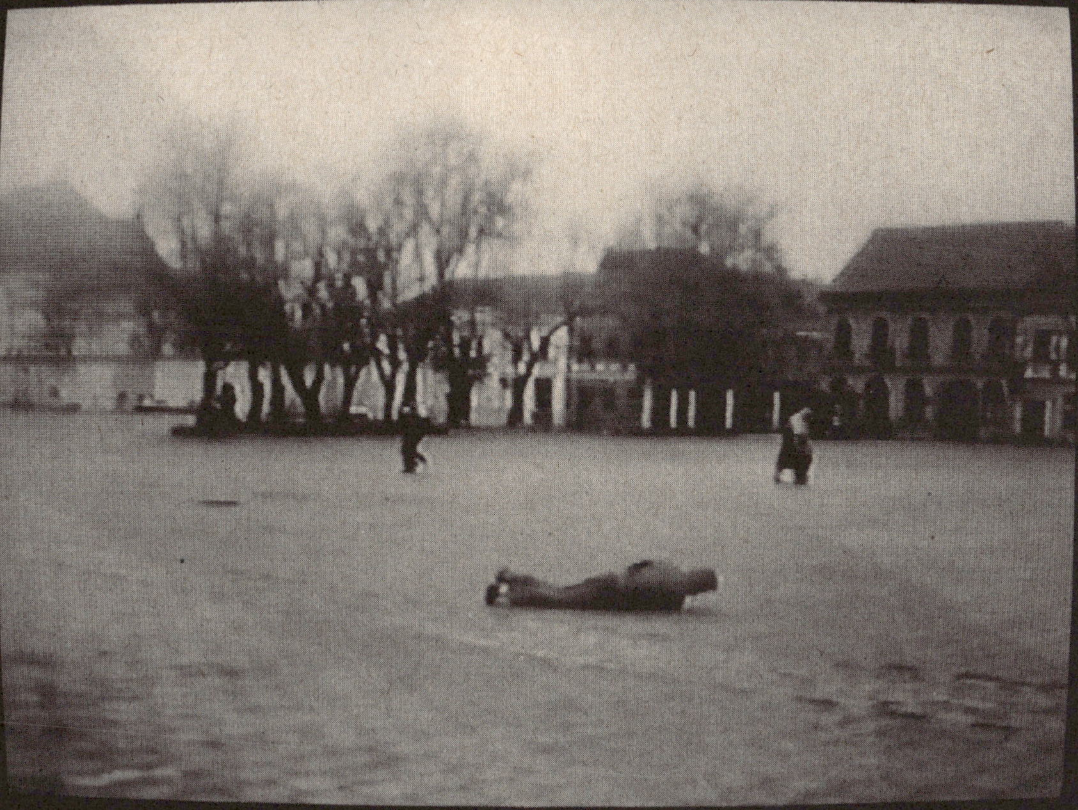

BIOGRAFIJA / BIOGRAPHY

Rojen / Born : **1959, Panevešys, Litva / Lithuania**
Šolanje / Education : **1978 – 1983 Pedagogical Institute, Šiauliai ; od leta 1989 član umetniške skupine POST ARS / from 1989 member of the artist's group POST ARS**
Živi in dela / Lives and works : **Kaunas**

IZBRANA BIBLIOGRAFIJA
SELECTED BIBLIOGRAPHY

Aleksas Andriuškevičius, *Dainavimo sasiuvinis = Notebook for Singing*, Kaunas, 1991.
H. Enderlein, K. Hage, J. Leenhard, H. Schierz, *Europa–Bienale Niederlausitz II. Kunst und landschaftsges = faltung art in nature. Intermediale aktionen*, razstavni katalog / exhibition cat., Niederlausitz, 1993.
Raminta Jurėnaitė, *Tarp skulpturos ir objekto – lietuviskai = Between Sculpture and Object in Lithuania*, razstavni katalog / exhibition cat., Soros Center for Contemporary Art, Vilnius, 1993.
Kestutis Kuizinas, *Three Agendas : Lithuanian Art*, razstavni katalog / exhibition cat., The Contemporary Art Centre, Vilnius, 1996.
Michel Nuridsany, *Aujourd'hui les baltes. Art Contemporain d'Estonie, Lettonie, Lituanie*, razstavni katalog / exhibition cat., Paris, 1993.
Kestutis Vasiliunas, *International Exhibition of the Artist's Book*, razstavni katalog / exhibition cat., The Contemporary Art Centre, Vilnius, 1993.
_____, *POST ARS tekstai*, Kaunas : POST–ARS publication, 1992.
_____, *POST ARS. Booklet, manifest, biographies*, Kaunas, 1992.
_____, *French–Baltic Festival of Video Art*, Rigas Multimediju centra apgads, Riga, 1993.
_____, *French–Baltic Festival of Video Art*, The Contemporary Art Centre, Vilnius, 1996.

POST ARS

Robertas Antinis

Raztopljena glava, 1990
Akcija
Fotografije Gintarasa Zinkevičiusa, VCAC videotrak, fotografije

Akcija *Raztopljena glava* je tesno povezana s celo vrsto akcij, ustvarjenih v tem obdobju. Pričajo o umetnikovih poskusih odkrivanja skrivnosti pretvorbe. Od neživega v živo, iz stvari v telo, iz koncepta v gibanje, iz akcije v ikono in iz otipljivega v neotipljivo. Gre za posredno pot, ki pelje umetnika in skupino v nadaljnja raziskovanja, kjer bodo ta nasprotja tvorila do neke mere integralen organizem, vsestransko akcijo, združujoč skulpture, stvari, telesa in vonje v integralen proces pretvorbe v umetnost (univerzalni ukrep). *Raztopljena glava* je eno izmed prvih del v tem nizu in R. Antinis se v njem skuša počutiti kot skulptura. S tem ko si postopoma prekriva glavo z bombažem, postane umetnik slep, gluh in nem. Bombaž, kot pravi umetnik, prekriva človeka in ga s tem uničuje, dematerializira in spreminja v ikonsko umetnost.

Kęstutis Kuizinas

Melting Head, 1990
Action
Photos by Gintaras Zinkevičius, VCAC video tape, photos

The action _The Melting Head_ is closely connected with the whole sequence of actions created in this period. They witness the artist's attempts to discover the secret of conversion. From inanimate to animate, from a thing to a body, from a concept to a movement, from an action to an icon and from tangible into intangible. It is an intermediate path leading to the artist's and group further searchings, in which these opposites will make a somewhat integral organism, an all-round action, uniting sculptures, things, bodies and smells into an integral process of conversion into art (Universal Measure). _The Melting Head_ is one of the first works in this chain, and R. Antinis seems to make an attempt to feel himself being a sculpture. By way of gradually covering his head with cotton, the artist became blind, deaf and dumb. The cotton, as the artist puts it, covering the man, destroyed, dematerialized and turned him into an icon art.

Kęstutis Kuizinas

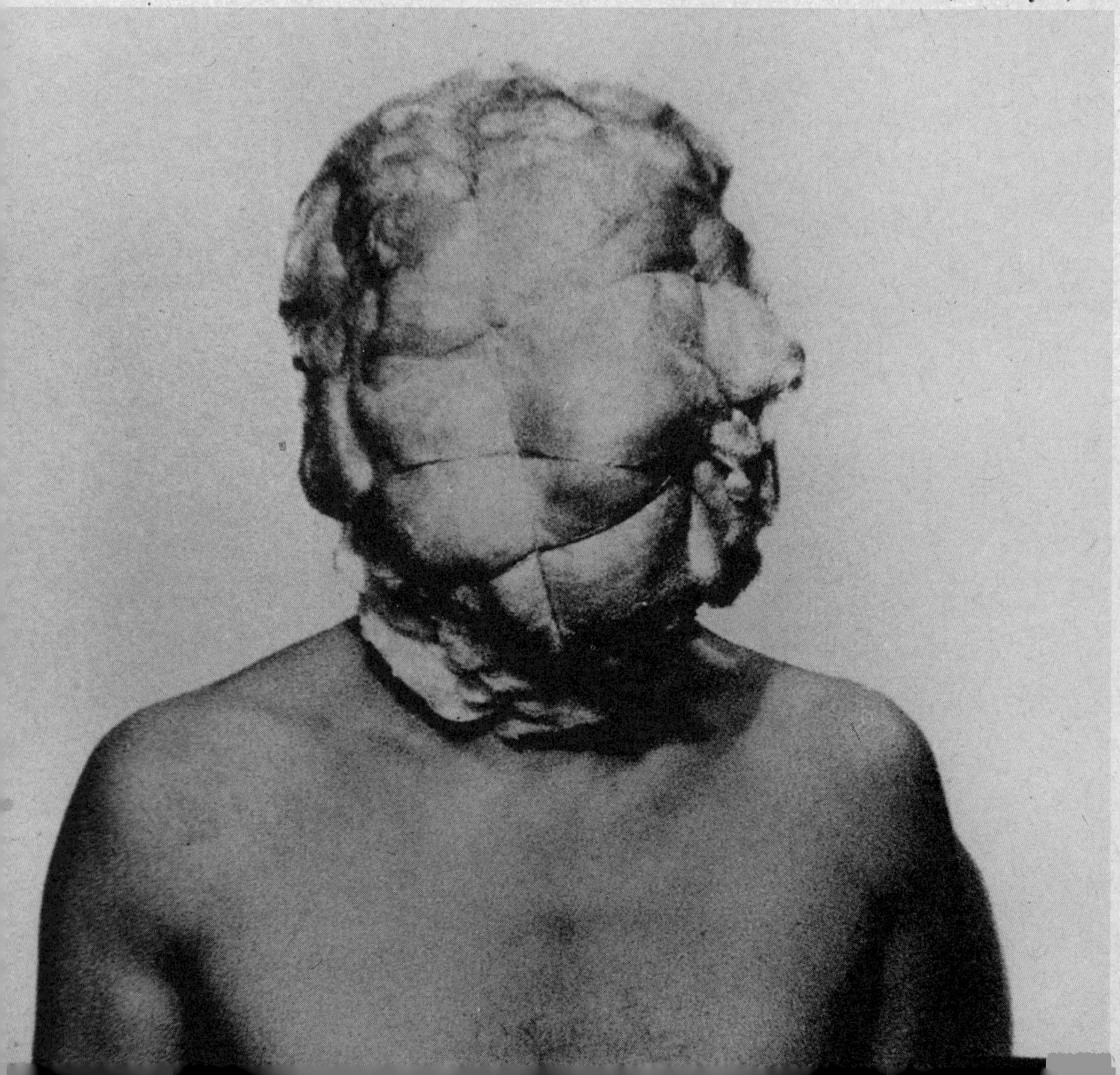

BIOGRAFIJA / BIOGRAPHY

Rojen / Born : **1946, Kaunas, Litva / Lithuania**
Šolanje / Education : **1963 – 1970 Latvian State Art Academy, Riga ; od leta 1989 član umetniške skupine POST ARS / from 1989 member of the artist's group POST ARS**
Živi in dela / Lives and works : **Kaunas**

IZBRANA BIBLIOGRAFIJA
SELECTED BIBLIOGRAPHY

Alfonsas Andriuškevičius, *Robertas Antinis*, razstavni katalog / exhibition cat., Lithuanian Art Museum, Vilnius, 1991.
Osvalas Daugelis, Raminta Jurėnaitė, Kornelijus Platelis, *Siuolaikine lietuviu daile iš Kauno = Contemporary Lithuanian art from Kaunas*, razstavni katalog / exhibition cat., M.K. Čiurlionis Art Museum, Kaunas, 1993.
Raminta Jurėnaitė, *Tarp skulpturos ir objekto – lietuviskai = Between Sculpture and Object in Lithuania*, razstavni katalog / exhibition cat., Soros Center for Contemporary Art, Vilnius, 1993.
Kestutis Kuizinas, *1995 : Lietuvos dailë = 1995 : Art in Lithuania*, razstavni katalog / exhibition cat., The Contemporary Art Centre, Vilnius, 1995.
Kestutis Kuizinas, *Three Agendas : Lithuanian Art*, razstavni katalog / exhibition cat., The Contemporary Art Centre, Vilnius, 1996.
Darius Kuolys, Viktoras Liutkus, *Apokalypse und Glaube. Zeitgenössische Kunst in Litauen*, razstavni katalog / exhibition cat., Basilsken–Presse, Marburg an der Lahn, 1990.
Michel Nuridsany, *Aujourd'hui les baltes. Art Contemporain d'Estonie, Lettonie, Lituanie*, razstavni katalog / exhibition cat., Paris, 1993.
_____, *POST ARS tekstai*, Kaunas : POST–ARS publication, 1992.
_____, *POST ARS. Booklet, manifest, biographies*, Kaunas, 1992.

POST ARS

Česlovas Lukenskas

Zavržen človek I
Performans, 20. november 1989, Kaunas
Serija fotografij Gintarasa Zinkevičiusa

Akcija gospodarnih izraznih sredstev prikazuje pomembne socialne, moralne in ekološke vidike. Kraj dogajanja – blatno obrežje reke Nemunas na obronkih Kaunasa, ki je bilo spremenjeno v mestno odlagališče smeti. Med smetmi, snegom in kamni leži iztegnjeno telo nagega, obvezanega človeka (Č. Lukenskas) – odrabljen, zavržen človek, človek-smet.

Erika Grigoravičienė

A Thrown out Man I
Performance, 20 November 1989, Kaunas
Series of photographs by Gintaras Zinkevičius

The action of thrifty means of expression displays significant social, moral and ecological aspects. The place of action – a muddy bank of the river Nemunas on the outskirts of Kaunas, which has been turned into the rubbish dump of the city. Among the rubbish, snow and stones is sprawling the body of a naked, bandaged man (Č. Lukenskas) – no longer needed, a thrown out man, man-rubbish.

Erika Grigoravičienė

BIOGRAFIJA / BIOGRAPHY

Rojen / Born : **1959, Panevešys, Litva / Lithuania**
Šolanje / Education : **1978 – 1984 Lithuanian Music Academy, Vilnius ; od leta 1989 član umetniške skupine POST ARS / from 1989 member of the artist's group POST ARS**

IZBRANA BIBLIOGRAFIJA
SELECTED BIBLIOGRAPHY

H. Enderlein, K. Hage, J. Leenhard, H. Schierz, *Europa–Bienale Niederlausitz II. Kunst und landschaftsges = faltung art in nature. Intermediale aktionen*, razstavni katalog / exhibition cat., Niederlausitz, 1993.
Raminta Jurėnaitė, *Tarp skulpturos ir objekto – lietuviskai = Between Sculpture and Object in Lithuania*, razstavni katalog / exhibition cat., Soros Center for Contemporary Art, Vilnius, 1993.
Kestutis Kuizinas, *1995 : Lietuvos dailë = 1995 : Art in Lithuania*, razstavni katalog / exhibition cat., The Contemporary Art Centre, Vilnius, 1995.
Kestutis Kuizinas, *Three Agendas : Lithuanian Art*, razstavni katalog / exhibition cat., The Contemporary Art Centre, Vilnius, 1996.
Michel Nuridsany, *Aujourd'hui les baltes. Art Contemporain d'Estonie, Lettonie, Lituanie*, razstavni katalog / exhibition cat., Paris, 1993.
_____, *POST ARS tekstai*, Kaunas : POST–ARS publication, 1992.
_____, *POST ARS. Booklet, manifest, biographies*, Kaunas, 1992.

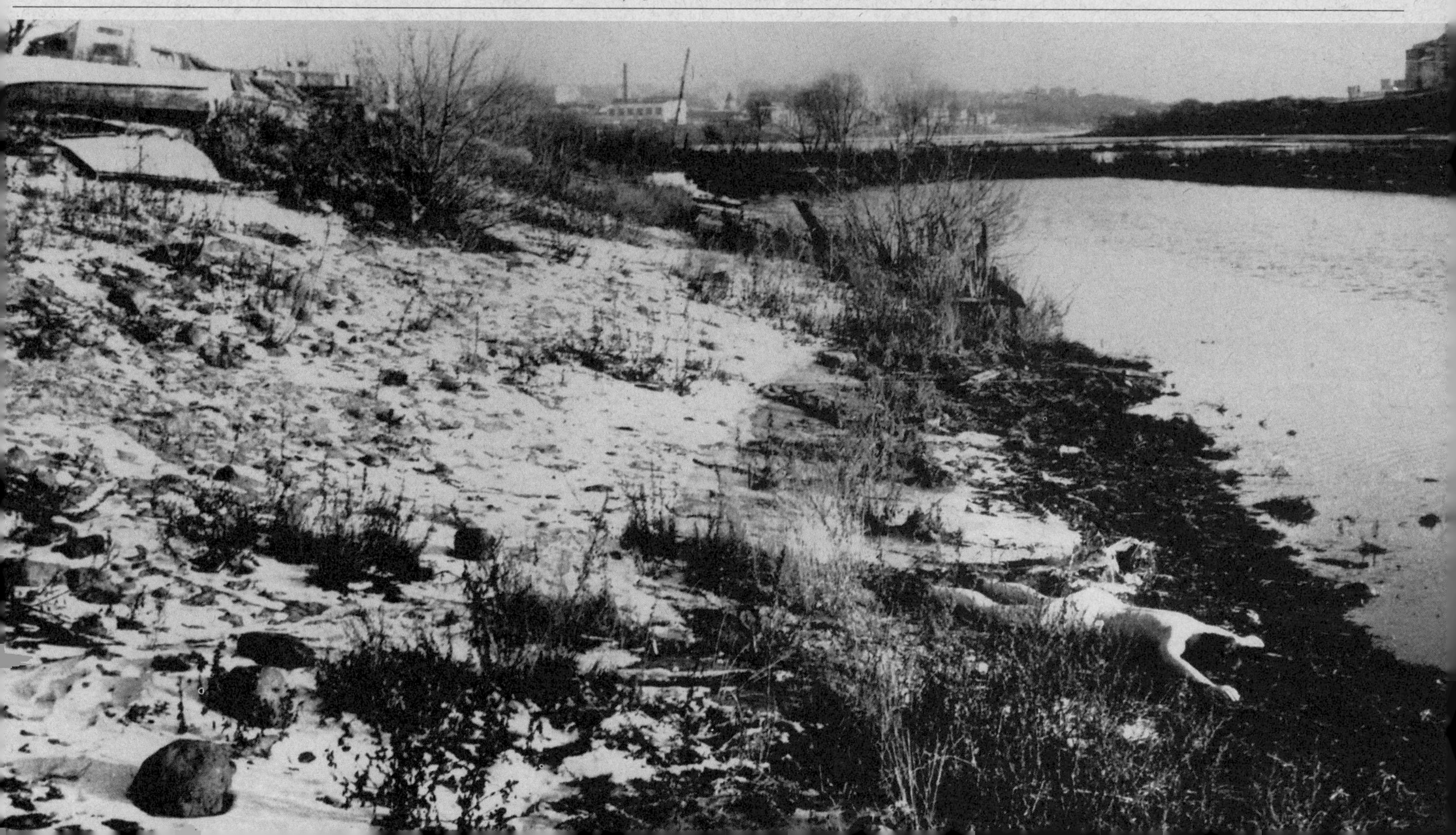

V masti, 1998
Videoinstalacija
Foto: Audrius Kemežys

Osnova instalacije je video film, ki prikazuje umetničino golo telo, potopljeno v kad s stopljeno mastjo. V dvajsetih minutah se mast strdi, prekrije in ovira telo (to se kasneje nenehno ponavlja). Prizor je posnet s tremi video kamerami, ki so ločeno snemale noge, torzo z rameni in glavo. Celoto je mogoče videti na treh televizijskih zaslonih, ki prizore predvajajo sinhrono. Instalacija je postavljena v prazen temen prostor. Televizijski zasloni so postavljeni na dvignjenem podstavku in obrnjeni z zadnjim delom proti gledalcu. Pred zasloni, ki so gledalcu nevidni, je postavljeno izložbeno steklo. Prizor s televizijskih ekranov odseva na steklu in sestavlja horizontalno celoto. V abstraktni temi je moč videti svetlo golo figuro, potopljeno v tekočino.
Zlahka prepoznamo ikonografijo ležečega ženskega akta iz tradicionalne umetnosti, ki gledalcu ponuja lepo in skladno telo. Idilično iluzijo zmoti naturalizem posnetka – figura ni statična. Roke in noge se počasi premikajo in pojavi se glava. Stik telesa in nenavadnega materiala – masti (telo je popolnoma potopljeno in umetnica diha skozi cevko) moti gledalca in je neprijeten za njegova čutila. Prijetno občudovanje postane ostra, neprijetna, potlačena telesna izkušnja iz vsakdanjega življenja. Ta vtis še poveča naravna sprememba barvne skale video filma: topla rumena tekoča mast sčasoma postane bela gosta masa.

Lolita Jablonskienė

***In Fat*, 1998**
Videoinstallation
Photo: Audrius Kemežys

The basis of the installation – a videofilm featuring the artist's naked body immersed in the bath with melted fat. In twenty minutes the setting fat becomes thick, covers and fetters the body (this is the loop which is endlessly repeated later). The scene was filmed with three video cameras, separately fixing the legs, the torso as well as the shoulders and head. The whole can be seen provided three TV screens, working synchronically. The installation is fitted in blankly dark premises. The TV sets are raised on a platform with their backs turned to the spectator. In front of the screens, unseen to the spectator, obliquely hangs a plain of shop-window glass. The view from the screens is reflected in the glass, forming the whole horizontal picture. In abstract darkness one can see a radiating naked figure sunk in liquid.
One finds not hard to recognise the iconography of the recycling female nude prevailing in traditional art – in front of us a setting beautiful and harmonious body. The idyllic illusion is disturbed by the naturalness of the film – the figure is not static: one can notice slow movements of the arms and legs and the emergence of the head. The contact of the live body with an alien medium – fat (the artist's body is immersed up to the head, she breathes through a tube) irritates the spectator and hurts his sensations. The pleasant admiration becomes a sharp and not always pleasant, therefore, usually in everyday life inhibited bodily experience. This impression is strengthened by the natural change in the scale of the colour videofilm: the warm yellow liquid fat gradually turns into whitish and growing white thick mass.

Lolita Jablonskienė

BIOGRAFIJA / BIOGRAPHY

Rojena / Born : **1967, Vilnius, Litva / Lithuania**
Šolanje / Education : **1985 – 1993, Vilnius Academy of Arts**
Živi in dela / Lives and works : **Vilnius**

IZBRANA BIBLIOGRAFIJA
SELECTED BIBLIOGRAPHY

Leonidas Donskis, Karolis Klimka, Raminta Jurėnaitė, *Kasienybes kalba = Mundane Language*, razstavni katalog / exhibition cat., Soros Center for Contemporary Art, Vilnius, 1996.
Lolita Jablonskiene, *Personal Time. Art of Estonia, Latvia and Lithuania 1945 – 1996*, razstavni katalog / exhibition cat., Zacheta Gallery of Contemporary Art, Varšava / Warsaw, 1996.
Maaretta Jaukkuri, Liutauras Psibilskis, Rita Roos, *Change of Rules : Tools Frames Parts*, razstavni katalog / exhibition at., Södertalje Art Hall, Södertalje, 1996.
Raminta Jurėnaitė, Helmutas Sabasevičius, *Dialogi Lituani*, razstavni katalog / exhibition cat., Trieste Contemporanea, Trst / Trieste, 1997.
Kestutis Kuizinas, Jon-Ove Steihaug, *Oslo : Vilnius*, razstavni katalog / exhibition cat., Oslo, 1994.
Kestutis Kuizinas, *Recent Documents. New Tendencies in Lithuanian Art*, razstavni katalog / exhibition cat., The Contemporary Art Centre, Vilnius, 1995.
Kestutis Kuizinas, *1995 : Lietuvos dailė = 1995 : Art in Lithuania*, razstavni katalog / exhibition cat., The Contemporary Art Centre, Vilnius, 1995.
Evaldas Stankevičius, *Nowa Litwa*, razstavni katalog / exhibition cat., The Contemporary Art Centre, Vilnius, 1996.
Evaldas Stankevičius, Raimudas Malasauskas, *Footnotes*, razstavni katalog / exhibition cat., The Contemporary Art Centre Vilnius, 1997.
_____, *On Life, Beauty, Translations and Other Difficulties. 5th International Istanbul Biennale = 5th International Istanbul Biennial*, razstavni katalog / exhibition cat., Istanbul, 1998.

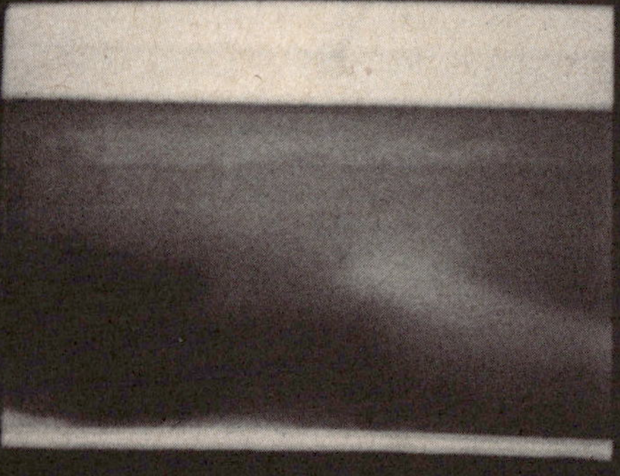
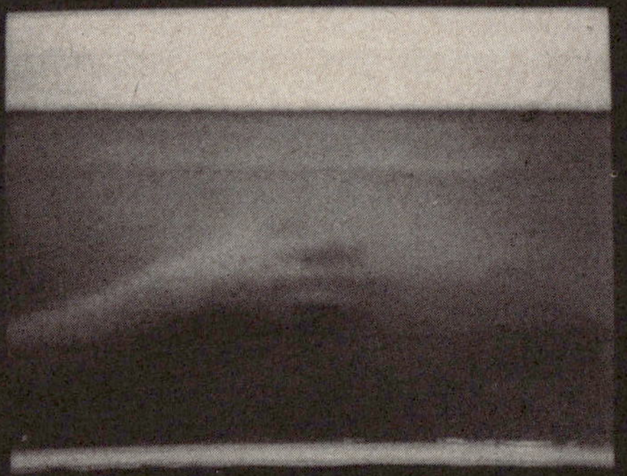
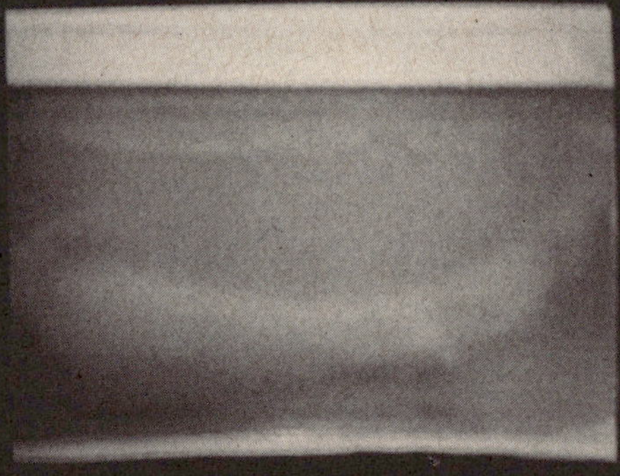

Madžarska / Hungary

László Beke

Madžarski performans – pred in po Tiborju Hajasu

Madžarsko umetnosti performansa lažje razumemo, če jo razdelimo v tri obdobja, ta pa definiramo glede na delo *Tiborja Hajasa*. Hajas, ki ga nedvomno lahko štejemo za največjega umetnika performansa na Madžarskem, je mlad umrl leta 1980. Vse, kar se je dogajalo pred začetkom Hajasove umetniške poti, je mogoče smatrati za performans le v omejenem smislu. Po njegovi smrti lahko govorimo o madžarski umetnosti performansa le z ozirom na njegovo delo. Danes pa je situacija umetnosti performansa na Madžarskem popolnoma drugačna.

Hajas je svoj prvi dejanski performans izvedel leta 1978 na mednarodnem festivalu performansa »I Am« v galeriji Remont v Varšavi. V tem performansu, z naslovom »Dark Flash«, je Hajas visel s stropa in z zvezanimi rokami ter zavezanimi očmi v zatemnjenem prostoru fotografiral s flešem. Značilno za tega pogumnega umetnika, ki mu je manjkalo izkušenj, pa je to, da ni pomislil na posledice: že čez nekaj minut je padel v nezavest, pulza ni bilo več zaznati in ljudje so ga le s težavo uspeli odvezati.

V tem dogodku sta sodelovala še dva Madžara: *Miklós Erdély*, ki je bil takrat še veteran madžarskega akcionizma (in madžarske avantgarde nasploh), in *Gergely Molnár*, ustanovitelj prve madžarske novovalovske punk skupine.

V svetu je bilo mnogo umetnikov performansa, ki so pravzaprav začeli s happeningom in le kasneje pričeli uporabljati terminus performans za ta svoja zgodnja dela. Tudi na Madžarskem je bilo tako. Prvi happening na Madžarskem, »Az ebéd – In memoriam Batu Kán« (Obed – V spomin Batu Khanu) sta leta 1966 izvedla *Tamás Szentjóby* in *Gábor Altorjay* v sodelovanju z Miklósem Erdélyem. Batu Khan, legendarni tatarski vladar, je bil nesmiselen naslov, ki ni imel nikakršne zveze s performansom. Szentjóby, nekolikanj zakopan v tla, je tipkal na pisalni stroj, udeleženci pa so poskušali spraviti kokoš v bruhanje in zažgati otroški voziček. Edini dovoljeni način umetniškega izražanja je bil v tem času socrealističen, zato ni nič nenavadnega, da so taki dogodki močno vzbudili pozornost policije. Policija je še tedne po dogodku poizvedovala v iskanju skritih političnih motivov za goreči voziček. Szentjóby je raje uporabljal izraz »akcija« za svoja kasnejša politično protestna dela. V »Sit Out – Homage to Bobby Seale«, je dvajset minut sedel pred nekim luksuznim budimpeštanskim hotelom, prevezan in z zavezanimi očmi (policija je prispela dvajset minut po začetku tega »vztrajnega sedenja«). V akciji »Kizárási gyakorlat, Büntetésmegelőző autoterápia«, (Izločilna vaja, protizločinska avtoterapija), ki jo je izvedel v galeriji Balatonboglári Kápolna leta 1972 je, posnemajoč poniževalne metode, katerih so se posluževali v času kulturne revolucije na Kitajskem, sedel z vedrom na glavi in odgovarjal na vprašanja iz občinstva. (Hajas nas opozarja na ta Szentjóbyjeva dela z uporabo motiva zavezanih oči). Tudi Miklós Erdély je svoja dela pretežno osnoval na akcijah, ki jih je včasih kombiniral z branjem. Od sredine sedemdesetih let naprej je Erdély, v sodelovanju z *Dóro Maurer* in *Györgyjem Galántaiem,* vodil »Kreativne vaje« in »Vaje za razvijanje domišljije« (madžarska kratica za to je FAFEJ, kar v dobesednem prevodu pomeni 'lesena glava'). Pozneje je Erdély ustanovil interdisciplinarno premišljevalno skupino INDIGO. (Nekaj članov te skupine sedaj sodi med slavne madžarske umetnike: *János Szirtes, László László Révész, András Böröcz, János Sugár* in *Ildikó Enyedi*, ki je leta 1989 dobila Zlato kamero v Cannesu za film »Moje dvajseto stoletje«.) Mnogi sodelavci skupine INDIGO so prav tu razvili določene motive svojih kasnejših performansov.

Konceptualne tendence so prišle v ospredje na Madžarskem v poznih šestdesetih in v začetku sedemdesetih let, v deželi, kjer so bile konceptualna umetnost, land art, procesualna umetnost, body art in podobne smeri že uveljavljene. *Endre Tót* je organiziral solo demonstracije, na katerih se je ponavljal

László Beke

The Hungarian Performance – Before and After Tibor Hajas

To gain an understanding of Hungarian performance art, we can refer to three periods which can be defined according to the activities of *Tibor Hajas.* Hajas,who may easily be considered Hungary's most outstanding performance artist, died at a young age in 1980. All that happened before the commencement of his career can only be considered performance in a restricted sense. To discuss Hungarian performance art after his death can only be continued in reference to his work. While the current situation, that is performance art today in Hungary, is completely different.

Hajas' first actual performance was realised at the »I Am«, international performance festival held at the Remont Gallery, Warsaw, in 1978. In this performance, entitled »Dark Flash«, Hajas was hung from the ceiling, his hands bound by ropes, his eyes blindfolded. Using a flash he took photographs in the darkened room. Characteristic of his resolution and lack of experience was that he did not reckon with the consequences: after a couple of minutes, he became unconscious, he had no pulse and people untied him with great difficulty.

Other Hungarian participants of this event were *Miklós Erdély,* who at that time was already a doyen of Hungarian action art (and of Hungarian avant-garde art in general), and *Gergely Molnár,* the founder of the first Hungarian punk – new wave group.

All over the world, many performance artists commenced from happening, and called these earlier works performance only later. Such was the situation in Hungary. The first happening in Hungary, »Az ebéd – In memoriam Batu Kán« (The Lunch – In Memory of Batu Khan) was made by *Tamás Szentjóby* and *Gábor Altorjay* with the assistance of Miklós Erdély in 1966. Batu Khan, the legendary Tatar sovereign, was a nonsensical title, without any connection to the performance. Szentjóby buried somewhat in the ground was typing, participants attempted to make a chicken vomit and set a pram on fire. At a time when socialist realism was the only artistic expression permitted, it was not suprising that these events summoned the attention of the police. The police continued investigations even weeks after as to the hidden political motifs of the burning pram. Szentjóby preferred using the term »action« in regards to his later political protest works. In »Sit Out – Homage to Bobby Seale«, he sat for twenty minutes, bound and blindfolded in front of a luxurious Budapest Hotel, (the police arrived twenty minutes after the start of the »sit-out«). In the action, »Kizárási gyakorlat, Büntetésmegelőző autoterápia«, (Exclusion Practice Crime Prevention Autotherapy) realised at the Balatonboglári Kápolna Gallery in 1972, he sat with a bucket on his head, imitating the humiliating methods utilized during the Chinese Cultural Revolution, and answered the questions of the audience. (Hajas referred to these works by Szentjóby, in his use of the blindfold motif). Miklós Erdély also rather conceived works in the form of actions, which he combined with readings on a number of occasions. From the mid seventies Erdély lead »Creativity Exercises« and »Fantasy Developing Exercises« (FAFEJ is the Hungarian abbreviation of these terms, in direct translation meaning 'wooden head'), together with *Dóra Maurer* and *György Galántai.* Later Erdély established the INDIGO interdisciplinary thinking group. (Several members of the group have become renowned Hungarian artists, *János Szirtes, László László Révész, András Böröcz, János Sugár,* and *Ildikó Enyedi,* 1989 Cannes Golden Camera Award winner, with the film »My Twentieth Century«.) Many of the participants of the INDIGO group developed certain motifs of their later performances here.

From the late sixties and early seventies, conceptual tendencies came to

tekst »00000...« in »Vesel sem, če...«. Občinstvo je kmalu opazilo kritični ton Tótovih potez: talentiran slikar nenadoma preneha s slikanjem in je vesel, če lahko nariše 000. *Gyula Pauer* je izvajal in še izvaja psevdo akcije in gledališke performanse. Četudi se v teh akcijah nič ne zgodi, so videti kot gledališke igre in dejansko igre, v katerih se pravzaprav res nič ne zgodi. *Sándor Pinczehelyi* je delal skupaj s člani Studia Pécs na prostem, z naravo. Drevesa je pobarval z drugačno barvo, v peskokop je položil trakove barvnega papirja, pozneje pa je začel fotografirati samega sebe s simboli socialističnega delavskega gibanja. Pinczehelyijeva ironija, ko se je postavil v herojsko držo, s srpom in kladivom v rokah, je bila v tistih časih vsem ljudem jasna, policija pa ga vendarle ni mogla obtožiti zaradi subverzivne aktivnosti. Z uvedbo tehničnih medijev v umetnosti se je po sedemdesetih letih pričelo obdobje novih tendenc in fotografija, film ter kasneje še video so se naravno integrirali z medijem body arta. Dóra Maurer je dokumentirala študije gibanja. Iz teh fotografskih sekvenc so nastali njeni fundamentalno strukturalistični filmi. *Károly Halász* je ironično obveščal o madžarskem video umetniku brez video opreme: umetnik v kopalkah se je stlačil v prazno ohišje televizorja. Kipar *Gyula Gulyás* si je priščipnil nešteto ščipalk na golo kožo in to fotografsko dokumentiral. *János Uetö* je fotografiral travestije samega sebe. Okrog 1982 je *Gábor Attalai* ustvarjal svoja body art dela izključno za občinstvo fotografske kamere, »A kopaszodás folyamata« (Proces plešavosti), »Művészi idiotizmus vizsgálatok« (Raziskava o umetniškem idiotizmu). Tu je šlo za komično parafraziranje spak Arnulfa Rainerja.

Attalai si je tudi natisnil »častno medaljo socialistične kulture« na kožo. Deset let kasneje si je László Várkoly vbril oblike peterokrakih zvezd v glavo (kot hommage Marcelu Duchampu). Po padcu socialističnega režima si je na glavo vbril prenovljeni državni grb v celoti, s kraljevo krono vred. (Madžarski parlament in državljani Madžarske so namreč šest mesecev debatirali o vključitvi krone v postkomunistični nacionalni grb, s čimer se je pokazala polarnost madžarske politike in zgodovinske identitete).

Glasba in gledališče – dve zvrsti umetnosti igre par excellence – sta tudi prispevala k razvoju madžarske umetnosti performansa (in k razvoju interdisciplinarnega pristopa, ki prevladuje v teh medijih). Skladatelji *New Music Studia (László Vidovszky, Zoltán Jeney, László Sáry)* so v sodelovanju z glasbenim učenjakom *Andrásem Wilhelmom* in s *Pétrom Eötvösem*, ki je delal pri pariškem IRCAMu, zavestno prevzeli popularizacijo glasbe Erika Satieja, Johna Cagea, Karlheinza Stockhausna, Fluxusa in poznejše repetitivne glasbe. V sedemdesetih letih je Studio organiziral glasbene performanse. Generacija glasbenikov, ki so svojo pot pričeli nekoliko kasneje *(István Márta, Béla Faragó)*, je začutila potrebo po sodelovanju upodabljajočih umetnikov. Skupina 180, zlasti pa njen ustanovitelj *Tibor Szemzõ*, so bili še v osemdesetih letih soavtorji številnih performansov *Jánosa Szirtesa*.

V obdobju happeninga so bili umetniki in rock glasbeniki še posebno povezani. Tamás Szentjóby je npr. sodeloval z vibrantnim neodadaističnim rock pevcem *Jánosem Baksa-Soósom* (skupina KEX) ali s skupino *Syrius*, ki je igrala progresivni jazz rock. Na podoben način so se likovni umetniki v zgodnjih osemdesetih letih ponovno pričeli zanimati za rock glasbo, novovalovske skupine pa so ponovno pokazale zanimanje za upodabljajočo umetnost.

László fe Lugossy je ustanovil »Albert Einstein Memorial Committee«. To je bila underground skupina, ki je organizirala številne glasbene performanse absurdnega humorja in ki je bila posebno priljubljena med študenti. Laszló fe Lugossy, pesnik, likovni umetnik in glasbenik, je zdaj član skupine »New Modern Acrobatics« z *Jánosem Szirtesom*, ki je eden najprominentnejših madžarskih umetnikov performansa. V skupini »Memorial Committee« sta bila tudi dva likovna umetnika, slikarja *András Wahorn* in *István ef Zámbó*. S sodelovanjem Bernáth(y)ja Sándorja, slikarja s podobnim neodadaističnim pristopom in pesnika *Endreja Szkárosija*, pa je kot na dlani, da se je rock performans pomešal z zvočno poezijo. Končno je tu še János Vető. Omenili smo ga, ko smo govorili o povezavi med fotografijo in body artom. János Vető, ki je bil dokumentalist in koavtor v performansih Tiborja Hajasa, je hkrati pričel s slikanjem in ustvarjanjem »home-made« glasbe in ustanovil underground godbo »Trabant«. Skupina »Trabant« je bila model za pristop »vsakdo je lahko umetnik«.

the fore in Hungary, where concept art, land art, process art, body art and similar endeavors had already been established. *Endre Tót* organised one man demonstrations where the text was repeated »00000..« and »I am glad if....«. The public soon noticed the attitude of criticism inherent in Tot's gestures: a talented painter suddenly gives up painting and he is only glad if he can draw 000. *Gyula Pauer* made and continues to make pseudo actions and theatrical performances. Although nothing happened in these actions, they appeared to be theatrical plays and in fact plays in which nothing really appeared to happen. *Sándor Pinczehelyi,* together with members of the Pécs Studio worked outdoors, in and with nature. He painted trees different colours, placed coloured paper stripes in a sand mine, later he began to photograph himself with emblems of the socialist labour movement. Everyone sensed irony at that time, as a man positioned in a heroic stance held a hammer and sickle, yet the police were unable to accuse him of subversive activity.

From the seventies on, a new tendency was initiated with the introduction of technical media in art: photography, film and later video. These naturally integrated with the medium of body art. Dóra Maurer documented studies on movement and from these photo sequences she created her fundamental structuralist films. *Károly Halász* made ironic statements on the Hungarian video artist without video equipment: the artist wearing a swim suit squeezed himself into an empty television box. The sculptor *Gyula Gulyás* attached numerous clothes pegs to his bare skin which was also photographically documented. *János Uető* photographed travesties of his own personality. Around 1982, *Gábor Attalai* made his body art works exclusively for the audience of the still camera, »A kopaszodás folyamata« (The Process of Balding), »Művészi idiotizmus vizsgálatok« (Artistic idiotism investigations). This was a comic paraphrase of Arnulf Rainer's grimaces.

Attalai also printed the »medal of honor for socialist culture« onto his skin. Ten years later László Várkoly shaved the shapes of five-pointed stars onto his head (as a homage to Marcel Duchamp). After the collapse of the socialist regime, he shaved the renewed national coat of arms, complete with royal crown, onto his head. (The Hungarian parliament and Hungarian citizens debated over six months the inclusion of the crown in the post-communist national coat of arms, indicating the polarities of Hungarian politics and historical identity).

Music and theater as the par excellence performing arts also contributed to the development of Hungarian performance art (and to the development of the interdisciplinary approach prevalent in these media). The composers of the *New Music Studio, (László Vidovszky, Zoltán Jeney, László Sáry)* in cooperation with *András Wilhelm,* scholar in music, and *Péter Eötvös* who worked at the Paris IRCAM, consciously undertook popularising the music of Erik Satie, John Cage, Karlheinz Stockhausen, Fluxus and later repetitive music. In the seventies the Studio organised musical performances. The generation of musicians starting their careers somewhat later *(István Márta, Béla Faragó),* consciously sought out the collaboration of visual artists. The group 180 and especially its founder, *Tibor Szemzõ,* already in the eighties were coauthors of numerous performances by *János Szirtes.*

During the era of happening, there was a significant relationship between artists and rock musicians, for example Tamás Szentjóby's cooperation with the vibrant neo-dada rock singer, *János Baksa-Soós* (KEX group) or with the *Syrius* group who played progressive jazz rock. Similarly in the early eighties visual artists renewed their interest in rock music and new wave bands renewed interests in the visual arts.

***László fe Lugossy* was the founder of the »Albert Einstein Memorial Committee«, an underground group that organised numerous music performances of absurd humour and was especially popular among university students. Laszló fe Lugossy, poet, artist and musician, is a member of the group called »New Modern Acrobatics« with *János Szirtes,* one of the most prominent contemporary Hungarian performance artists. The »Memorial Committee« band also included two other visual artist members, the painters *András Wahorn* and *István ef Zámbó.* In the cooperation of**

Od druge polovice šestdesetih let naprej je tudi madžarsko alternativno gledališče prispevalo k rojstvu in razvoju performansa. *Péter Halász* – in »Kassák Studio«, katerega je vodil (ta skupina je pozneje zaslovela po Evropi in v New Yorku pod imenom »Squat Theater«) – je v gledališče uvedel mnogo umetniških oblik happeninga in gotovo prispeval k novi uporabi človeškega telesa v gledališču. *László Najmányi* in »István Kovács Studio« pa so utirali pot drzni uporabi tehničnih medijev. Najmányi, ki je tudi posnel nekaj avantgardnih filmov in ki je pozneje postal eden od ustanoviteljev madžarskega video performansa, sedaj dela v New Yorku kot umetnik in rock glasbenik pod psevdonimom *David O'Clock*. Gergely Molnár, ki je delal z obema skupinama in režiral provokativne performanse, kombinirane z branjem, je proti koncu sedemdesetih let postal rock glasbenik. Sodobne eksperimentalne skupine nadaljujejo to tradicijo alternativnega gledališča. Najpomembnejša od vseh je bila verjetno »Monteverdi Wrestling Circle«, ki jo je vodil *András Jeles,* sedaj pa gledališče glasbenega performansa *Györgyja Árvaia* »Collective of Natural Disasters«, v katerem sodeluje z izredno plesalko *Yvette Bozsik*. Še en plesni umetnik, ki je tudi prispeval k umetnosti performansa, je *Iván Angelus,* ki je začel svojo kariero v pomembni alternativni gledališki skupini »Orfeo«.

Za razumevanje razvoja dogajanj in okoliščin na Madžarskem se moramo tudi zavedati paradoksne situacije: razstave na Madžarskem so bile celo sredi osemdesetih let kar najstrožje cenzurirane, temu, kar je bilo rečeno in temu, kar se je dejansko počelo na razstavnih prizoriščih pa kulturne oblasti niso posvečale tolikšne pozornosti. Zato je govor ali dogodek ob otvoritvi razstave kmalu sam po sebi postal oblika umetnosti in veliko število madžarskih performansov je bilo tudi narejenih posebej za razstave (posebno kadar je šlo za razstave instalacij ali ambientov). Značilne za ta pristop so bile otvoritve razstave »Umetnik in model« *Orsolye Drozdik* v Klubu mladih umetnikov: razstavo so odpirali en teden, vsak dan so jo odprli drugi ljudje. Poleg tega so namesto dolgotrajnih razstav prirejali veliko enodnevnih ali enovečernih umetniških showov (Miklósa Erdélya in ene od njegovih umetniških skupin ali kakega prijatelja, ki je bil umetnik).

Otvoritev razstave je bila tudi prilika, ko je Tibor Hajas izvedel svoj »predperformans«: domislil se je elementa, ki se vedno znova pojavlja – fotografiranje s flešem, in to z zavezanimi očmi – ter to prvič izvedel na razstavi »Razstava. Fotografija/Umetnost« (1976). V svojem kratkem življenju je Hajas vedno uporabljal fotografijo v obliki fotografskih sekvenc lastnega telesa, vedno s flešem, ki ga je kasneje nadomestil z magnezijevo bliskalico. Performanse je ponavadi uprizarjal v zatemnjenih prostorih, ker je želel, da si sodelujoče občinstvo odnese domov podobo, ki se jim je vžgala v oči. Te podobe niso bile le vizualno močne zaradi črno-belih kontrastov, ampak tudi vsebinsko. Osnovni elementi njegovega sporočila so bili smrt, trpljenje in seksualnost, te pa je podpiralo nekaj zgoščenih simboličnih motivov: injekcijska igla, ščipalka za perilo, kri, sterilna gaza, sledovi ognja, žarnica, kremenska luč, obveza, itd. Zaradi svoje ekstremnosti, ne pa kompleksnosti, (uporabe glasbe ali teksta), ga lahko smatramo za odločilno figuro v umetnosti performansa, saj je zanj umetnost – v najstrožjem pomenu besede – postala vprašanje življenja in smrti.

Tibor Hajas je vplival na številne umetnike, od katerih so mnogi postali sloveči predstavniki sodobne umetnosti performansa. János Szirtes je bil v svojem prvem delu najbližji Hajasu, saj je za dosego dramatičnih učinkov uporabil celo svojo hudo bolezen. Morbidnost Szirtesovih zgodnjih del se je v osemdesetih letih k sreči sprevrgla v absurdnost. Kljub vsemu pa so ga vendarle stalno privabljale ekstremne situacije in vseskozi je ohranil svojo individualno simbolično moč. Szirtes v svojih metodah še vedno sloni na slikarstvu in performansu, uporablja glasbo in človeški glas. Njegovi najbolj priljubljeni motivi vsebujejo elemente iz arhaične umetnosti, ogledalo, vrv, božično drevesce, čoln, stekleno ploščo, itd.

Béla Kelényi je inspiracijo za svoje akcije našel v poetičnem elementu Hajasove čudi. Njegovo lastno telo je sporočalo konotacijo askeze, krščanskega mučeništva in orientalske mistike. V nasprotju s Kelényijem so performansi *Gáborja Tótha*, ki s svojimi frapantnimi in radikalnimi vizualnimi učinki predstavljajo precej kruta soočenja tradicionalnih pojmov v umetnosti. Skupina »Inconnu« se je v svojih začetkih tudi opirala na Hajasa s tem, da je hotela privesti agresijo in samouničenje še dlje. Samouničenje se je kasneje pre-

Bernáth(y) Sándor, the painter of a similarly neo-dada approach, and the poet *Endre Szkárosi,* the intermingling of rock performance and phonic poetry is clearly stated. Lastly, János Vető, mentioned previously in the connection of photography and body art, who was also the documenter and coauthor of Tibor Hajas' performance activities, began painting and creating »home-made« music simultaneously, founding the »Trabant« underground band. The »Trabant« group served as a model for the approach that »everybody can be an artist«.

From the second half of the sixties Hungarian alternative theater also contributed to the birth and development of performance. *Péter Halász* and the »Kassák Studio« under his direction (this was a group to become famous later as the »Squat Theater« both in Europe and New York), imported a great deal from the art form of happening and he certainly contributed to a new utilization of the human body in theater. On the other hand, *László Najmányi* and the »István Kovács Studio« were pioneering a brave use of technical media. Najmányi also created a few avant-garde films and later he became one of the founders of Hungarian video performance. Presently he works in New York as artist and rock musician under the alias of *David O'Clock.* Gergely Molnár, who worked with both groups, directed provocative performances, combined with readings, and became a rock musician by the end of the seventies. Contemporary experimental groups continue this tradition of alternative theater. Perhaps the most significant among them was the »Monteverdi Wrestling Circle« lead by *András Jeles* and his *György Árvai's* music performance theater, »Collective of Natural Disasters«, his partner being *Yvette Bozsik,* an outstanding dancer. The other dancer contributing to performance art is *Iván Angelus,* who began his career in an important alternative theater group, »Orfeo«.

In order to understand the Hungarian developments, it is also important to be aware of a paradoxical situation. The Hungarian exhibitions were thoroughly censored, even during the mid eighties. However, what words were spoken and what was actually done at the location of the exhibition was paid less attention by the cultural authorities. Thus the opening speech or event at an exhibition soon became an art form itself and moreover a great part of Hungarian performances were produced specifically for exhibitions. (Especially if installations or environments were exhibited). Characteristic of this attitude is when *Orsolya Drozdik's* exhibition entitled »Painter and Model«, at the Young Artists Club, was »opened« for a week each day by different people. Also instead of longer standing exhibitions one-day or one-night art shows were organized (by Miklós Erdély and one of his art groups or artist friends).

It was also an exhibition opening where Tibor Hajas made a »pre-performance«: he conceived the reoccurring element of the act of photography, using a flash, while blindfolded, first at the exhibition entitled »Exposition. Photo/Art« (1976). During his short life, Hajas always used photography, in the form of photo sequences of his own body and in the use of a flash, which was later replaced by the flash of magnesium. His performances generally took place in darkened rooms, because he required the audience participants to take home the image, burnt into their eyes. These images were powerful not only visually, due to their black and white contrasts, but also in content. Death, suffering and sexuality were the fundamental elements of his message, assisted by several condensed symbolic motifs: injection needle, clothes peg, blood, medical gauze, traces of burning, light bulb, quartz light, band aid, etc. It is due to his extremity, yet not his complexity, (his use of music or text), that he may be considered a crucial figure in performance art; for art, in the strictest sense of the word, became a question of life and death for him.

Numerous artists were influenced by Tibor Hajas, many becoming renowned representatives of contemporary performance art. In his first work, János Szirtes was closest to Hajas, using even his serious disease to create dramatic effect. The morbidity of Szirtes' early works was fortunately transformed into absurdity in the eighties. Yet he retained all through an attraction towards extreme situations and preserved his individual symbolic force. In his methods he continues to refer to painting and

oblikovalo v agresijo, naperjeno proti občinstvu (med neko akcijo so z eksplozijo dimnih granat primorali publiko, da je zapustila prostor, medtem ko so sami akterji bili opremljeni s plinskimi maskami). Poznejše akcije te skupine so bile provokacije za tedanji režim. Ko se je politična situacija spremenila, so njene akcije izgubile svoj pomen.

István Kovács je izredno dosleden umetnik, tako v samem pristopu, kot v določenih oblikovnih elementih, npr. body painting, zato ga lahko smatramo za resničnega privrženca Hajasove tradicije. Zaslovel je s svojsko izdelanimi figuralnimi papirnatimi kipi, ki jih še danes uporablja v svojih performansih.

Judit Kele in *Csilla Kelecsényi* sta dve ženski umetnici, pri katerih, vsaj v delih določenih obdobij, lahko najdemo zvezo s Hajasem. Obe sta začeli s tekstilnim oblikovanjem. V enem od zadnjih performansov, ki jih je izvedla na Madžarskem, je Judit Kele vrtela svoj film »Plavajoči avtoportret«, medtem pa ji je pod filmskim platnom nekdo tlačil glavo v lavor z vodo po tempu plavanja v filmu. Csilla Kelecsényi se je približala duhu Hajasovih del s svojim agresivnim uničevanjem temačnih črnih okolij.

El Kazovszkij sodi v isto generacijo kot Hajas. Kljub temu, da sta si bila naklonjena, v njunih delih ni medsebojnih vplivov. Kazovszkij je razvila zelo nenavadno obliko umetnosti, ki je na meji med gledališčem, živo sliko (tableau vivant) in slikarstvom, to je njen »Dzsan-Panoptikum«. Gre za osebno mitologijo na osnovi antičnih elementov, kjer sodelujejo mlada dekleta in dečki v kostumih in z rekviziti, ki jih je oblikovala umetnica. Ona sama v svojih performansih »zveže« in »reši« svoje človeške kreacije.

András Böröcz in *László László Révész*, v začetku oba člana Erdélyjeve skupine Indigo, sta si v zgodnjih osemdesetih letih tudi zamišljala performans kot gledališče, pravzaprav kot monumentalen, gledališki predstavi podoben spektakel, vendar je gesamtkunstwerkovski zanos v njunih delih nadomestil humor. »Mitološke« figure, kot npr. Picko in Packo, Einstein in Frankenstein in drugi, se pomešajo z bizarnimi figurami, ki jih umetnika sama ustvarjata: ljudje-dimniki in ljudje-melone, ljudje-vžigalice ipd.

Imre Bukta, umetnik, ki je šele pred nedavnim vključil performans v svojo umetniško dejavnost, predstavlja vidni svet propadajočega socialističnega poljedelskega sistema v dokaj ironičnih slikah, instalacijah in performansih. Njegovi rekviziti so gumijasti škornji, delovne uniforme, koruza, živina in razno kmečko orodje.

Od srede osemdesetih let dalje so se s performansi in drugimi aktivnostmi ukvarjale pomembne skupine. *P. Lekov, János Sugár* in *Talán Sebeő* so organizirali serijo predavanj pod naslovom »Fast Culture« (Hitra kultura), ki so se vrstila nekaj let. Ti »govori o umetnosti« so vedno potekali pred nekim občinstvom, s čimer so si izposodili strukturo vodenih pogovorov in okroglih miz; lahko bi jih šteli med »intelektualne« performanse. V nasprotju s temi so »Hejettes Szomlyazók« /Delegati žejnih/, ki predstavljajo namerno anti-intelektualen odnos. Člani te skupine so dolgo zavračali mnenje, da bi se izlete, družabne igre, umetniške karikature ali preprosta srečanja lahko upoštevalo v umetniških kontekstih. A vendar od Duchampa dalje slovi načelo, da je antiumetnost tudi umetnost in to načelo velja tudi za njih.

Člani novejše skupine »Újlak«, ki je svoje ime povzela po starem kinematografu, v katerem se je naselila, so kljub svoji mladosti tako profesionalni, da se enostavno ne morejo šteti med ne-umetnike. So slikarji, video umetniki, umetniki instalacij, glasbeniki in se s performansi ukvarjajo tako samostojno kot skupinsko.

Sedaj, na začetku devetdesetih let, vlada pri nas na področju umetnosti performansa nekakšno zatišje; tragični patos Tiborja Hajasa je končno prenehal obstajati. Čutiti je pomanjkanje provokativnih del– se je morda občinstvo privadilo provokaciji? O osnovah umetnosti performansa sedaj Szirtes in drugi predavajo na akademijah. Pogosto se prirejajo koncertne razstave, pri katerih se uporablja »glasbene kipe« in »zvočne instalacije« *(György Galántai, Viktor Lois,* and *Rezső Móder)*.

A presenečenja še vedno prihajajo. László László Révész, ki zadnji dve leti dela tudi samostojno, je npr. postal pomemben računalniški umetnik. Njegovi performansi so prežeti z jedkim intelektualnim humorjem in ker zajemajo slikarstvo, kiparstvo, računalniško animacijo in občasno tudi glasbene in tekstovne elemente, je z njimi razvil neko novo zvrst »Gesamtkunstwerka«.

performance and uses music and human voice. Szirtes' preferred motifs include elements taken from archaic art, mirror, rope, Christmas tree, boat, sheet glass, etc.

The poetic element of Hajas' disposition inspired the actions made by *Béla Kelényi,* in which his own body conveyed the connotations of asceticism, Christian martyrdom and oriental mysticism. As opposed to Kelényi, *Gábor Tóth's* performances of striking and radical visual effect were rather merciless confrontations of the traditional notions of art. The »Inconnu« Group at their commencement also referred to Hajas in that they wanted to take aggressiveness and self-destruction even farther. Self-destruction later transformed to aggressiveness directed at the audience (during an action they forced the audience to leave by exploding smoke bombs, while the performers wore gas masks.) Later, they organised actions which were provocations of the contemporary regime. Their activities lost their significance after the change in the political situation.

***István Kovács* with his strictly consistent attitude and several formal elements, for example body painting, may be considered a true follower of the Hajas tradition. This artist became well known for his peculiar figurative paper sculptures, which he currently uses in performances.**

We can discover a relationship to Hajas in the works of two female artists, at least during certain periods: Judit Kele and Csilla Kelecsényi. Both commenced in textile design. Kele in one of her last performances held in Hungary, projected her »swimming self-portrait« film, while under the projection screen, a person pushed Kele's head into a basin of water to the tempo of the swimmer in the film. Kelecsényi with her aggressive slashing of somber black environments, approached the spirit of Hajas' work.

***El Kazovszkij* belongs to the same generation as Hajas, but in spite of a mutual sympathy, they did not influence each others work. Kazovszkij developed a most unusual art form bordering theater, *tableaux vivants*, and painting, that is her »Dzsan-Panoptikum«. It is a personal mythology based on antique elements in which young girls and boys participate in costumes designed and props created by the artist. The artist »ties« and »frees« her human creations in these performances.**

András Böröcz and László László Révész, both originally members of Erdély's Indigo group, in the early eighties, also conceived performance as theater, in fact even as a monumental, theater-like spectacle. However, the pathos of gesamtkunstwerk was replaced by humour in their work. »Mythological« figures, such as Max and Moritz, Einstein and Frankenstein, and others, mingle with bizarre figures created by the artists: chimney and melon people, match-stick people, etc.

***Imre Bukta*, an artist who has recently included performance in his artistic activities, presents the visual world of the declining socialist agricultural system, in paintings, installations and performances of considerable irony. His requisites are rubber boots, work uniforms, corn, farm animals, and different farming tools.**

From the mid eighties, there have been significant groups engaged in performance as well as other activities. *P. Lekov, János Sugár* and *Talán Sebeő* organised a lecture series over a number of years, entitled »Fast Culture«. These »art talks« were held in front of an audience, borrowing the structure of talk shows and panel discussions; these may be regarded as »intellectual« performances. As opposed to them, the »Hejettes Szomlyazók« /Deputy Thirsters/ represent a deliberately anti-intellectual attitude. Members of the group rejected for a longer period that the excursions, group games, art work caricatures or simple meetings, be considered in an art context. Yet the principle well known since Duchamp, that is, anti-art is also art, applies to them as well.

The recent »Újlak« group, named after an old cinema they occupied, in spite of their young ages are more professional than to regard themselves as non-artists. Members of the group include painters, video artists, installation artists, musicians, they also make performances individually and as a group.

There seems to be a calm in the field of performance art now, in the beginning of the nineties; Tibor Hajas' tragic pathos has finally ceased to exist. There is a lack of provocative works, or has the audience already become

used to provocation? Fundamentals of performance art are now being taught at the academies by Szirtes and others. There are frequent concert exhibitions organised utilizing »musical sculptures« and »sound installations« *(György Galántai, Viktor Lois,* and *Rezső Móder).*

There are still suprises. László László Révész, for example, who has worked individually as well over the last couple of years, has become a significant computer artist. His performances are imbued with acrid, intellectual humour, and by embracing painting, sculpture, computer animation and occasional elements of music and text as well, a new »Gesamtkunstwerk« has come to form.

Dodatek

Ta tekst je bil napisan pred desetimi leti za nek razstavni katalog. V 90. letih, v »prehodnih letih«, je performans postal zadeva posameznikov. Tako zindividualiziran, se je »skristaliziral« v dejavnosti nekaterih umetnikov srednje generacije, med katerimi sta tudi János Szirtes in István Kovács, ki sta predstavljena na tej razstavi. *Inconnu*, radikalna aktivistična skupina umetnikov, ki so se ukvarjali s protestno umetnostjo in tudi s performansi, je prenehala s svojo dejavnostjo, ker enostavno ni bilo več totalitarnega sistema, proti kateremu bi se borili. Kulturna scena na Madžarskem pa se je v vmesnem času spremenila in *Perforium*, fundacija za performanse, je organiżirala nekaj mednarodnih festivalov. Odprle so se tudi nove možnosti v sosednjih državah, kot npr. Festival Studio ERTÉ na Slovaškem, ali Ann'Art (dnevi performansa na jezeru Anna) v Romuniji. Tam so umetniki iz raznih držav imeli na voljo prostor, v katerem so se lahko medsebojno spoznali – ponovno so se srečali v Műcsarnok/Kunsthalle v Budimpešti na Jesenskem Festivalu 1997. *Artpool*, neodvisni raziskovalni center, ki ima svoj arhiv v Budimpešti, je organiziral enoletne aktivnosti, posvečene performansu. Kinetična gledališča in plesni performansi so še razširili področje body arta. Sam performans je preživel v različnih oblikah, medtem ko vse kaže, da so čistemu body artu na Madžarskem ob koncu 20. stoletja že štete ure.

László Beke
Budimpešta, junij 1998.

Appendix

This text was written ten years ago for an exhibition catalogue. In the 1990s, the »years of transition«, performance became individualised and »crystallised« in the activity of some middle generation artists. János Szirtes and István Kovács who exhibit here form part of this group. *Inconnu,* a radical activist group of artists, making both protest art and performances, stopped its activity because of the lack of a totalitarian system to fight against. Meanwhile, the cultural framework has changed in Hungary. Perforium, a foundation for performance, organised several international festivals. New opportunities, such as the Studio ERTÉ Festival in Slovakia, or the Ann'Art (performance days at the Lake Anna) in Romania, also opened up in the neighbouring countries offering a venue and meeting possibilities for international artists – coming together again at the Műcsarnok/Kunsthalle in Budapest, during the Autumn Festival 1997. Artpool, an independent research center with archives in Budapest, organised one-year activities dedicated to performance. Movement theaters and dance performances enlarged the field of the art of the human body. Performance survived in different forms but, at the end of the 20th century, pure body art seems no longer to florish in Hungary.

László Beke
Budapest, June 1998.

Tibor Hajas

Mesno slikarstvo I, 1978
Foto: János Vető

***Flesh painting I,* 1978**
Photo: János Vető

BIOGRAFIJA / BIOGRAPHY

Rojen / Born : **1946, Budimpešta, Madžarska / Budapest, Hungary**
Umrl / Died : **1980, Szeged**

IZBRANA BIBLIOGRAFIJA
SELECTED BIBLIOGRAPHY

_____, *Hajas Tibor 1946 – 1980*, Paris : Magyar Műhely – d'atelier, 1985.
_____, *Hajas Tibor 1946 – 1980,* razstavni katalog / exhibition cat., István Király Múzeum, Székesfehérvár, 1987.
_____, *Nightmare works : Tibor Hajas*, razstavni katalog, Anderson Gallery, Richmond, 1990.

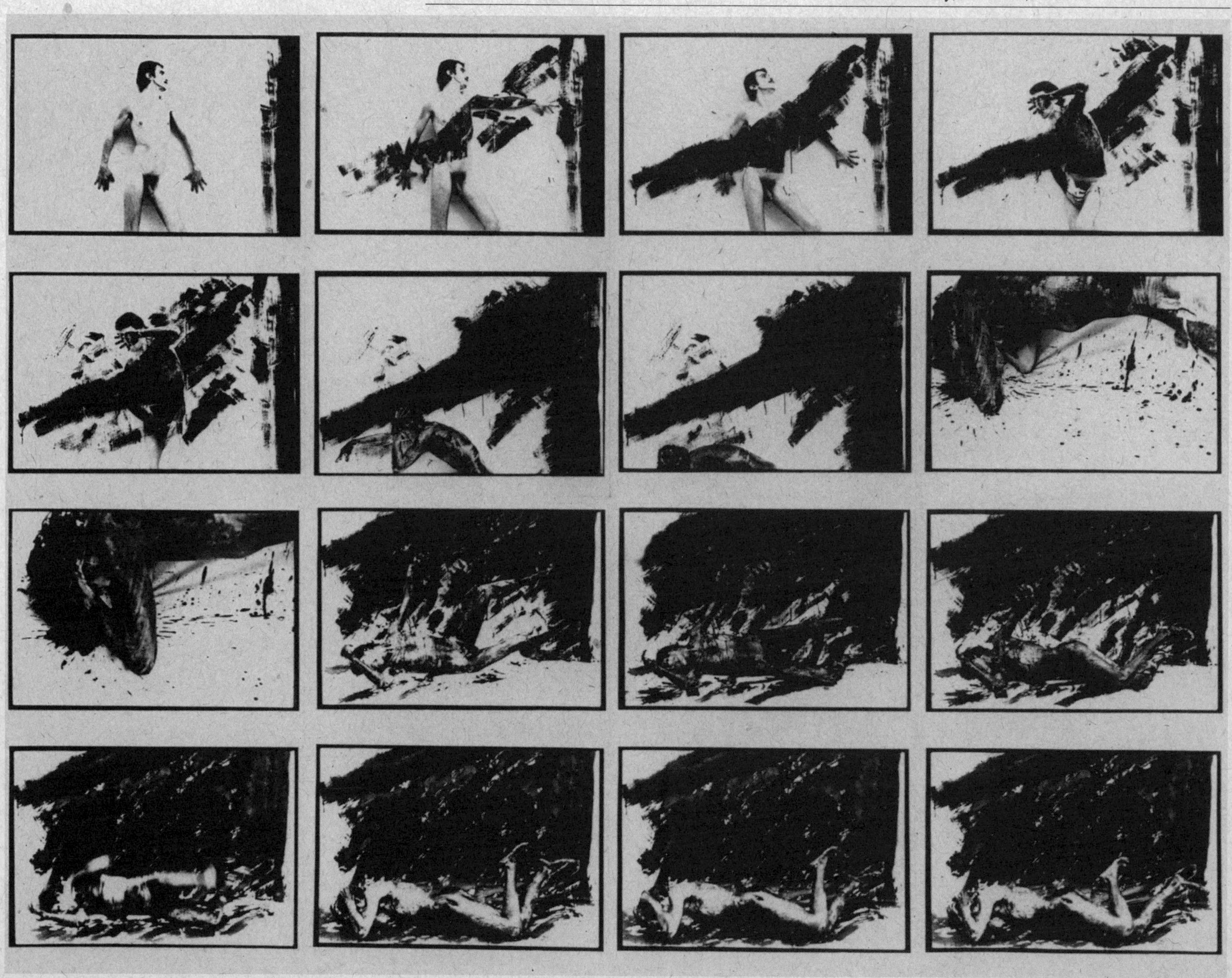

István Kovács

CSIKOÁ, Szentendre, 1989
Foto: Róbert Szabó
Galerija Vajda Lajos, Szentendre
Čas trajanja: 25 minut

Akter je pokrit s črno folijo. Njegova pomočnica drži v roki svečo in z gibi oponaša rojevanje. Plastična folija se pretrga in iz nje prihaja on, telo ima zeleno pobarvano, zavit je v prozorno folijo. Hodi po prostoru, se postavlja v različne poze, nato pa pade. Pomočnica mu trga folijo s telesa, sam si jo tudi trga, sikajoč »čikoa«. Nakar se zažene in izgine med občinstvom. Konec.

Nekateri gledalci so mu poskušali slediti. Menijo, da so ga kasneje videli na bregu Donave, celo nekaj dni kasneje.

László Beke

***CSIKOÁ*, Szentendre, 1989**
Photo: Róbert Szabó
Vajda Lajos Gallery, Szentendre
Duration: 25 min

The performer is covered with black foil. His female assistant mimes giving birth, candle in hand. The plastic foil tears, he is emerging, his body painted green, covered with transparent foil. Walks around, strikes different poses then falls down. His assistant tears the foil from his body, he tears it, too, hissing »chicoa«. He starts off and disappears into the audience. End.

Some members of the audience try to follow him. They think they see him later on the banks of the Danube, even several days later.

László Beke

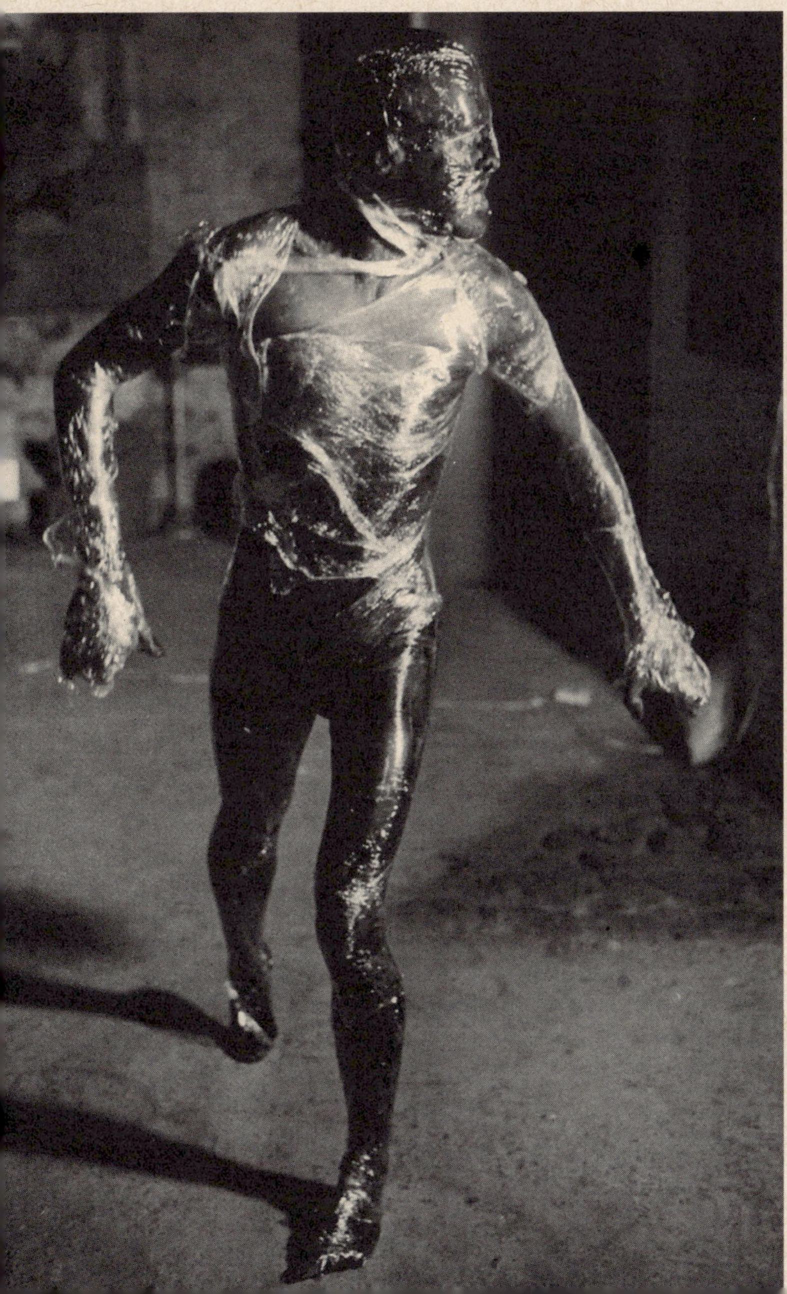

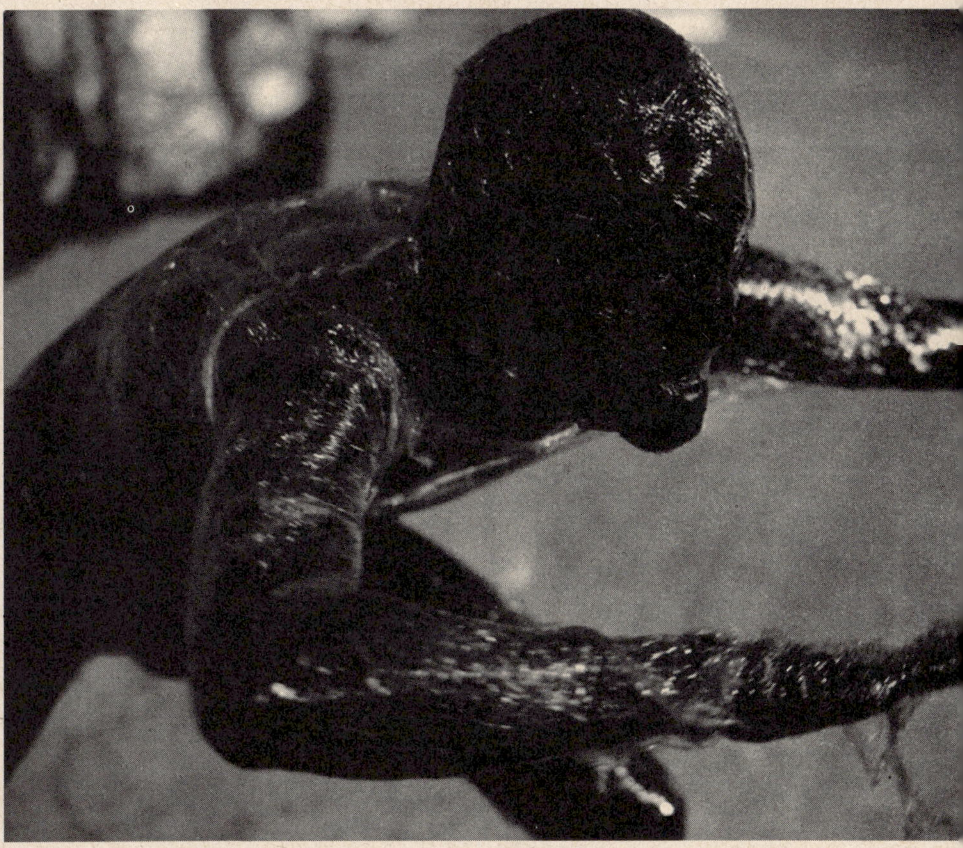

BIOGRAFIJA / BIOGRAPHY

Rojen / Born : **1964, Jászberény, Madžarska / Hungary**
Živi in dela / Lives and works : **Monor**

IZBRANA BIBLIOGRAFIJA
SELECTED BIBLIOGRAPHY

József Bárdosi, »Köztes Formák = Forms Between«, *Belvedere*, Budimpešta / Budapest, no. 6 – 7, 1990.
František Ptáček, »Transart Communication«, *Profil*, no. 10, 1993.
Katalin Timár, »Papirmadár = Paper Bird«, *Balkon*, no. 5, 1995.

János Szirtes

Massage – Message, 1993
Foto: Edina Lisztes

Performer masira umetnostnega kritika, ki medtem poskuša brati tekst o umetnosti performansa.

***Massage – Message*, 1993**
Photo: Edina Lisztes

The performer gives a massage to an art critic who meanwhile tries to read a text about the art of performance.

BIOGRAFIJA / BIOGRAPHY

Rojen / Born : **1954, Budimpešta, Madžarska / Budapest, Hungary**
Šolanje / Education : **Academy of Art, Bratislava ; Academy of Fine Arts, Budimpešta / Budapest**
Živi in dela / Lives and works : **Budimpešta / Budapest**

IZBRANA BIBLIOGRAFIJA
SELECTED BIBLIOGRAPHY

_____, *Szirtes János : Fekvő fa – fekvő kristály = Tree lying – cristal lying*, razstavni katalog / exhibition cat., Kiscelli Múzeum, Budimpešta / Budapest, 1997.

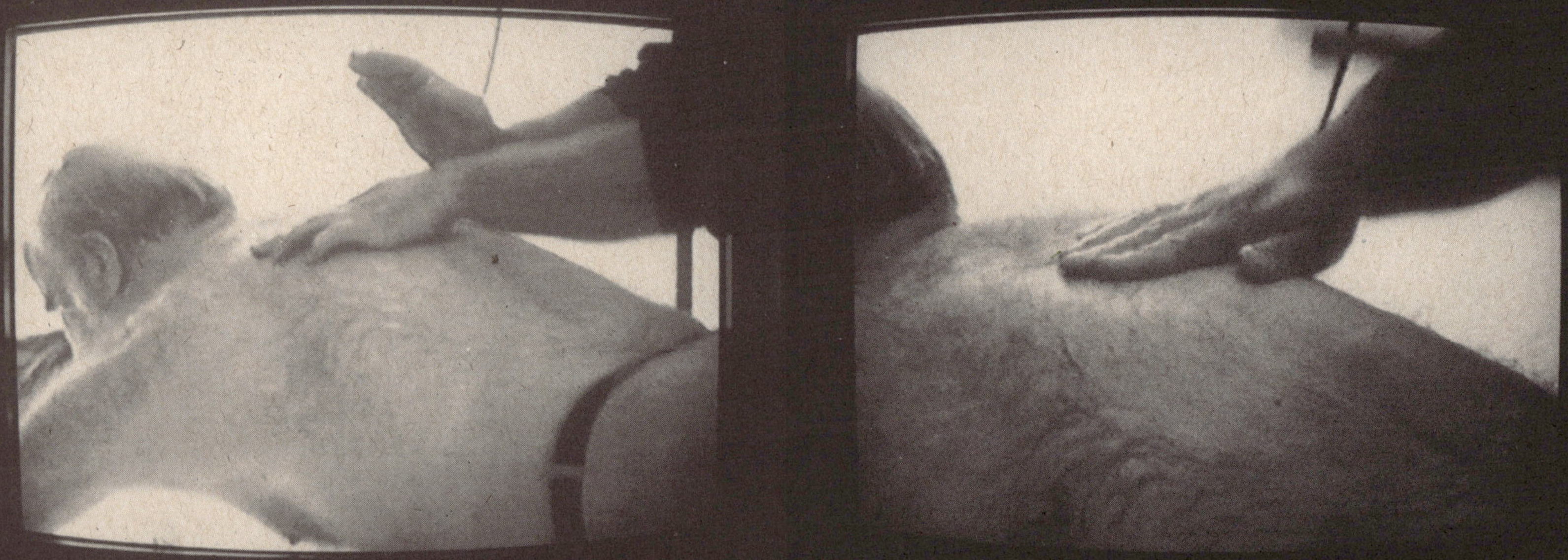

Moldavija / Moldova

Octavian Esanu

Raba človeškega telesa kot izraznega sredstva za prenašanje sporočil ima na evropskem Jugovzhodu dolgo etnografsko in folklorno tradicijo. Ljudska igra ima v moldavski folklori pomembno mesto, še posebej pri letnih in življenjskih šegah in običajih. Tako npr. šege in navade, ki so povezane z zimskim sončnim obratom, ponujajo bogat repertoar z raznimi ritualnimi atributi kot so igralci, oblačila, mimika, gibi in gibanje, maske in podobno.
Zdi se mi, da veliko zanimanje nove generacije domačih umetnikov utemelju-je (morda zgolj podzavestno) prav zgoraj omenjena gledališka tradicija. Čeprav se je ta medij v Moldaviji pojavil šele nedavno, ga uporablja veliko umetnikov. Njegova zgodovina sega v začetek devetdesetih let, vendar si je v domači vizualni umetnosti hitro pridobil poseben status. Da je inovativnih tendenc čedalje več, je postalo vidno, ko se je v kulturni areni Chişinăua pojavila skupina umetnikov, kot npr. Mark Verlan (»Marioca, sin dežja«) in Igor Scerbina iz skupine *Fantom*, ki so se poskušali uveljaviti z raznimi oblikami alternativnega izraza. Omenil bi *Barbikin pogreb*, skupinski performans pod vodstvom Marka Verlana iz leta 1995, kakor tudi mnoga dela v tem mediju, nastala v okviru ustvarjalnega tabora CaronART, ki ga je organiziral SCCA Chişinău leta 1996. Med umetniki, ki se pogosto obračajo k temu mediju, so Pavel Braila, Igor Scerbina, Mark Verlan, Lilia Dragneva in Lucia Macari, Iurie Cibotaru in Alexandru Tinci.
Nekaj besed o festivalu performansa, katerega kustos sem bil in ki se je končal prav zdaj, ko pišem ta tekst. Prvi mednarodni festival, posvečen temu mediju, je v Chişinăuu potekal en teden. Na njem so se zbrali umetniki, kritiki in kustosi iz vzhodne in zahodne Evrope ter iz ZDA. Festival z naslovom *Giocondin nasmeh – od mitskega k tehno ritualu* je tradicionalne domače ljubitelje umetnosti seznanil z deli umetnikov iz mnogih dežel, ki za izrazno sredstvo uporabljajo svoje telo. Od ritualnih performansov, kot sta *Žalovanje* Alexandruja Tineija ali *Posebne usluge* Pavla Braile, do povezovanja modernih tehnoloških sredstev s telesi umetnikov, kot sta to storili Lucia Macari in Lilia Dragneva v *Transformaciji zvoka v sliko in slike v zvok*.

Octavian Esanu

Using the human body as an expressive tool to convey a message has a long ethnographic and folkloric tradition in the European Southeast. Folk drama holds an important place in Moldavian folklore, especially in customs related to the calendar and cycles of human existence. For example, those customs connected to the winter solstice offer an ample inventory with various ritual attributes like actors, garments, mimic, gestures and motions, masks, etc.
I think that the drama tradition mentioned above serves as one of the major justifications for the great interest (perhaps only subconsciously) which appears in the new generation of local artists. Even though its history is very recent in the Republic of Moldova, this medium is very often utilised by many visual artists. Arising in the beginning of the 1990s, it acquired quickly a special status in the local visual arts. With the appearance in the cultural arena of Chişinău of a group of artists, such as Mark Verlan (»Marioca, son of rain«) and Igor Scerbina from the group *Phantom*, who tried to assert themselves through diverse ways of alternative expression, a visible intensification of innovative tendencies occured. I would mention *Barbie's Funeral*, a collective performance lead by Mark Verlan in 1995, then many works in this medium undertaken in the creative camp CaronART, organised by SCCA Chişinău in 1996. Artists who often turn to this medium are Pavel Braila, Igor Scerbina, Mark Verlan, Lilia Dragneva and Lucia Macari, Iurie Cibotaru and Alexandru Tinci.
A few words about the performance festival, which I curated and which ended right when I am writing this text. The first international festival dedicated to this medium was held in Chişinău for a week. It gathered artists, critics and curators from Eastern and Western Europe and the U. S. A. *Gioconda's Smile – from the mythic to the techno ritual* familiarised the local traditional art lover with works by artists from many countries using their bodies as a tool of expression. From ritual performances, such as Alexandru Tinei's *Mourning* or Pavel Braila's *Special Services*, to the linking of modern technologies' tools to their bodies like it was in the work *Transformation of the sound in image and the image in sound* by Lucia Macari & Lilia Dragneva.

Pavel Braila

Posebne usluge, 1996/97
Video
Čas trajanja: 14 minut

Čista bela luknja, stol in par nog. Pojavi se par rok in izvaja svoje usluge. Naslov ne izdaja ničesar, le sprašuje po uslugi, ki bi jo lahko izvedli sami s pomočjo svojih rok. Odsotnost osebe je njena lastna izguba. Telo je potrebno le zaradi ohranjanja občutka zaščite proti temu, da bi se urezalo ali ranilo. Zvočno kuliso tvori zgolj paleta orodij, potrebnih za izvršitev usluge – kovinski, nasploh neprijetni zvoki, ki tu očitno nikogar ne motijo. Cilj? Nič drugega kot par majhnih, čistih stopal z neporaščenimi prsti. V izogib morebitnim ostankom ostrih nohtov servis uporablja zelo oster pribor. In da bi neporaščenost postala uporabna, temu sledi dokončno britje – pozor! Začetek akcije!

P. B.

***Special Services*, 1996/97**
Video
Duration: 14 min

A clean white hole, a chair and a pair of legs. A pair of hands arrive and provide the service. The title itself does nothing except to call for a service that one may do for themselves, using their own arms. The absence of the person is its own loss. The body is not required except to maintain a sense of protection against cutting or wounding itself. The composition of sound is nothing but that of the palette of tools required for the service – metallic, generally unpleasant sounds, which here don't seem to disturb anybody. The aim? Nothing but a pair of tiny clean legs, with bald toes. To avoid any remainder of sharp nails, the service uses the sharpest tools. And then, to make the baldness usable, the service shaves the remainder – look out! Ready for action!

P. B.

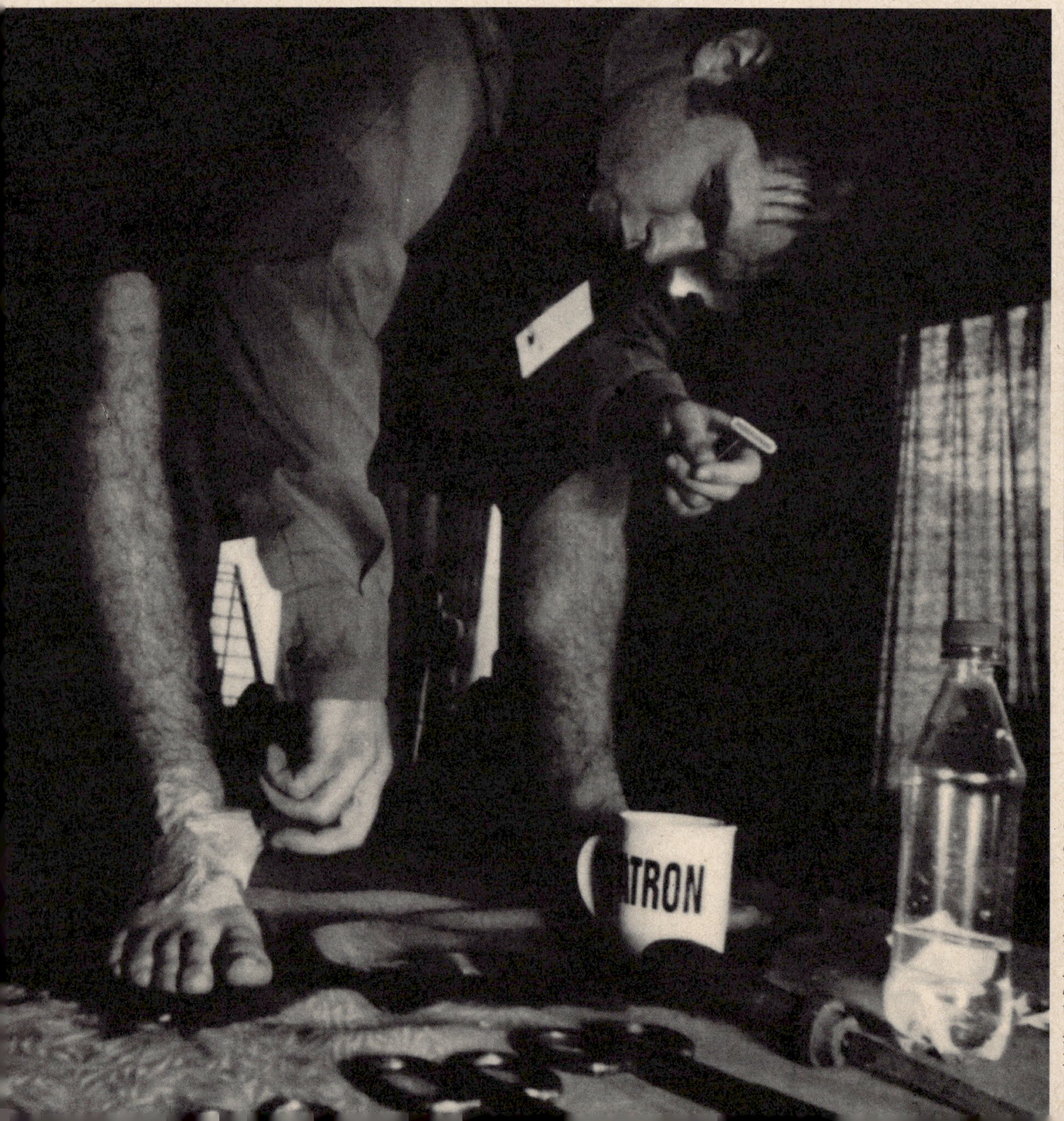

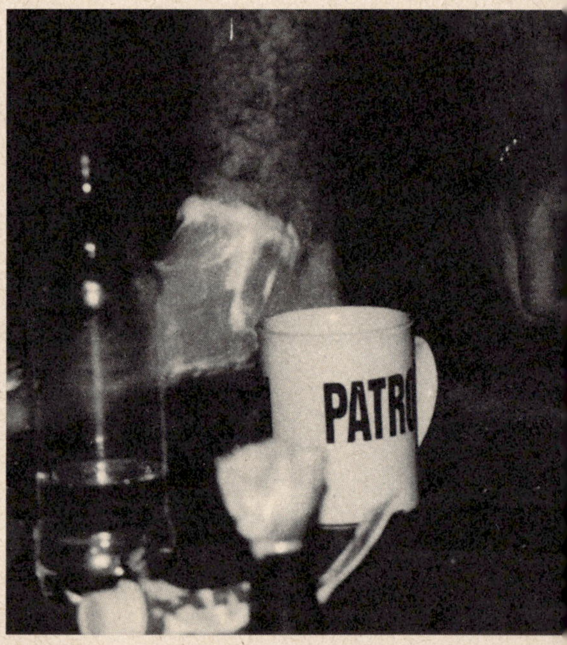

BIOGRAFIJA / BIOGRAPHY

Rojen / Born : **1971, Chisinau, Moldavija / Moldova**
Šolanje / Education : **1989 – 1994 State Technical University, Chisinau ; 1995 – 1997 State University, Chisinau**
Živi in dela : / Lives and works : **Chisinau**

IZBRANA BIBLIOGRAFIJA
SELECTED BIBLIOGRAPHY

Octavian Esanu (ur./ed.), *Carbon Art*, razstavni katalog / exhibition cat., Soros Center for Contemporary Art, Chisinau, 5.– 25. VII. 1996.

_____, *Ostranenie*, razstavni katalog & video / exhibition cat. & video, 1997.

_____, *DaKino*, katalog filmskega festivala / Film Festival cat., Bukarešta / Bucharest, 1997.

_____, *Kilometrul 6 : 1st Annual exhibition catalogue of the Soros Center for Contemporary Art*, razstavni katalog / exhibition cat., Soros Center for Contemporary Art, Chisinau, 1997.

_____, *DaKino*, katalog filmskega festivala / Film Festival cat., Novi Sad.

Lilia Dragneva & Lucia Macari

Grafika zvoka
Performans, Gledališče Eugene Ionesco, Chişinău, 12. maj 1998
Predstavitev v okviru festivala *Gioconda's Smile – from the mythic to the techno ritual*

Vsak človek je sposoben proizvajati številne zvoke različne jakosti, višine in barve. Toda le del te zvočne lestvice velja kot praktično uporaben in umetniško sprejemljiv. Poleg tradicionalnih metod raziskovanja zgornjih respiratornih kanalov se v foniatriji uporabljajo tudi nekatere pomožne metode. To so laringostroboskopija, laringografija, rentgenografija, rentgenomografija larinksa, metode specialne analize zvoka z uporabo priprav za merjenje električnega potenciala.
V performansu je uporabljen princip laringografije, izvedene s pomočjo posebne priprave, ki grafično beleži glasovne vibracije. Posebnost te priprave je v tem, da je zapis vibracije glasu odvisen od višine tona (Hz), barve in jakosti proizvedenega zvoka. Priprava je z vibrosenzorji povezana z vratovoma dveh umetnic (L. Dragneve in L. Macari), njene ročice pa glede na glasove, ki jih proizvajata, zarisujejo črte, pri čemer nastaja nekakšna grafika.

L. D. & L. M.

Sound's Graphics
Performance, Eugene Ionesco Theatre, Chişinău, 12 May 1998
Presentation at the festival *Gioconda's Smile – from the mythic to the techno ritual*

Any man is able to utter a numerous amount of sounds of different intensity, pitch and timber. But only a certain part of the uttered sound scale may be considered practically usable and artistically receivable. Besides the traditional methods of research on the superior respiratory canals in phoniatry, there also are used some helping methods. These are laryngostroboscopy, laryngography, roentgenography, roentgennomography of the larynx, the methods of special analysis of the sound by using electrometric devices.
In the performance there is used the principle of laryngography, achieved by means of a special device which records graphically the voice vibration. The specific of the device resides in the recording of voice vibrations depending on the Hz pitch, timber and the intensity of the produced sound. By means of some vibrosensors the device is connected to the necks of two artists (Dragneva & Macari) and, depending on the vocal sound produced, the hands of the device apply certain graphics.

L. D. & L. M.

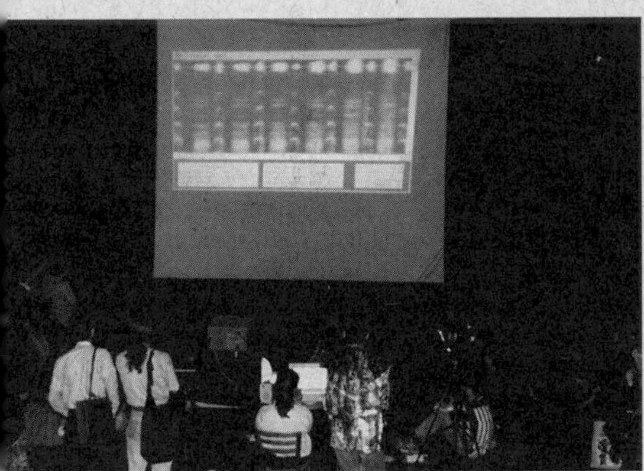

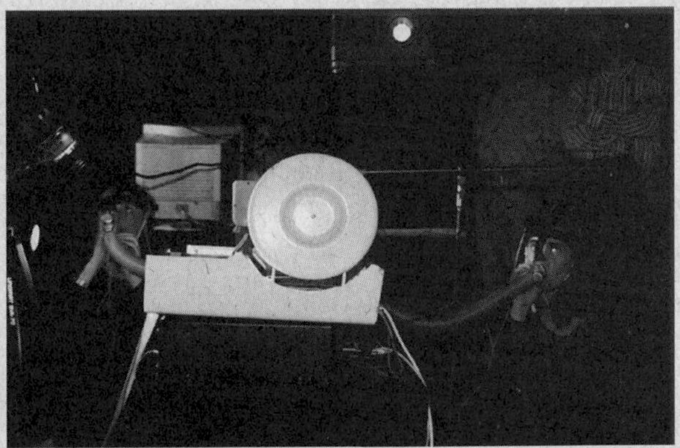

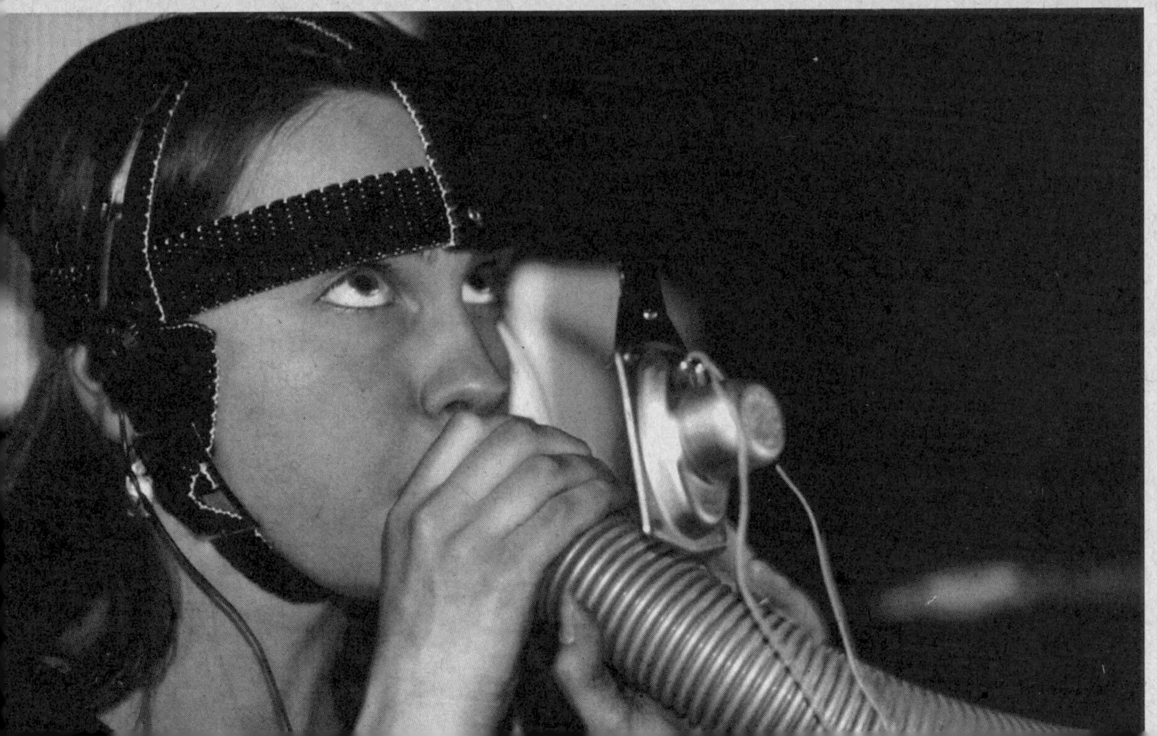

BIOGRAFIJA / BIOGRAPHY

Lilia Dragneva
Rojena / Born : **1975, Chisinau, Moldavija / Moldova**
Šolanje / Education : **1986 – 1993 J. Vieru School of Fine Arts, Chisinau ; 1993 – present, State Institute of Arts, Chisinau**
Živi in dela / Lives and works : **Chisinau**

Lucia Macari
Rojena / Born : **1974, Chisinau, Moldavija, Moldova**
Šolanje / Education : **1986 – 1993s J. Vieru School of Fine Art, Chisinau ; 1993 – present, State Institute of Arts, Chisinau**
Živi in dela / Lives and works : **Chisinau**

IZBRANA BIBLIOGRAFIJA
SELECTED BIBLIOGRAPHY

Eleonora Barbas, »Tabara de la Sadova – o aventura, o provocare pentru viitor«, *Buletin Art–Fact*, Chisianu, Nov. 1996.
Angela Brasovianu, »Trec tinerii printre cafele...«, *Magasin Cartier*, Chisianu, Dec. 1996.
Octavian Esanu (ur./ed.), *Carbon Art*, razstavni katalog / exhibition cat., Soros Center for Contemporary Art, Chisinau, 5.– 25. VII. 1996.
Octavian Esanu, O. Rusu, »REcapitulaREevaluaRE«, *Buletin Art–Hoc*, Chisianu, Nov. 1997
Alexandru Schiopu, »Post Scriptum la –Kilometrul 6– », *Buletin Art–Hoc*, Chisianu, Feb. 1997.
_____, *DaKino*, katalog filmskega festivala / Film Festival cat., Bukarešta / Bucharest, 1997.
_____, *Video Medeja*, katalog filmskega festivala / Film Festival cat., Novi Sad, 1997.
_____, *Kilometrul 6 : 1st Annual exhibition catalogue of the Soros Center for Contemporary Art*, razstavni katalog / exhibition cat., Soros Center for Contemporary Art, Chisinau, 1997.
_____, *Mediawave 98*, katalog filmskega festivala / Film Festival cat., Győr, April 1998.

Nemčija / Germany

bivša NDR / former GDR

Durs Grünbein

Protestantski rituali
O delu *Autoperforationsartisten*

Dela skupine štirih – Else Gabriel, Miche Brendla, Volkerja (Vie) Lewandowskega in Rainerja Görßa, ki so znani pod imenom *Autoperforationsartisten* (umetniki avtoperforacije), so bila vse od njihovih prvih nastopov sredi osemdesetih let na Visoki šoli za upodabljajoče umetnosti v Dresdnu deležna velike pozornosti na umetniški sceni v NDR. Njihovo ime, ki izhaja iz vrste precej spontanih predstav, izvedenih še v času študija na oddelku za scenografijo, v najvišji meri izraža skupni imenovalec, pojmovanje interakcije, ki vključuje ritualne oblike, samoraziskovanje, demonstracijo in artizem. Likovna umetnost na meji s performansom – na meji, ki je prepustna v obe smeri. V kolikor je mogoče prispevek te umetnosti presojati že danes, gre tukaj za mešano obliko iz fluxusa, dogovorne odrske igre, skupinskega koncerta, scenskega recitala in uporabne, akcijske umetnosti, v bolj naključnem smislu neodadaizma, body arta, odprtega gledališča ali žive instalacije. Čeprav se predstave razlikujejo, saj se zasedba, povod za uprizoritev in s tem tudi scenarij od prizorišča do prizorišča spreminjajo, jim je vedno skupen niz ponavljajočih se motivov, igra s priljubljenimi materiali, kot so meso, kri, testo in zelenjava, delno tudi z lastnoročno pripravljenimi rekviziti, kostumi in maskami. Nastopajo v vnaprej izbranih prostorih, večinoma v galerijah in bolj poredkoma na odrih, po poprejšnjem dogovoru skupaj pripravljajo instalacije, predstavljajo se ob odprtju razstav, na multimedijskih spektaklih ali na festivalih performansa.

Njihovo ime se je prvič pojavilo leta 1987 na vabilu k *Herz-Horn-Haut-Schrein,* skupinskemu performansu v kleti Visoke šole za umetnost v Dresdnu. Od takrat dalje ti umetniki – zaprisežni sovražniki kakršnihkoli interpretacij – vztrajno odgovarjajo na vprašanja o svojem delovanju z vedno enako formulo: *Auto-Perforations-Artistik* (umetnost avtoperforacije). Pozornost vzbuja dejstvo, da do danes ni izšel niti en sam manifest, ki bi podpiral njihovo zapleteno iskanje forme. Redke programske izjave pričajo bolj o delu v osami, o usklajenem boju posameznika, o protislovnih konceptih, o bolj ali manj koristnih razlikah v mnenju. Razpon sega pri tem od preprostega povzročanja šoka, prek parodistične šolske obravnave zgodovine umetnosti, pa vse do strategije znotraj umetniške javnosti, ki vsak poskus v drugačnem jeziku zrine nazaj k uveljavljenemu načinu gledanja na to, kaj je primerno, ali pa ga po raznih kanalih in prek institucij gladko zatre. Kar iz tega nastane, je seveda splet anekdot, seznamov, domislic in obsedenosti najbolj samovoljnih oblik, ki je zmeraj tudi spomenik napadov nekdanjih nasprotnih kultur. Vse to prav gotovo ne daje enotne slike. Opisi umetnikov se večkrat presenetljivo razhajajo in tu se kot dobrodošel gost praviloma pojavi fantom onemelosti. Značilne so potemtakem akcije, ki se neredko razvijejo šele iz prisilnih situacij, kot na primer leta 1988 izvedeno 11-dnevno zaprtje v leipziško galerijo *Eigen+Art* pod naslovom *Allez! Arrest*. Ameriški happening je torej od teh predstav prav tako oddaljen kot konvencionalna igra, vključno s produkcijo neodvisnih gledaliških skupin, ali kot večina oblik agit-popa in izrazitih protiumetniških akcij v galerijah, na cestah ali v javnem življenju. Sem ter tja je moč najti močne vzporednice s fluxusom, odločilen pa je vedno preostanek svojevoljnega artizma, posebna ljubezen do efektov, ki povezujejo strah in želje, izpade in eksistenčne rituale v okviru banalne dramaturgije točk oz. dejanj. Cilj je vedno neposredni in radikalni izraz, včasih s šokiranjem in z gnus vzbujajočimi učinki, spet drugič pa s skoraj brutalnim narcizmom, vendar vedno tostran igranja določenih vlog in fikcije, stilistike in simbolike *prenosa*.

Pri *Autoperforationsartisten* neizmerno polje performansa, njegov razpršeni prostor, njegov čas, ki vsebuje toliko različnih časov, seka mreža različnih osebnih nastavkov, ki se tu večinoma uporabljajo za samopredstavitev. Jasno je, da gre pri tem za nagnjenost k spektakularnemu. Želja preigrava področja

Durs Grünbein

Protestant Rituals
On the Work of the Autoperforationsartisten

Ever since their first appearances at the Dresden Academy of Fine Arts in the mid eighties, the works of the group of four – Else Gabriel, Micha Brendel, Volker (Via) Lewandowsky and Rainer Görß, known as the *Autoperforationsartisten* (autoperforation artists) – have been the talk of the GDR artistic scene. Their name, derived from various spontaneous presentations they made at the time of their study at the Department for Stage Design, is the greatest common denominator for a conception of interaction including ritual forms, self-research, demonstration and artistry. Fine art bordering performance, a border that can be crossed in both directions. If their contribution is to be assessed today already, one might say it is a question of intermingling Fluxus, consensual theatrical acting, group concerts, scenic recitals and applied art, action art, in a more random manner resembling that of Neo-Dada, Body Art, open theatre or living installation. Although their casts, the occasions for staging them and therefore the scenarios in their respective venues may be different, these shows will always have in common a chain of certain recurring motifs, a toying with favourite materials, such as meat, blood, dough, vegetables, partly home-made props, costumes and masks. They act in previously determined spaces, mostly in art galleries and only occasionally on a stage, if pre-arranged, from time to time in jointly prepared installations, at exhibition openings, multimedia spectacles or performance festivals.

The group's new name first appeared in 1987 on the invitation to *Herz-Horn-Haut-Schrein* (Heart-Horn-Skin-Shrine), a group performance held in the basement of the Academy of Fine Arts in Dresden. Since then the artists – sworn enemies of any interpretation whatsoever – have unremittingly replied to questions about their activity with one and the same formula: *Auto-Perforations-Artistik* (autoperforation artistry). It is surprising that there has never been a single manifest to support their complex search for form. Only rarely have declarations on programmes been made, evidencing work that is concealed, reconciliated individual struggle, contradictory concepts, discrepancies in opinion that are to a greater or lesser extent useful. Their work, however, ranges from simple shock productions and parodied homestudies on the history of art, to strategies within the art audience, which either drives any experimenting with other idioms back to the established way of expression or simply suppresses it in channelled media or institutions. Naturally, the result is an intertwine of anecdotes, lists, bright ideas and obsessions taking the most arbitrary forms but which, at the same time, stand invariably as monuments to accusations from past opposing cultures. Certainly there is no unified image conveyed by all this. There are often astonishing differences between the artists' descriptions, and the ghost of speechlessness regularly appears as a very welcome guest. What is characteristic, then, are actions which often evolve from forced situations, such as the 11-day long confinement in the *Eigen+Art* gallery in Leipzig in 1988 and entitled *Allez! Arrest* (Go! Arrest). The American happening is thus as remote from these productions as any conventional play would be, even free theatre group productions, as well as most forms of agit-pop or emphasised anti-art action in art galleries, in the street or in public life. Although it is occasionally possible to draw strong parallels with Fluxus, it is still the remnants of headstrong artistry which are decisive, a predilection for effects that link anxieties and desires, sallies and existential rituals caught within the framework of a trivial dramaturgy of acts or numbers. The never-faltering aim is direct and radical expression, one minute using the effect of shock and disgust, and the next near-brutal narcissism, but at all times keeping to this side of role acting and fiction, of stylistics and symbolism of *transfer*.

In the case of the *Autoperforationsartisten,* the vast field of performance,

tabujev – dotikajo se jih previdno, le redko jih ranijo in tako jih nazadnje vedno ironično potrjujejo. Neke vrste preprijemanje iz ene domislice v drugo se stopnjuje vse do točke majhne ali velike senzacije, ki jo kot osebno izkušnjo nato blagoslovi skupina. Plod tega so pogosto tudi objekti, multipli in deli instalacij, na primer mesne trofeje Miche Brendla, njegov *Schlag-erzeug* (nekakšna bobnarska priprava), pa plastike iz testa Else Gabriel, komični *objets trouvés* Vie Lewandowskega, njegove obveze in maske, *risalni bloki* Rainerja Görßa in performanske potrebščine za *Reliquienschrein* (Relikviarij).

Naj se komentarji četverice o njihovem delovanju še tako razlikujejo, bi le stežka zanikali, da obstajajo fiksne ideje, nekakšen skupen labirint, v katerem se vsak pač drugače giblje. Racionalnemu iskanju orientacije s pomočjo znakov in informacij pri Rainerju Görßu stojijo nasproti intuitivni sado-mazohistični izleti v živalsko, otroško in seksualno pri Michi Brendlu in Vii Lewandowskem. Else Gabriel pa neomajno kraljuje na pozitivnem polu rituala, povezanim s prehranjevanjem, rojstvom, družino, jezikom in religijo.

Na tej stopnji udeleženci razumejo performans kot kroženje, ki ga žene poželenje po nečem, vendar ne vemo, kaj to je. Izkušnja nas uči, da pri tem postaja vpletenost v mrežo dominantnih telesnih in duševnih ozirov čedalje bolj utesnjujoča. Iz te intimne situacije izhajajo napetosti, stereotipi in faze umika med posameznimi performansi. Vsakič je namreč potrebna velika zbranost, nekakšno potovanje v trans in meditacijo, dolgi, analitično zastavljeni pogovori, ovinki v izogib lastni slepi pegi. Kar se razvije v primeru, če se vse to docela ponesreči, ni toliko hermetično doživetje, ampak bolj priznanje napete nemoči, za katerim se na trenutke skriva uganka celotne zvrsti.

Prvi performans, s katerim so Else Gabriel, Micha Brendel, Via Lewandowsky in Rainer Görß, takrat še brez skupnega imena, nastopili leta 1985 kot študentje Visoke šole za upodabljajoče umetnosti v Dresdnu, se je imenoval *langsam nässen* (počasi močiti). Medtem ko se Via Lewandowsky *nag in pokrit s folijo, potiskano z rožami, plazi proti zidu*, pleza Micha Brendel po traku z napisom *start this end* preko parapeta, Else Gabriel pa iz sladkornih kock sestavlja naslov *langsam nässen* in ga zažge. Leto kasneje je na istem kraju v dneh šolskega pustovanja potekala fluxusovska akcija *Spitze des Fleischbergs* (Vrh mesene gore), skupaj s Petrom Dittmerjem in plesalko Hanno Wandtke. Tukaj se Else Gabriel prvič ukvarja z mesom, kasneje pa bo s sušilcem za lase posušila mrtvo kokoš. Preobleke znova kažejo na biografske zgodbe, zunanja pojava pa izmenično podaja psihične in fizične znake. Via Lewandowsky z rdečo lasuljo transvestitskega izgleda z mučno počasnostjo razcefra zeljno glavo. O čistem veselju do igre nam ob tem pričajo točke, kot so cepetanje Miche Brendla v mreži, njegov fekalni višek *srati zeleno omako* ter skupen marš okoli hladilne torbe. Else Gabriel danes pravi, da je bila ta predstava najbolj ekscesivna. (Morda je umesten podatek, da so leta 1962, ko je Allan Kaprow v Filadelfiji uprizoril svoj Chicken-Happening, *Autoperforationsartisten* ravnokar šele prišli na svet. Berlinski zid je takrat stal komaj dobro leto; 24 let kasneje je bila – vsaj za mlajšo generacijo – geto situacija umetnosti v NDR perfektna... nesrečna tla za vsemogoče pozne vzporedne efekte.)

Prvo jasno sklicevanje na delo Josepha Beuysa pa je bila leta 1987 akcija *Beuys Beine machen* (Beuys naj se nekam pobere, oz. Beuys, zgubi se!), neke vrste hommage Fluxusu, ki je – paradoksalno – požela veliko več spoštovanja, kot ga je ta bojni krik obetal. Akcija je potekala ob visokošolski razstavi *Ode Terrazzo*. Natančen opis v obliki rahlo idiotskega šolskega spisa izpod peresa Vie Lewandowskega je ponatisnjen v delu *undsoweiter* (in tako naprej), ki je izšlo v samozaložbi Miche Brendla. Zelo ustrezno ponazarja napol pristransko (uporaba polsti in masti, britje prsi) in napol igrivo ironično držo, v kateri se nezaupanje do Beuysove legende, ki se opira zgolj na ustno izročilo, meša s približevanjem estetskemu svetu tega človeka. Tako ali tako je bila naklonjenost do transhistoričnega ali mitološkega svetovnega nazora ali do Beuysovega umevanja snovnosti večja kot pa zanimanje za njegovo teorijo socialne skulpture. Mlajša generacija, utrujena od lažne teorije kolektivizma, se je na vsak način ukvarjala s koristnimi motečimi dejavniki v delu procesualnega umetnika Beuysa. Legenda o Beuysu, njegovo poveličevanje, senca njegove prisotnosti v deželi umetnosti, ki je imela le približne predstave o delovanju in delih najvplivnejšega nemškega povojnega umetnika, je tvorila ozadje akcije... *Beuys Beine machen* je bila tako mišljena povsem dvoumno.

Še v istem letu je sledil, tokrat brez Rainerja Görßa, scenski performans *Herz*

its scattered space, its time, containing within it so many other times, appears interrupted by a net of different personal concepts, here dealing mainly with self-presentation. There is a quite distinctive delight in the spectacular. Lust wins through in the domain of taboos, touches upon them very gently, rarely causes them any harm, and so eventually always ironically acknowledges them. A kind of swinging from one idea to the other gradually increases in momentum before reaching a point that is small or great in sensation which, as personal experience, is later consecrated by the group. Besides, the product are often objects, multiples and parts of installations, such as for instance Micha Brendel's meat trophies, his *Schlag-erzeug* (handcrafted percussion produce), Else Gabriel's dough sculptures, Via Lewandowsky's comical *objets trouvé*, his bandages and masks, Rainer Görß's *Zeichenblöcke* (drawing pads) and performance tools for the *Reliquienschrein* (Reliquary).

Even though the four differ in their comments about their activity, it is difficult to deny the existence of fixed ideas, some kind of common labyrinth in which each of them naturally moves in a different way. Rainer Görß's rational search for orientation through signs and bits of information is set against Micha Brendel and Via Lewandowsky's intuitive sadomasochistic trips into the animal, childhood and sexual worlds. Else Gabriel, however, steadfastly reigns over the positive pole of the ritual, associated with nutrition, birth, family, language and religion.

Its participants understand the performance at this stage as a circular motion, driven by a lust for something, but for what no one knows. Experience teaches here that entanglement in a network of dominant bodily and psychical perceptions can become ever more oppressive. This intimate feature is the source of tensions, stereotypes and phases of withdrawal between individual performances. Great concentration is needed each time, as it is on the path to trance and meditation, long discussions driven by an analytical impulse, secret paths around the individual's own blind spot. What results, if a total failure, is not so much a hermetic experience as a confession of tense helplessness beyond which, at times, the riddle of the entire species lies concealed.

The first performance, at which Else Gabriel, Micha Brendel, Via Lewandowsky and Rainer Görß, then under no common name and appearing as students at the Academy of Fine Arts in Dresden in 1985, was called *langsam nässen* (to wet slowly). While Via Lewandowsky, *naked and covered in foil, printed with roses, crept towards a wall* and Micha Brendel climbed a parapet on a strip with the inscription *start this end*, Else Gabriel composed a title *langsam nässen* in sugar cubes and set it on fire. A year later, the Fluxus action *Spitze des Fleischbergs* (Peak of the Meatmountain), made jointly with Peter Dittmer and the dancer Hanne Wandtke, took place at the same place during the Academy Carnival. Here, Else Gabriel manipulated meat for the first time; later she was to dry a dead chicken with a hair-dryer. Biographical stories were again referred to in disguise, the phenotype brought psychical and physical signs to an exchange. Via Lewandowsky, wearing a transvestite-look red wig, tore a head of cabbage to shreds in painful slow motion. Witnessing sheer playfulness are acts such as Micha Brendel's stamping in a net, his faecal culmination in *shitting green sauce* and a march in unison around a cooler bag. Today, Else Gabriel says that it was their most excessive show. (Perhaps it is not entirely out of place to add that in 1962, the year when Allan Kaprow performed his famous happening *Chicken* in Philadelphia, the *Autoperforationsartisten* had only just come into the world. The Berlin wall had been in place for exactly a year; 24 years later – at least for the youngest generation – the ghetto situation of art in the GDR was perfect... an ill-fated ground for all kinds of late parallel effects.)

The first obvious reference to the work of Joseph Beuys was an action called *Beuys Beine machen* (Beuys, Get Lost!) in 1987, a kind of homage to Fluxus, which – paradoxically – was greeted with much more respect than expected from such a war cry. The action took place at the Academy, at the *Ode Terrazzo* exhibition. A detailed description following the form of a slightly idiotic school essay written by Via Lewandowsky was published by Micha Brendel himself under the title *undsoweiter* (and so on). The semi-prejudiced (involving felt, fat, and chest-shaving) and semi-playful ironic stance of a mistrusted Beuys legend, kept alive only by hearsay,

Horn Schrein Haut, ki so ga tokrat prvič predstavili pod imenom *Autoperforationsartisten*. S podesta kletnega odra se navzdol proti dvorani izlivajo monologi treh teles in glasov, v čarnem krogu lastnih narcizmov previti v grotesken pogovor, ki ga navdihuje alogika sanj. Else Gabriel, zavita v cele metre blaga in zavezana kot paket, izmenično razbija po pisalnem stroju ali pa se umakne v iglu, drapiran s papirnatimi zvitki. Micha Brendel, napravljen v luskast oklep iz slik za potni list, ima glavo stisnjeno v sado-mazo maski in se poliva z razvijalno tekočino, domišljavo hodi sem ter tja in recitira besedilo multimedijskega umetnika Diterja Rotha. Via Lewandowsky, njegov mazohistični antagonist, gologlav in v vrvičasti majici ter v ortopedskih obvezah s silnim naporom pleza po stebru na sredini prostora. Za zaključek se za skupno muziciranje znajdejo vsi z glavo navzdol v pripravljenih zidnih stojalih. Znova je citiran Beuys in njegov *NeinNeinNeinNein*, med drugim tudi kot odrekanje znotraj učnega programa prevladujočemu pojmovanju umetnosti, hkrati pa kot norčavo opozorilo in alarmni signal za prihodnost. Že tukaj se kaže, da performans za *Autoperforationsartisten* ni nič manj kot terapevtsko dejanje. Predvsem se išče strateški model znotraj prostora, ki je zapolnjen z normiranimi znaki in jeziki, znotraj pokrajine, ki ji vlada kulturniška politika, nadzorovana tradicija, naturalizmi vseh vrst.

Naslednji skupni nastop je bil leta 1988 na povabilo Akademije za umetnost NDR. Od takrat so v obtoku vsaj trije naslovi: *Rumpfstapfen*, *Lastags* in *Schlaufenlauf*, ki očitno ponazarjajo različne poglede na en performans (vključno s filmsko projekcijo), ki je – kot se je večkrat zgodilo tudi kasneje – pokazal precejšnje formalne in programske razlike. Micha Brendel, privezan z vrvjo, kot ujeta žival teka po prostoru sem ter tja. Tuleči Via Lewandowsky ob neki priliki vrže zeljno glavo skozi okno v bližnjo reko Spree; Else Gabriel mesi testo ob svoji življenjski sopotnici, vedenjsko moteni laboratorijski podgani Elke. (Tu naj pripomnimo, da podgana Elke v Elsinem konceptu večkrat nastopi kot posrednica med življenjem in umetnostjo. V obliki formule se ta ideja glasi *Elke für Else und Else für Elke* – Elke za Else in Else za Elke. Doma in na dolgih potovanjih je bila Elke vedno v Elsini bližini. Tako je podgana na primer bivala tudi v stari Elsini maketi scene iz študentskih časov... Nehotena reminiscenca na Kurta Schwittersa, ki je v svoj hannovrski *Merzbau* začasno naselil morske prašičke.)

Pri diskusiji, ki je sledila, so se drugi umetniki in poznavalci umetnosti v državi najprej odzvali odklonilno in kritično. Najbolj zgovorna reakcija, kot že pred 25 leti pri wiesbadenskih in düsseldorfskih aktivistih Fluxusa, je prikrita agresija gledalcev, njihovo prvobitno zavračanje umetniške oblike, za katero vse do danes ni prostora niti v gledaliških krogih niti v umetniških združenjih. Pol leta kasneje je s svojo intenzivnostjo napravil močan vtis edini poskus performansa z očitnimi značilnostmi happeninga: *Panem et circenses*. Prikazan je bil v okviru akademijske zabave *Nachtmär*. Tudi tu gre na začetku za ločitev publike. Za pravimi rešetkami kletk iz živalskega vrta, v prostoru, posutem s slamo, so Micha Brendel, Via Lewandowsky in Rainer Görß nenehno v gibanju, enkrat na tolkalih, spet drugič pa po britju lasišča visijo z glavo navzdol. Micha Brendel bere avtobiografsko besedilo filozofa Immanuela Kanta, ki govori o telesni samodisciplini razsvetljenca; Rainer Görß v bloku list za listom prekriva s črnimi znaki in jih raztresa po prostoru; Via Lewandowsky, oblečen v belo, v hlačnih nogavicah, baletnem krilcu in puloverju z visokim pletenim ovratnikom izmenično pleše, liže rešetke ali požira mikrofon, v katerega sopiha, stoka in trobi. Else Gabriel, tokrat le posredno udeležena, je na poti kot odposlanka v zunanjem svetu ter sporoča novice, oskrbuje umetnike s hrano in fotografira. Skozi rešetke se vedno znova vzpostavljajo stiki in pogovori s publiko visokošolcev, ki so tradicionalno dobrohotno naravnani.

Čeprav so jih individualni projekti od časa do časa razdvajali, pa so *Autoperforationsartisten* še isto leto skupaj ustanovili bend: *Die Strafe* (Kazen). Njihov poudarjeno diletantski koncept je dovolj ponazorjen s formulo: glasba iz zadrege.

Od zdaj naprej je za vsakega pomembno sodelovanje s preostalimi partnerji, saj se tako izognejo ponavljanjem. Micha Brendel se znova močno posveti eksperimentiranju s fotografijo, ob tem pa večkrat sodeluje s plesalko Hanne Wandtke. Else Gabriel začne sodelovati z glasbeno skupino in sklada ter piše besedila, nastanejo fotogrami, skulpture iz testa, instalacije iz testa, las in pločevine. Via Lewandowsky, ki je v tem času ustvaril svoje zadnje super-8-mm

had been mingled with an approach to this man's aesthetic world, and was very appropriately reproduced. Even so, any affinity to a transhistoric or mythological conception of the world, or to Beuys's comprehension of matter, was greater than any interest in his theory of social sculpture. The younger generation, tired of false collective theory, might have dedicated themselves to utilitarian interference factors in Beuys's work as a process artist. Beuys's legend, his glorification, his apparent life in a landscape of art where only contingent ideas of the work and effects of this most influential post-war German artist were available, formed the fund for the action... Thus *Beuys Beine machen* was meant quite ambiguously.

In the same year, this was followed by the scenic performance *Herz Horn Schrein Haut*. Here the performers, this time without Rainer Görß, used the name *Autoperforationsartisten* for the first time. From a basement stage landing down into the space where the audience sat, the monologues of three bodies and voices unfolded in the enchanted circle of their narcissisms into a grotesque conversation whose source of inspiration was the alogical element of dreams. Else Gabriel, wrapped in swathes of material and tied up as a parcel, would alternately hammer on a typewriter and withdraw into an igloo hung with rolls of paper. Micha Brendel, wearing a scaly suit of armour made up of passport photos, his head forced into a sado mask, poured photographic developer all over himself, and walked self-conceitedly up and down, reciting a text by multimedia artist Diter Roth. Via Lewandowsky, his masochistic counterpart, baldheaded and wearing a bodice and orthopaedic bandages, would attempt using all his effort to scale a column in the centre of the space. At the end, they all met together with their heads down in some specially prepared wall stands in order to make music. Beuys and his *Nein Nein Nein Nein* (No No No No) was quoted yet again. Underlying this was, amongst other purposes, a rejection of what is predominantly understood as art in education and, at the same time, a mad warning and alarm signal for the future. This shows that the *Autoperforationsartisten* were already taking performance as nothing less than a therapeutic event. A strategic model, rather, is being sought inside a space, occupied by standardised signs and languages, within a landscape ruled by cultural politics, tutoring tradition, naturalisms of all types.

Their next joint appearance was in 1988, at the invitation of the GDR Academy of Arts. Since then, at least three titles have been in circulation: *RumpfStampfen* (BustStamp), *Lastags* (Loadays) and *Schlaufenlauf* (Looprun). These obviously illustrate different views of a single performance (including the projection of a film) that show considerable formal and programme differences. This was to occur frequently later, too. Micha Brendel, tied to a rope, would run up and down like a captured animal. A howling Via Lewandowsky hurled a head of cabbage through the window into the nearby river Spree. There was Else Gabriel, kneading dough beside her life-long companion Elke, a laboratory rat exhibiting disturbed behaviour. (It should be mentioned here that Elke, the rat, often appeared in Else's concept as a mediator between life and art. *Elke für Else und Else für Elke* – Elke for Else and Else for Elke – was the formula that conveyed this idea. Elke was always close to Else at home, as well as on long journeys. In the same way the rat also lived, for example, in one of Else's old stage models from her student days... It spontaneously reminds one of Kurt Schwitters who temporarily let guinea pigs live in his *Merzbau* in Hannover.)

In the discussion that followed this performance, other artists and art experts rejected and criticised them *en masse* for the first time. Just as twenty-five years previously in the case of the Fluxus activists of Wiesbaden and Düsseldorf, one of the most indicative reactions was the audience's subliminal aggression, their fundamental rejection of an art form which so far had been given short shrift in both theatrical circles and artists' associations.

An intensive and highly impressive experiment in performance took place half a year later, the only one clearly experimenting with happening: *Panem et circenses*. It formed part of the *Nachtmär* feast at the Academy and here, too, a division from the audience was evident from the beginning. Behind the real bars of cages from the zoo, in a space strewn with straw, Micha Brendel, Via Lewandowsky and Rainer Görß were in continuous movement: one minute at the drums, and the next, after a hair shaving

filme, razvije koncepte za zanj novo obliko tabelne slike, za recikliranje umetnosti v stilu njegovega *reproduktivnega slikarstva*. Jeseni 1988 začne z *Ghettohochzeit* (Poroka v getu), serijo predavanj o performansu z dresdenskim pesnikom Dursom Grünbeinom. V kratkih presledkih si v naslednjem letu v galerijah in klubskih hišah sledijo skupne akcije obeh z naslovi, kot so *Hirsche sagen ab* (Jeleni odpovedo), *Verlesung der Befehle* (Javno branje ukazov), *Deutsche Gründlichkeit* (Nemška temeljitost), *Von Ost nach Nord* (Od vzhoda proti severu) – slednji v okviru projekta *Midgard* Rainerja Görßa – in *An alles denken* (Misliti na vse). V nasprotju z deli *Autoperforationsartisten* gre tukaj večinoma za zelo konceptualna dela, v katerih potek določajo pesem, partitura in prikriti dialog.

Tudi v solistične performanse in performanse v dvoje Else Gabriel in Miche Brendla se je v tem času vtihotapil tihi red beseď, koncentracije in zaupnosti. Naslovi, kot so *Sublime Liebe* (Sublimna ljubezen), kjer Else Gabriel sodeluje z Vio Lewandowskim, ali *Das Eigentliche ist immer dazwischen* (Dejansko je zmeraj vmes), kjer Else Gabriel nastopa sama, so že prej izpričevali začetek intimnega odnosa do materiala in introvertiranosti, ki je razvpitost šok ofenziv povrnil nazaj v suvereno skupno delovanje s starimi znanci. *Lacheisen* (Micha Brendel z Else Gabriel), *Mea culpa* (Else Gabriel z Rainerjem Görßom) ali solo performansi *Trichinen auf Kreuzfahrt* (Via Lewandowsky) in *Der Mutterseelenalleinering* (Micha Brendel) označijo nagnjenost k izolaciji in vse bolj jasno kažejo meje načina dela skupine, ki jo je umetnostni strokovnjak Christoph Tannert že kaj kmalu opisal kot združbo v sili (*Notgemeinschaft*). Sentimentalni elementi so se mešali s prizadevanjem za muhasto razkazovanje, lastno telo je bilo poslednje zatočišče, biografsko je prevladovalo, lastni žig črede je bil temeljito preučevan, zato je razumljivo, da se je kmalu začelo govoriti o *drugi družini*.

Ne glede na to pa se še vedno pojavljajo vrhunci. Performans Else Gabriel *Alias, auch... genannt* (skupaj z U. Wredejem), v katerem na koncu potopi svojo glavo v vedro, polno goveje krvi, in se prepusti požrešnosti svežega zaroda mesarskih muh, je prav tako spektakularen kot solo predstava Miche Brendla, *Der Mutterseelenalleinering*, v kateri avtor vzame zidarsko gladilko in z možgani strokovno zagladi galerijsko steno. Povod za ta zadnja samostojna dela je bila, mimogrede povedano, najprej *Trajna umetniška konferenca* (Permanente Kunstkonferenz) v vzhodnem Berlinu; sklical jo je Christoph Tannert, ki je nastopal tudi kot pokrovitelj te skupine. V ozračju že skoraj sramotne strpnosti je bil tako prvič izražen pogled na svojevoljnost in brezdanje globine umetniške in antiumetniške oblike, ki je prej večinoma tipala vzdolž meja sprejemljivosti.

Jeseni 1989 je skupni performans *So tröstet uns Beständigkeit* (Tako nas tolaži stanovitnost) tudi formalno izrazil, kako močno so se v tem času protagonisti oddaljili drug od drugega. Kar je ostalo, je bil le aranžma ločenih enot, v katerem je vsak še enkrat uprizoril propad svojega lastnega sveta motivov, medtem ko je občinstvo tesno nagneteno hodilo mimo, kot da bi hodilo okrog boksov v cirkuškem živalskem vrtu. Po tem se je zdel razpad skupine le še vprašanje časa.

Retrospektivne narave je bil namreč tudi do zdaj zadnji veliki skupni performans januarja 1990 v Parizu, pod kapitulacijskim naslovom *Wir sind wie alle* (Taki smo kot vsi). Še enkrat so se v paradnem mimohodu pojavili vsi elementi, ki so v petih letih tvorili igro *Autoperforationsartisten*. Znova so delali z mesom, testom in krvjo, Micha Brendel je uprizoril svoj šokantni ples v maskah z nožem in mesom, medtem ko si je Via Lewandowsky zaril škarje v anus, Else Gabriel je potopila svoje lase v kovček, poln krvi, in pred prižganimi kamerami s kupo krvi slavila neke vrste agapovski ritual. V nekaterih pogledih je bilo to delo tudi seštevek let, ki so jih preživeli skupaj. Else Gabriel – ta predstavitev se je dogodila v njeni instalaciji – je v dvodnevnem delu na kraju samem umešala kri, moko in kvas v nekakšno testeno kašo, s katero je žico, ki je visela s stropa, premazala v Popkovnico v nebesa (*Nabelschnur in den Himmel*)... To, kar počne, je umetnost med magijo in Maggijem (*Kunst zwischen Magie und Maggi*), je nekoč sama dejala ob začetku svojih poskusov. Na koncu te delovne faze je očitno, da je šele z raznolikostjo previdnih asociacij mogoče pravično oceniti ta poetični, včasih ritualistični in neredko poudarjeno provokativni koncept. Že zdaj je mogoče reči, da veliko stvari začuda ostaja v območju vpliva protestantske vneme, ki se tu odslikava

session, they would all hang themselves upside down. Micha Brendel would meanwhile read an autobiographical text on bodily self-discipline by rationalist philosopher Immanuel Kant; page after page, Rainer Görß covered a writing pad with black signs, strewing the pages everywhere; Via Lewandowsky, all in white, wearing tights, a tutu and a jersey with a high neck, alternatively danced, licked the bars or devoured a microphone into which he panted, groaned and screamed. This time Else Gabriel participated only on the side lines: on her journey as a messenger in the outside world she communicated news, provided food for the artists and took photographs. Through the bars, contact and conversation with the traditionally benevolent student audience was recurrently being set up.

In the same year, though individual projects temporarily sowed dissension among the *Autoperforationsartisten*, they founded a band together: *Die Strafe* (Punishment). Their markedly dilettante concept was adequately qualified by its formula: music from embarrassment.

From then on, mutual cooperation was important for each of the members, as it was the way to avoid repetition. Micha Brendel once again fully dedicated himself to photographic experimentation, frequently collaborating with the dancer Hanne Wandtke. Else Gabriel began working with a group of musicians, composing and writing lyrics, creating photograms, dough sculptures, installations made of dough, hair and sheet metal. Via Lewandowsky, then busy with his last super-8-films, worked on his concepts of a form of panel painting which was new to him, art recycling in the style of his *reproductive painting*. In the autumn of 1988, he began, alongside Dresden poet Durs Grünbein, the *Ghettohochzeit* (Ghetto Wedding), a series of performance lectures. At short intervals, the two put on a number of joint actions which took place at art galleries and clubs the following year. Titles included: *Hirsche sagen ab* (Deer Fail), *Verlesung der Befehle* (Public Reading of Commands), *Deutsche Gründlichkeit* (German Thoroughness), *An alles denken* (To Think of Everything) and *Von Ost nach Nord* (From East to North), which was organised within the bounds of Rainer Görß's *Midgard* project. In contrast with the works of the *Autoperforationsartisten*, these are mostly highly conceptual pieces in which the course of events is determined by the poem, the score and the subliminal dialogue.

In the meantime, a silent order of words, concentration and confidence entered solo and duo performances by Else Gabriel and Micha Brendel. Titles, such as *Sublime Liebe* (Sublime Love), in which Else Gabriel worked with Via Lewandowsky, or *Das Eigentliche ist immer dazwischen* (The Matter of Fact Always Intervenes), where Else Gabriel performed alone, had already borne witness to a drive for material intimacy and introversion, which brought their reputation for shock offensive to sovereign harmony between old acquaintances. *Lacheisen* (Laughiron) with Micha Brendel and Else Gabriel, *Mea culpa* with Else Gabriel and Rainer Görß or solo performances *Trichinen auf Kreuzfahrt* (Trichinae on a Cruise) by Via Lewandowsky's and *Der Mutterseelenalleinering* by Micha Brendel marked the predisposition for isolation, showing ever clearer limits for the mode of working of a group, whom the art scholar Christoph Tannert was soon to describe as an emergency community (*Notgemeinschaft*). Sentimental elements were intermingled with an urge for wayward exhibitionism, one's own body as the last resort, the biographical element prevailing, the very own trademark of the herd was thoroughly investigated and so it is little wonder that there was soon talk of a *second family*.

Nevertheless, there were still culminating high points. Else Gabriel's performance entitled *Alias, auch... genannt* (Alias, also...called) and made together with U. Wrede, in which she ends by dipping her head into a bucket full of cow's blood and gives way to the greed of an offspring of flesh flies, is as spectacular as Micha Brendel's solo *Der Mutterseelenalleinering*, in which the author makes masterly use of a mason's trowel to smear a piece of brain on an art gallery wall. By the way, the incentive for these last solo performances was primarily the *Permanent Art Conference* (Permanente Kunstkonferenz) held in East Berlin and convened by Christoph Tannert, who manifested himself as the promoter of the group. It was in an atmosphere of nearly humiliating tolerance that this vision of a highly obstinate form of great depth, which is both art and anti-art, up to then groping precariously along the borders of acceptability, was thus freed for the first time.

z vzgojo in spekulativnim hrepenenjem. V mazohizmu marsikatere akcije samoprebadanja se zelo jasno kaže moralni imperativ, ki stoji za uporom proti telesu in simbolični instituciji pri zahtevah po avtoriteti drugega jaza, Luther kot blebetač na Prokrustovi postelji. Etika se vrača kot artizem in se dešifrira v odporu do znaka, v sovražni ljubezni do svojega telesa, prežvečenih življenjskih pravilih, dnevno potrjevanem redu, sistemu vrednot iz dela, rezerv in akumulacije. Med najbolj priljubljena presečišča spadajo teme kot so živalska eksistenca, spolnost, zavrta religioznost, higiensko in moralno telo, lastni rod, represije, otroštvo, utelešanje, žrtev, kazen. Nad vsem tem čudovito lebdi pridigarska retorika antiumetniške morale, ki hlini ubogljivost do slepe volje moderne, ta strogi reformatorski peklenski krog. Le bolj poredkoma gre za predstave o sreči, za katere Else Gabriel trdi, da se ji zdijo takšne, da jih je načeloma nemogoče posredovati. Užitki in razmišljanja o lepoti in banalnosti igrajo prav tako podrejeno vlogo kot zgodovina, ki se jo tu po dobri stari Bennovi maniri zaničuje kot strašilo.

Zato ni čudno, da je od zunaj citirana sorodnost z delovanjem nekdanjih dunajskih akcionistov le navidezna. Z *Drama als Ab-Reaktion* (Drama kot abreakcija), terapijo s katarzo, ima delo *Autoperforationsartisten* le malo skupnega. (Else Gabriel: Moj jaz ali predstava od terapije naprej.) Njene skrivalnice z lastno religioznostjo si je moč zamisliti daleč stran od problemov transcendence, mistike ali metafizike. Toliko bolj – in tega ne kaže pomešati z Novalisovim in Beuysovim magičnim idealizmom – se kaže začudenje nad komičnostjo lastnega položaja, klovnovsko samoprepričevanje, ki lastni jaz nazadnje uveljavlja z repom in glavo. S krepostnim pogledom v ogledalo obdrži ego na vseh štirih tla pod nogami in s tem tudi vse predsodke, pa tudi napetosti. Tukaj se umetnost ne uporablja kot *nadomestek za religijo, kot estetsko liturgijo življenja* (Hermann Nitsch), niti ne gre – kot pri abreakcijski orgiastiki z zaklanimi živalmi – za program za intenziviranje in senzibilizacijo vseh čutov. Tudi če se zdi, da nekatere akcije opozarjajo na estetiko kot stranski produkt psihoanalize, pa je na pretkan način vedno na voljo le polovica resnice; in tudi to spada k protestantski strategiji. Fine razlike pri ravnanju s priljubljenimi snovmi povedo o tem več kot ustvarjanje zmede s komentarji. Tako imajo na primer intimna opravila *kuharice* Else Gabriel in njeno *žensko delo* s testom in krvjo za protiutež najbolj agresivno ruvanje s surovim mesom pri Michi Brendlu. Skoz in skoz protestantsko je tu obdelovanje ostankov mesa kot snovi. Uporabljena je le razkosana žival, ne pa njena učinkovita figura križane žrtve, njen kadaver, obešen z glavo navzdol, da bi odtekla kri, kot pri spektaklih Gledališča orgij in misterijev (*Orgien-Mystherien-Theater*) Hermanna Nitscha. Analogni prisilni položaji, v katere Via Lewandowsky zelo rad postavlja svoje telo, se sicer vrtijo prav okrog tega motiva (Kristus in trpinčeno telo kot zgled vseh mazohistov v neki vseskozi z mazohizmom prepojeni kulturi, potuje več kot le enkrat skozi akcije *samoprebadajočih*. Ali nam ni treba nehote misliti na žeblje, s katerimi je neka cela kultura v podobi Kristusa pribila telo, trpeče v svojem obstoju?), vendar gredo v svoji ironični usmerjenosti bolj v smer telesne umetnosti. Nasploh igra v predstavah Vie Lewandowskega človeško telo prevladujočo vlogo, izmenično v svojih vidikih živalskega, teatralnega, moralnega, eksistencialnega ali seksualnega telesa, ko se na primer pusti obesiti za noge, se demonstrativno preveže, obrije, klistira ali mazohistično napade. Nago telo v prostoru, obravnavano kot predmet slikarstva, na daleč spominja tudi na dela Avstrijca Günterja Brusa, ki se je svojčas bavil s *telesno-analitičnim razumevanjem funkcije slikarja*. V tem pogledu je morda pri Vii Lewandowskem konceptualni vidik telesne umetnosti skrit za neposrednim napadom na lastno telo in bolj zadržan. Mnoge ustreznice za to je moč ponovno odkriti tudi v temah tabelnih slik njegovega *reproduktivnega slikarstva*.

O Michi Brendlu je mogoče reči, da je najbližji tradiciji samopredstavitve, ki sega od Egona Schieleja do Arnulfa Rainerja. Vsi njegovi medijski poskusi (fotografija/preslikavanje/performans/glasba) so brez okolišenja ekshibicionistični; »kazati« vselej razume kot »kazati sebe«; njegovi fotoportreti in solo akcije so zmeraj refleksivni, neke vrste konstruktivni narcizem.

Čisto nekaj drugega pa je Else Gabriel; kar najbolj radikalno postavi performans v religiozno povezavo. V svojih ponavljajočih se ritualih z mesom in krvjo zelo očitno namiguje na transsubstanciacijo pri poslednji večerji, pri čemer jo zanima potlačitev v reformiranem krščanstvu. Pri tem je popolnoma

The protagonists had drifted wide apart. This was formally expressed in the joint performance *So tröstet uns Beständigkeit* (Constancy Comforts Us Like This) held in the autumn of 1989. What remained was merely an arrangement of private compartments where once again each individual showed the decay of his own world of motifs, whilst the audience passed by, crowding like visitors around the cages at a show of wild beasts. The disintegration of the group seemed to be merely a question of time.

Their last great group performance, held in Paris in January 1990, was also retrospective in nature. The title was one of surrender: *Wir sind wie alle* (We Are Like Everyone Else). Once again all the elements which had for five years comprised the play of the *Autoperforationsartisten* passed in revue. Once again there was handling of meat, dough and blood, Micha Brendel performed his shocking knife and meat mask dance, while Via Lewandowsky screwed a pair of scissors into his anus, Else Gabriel dipped her hair into a suitcase full of blood and, holding aloft a goblet of blood to the whirring cameras, celebrated a kind of agape ritual. In a way, this work was the sum of all the years they had spent together. During the two days' work in situ, Else Gabriel, in whose installation this show took place, mixed blood, flour and yeast into a sticky mush with which she covered a wire hanging from the ceiling, converting it into an Umbilical Cord to Heaven (*Nabelschnur in den Himmel*). What she was doing was art between magic and Maggi (*Kunst zwischen Magie und Maggi*), as she herself once explained the beginning of her experiments. At the end of this stage of work, it is manifest that only a variety of more careful associations will do justice to this poetic, sometimes ritually practical and not infrequently markedly provocative impulse. At present you can already note many things of Protestant zeal that curiously remain in the outcasts' circle, as this is indicated here by education and speculative longing. In the masochism of many of the *autoperforation artists'* actions, one can clearly discern the moral imperative behind the revolt against the body and the symbolic institution in the demand for the authority of another self, Luther as a chatterbox on the Procrustean bed. Ethics returned in the form of artistry and is deciphered in a resistance to signs, in a hostile love of one's own body, the digested rules of life, a daily acknowledged order, a value system based on work, stocks and accumulation. Among the favourite intersection points are themes such as animal existence, sexuality, supplanted religiousness, the hygienic and moral body, one's own origin, repressions, childhood, incorporation, sacrifice, punishment. Floating wonderfully above all this is the preaching rhetoric of anti-art morals, feigning obedience to the blind will of Modernism, that strict reformationist diabolical circle. Only rarely are the performances on ideas of happiness. To Else Gabriel they seem, in principle, impossible to mediate. Pleasures and reflections on beauty and banality play as subordinate a role as history, which is here, in good old Benn's manner, despised as a spectre.

It is hardly any wonder then that the outwardly quoted affinity with the activity of the onetime Viennese actionists is only superficial. The work of the *Autoperforationsartisten* has little to do with the *Drama als Ab-Reaktion* (Drama as Abreaction), the catharsis therapy. (Else Gabriel: I am bored by the performance from therapy forthwith.) That she plays hide-and-seek with her own religiousness is conceivably a long way from the problems of transcendence, mysticism or metaphysics. What is demonstrated to a greater extent is – and one should not confuse this with the magic idealism of Novalis and Beuys – surprise at the comicalness of one's own situation, a clownish self-persuasion actually treating the self as having head and tail. A chaste view in the mirror makes the ego retain its foothold on all fours and thereby all prejudices, but also all tensions. Art is here not pursued as a *substitute for religion*, as an *aesthetic life liturgy* (Hermann Nitsch), neither is it a matter of an intensification and sensibilisation programme for all the senses, as is the case with abreaction orgiastic excesses with slaughtered animals. Even if certain actions seem to suggest some aesthetics as a waste product of psychoanalysis, cunningly, only half the truth is ever available; this also pertains to Protestant strategy. Fine differences in dealing with favourite substances tell much more about this than the confusion aroused by comments. Thus the intimate involvements of the *cook* Else Gabriel and her *woman's work* with dough and blood are counterpoised by Micha Brendel's highly aggressive wrest-

vseeno, ali se, kar je pri njej pogosto, za tem skriva romantična ironija, ali gre za *vzpostavitev doma oz. družine* (Herstellung von Elternhäusern) skozi kolektivno umetnost, ali še bolj za *nevtralizacijo prekipevajočih čustev*; v akcijah namreč vsepovsod razgraja krščanska simbolika. Z zgodovino religije v ozadju pa je Else Gabriel nazadnje našla lastni umetnostni izraz za svojo zvrst performansov. Presenetljivo odkritje, da je mogoče dogajanja v obliki performansov zaslediti že v Stari zavezi, jo je pripeljalo do nove utemeljitve njenega koncepta. V 4. poglavju Ezekielove knjige dobi prerok nalogo, da slikovno predstavi obleganje Jeruzalema. Else Gabriel, ki pod tem simboličnim ravnanjem razume primarno izkušnjo, uporablja izraz *slikovna predstava*, kadar v njej dobesedno vidi nakazan performans. Sčasoma se bo pokazalo, ali je mogoče iz tega razviti nov koncept za njeno nadaljnje delo. Še danes pa je jasno, da bo, izhajajoč iz popolnoma očitnih dogajanj, ki ne pomenijo ničesar, svoje vsakdanje življenje še bolj kot doslej jemala kot predmet umetniške dejavnosti. Preprost koncept o tem, da človek živi, se poroči, ima otroke..., se gre družino – meščansko ali ne..., in da ta koncept podžiga tatinska notranja distanca do vsega tega, je vsaj v teh okvirih vedno vreden poskusa. Umetnost kot skromno samoinsceniranje vsakdana predpostavlja nekakšno jedko mero suverenosti in sproščenosti in se kot ironična pozicija sklada z duchampovsko strastjo intelekta. Občutek za natančen *kraj* vseh dogajanj prestavlja neizpolnljivo v težko lahkost dogajanja tukaj in zdaj (kot pravi Cage: I welcome whatever happens next.)

Če drži Nietzschejeva teorija obeh kultur, potem ostaja delovanje *Autoperforationsartisten*, ne glede na njihove priložnostne izbruhe, nedvoumno v apoliničnem polju. S tem se v temeljih razlikujejo od dunajskih (katoliških) akcionistov z njihovo bližino *abreakcijskemu bogu Dionizu*.

...in dejansko gre, kot je mogoče zgoraj omenjeno povzeti in nekolikanj paradoksalno izraziti, za *protestantske rituale*.

ling with raw meat. Protestant throughout here is the treatment of meat remnants as material. Only the dismembered animal is used and not the impressive crucified figure of a victim, a corpse hung head downwards to drain its blood as in the spectacles of the Orgy and Mystery Theatre (*Orgie-Mystherien-Theater*) of Hermann Nitsch. It is true that constrained postures in which Via Lewandowsky gladly pawns his body surround this motif (Christ and the maltreated body as an example of all masochists in a totally masochistic culture wanders through the *self-perforator's* actions more than once. Are we not automatically forced to remember the nails by which a whole culture, in the image of Christ, nailed the body, suffering in its existence?), however, in their ironical orientation they tend to turn more towards the direction of Body Art. In Via Lewandowsky's performances, the human body generally plays a dominant role, alternating in its aspects of animal, theatrical, moral, existential or sexual body when he, for example, lets himself be hung by his feet, when he demonstratively ties himself up, shaves, gives himself an enema or subjects himself to masochistic attacks. A naked body in space, treated as a painting subject, might remotely remind us of the works of Austrian Günter Brus, who would concentrate on a *bodily-analytical comprehension of the painter's function*. To the extent that the conceptual aspect of Body Art is pushed back by the direct attack on his own body, stopped in its attitude, equivalents again can be frequently found in the subjects of the panels of his *reproductive painting*.

Of Micha Brendel it could be said that he is closest to the tradition of self-representation embracing Egon Schiele to Arnulf Rainer. All his experiments with media (photography/over-painting/performance/music) are flatly exhibitionistic; he understands »to show« as consistent with »to show oneself;« his photo-portraits and solo actions are often reflexive, a kind of constructive narcissism.

Else Gabriel is quite the opposite: she places performance in a religious context in a most radical way. In her recurring meat and blood rituals she quite obviously hints at the transubstantiation at the Last Supper and is interested in its displacement in reformed Christianity. No matter whether beyond this, as frequently happens in her case, romantic irony is concealed or whether the point is *to reestablish a home, a family* (Herstellung von Elternhäusern) through collective art, or rather for *making surplus feelings inoffensive* (Unschädlichmachung von Gefühlsüberschuß), Christian symbolism is up to its tricks everywhere in the actions. With the history of religion in the background, Else Gabriel actually found an art term defining her type of performance. The surprising discovery that it was possible to trace events in the form of performances as far back as the Old Testament brought her to a new argument for her drive. In chapter 4 of Ezekiel's Book, the prophet is commanded to make a figurative presentation of the siege of Jerusalem. In this symbolic action Else Gabriel understands the establishment of an elementary experience and refers to the expression *pictorial presentation* when she sees in it a literal indication of performance. Time will show whether this will permit the development of a new concept for her further work. Anyhow, at present it is clear that, proceeding from quite obvious events which do not mean anything, her everyday life is becoming more than ever before the subject of her artistic activity. The simple concept of living, getting married, having children, forming a family, middle class or otherwise..., and the fact that this concept is spurred on by and kept at a thieving inner distance is, at least within this framework, certainly worth the experiment. Art as a modest self-staging of everyday life presupposes a caustic degree of sovereignty and ease. As an ironic stance, it is in accordance with Duchampian passion of intellect. The feeling for the exact *place* of all events renders what cannot be fulfilled into the leaden levity of the event here and now. (As Cage says: I welcome whatever happens next.)

If Nietzsche's theory of both cultures is valid, then the activities of the *Autoperforationsartisten*, regardless of their occasional outbursts, ingenuously remain in an apollonian field. They thereby fundamentally differ from those of the Viennese (Catholic) actionists and from their proximity to *Dionysius, god of abreaction*.

...in fact they are, to summarise the above and express it in a somewhat paradox statement: *Protestant rituals*.

AUTOPERFORATIONSARTISTEN

BIOGRAFIJA / BIOGRAPHY

Člani / Members: **Micha Brendel, Else Gabriel, Rainer Görß, Via Lewandowsky**
Skupina je delovala med leti **1985 in 1991,** ime AUTOPERFORATIONSARTISTEN se prvič pojavi leta 1987 / The group was active from **1985 to 1991**, the name AUTOPERFORATIONSARTISTEN first appeared in 1987.

IZBRANA BIBLIOGRAFIJA
SELECTED BIBLIOGRAPHY

Frank Eckart, *Zwischen Verweigerung und Etablierung. Eigenständige Räume und Produktionen der bildenden Kunst in der DDR der achtziger Jahre*, disertacija / dissertation, Bremen, 1995.

Durs Grünbein, »Protestantische Rituale. Zur Arbeit der Autoperforationsartisten«, in : Andreas Koziol, Rainer Schedlinski (ur./ed.), *Abriß der Ariadnefabrik*, Berlin : Edition Galrev, 1990, pp. 297 – 306 ; ponatis v / reprinted in : Eckhart Gillen, Rainer Haarmann (ur./ed.), *Kunst in der DDR*, Köln, 1990, pp. 309 – 318.

Judy Lybke, »Allez! Arrest! Aktion der Autoperforationartisten Michael Brendel, Else Gabriel und Rainer Görß in der Werkstatt–Galerie Eigen + Art«, *Niemandsland, Zeitschrift zwischen den Kulturen*, vol. 3, no. 8 – 9, 1989, pp. 116 – 122.

Christoph Tannert (ur./ed.), *Autoperforationsartistik*, Nürnberg : Verlag für moderne Kunst, 1991.

Christoph Tannert, Eugen Blume (ur./ed.), *Dokumentation zur Aktionskunst in Berlin/DDR*, Berlin, NDR / GDR, 1989.

_____, *Vom Ebben und Fluten. Micha Brendel, Else Gabriel, Rainer Görß, Via Lewandowsky*, razstavni katalog / exhibition cat., Leonhardi–Museum, Dresden, 1988.

_____, *Junge Berliner Künstler 2*, razstavni katalog / exhibition cat., Ausstellungszentrum am Fernsehturm, Berlin, 1989.

_____, *L'autre Allemagne hors le murs*, razstavni katalog in Press Book / exhibition cat. and Press Book, La Grande Halle de la Villette, Pariz / Paris, 1990.

_____, *Permanente Kunstkonferenz*, dokumentacija / documentation, Berlin : Edition Galerie Weißer Elefant, 1990.

_____, *Bemerke den Unterschied : Micha Brendel, Peter Dittmer, Else Gabriel, Rainer Görß, Jörg Herold, Via Lawandowsky und Durs Grünbein*, razstavni katalog / exhibition cat., Nürnberg : Verlag für moderne Kunst, 1991.

Micha Brendel

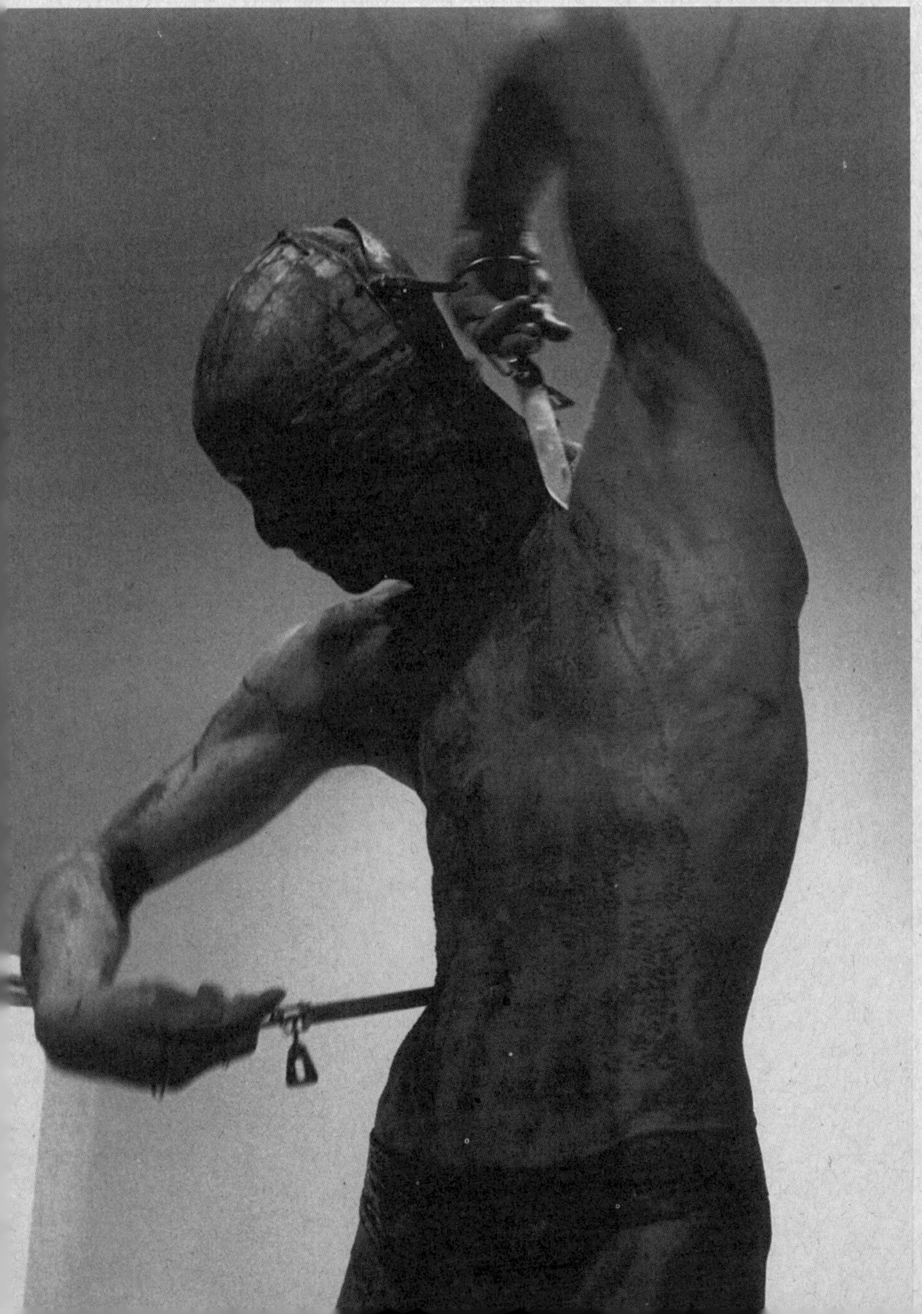

Der Mutterseelenalleinering, performans, 9. junij 1989, Galerie Weißer Elefant, Berlin / NDR, v okviru »Permanente Kunstkonferenz«, 30. maj–30. junij 1989
Foto: Jochen Wermann

Trabant ustavi pred galerijo. Ker mi oči zastira obrazna maska, me noter privede neki otrok. Zlezem iz svojega težkega krznenega plašča in iz diplomatskega kovčka potegnem dva ostra instrumenta. Z njima vrezujem in zarezujem v svoje telo; na nekaterih mestih skozi skorjo iz jajc in asfalta priteče kri, nože vse do ročaja zabadam v očesne odprtine in ustno režo obrazne maske, s kirurškimi kleščami vlečem na plan kepe krvavega mesa. Ko končno lahko spregledam in spregovorim, se usedem za *Schlag-Erzeug* – ročno izdelana tolkala, moj lastni umotvor – ter zanosno in nadvse maziljeno odlajnam *Mein Auge ist ein Mund* (Moje oči so usta) Diterja Rota. Ventilator hkrati razširja smrad po pokvarjeni govedini. Na steno narišem kvadrat v velikosti 1 x 1 meter in vanj z zidarsko žlico namečem sveže možgane. Nato vzamem gladilko in z možgani skrbno zagladim celotno kvadratno površino stene.

M. B., v: E. Jappe, *Performance Ritual Prozeß*, Prestel, München-New York, 1993, str. 164.

***Der Mutterseelenalleinering*, performance, 9 June 1989, Galerie Weißer Elefant, Berlin / GDR, in conjunction with the »Permanente Kunstkonferenz«, 30 May-30 June 1989**
Photo: Jochen Wermann

A Trabant stops in front of the gallery. Blinded by a face mask I let a child take me inside. I peel myself out of my heavy fur coat and take two sharp instruments out of my briefcase. With these two instruments I carve and cut into my body. Through a crust of egg and asphalt, blood emerges at certain places. I stick the knives all the way to the hilt into the openings for the eyes and the mouth of the face mask; with surgical pliers I take out clots of bloody meat. Finally able to see and to speak, I sit down at my *Schlag-Erzeug* – a handcrafted percussion instrument, my own invention – and, ecstatically and unctuosly, I begin to chant Diter Rot's *Mein Auge ist ein Mund* ('My Eye is a Mouth'). At the same time, a fan gives out the smell of rotten beef. On a wall I draw a square, measuring 1 metre by 1 metre, and I fling fresh brain on to it with a trowel. Then I carefully smooth it out with a float, finishing the entire wall surface inside the square.

M. B., in: E. Jappe, *Performance Ritual Prozeß*, Prestel, München-New York, 1993, p. 164.

BIOGRAFIJA / BIOGRAPHY

Rojen / Born : **1959, Weida, NDR / GDR**
Šolanje / Education : **1980 – 1982 Szenebildassistent beim Fernsehen der DDR / Assistant Set Designer at GDR Television, Berlin ; 1982 – 1987 Hochschule für Bildende Künste (Bühnenbild) / School of Fine Arts (Stage Design), Dresden**
Živi in dela / Lives and works : **Berlin**

AUTOPERFORATIONSARTISTEN

Else Gabriel & Ulf Wrede

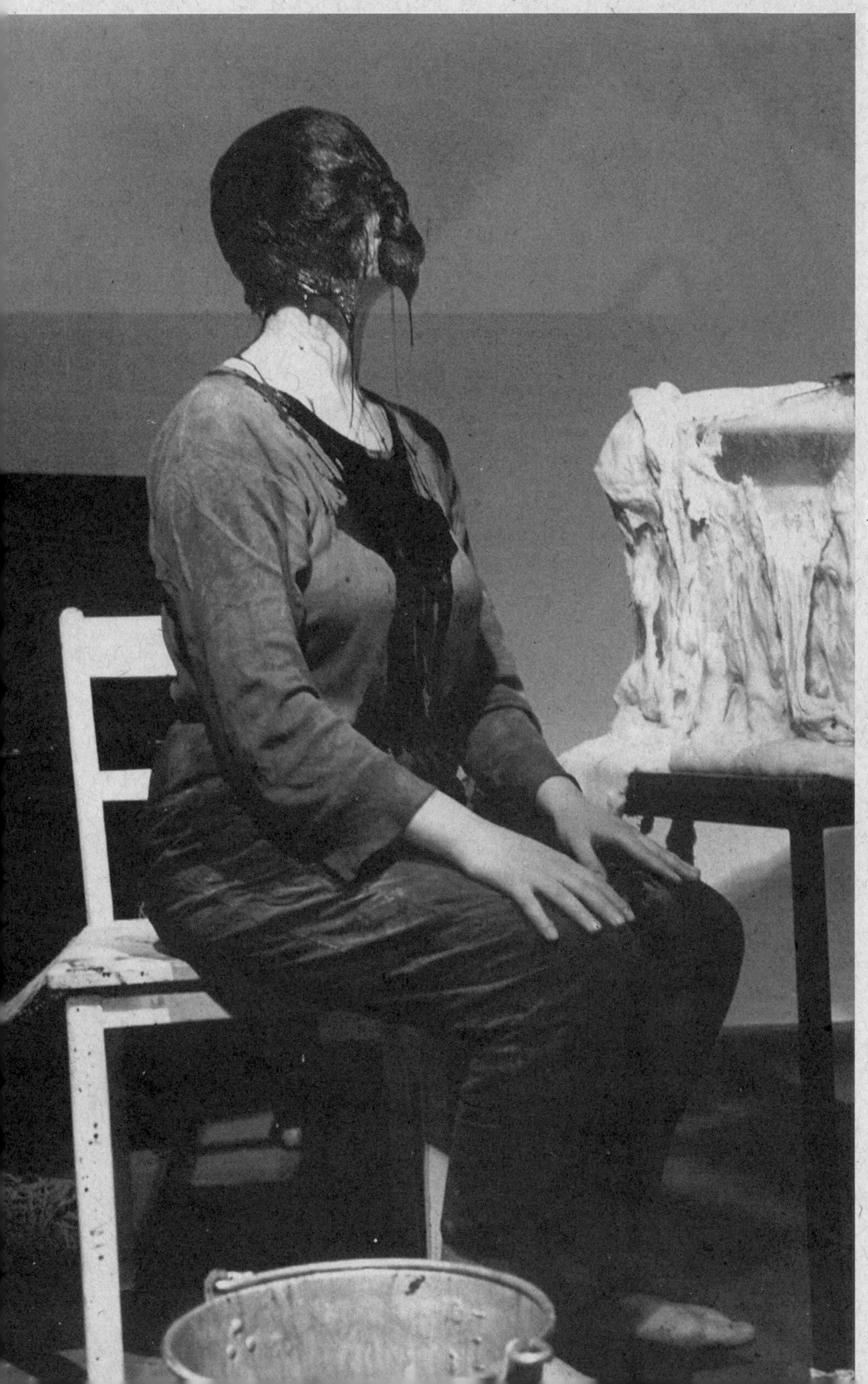

ALIAS / die Kunst der Fuge (ALIAS / umetnost fuge), performans, Galerie Weißer Elefant, Berlin / NDR, 17. junij 1989, v okviru »Permanente Kunstkonferenz«, 30. maj–30. junij 1989
Foto: Jochen Wermann

Ulf Wrede meče v prostor gumibonbone v obliki medvedkov in jih iztisne skozi mesoreznico. Lepljivo maso stopi na gorilniku. Usede se za koncertni klavir, pod katerim je v vrvi zapletena Else Gabriel. Wrede se začne motiti pri igranju. Else posluša diktafon in nato v mikrofon ponavlja tisto, kar se ji zdi, da razume. Nato se osvobodi iz mreže in se približa vedru, v katerega je Wrede pred tem vrgel stopljene gumibonbone. Glavo z naprej počesanimi lasmi, spetimi v obliki rilca, potopi globoko v vedro, ki je napolnjeno z 48 ur staro prašičjo krvjo. Usede se poleg akvarija, obloženega s kruhom, in iz njega spusti muhe. Pri tem se od nje širi smrad. Po osmih minutah popolne tišine v prenapolnjenem prostoru postane neki ženski slabo.

v: E. Jappe, *Performance Ritual Prozeß*, Prestel, München-New York, 1993, str. 173.

***ALIAS / die Kunst der Fuge* (ALIAS / The Art of the Fugue), performance, Galerie Weißer Elefant, Berlin / GDR, 17 June 1989, in conjunction with the »Permanente Kunstkonferenz«, 30 May-30 June 1989**
Photo: Jochen Wermann

Ulf Wrede throws gumdrops in the shape of teddy bears into the room and minces them through a meat grinder. The sticky mass is melted on a burner. He sits down at the concert piano, under which Else Gabriel is tied with ropes. He starts faulting. Else listens to a dictaphone and talks into a microphone, saying what she thinks she hears. Then she releases herself from the ropes and approaches a bucket into which Wrede has poured the melted gumdrops. She plunges her head, with her hair tied at the front like a proboscis, into the bucket, which is filled with 48-hour-old pig blood. She sits down beside a bread-panelled aquarium and releases flies from it. Meanwhile her smell spreads around. After eight minutes of absolute silence in the overcrowded room, a woman is sick.

in: E. Jappe, *Performance Ritual Prozeß*, Prestel, München-New York, 1993, p. 173.

BIOGRAFIJA / BIOGRAPHY

Else Gabriel
Rojena / Born : **1962, Halberstadt, NDR / GDR**
Šolanje / Education : **1980 – 1981 Kirchenmusikseminar / Church Music Seminar; 1981 – 1982 Requisite am Volkstheater / Props at the Volkstheater, Halberstadt ; 1982 – 1987 Hochschule für Bildende Künste (Bühnenbild) / School of Fine Arts (Stage Design), Dresden**
Živi in dela / Lives and works : **Berlin**

Ulf Wrede
Rojen / Born : **1968, Postdam, NDR /GDR**
Šolanje / Education : **1984 – 1989, Hochschule für Music »Hanns Eisler« / »Hanns Eisler« School of Music, Berlin**

AUTOPERFORATIONSARTISTEN

Via Lewandowsky

Trihine na križarjenju, performans, 3. junij 1989, Galerie Weißer Elefant, Berlin / NDR, v okviru »Permanente Kunstkonferenz«, 30. maj–30. junij 1989
Foto: Jochen Wermann

Do pasu goli umetnik je nosil rahlo obledelo baletno krilce, tutu nedoločljive starosti, na glavi pa neke vrste kapo-opornico za možgane. Ta je bila narejena iz roza blaga in zavezana pod brado ter je dajala vtis, da gre za nekakšno zasilno zaščito pred poškodbami glave. Akter je drgetal, medtem ko se je oglašal z razvlečenim stokanjem hospitalista. Sem pa tja je zaigral tudi na trobento. Pred njim je na spletu elastik visel čvrsto napolnjen sveženj iz nabreklih črev. (...) S škarjami je zarezal v napeto kožo. Iz brezkrvnih ran je pritekla zelenkasta kaša izločkov. (...) Nato je zakriti sveženj navpično zanihal, tako da je ta z mokrim zvokom enakomerno ploskal ob gumirano mizno ploščo. Medtem je akter, strmeč v brezimne daljave, z živčnimi prsti vlekel za trakove pod brado. Vse to je spremljalo šobljenje ustnic, škrtanje z zobmi, sopenje in oddajanje orglarskih glasov. Človeški nosilec slike, ki je kazal usodne motnje gotovosti svojega delovanja, se je nato zbral, se znova obrnil, stopil pred gong (...) in s kaloto večkrat zamolklo udaril po kovini. Pri tem, pa tudi kadar je pokrivalo postavil nazaj na svoje mesto, je iz razpok na šivih na zgornjem delu lobanje pronicala belorumena masa. Nato je osuplost gledalcev še stopnjeval, ko je kašo, ki je spominjala na možgane, odstranjeval z glave s prsti in jo skozi gumijasto cevko, ki si jo je zataknil v grlo, podajal v usta. (...) Lewandowsky je svojo akcijo zaključil (po 30 minutah) izmučen, popolnoma izčrpan in poškodovan. (Kot se je kasneje izkazalo, je imel pretres možganov.)

Michael Freitag, iz: »Analytische Beschreibung dreier Aktionen der 'Permanenten Kunstkonferenz'«, predavanje z dne 26. junija 1989 v VBK-Bezirksbüro Berlin, v: *Permanente Kunstkonferenz: 30.5.-30.6.1989. Installation – Performance – Performance Art*, Edition Galerie Weißer Elefant, Berlin (NDR), 1990, str. 4-9.

Trichinae on a Cruise, **performance, 3 June 1989, Galerie Weißer Elefant, Berlin / GDR, in conjunction with the »Permanente Kunstkonferenz«, 30 May-30 June 1989**
Photo: Jochen Wermann

The performer, bare-chested, was wearing a slightly faded ballet skirt, a tutu of an uncertain age, and a sort of cap to hold his brains in. It was made of pink cloth and tied up under the chin, and it gave the impression of affording meagre protection against head wounds. The performer was trembling as he sent out the long, winding groans of someone hospitalised. Every so often he would play his trumpet. In front of him was a bundle hanging from a tangle of elastic, consisting of protuberant bowel fragments and full to bursting. (...) He cut the taut skin with scissors. Mushy, greenish excrement started to pour from bloodless wounds. (...) Then he set the covered bundle swinging vertically, so that it splashed evenly on the rubber-coated tabletop with a wet thud. In the meantime the performer, staring into the nameless distance, was pulling the chinbands nervously with his fingers. With it came the puckering of lips, the grinding of teeth, gasping and the emitting of piping sounds. The human pictorial support, showing fatal disruptions to his certainty of action, then pulled himself together, turned around once again, stepped in front of the gong (...) and beat it several times with his calotte, producing a muffled sound. While doing this, and even when he adjusted the cap, a pale yellow mass ran out of the cracks on top of the skull. Then he further amazed observers by removing the brain-like mush from his head with his fingers and feeding it into his mouth through a rubber hose inserted into his throat. (...) At the end of the thirty-minute performance, Lewandowsky was exhausted, empty and in pain. (It turned out later that he had concussed himself.).

Michael Freitag, from »Analytische Beschreibung dreier Aktionen der 'Permanenten Kunstkonferenz'«, lecture given on 26 June 1989 at the VBK-Bezirksbüro, Berlin, in: *Permanente Kunstkonferenz: 30.5.-30.6.1989. Installation – Performance – Performance Art*, Galerie Weißer Elefant Edition, Berlin (GDR), 1990, pp. 4-9.

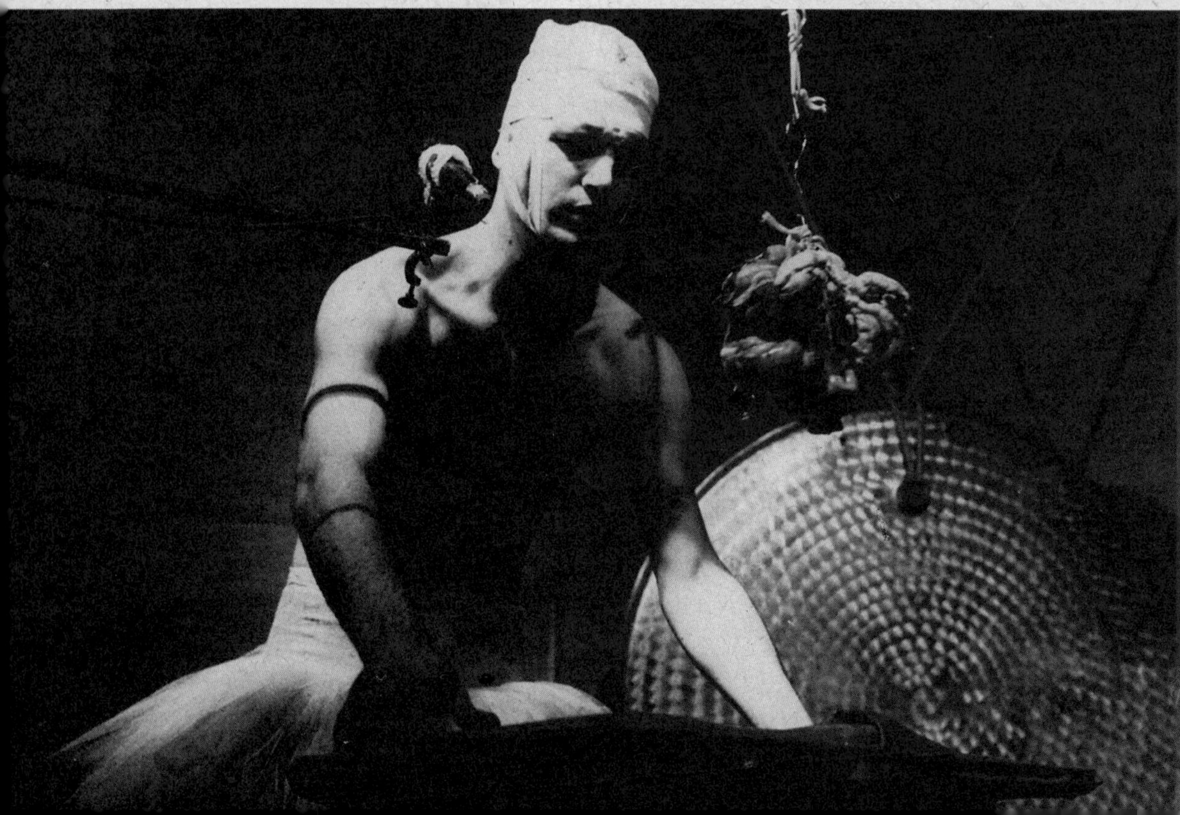

BIOGRAFIJA / BIOGRAPHY

Rojen / Born : **1963, Dresden, NDR / GDR**
Šolanje / Education : **1982 – 1987 Hochschule für Bildende Künste (Bühnenbild) / / School of Fine Arts (Stage Design), Dresden ; 1991 – 1992 PS 1, New York ; 1994 The Banff Centre for the Arts, Kanada / Canada ; 1989 – 1995 dela skupaj s Pino Lewandowsky / works in collaboration with Pina Lewandowsky**
Živi in dela / Lives and works : **Berlin**

Via Lewandowsky & *Durs Grünbein*

Des Künstlers Hirn
Prva predstavitev v okviru serije razstav »Art & Brain II«, Deutsches Museum Bonn, 1998
Foto: Hans-Joachim Becker

Med znanstvenim objektom in osebno enkratnostjo

»In svoje telo zapuščam znanosti v zameno za preparacijo mojih možganov. Po smrti naj mi jih odstranijo iz lobanje in obvarujejo pred uničenjem kot *Lewandowskyjeve možgane*.« Te besede se pojavijo pod medicinsko ilustracijo glave, osvetljene od zadaj, ki ima profil Vie Lewandowskega; ko se koža in lobanjska prevleka delno odgrneta, se prikaže to, kar naj bi bili njegovi možgani. Ta ilustrirana izjava Lewandowskyjeve poslednje volje je konceptualna izhodiščna točka za dialog med literaturo in umetnostjo v delu »Des Künstlers Hirn« (umetnikovi možgani), ki sta ga skupaj ustvarila Via Lewandowsky in pesnik Durs Grünbein. Sestavljeno je iz cilindra v velikosti človeka, iz nerjavečega jekla in s stekleno kupolo, pod katero naj se po Lewandowskyjevi smrti shranijo in razstavijo njegovi možgani. Zgornjo tretjino kovinskega cilindra predira steklen kolut, za katerim se besedilo Dursa Grünbeina vrti v modro osvetljenih črkah. Sprva je prostor nad cilindrom prazen, toda na rahlo obarvani blazini pod steklom videoprojekcija prikazuje tekočo vodo, ki polžasto odteka na preparacijsko mizo in s tem opozarja na prihajajoči dogodek in na njegovo časovno dimenzijo.

Grünbein in Lewandowsky sta se rodila in odrasla v Dresdnu in sta že leta 1987 sodelovala pri knjižnem projektu. Grünbein se je pojavil tudi kot govorec in soigralec v nekaterih Lewandowskyjevih performansih; Lewandowsky je bil pred padcem Berlinskega zidu eden izmed tako imenovanih »Autoperforationsartisten« (umetnikov avtoperforacije). Že v teh zgodnjih delih s svojim telesom je mogoče opaziti njegovo fasciniranost z ignoriranjem tabujev, rituali in odpiranjem telesa. Po prihodu v Berlin leta 1988 so postali gibljivi motivi performansov fiksni v njegovi »reproduktive Malerei« (reproduktivno slikarstvo), v anatomski predstavitvi skritega, bizarnega in pošastnega.

V svojih pesniških zbirkah, kot sta na primer »Schädelbasislektion« (1991) ali »Falten und Fallen« (1994), Durs Grünbein secira »raztapljanje sodobnega jaza« – kot piše na ovitku knjige »Schädelbasislektion« – in zaznavanje, mišljenje ter zavest pogosto pripisuje fiziološkim in biokemičnih procesom v možganih. Ponavljajoče se tematike v njegovih besedilih so poleg tega minljivost, smrt in banalno tragična narava človekovega obstoja – motivi, ki se sicer v drugačni obliki kažejo tudi v Lewandowskyjevih nadrealističnih objektih in sobnih inštalacijah.

Leta 1991 sta Grünbein in Lewandowsky za razstavo »Bemerke den Unterschied« (opazi razliko) v Kunsthalle v Nürnbergu oblikovala delo, ki se v svojem medsebojnem delovanju med besedilom in podobo ter v svoji izbiri tematike neposredno navezuje na »Des Künstlers Hirn«. Delo nosi naslov »Globale Läsion« (globalna lezija) in njegov sestavni del je Grünbeinovo besedilo, ki je bilo kasneje objavljeno v njegovih 33 epitafih pod naslovom »Den teuren Toten« (1994). Delo se nanaša na razkol v zavesti pri pacientih z razcepljenimi možgani – torej pri pacientih, pri katerih je bila penetrirana osrednja stena, ki ločuje obe možganski polovici.

V nasprotju z »Globale Läsion« je Grünbein za »Des Künstlers Hirn« spisal ločeno besedilo, ki je bilo neposredno namenjeno ujemanju z umetniškimi elementi. Vsebinsko gre za stopnjevanje in nasprotni pol Lewandowskyjevi izjavi o nameri in sugestivnemu praznemu prostoru nad kovinskim cilindrom, ki se v svoji znanstveni tehnični mimikriji zdi, kot da bi bil postavljen nekje

Des Künstlers Hirn
First presented as one of the exhibitions in the »Art & Brain II« series, Deutsches Museum Bonn, 1998
Photo: Hans-Joachim Becker

Between scientific object and personal uniqueness

»And I leave my body to science in exchange for the preparation of my brain. After my death, it is to be removed from my skull and saved from destruction as 'Lewandowsky's brain'.« This text appears under the back-lighted medical illustration of a head that bears the profile of Via Lewandowsky and, when the skin and the skull cover are partially folded back, reveals what is supposed to be his brains. This illustrated declaration of will is the conceptual starting-point for the dialogue between literature and art in »Des Künstlers Hirn« (the artist's brain), a work produced jointly by Via Lewandowsky and the poet Durs Grünbein. It consists of a man-sized stainless-steel cylinder with a glass dome, beneath which Lewandowsky's brain is to be posthumously preserved and exhibited. The upper third of the metal cylinder is penetrated by a glass ring behind which Durs Grünbein's text rotates in blue illuminated letters. At first the space above the cylinder is empty, but on the light-coloured cushion beneath the glass, a video projection shows flowing water spiralling into the drain of a preparation table, referring to the coming event and its temporal dimension.

Grünbein and Lewandowsky, who were both born and grew up in Dresden, were already in 1987 working together on a book project. Grünbein also appeared as speaker and co-actor in some of Lewandowsky's performances; Lewandowsky was one of the so-called »Autoperforationsartisten« (autoperforation artists) before the fall of the Berlin Wall. Already in these early works with his own body, Lewandowsky's fascination for taboo-ignoring, ritual operations and for opening up the body is to be seen. After he moved to Berlin in 1988, the moving motifs of the performances became fixed in his »reproduktive Malerei« (reproductive painting), in anatomical representations of the hidden, the bizarre, and the monstrous.

In his poem collections such as »Schädelbasislektion« (1991) or »Falten und Fallen« (1994), Durs Grünbein dissects »the dissolution of the modern ego« – as it says in the blurb of »Schädelbasislektion« – and frequently attributes perception, thought and consciousness to physiological and biochemical processes in the brain. Recurring themes in his texts are furthermore transitoriness, death, and the banal-tragic nature of human existence – motifs which manifest themselves in another form also in Lewandowsky's surreal objects and room installations.

In 1991, Grünbein and Lewandowsky designed for the exhibition »Bemerke den Unterschied« (note the difference) in the Kunsthalle in Nuremberg a work which, in its interplay between text and image and in its thematic choice, makes immediate reference to »Des Künstlers Hirn«. It bears the title »Globale Läsion« (global lesion) and integrates a text of Grünbein's which was to be published later in his 33 epitaphs »Den Teuren Toten« (1994). The work refers to the split in consciousness of split-brain patients – patients in whom the central wall separating the two cerebral hemispheres has been penetrated.

In contrast however to »Globale Läsion« Grünbein composed for »Des Künstlers Hirn« a separate text which was directly designed to match the artistic elements. In substance it is an augmentation and antipole to Lewandowsky's declaration of intent and to the suggestive empty space above the metal cylinder, which appears in its scientific technical mimicry to be located somewhere between a futuristic sepulchral or reliquary

med futurističnim nagrobnim ali relikvijskim stebrom in najsodobnejšim načinom ohranjanja. Grünbeinovo besedilo kot nekakšen epitaf in meditacijska formula vrže gledalca nazaj samega vase in ga potisne v njegovo lastno lobanjo. S tem nevtralizira zunanji videz bodoče preparacije, ki bo – če se gledalec povzpne po stopnicah pred cilindrom iz nerjavnega jekla – morda v nekaj letih vidna od blizu.

»Des Künstlers Hirn« je tematika ambivalentnega odnosa možganov med anonimno znanstveno preparacijo in osebno enkratnostjo, nabito z menjajočimi se vrednotami. To kompleksno delo tako ponuja celo vrsto interpretacij. Lahko ga razumemo tudi kot spodbujanje raziskav o stanju zavesti pred smrtjo, ali pa kot trditev, da znanost ne more najti resnice jaza. V obeh primerih pa nas opominja, da bodo možgani bolj kot katerikoli drug del telesa vedno neločljivo povezani s človeškim jazom, tudi po smrti.

Susanne Witzgall

column and the most modern preservation device. As an epitaph and a meditation formula, Grünbein's text throws the viewer back on himself and forces him into his own skull. He thus counteracts the external view of the future preparation, which – if the viewer climbs the steps in front of the stainless-steel cylinder – may perhaps be visible close-up in several years.

»Des Künstlers Hirn« is the theme of the ambivalent attitude of the brain between anonymous scientific preparation and personal uniqueness loaded with varying values. The complex work thus offers a whole range of interpretations. It can also be understood as an exhortation to research the state of consciousness in the face of death, or as a contention that science is denied the possibility of finding the truth of the ego. In either case, it reminds us that the brain, more than any other part of the body, will always remain inseparably associated with the human ego, even after death.

Susanne Witzgall

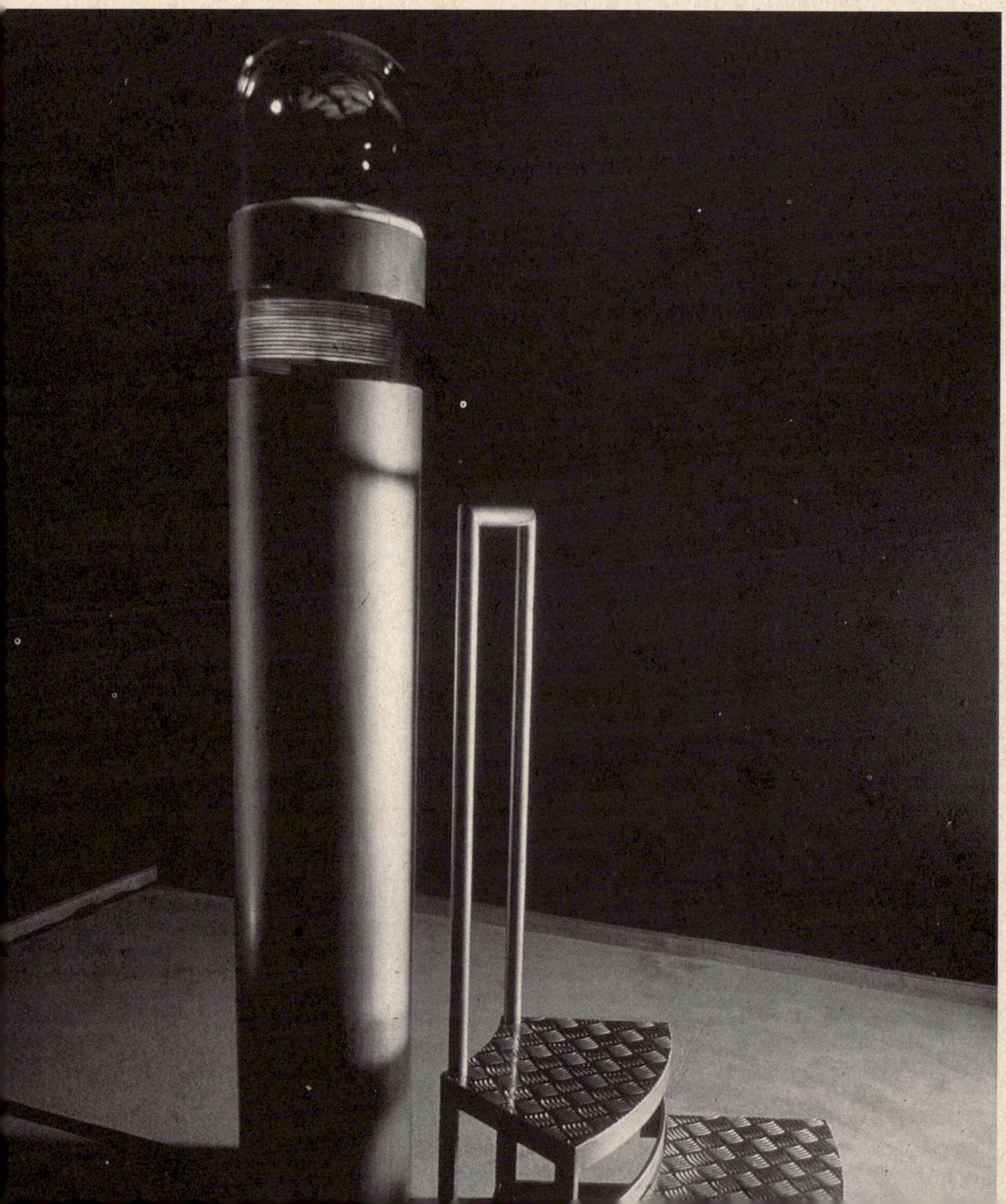

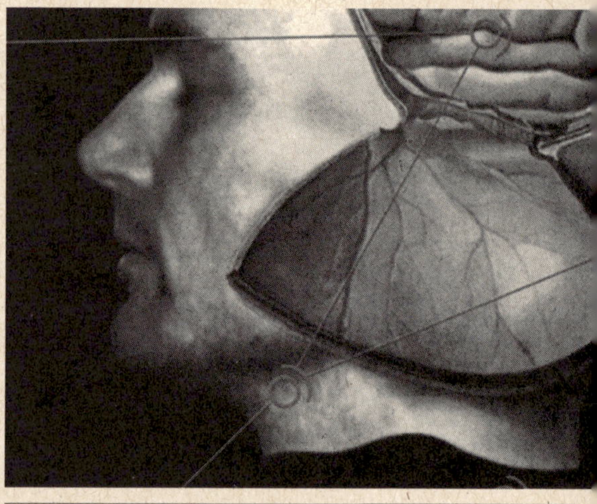

BIOGRAFIJA / BIOGRAPHY

Glej / See : AUTOPERFORATIONSARTISTEN

IZBRANA BIBLIOGRAFIJA
SELECTED BIBLIOGRAPHY

David Galloway, »The No–Trende Decade«, *Art News*, New York, vol. 92, no. 8, October 1993, pp. 130 – 133.
Eckart Gillen, » Posthumane Körperbilder«, *Körperbilder Menschenbilder*, Deutsches Hygiene–Museum, Dresden, 1994, pp. 33 – 43.
Durs Grünbein, Hanne Loreck, Brigit Sonna, Christoph Tannert, *Pina und Via Lewandowsky : Alles Gute*, razstavni katalog / exhibition cat., Berlin : Vice Versa Verlag, 1995.
Johanna Hofleitner, »Via and Pina Lewandowsky«, *Flash Art*, Milano, vol. XXVI, no. 172, October 1993, p. 98.
Via Lewandowsky, *Via Lewandowsky : Biologie der Ermüdung*, razstavni katalog / exhibition cat., Stadtgalerie Saarbrücken, 1991.
Christopher Phillips, »Via Lewandowsky at Nikolaus Sonne«, *Art in America*, New York, vol. 80, no. 12, December 1992, p. 125.
Raffael Rheinsberg, Durs Grünbein, Thomas Wulffen, *Via Lewandowsky : Zwölf Bahren zur Verbrüderung*, razstavni katalog / exhibition cat., Galerie Vier, Berlin, 1990.
Marie Luise Syring, »Happy End – oder : Die Warnschilder des Schreckens«, *Happy End*, razstavni katalog / exhibition cat., Kunsthalle Düsseldorf, July 1996, pp. 15, 72.
Christoph Tannert, »Von Vortönern und Erdferkeln«, *Gegenbilder – Filmische Subversion in der DDR 1976 – 1989*, Berlin : Janus Press, 1996, pp. 50 – 54.
Christoph Tannert, Durs Grünbein, *Via Lewandowsky : Sie können nichts schreien hören*, razstavni katalog / exhibition cat., NGBK, Berlin, 1989.
Thomas Wulffen, »Notizen zur Reflektorik«, *Die Endlichkeit der Freiheit*, razstavni katalog / exhibition cat., Berlin, 1990, pp. 168 – 170.

Poljska / Poland

Agata Jakubowska

Body art na Poljskem

Izraz body art se v študijah o poljski umetnosti, konferenčnem gradivu in izjavah poljskih umetnikov pojavlja presenetljivo redko. Čeprav se zdi, da gibanje res ni bilo posebno razmahnjeno, pa vendarle lahko opozorimo na nekaj umetnikov, ki so se v svojem delu ukvarjali s to temo. Pri poskusu odgovora na vprašanje, zakaj njihovega delovanja niso imeli za body art, je treba upoštevati, da je zgodovina tega gibanja neposredno povezana z različnimi pomeni, ki jih ima telo v dani družbi.
Navezujoč na besede Michela Foucaulta, bi lahko rekli: *telo je neposredno pogreznjeno v sfero politike; razmerja moči nanj neposredno vplivajo: blokirajo ga*[1], *ga zaznamujejo, oblikujejo in mučijo, silijo ga k opravljanju različnih del in izvajanju obredov, od njega zahtevajo znamenja*[2]. Različna razmerja moči, ki obstajajo v posameznih družbah, povzročajo, da telo v njih zavzema različna mesta. V tej luči postanejo vidne razlike v možnostih in usmeritvah razvoja tega gibanja med Zahodno Evropo in ZDA ter Vzhodno Srednjo Evropo oz. razlike med deželami slednje. Če sledimo znamenjem body arta na Poljskem, lahko nadalje opazimo, kako so spremembe odnosa do telesa vplivala na razvoj te umetnosti. Možno je razločiti obdobja, ki so tesno povezana s spremembami v politični areni. Poenostavljeno bi jih lahko enačili z dekadami.
Šestdeseta leta (obdobje Gomulke) v tem pogledu niso posebej zanimiva. Ob koncu desetletja se je pojavilo nekaj del, povezanih z body artom, vendar niso imela nikakršne možnosti, da bi jih priznalo širše občinstvo. Simptomatično je, da je Alina Szapocznikow, katere dela bi lahko prištevali k body artu, emigrirala v Pariz in tam ustvarjala svojo umetnost. In tam je pod vplivom dela novih realistov delala odlitke svojega telesa, ustvarjajoč nekakšen intimni dnevnik, v katerem je beležila svojo smrtno bolezen.[3]
Sedemdeseta leta (obdobje Giereka) so predstavljala desetletje velikega liberalizma v javnem življenju in odprtosti k Zahodu, za katero se je zavzemala komunistična oblast. Da bi ustvarila podobo moderne družbe, je komunistična oblast – bolj željno kot kdajkoli prej v zgodovini Ljudske republike Poljske – sprejemala sodobne usmeritve, ki so tisti čas prevladovale izza železne zavese. Za umetnike je nastopil ugoden trenutek, ki jim je omogočal, da privzamejo body art in se ukvarjajo z njim. A le malo je bilo umetnikov, ki jih je ta tema pritegnila. Poleg nekaterih drugih so bile med njimi Natalia LL, Ewa Patrum in Teresa Murak – vse tri so predstavljale žensko umetniško gibanje, ki ga je navdihnil feminizem. Natalia LL je izvajala svoje seanse, imenovane »Śnienie« (Sanjanje) in »Punkty podparcia« (Oporne točke). Prve so bile poizkusi doseganja nezavednega, druge pa so se osredotočale na povezavo z vesoljem preko telesa. Ustvarjalnost Ewe Patrum je v tistem času obvladovala njena golota, tako znotraj galerij kot tudi v javnem šivljenju. Umetnica je svoje telo smatrala za *uniformo v svojem boju za emancipacijo*[4]. Naslednja umetnica, Teresa Murak, se je ukvarjala z organsko snovjo. Glavni predmet njenega dela je bilo sejanje in vzgajanje semen. V svojih performansih (npr. *Lady's Smock*, 1975) je poudarjala odnos med telesom in naravo ter uveljavljanje življenja, podrejenega tem zakonom.
Tako torej lahko rečemo, da je v sedemdesetih letih bilo nekaj del, povezanih z body artom. Vendar pa gibanje ni bilo dovolj močno, da bi se docela razvilo. Razlog za to je bil dokaj omejeni značaj liberalizma, ki so ga zagovarjale komunistične oblasti. Hoteli so, da bi nastajala nova umetnostna gibanja, vkolikor bi ta bila nevtralna. Dela s kritično vsebino niso bila niti zaželena niti sprejemljiva. Body art, ki bi vseboval element negacije, bi šel preko dovoljenega področja. Komunistične oblasti tega niso želele, umetniki, ki so izkoriščali ta površni liberalizem, pa se o tem niso hoteli prepirati.
V osemdesetih letih je body art gibanje skorajda v celoti izginilo iz umetnostnega življenja. Politična situacija na Poljskem je v tistem času močno krojila umetnost. Ko je bilo razglašeno obsedno stanje (13. decembra 1981), je precejšen del umetniških krogov zavrnil sodelovanje v uradnem umetnostnem življenju in se preselil – bolj ali manj dobesedno – v cerkve. Zelo konzervativni katoliški krogi, znotraj katerih so se ti umetniki znašli, so seveda izključevali body art – telo kot predmet umetnosti je pomenilo nekaj nedostojnega in nadvse neprimernega.

Agata Jakubowska

Body Art in Poland

The term »body art« appears surprisingly seldom in the studies of the Polish art, conference materials and Polish artists' statements. Nevertheless, although it seems that the movement in fact did not develop much, one can point to a few artists dealing with the topic in their works. In order to answer a question why their activity wasn't perceived as body art, one has to bear in mind that the history of that movement is directly connected with different meanings the body has in a given society.
Referring to the words of Michel Foucault one can say: *the body is directly immersed in the sphere of politics; power relations influence it directly: they block*[1]*, mark, fashion and torture it, force it to do various jobs, to hold ceremonies, they demand signs from it*[2]. Different power relations existing in particular societies cause the body to take a different place in them. In this light, the differences in possibilities and directions of the development of the movement between West Europe and the USA and East Central Europe, and the differences among countries from the latter become visible. Moreover, if one traces the signs of body art in Poland, one can notice how the changes in attitudes to the body influenced its development. One can distinguish periods which are closely connected to the changes in the political arena. Simplifying, they can be identified with decades.
The 1960s (Gomułka's period) are not particularly interesting in this respect. At the end of the decade there appeared some works connected with body art but they did not have any chance of being recognised by a wider public. It is symptomatic that Alina Szapocznikow, whose works could be included in body art, emigrated to Paris and there created her art. It was there that, inspired by the works of new realists, she made casts of her own body creating a kind of intimate diary in which she recorded her terminal disease[3].
The 1970s (Gierek's period) were a decade of great liberalism in public life and openness to the West advocated by the communist authorities. Creating the image of a modern society, the communist authorities accepted, more eagerly than ever before in the history of the Polish People's Republic, the current trends prevailing at that time behind the Iron Curtain. A favourable moment came for artists to pick up the subject of body art and work on it. Few artists, however, got interested in the topic. Among some others there were Natalia LL, Ewa Patrum and Teresa Murak – all of them representing the women's art movement inspired by feminism. Natalia LL performed her seances called »Śnienie« (»Dreaming«) and »Punkty podparcia« (»Points of support«). The former were attempts to reach the unconscious and the latter concentrated on the contact with the cosmos via the body. Ewa Patrum's creation of the time was dominated by her nakedness both inside art galleries and in public life. The artist considered her body *a uniform in her struggle for emancipation*[4]. The next artist, Teresa Murak dealt with organic matter. Her main subject-matter was sowing, cultivating and growing of seeds. In her performances (e.g. *Lady's Smock*, 1975), she emphasised the relationship between the body and nature and affirmation of a life ruled by its laws.
Therefore, one can say that the 1970s saw some body art-related works. However, the movement was not strong enough to develop fully. The reason for that was a rather limited character of liberalism advocated by the communist authorities. They wanted new art movements to come into being if these were neutral. Works with critical content were neither desirable nor acceptable. That body art which would contain an element of negation went beyond the permitted territory. It was not desired by the communist authorities and the artists taking advantage of this superficial liberalism did not want to argue about that.
In the 1980s the body art movement disappeared from artistic life almost completely. The political situation in Poland at that time was strongly shaping the art. After the martial law was announced (13th December 1981), a significant part of artistic circles refused to take part in an official artistic life and

Vendar pa so obstajale tudi druge skupine umetnikov, ki se – kot so sami poudarjali – niso želeli vplesti v rdeče-črni (komunistično-ekleziastični) odnos. Toda niti člani alternativne Kulture Zrzuty niti slikarji skupin Luksus ali Gruppa se niso ukvarjali s telesom. Strategija njihove opozicije je večinoma temeljila na absurdnosti in na grotesknem, namen tega pa je bil prej zasmehovanje političnega življenja kot družbenih konvencij.

Performansi Jerzyja Truszkowskega iz tega obdobja predstavljajo eno od redkih izjem. V akcijah kot npr. *Zbogom, Evropa* (1987) si je na kožo vrezal peterokrako zvezdo, latinski križ, svastiko in druge simbole, ki se nanašajo na totalitarne družbe, tako da je koža postala hkrati nosilec osebnega in političnega pomena.

Nedvomna sprememba v odnosu do telesa kot umetnostnega predmeta je v poljski umetnosti nastopila v devetdesetih letih (pravzaprav ob koncu osemdesetih let). Železna zavesa je prenehala obstajati, začele so se pojavljati nove kulturne dejavnosti, ki dotlej na Poljskem niso bile prisotne, body art pa je dobil drugačen pomen. Do sedaj se ga je obravnavalo kot nevrednega pozornosti, sedaj pa je postal osrednja kategorija umetnostnega ustvarjanja tako pri mlajši kot pri starejši generaciji umetnikov.

Telo je v njihovih delih prisotno na mnogo različnih načinov, ki uporabljajo številne odnose, v katerih se pojavlja v družbi. Nekatera izmed del se navezujejo na tradicionalno razumevanje body arta – se pravi, da je njihov medij in predmet umetnikovo telo. Dela Katarzyne Kozyre so dober primer tega. V »Olimpii« (1966) se umetnica ukvarja z vprašanjem pomena, ki ga ima telo za samoidentiteto (v njenem primeru je šlo za bolno telo, saj je imela levkemijo). Njene referenčne točke so bili načini, na katere je na ženska telesa gledala umetnost in ljudska kultura. Tu bi lahko omenili še druge umetnike, kot Alicjo Żebrowsko ali Konrada Klamana, a zdi se, da njihovo delo zahteva drugačen naziv kot »body art«[5].

V luči tega, kar sem pravkar predstavila, se zdi Jerzy Bereś zelo specifičen umetnik. Od poznih šestdesetih let se vseskozi dosledno ukvarja z istimi oblikami in temami. Njegovo umetniško ustvarjanje je reakcija na aktualna zgodovinska dogajanja (npr. njegovi naslednji performansi z naslovom »Przepowiednie« – Napovedi), a njegov glavni motiv – če ga lahko tako imenujemo – ostaja isti. Gre za njegovo golo telo – enega najznačilnejših elementov njegovih performansov. Umetnik se navezuje na dediščino romantike in na krščansko tradicijo, v kateri – v telesu Kristusa, izpostavljenem bolečini, da bi prinesel svobodo (oziroma, če uporabimo točno tisto besedo, s katero se je izrazil umetnik: neodvisnost) – najde svojo referenčno točko. *Njegovo telo ima prej mističen kot fizičen značaj, (...) povezano je z žrtvovanjem in spreobrnenjem, izraža prizadevanje za neodvisnost in ohranitev nacionalne identitete*[6].

Ali lahko Bereśa prištevamo k body art umetnikom? Vsekakor da, čeprav je bila analiza njegovega umetniškega ustvarjanja v kontekstu body arta objavljena šele pred nedavnim[7]. Tudi pri nekaterih drugih umetnikih je situacija podobna. Tako se na primer sedaj močno poudarja elemente body arta v ustvarjanju umetniškega para KwieKulik (»Działania na głowę« – Delovanja z glavo – iz sedemdesetih in osemdesetih let) ali v nekaterih videofilmih Józefa Robakowskega. Dandanašnji je to postalo širša tendenca. S tem, ko se je v umetnosti devetdesetih let telo razodelo, je postalo tudi pogost predmet razprav, ki jih pišejo umetnostni zgodovinarji in kritiki.

Če se še enkrat obrnemo na zgoraj navedene Foucaultove besede, lahko sklenemo, da se za razliko od zadnjih nekaj desetletij (celo od liberalnih sedemdesetih let), ko so razmerja moči telo blokirala, zdaj dozdeva, da so v njem locirana oziroma da vanj vlagajo.

[1] Foucault uporablja besedo *assujetissement*, ki ima v francoščini dvojni pomen: izraža blokiranje in investiranje. V tem kontekstu gre za blokiranje telesa in investiranje vanj.

[2] M. Foucault, *Nadzorować i karać. Narodziny więzienia (Surveiller et punir. Naissance de la prison)*, Varšava, 1993, str. 32.

[3] Leta 1973 je umrla za rakom.

[4] Jolanta Ciesielska, *Idiomy soc-więcza*, v: *Bakunin w Dreźnie*, razst. kat, Center za sodobno umetnost, Varšava, 1991, str. 23.

[5] Razstava »Antitelesa«, ki jo je pripravil Center za sodobno umetnost v Varšavi leta 1995, je pomenila zanimivo predstavitev teh tendenc.

[6] Piotr Piotrowski, *Umetnikovo telo*, v: *Jerzy Bereś. Zwidy, wyrocznie, ołtarze, wyzwania*, razst. kat., Narodni muzej Poznanj, 1995, str. 46.

[7] Gl. zgoraj.

moved – more or less literally – to churches. Very conservative Catholic circles in which those artists found themselves naturally excluded body art – the body as a subject-matter was perceived as something improper and highly unsuitable.

However, there were also other groups of artists who – as they stress it themselves – did not wish to be involved in the red-black (communist-ecclesiastical) relationship. But neither the members of alternative »Kultura Zrzuty« nor the painters from »Luksus« or »Gruppa« dealt with the body. Their strategy of opposition was based to a larger extent on absurdity and grotesque which aimed at ridiculing political life rather than social conventions.

Jerzy Truszkowski's performances from the second half of the decade were one of the few exceptions. In such actions like *Farewell to Europe* (1987) he carved a pentagonal star, a Latin cross, swastika and other symbols referring to totalitarian societies on his skin, making from it a bearer of both personal and political meaning.

A clear change in attitudes towards the body as a subject-matter came in the Polish art in the 1990s (or, actually, at the end of 1980s). The Iron Curtain ceased to exist; new cultural activities, so far not present in Poland, started to appear and body art took another meaning. It had been considered as not worth attention so far but now it became the central category of artistic creation both among a young and older generation of artists.

The body is present in their works in many different ways using numerous relationships in which it appears in the society. Some of them refer to a traditional understanding of body art – that is, their medium and subject-matter is the artist's body. Katarzyna Kozyra's works are a good example in this matter. In »Olimpia« (1996) the artist tackles the problem of the meaning the body has for self-identity (in her case it was a sick body as she was suffering from leukaemia). Her points of reference were the ways in which the art and popular culture perceived women's bodies. One could mention here also other artists, like Alicja Żebrowska or Konrad Klaman, but it seems that their works request a different term than „body art«[5].

In the light of what I have just presented, Jerzy Bereś seems to be a very specific artist. He has been consequently dealing with the same forms and topics since the late 1960s. His artistic creation is a reaction to the actual historic events (e.g. his next performances called »Przepowiednie« – »Prophecies«) but his main motif – if we may call it like that – remains the same. It's his naked body – one of the most significant elements of his performances. The artist refers to the legacy of Romanticism and to Christian tradition in which – in the body of Christ exposed to pain in order to bring freedom (or, to use the artist's exact words, »independence«) – he finds his point of reference. *His body has a mystic rather than physical character, [...] it is connected with sacrifice and transformation, it conveys a striving for independence and the preservation of national identity*[6].

Can Bereś be included into the body artists? Certainly yes, though the analysis of his artistic creation in the context of body art has only recently been published[7]. The situation is similar for some other artists too. For example, the elements of body art in the creation of the artistic couple KwieKulik (»Działania na głowę«, Activities with the head, from the 1970s and 1980s) or in some videos by Józef Robakowski are very emphasised now. It is a wider tendency nowadays. As the body revealed itself in the art of the 1990s, it has also become a frequent subject-matter of papers written by art historians and art critics.

Referring once again to the words of Foucault quoted above, one may conclude that while power relations have blocked the body for the last few decades (even in the liberal 1970s), they seem to locate or invest in it now.

[1] Foucault uses a term *assujetissement* that in French has a double meaning: to block and to invest. In this context to block the body and to invest in the body.

[2] M. Foucault, *Nadzorować i karać. Narodziny więzienia (Surveiller et punir. Naissance de la prison)*, Warsaw 1993, p. 32

[3] She died of cancer in 1973.

[4] Jolanta Ciesielska, *Idiomy soc-więcza*, in: *Bakunin w Dreźnie*, exh. cat., Centre for Contemporary Art Warsaw 1991, p. 23.

[5] An exhibition »Anti-bodies« that was organised in Centre for Contemporary Art in Warsaw in 1995 was an interesting presentation of those tendencies.

[6] Piotr Piotrowski, *The Artist's Body*, in: *Jerzy Bereś.Zwidy, wyrocznie, ołtarze, wyzwania*, exh. cat., National Museum Poznań 1995, p. 46

[7] See above.

Jerzy Bereś

Prerokba I
Galerija Foksal, Varšava, 6.1.1968

Opis akcije:
Notranjost galerije Foksal: sredi dvorane leži kup vej in čokov od drevesa, ki ga je podrl veter v parku Lazienki. Drevo so razrezali in ga v celoti pripeljali v galerijo. Na ta kup je vržen kos jute z napisom »PREROKBA I«. Avtorjev vrat je zavit v belo platno, na platnu pa je zavozlana zanka iz vrvi. Konec vrvi se vleče po tleh. Boke ima ovite v rdeče platno, pod katerim sta skrita lesena varovalna okrova za boke. Okrova sta pritrjena s trakom iz grobega platna. Okrova se prilegata zato, ker sta vanju izrezljana negativa zaščitenih delov telesa. Avtor drži v roki sekiro.
Akcija:
Občinstvo pomaga izbrati iz kupa kose lesa, potrebne za gradnjo umetniškega dela: najdaljši (ok. 2 m) in najdebelejši čok, dolgo, rahlo upognjeno vejo in palico. Drugo odvržejo k zidu in poškropijo z belo barvo. Nato avtor s pomočjo občinstva postavi čok na sredo galerije. Na zgornji del čoka pritrdijo vejo s trakom, ki se je doslej vlekel po tleh. Avtor sname zanko z vratu. Nato odvija s svojega telesa belo in rdeče platno. Zveže ju skupaj. Priveže platno na vrh veje in – zaradi elastičnosti svežega lesa – lahko napne velik lok z belo-rdečo tetivo. Potem namesti palico kot puščico. Tetiva se napne, lok je pripravljen za strel. Na mestu, kjer naj bi bila puščična konica, avtor priveže zvito juto z napisom »PREROKBA I«. S koncem vrvi, ki je bila prej zanka in ki sedaj visi, priveže k čoku svoja lesena okrova in tako postane del umetniškega dela. Iz tube, ki mu jo ponudijo, iztisne zeleno barvo na prst in se podpiše na sprednjem okrovu. Barvo razmaže med dlanmi in odtisne sledove na zadnjem okrovu. S to gesto je umetniško delo končano. Avtor se osvobodi lesenih okrovov in odide.
Lesena okrova ostajata privezana k hlodu, vendar toliko nagnjena, da se vidita izrezana negativa delov telesa. Domišljija občinstva naj bi šla po teh sledovih. V času celotne manifestacije je stalno navzoče besedilo, napisano na sivem platnu, z naslovom »USTVARJALNI AKT«.

Prophecy I
Foksal Gallery, Warsaw, 6 January 1968

Description of the action:
The interior of the Foksal Gallery: in the middle of the room there is a pile of branches and logs from a tree which was uprooted by the wind in the Lazienki park. The tree was cut and all the pieces were brought to the gallery. On the pile, a piece of jute is thrown, with a sign saying »PROPHECY I«. The artist's neck is wrapped in white canvas with a rope noose. The end of the rope trails on the ground. His hips are wrapped in red canvas which conceals two wooden protective plates for the hips. The plates fit the body perfectly, since they are shaped as negatives of the protected parts of the body. The artist holds an axe.
The action:
The audience helps to select pieces of wood from the pile to make the work of art: the longest (approx. 2 m) and thickest log, a long slightly curved branch and a stick. The rest is thrown next to the wall and sprinkled with white paint. With help from the audience, the artist sets the log in the middle of the gallery. The branch is fixed by the rope, which has been trailing on the ground, to the upper part of the log. The artist takes the noose off his neck. He unwraps the white and red canvas and ties it together. He fixes the canvas to the top of the branch and, due to the elasticity of the fresh wood, pulls it into a bow with a red and white string. He positions the stick in place of the arrow. The string is pulled and the bow is ready to shoot. Where the tip of the arrow is supposed to be, the artist fixes the folded piece of jute with the sign »PROPHECY I«. With the end of the thread, which was the noose before and now trails on the ground, he ties the two wooden protections to the log, thus becoming part of the work of art. From the tube offered to him, he squeezes green paint on his finger and signs his name on the front protective plate. He smudges the paint on his palms and leaves imprints on the back plate. With this, the work of art is finished. The artist frees himself from the wooden protective plates and leaves.
The wooden protective plates remain tied to the log, but at an angle, so they have the appearance of a negative image of a body. The imagination of the audience is supposed to follow these clues. Throughout the action, a text written on grey canvas and entitled »CREATIVE ACT«, has been displayed.

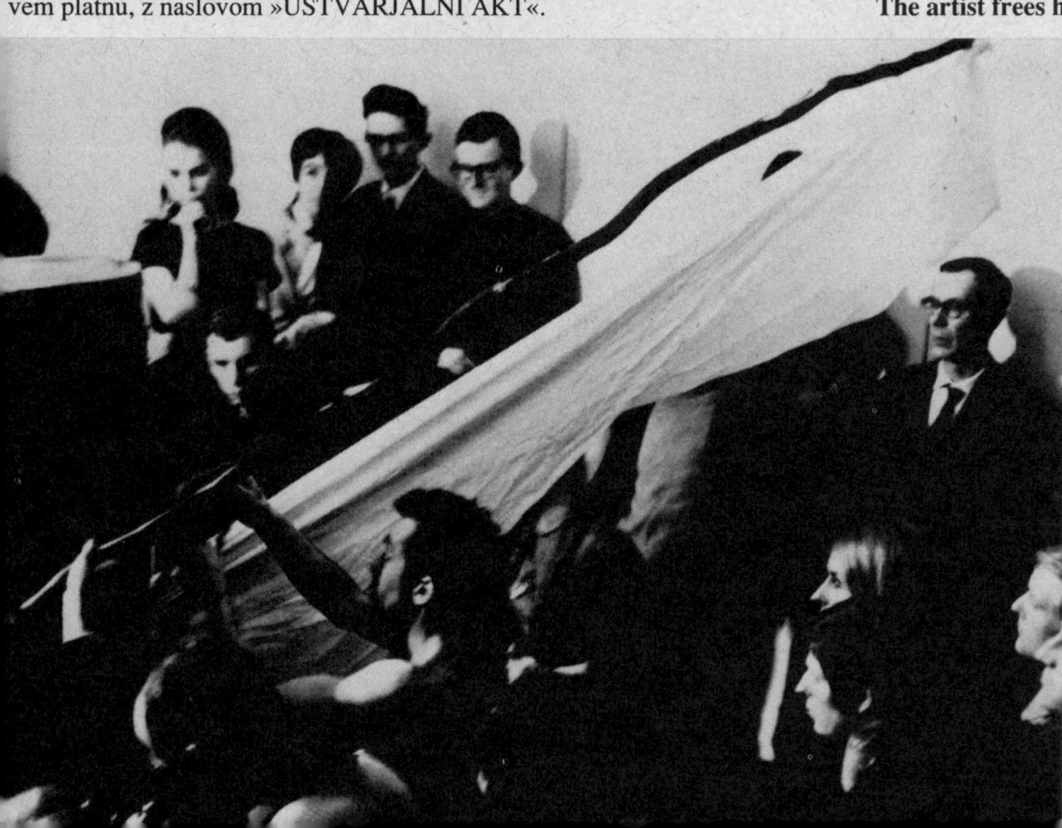

BIOGRAFIJA / BIOGRAPHY

Rojen / Born : **1930, Nowy Sącz, Poljska / Poland**
Šolanje / Education : **Academy of Fine Arts, Krakov / Cracow**
Živi in dela / Lives and works : **Krakov / Cracow**

IZBRANA BIBLIOGRAFIJA / SELECTED BIBLIOGRAPHY

Helen Blum, »Jerzy Bereś«, *Magazyn Kulturalny*, Krakov / Cracow, no. 2 (10), 1974.
Wiesław Borowski, »Akt twórczy Jerzego Beresia«, *Współczesność*, no. 6, 1968, p. 8.
Krystyna Czerni, »Wiara (w sztukę) czyni cuda, czyli liturgia twórczości według Jerzego Beresia«, *Znak*, Krakov / Cracow, no. 459, lipiec (7) 1993, pp. 60 – 69.
Ewa Gorządek, »Ciało i duch artysty czyli o sztuce Jerzego Beresia«, *Magazyn Sztuki*, no. 2 – 3, 1994.
Jerzy Hanusek, Andrzej Kostołowski, Piotr Piotrowski, *Jerzy Bereś : zwidy, wyrocznie, ołtarze, wyzwania*, razstavni katalog / exhibition cat., Poznanj / Poznań : Muzeum Narodowe, 1995.
Mariusz Hermansdorfer, »Jerzy Bereś«, *Art at the edge : contemporary art from Poland*, razstavni katalog / exhibition cat., Oxford : Museum of Modern Art, 1998.
Andrzej Sawicki, »The Sculptures of Jerzy Bereś«, *Polish Art Review*, no. 4, 1973, pp. 32 – 35.
Agata Smalcerz, »Jerzy Bereś – Naga Prawda«, *Sztuka*, no. 4 – 5, 1991, pp. 5 – 12.
Caroline Wilkinson, »Jerzy Bereś«, *Art Monthly*, London, no. 121, November 1988, p. 31.

KwieKulik

(Zofia Kulik & Przemysław Kwiek)

Delovanja z glavo, 1978

Pred vstopom v sobo si mora vsak izmed občinstva za levo uho zatakniti rdečo zastavico (kot da bi bila cigareta). ONA in ON ležita na tleh, glavi, ki se privzdigujeta skozi sedežno ploskev stola, sta obrnjeni k občinstvu. Papirnati zastor razkrije drugi prizor. ONA sedi na tleh, z glavo v umivalniku. ON nalije v umivalnik vodo ter si umije obraz in noge. Nato prilije še več vode, tako da lahko ONA diha samo še skozi nos. ON se cinično smeji njeni nezmožnosti, da bi kaj rekla. Naslednji papirnati zastor odpre pogled na tretji in zadnji prizor. ONA in ON sedita na stolih. Vsak si na glavo natakne vedro (s preluknjanim dnom). Pomočniki napolnijo vedri z odpadki.

***Activities with the Head,* 1978**

Before coming into the room audience members are asked to put a small red flag behind their left ear (as if a cigarette). SHE and HE are laying on the floor with their heads coming out of chair seats facing the audience. A paper curtain opens up the second scene. SHE is sitting on the floor with her head in a bowl. HE pours water into the bowl and washes his face and feet. Afterwards HE pours in more water so that SHE can breathe only through her nose. HE laughs cynically at her inability to say anything. The next paper curtain opens up the third and last scene. SHE and HE are sitting on chairs. Buckets (with holes in the bottom) are put on their heads. Assistants fill the buckets with trash.

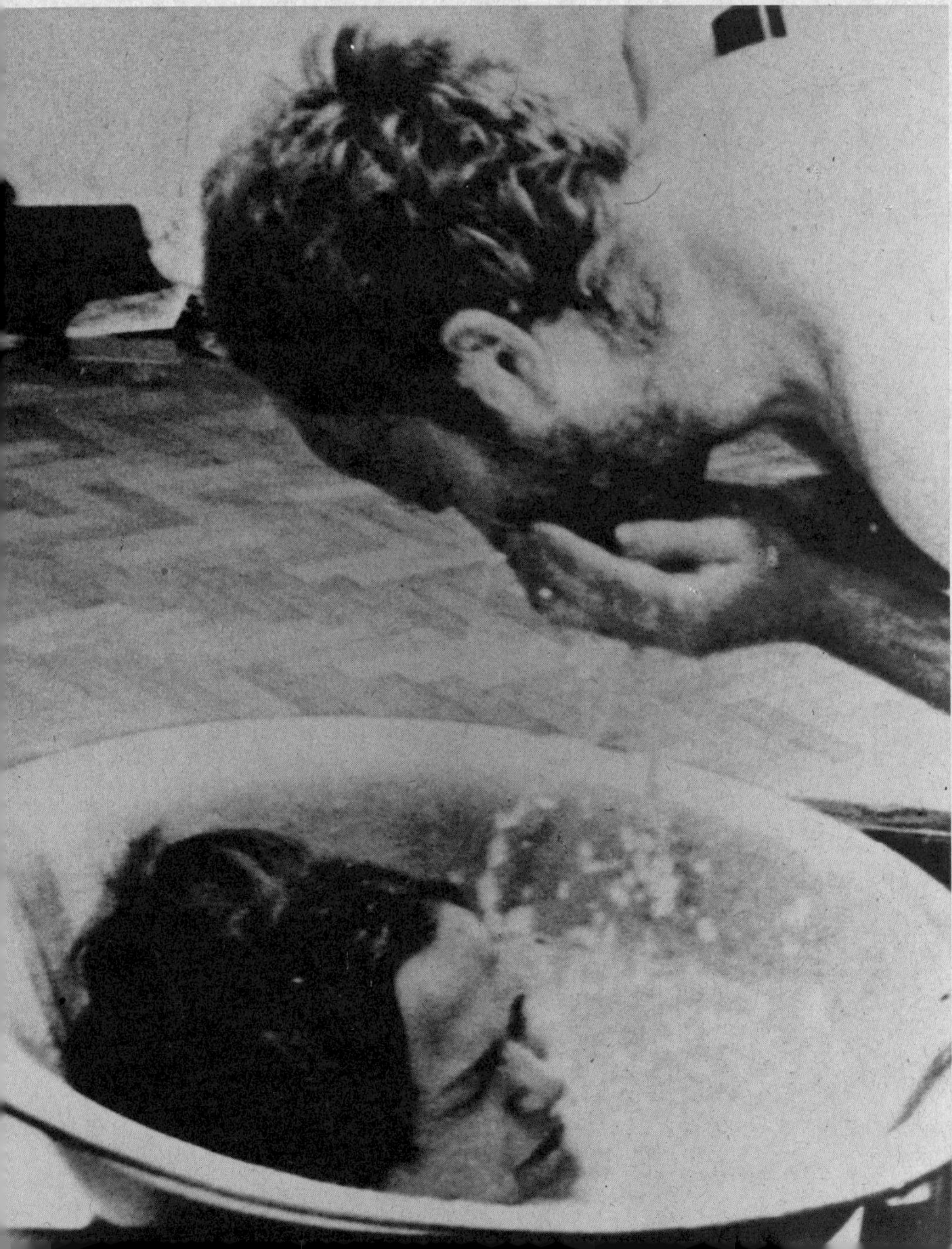

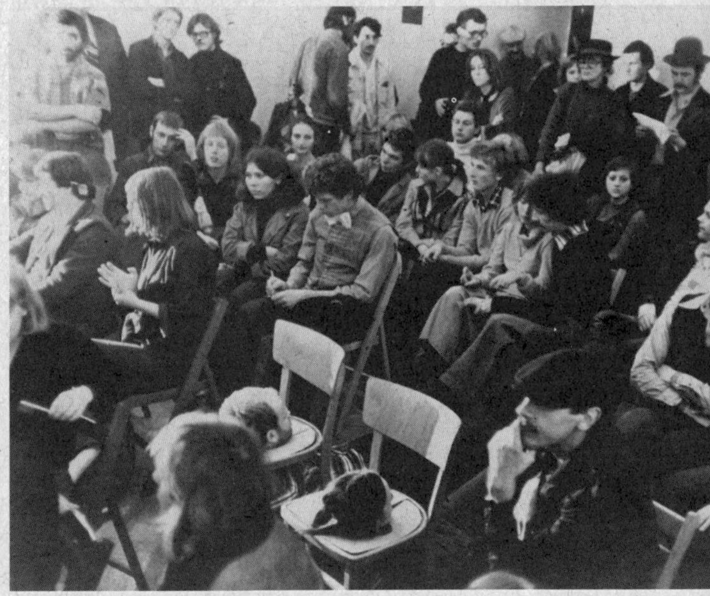

BIOGRAFIJA / BIOGRAPHY

Zofia Kulik
Rojena / Born : **1947, Vroclav, Poljska / Wrociaw, Poland**
Šolanje / Education : **Academy of Fine Arts (Sculpture), Varšava / Warsaw ; od leta 1987 ustvarja samostojno / since 1987 works individually**
Živi in dela / Lives and works : **Lomianki (pri Varšavi / near Warsaw)**

Przemysław Kwiek
Rojen / Born : **1945, Varšava, Poljska / Warsaw, Poland**
Šolanje / Education : **Academy of Fine Arts (Sculpture), Varšava / Warsaw ; od leta 1987 ustvarja samostojno / since 1987 works individually**
Živi in dela / Lives and works : **Lomianki (pri Varšavi / near Warsaw)**

IZBRANA BIBLIOGRAFIJA / SELECTED BIBLIOGRAPHY

Cyndia Carr, »Poles Apart«, *The Village Voice*, New York, 31 March 1987.
Elisabeth Jappe, *Performance – Ritual – Prozess : Handbuch der Aktionskunst in Europa*, München ; New York : Prestel Verlag, 1993, p. 188.
Zofia Kulik & Przemysław Kwiek, »KwieKulik«, *Exit*, Varšava / Warsaw, no. 5, January–March 1991, pp. 149 – 159.
Linda Novak, » The 'Dzialania' of Zofia Kulik and Przemyslaw Kwiek«, *High Performance*, Los Angeles, vol. 10, no. 2, 1987, pp. 54 – 58.
Jerzy Truszkowski, *Sztuka radykalna w Polsce = Radical Art In Poland ; vol. 1. : Poezja instytucji pozainstytucjonalnych = Poetry of The Off–Institutional Institutions*, Galeria Bielska, Bielsko–Biała, pp. 149 – 169.

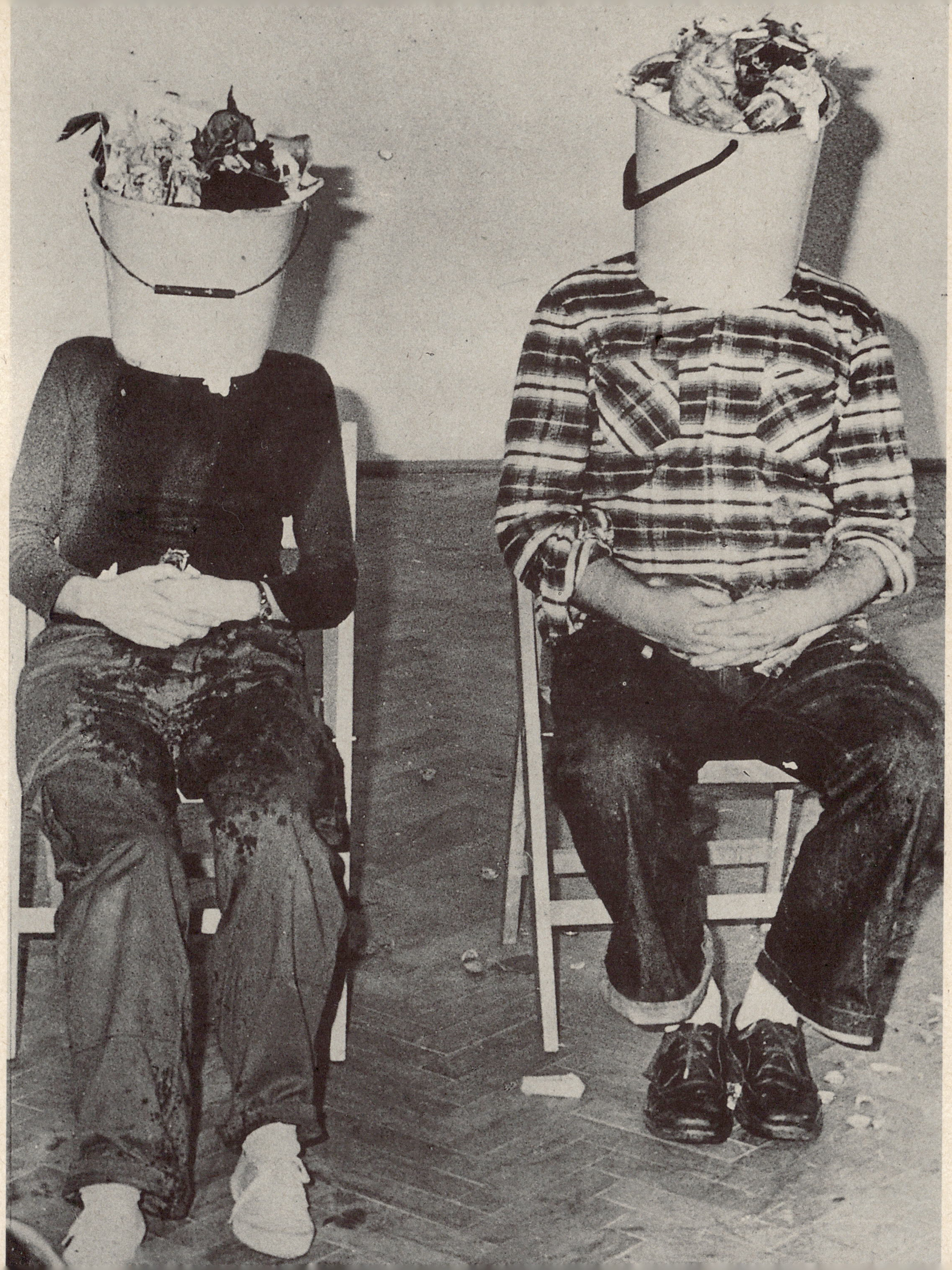

Katarzyna Kozyra

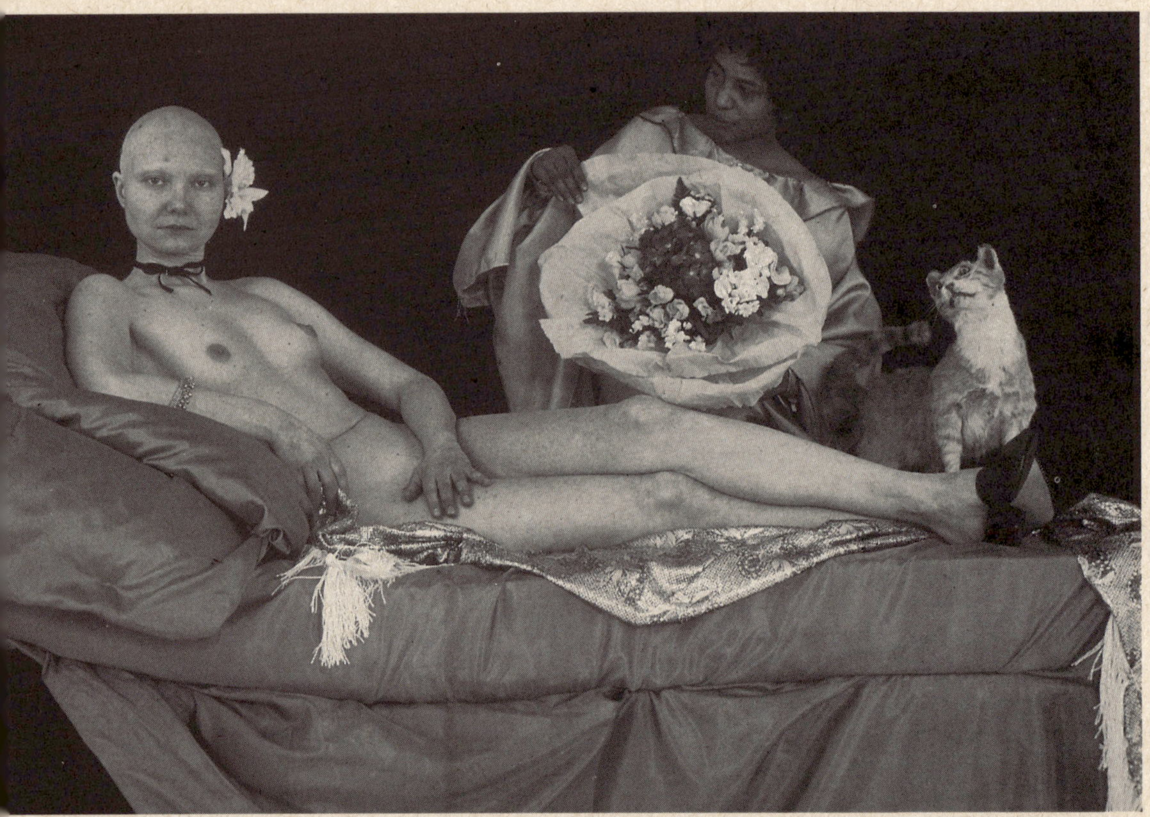

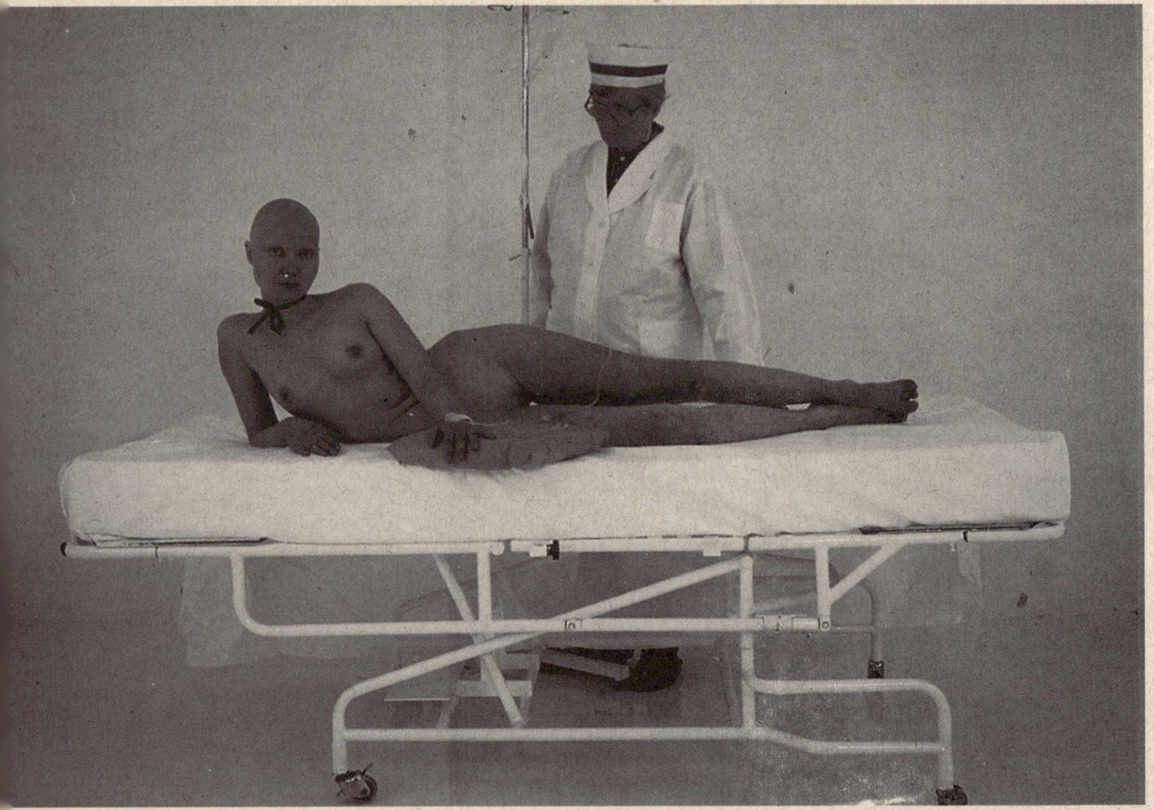

Olimpia, 1996
Barvne fotografije, video
Last: Andrzej Bonarski

To delo je nastalo pred letom in pol. Moje življenje je že več kot tri leta določalo zdravljenje: kemoterapija in obsevanje. Tematsko ozadje tega dela torej tvorita ta del moje biografije in Manetova slika, predvsem zaradi škandala, ki ga je povzročila. Pomembno je vedeti, da sem navsezadnje za Olimpijo pozirala sama, čeprav naj bi bila po prvotni zamisli v to prepričala svojo prijateljico Magdo. Na koncu nisem zbrala dovolj »poguma«, da bi ji predlagala, naj »pozira kot model«, ker je njena bolezen že zelo napredovala in je bilo njeno telo v stanju, s katerim se ni mogla sprijazniti. V filmu in na slikah poziram kot »model« zase in zanjo.

K. K., v: Silvia Eiblmayr (ur.), *Zonen der Ver-Störung,* steirischer herbst '97, str. 184

***Olimpia,* 1996**
Colour photographs, video
Collection: Andrzej Bonarski

This work was created one and a half years ago. My life was ruled by medical treatment for over three years: chemotherapy and radiotherapy. This section of my biography and the picture of Manet, mainly due to the scandal that it triggered off, supply the thematic background to this work. It is important to know that, in the end, I posed as Olympia although originally my girlfriend Magda was to be persuaded to do it. Lastly, I was not »courageous« enough to suggest that she »pose as a model« since her illness was very advanced and her body was in a condition which she could not accept. In the film and in the pictures I pose as the »model« for myself and for her.

K. K., in: Silvia Eiblmayr (ed.), *Zonen der Ver-Störung,* steirischer herbst '97, p. 184

BIOGRAFIJA / BIOGRAPHY

Rojena / Born : **1963, Varšava, Poljska / Warsaw, Poland**
Šolanje / Education : **1988 – 1993 Academy of Fine Arts, Varšava / Warsaw**
Živi in dela / Lives and works : **Varšava / Warsaw**

IZBRANA BIBLIOGRAFIJA / SELECTED BIBLIOGRAPHY

Silvia Eiblmayr (ur./ed.), *Zonen der Ver–Störung = Zones of Disturbance,* razstavni katalog / exhibition cat., Graz : steirische herbst, 1997.
Z. Jablonowska, »Only Freedom«, *Exit,* no. 3 (27), 1996.
Jerzy Truszkowski, »Katarzyna Kozyra's Representations of the Body«, *Magazyn Sztuki,* no. 3, 1996.
G. Volk, »Sculpture in the Central Poland«, *Sculpture,* Washington D.C., December 1996.
Artur Żmijewski , »Multi – Storey Tanatoid – About the Work of K. Kozyra«, *Magazyn Sztuki,* no. 5, Januar 1995.
Artur Żmijewski, »Morbus Hodgkin – choroba na śmierć«, *Magazyn Sztuki,* no. 2 (10), 1996.
_____, »Ausgestopft«, *Art – Kunstmagazin,* no. 12, December 1993.
_____, »Z wiaderkami świńskim truchtem«, *Czereja,* no. 5, 1995 (intervju / interview).

Natalia LL

Piramida, 1979

To je bil eden od performansov iz serije »Sanjanje«, ki ga je umetnica izvedla sama pred kamero v predmestjih Vroclava. Oblečena je bila v dolgo belo spalno srajco, lase je imela razpuščene, na glavi pa venec. Vstopila je v lesen model Keopsove piramide, namenjen psihotronskim eksperimentom. Tam je nekaj časa spala in proučevala vpliv neidentificiranih energij na psihične in mentalne procese.

Agata Jakubowska

***Pyramid,* 1979**

It was one of the performances belonging to the series »Dreaming«. It was performed in isolation before a camera in the suburbs of Wroclaw. The artist was wearing a long white night-gown, her hair let loose with a wreath on her head. She went inside a wooden model of Cheops' pyramid intended for psychotronic experiments. She was sleeping there for some time, investigating the influence of unidentified energies on psychological and mental processes.

Agata Jakubowska

BIOGRAFIJA / BIOGRAPHY

Natalia Lach Lachowicz
Rojena / Born : **1937, Żywiec, Poljska / Poland**
Šolanje / Education : **1957 – 1963 Academy of Art, Vroclav / Wrocław**
Živi in dela / Lives and works : **Vroclav / Wrocław**

IZBRANA BIBLIOGRAFIJA
SELECTED BIBLIOGRAPHY

Natalia LL, »Śnienie«, *Fotografia*, no. 1, 1979.
Natalia LL, *Punkty podparcia*, Permafo Gallery, Vroclav / Wrocław, 1979.
Jerzy Olek, »Natalia LL«, *Foto*, no. 7, 1975.
Adam Sobota, »Śnienie«, *Sztuka*, no. 3, 1980.
Adam Sobota, »Przestrzenie Natalii LL«, *Sztuka*, no. 5 – 6, 1988.
_____, *Natalia LL : Art and Energy*, razstavni katalog / exhibition cat., National Museum, Vroclav / Wrocław, 1994.

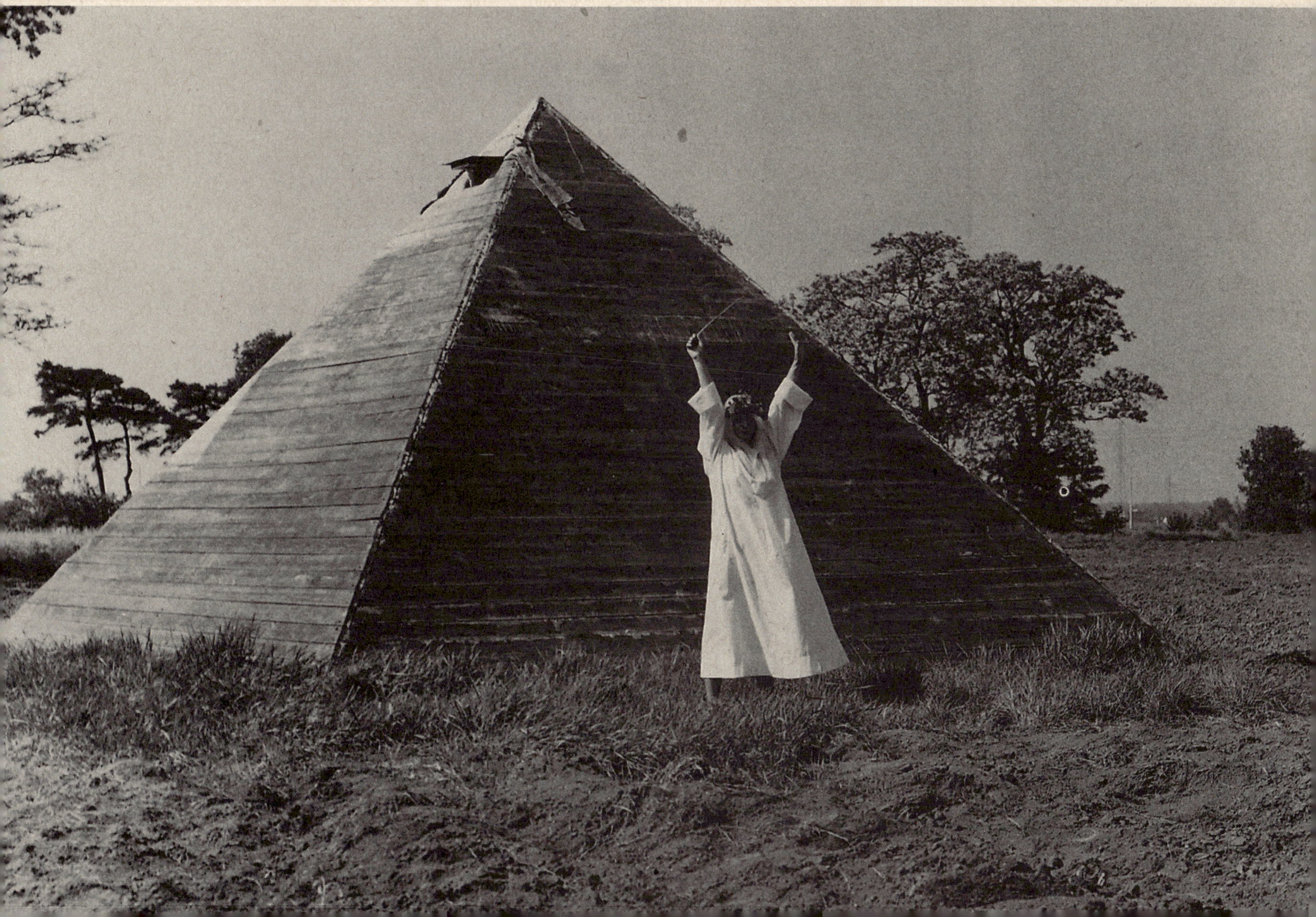

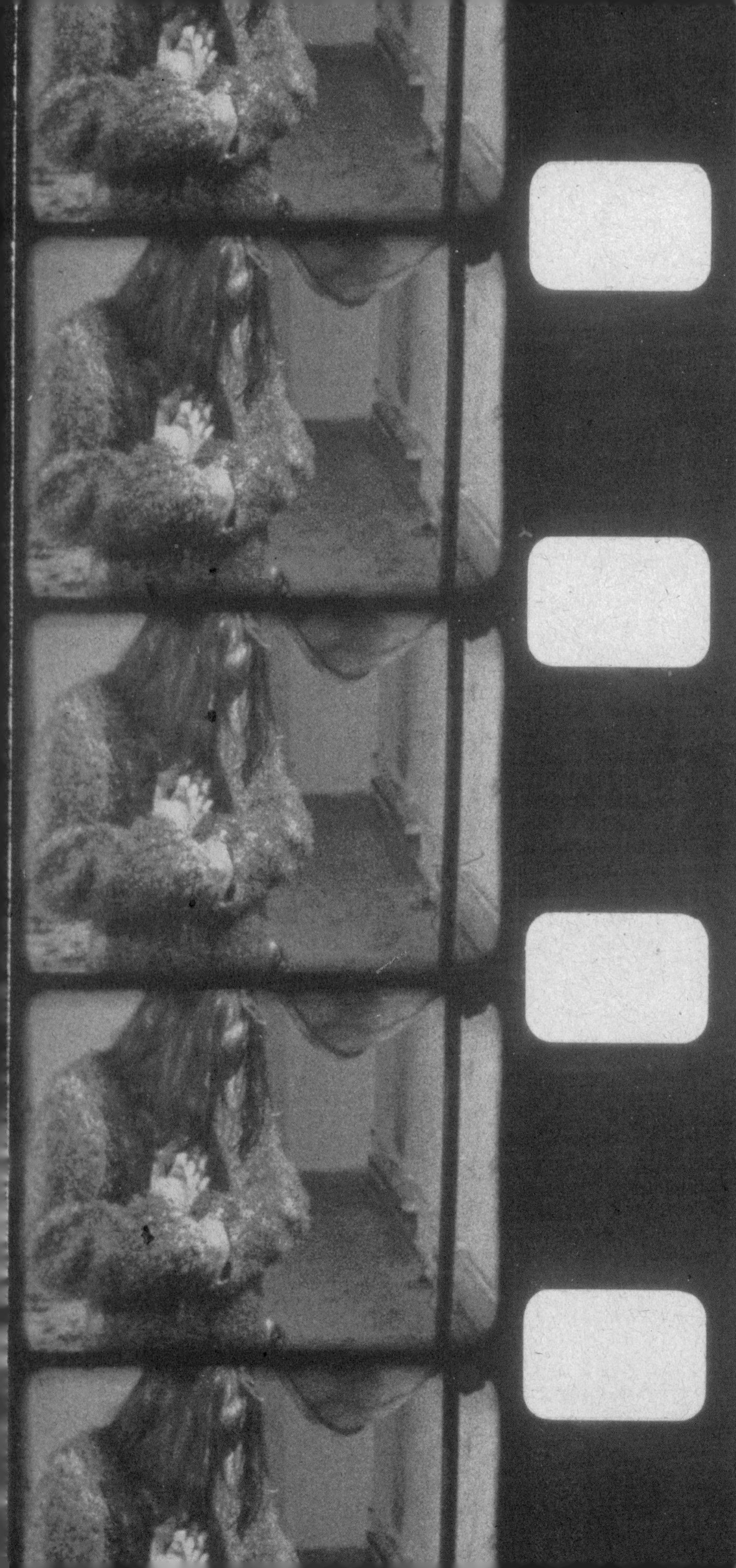

Teresa Murak

Lady' s Smock, 1975

Umetnica je bila oblečena v ohlapno obleko iz lanenega platna. Posejala je semena kreše (znana po tem, da nenavadno hitro vzkalijo) na obleko in jo od časa do časa navlažila. Čez nekaj časa so semena pod učinkom vode, svetlobe in toplote umetničinega telesa začela rasti, oprijemajoč se svojih korenin v blagu.
Gledalci so videli le končni učinek – umetnico, oblečeno v živo zeleno obleko – v galeriji Labirint v Lublinu.

Agata Jakubowska

***Lady's Smock,* 1975**

The artist was wearing a loose linen dress. She sowed the cress seeds (which are known for an unusually quick process of germination) upon that dress and dampened it from time to time. After some time the seeds, effected by water, light and the warmth of the artist's body, started to grow clinging to their stems in the material.
The spectators saw only the final effect – the artist clothed in a live green gown – in the Labyrinth Gallery in Lublin.

Agata Jakubowska

BIOGRAFIJA / BIOGRAPHY

Rojena / Born : **1949, Kiełczewicze, Poljska / Poland**
Šolanje / Education : **Catholic University of Lublin (History of Art); Academy of Fine Arts (Painting), Warsaw**

IZBRANA BIBLIOGRAFIJA
SELECTED BIBLIOGRAPHY

Jolanta Brach–Czaina, *Etos nowej sztuki*, PWN, Varšava / Warsaw, 1984, pp. 201 – 203.
Jolanta Ciesielska, »Idiome des Sozatlertums : Symbole oder Bewältigung?«, *Bakunin in Dresden. Polnische Kunst Heute*, razstavni katalog / exhibition cat., Kunstmuseum, Kunstpalast Halle A 1, Düsseldorf ; Kampnagelfabrik Halle K 3, Hamburg, 1990, pp. 34 – 35.
Elisabeth Jappe, *Performance – Ritual – Prozess : Handbuch der Aktionskunst in Europa*, München ; New York : Prestel Verlag, 1993, pp. 47, 120 – 121, 193.
Georg Jappe (ur./ed.), *Ressource Kunst : die Elemente neu gesehen*, razstavni katalog / exhibition cat., Köln : DuMont (DuMont Dokumente), 1989.
Jaromir Jedliński, »Zasiew i jego poklosie«, *Teresa Murak : Bajka I 'Baszta Czarownicz' Roszpunka*, razstavni katalog / exhibition cat., BWA, Słupsk, 1992, pp. 37 – 43 ; v fr.j. / in French : *Teresa Murak*, razstavni katalog / exhibition cat., Galerie Faust Rosa Turetsky, Geneve, 1992 ; v nem.j. / in German : »Die Ausaat und ihre Nachlese«, *Teresa Murak : Visitant Nuns Floor Cloths*, razstavni katalog / exhibition cat., Neueraachenerkunstverein, Aachen, 1991.
Andrzej Kostolowski, Zofia Jablonowska, André Joliet, *Teresa Murak : monografia*, Galeria Bielska BWA, Bielsko Biała, 1998.
Teresa Murak, *Teresa Murak 1974–1978*, samozaložba / published by the author, c1978.
Teresa Murak, *Rauma Biennale Balticum 1990 : Välimatkoja = Distances*, razstavni katalog / exhibition cat., Rauman Taidemuseo, Rauma, 1990, pp. 100 – 109.
Teresa Murak, *Rzeźba polska. Rocznik 1988*, Centrum Rzeźby Polskiej, Orońsko, 1991, pp. 70 – 75.
Teresa Murak, »J'ai cultivé mon premier 'Semis'...«, *Teresa Murak*, razstavni katalog / exhibition cat., Galerie Faust Rosa Turetsky, Geneve, 1992.
Anna Saciuk–Gąsowska, »Rzeżucha, koszula i ścierki Wizytek«, *Exit*, no. 4, 1996, pp. 1316 – 1321.
_____, *Moltkerei Werkstatt : Projekte 1981 – 1994*, Köln, 1994, pp. 19, 140, 145.

Józef Robakowski

Moji prsti, 1979–82
Videofilm
Čas trajanja: 4 minute
Avtorska predstavitev: filmi, akcija z eno roko

VIDEO NOVELA: Pripovedoval vam bom o svojih prstih (performans). Stari so 44 let. Rodili so se 20. februarja 1939 v Poznanju. Vsak od prstov, ki jih vidite, ima svoje intimno življenje in lastni značaj. Na primer: PALEC – prst moči, gigant pri delu. Če hoče, se lahko dotakne kateregakoli drugega prsta. Vsi ostali se zanašajo nanj in hočejo z njim sodelovati, toda pravzaprav živi osamljeno. Če to hoče kateri od drugih prstov, lahko tudi frcne. Je star, grčav tujec. Ima mnogo brazgotin. Dobro se spominjam, kako je nastala ta brazgotina. Star je bil šest let, začel je hoditi v osnovno šolo. Stanoval je v Swietojanski ulici št. 36 v Gdinji, preživljal čudovita leta otroštva. Ta drastični trenutek je nastopil nepričakovano, okrog enajstih dopoldne. Boril se je za čast celotnega organizma. Ko ga je nasprotnik silovito udaril s palico, je začel močno krvaveti. Približno dva tedna je bil bolan, izpahnjen in otečen kot mehur. Postal je krepkejši, in ko je ozdravel, je dobil svojo prvo častno brazgotino.
Naslednji prst, KAZALEC, lahko pokaže na karkoli in kogarkoli. Predstavlja možgane cele družine. Je najbolj izkušen, učinkovit v neposredni akciji, izredno dinamičen in zvit kot lisjak. Če hoče, se lahko postavi na glavo. Tudi on ima svojo zgodovino, saj so mu najpogosteje zadali rane, a se je vselej izvlekel. Leta 1965 je služil vojsko. V tistem času se je, skupaj s svojimi sosedi, priučil nekega rutinskega opravila. Običajno jih je spremljala pesmica: Srala babica...
SREDINEC razen tega, da je gibčen in da ritmično bobna, ne zna početi ničesar. V glavi ima praznino. Ponaša se s tem, da je najdaljši izmed vseh, a drugi se norčujejo iz njega, češ da ima najgrši noht, da nima nikakršnih izkušenj in nobene oblike. Čeprav živi prav v sredini, ga nihče ne mara.
PRSTANEC – prekrasen. Ponos celotne skupnosti. Vitek, in tako čist, kot ustvarjen za ljubezen. Ostalim prstom pomeni simbol ljubezni. Dvakrat si je nataknil prstan. To je bilo menda leta 1966 in 1978. Prva letnica je morda napačna, spomin peša. Nobenih zanimivih prigod ni doživel. Pomembno vlogo ima pri tipkanju, dobro sodeluje. Občudujem njegove veščine.
In končno NAJMANJŠI. Mezinec živi nekako zunaj drugih, je skorajda nepotreben, nihče ga ne rabi, poslan je v kot, a je vendarle čudovit, igriv in zabaven, lahko se igra z drugimi, pripraven je za božanje in za druge užitke. Pravzaprav se imajo zelo radi. Če so v nevarnosti, se sklenejo v pest, in tedaj – proč od te druščine.

J. R. (1980–1985)

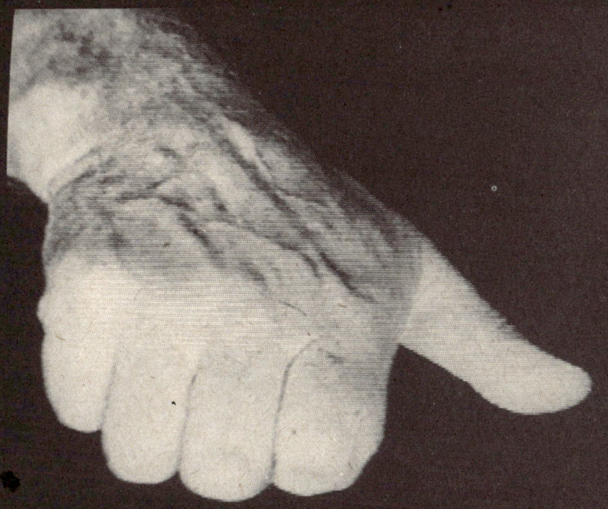

***My Fingers*, 1979–82**
Video film
Duration: 4 minutes
Individual presentation: films, action with the hand

VIDEO SHORT STORY: I will tell you about my fingers (performance). They are 44 years old. They were born in Poznan on February 20, 1939. Each of the fingers you can see has its intimate life and its own character; for instance: THUMB – a power finger, a giant in action. If it wants to, it can touch any other finger. All the others count on it and want to collaborate with it, but in fact it lives in seclusion. If another finger wants it to, it can produce a peg or two. It is an old gnarled stranger. It has many scars. I remember very well how this scar was created. It was six years old. It started to attend primary school. It lived in Gdynia at 36 Swietojanska Street. The wonderful years of childhood were passing. This drastic moment happened suddenly about eleven in the morning. It was fighting for the dignity of the whole organism. After it was hit hard with a stick by an opponent, it started to bleed terribly. It was sick for about two weeks, dislocated and swollen like a bubble. It grew stronger. Once it was cured it received this first scar of honor.
The next INDEX FINGER can point at anything and to anybody. It is the brain of the whole family. It is the most experienced, efficient in direct action, terribly dynamic and as clever as a cat. It can stand on its head if it wants to. It has its story, too, because it was the one which was hurt most often, but it was always able to pull through. In 1965, it served in the army. At that time, together with its neighbors, it learned a certain routine. They were usually accompanied by a song: »An old lady took a shit...«
The MIDDLE FINGER cannot do anything, except for its mobility and rhythmicality. Its brain is empty. It boasts of being the longest of all, but the others ridicule it for having the ugliest nail, no interesting experiences, and no shape. Although it lives right in the middle, no one likes it.
The RING FINGER – beautiful. The pride of the whole community. Lean, and so clean, as if made for love. It is a symbol of love for the remaining fingers. It has twice put on a ring. This was, I think, in 1966 and 1978. Maybe the first date is wrong. Hard to remember. It had no interesting adventures. It plays an important role in typing. It cooperates well. I admire its skills.
Finally, THE SMALLEST. It lives somehow outside the others; almost unnecessary; nobody needs it; sent away to the corner; but still, it is wonderful, playful, and funny. It can play with others, easy to caress, and ready for other pleasures.
In fact, they love each other. When in danger, they lock themselves in a fist, and then – keep away from their community.

J. R. (1980–1985)

BIOGRAFIJA / BIOGRAPHY
Rojen / Born : **1939, Poznanj , Poljska / Poznań, Poland**
Šolanje / Education : **Nicolaus Copernicus University (Fine Arts), Toruń ; National School in Film, Television and Theatre (Film), Łodź**

IZBRANA BIBLIOGRAFIJA / SELECTED BIBLIOGRAPHY
Jerzy Busza, »Iluminacje Robakowskiego«, *Fotografia*, no. 2, 1980.
Jolanta Ciesielska, »Józef Robakowski«, *Hotel Sztuki – 1990*, Muzeum Miasta, Łodź, 1991.
Ryszard W. Kluszczyński, »The Identity of Art – The Identity of the Artist. About the Work of Józef Robakowski«, *Magazyn Sztuki*, no. 3, 1996.
Barbara Kowalska, *Józef Robakowski*, razstavni katalog / exhibition cat., Muzeum Okręgowe Chełm, Chełm, 1991/1992.
E. Szoka, J. W. Bratcher (ur./ed.), *Personal Cinema by J. Robakowski*, Austin (Texas), 1990.
_____, *Józef Robakowski : Stan świadomości*, razstavni katalog / exhibition cat., Labirynt Catalogue, Lublin, 1977.
_____, *Sztuka to potęga! Józef Robakowski : Film – fotografia – video 1980–1985*, razstavni katalog / exhibition cat., BWA, Lublin, 1989.

Jerzy Truszkowski

Zbogom, Evropa, 3.1.1987

Stanovanje Zbigniewa Libere v Pabianicah na Poljskem. (Dva dni pred mojim nastopom služenja vojaškega roka.) S skalpelom si vrežem peterokrako zvezdo na kožo spredaj na spodnjem delu vratu. Pentagram se nahaja točno pod pločevinastim križcem z Jezusom. Na glavi imam vojaško kapo, ki jo je moj oče nosil med 2. svetovno vojno. Nanjo sta pripeta siva pločevinasta peterokraka zvezda in siv pločevinasti orel. Na čelo si vrežem latinski križ (blizu peterokrake zvezde in orla). S taistim skalpelom si odrežem brke.

Pismo J. Truszkowskega Elisabeth Jappe, v: Geurt Imanse, »Can You Tell Me Where My Country Lies?«, Galeria prowincjonalna, Słubice, 1994

***The Farewell to Europe,* 1987.01.03.**

Zbigniew Libera's flat in Pabianice, Poland. (Two days before the beginning of my military service.) I curve a pentagonal star on my skin on the front, lower part of my neck with a scalpel. The pentagram finds itself exactly under a small metal Jesus. A field-cap on my head (worn by my father during World War II). A metal grey pentagonal star and a metal grey eagle on the cap. I cut a Latin cross on my forehead (close to the pentagonal star and the eagle). With the same scalpel I cut off my moustache.

J. Truszkowski's letter to Elisabeth Jappe, in: Geurt Imanse, »Can You Tell Me Where My Country Lies?«, Galeria prowincjonalna, Słubice, 1994

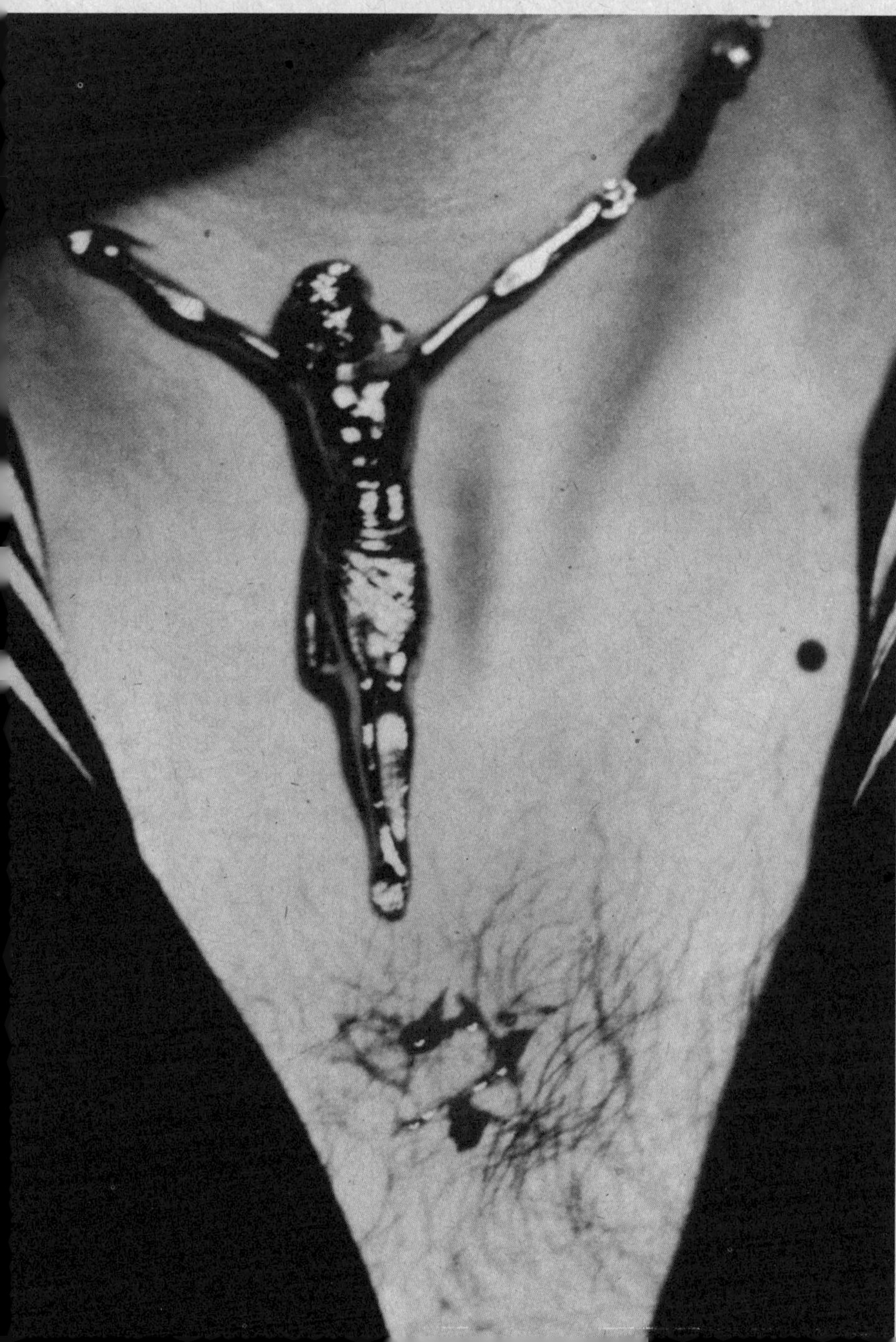

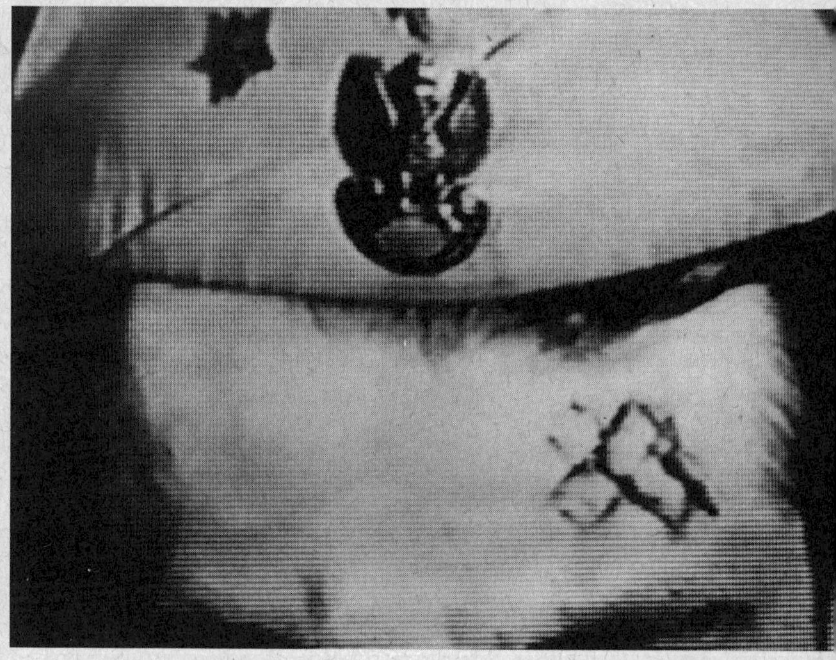

BIOGRAFIJA / BIOGRAPHY

Rojen / Born : **1961, Varšava, Poljska / Warsaw, Poland**
Šolanje / Education : **1980 – 1986 Marie Curie– Skłodowska University (Fine Arts), Lublin**
Živi in dela / Lives and works : **Varšava / Warsaw**

IZBRANA BIBLIOGRAFIJA / SELECTED BIBLIOGRAPHY

Geurt Imanse, *'Can You Tell Me Where My Country Lies.' Some Aspects of Jerzy Truszkowski's Work Brought Into The Limelight*, razstavni katalog / exhibition cat., Galerija Prowincjonalna, Słubice, 1994, pp. 1 – 56.
Elisabeth Jappe, *Performance – Ritual – Prozess : Handbuch der Aktionskunst in Europa*, München ; New York : Prestel Verlag, 1993, pp. 209 – 210.
Hanna Kaniasta, »The Camera of Death. Some Remarks about Jerzy Truszkowski's Installation«, *Exit*, no. 3 (27), 1996, p. 1259.
Paulina Kolczynska, »Europa, Europa«, *Art & Design*, London, no. 38, 1995, pp. XII – XIII.
Kazimierz Piotrowski, »Cibachromes Rh+ by Jerzy Truszkowski«, *Exit*, Varšava / Warsaw, no. 2 (22), 1995, pp. 987 – 988.
Adam Sobota, »Representations of Repression«, *Exit*, no. 3 (31), 1997, p. 1521.

Romunija / Romania

Ileana Pintilie

Javnost in zasebno telo v romunski sodobni umetnosti

Pojem telesa (*soma*) kot samostojen koncept so uporabljali svečeniki orfičnega kulta, ki so verjeli, da je človek duhovno (nesubstančno) bitje, ujeto v telo kot v ječo (*sema*). To idejo je prevzel tudi Platon, ki je menil, da sta duša in um ujetnika telesa. Dvojnost obeh pojmov se je ohranila v umetnosti med leti 1960 in 1970 kot vir pomenskosti in je rodila številna vprašanja o prevladujočem pomenu enega ali drugega pojma.
Kot so dokazale moderne teorije psihologije in psihoanalize (še posebej tiste, ki jih je razvil Lacan)[1], ego ni prvotne narave, temveč je zgrajen iz poznejše izkušnje. Lacan opisuje najzgodnejše otrokove izkušnje in formativen vpliv premišljevanja o svojem lastnem telesu, kot ga odseva ogledalo.
V romunski umetnosti zgodnjih sedemdesetih let je bilo mogoče opaziti pravo kulturno »shizofrenijo«; na eni strani je bila uradna tematska umetnost, medtem ko so na drugi strani individualne umetniške prakse izražale osamljeno iskanje in eksperimentiranje umetnikov, ki so skušali uiti ideološkemu pritisku ali se mu odzvati na drugačen način. V istem času je izredno naraslo število umetniških pojavov, ki so se odvijali na skrivaj pred majhnim občinstvom ali celo brez kakršnih koli prič oziroma samo pred kamero. Eksperimente tipa body art je izvajala majhna skupina romunskih umetnikov, a vedno prikrito, saj so bili stalno pod pritiskom cenzure oz. skrajnega političnega in ideološkega konteksta tiste dramatične dobe. Zaradi tega so pustili le bežno sled v javnem prostoru umetnosti. Umetniki, ki so se podali v to izkušnjo, so razvili intimno varianto body art performansov, ki so se pogosto odvijali brez prič z izjemo osebe za fotografskim aparatom ali filmsko kamero.
Takšen primer je Ion Grigorescu, umetnik, ki v romunski umetnosti zaradi svojih eksperimentov, povezanih s človeškim telesom, zavzema edinstveno mesto. Prek stikov z mednarodnim umetnostnim dogajanjem je izvedel za umetniške tendence šestdesetih let, ki so umetnikovo telo spremenile v nov nosilec in odprto konstrukcijo umetniškega dela. Z uporabo fotografije kot medija, ki ponuja različne možnosti, je Grigorescu na izviren način razvil koncept »realizma« in »realnosti«. Kombiniral je štafelajno sliko s fotografijo v neke vrste fotomontažah, ki so bile nepričakovan ironičen odziv na ideološke zahteve socialističnega realizma. Kot neke vrste objektivno pričo svojih fizičnih izkušenj, povezanih z realnostjo telesa, je zopet uporabil fotografijo in film.
V svoji študiji o dunajskem akcionizmu je Robert Fleck[2] zapisal, da je umetnikovo delo s svojim lastnim telesom (ki se je uveljavilo v happeningih šestdesetih let) s pomočjo dejanskih izkušenj izpostavilo avtentičnost telesa brez kakršne koli mistifikacije. Fleck je prav tako zapisal, da so umetniki po obdobju happeningov preusmerili svojo pozornost s trajanja na trenutnost likovne umetnosti, ki se izraža v obliki fotografije.
Ion Grigorescu zaradi političnih okoliščin pripada tej generaciji, ki je uporabljala izključno fotografijo (ta je v nekaterih zgledih služila za material za snemanje filmov). Da bi bilo povezano z okoljem, umetnikovo telo postane kontekst, v katerem umetnik lahko spozna svoje lastne meje – nevarnosti, bolečine, prekršitve določenih tabujev (še posebej tistih, povezanih s spolnostjo) in vnovične združitve moškega in ženskega pola.
Vire za prva dela body arta ali političnih akcij Iona Grigorescuja iz obdobja 1967/1970 lahko iščemo v določenih »scenarijih«, ki so rezultat zapisovanja sanj iz drugih literarnih zapisov ali neposredno iz podob. Na tej točki je umetnika še posebej zanimala kompozicija, kjer pomembno vlogo igra resničnost in izničenje simboličnega. Zato je posegel po fotografiji in filmu, vse bolj ga je privlačeval »vizualni mehanizem kot soigralec v predstavi«. Grigorescuja so privlačile kibernetika, informacije, tehnologija, nadalje gibanje »Tel Quel« in celo »materializem joge«. Pri tem se je postavil v položaj raziskovalca in se

Ileana Pintilie

The Public and the Private Body in the Romanian Contemporary Art

The notion of body (*soma*), as an independent concept, was used by the Orphic cult priests who believed that man was a spiritual (unsubstantiated) being, captive in the body as in a prison (*sema*). This idea was also taken up by Platon for whom the soul and the reason were the prisoners of the body. The dichotomy between the two concepts was preserved in the art of the 1960-1970, as a source generating significance, giving birth to questions about the prevailing character of the former or of the latter.
As has been proved by the modern theories of psychology and psychoanalysis (especially those elaborated by Lacan)[1] the ego is not primordial but it is built as an early experience. Lacan describes the earliest experiences of the child and the formative effect of contemplating his own body reflected in the mirror.
At the beginning of the 1970s, in the Romanian art there could be noticed a true cultural »schizophrenia«; on the one hand there was the official thematic art and on the other hand the individualistic art expressing isolated seeking and experiments made by artists who were trying to elude the ideological pressures or to respond to them in other ways. In the meantime, there increased in number the manifestations secretly made in front of a small public or even without any witnesses or only in front of the camera. The experiments of the body art type were developed by a small part of the Romanian artists, but constantly dissimulated because of the fear of the censorship or of the severe political and ideological context in that dramatic epoch, hardly integrated at all in the public space of art. The artists who ventured to accomplish such experience developed the intimate aspect of the body performances which often took place with no witness present except the one person in front of the photographic camera or movie camera.
An example in this respect is Ion Grigorescu, an artist who has remained singular in the Romanian art due to his experiments related to the human body. Keeping in touch with the international art, he learned about the tendency of the 1960s according to which the artist's body becomes a new support of and an open construction to the work of art. Using photography as a medium with multiple availabilities, Grigorescu developed, in an original way, the concept of »realism« and »reality« combining the easel painting and photography in a kind of photomontages which looked like an unexpected ironical response to the ideological directives of the socialist realism. He also used photography and film as a kind of objective witness to his physical experiences related to the reality of the body.
In his study about the Viennese actionism, Robert Fleck[2] pertinently remarked that the artist's work with his body (inaugurated by the happening of the 1960s) drew the attention upon the authenticity of the body involving real experiences with no mystification at all. Fleck also observed that the post-happening generation shifted from the emphasis on temporality to the instantaneous of the visual art expressed under the form of photography.
Because of the political circumstances, Ion Grigorescu is ranked in this post-happening generation who used photography exclusively (sometimes after that processing the material for a moving picture). In order to be related to the environment the artist's body becomes a context in which he can check his own limits – of danger, pain, the transgression of certain taboos (especially those connected to sex), of the reunion of the masculine–feminine bipolarity.
The sources of the first body-art or political actions completed by Ion Grigorescu between 1967/1970 must be sought in certain »scenarios«,

spraševal o vlogi, ki jo »v teh predstavah brez gledalcev in z mehaničnimi in optičnimi pripravami« igra ego.
V začetku sedemdesetih let je bila cela kategorija performansov posvečena vrednosti banalnih vsakdanjih dejavnosti, ki vplivajo na umetnost s svojo jasno resničnostjo. V delih kot sta *Kuhinja* ali *Umetnost v eni sobi* (1976) se Grigorescu predstavlja kot prebivalec ozkega perimetra kuhinje v stanovanjskem bloku (pri tem lika srajco, tipka ali igra na violino) pri opravljanju običajnih gospodinjskih opravil v ozkem prostoru, prenapolnjenem z navadnimi predmeti. Ta akcija banalno življenje enači z umetniškim delom, pri čemer je jasno nakazan heroizem majhnih gest, medtem ko je vsakdanja resničnost brutalno demistificirana.
Večina akcij, izvedenih pred fotografskim aparatom, je bilo posvečenih človeškemu telesu, ki v romunski družbi velja za tabu. Po eni strani Iona Grigorescuja zanima natančno beleženje svojega telesa v določenem trenutku kot izraza golote in absolutne intimnosti, ki je pogosto povezana s prostorom (sobo), ki ga umetnik antropomorfizira. Po drugi strani ga zanima eksperimentiranje z »vizualnim mehanizmom«, s postavljanjem fotoaparata v najbolj nepričakovane kote in položaje, kar včasih na podobi pusti vtis nasilja. Pri *Avtoportretu z ogledali*, akciji iz leta 1973, ki jo je ponovil v več različicah, Grigorescu uporabi dvoje premikajočih se ogledal, pri čemer doseže večkratno podobo, ki gibanje naredi bolj dinamično in ga pospeši. Drugič postavi fotoaparat na tla pred virtualen tunel, ki ga sestavlja dvoje ogledal, medtem ko se umetnik gleda nazaj, med svojimi nogami.
Body art v hiši (1974) pripada isti kategoriji akcij; umetnik uporabi širokokotnik in se sprehaja po detajlih obraza in po celem telesu, pri čemer objektiv izredno približa telesu. Ustavlja se tudi na pohištvu in prostoru ateljeja, ki ga antropomorfizira s tem vizualnim delovanjem.
Pri dvopomenski igri sprejemanja moškosti in ženskosti prav tako pride do premika fiksiranih polov. Med razvijanjem te ideje umetnik v fotografski seriji *Porod* (1977) uprizori tipično žensko situacijo. Na lastnem telesu poskuša prekršiti naravno stanje in uprizori nosečnost in porod. Serija se konča s podobo človeške figure v položaju zarodka. S tem preverja, če je umetnik zmožen spremeniti samega sebe s pomočjo domišljije in sposoben s posnemanjem figure androgina ponovno vzpostaviti izgubljeno enost sveta.
Notranja »geografija« telesa je predstavljena v seriji fotografiranih akcij z naslovom *Obredno umivanje* iz let 1978-79. V teh akcijah Grigorescu gradi na hipotezi, da geste umivanja puščajo sledove ali kažejo na pomembne prostore v notranji geografiji. Zato te preproste geste zaznamuje z barvo. Na fotografskih podobah te geste rišejo pomembne notranje smeri, ki so označene na ta način.
»Kriza podobe, ki so se je generacije šestdesetih in sedemdesetih let tega stoletja boleče zavedale, pripelje umetnika do tega, da fotografijo gleda kot nadomestek za sliko, kar je razvidno iz serije fotografij *Postelja* ali *Hvalnica Baconu* (1980). Umetnik leži gol v postelji v položaju jogijske meditacije, njegovo podobo pa odseva ogledalo; predstavlja se kot negiben model z nedvomno estetsko neodvisnostjo objekta, projiciranega na rjuho, ki spominja na platno – podlago za sliko. Fotografski aparat s svojo izredno natančnostjo napada telo in posteljo, pa tudi rjuho, na katero je podoba projicirana; prav tako napada odsev v ogledalu, ki je edino zmožno prenesti izredno krutost objektiva, in podoba ostane nespremenjena. Z izpostavljanjem mej in tveganja razstavljanja fotografske podobe je s to akcijo v ustvarjanju Iona Grigorescuja nastopilo obdobje krize, ki je trajalo vse do konca osemdesetih let.«
Vpliv Iona Grigorescuja na mlajšo generacijo romunskih umetnikov je bil izredno pomemben tako v umetniškem smislu kot tudi glede novega načina razmišljanja.
Alexandru Antik je umetnik body arta, ki se je pojavil v začetku osemdesetih let z eksperimenti s keramičnimi plastičnimi oblikami odlitkov živalskih organov. Pri tem raziskovanju plastičnega izraza si je zamišljal notranji univerzum, ki ga je izredno subjektivno in dramatično napeto predstavil v akciji v kleti srednjeveške lekarne v mestu Sibiu (1986). V prostoru, urejenem kot mikrorazstava, gol umetnik občinstvu prebere pesem in nato prinese krvaveče živalske organe. Med obrednim šepetanjem delov besedila, ki ga je prej prebral, in priklicevanjem figure »zoglenelega otroka«, obsesivne osebe iz več akcij in instalacij, pomočniki napolnijo organe z mavcem, jih zavežejo in pustijo ležati v bližini sveč.

resulting from the writing of dreams from other notations of a literary character or directly from images. At that point the artist was especially interested in composition allotting an important part to the real and eliminating the symbolic. He thus reached the photography and film, being more and more lured by the »visual mechanism as a partner in the show«. Grigorescu felt attracted by cybernetics, information, technology, by the *Tel Quel* movement, and even by »the yoga materialism«, taking a position into a searching direction and questioning himself about the part played by the ego in »these shows without spectators, but with the mechanic and optical apparatuses«.
In the beginning of the 1970s, a category of shows was dedicated to the value of the banal activities of every-day life which influence art through their unequivocal reality. In his conception life in its banality is not made up only of unique moments. In *The Kitchen* or in *Art in a Single Room* (1976), Grigorescu presents himself living in the narrow perimeter of a kitchen in a block of flats (ironing a shirt, typewriting or playing the violin), doing ordinary household activities in the narrow room suffocated by ordinary objects. This action turns into account the idea according to which the banal life is made an equivalent to a work of art in which the heroism of little gestures is evinced, however brutally presenting the unmystified daily realities.
Most of the actions achieved before the photographic camera were dedicated to explore the human body, unanimously considered by the Romanian society as a taboo subject. On the one hand, Ion Grigorescu is interested in exactly registering his body at a given moment in time as an expression of nudity and absolute intimacy, often connecting it also with the space (the room) which is anthropomorphised (by the artist); on the other hand, his interest lies in the experimentation of »the visual mechanism« by placing the photographic camera at the most unexpected angles and positions, sometimes leaving the impression of an aggression on the image. In *Self-portrait with Mirrors*, a 1973 action repeated in several variants, Grigorescu uses two moving mirrors, thus achieving a multiplication of the personage, rendering this motion dynamic and amplified. Other times he places the camera on the floor, in front of the virtual tunnel made up by the two mirrors while he watches himself backwards, between his legs.
***Body Art Inside the House* (1974) belongs to the same category of actions; the artist uses a superangular device moving from the details of the face to the whole body exaggerating in getting the objective closer, lingering about the furniture, round the studio, made anthropomorphic by this visual participation.**
A shift of the fixed poles also takes place in the case of the reception of masculinity and femininity in a game of ambiguities. Developing this idea the artist stages a typically feminine situation in the photographic series *The Delivery* (1977). On his own body he experiments the transgression of his natural state evoking the pregnancy, the delivery and the confinement, a series ending with the appearance of the human figure in a fetal posture. By this he checks the capacity of the artist to transpose himself, through imagination, and to recompose the lost unity of the world, echoing the figure of the androgynous.
The interior »geography« of the body is revealed in a series of photographed actions entitled *Ritual Washing* made between 1978-1979. In these actions Grigorescu starts from the hypothesis that the washing gestures leave traces or point to important places in this interior geography so that he conceives them as simple gestures later retaking them in colour. Fixed to the photographic images, the gestures draw vital interior trajectories, pointed out in this way.
»Acutely felt by the generation of the 1960-1970, the crisis of image leads the artist to his perceiving of photography as a substitute for the painter, as one may understand from the photographic series *The Bed* or *Eulogy to Bacon* (1980). Lying in bed, naked, posing in a position of yoga meditation, with the image reflected into the mirror, the artist shows himself as an inert model with an undeniable aesthetic independence of the object, projected on the bed sheet evoking the canvas, the underlying element of

Antikove akcije so tesno povezane z njegovimi notranjimi občutki, ki so boleče izostreni zaradi določenih obsesij in pogosto povezani z nekaterimi hudimi dogodki iz njegovega življenja. Zamisel za akcijo v kleti lekarne se zopet pojavi na drugi subjektivni ravni (leta 1992 v Budimpešti); akcija z naslovom *Ambient – Akcija v kleti* se je razvila v prostoru, ki je zaznamovan s sledovi ognja in zapuščenosti in opozarja na neprijeten umetnikov spomin. Umetnik se v noči, ko se sreča z občinstvom, kaznuje z bičanjem in tako konča svoje žalovanje za materjo.

Najpomembnejše v Antikovi umetnosti je razstavljanje telesa, še posebej po letu 1992, ko se telo spremeni tudi v nosilca kompleksnega simboličnega jezika. V akciji *Odmetavanje plašča,* predstavljeni na festivalu Cona 2. Vzhodna Evropa (Temišvar, 1996), je umetnik v obliki happeninga pred občinstvom uprizoril spremenjenje (smrt in ponovno rojstvo). Umetnik skrči sporočilo, ko se podvrže javnemu obredu odiranja kože v znak spokorjenja, in v akciji, ki spominja na izganjanje zla, staro kožo pribije z žeblji v performansu, ki je obenem osebno intimen in kolektiven. Da bi poudaril pomen zvokov, Antik namenoma dopušča, da se na neusmiljeni in monotoni zvočni kulisi metronoma sliši vztrajno in neprijetno razbijanje kladiva.

Od leta 1997 je Antik osredotočil svoje zanimanje v akcije, pri katerih ukvarjanje s tehničnimi zadevami obvladuje in zamegljuje čustva. Vendar pa telo ni izginilo. Nasprotno, še bolj je poudarjeno v prostovoljnem ujetništvu. V akciji *Nadzor treniranja / Antikov nadzor nad zračnim prostorom*, ki jo je predstavil na mikro festivalu romunskega performansa v Krakovu (galerija Bunkier Sztuki, 1997), Alexandru Antik govori o tehničnem pristopu k notranjemu fizičnemu mehanizmu: radarski simulakrum »pilota umetnika« je usmerjen k ciljnemu področju, kjer je pripravljeno pristajališče, nadzorovano s strogimi »tehničnimi« zakoni. Pristajališče predstavlja uprizoritev »električnega agregata« vizualnega polja, kjer »eksplozije« kažejo na kratek stik v pomenu.

Umetnici Amalii Perjovschi telo predstavlja jezik le, dokler odseva notranja stanja in ideje. Kot močna osebnost, ki se stalno bori za uveljavitev svoje nedvomne identitete (boj z notranjim in tudi zunanjim svetom), je umetnica začela z akcijami body arta sama, v svojem stanovanju. Leta 1988 je svoje telo prekrila s hieroglifskimi znaki, ki so spominjali na skrivnosten jezik, nedostopen za gledalca. Ta akcija je imela le eno pričo, Dana Perjovschega in njegov fotoaparat, ki je objektivno beležil telo, prekrito s pisavo, in ga prikazal kot notranje stanje. Umetnica je akcijo naslovila *Testiranje spanca* in s tem pokazala na tedanjo nezmožnost romunske družbe za javni nastop. »Spanec«, ki je premagal celoten narod, je očitno premagal tudi umetnico, vendar se je ta odzvala s težko razumljivim jezikom. *Izničenje* iz septembra 1989 je podoben performans, ki ga je Amalia Perjovschi izvedla v istem stanovanju v Oradei. Popolnoma ovita s povoji se je dala privezati in se nato predstavila v pozi slepe žrtve, za katero so jo napravili ne le drugi, temveč tudi sama. Umetnica v tej akciji povzročanja ran sama sebi in samouničevanja izraža svojo nemoč, da bi se javno izrazila in splošno stanje obupanosti, obenem pa tudi jezo, naperjeno proti temu. Telo je poudarjeno kot uprizorjen izraz volje po izničenju.

Po letu 1989 je njen izraz postal bolj izrazit tudi zaradi tega, ker se je začela predstavljati v javnosti. V akciji *Borim se za svojo pravico do drugačnosti,* predstavljeni na festivalu Cona Vzhodna Evropa (Temišvar, 1993), se odkrito sooči s svojim drugim jazom, z lutko v človeški velikosti, ki jo (potem ko jo obleče v svoja oblačila) umetnica umaže tako, da jo nasilno potopi v črno barvo in jo divje meče v občinstvo in ob stene.

V istem družbenem in psihičnem kontekstu, ki ga zaznamuje politično nasilje nad zasebnim življenjem, je Dan Perjovschi ustvaril akcijo samoosamitve z naslovom *Neimenovano razpoloženje* (Temišvar, 1991); za tri dni se je zaprl v vratarjevo sobo v Umetnostnem muzeju in bele stene počasi zapolnjeval s črnimi risbami, ki namigujejo na skoraj patološko breme romunske družbe po letu 1990.

Na istem festivalu Cona Vzhodna Evropa leta 1993 se je Dan Perjovschi v intimnem, dolgočasnem »anti-performansu« z naslovom *Romania* (Romunija) pustil tetovirati. Delo je imelo podobno sporočilo kot njegovo prejšnje in je razkrivalo patološki vidik naše družbe in poudarjalo obupanost, ki jo povzroča politična intoksikacija s prevečkrat uporabljano podobo domovine. Akcija je trajala tako dolgo, »kot jo je umetnik izvajal«. O obeh umetnikih je večkrat pisala Kristine Stiles[3]; ta performans je razumela kot načrt travmatizirane

painting. With its sharp precision, the photographic camera aggresses the body and the bed as well as the sheet on which the image is projected; it also aggresses the screening into the mirror, the only one capable to cope with the sharp cruelty of the objective, the image remaining unaltered. By pointing out the limits and the risks of exhibiting the photographic image, this action brought about a moment of crisis in Ion Grigorescu 's creation too, lasting as late as the end of the 8th decade«.

The influence exerted by Ion Grigorescu upon the younger generation of the Romanian artists has been of paramount importance regarding both the artistic outlook and the new way of thinking.

Alexandru Antik is a body artist who started manifesting himself as such in the beginning of the 1980s, by first experimenting ceramic plastic forms poured into animal organs. Starting from this study of the plastic expression, he imagined an inner universe, acutely subjective and dramatically tensioned in the action which took place down in the cellar of the medieval chemist's, in Sibiu (1986). In that space, arranged as a microexhibition, the naked artist read a poem in front of the public and brought before them bleeding animal organs. While he incantatorily kept whispering fragments from the previously read text invoking the figure of the »brand-child«, the obsessive character of several actions and installations, some helpers filled those organs with gypsum, tying them up and leaving them beside some candles.

Antik's actions are in close relationship with his inner feelings painfully amplified by certain obsessions and often related precisely to some grave events in his biography. Thus the idea of the action in the chemist's cellar is taken again (in 1992, Budapest) on another plane of subjectivity; this action entitled – *Environment – Action in a Cellar*, developed in a space evocative of a previous fire and abandoned place, an allusion to the ungrateful memory of the artist who punishes himself by self-flagellation during the night when the artist met the public, the moment that marked the end of his mourning for his mother's death.

Exhibiting the body is the most important thing for Antik, especially after 1992, also becoming the vehicle of a complex symbolic language. In the action *Casting One's Coat* presented at the *Zone 2. Eastern Europe* festival (Timisoara 1996), the artist exhibited transfiguration (a death and a rebirth), happening under the eyes of the public. Concentrating the significance, the artist subjects himself to a public ritual of stripping off the skin as in a penitence, as in an action of the exorcism of the evil by fastening with nails the old skin, in a show looking equally individual-intimate and collective. Paying attention to the significance of the performance sounds, Antik deliberately allows this insistent and rough hammering to be heard on the merciless and monotonous sound-background of a metronome.

Lately, since 1997, the artist's interest has focused upon actions in which the emotions are controlled and blurred by a technical concern and the body does not disappear; on the contrary, it is amplified in a benevolently accepted captivity. Thus in the action developed at the Romanian performance micro-festival at Krakow (Bunkier Sztuki Gallery,1997) in his *Control in Training / Antik Air Space Control*, Alexandru Antik suggests a technical approach to the interior psychical mechanism: the radar simulacrum of the »pilot-artist« is directed towards a »target area« on which »the landing« is prepared, guided by precise »technical« laws. This landing ground represents the staging of an »electrical aggregate« of the visual field in which »the explosions« suggest a short circuit of the significance.

Amalia Perjovschi is an artist for whom the body represents a language only to the extent to which it becomes a reflex of the inner states and ideas. As a strong personality permanently struggling for the assertion of her unmistakable identity (a struggle with the interior and also with the exterior world), the artist began the first body art actions, by herself, in her own apartment. In 1988 she covered her body with hieroglyphs – like signs suggesting a mysterious language to which there is no access for the onlooker. This action had only one witness, Dan Perjovschi with his camera, objectively registering the body covered by writing revealing it as an interior state. The artist entitled that performance *The Sleep Test*, actual-

družbe, kjer tetovaža pomeni *znamenje*, medtem ko je tetovirana oseba *ulov*. Kot posebno poglavje s posebnim umetnostnim, družbenim in političnim ozadjem je body art zgolj ena od mnogih izraznih oblik romunskega performansa. Vsi ti umetniki se jezika telesa poslužujejo le v določeni meri, za operiranje s skritim intimnim pomenom, ki ga javno razkrijejo s pomočjo neposrednega jezika.

[1] Elizabeth Grosz, *Volatile Bodies. Toward a Corporeal Feminism*, Indiana University Press, 1994, str. 39-46.
[2] Robert Fleck, »L'actionnisme viennois«, *v L'art du corp. Le corp exposé de Man Ray a nos jours*, Musées du Marseille, 1996, str. 73-87
[3] Kristine Stiles, »Shaved Heads and Marked Bodies. Representations from Cultures of Trauma«, v *Talking Gender. Public Images, Personal Journeys and Political Critiques*, The University of North Carolina Press, 1993, str. 40-64.

ly pointing out the context of the Romanian society, unable of manifesting itself publicly at the time. *The Sleep*, which had overwhelmed the nation, seems to have overwhelmed the artist too, responding however by using a language, hard to decode. *Annulment* is a similar performance developed in September 1989 which took place in the same apartment in Oradea belonging to Amalia Perjovschi. Completely wrapped up in bandage, she allowed herself to be tied and then exhibits herself, blind in the posture of a victim, victimized by others but also by herself. In this action of self-inflicting wounds and self-destruction there are suggested the helplessness in both publicly expressing herself and the state of generalized despair as well as the anger against it. The body is emphasized as a staged expression of the will of annulling.

After 1989, her expression became more explicit also through her starting to manifest herself publicly. The action *I Fight for My Right to Be Different*, presented at the *Zone Eastern Europe* (Timisoara, 1993) shows her openly confronted with her alter-ego, a humanly-sized doll, which (after being dressed in her own clothes) is rendered dirty by the artist who violently plunges it into black pigment, then furiously throwing it at the public or against the walls.

Within the same social and psychical context, marked by the repercussions of the political element upon private life, Dan Perjovschi developed a self-seclusion action entitled *Nameless Mood* (Timisoara, 1991); for three days he secluded himself in the janitor's office at the Art Museum, progressively covering that white space with black drawings suggesting the existence of an almost pathologic burden in the Romanian society, after 1990.

In the same festival *Zone Eastern Europe*, 1993, Dan Perjovschi allowed himself to be tattooed during an intimate, boring »anti-performance« entitled *Romania*, bearing on a topic similar to the one mentioned above, emphasizing the pathological aspect of the society we live in, pointing out the exasperation brought about by the political intoxication with the overused image of the homeland, an action which lasted »as its author performed«. Kristine Stiles had several times pertinently written about the two artists[3]; she understood this performance as a blueprint of a traumatized society in which the tattoo suggested a *mark* and the one tattooed a *capture*.

Constituting a distinct chapter, but at the same time projected upon a special artistic, social and political background, body art is only one of the many facets under which performance is manifested in Romania. All these artists appeal to the language of the body only to the extent it operates with hidden intimate significance, made public by using a direct language.

[1] Elizabeth Grosz, *Volatile Bodies. Toward a Corporeal Feminism*, Indiana University Press, 1994, p. 39-46.
[2] Robert Fleck, »L'actionnisme viennois«, in the volume *L'art du corp. Le corp exposé de Man Ray a nos jours*, Musées du Marseille, 1996, p. 73-87.
[3] Kristine Stiles, »Shaved Heads and Marked Bodies. Representations from Cultures of Trauma«, in the volume *Talking Gender. Public Images, Personal Journeys and Political Critiques*, The University of North Carolina Press, 1993, p. 40-64.

Alexandru Antik

Odmetavanje plašča
Zone 2. Eastern Europe – Mednarodni festival performansa, Temišvar, 1996

V akciji *Odmetavanje plašča* je umetnik prikazal transfiguracijo (smrt in ponovno rojstvo), ki se dogaja pred očmi občinstva. Umetnik, osredotočen na pomen svojih dejanj, se podvrže javnemu ritualu, ko si sleče kožo, kot pri pokori, kot pri dejanju izganjanja zla, s pritrditvijo stare kože z žeblji v predstavi, ki se zdi obenem individualna-intimna in kolektivna. Antik, ki posveča enako pozornost tudi zvokom, namenoma omogoča, da se vztrajno in grobo razbijanje s kladivom sliši na neusmiljeni in monotoni zvočni podlagi metronoma.

Ileana Pintilie

Casting One's Coat
***Zone 2. Eastern Europe* – International Festival of Performance, Timisoara, 1996**

In the action *Coasting One's Coat* the artist exhibited transfiguration (a death and a rebirth), happening under the eyes of the public. Concentrating the significance, the artist subjects himself to a public ritual of stripping off the skin as in a penitence, as in an action of the exorcism of the evil by fastening with nails the old skin, in a show looking equally individual-intimate and collective. Paying attention to the significance of the performance sounds, Antik deliberately allows this insistent and rough hammering to be heard on the merciless and monotonous sound-background of a metronome.

Ileana Pintilie

BIOGRAFIJA / BIOGRAPHY

Rojen / Born : **1950, Reghin, Romunija / Romania**
Šolanje / Education : **1969 – 1975 Academy of Fine Arts, Cluj**
Živi in dela / Lives and works : **Cluj – Napoca**

IZBRANA BIBLIOGRAFIJA
SELECTED BIBLIOGRAPHY

Erwin Kessler, »Unidentified«, *Alexandru Antik*, razstavni katalog / exhibition cat., 1994.
Ileana Pintilie, *Zona Europa de Est = Eastern Europe Zone : Festival de Performance*, razstavni katalog / exhibition cat., Timišvara / Timisoara, 1996.

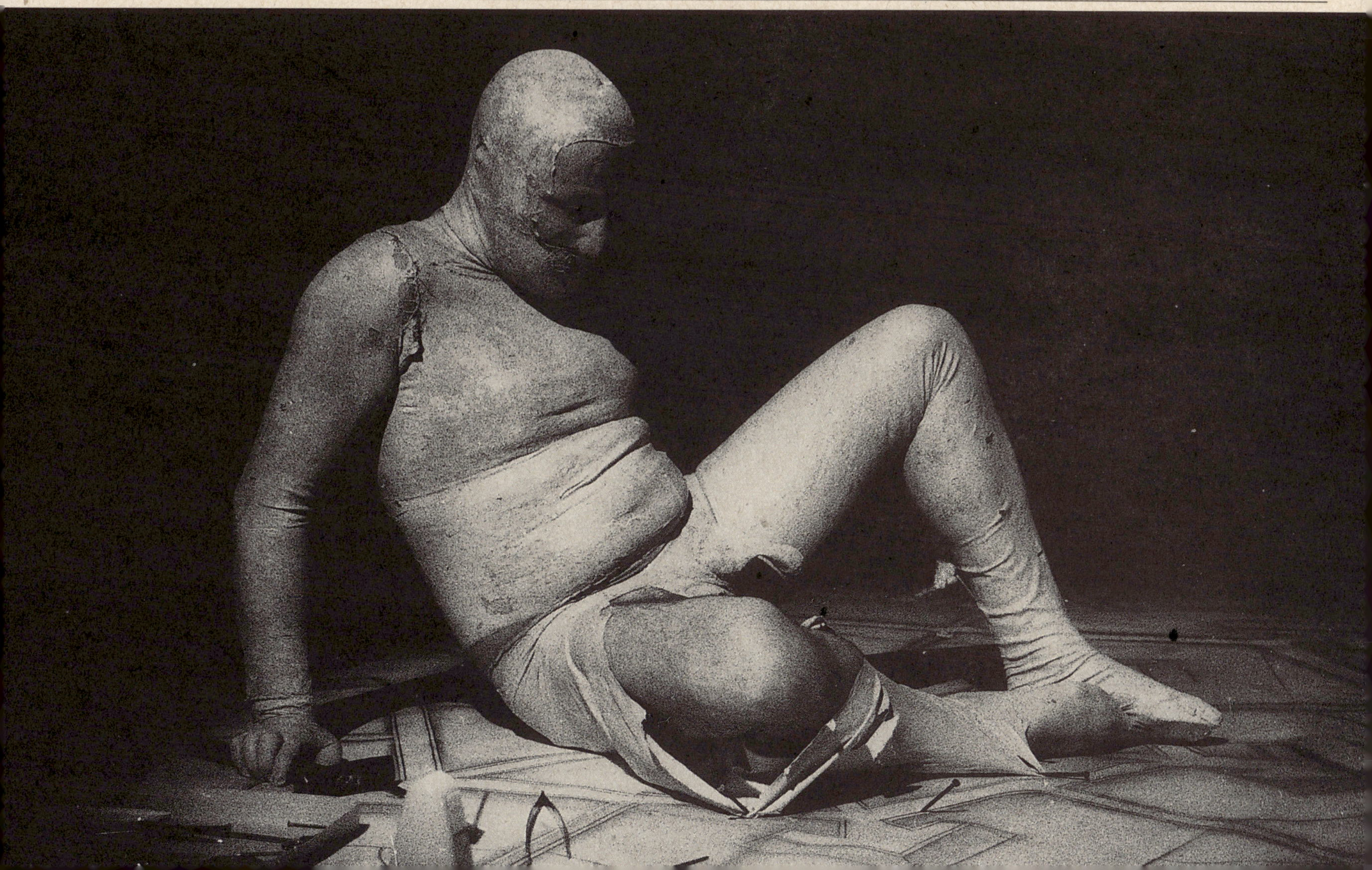

Paul Neagu

Prehajam v tornado / Ugotovitev
Tretji del trilogije performansov *Postopno prehajam v tornado,* ki jo je Neagu s svojo GAG (Generative Art Group) predstavil v Arnolfini Gallery v Bristolu marca 1976

(...) Tloris je spiralen, glasbena spremljava pa Varesejeva *Puščava*. Uvodoma ponovno diapozitivi. Dasi materialno najbolj preprost, je duhu trilogije *Postopno prehajam v tornado* kot celote najbliše, tudi njegova alegoričnost je najbolj očitna. (Glede na to, da je najbolj evokativen in najlepši, ga je skorajda nemogoče opisati.) Neagu tu kaže bolj celovito obvladovanje prostora, nasprotno pa se ostali razblinjajo, umaknjeni v vlogo odmevov. Sočasno se pojavljajo trije procesi. Prvič, Neagu stopi iz pajaca in postopoma odlaga sloje kompliciranih oblačil. Tla so nastlana z njimi in z drugimi ostanki. Kot je to storil v Oxfordu, se obrije, pri čemer ta ponavadi običajna opravila izgledajo kot priprava na »soočenje s svetom«. Drugič, začne priznavati spiralo. Tretjič, okrog metronoma ovije ročni mikrofon, kar označuje začetek konca. Malone gol zdaj meri, omejuje dele svojega telesa in telovadi; opazimo lahko, da se vse, kar naredi, vklaplja v vizualno dinamiko spirale in slišni ritem metronoma. Postopno se začne vrteti, nato se opoteče in nazadnje ustavi. Tla pospravi, navlako si priveže k telesu kot prtljago. Neugodnost položaja izkoristi kot prednost: utež oz. »breme« postane protiutež, in ko se pomika proti sredini, mu pomaga vzpostaviti ravnotežje. Zadnja akcija je preprosta, v sebi zaokrožena in lepa. Neagu je v žarišču naše pozornosti, a ga zaradi njegove hitrosti ne moremo razločno videti. Izven žarišča je, njegova slika je nejasna.

Marc Chaimowicz, »Paul Neagu and his Generative Art Group at the Arnolfini«, v *Studio International,* maj–junij 1976, str. 285

Going Tornado / Assessment
Third stage of the performance trilogy *Gradually Going Tornado,* presented by Neagu and his GAG (Generative Art Group) at the Arnolfini Gallery, Bristol, March 1976

(...) The ground plan is a spiral and the soundtrack is Varese's Desert. Again a slide intro. Materially the most simple, it is the closest to the whole spirit of *Gradually Going Tornado,* and the most overtly allegorical. (The most evocative and beautiful, it is also near-impossible to describe.) Neagu emerges more fully, eventually, to dominate the space, and conversely the other four fade to the role of echoes. Three processes, imperceptibly linked, occur simultaneously. First, he steps out of his jumpsuit and gradually sheds layers of complicated clothing. The floor is littered with them and other remnants. As at Oxford he shaves, and these normally private acts seem part of a preparation to 'face the world'. Second, he begins to acknowledge the spiral. Third, a hand-held microphone is spun around a metronome, signalling the beginning of the end. Now, almost naked, he measures, restricts parts of his body, and exercises; and you notice that all his actions are within the visual dynamic of the spiral and the audible rhythm of the metronome. Gradually he begins to spin, then falters, and finally stops. The floor is cleared, and the debris is tied to his body like luggage. Disadvantage is turned to advantage: the weights or 'burdens' become counter-weights and help him establish equilibrium as he moves into the centre. The last action is simple, self-contained and beautiful. He is the focus of our attention but because of his speed we cannot see him clearly. He is out of focus.

Marc Chaimowicz, »Paul Neagu and his Generative Art Group at the Arnolfini«, in *Studio International,* May–June 1976, p. 285

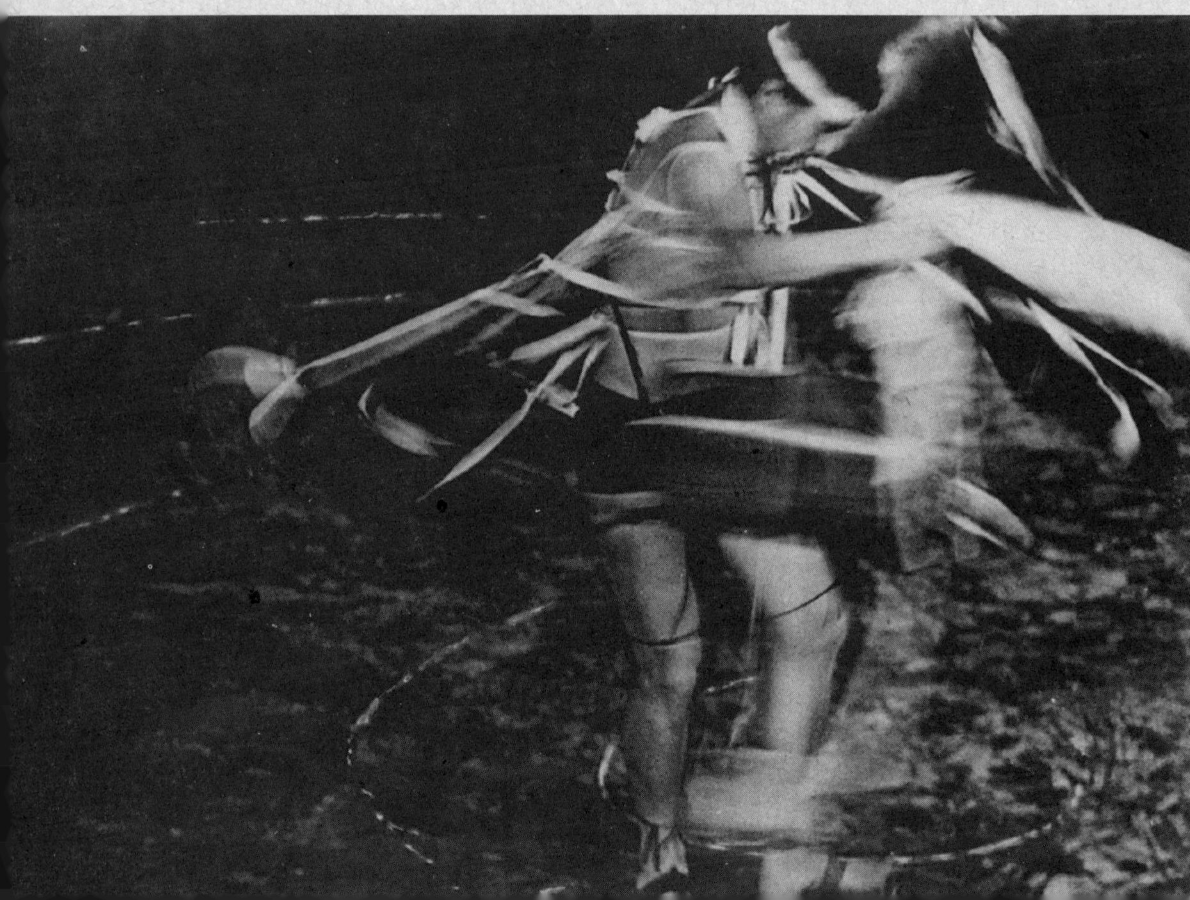

BIOGRAFIJA / BIOGRAPHY

Rojen / Born : **1938, Bukarešta, Romunija / Bucharest, Romania**
Šolanje / Education : **1959 – 1965 Institutul de Arte Plastice »N.Grigorescu« / N. Grigorescu Academy of Fine Arts, Bukarešta / Bucharest**

IZBRANA BIBLIOGRAFIJA
SELECTED BIBLIOGRAPHY

Georges Boudaille, »L'Avant Garde en Roumanie«, *Les Lettres Francaises*, Pariz / Paris, 13 January 1971.
Alistair Mackintosh, »Paul Neagu«, *Art & Artists*, vol. 6, no. 5, September 1971.
Cordelia Oliver, *Romanian Art Today : 25th Edinburgh International Festival 1971*, razstavni katalog / exhibition cat., Edinburgh : Richard Demarco Gallery, 1971.
Monica Omescu, *Catalogul unei donatii*, Bukarešta / Bucharest, 1996.
Anca Oroveanu, »Paul Neagu«, *Arta*, Bukarešta / Bucharest, no. 6, 1991.
Paul Overy, »Paul Neagu et le Generative Art Group«, *Art Press*, Pariz / Paris, March – April 1975.
Paul Overy, *Vital Structures : The Hyphens of Paul Neagu*, razstavni katalog / exhibition cat., Third Eye Centre, Glasgow, 1979.
Paul Overy, *Paul Neagu : A Generative Context*, Sunderland : Ceolfrith Press, 1981.
Ileana Pintilie, *Paul Neagu : Hyphen – Punte noua. Emancipated Form*, razstavni katalog / exhibition cat., Galeria First, Timišvara / Timisoara, 1994.
Ileana Pintilie, »Performance Art in Romania. Between Gesture and Ritual«, *Zona Europa de Est = Eastern Europe Zone : Festival de Performance*, razstavni katalog / exhibition cat., Timišvara / Timisoara, 1996.

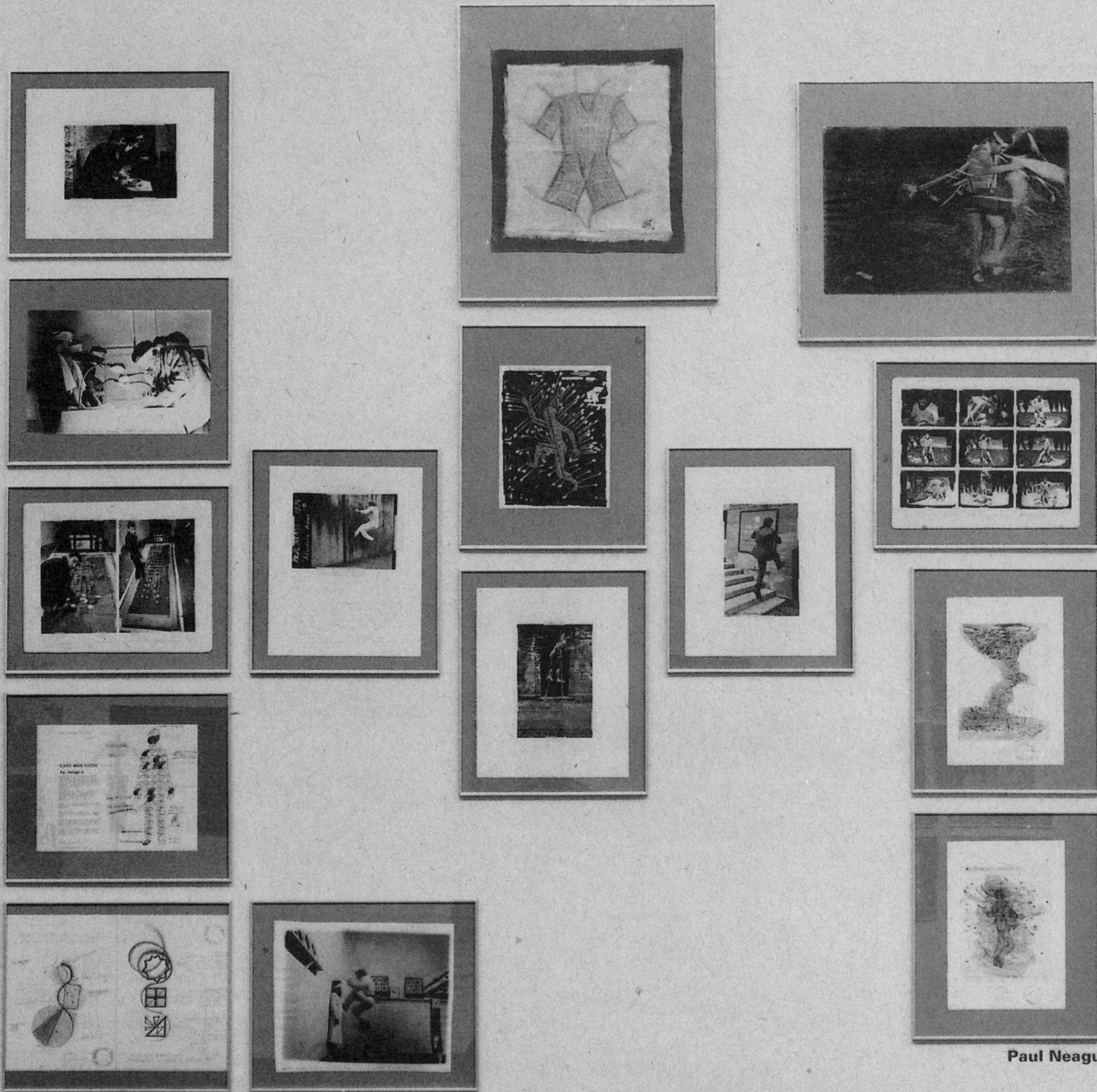

Paul Neagu

Ion Grigorescu

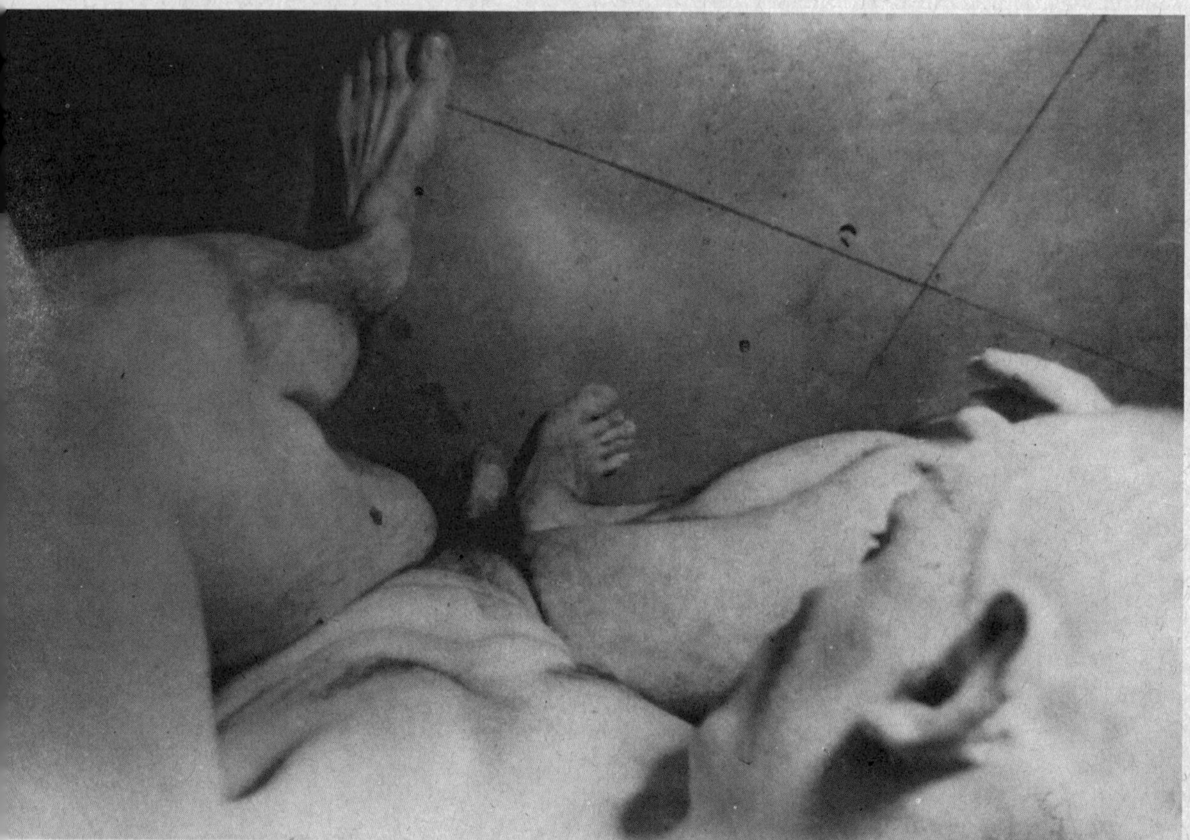

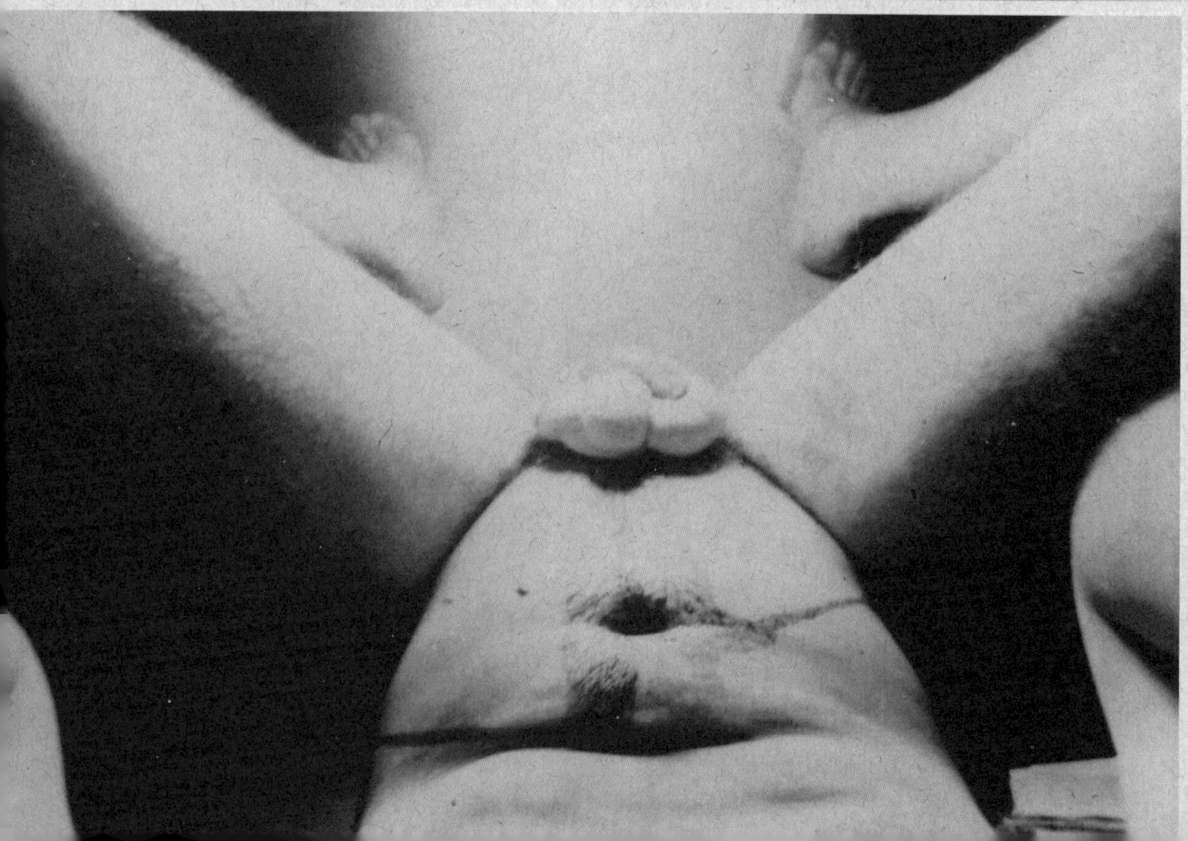

Rojstvo, 1976
Serija fotografij

Grigorescu poskuša na lastnem telesu prekršiti naravno stanje in uprizori nosečnost in porod, zaključi pa s podobo človeške figure v položaju zarodka. S tem preverja, ali je umetnik zmožen spremeniti samega sebe s pomočjo domišljije in sposoben s posnemanjem figure androgina ponovno vzpostaviti izgubljeno enost sveta.

Ileana Pintilie

***The Delivery*, 1976**
Photographic series

Grigorescu experiments the transgression of his natural state evoking the pregnancy, the delivery and the confinement, on his own body, concluding with the appearance of the human figure in a fetal posture. By this he checks the capacity of the artist to transpose himself, through imagination, and to recompose the lost unity of the world evoking the figure of the androgynous.

Ileana Pintilie

BIOGRAFIJA / BIOGRAPHY

Rojen / Born : **1945, Bukarešta, Romunija / Bucharest, Romania**
Šolanje / Education : **Institutul de Arte Plastice »N.Grigorescu« / N. Grigorescu Academy of Fine Arts, Bukarešta / Bucharest**
Živi in dela / Lives and works : **Bukarešta / Bucharest**

IZBRANA BIBLIOGRAFIJA / SELECTED BIBLIOGRAPHY

Coriolan Babeti, »Ion Grigorescu : la ricchezza dell'ascetismo«, *Carta del navegar nella memoria*, razstavni katalog / exhibition cat., Venice Biennale, 1997.
Wim Beeren, *Wanderlieder*, razstavni katalog / exhibition cat., Stedelijk Museum, Amsterdam, 1991.
László Beke, *Transfigurations*, razstavni katalog / exhibition cat., Műcsarnok, Budimpešta / Budapest, 1998.
Calin Dan, »Domnul meu«, *Arta*, Bukarešta / Bucharest, no. 4, 1991.
Calin Dan, »Trije primeri enkratnosti = Three cases of uniqueness«, *11. mednarodni bienale male plastike = 11th International Biennial of Small Sculpture*, razstavni katalog / exhibition cat., Galerija Murska Sobota, Murska Sobota, 1993.
Dan Haulica, » Navigations venitiennes«, *Carta del navegar nella memoria*, razstavni katalog / exhibition cat., Venice Biennale, 1997.
Ileana Pintilie, »Ulysses' Masks. Introduction to Ion Grigorescu's Visual Mechanics«, *Art–Hoc*, Chisinau, 1998.
Kristine Stiles, »Shaved Heads and Marked Bodies : Representations from Cultures of Trauma«, *Talking Gender : Public Images, Personal Journeys, and Political Critiques*, The University of North Carolina Press, 1993.
Kristine Stiles, »Uncorrupted Joy : International Art Actions«, *Out of Actions : between Performance and the Object, 1949–1979*, razstavni katalog / exhibition cat., Los Angeles : The Museum of Contemporary Art, 1998.
_____, *The Experimentalism*, razstavni katalog / exhibition cat., Soros Center, Bukarešta / Bucharest, 1998.

Amalia Perjovschi

Borim se za svojo pravico biti drugačna, julij 1993, Muzej umetnosti, Temišvar *(Zone 2. Eastern Europe* – Mednarodni festival performansa)

* gl. tekst Kristine Stiles v tem katalogu, str. 21

***I am fighting for my right to be different,* July 1993, Art Museum, Timisoara *(Zone 2. Eastern Europe* – International Festival of Performance)**

*** see the text by Kristine Stiles in this catalogue, p. 21**

BIOGRAFIJA / BIOGRAPHY

Rojena / Born : **1961, Sibiu, Romunija / Romania**
Šolanje / Education : **1987 – 1992 Academy of Fine Arts, Bukarešta / Bucharest**

IZBRANA BIBLIOGRAFIJA
SELECTED BIBLIOGRAPHY

Calin Dan, »Trije primeri enkratnosti = Three cases of uniqueness«, *11. mednarodni bienale male plastike = 11th International Biennial of Small Sculpture*, razstavni katalog / exhibition cat., Galerija Murska Sobota, Murska Sobota, 1993.
Ileana Pintilie, »Performance Art in Romania. Between Gesture and Ritual«, *Zona Europa de Est = Eastern Europe Zone : Festival de Performance*, razstavni katalog / exhibition cat., Timišvara / Timisoara, 1996.
Kristine Stiles, »Shaved Heads and Marked Bodies : Representations from Cultures of Trauma«, *Talking Gender : Public Images, Personal Journeys, and Political Critiques*, The University of North Carolina Press, 1993.
Kristine Stiles, »Shadows in a Vertical Life«, *Amalia Perjovschi*, razstavni katalog / exhibition cat., Bukarešta / Bucharest, 1996.

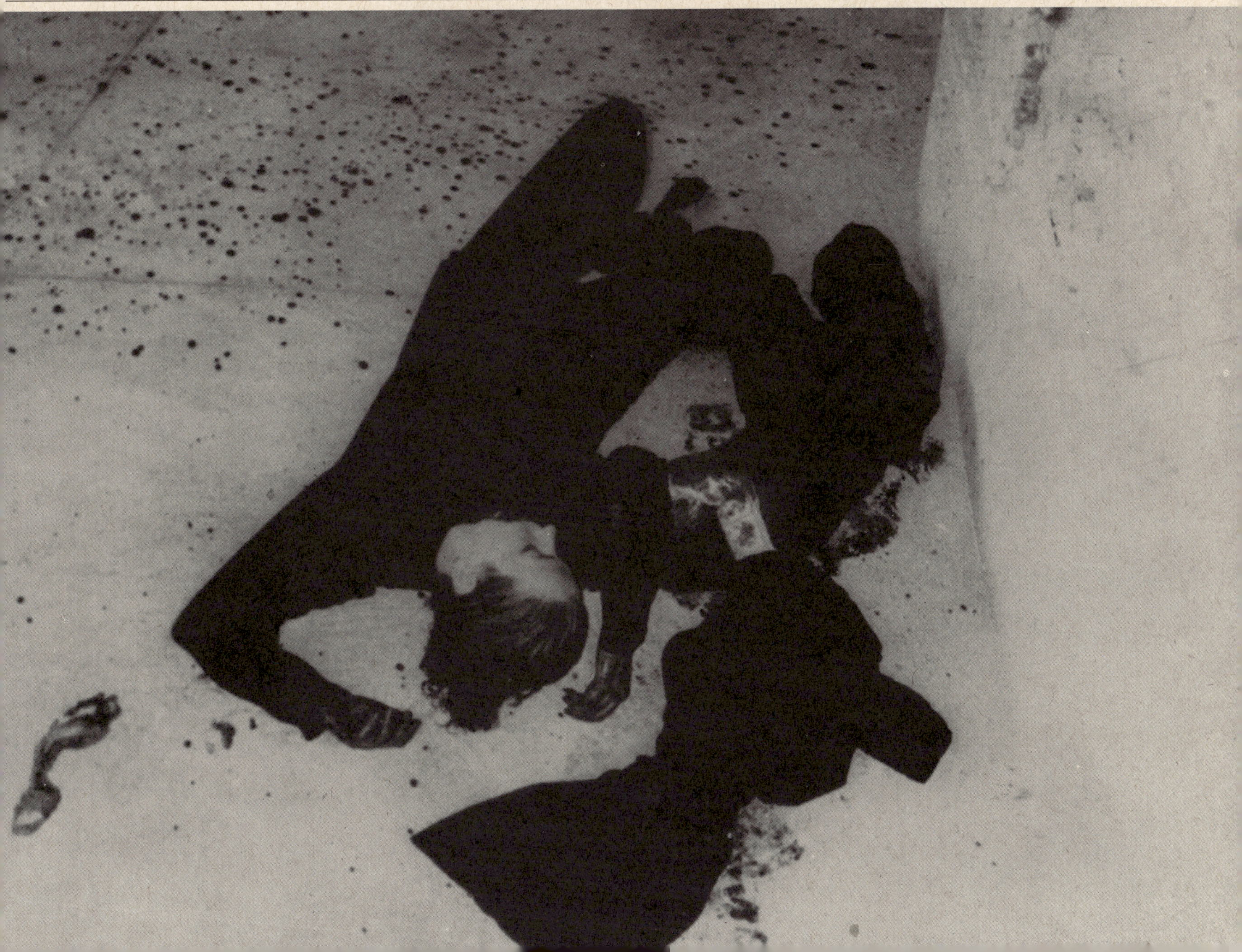

Dan Perjovschi

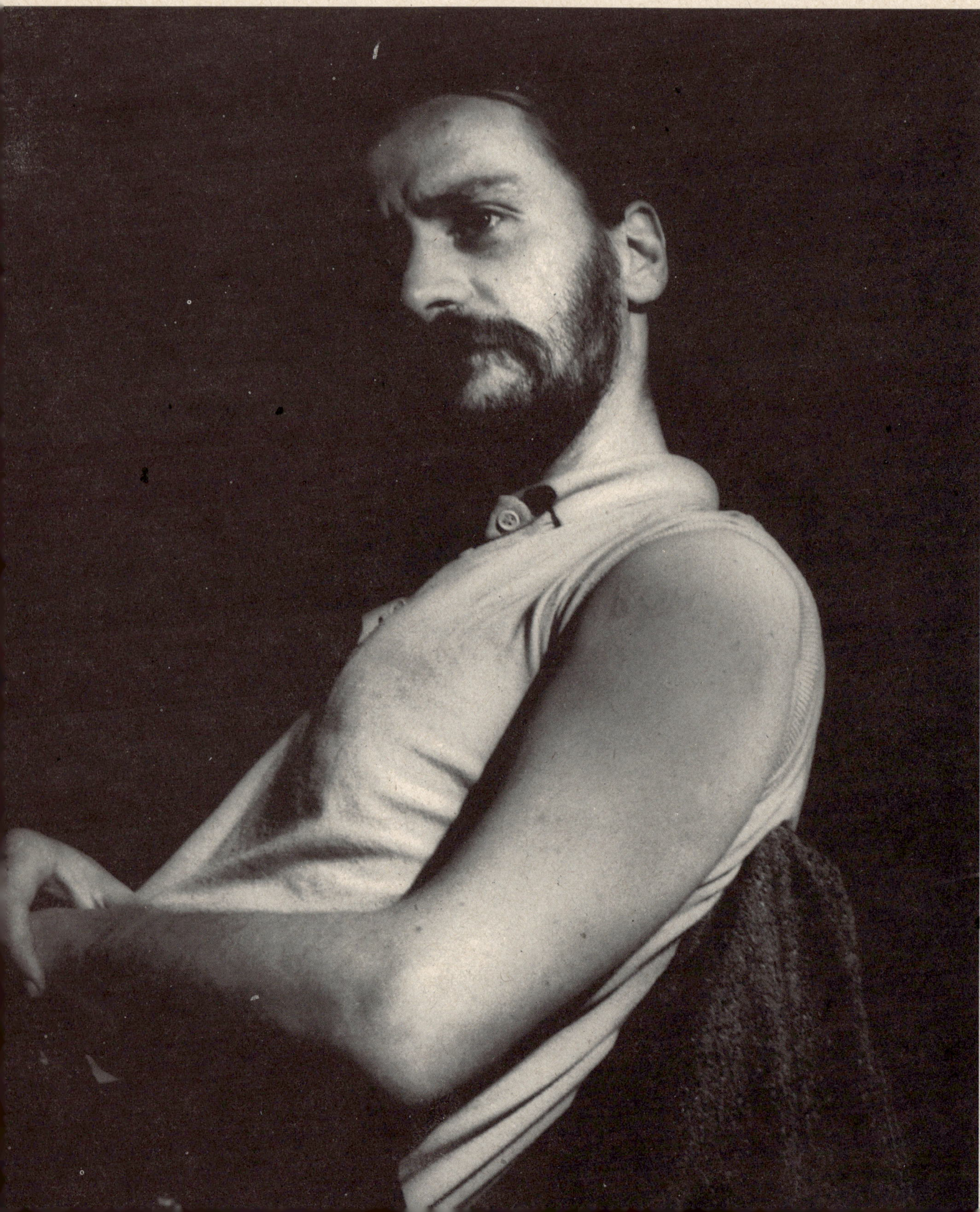

Romania, julij 1993, Temišvar, *Zone 2. Eastern Europe* – Mednarodni festival performansa

* gl. tekst Kristine Stiles v tem katalogu, str. 21, 22

***Romania,* July 1993, Timisoara, *Zone 2. Eastern Europe* – International Festival of Performance**

*** see the text by Kristine Stiles in this catalogue, p. 22**

BIOGRAFIJA / BIOGRAPHY

Rojen / Born : **1961, Sibiu, Romunija / Romania**
Šolanje / Education : **1980 – 1985 Art Academy , Issay**

IZBRANA BIBLIOGRAFIJA
SELECTED BIBLIOGRAPHY

Calin Dan, *Erste Schritte : rumänische Kunst der 90er Jahre*, razstavni katalog / exhibition cat., Stuttgart : IFA, 1993.
Laura Hoptman, Roxana Marcoci, *Beyond Belief : Contemporary Art from East Central Europe*, razstavni katalog / exhibition cat., Chicago : Museum of Contemporary Art, 1995.
Ileana Pintilie, »Performance Art in Romania. Between Gesture and Ritual«, *Zona Europa de Est = Eastern Europe Zone : Festival de Performance*, razstavni katalog / exhibition cat., Timišvara / Timisoara, 1996.
Kristine Stiles, »Shaved Heads and Marked Bodies : Representations from Cultures of Trauma«, *Talking Gender : Public Images, Personal Journeys, and Political Critiques*, The University of North Carolina Press, 1993.
Kristine Stiles, *Dan Perjovschi : Postcards from Amerika*, New York : Pont la Vue Press, 1995.

Rusija / Russia

Josif Bakštejn

Body art v Rusiji

Pingvin neumni plaho skriva
trup debeli med skalovjem ...
Maksim Gorki

Body art je v Rusiji še veliko bolj kakor pa v zahodni umetnosti sestavni del performansa. To je povezano z dejstvom, da tema človeškega telesa in telesa sploh vse do začetka 80. let sploh ni bila samostojna tema v kulturi sovjetskega mainstreama. V umetniškem diskurzu ni bilo ustrezne reprezentacije telesa. Puritanska sovjetska kultura je to temo ignorirala. V enem prvih telemostov med ZSSR in ZDA v začetku perestrojke je neki sovjetski udeleženec diskusije dejal: »V Sovjetski zvezi spolnosti ni.« Ali pa vzemimo patos našega mota, v katerem je veliki proletarski pisec Maksim Gorki uporabil metaforo telesa, da bi ustvaril podobo malomeščanstva, ki ga je sovražil.

V sovjetskem kolektivnem nezavednem je individualno telo obstajalo samo kot objekt nasilja, kot »terorizirano telo« (M. Riklin), kot »komunalno telo« (v delih Ilje Kabakova). Ta tip nezavednega je M. Bahtin alegorično opisal kot »ljudsko srednjeveško kulturo«. Bahtin je vpeljal pojem »vseljudskega rastočega in večno zmagujočega telesa«, ki ima od uničevanja individualnega telesa zgolj korist: »Smrt individuuma je le trenutek v zmagoslavnem življenju ljudstva in vsega človeštva, trenutek, ki je za njuno obnavljanje in izpopolnjevanje neogiben (...) Individualno telo postane idealno zamenljivo umetno telo.«

Tema telesa se začenja artikulirati, ko telo postane antropološka kategorija, ko »odmrejo« poprejšnje kategorije. Ko se je Zgodovina končala in se je Ideologija izrabila, je po smrti Boga sledila najprej smrt Avtorja, potem pa še izgin Subjekta; tedaj je postalo edino jamstvo za človekovo identiteto njegovo minljivo Telo. V izročilu body arta je telo dobilo pomen bodisi metafore subjektivitete bodisi metafore površine, zunanje forme, telesnega znaka.

Če je v zahodnoevropskem izročilu telo nastalo v diskurzu erotike, potem se je v sovjetskem izoblikovalo v diskurzu »bojne pripravljenosti«.

V 70. letih je nastal opozicijski, kontrakulturni diskurz telesa v moskovskem konceptualizmu, tj. gibanju, ki mu pripada večina ruskih udeležencev na razstavi.

Prve sledove body arta v povojni sovjetski umetnosti lahko opazimo v dejavnosti skupine *Gibanje*, ki sta jo vodila Lev Nusberg in Francisco Infante. Skupina je od leta 1969 izvajala gledališke performanse, v katerih so bila zelo pomembna okrašena telesa akterjev.

Krašenje telesa kot gesto najdemo tudi v akcijah Rimme Gerlovine, ki si je sistematično barvala obraz in nanašala nanj rastlinske in živalske ornamente. Praksa krašenja telesa izhaja, kot se zdi, iz salonske in gledališke kulture ruskega modernizma, po drugi strani pa iz izročila ruskega futurizma, na primer predstav Majakovskega in Burljuka, ki sta vrgla rokavico družbi s *Klofuto javnemu okusu* in se sprehajala po moskovskih ulicah s poslikanim obrazom.

Posebno poglavje v zgodovini ruskega body arta se je začelo leta 1972, ko je nastal socart V. Komarja in A. Melamida. Že na prvih performansih sta umetnika uporabila like, ki so dekonstruirali sovjetska komunalna telesa. Tako sta na primer ideološko patronažo države ironično interpretirala kot fizično, »normalno« telesno potrebo. V neki akciji sta jedla zrezke, narejene iz časopisa Pravda. Drugače kot v zahodnem body artu, kjer je malone zmeraj navzoč element ekshibicionizma in vizualne provokacije, ima body art v ruski umetnosti 70. let prej značilnosti besednega citata, literarne aluzije. V tem primeru lahko govorimo o ironičnem citiranju teme »malega človeka« iz ruske klasične književnosti. V umetnosti 70. let je telo »malega človeka« uporabljeno kot sredstvo za dekonstrukcijo zapletenih palimpsestov iz uradnih ideoloških besedil.

Za še en primer take vrste citiranja imamo lahko akcijo Igorja Makareviča, ki

Joseph Backstein

Body Art in Russia

Stupid penguin shyly hides
His fat body amidst the rocks...
Maxim Gorky

In Russia, body art forms a part of performance art to a much greater extent than in Western art. This is connected to the fact that until the beginning of the 1980s the subject of the human body and the body in general did not form an autonomous theme in Soviet mainstream culture. Artistic discourse did not contain a suitable representation of the body – puritan Soviet culture simply ignored it. At the beginning of perestroika, during one of the first televised meetings between the representatives of the USSR and the United States, a Soviet participant on the panel stated: »In the Soviet Union, sexuality does not exist.« A similar example is the message of the above verses, in which the great proletarian writer Maxim Gorky uses the metaphor of the body in order to portray the *petite bourgeoisie* which he detested so much.

In the Soviet collective unconscious, the individual body existed only as an object of violence, as the »terrorised body« (M. Ryklin), or as the »communal body« (in the works of Ilya Kabakov). This type of unconscious was allegorically described by M. Bakhtin as the »medieval folk culture«. Bakhtin introduced the notion of the »growing and invincible national body«, which can only gain from destroying the individual body: »The death of the individual is only a moment in the victorious life of a nation and the whole of mankind; a moment which is mandatory for regeneration and perfection (...) The individual body becomes an ideally replaceable artificial body.«

The theme of the body begins to be articulated when the body becomes an anthropological category, when all previous categories »die«. After the death of God, once History had ended and Ideology was exhausted, the death of the Artist occurred, this followed by the disappearance of the Subject. At that point, man's mortal Body became the only guarantee of his identity. In the heritage of body art, the body either became a metaphor of subjectivity or a metaphor of the surface, external form or physical sign.

If in the Western European heritage the body has been part of the discourse of eroticism, in the Soviet heritage the body emerged in the discourse of »battle readiness«.

In the Moscow conceptualism of the 1970s, a movement which yielded the majority of the Russian artists presented at this exhibition, an oppositional, contra-cultural discourse of the body developed. The first traces of body art in post-war Soviet art can be seen in the work of the *Movement* group, which was led by Lev Nussberg and Francisco Infante. Starting in 1969 the group staged theatre performances, where an important component was the decorated bodies of protagonists.

Body decoration as a gesture can also be found in the actions of Rimma Gerlovina, who systematically coloured her face and decorated it with floral and animal ornaments. The practice of body decoration seems to have developed from the salon and theatre culture of Russian modernism and from the heritage of Russian futurism, for example performances by Mayakovsky and Burliuk, who in *Blow to the Public Taste* challenged the society by strolling the streets of Moscow with painted faces.

A special chapter in the history of Russian body art began in 1972 with the art of V. Komar and A. Melamid. Even in their earliest performances, the artists used images which deconstructed Soviet communal bodies. For example, they ironically interpreted the ideological patronage of the state

je prav tako na tej razstavi. Med akcijo umetnik sname z lastnega obraza masko – kot posmrtno masko s trupla. Gre za aluzijo na Leninov članek o Levu Tolstoju kot ogledalu ruske revolucije, ki je v ruski javnosti aktualna, zahodnemu gledalcu pa neznana: Lenin se navdušuje nad spretnostjo velikega pisatelja, ki zna »trgati vse in vsakršne maske« z dvolične ruske družbe tedanjega časa. Estetski odziv na takšno dogajanje ni v zvezi s pogledom na ogoljeno telo, ampak s kolektivnim »spominom« na te antologijske, politično označene citate.

Nova stran v zgodovini ruskega body arta je povezana z imeni Aleksandra Brenerja, Olega Kulika in Vladislava Mamiševa Monroja.

as a physical, »normal« need of the body. In one of their actions, they ate steaks cut out from the newspaper *Pravda*. Unlike Western body art, which practically always contains the element of exhibitionism and visual provocation, Russian body art of the 1970s had characteristics of a quotation or literary allusion. In the example here, it is possible to speak about the ironic quoting of the theme of the »little man« from classic Russian literature. The art of the 1970s used the body of the »little man« as a means of deconstructing the complicated palimpsests of official ideological texts.

Another example of this is an action by Igor Makarevich, an artist also presented at the exhibition. During the action, the artist takes a mask off his face – as if removing a death mask from a corpse. The act alludes to an article in which Lenin refers to Leo Tolstoy as a mirror of the Russian revolution. While strange for the Western viewer, this is understandable to the Russian public: Lenin is praising the skill of the great writer, who knows how to »remove every and any kind of mask« from the double-faced Russian society of the time. The aesthetic response to this is not the anticipation of the view of the exposed body, rather it is focused on the collective »memory« of such anthological and politically underlined quotations.

And now a new chapter in the history of Russian body art is beginning with Alexander Brener, Oleg Kulik and Vladislav Mamushev Monroe.

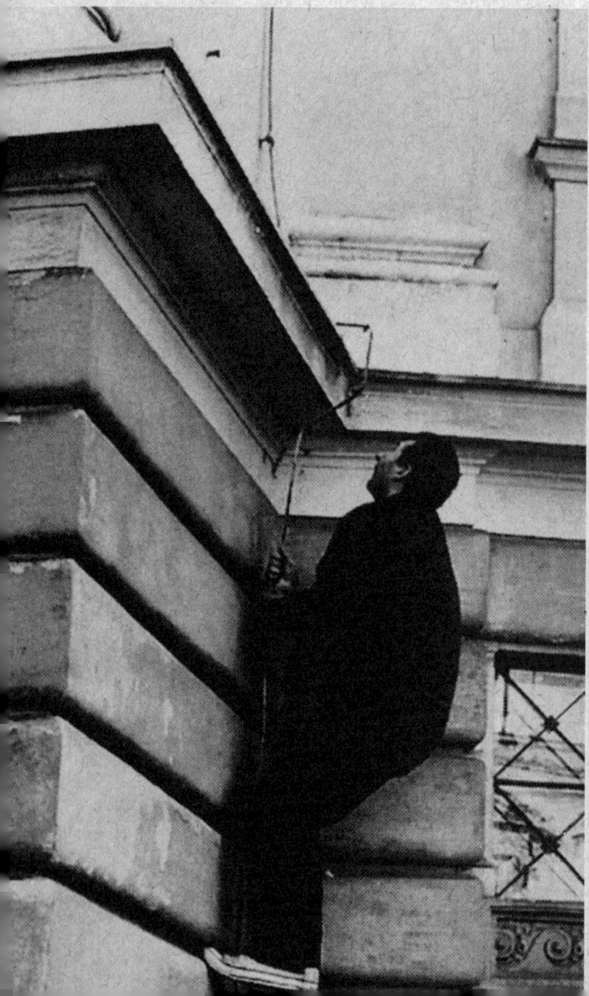

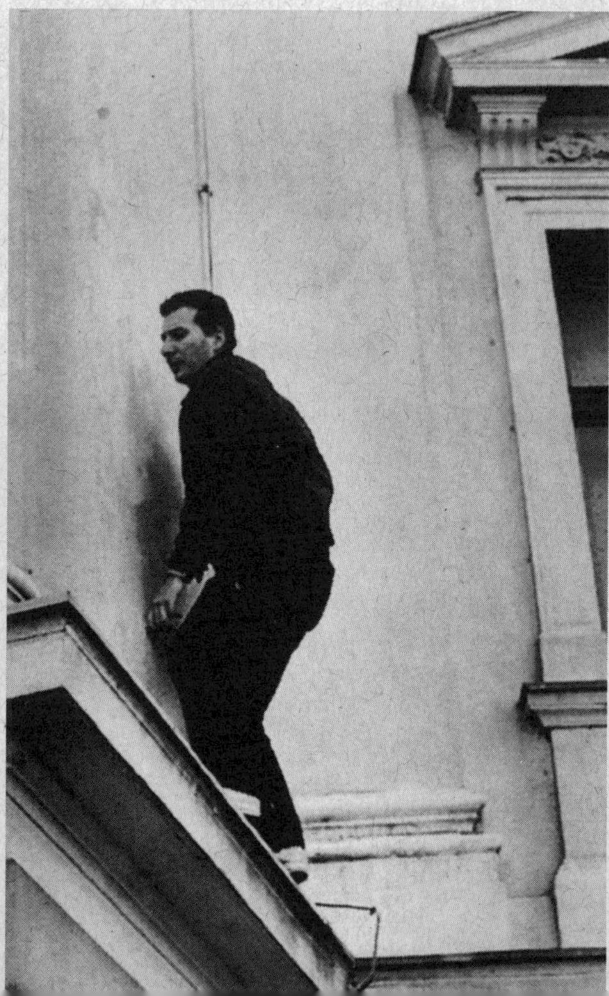

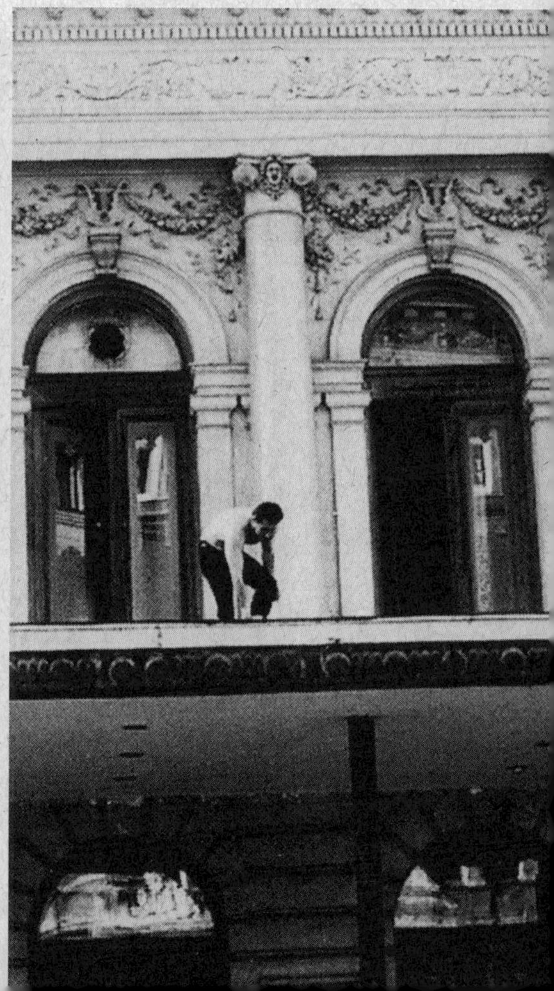

Alexander Brener

Cestni bojevnik in njegove omejitve, Ljubljana, 1995
Z dovoljenjem: SCCA – Ljubljana

Performans na strehi ljubljanske opere ni bil najavljen v medijih. Publika je bila o dogodku obveščena ustno in telefonsko. Brener se je ob enih popoldne povzpel na nadstrešek Ljubljanske opere in se začel slačiti. Slišati je bilo komentarje s strani osebja opere: Nag človek na strehi opere, saj to je škandal. Kaj se dogaja? Vendar se je v trenutku zgodil preobrat. Pod hlačami je imel boksarice in nadel si je tudi boksarske rokavice. Nekdo izmed opernega osebja je z olajšanjem pripomnil: Hvala bogu, ni se slekel! Nato je stopil naprej na rob nadstreška in se začel v stilu muslimanske molitve klanjati z občasnimi vzkliki: Mohamed Ali! Nekdo iz publike je pripomnil: Kaj poreče gospod škof. Muslimani molijo sredi Ljubljane.
Nato se je Brener premaknil proti velikemu peskanemu oknu z alegoričnim motivom in v nekaj poskusih s krošejem razbil steklo, se vrnil do publike in izjavil: Dame in gospodje, dobrodošli na vratih nove umetnosti. Nato je skozi razbito okno skočil v notranjost opere, iz katere se je slišalo njegovo petje. Opernim varnostnikom, ki so ga sledili, se ulov ni posrečil in Brener je iz opere izginil skozi stranska vrata.
Performans na strehi opere je zadnji v seriji treh performansov s skupnim naslovom *Cestni bojevnik in njegove omejitve*, ki jih je Aleksander Brener kot gost Urbanarie izvedel v Ljubljani med 10. in 13. oktobrom 1995.

Miran Mohar

***Street Fighter and His Limits*, Ljubljana, 1995**
Courtesy: SCCA – Ljubljana

The performance on the roof of the Ljubljana Opera was not announced in the media. The audience was informed of the event orally and by telephone. At one o'clock in the afternoon Brener climbed onto the projecting roof of the Ljubljana Opera and began taking off his clothes. The opera staff immediately started commenting: »A naked man on the roof of the opera. What a scandal! What's going on here?« But all of a sudden, a turnaround. Under his trousers Brener was wearing boxer shorts and he also put on boxing gloves. Someone of the staff, evidently relieved, remarked: » Thank God, he didn't go all the way!« Brener then stepped to the edge of the roof and, mimicking a Muslim prayer, bowed, and every now and then shouted: »Mohamed Ali!« A voice was heard from the audience: »What will our bishop say? Muslims praying in the middle of Ljubljana.« Brener then moved to the large frosted window with its allegorical motif, and after a few attempts broke the window with a punch, turned back to the audience and declared: »Ladies and Gentlemen, welcome to the gates of new art.« Then he jumped through the broken window into the interior of the opera building, from where his singing could be heard. The opera security guards who chased after him failed to catch him, Brener having disappeared through the back door.
The performance on the opera roof was the last in the series of three performances under the title *Street Fighter and His Limits*, which Alexander Brener performed in Ljubljana between 10 and 13 October 1995 as a guest of *Urbanaria.*

Miran Mohar

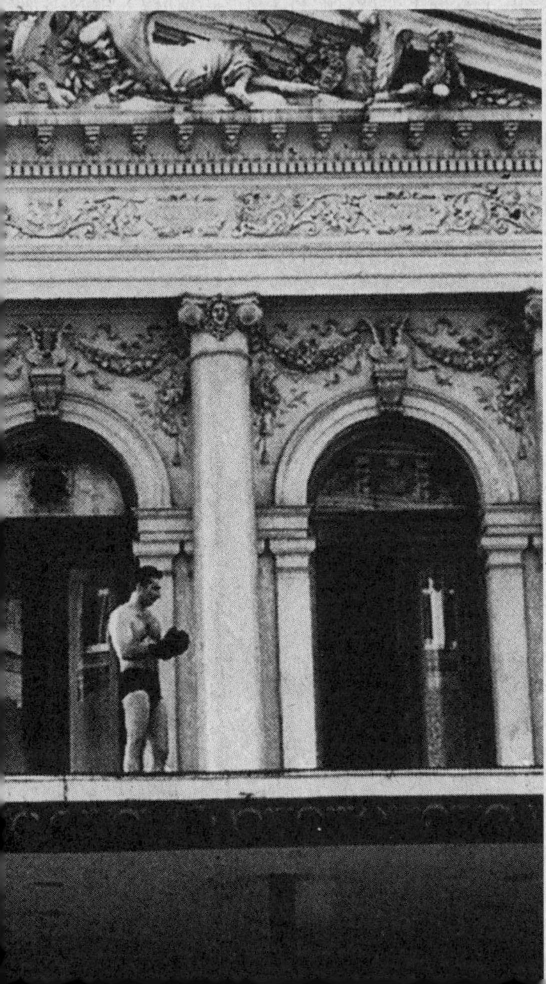

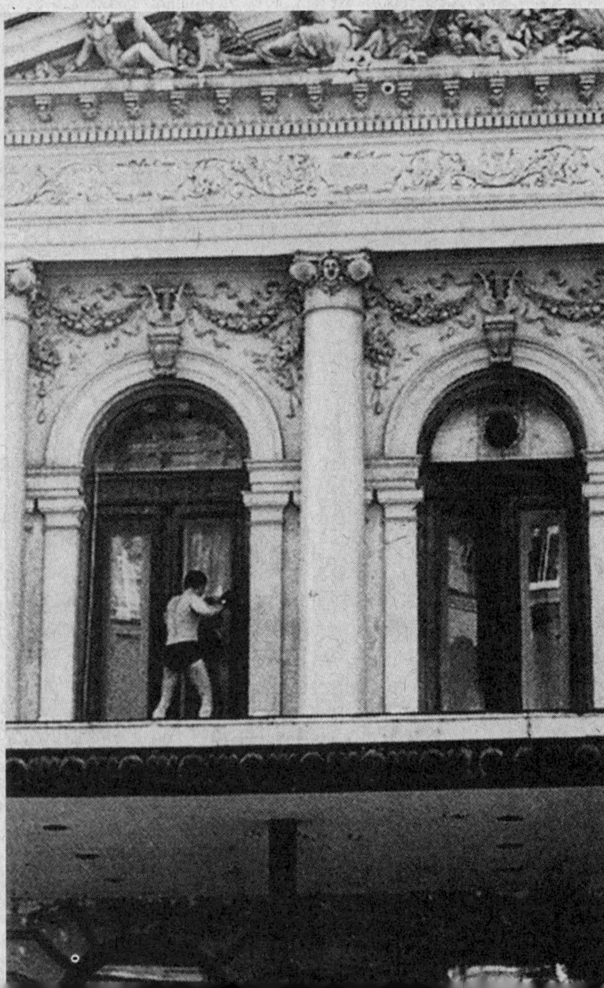

BIOGRAFIJA / BIOGRAPHY
Александр Бренер / Aleksandr Brener

Rojen / Born : **1961, Alma–Ata, Kazahstan / Kazakhstan**
Šolanje / Education : **1978 – 1980 The A. Gercen Pedagogical Institute (Faculty of Philology), Leningrad / St. Petersburg**
Živi in dela / Lives and works : **Avstrija / Austria**

IZBRANA BIBLIOGRAFIJA
SELECTED BIBLIOGRAPHY

Aleksandr Brener, *Grudi,* Moskva / Moscow : Album Press, 1993.
Aleksandr Brener, *Iskusstvo ljudej*, Moskva / Moscow, 1993.
Aleksandr Brener, *Moe vlagališče*, Galereja M. Gel'mana, Moskva / Moscow, 1993.
Aleksandr Brener, *Hlamidioz*, Moskva / Moscow ; Jeruzalem / Jerusalem, 1994.
Aleksandr Brener, *Aleksandr Brener ustal*, Moskva / Moscow : Nauka, 1995.
Aleksandr Brener, R. Baembaev, *BONANZA*, Tel Aviv : Nenaebnaya Ptitsa Press, 1991.
Aleksandr Brener, R. Baembaev, *Japonskij bog!*, Tel Aviv : Nenaebnaya Ptitsa Press, 1992.
Aleksandr Brener, R. Baembaev, *Manifest*, Tel Aviv : Nenaebnaya Ptitsa Press, 1992.
Aleksandr Brener, R. Baembaev, *Sekretnaja žizn' Buto*, Tel Aviv : Nenaebnaya Ptitsa Press, 1992.
Aleksandr Brener, R. Baembaev, *Kladbišče nudistov*, Moskva / Moscow : Nenaebnaya Ptitsa Press, 1993.
Aleksandr Brener, R. Baembaev, *Super Vasja*, Moskva / Moscow : Nenaebnaya Ptitsa Press, 1993.
D. Pimenov, Aleksandr Brener, *Sumassedšij razvedčik*, Moskva / Moscow : Nenaebnaya Ptitsa Press, 1993.

Vadim Fishkin

Svetilnik, 1997
Wiener Sezession, Dunaj

Svetloba, ki je pulzirala v kupoli razstavišča Secesije, je imela enak ritem kot moje srce. Kjer koli sem bil, je senzor, pritrjen na moje telo, oddajal bitje mojega srca in ga prenašal na dunajsko Secesijo.

V. F.

***Lighthouse*, 1997**
Wiener Sezession, Vienna

Light pulsating in the cupola of the Secession had the same rhythm as my heart. Wherever I was, the signal from the sensor, which had been fixed on my body, transmitted the heart's beating to the Vienna Secession.

V. F.

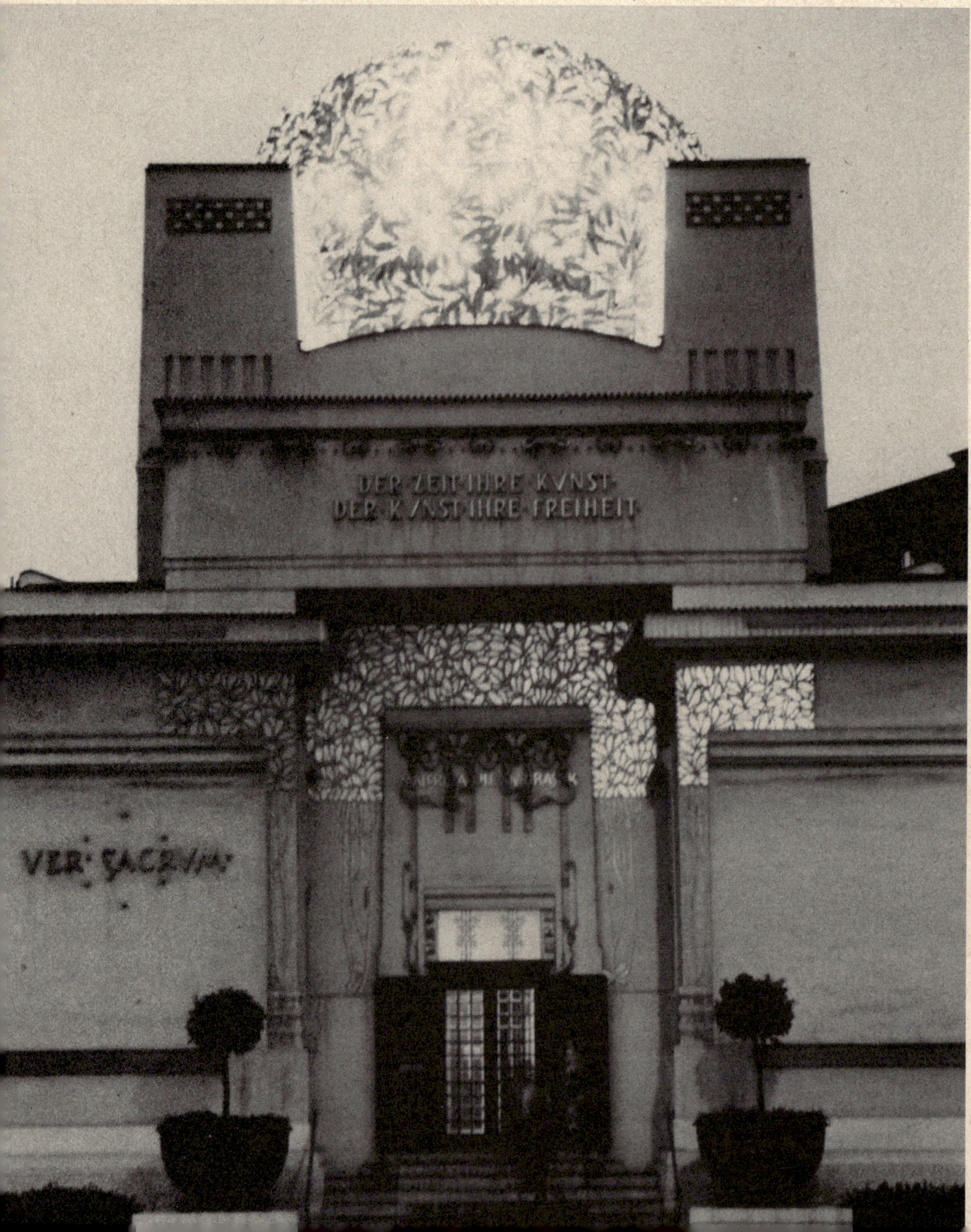

BIOGRAFIJA / BIOGRAPHY
Вадим Фишкин / Vadim Fiškin

Rojen / Born : **1965, Penza, Rusija / Russia**
Šolanje / Education : **Institute of Architecture (Industrial Architecture), Moskva / Moscow**
Živi in dela / Lives and works : **Ljubljana, Moskva / Moscow**

IZBRANA BIBLIOGRAFIJA
SELECTED BIBLIOGRAPHY

J. Degot', »Obmen«, *Segodnja*, 11. IX. 1993.
J. Lejderman, *Orbita S*, razstavni katalog / exhibition cat., galereja XL, Moskva / Moscow, 1994.
Viktor Misiano, »Soft nachines«, *Orbita S*, razstavni katalog / exhibition cat., galereja XL, Moskva / Moscow, 1994.
T. Mogilevskaja, »Obmen«, *Segodnja*, 11. IX. 1993.
V. Pacjukov, *Obmennye golovy*, razstavni katalog / exhibition cat., 1994.

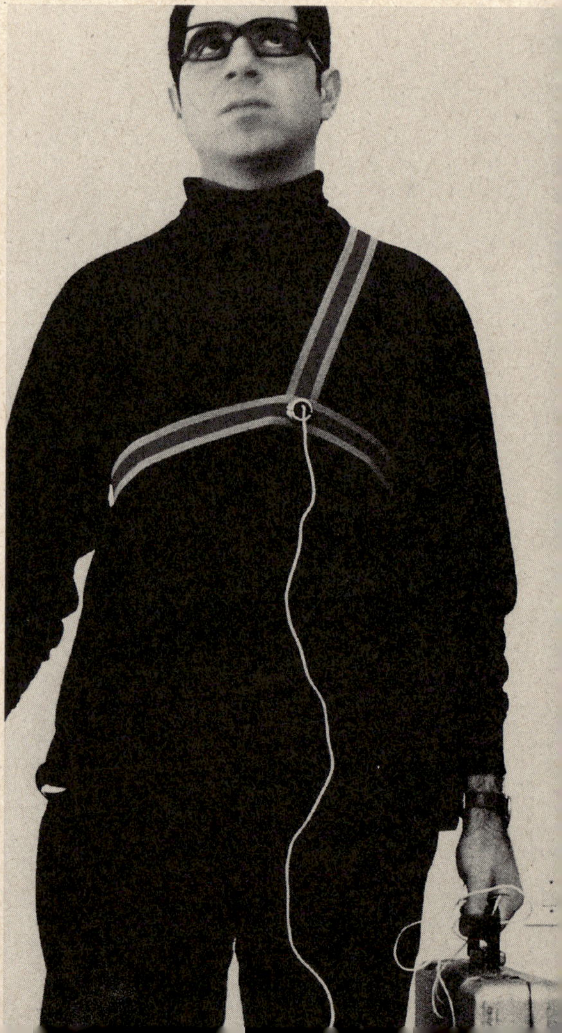

Rimma & Valery Gerlovin

Adam in Eva, 1978

Rimma in Valerij Gerlovin sta bila prva umetnika moskovskega konceptualizma, ki sta se začela ukvarjati z izvajanjem performansov kot s čistimi body art akcijami. Uporabljala sta svoji telesi neposredno za ozadje za socialne kode, kot »palimpsest«. Sopostavitev kod je bila delno političnega pomena.

Josif Bakštejn

***Adam and Eve*, 1978**

They were the first artists of Moscow Conceptualism who started to make performances as pure body art actions. They used their bodies directly as a background for social codes, as a »palimpsest«. The juxtaposition of codes was partly politicized.

Joseph Backstein

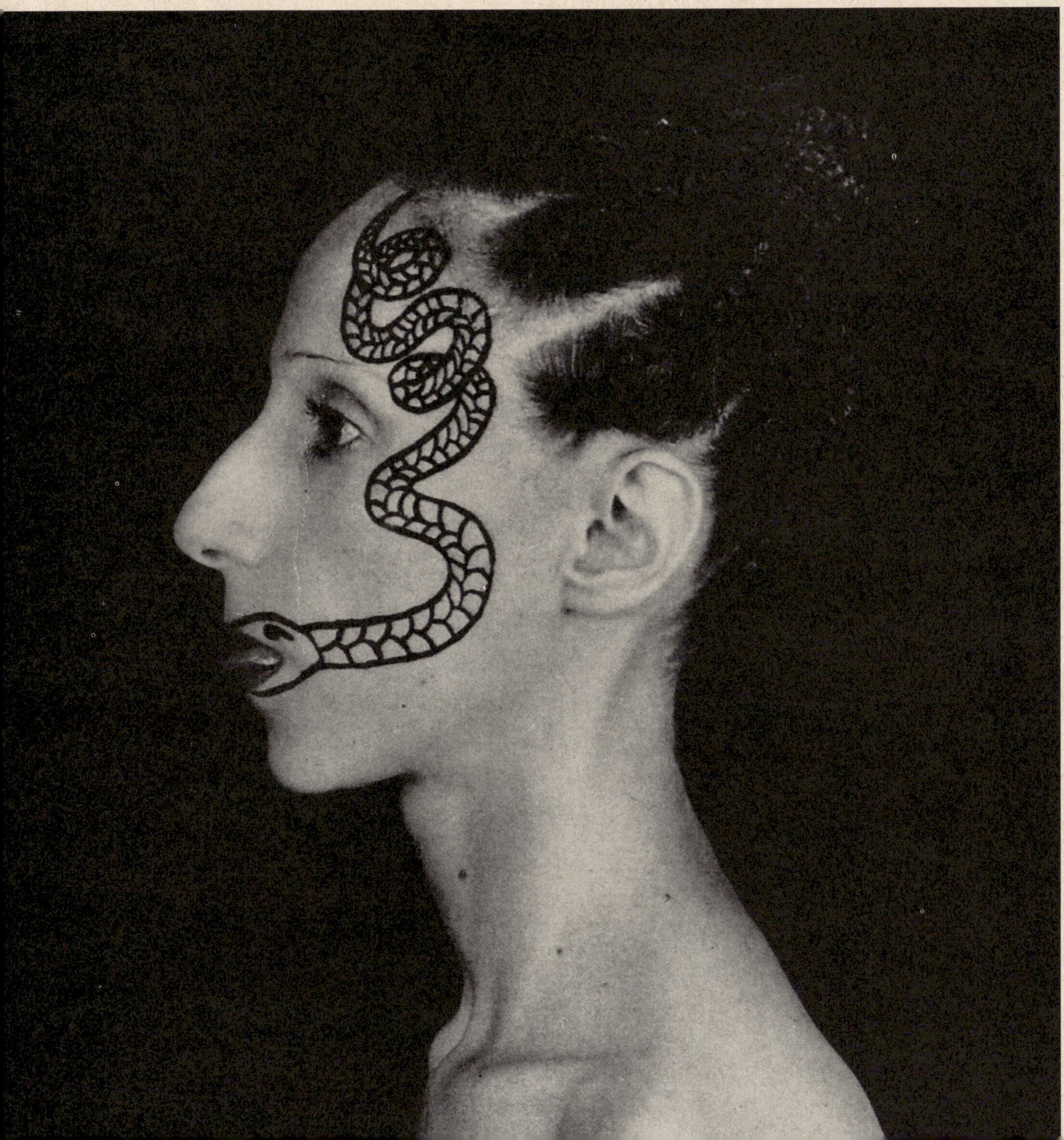

Римма и Валерий Герловины / Rimma & Valerij Gerlovin

BIOGRAFIJA / BIOGRAPHY

Rimma Gerlovin
Rojena / Born : **1951, Moskva, Rusija / Moskow, Russia**
Šolanje / Education : **Faculty of Philology MGU, Moskva / Moscow**
Živi in dela / Lives and works : **ZDA / USA**

Valery Gerlovin
Rojen / Born : **1945, Vladivostok, Rusija / Russia**
Šolanje / Education : **School–Studio MHAT, Moskva / Moscow**
Živi in dela / Lives and works : **ZDA / USA**

IZBRANA BIBLIOGRAFIJA
SELECTED BIBLIOGRAPHY

Charles Doria (ur./ed.), J. E. Bowlt, S. Bojko, Rimma & Valery Gerlovin, *Russian Samizdat Art*, New York : Willis Locker & Owens Pub., 1986.

Alla Rosenfeld, Norton T. Dodge (ur./ed.), *Nonconformist art : the Soviet experience, 1956 – 1986*, izšlo ob razstavi / published in conjunction with the exhibition *From Gulag to Glasnost : Nonconformist Art from the Soviet Union*, New York : Thames and Hudson in association with Jane Voorhees Zimmerli Art Museum, c1995.

_____, *Kunst im verborgenen, nonkonformisten Russland 1957 – 1995*, razstavni katalog / exhibition cat., München ; New York : Prestel Verlag, 1995.

Komar & Melamid

Kje je ločnica med nami, 1975 (v sodelovanju z Douglasom Davisom), izpeljano tako v Moskvi kot v New Yorku (foto kolaž)

Delo je zgodnji primerek socrealistične umetnosti, moskovskega konceptualizma in performansa. Je zelo politično angažirano.
Akcija z Douglasom Davisom je prvi primer sodelovanja med ruskimi in zahodnimi umetniki. Njen namen je bil prikazati, da v njihovem estetskem načinu razmišljanja ni bilo razlik kljub razlikam v političnih sistemih obeh velesil, Sovjetske zveze in ZDA.

Josif Bakštejn

***Where Is the Line between Us,* 1975 (with Douglas Davis), produced both in Moscow and New York (photo collage)**

**The piece is an early example of socialist realist art, Moscow Conceptualism, and performance art. It is very politically engaged.
The action with Douglas Davis is the first example of collaboration between Russian and Western artists. Its purpose was to show that there were no differences between their aesthetic ways of thinking, in spite of the differences in the political systems of the two super-power countries, the Soviet Union and the USA.**

Joseph Backstein

BIOGRAFIJA / BIOGRAPHY

Виталий Комар / Vitalij Komar
Rojen / Born : **1943, Moskva, Rusija / Moskow, Russia**
Šolanje / Education : **Stroganov Institute of Art and Design, Moskva / Moscow**
Živi in dela / Lives and works : **ZDA / USA**

Александр Меламид / Aleksandr Melamid
Rojen / Born : **1945, Moskva, Rusija / Moskow, Rusija**
Šolanje / Education : **Stroganov Institute of Art and Design, Moskva / Moscow**
Živi in dela / Lives and works : **ZDA / USA**

IZBRANA BIBLIOGRAFIJA
SELECTED BIBLIOGRAPHY

Charles Doria (ur./ed.), J. E. Bowlt, S. Bojko, Rimma & Valery Gerlovin, *Russian Samizdat Art*, New York : Willis Locker & Owens Pub., 1986.
_____, »Painting by Numbers«, *The Nation*, March 14, 1994, pp. 334 – 348.
Alla Rosenfeld, Norton T. Dodge (ur./ed.), *Nonconformist art : the Soviet experience, 1956 – 1986*, izšlo ob razstavi / published in conjunction with the exhibition *From Gulag to Glasnost. Nonconformist Art from the Soviet Union*, New York : Thames and Hudson in association with Jane Voorhees Zimmerli Art Museum, c1995.
Andrew Ross, »Poll Stars : Komar & Melamid's 'The People's Choice'«, *Artforum International*, New York, vol. 33, no. 5, January 1995, pp. 72 – 77, 109.
_____, *Vybor naroda (V. Komar i A. Melamid)*, galereja M. Gel'mana, Moskva / Moscow, 199(?).
_____, *Istorija v licah, 1956 – 1996*, razstavni katalog / exhibition cat., Otdel novejših tečenij Gosudarstvennogo muyeja zapovednika Caricyno, Moskva / Moscow, 1997.

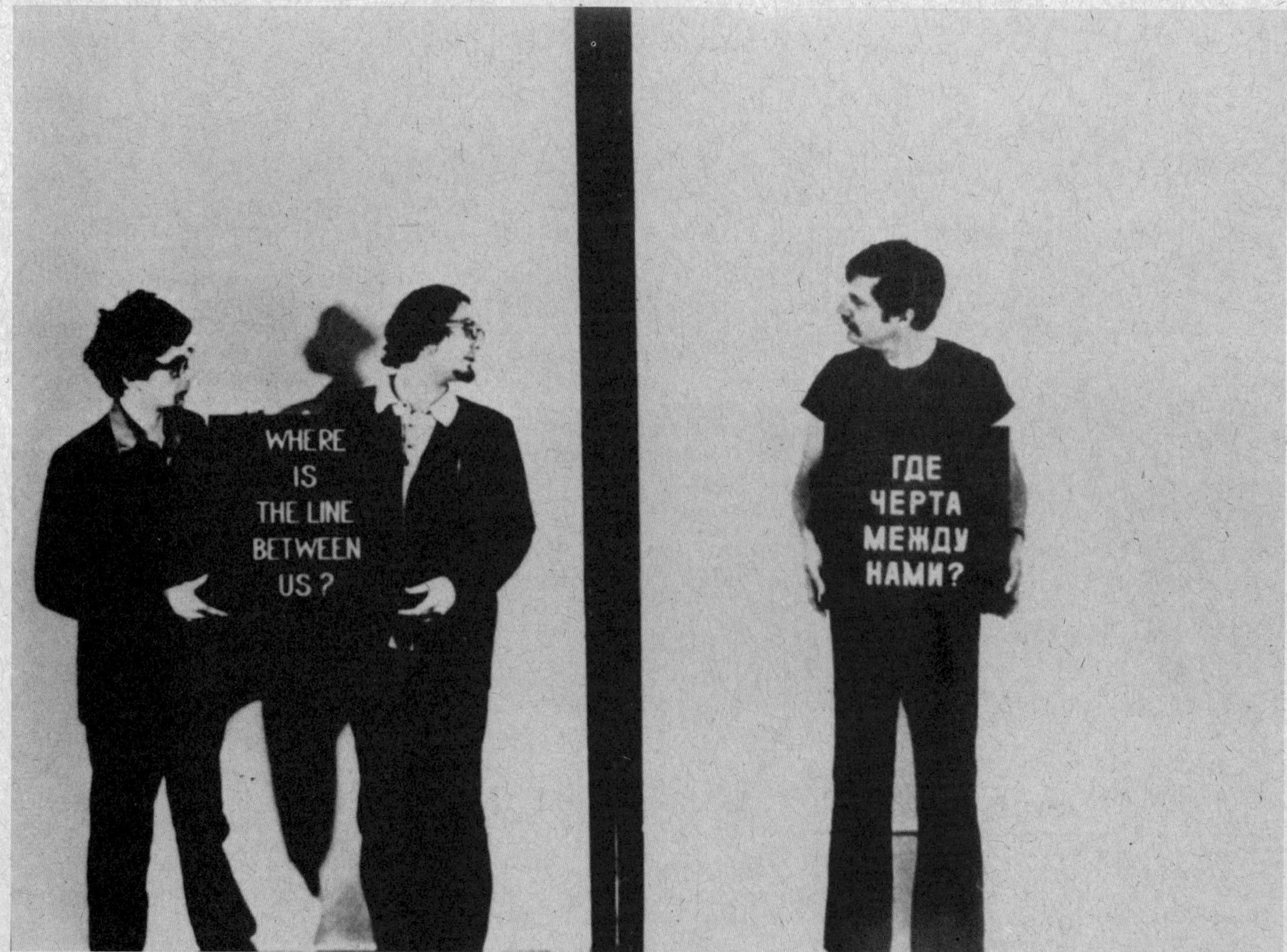

Oleg Kulik

Četrta dimenzija
Performans v sodelovanju z Milo Bredikino
Wiener Sezession, Dunaj, 1997

Ta performans v dunajski Secesiji je posvečen problemu vzajemnega odnosa med človekom in živaljo na ravni vizualne umetnosti danes. V okviru umetniškega programa »Zoofrenija« Oleg Kulik in Mila Bredikina preučujeta temo »žival kot človekov alter ego« ali »žival kot neantropomorfni Drugi«. »Četrta dimenzija« je dimenzija naravnih spontanih reakcij, sveže in akutno čutno zavedanje realnosti v nasprotju s predstavo popolne virtualnosti sveta. »Resnični« prostor tik pred Secesijo (zunaj), kjer Kulik izvaja svojo zoofreno akcijo, je zoperstavljen »virtualnemu« razstavnemu prostoru (znotraj). Očitno se nikoli ne srečata znotraj skupnega prostora.
Človek-pes Kulik, opremljen s posebno opremo za oddajanje, opazuje vstopajoče obiskovalce. Ovohava jih, laja in se igra z njimi. To akcijo naj bi snemale tri kamere z avtomatsko režijo – na levi steni, na zadnji steni in na tleh. »Četrto dimenzijo«, najbolj dejavno in zapleteno, predstavlja majhen črno-bel monitor, ki visi sredi prostora.

Oleg Kulik & Mila Bredikina

Fourth Dimension
Performance in collaboration with Mila Bredikhina
Wiener Sezession, Vienna, 1997

This performance at the Vienna Secession is devoted to the problem of the correlation between the human being and the animal at the level of visual art of today. Within the frame of the artistic program »Zoophrenia«, Oleg Kulik & Mila Bredikhina study the topic of »the animal as the alter ego of man«, or »the animal as a non-anthropomorphous Other«. »Fourth dimension« is a dimension of natural spontaneous reactions, a fresh and acute sensual awareness of the reality in contrast with a concept of total virtuality of the world. The »real« space just before the Secession (outside), where Kulik performs his zoophrenic action, is opposed to the »virtual« exhibition space (inside). Obviously, they have never met within common space.
The human-dog Kulik provided with special equipment for broadcasting is observing the entering visitors. He smells them, barks and plays with them. This action should be shot by three cameras in automatic *régie* – on the left wall, back wall and floor. »Fourth dimension«, the most active and intricate, is represented by a small b/w monitor, hanging in the center of the room.

Oleg Kulik & Mila Bredikhina

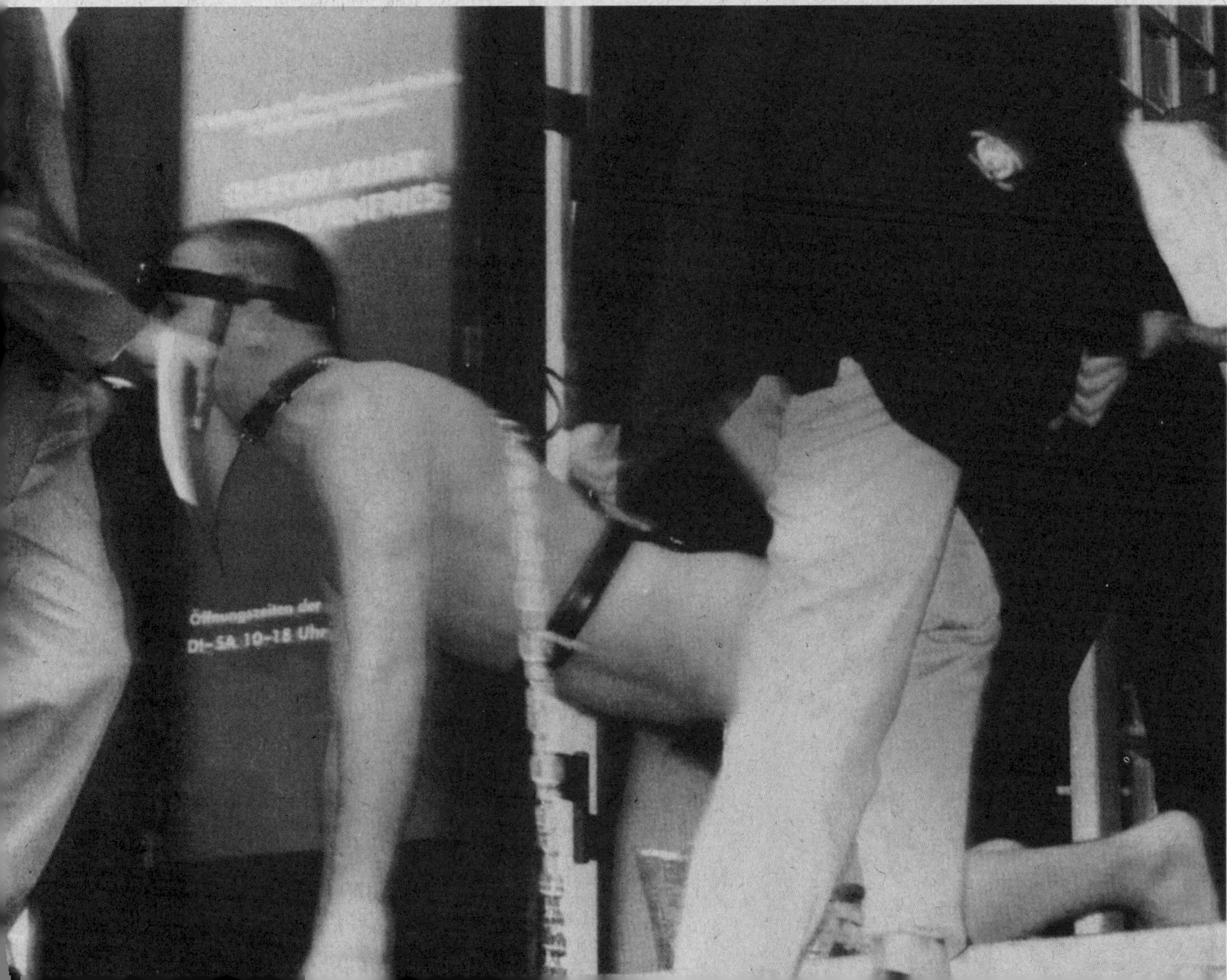

BIOGRAFIJA / BIOGRAPHY
Олег Кулик / Oleg Kulik

Rojen / Born : **1961, Kijev, Ukrajina / Kiev, Ukraine**

IZBRANA BIBLIOGRAFIJA
SELECTED BIBLIOGRAPHY

Jamey Gambrell, »The Best and the Worst of Times«, *Art in America*, New York, vol. 80, no. 11, November 1992, pp. 50 – 59.
Jamey Gambrell, »The Post–Bulldozer Generations«, *Art in America*, New York, vol. 83, no. 5, May 1995, pp. 51 – 59.
L. Lunina, »Roman s 'Ridžinoj'«, *Moscow Magazine*, Moskva / Moscow, no. 11, 1992.
_____, *Collection'89*, Moskva / Moscow, 1989.
_____, *Predčuvstvie nesvobody*, Moskva / Moscow, 1989.
_____, *Vvedenie v konfigurativnost'*, Moskva / Moscow, 1991.
_____, *Real'nost' i realizm*, Moskva / Moscow, 1992.
_____, *Galereja Ridžina. Hronika. Sentjabr' 1990 – ijun' 1992. Preobraženskaja ploščad'*, Moskva / Moscow, 1993.
_____, *Avangard i tradicija. Knigi russkih hudožnikov*, Moskva / Moscow, 1993(?).
_____, *BM. Istorija. Sobytie. Analiz*, Berlin ; Moskva / Moscow, 1995.
_____, *No Man's Land*, Copenhagen, 1995.
_____, *V glub' Rossii*, Moskva / Moscow, 1995.

Igor Makarevich

Brez naslova, 1977

Sadomazohistična igra s smrtjo.

***Untitled,* 1977**

Sadomasochistic play with death.

BIOGRAFIJA / BIOGRAPHY
Игорь Макаревич / Igor Makarevič

Rojen / Born : **1943, Tripoli, Gruzija / Georgia**
Šolanje / Education : **Institute of Cinematography (Art Faculty)**
Živi in dela / Lives and works : **Moskva / Moscow**

IZBRANA BIBLIOGRAFIJA / SELECTED BIBLIOGRAPHY

A.Balašov, »Šizokitaj«, *Tvorčestvo*, Moskva / Moscow, no. 7, 1991, pp. 8 – 9.
E. Bikova, »I. Makarevič : Grafičeskaja serija k proizvedenijam F. Kafki«, *Sovetskaja grafika*, no. 7, almanah / almanac.
J. Bobrinskaja, *Konceptualizm*, Moskva Galart, 1994.
Jekaterina Diogot, »Der Name des Fishes«, *DU*, no. 3, Februar 1993, pp. 13 – 21.
Jamey Gambrell, »Notes on the Underground«, *Art in America*, New York, vol. 76, no. 11, November 1988, pp. 126–137, 193.
Jamey Gambrell, »The Best and the Worst of Times«, *Art in America*, New York, vol. 80, no. 11, November 1992, pp. 50 – 59.
Rimma & Valery Gerlovin, *Russian Samizdat Art*, New York, 1987, pp. 138, 142, 143.
M. Ryklin, »The Fish Show at the MANY Museum«, *Flash Art News*, November – December 1990, p. 178.
Margarita Tupitsyn, *Margins of Soviet Art*, Milano : Giancarlo Politi Editore, 1989, pp. 135, 137, 138.
Margarita Tupitsyn, »Shaping Soviet Art«, *Art in America*, New York, September 1994, p. 43.
_____, *Dekorativnoe iskusstvo*, Moskva / Moscow, no. 7, 1991, pp. 32 – 33.

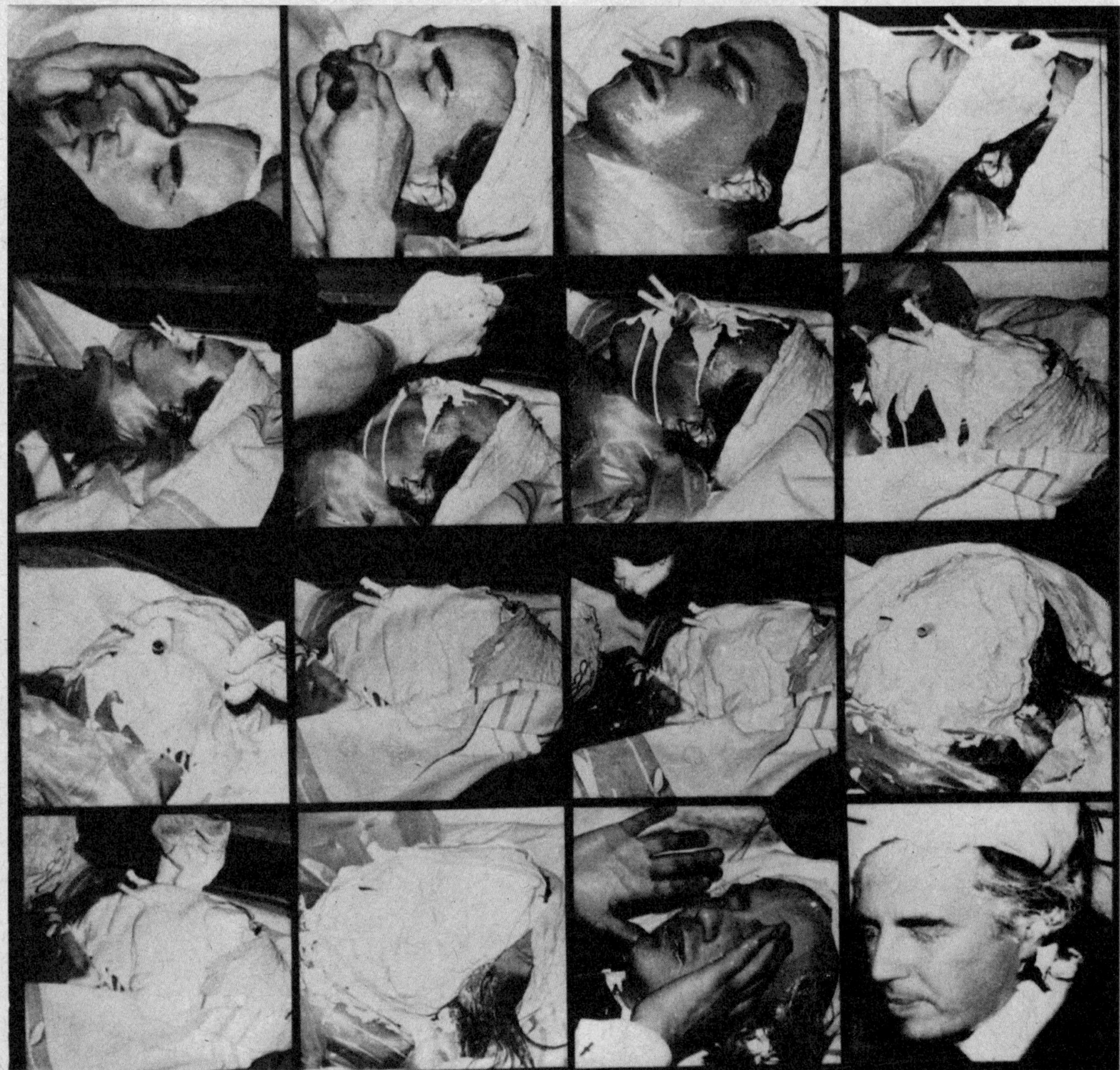

Vladislav Mamushev Monroe

Brez naslova, 1994 **Untitled, 1994**

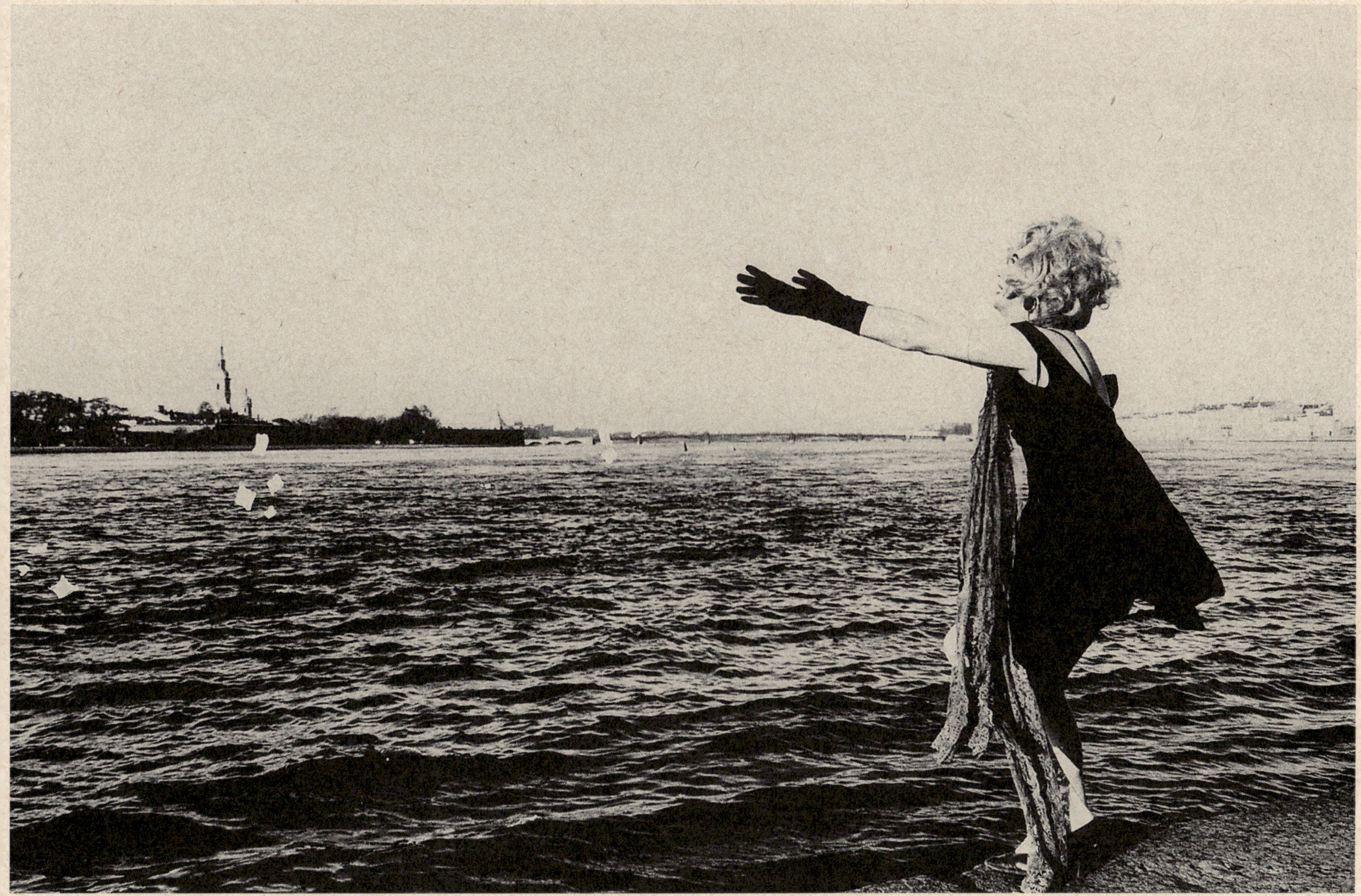

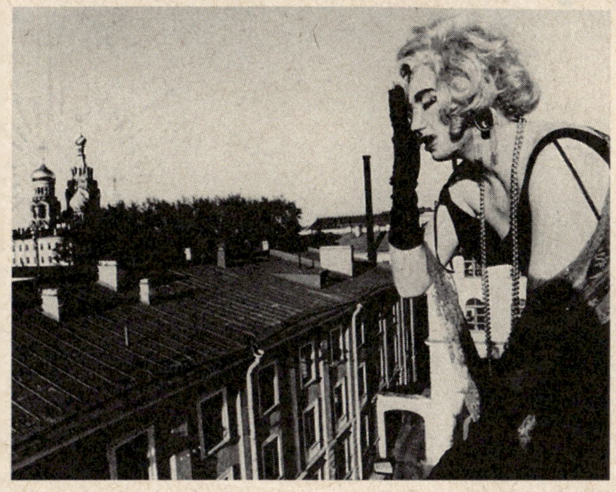

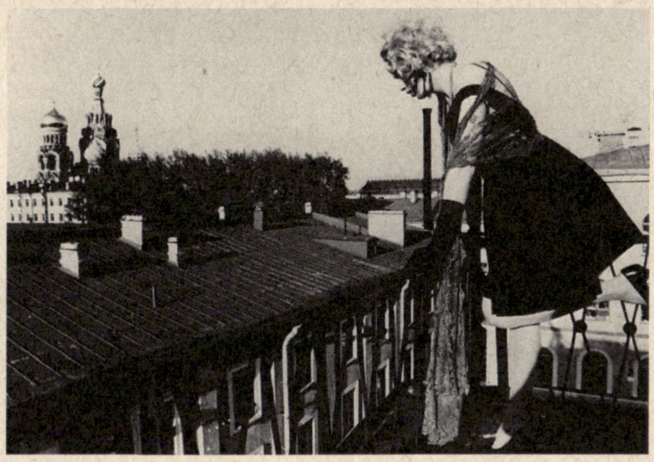

BIOGRAFIJA / BIOGRAPHY
Владислав Мамышев (Монро) / Vladislav Mamišev (Monro)
Rojen / Born : **1969, Leningrad, Rusija / St. Petersburg, Russia**
Živi in dela / Lives and works : **Moskva / Moscow, St. Petersburg**

IZBRANA BIBLIOGRAFIJA
SELECTED BIBLIOGRAPHY

Alla Rosenfeld, Norton T. Dodge (ur./ed.), *Nonconformist art : the Soviet experience, 1956 –1986*, izšlo ob razstavi / published in conjunction with the exhibition *From Gulag to Glasnost : Nonconformist Art from the Soviet Union*, New York : Thames and Hudson in association with Jane Voorhees Zimmerli Art Museum, c1995.

_____, *Kunst im verborgenen, nonkonformisten Russland 1957 – 1995*, razstavni katalog / exhibition cat., München ; New York : Prestel Verlag, 1995.

_____, *Istorija v licah, 1956 – 1996*, razstavni katalog / exhibition cat., *Otdel novejših tečenij Gosudarstvennogo muzeja zapovednika Caricyno*, Moskva / Moscow, 1997.

The MOVEMENT Group

Očiščenje od greha, 1973
Kinetična igra-happening

Skupina Gibanje je pripravljala gledališču podobne performanse »v naravi«, daleč od »javnega življenja«. Vendar pri tem ni šlo za dejanje tipa »nazaj k naravi«, ampak je bilo to socialno dejanje v postopku iskanja razsežnosti svobodnega izražanja.
Igro v več dejanjih je izvedel Lev Nusberg avgusta 1973 v gorah Krima. Slika prikazuje Izvirni greh in Očiščenje od greha (članica skupine Gibanje: Olga Bobrovskaja).

Josif Bakštejn

***Purification from Sin,* 1973**
Kinetic play-happening

The Movement group organized theater-like performances »in nature«, just far away from the »public life«. But these were not a gesture of the »back to nature« kind. They were a social gesture in the process of searching for the dimension of free self-expression.
This play in several acts was performed by Lev Nussberg in the mountains of Krim in August 1973. The photo depicts the *Original Sin* and the *Purification from Sin* (member of the Movement group: Olga Bobrovskaya).

Joseph Backstein

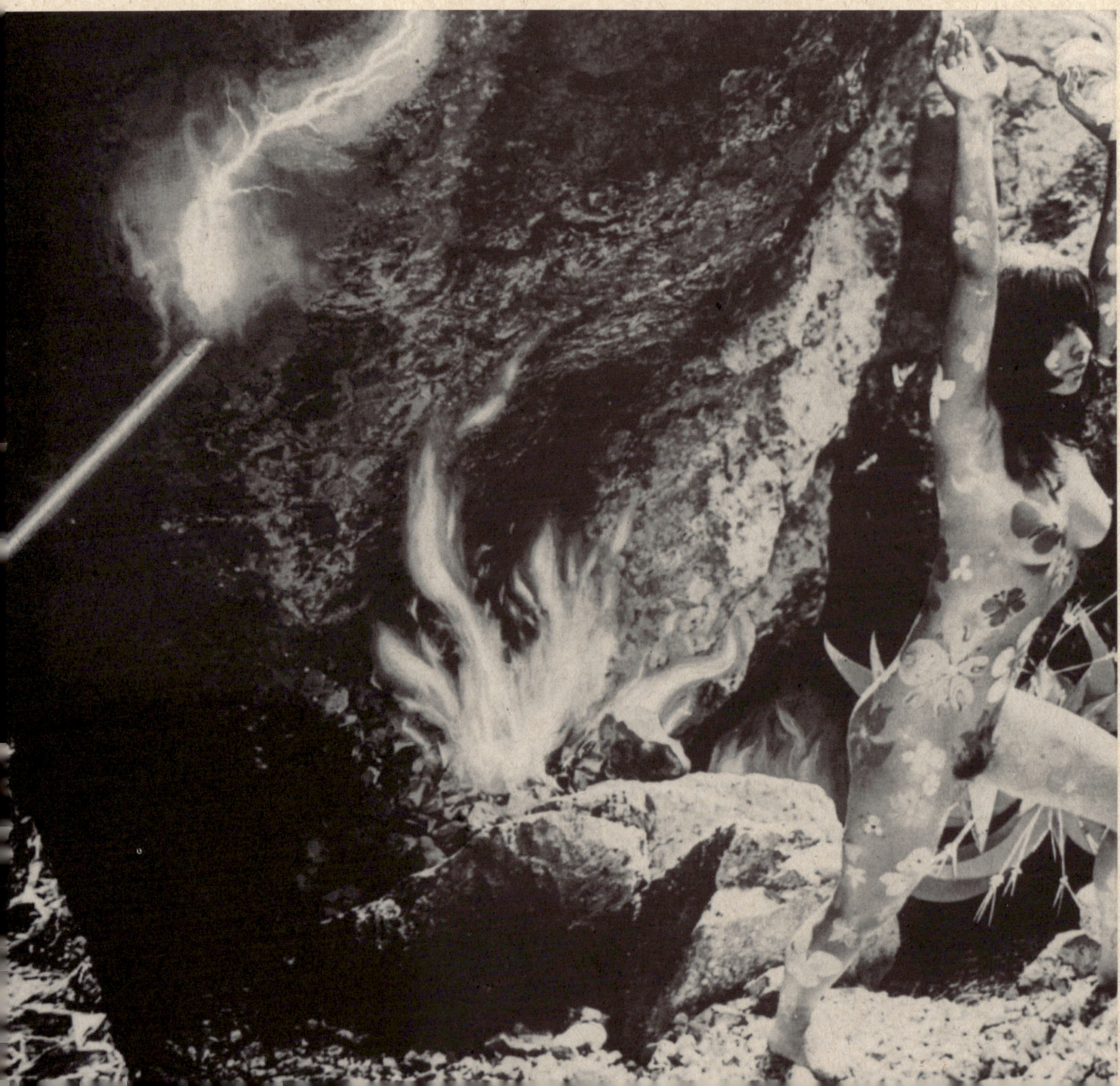

BIOGRAFIJA / BIOGRAPHY
ДВИЖЕНИЕ / Skupina GIBANJE

Ustanovljena / Established : **1962**
Člani / Members : **G. Bitt, O. Bobrovskaya, K. Nedelko, M. Nenachov, Lev Nussberg, N. Prokuratova**

Lev Nussberg (vodja / leader)
Rojen / Born : **1935**
Šolanje / Education : **Surikov Art Institut**
Živi in dela / Lives and works : **ZDA / USA**

IZBRANA BIBLIOGRAFIJA
SELECTED BIBLIOGRAPHY

Alla Rosenfeld, Norton T. Dodge (ur./ed.), *Nonconformist art : the Soviet experience, 1956 – 1986*, izšlo ob razstavi / published in conjunction with the exhibition *From Gulag to Glasnost : Nonconformist Art from the Soviet Union*, New York : Thames and Hudson in association with Jane Voorhees Zimmerli Art Museum, c1995.

Alexander Yulikov

Frizura, 1976

Tako striženje las kot dejanje body arta je bilo v tistem času precej radikalno.

Josif Baštejn

***Haircut*, 1976**

That kind of haircut as a body art gesture looked quite radical at that time.

Joseph Backstein

BIOGRAFIJA / BIOGRAPHY
Александр Юликов / Aleksandr Julikov
Rojen / Born : **1943, Vjatskie Poljany, Rusija / Vyatskiye Polyany, Russia**
Šolanje / Education : **1961 – 1965 Art & Economy School, Moskva / Moscow ; Polygraphic Institute (Graphic Arts), Moskva / Moscow**
Živi in dela / Lives and works : **Moskva / Moscow**

IZBRANA BIBLIOGRAFIJA
SELECTED BIBLIOGRAPHY

Alla Rosenfeld, Norton T. Dodge (ur./ed.), *Nonconformist art : the Soviet experience, 1956 – 1986*, izšlo ob razstavi / published in conjunction with the exhibition *From Gulag to Glasnost : Nonconformist Art from the Soviet Union*, New York : Thames and Hudson in association with Jane Voorhees Zimmerli Art Museum, c1995.

_____, *Kunst im verborgenen, nonkonformisten Russland 1957 – 1995*, razstavni katalog / exhibition cat., München ; New York : Prestel Verlag, 1995.

_____, *Istorija v licah, 1956 – 1996*, razstavni katalog / exhibition cat., Otdel novejših tečenij Gosudarstvennogo muzeja zapovednika Caricyno, Moskva / Moscow, 1997.

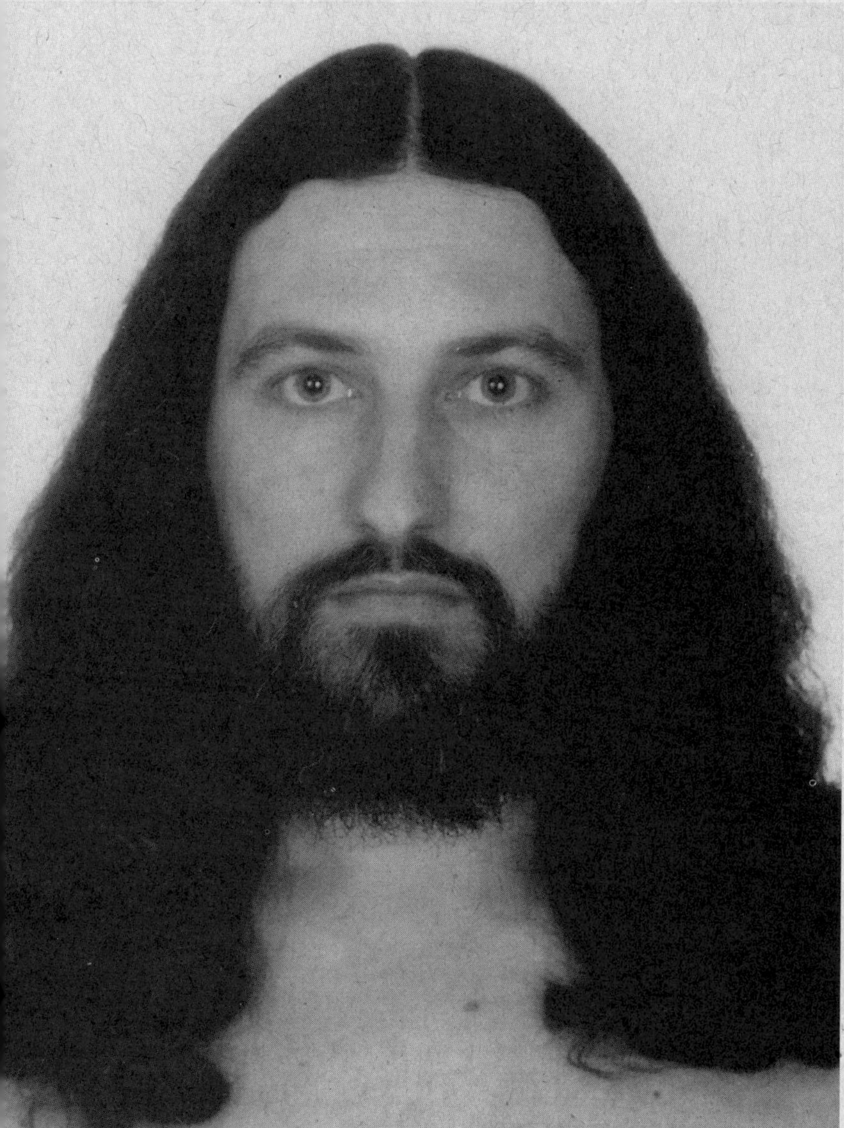

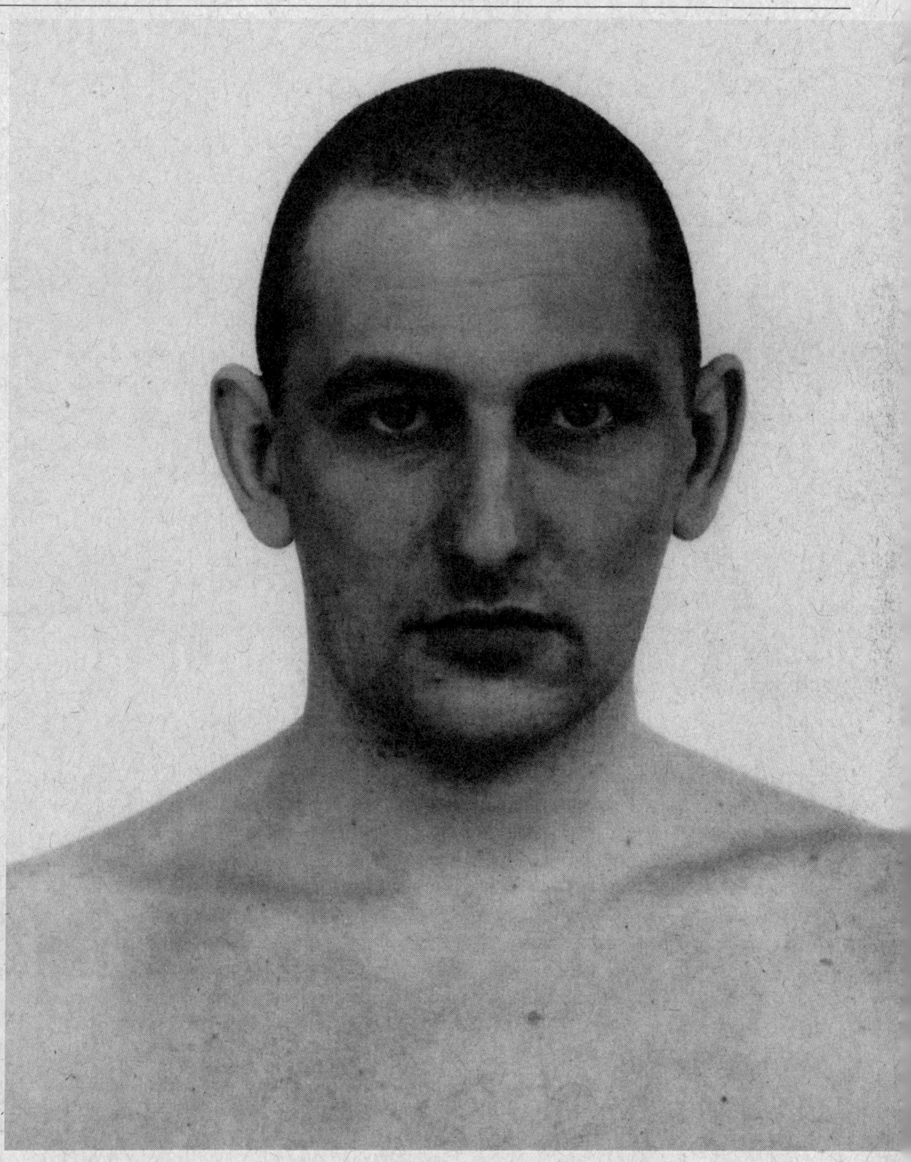

Slovaška / Slovakia

Doc. dr. Radislav Matuštík

Neverjetni čudež obstoja

Konec petdesetih in na začetku šestdesetih let – natančneje leta 1957 in 1961 – so na dveh razstavah mladi slovaški umetniki pokazali trdno odločenost, da na novo povežejo našo umetnost z evropskim in mednarodnim kontekstom. To je seveda zahtevalo odločno zavrnitev stalinistične dekadence, ki je dušila in razvrednotila delo večine njihovih učiteljev.

Najboljši in najbolj napredni umetniki, ki so se predstavili na *Razstavi mladih* leta 1957 (vključno z Mariánom Čunderlíkom, Milanom Dobešem, slikarji Andrejem Barčíkom, Milanom Laluho in Milanom Paštéko ter kiparjem Vladimírjem Kompánekom iz skupine Mikuláš Galanda), so javno priznavali svoj dolg za inspiracijo Milošu Bazovskemu, L'udovitu Fulli in drugim, ki so »odprli vrata v Evropo«. Jedro generacije 1961, ki je formirala *Primerjave* (*Konfrontácia*) in ki so jo sestavljali Rudolf Fila, Jozef Jankovič, Miloš Urbásek in drugi skupaj s »starejšim« Mariánom Čunderlíkom, je uvedla vidike informela, pop arta in letrizma, oblike umetnosti, ki se je posluževala črk (na Slovaškem znana pod nazivom *lettrizmus*). Do pojava te generacije je lahko prišlo le naskrivaj: *Primerjave 1-3* (1961-1963) so se odvijale za zaprtimi vrati, v zasebnih ateljejih in stanovanjih.

»Tretja generacija« je iste tendence predstavila na razstavah v tujini. Glavni predstavniki (Alexander Mlynarčík, Stano Filko in Jankovič iz *Primerjav*) so od 1965 do 1966 razstavljali v italijanski galeriji Numero. Že maja 1965 je trio Mlinarčík–Filko–Kostrova izvedel prvi *Happsoc I* (Bratislava, 2.-8. maj 1965), ki mu je decembra sledil drugi, *Happsoc II (Sedem let ustvarjanja)*. To novo edinstveno »prečkanje meja« je zavzelo prostor nekje med akcijo in konceptom. Mlinarčík se je pridružil »staji« velikega Pierra Restanyja, ki je v pariški galeriji Raymonde Cazenave leta 1966 organiziral razstavo *Manifestations permanentes I*, ki ji je leta 1967 sledila razstava *La tentation* (Skušnjava). Na tej razstavi-dogodku, kjer so gostje – Restany, Dufrêne, Hains in drugi – pisali in risali na telesa serije belih lutk, se je Mlinarčík prvič pojavil skupaj z Milošem Urbásekom. Začelo se je dolgo in plodno sodelovanje. V viharnem letu 1968 je Mlinarčík delal v Parizu s Pierrom Restanyjem (*Manifestations permanentes III*) in se takoj zatem z Ericom Dietmannom preselil v Bratislavo (*La terre qui est restée*).

Med letoma 1969 in 1972 so se Mlinarčíkov *Happsoc* in dogodki razvili v briljantno obliko akcije-praznovanja. Posebej pomembni sta dve praznovanji, *Športni dan* in *Spomenik Edgarju Degasu* iz leta 1971. V dokumentaciji prvega dogodka, praznovanja, ki je vključevalo nenavaden zabaviščni gorski vlak, ki so ga krstili za *Gondul'aka*, najdemo manifest z naslovom *Memorandum v imenu totalnosti umetnosti in življenja*. V tem manifestu in manifestu pariških *Manifestations permanentes* iz leta 1968 z naslovom *Zaprto zaradi neuporabnosti* Mlinarčík razvije idejo o »koncu happeninga«, razglasi, da »današnji umetnik pripada ulici in gradbiščem«, in zaključi z vizijo »skupinskega dela«. Sodelovanje med domačimi umetniki (Želibská, Urbásek in mlajši Cyprich, Kordoš, Mudroh in Jakubík) in njihovimi vrstniki v tujini (Dietmann, Miralda, Tobas, Nagasava, Nusberg in drugi) je odziv na to vizijo.

Leta 1973 je Mlinarčík (skupaj z Urbásekom) zaključil svoje prvo obdobje akcij z delom na plaži v Romuniji (kjer jima je pesek ponujal bledi približek *La terre qui est restée* iz francoskega obdobja), ki je napovedovalo elemente body arta. Umetnika, eden je pobarvan belo, drugi črno, se sprehajata med ljudmi, ki se sončijo na plaži. *Počitnice v belem in črnem* je body art refleksija domovine in daljnega, velikega širnega sveta, ki sta ga osvojila. Pet let je minilo do ponovitve njunega sodelovanja v akciji *Hommage et gloire à Rousseau* (1978), ki je (pod okriljem Argilije, kraljestva od drugod – *royaume d'ailleurs, regnum ex alio loco*) združila ne le Jakubíka, Mudrocha in druge, temveč tudi »dopisne člane«, vključno z Restanyjem, Hainsom, Yehudo Neimanom in Nikosom.

Nekaj podobnega se je zgodilo tudi v primeru Jane Želibske. Leta 1970 je

Doc. dr. Radislav Matuštík

The Incredible Miracle of Being

At the turn of the 1950s and 1960s – in 1957 and 1961, to be precise – two exhibitions by young Slovak artists signalled a firm commitment to re-connect our art to the European and international context. This meant, of course, a resolute spurning of the Stalinist decadence which had gutted and devalued the work of most of their teachers.

The most striking and most progressive artists of the generation showing at the 1957 *Exhibition of the Young* (including Marián Čunderlík and Milan Dobeš, painters Andrej Barčík, Milan Laluha, Milan Paštéka and the sculptor Vladimír Kompánek from the Mikuláš Galanda Group) acknowledged their debt to the inspiration of Miloš Bazovsky, L'udovít Fulla and others who had »opened up the path to Europe«. The core of the »intake of 1961«, which had formed in the *Comparisons* (Konfrontácia): (Rudolf Fila, Jozef Jankovič, Miloš Urbásek and others, together with the »older« Marián Čunderlík) introduced aspects of *informel*, pop art and art employing letters (known in Slovakia as *lettrizmus*). Their emergence could only take place clandestinely: *Comparisons* 1 to 3 (1961-1963) were held behind closed doors, in private studios and flats.

The »third intake« presented these same tendencies at exhibitions abroad. The leading exponents (Alexander Mlynarčík, Stano Filko, along with Jankovič from *Comparisons*) exhibited with the Italian gallery Numero in 1965-1966, but even as early as May 1965 the trio Mlynarčík – Filko – Kostrová had issued *Happsoc I* (Bratislava 2-8.5.1965), to be followed in December by *Happsoc II (Seven Days of Creation)*. This new, unprecedented »crossing of borders« occupies a position somewhere between action and concept. Mlynarčík joined the »stable« of the great Pierre Restany, who organised at the Raymonde Cazenave Gallery in Paris *Manifestations permanentes I* in 1966 and *La Tentation* (Temptation) in 1967. At this exhibition-action, an event resplendent with a collection of white mannequins on whose bodies the guests – Restany, Dufrêne, Hains and others – wrote and drew, Mlynarčík appeared with Miloš Urbásek in a new partnership which would prove enduring and productive. In the tumultuous year of 1968 Mlynarčík worked in Paris with Pierre Restany (*Manifestations permanentes III*) and immediately afterwards in Bratislava with Eric Dietmann (*La terre qui est restée*).

Between 1969 and 1972 Mlynarčík's original *Happsoc* and event activities developed into a splendid form of action-celebration. The two celebrations *Games Day* and *Edgar Degas's Memorial* of 1971 are of particular significance. In the documentation to the former, a celebration involving the curious switch-back mountain railway train christened *Gondul'ak*, we find the text-manifesto *Memorandum in the Name of a Totality of Art and Life*. In this, and in the manifesto from the Paris *Manifestations permanentes* of 1968, entitled *Closed due to Uselessness*, to which it harks back, Mlynarčík elaborates the idea of the »demise of the happening«, proclaims that »today's artist belongs in the street and the building sites«, and concludes with a vision of »teamwork«. Collaboration between domestic artists (Želibská, Urbásek, and the younger Cyprich, Kordoš, Mudroch and Jakubík) and counterparts from abroad (Dietmann, Miralda, Tobas, Nagasava, Nusberg and others) is a response to this vision.

In 1973 Mlynarčík (and with him Urbásek) brought to a close his first action period with a work on the beach in Romania (where the sand offered something of a pale reminder of *La terre qui est restée* from the French period) which anticipated some elements of body art. The artists, one painted white, the other black, walk among the sunbathers on the beach. *Holidays in Black and White* is a body-art reflection on the home country and on the world far away from it – and, indeed, the big, wide world that they had conquered. Five years would elapse before the acquaintances made here were renewed – at the action *Hommage et gloire à Rousseau* (1978), which brought together (under the aegis of Argillia, the kingdom of elsewhere (*royaume d'ailleurs, regnum ex alio loco*) not just Jakubík, Mudroch and others, but also »correspondents« including Restany, Hains, Yehuda Neiman and Nikos.

sodelovala z Mlinarčíkom in Urbásekom pri *Pomladni snubitvi*. Nato je šele leta 1977 izvedla *Dogodek na jezerskem bregu*, ki se je približal body artu, medtem ko se je ilegalna *Mala modna revija* dogodila v njenem ateljeju šele leta 1980. Július Koller se je nagibal bolj h konceptu kot akciji, kar velja tudi za Petra Bartoša, še enega akcionista, ki je zbudil javno pozornost leta 1970 z body art akcijo *Balnea*, ki jo je izvedel na *I. Odprtem ateljeju*. Od drugih sodelavcev akcij-praznovanj in *I. Odprtega ateljeja* v hiši in na vrtu Rudolfa Sikore je Vladimír Kordoš – osrednja figura akcij in videa – po dejavnostih leta 1970-71 prenehal s svojim delovanjem in se vnovič pojavil šele leta 1979 na ilegalnih *Premikih* (*Bratislavsko prvenstvo v premiku umetniškega dela*), ki jih je med letoma 1979 in 1986 organiziral Dezider Tóth. Tóth (oziroma monogramist T.D.) se je prvič pojavil na *I. odprtem ateljeju*, ko je bil še študent, in se začel ukvarjati z akcijo in body artom šele v *Terenih 1-4* (1982-1984). Kot »akcijsko nadaljevanje« *Premikov* (ki so jih 13. maja 1982 izvedli Koller, Meluzin in Matuštík) je leta 1982 izvedel *štirinajst postaj* (procesijo skozi gozdove, ki je označevala drevesa z rdečimi obvezami, barvo krvi in ran). Tej akciji sta leta 1983 in 1984 sledili *Mahanje z listom* in prefinjeno lepa akcija *Romanje k usmiljenim okovom*, v kateri si je noge namazal z medom, jih posul s semeni in potem med hojo posipal tla s semeni.

Vendar body art tendence Tóthovega dela niso omejene na njegovo dejavnost znotraj *Terena*. Pojavljajo se tudi v njegovem prispevku k *Premikom* (na primer, *Transfer* 1980) in njegovih novejših delih (*Peščena molitev za Diane Samuels*, Dunkerque 1994). Isto velja za delo Vladimírja Kordoša, ki je pri *Premikih* in *Terenih* sodeloval sam ali skupaj z Matejem Krénom. Njegovo delovanje v akcijah in performansu je prišlo do izraza predvsem konec osemdesetih let na *Festivalu alternativne umetnosti* v kraju Nové Zámky. Njegova pretresljiva predstavitev je dosegla svoj vrh z britjem njegove glave na odru in inhaliranjem ostre substance, ki je na njegovem obrazu povzročila grimase, ki spominjajo na Messerschmidtove »značajske glave«. Njegov nastop je prvič v javnosti, pred občinstvom iz Slovaške, Češke republike, Madžarske in drugih držav, oznanil slovaška prizadevanja v umetnosti te vrste.

Štiri knjige z vajami iz *Terena* dokumentirajo preostala prizadevanja. Najpomembnejše je delo L'ubomira Ďurčeka, diplomanta bratislavske Akademije likovne umetnosti in oblikovanja, ki se je konec sedemdesetih in na začetku osemdesetih nenadoma odrekel svoji slikarski izobrazbi in se začel ukvarjati s konceptom, instalacijami in performansom. Bil je tudi začetnik uličnega gledališča, ukvarjal se je s filmom in kasneje z videom. Poleg njegovih uličnih body art stvaritev (*Horizontalno in vertikalno gibanje*, 1987) je njegov največji prispevek k razvoju te dejavnosti na Slovaškem *Akcija – 5. julij 1982* za *Teren I*. To delo izvede Ďurček sam, si nekaj zapisuje, nezadovoljen mečka papir, ga zažge in pogasi s svojim telesom. Potem se v beli srajci s sledovi zažganih in neprebranih beležk sprehodi po ulicah Bratislave.

Med umetniki, ki so bili povabljeni k sodelovanju na *Terenu*, je tudi Michal Kern, ki je delal v osami v Močiarah, na kmetiji blizu kraja Liptovský Mikuláš. Tam je med letoma 1975 in 1992 izvedel številna dela land arta, konceptualizma in performansa. Posebnega pomena za body art so njegova dela *Prostor, ki ga ustvarjam zase*, *Našel sem senco* ter *V iskanju sence* iz leta 1979. Na *Terenu* je delal s snegom: izvedel je preprost gib z roko z naslovom *Prvi sneg, prvi dotik, prva sled* (1983). Pri tem je razširil sporočilo svojega dela *Prva sled* iz leta 1976, ki je ohranjeno do danes v obliki odtisa golega stopala v pesku.

Peter Meluzin je izstopal tako med umetniki, ki so sodelovali pri *Terenih* (in občasno pri *Premikih*), kot med umetniki, ki so se na splošno ukvarjali s performansom. Deloval je med letoma 1978 in 1988 in je znan kot intelektualni ironik, ki je študiral elektrotehniko in psihologijo, preden je diplomiral na bratislavski Akademiji likovnih umetnosti. Njegova diploma iz uporabne grafike mu je verjetno služila le pri ustvarjanju ambicioznega in izjemnega dokumentarnega materiala za večje akcije, kot so bile *R.Mut-acija* (1980), *Leteči krožnik* (1981) in *Kaj, mislite, počnejo ljudje doma?* (1982; v povezavi z Mlinarčíkovim obiskom pri ruskih avantgardnih umetnikih). Poleg teh osrednjih del njegova ustvarjalnost zajema sodelovanje pri eksperimentih z body artom. Ta dela zajemajo zgodnji *Event-ualnost* iz leta 1981 in poznejšo serijo del *Jadrolinija I, II* in *III* iz let 1985, 1986 in 1987. To serijo je izvedel v Jugoslaviji, ki je bila v tistem času edina tuja država, kamor je bilo moč potovati na podlagi vabil ali drugih dokumentov in dovoljenj.

A similar break also occurred in the case of Jana Želibská. In 1970 she worked with Mlynarčík and Urbásek on *Betrothal of Spring*. But it was only in 1977 that she executed – this time alone – *Incident on the Shore of the Lake*, which came close to body art, and only in 1980 – in the studio – the illegal *A Little Fashion Show*. Július Koller inclined more to concept than to action, and the same holds for Peter Bartoš, another action artist, who at the *1st Open Studio* of 1970 made a breakthrough appearance with a body-art action called *Balnea*. Of the other participants of the action-celebrations and of the *1st Open Studio* in the house and garden of Rudolf Sikora, Vladimír Kordoš – a major figure in action and video – also fell silent after his activities of 1970-71, to reappear only in 1979 at the illegal *Shifts* (*Bratislava Championships in the Shift of the Artefact*, organised between 1979 and 1986 by Dezider Tóth. Tóth himself (the monogrammist T.D.), who appeared at the *1st Open Studio* while still a student, only came to action and body art within *Terrains 1 - 4* (1982-1984). As part of these »action offshoots« from *Shifts* (instigated by the trio Koller – Meluzin – Matuštík on 13. 5. 1982) he then executed in 1982 *Fourteen Stations* (a procession through the woods marking trees by applying bandages in red, the colour of blood and wounding), in 1983 *Waving a Leaf* and in 1984 the exquisitely beautiful *Pilgrimage to Merciful Shackles*, in which he smeared his feet with honey, poured seeds over them and then walked around to scatter the seeds over the ground.

The body-art tendency of Tóth's work is not, however, confined to his activity within *Terrain*. It also appears in his input into *Shifts* (for example, *Transfer* of 1980) and in his present independent pieces (*Prayer from Sand for Diane Samuels*, Dunkerque 1994). The same is true for the work of Vladimír Kordoš, participating in *Shifts* and *Terrains* alone and together with Matej Krén. His involvement in action and performance comes mostly at the end of the 1980s with, for example, his body-art *Homage to Messerschmidt,* which he executed in 1989 at another new event, the *Festival of Alternative Art* at Nové Zámky. This striking presentation, culminating with the artist having his hair shorn on stage and then inhaling a pungent substance from a bottle to induce facial expressions reminiscent of those of Messerschmidt's »character heads« – and this for the first time in public, before an audience from Slovakia, the Czech Republic, Hungary and elsewhere – proclaimed Slovak endeavours in this kind of work.

The four exercise-books of *Terrain* document other endeavours. Most notable is the work of L'ubomír Ďurček, a graduate of Bratislava's Academy of Fine Arts and Design who at the turn of the 1970s and 1980s promptly spurned his training as a painter and embraced concept, installation and performance. He also inspired street theatre, made films and later worked with video. As well as body-art creations on the street (*Horizontal and Vertical Movement*, 1987), his major contributions to the development of this activity in Slovakia include *Action – 5th July 1982* for *Terrain I*. In this, Ďurček sits alone in the open, writes down notes of some kind, crumples them up dissatisfied, sets them alight and then extinguishes the flame by covering it with his body. His white shirt now bearing the traces of the burnt and unread notes, he proceeds to walk through the streets of Bratislava.

Among those invited by *Terrain* to collaborate was Michal Kern, who works in isolation at Močiare, a farmstead near Liptovský Mikuláš. There, between 1975 and 1992, he staged numerous land-art, conceptual and performance works. Particularly important for body art is *The Space I am Making for Myself...*, *I Found a Shadow* and *Seeking a Shadow*, all from 1979. For *Terrain* he worked with snow: a simple hand gesture entitled *First Snow, First Touch, First Trace* (1983). The message of his *First Trace* of 1976, whose print of a naked foot in sand remains affecting to this day, was here amplified in wider contexts.

Both among the action artists participating in *Terrains* (and occasionally also in *Shifts*) and in the overall context of performance pieces, Peter Meluzin enjoys a special standing. An intellectual ironist whose »apprenticeship« included the study of electrical engineering and psychology before he graduated from Bratislava's Academy of Fine Arts and Design, engaged in action between 1979 and 1988. The fact of graduating in applied graphics probably benefited him only in the creation of ambitious and unprecedented documentary material which he put together for larger actions such as *R.Mutt-ation* (1980), *Flying Soccer* (1981) and *What do you suppose the folks are doing back home?* (1982; in connection with Mlynarčík's visit to the Russian avant-gardists). In addition to this central pillar, his work also includes participation in body-art experimentation. From the earlier years there is, for example, *Event-uality* of 1981, from the conclusion there is a series of pieces entitled

V okviru disidentnih *Terenov* je bilo najbolj uspešno nekonformistično gibanje Artprospekt P.O.P (Ladislav Pagáč – Viktor Oravec – Milan Pagáč). Body art, rituali in velike predstavitve so imeli jasen filozofski in politični predznak (*Stahanovci* /1983/, *KA-ZI-MÍR 84* /1984/, ki so skupini P.O.P prislužili vodilno mesto v osemdesetih letih. Vsa njihova dela so bila skrbno pripravljena in izvedena v skladu s »scenariji«, naslovom in časovnimi razporedi (glede na datume predstav, rojstne datume izvajalcev itd.). Dokaz za skrbne priprave so njihovi simpoziji (*I. Simpozij*, L'ubietová 1981; *II. Simpozij*, Bohunice 1981; *III. Simpozij*, Bohunice 1982; *IV. Simpozij*, Lom nad Rimavicou 1982). Ohranil se je album *I. Simpozija*, ki obsega »scenarije« in fotodokumentacijo. Eno najmočnejših del je *Drznost*, v katerem se je Milan Pagáč pojavil obešen in gol nad kadečimi se plameni, medtem ko je Viktor Oravec v vlogi napovedovalca ustvarjal zvoke in glasove v okolici in polagal razne objekte na svojega visečega kolega. Začetne črke predmetov (kot na primer hipodermične igle, niti, zavojčka sladkorja v prahu in trave) sestavljajo besedo *inštalácia* (instalacija). Predmeti so razporejeni v vrstnem redu črk besede. Beseda *nemohra* (pantomima) na podoben način narekuje gibe človeškega žrtvovanja (stresi, pogoltni, stisni, vrti, božaj, iztegni roke, uredi). Uporaba istega zavestnega alfanumeričnega načela se v ustvarjanju skupine P.O.P. ponavlja tudi v drugih delih *I. Simpozija*: *Prosti dan* (10. avgust) in *Razpored 288* (od 8. do 10. avgusta 1981; podatki: sobota ... 35 m // . 8 m . 8 m . 1 m . 9 m . 8 m . 1 m .... nedelja ... 34 m // 1 m . 5 m . 8 m . 1 m . 9 m . 8 m . 1 m). Za delo *OKTORÚ-RUTOKO* (besedna igra s slovaško besedo *útorok* /torek/; na ta dan je bilo delo uprizorjeno) z dne 11. avgusta razpored obsega ne le datum in imena predmetov, temveč tudi specifikacijo atributov predmeta oziroma dejanja, vključno s slovaškimi izrazi za zlato, iztegnjeno figuro, škropljenje, prilagajanje, namestitev in aromatičnost. Začetnice teh besed sestavljajo ime Zuzana. 11. avgusta je bilo uprizorjeno delo *Zasex*, erotični ritual, ki ga je Oravec »izvedel« na kamnitih genitalijah v skladu s shemo »ljubljen ... paranoičen ... kamen// ... //razburljiv ... utrujen ... kamen// ... //čudovit ... vzvišen ... kamen//—. Kamni so bili razporejeni v obliki dveh »nog« in mednožja: »svečeniku« obreda je naročeno, da se mora kamnitemu mednožju »smehljati, ga božati, občutiti, razširiti, občevati z njim in ga brcniti«.

Podobne načine postavitve obreda ali performansa lahko najdemo tudi v akcijah *Sonce* (1983) in *Korenina II* (1984), ki so bile izvedene na Oravskem jezu. Zavesten alfanumeričen razpored, ki je deloval kot razodetje in skrivnost obenem, so člani Artprospekta P.O.P. uporabili tudi za svoja dela tako zasebne kot politične narave, ki so jih predstavili na *Terenu*. Prav tako se pojavi v kombinaciji performansa in instalacije na pomembni razstavi *Oravec 30* na razstavišču Slovaškega sklada za likovno umetnost na Michalski ulici v Bratislavi. Razstavo je z veliko mero inovativnosti organizirala Jana Demová, žena Viktorja Oravca. V svoji končni fazi so body art obredi skupine P.O.P tako dobili robustno, jasno, vendar presenetljivo »elastično« in obenem skrivnostno zapleteno obliko, ki je predmet številnih različnih in celo kontradiktornih razprav.

Zgodovina akcijskih del se seveda ne konča s tem veličastnim prispevkom. Leta 1984 je Michal Murin začel serijo del, ki jo je razvijal s sodelovanjem Transmusic Comp. in pantomimskega gledališča Balvan. Med starejšimi umetniki je Jana Želibská, ena od »ustanoviteljev«, povezala razvoj performansa z videom (*Sporočilo*, uprizorjeno v Pragi leta 1996). Ta kontinuiteta je sporočilo življenja in smrti resnično monumentalnih razsežnosti. Utemeljeno lahko pričakujemo, da se bo na novi ravni in v novih okoliščinah začel pojavljati na novo ovrednoten princip body arta. Takšen razvoj je vredno pozdraviti: ker nas spominja na pretekla prizadevanja v body artu; ker slavi slovaški body art, ki se je še posebej v obredih sedemdesetih in osemdesetih let razvil v neverjeten čudež človekove samoosvoboditve; ker lahko body art, ki ima moč, da še enkrat prevzame novo obliko, prestopi nove meje, ki so nedostopne slikarstvu, kiparstvu in drugim oblikam umetnosti, ki so bile njegove predhodnice konec petdesetih in v prvi polovici šestdesetih let.

Jadrolinija I, II and *III* from 1985, 1986 and 1987. These he staged in Yugoslavia, which at that time was the only foreign country one had any chance of getting to, albeit after a paperchase for invitations and all manner of documents and permits.

But the greatest success notched up by dissident activity within *Terrains* was drawing Artprospekt P.O.P (Ladislav Pagáč – Viktor Oravec – Milan Pagáč) and their works into the whole non-conformist movement. Body-art creations, rituals and the ability to stage large-scale, clearly philosophically and politically accented actions (*Stakhanovites* [1983], *KA-ZI-MÍR 84* [1984]) assured P.O.P pre-eminence in the 1980s. At the same time, everything they did was scrupulously prepared, executed according to »scenarios« and schedules based on dates (dates of the staging, dates of birth of the executants, etc.) and the title. Proof of the degree of preparation is to be found in their symposia (*1st Symposium*, L'ubietová 1981; *2nd Symposium*, Bohunice 1981; *3rd Symposium*, Bohunice 1982; *4th Symposium*, Lom nad Rimavicou 1982). An »album« which has survived from the first of these contains »scenarios« and photographic documentation. One of the strongest parts is *Daring*, in which Milan Pagáč appears nude and suspended high above smoking fires, while Viktor Oravec provides sounds and voices in the surroundings and performs the role of Master of Ceremonies who places various objects on his suspended colleague. The initial letters of the items (which include a hypodermic syringe, thread, a packet of sherbet powder and grass) make up the word *inštalácia* (installation) and the objects are placed in the order in which their initial letters appear in the word. The word *nemohra* (mime) similarly dictates the movements of the human sacrifice (shake, down at one gulp, squeeze, revolve, stroke, stretch out arms, arrange). The application of this conscious alphanumeric principle in P.O.P's work is confirmed by other pieces of the *1st Symposium*: *Day Off* of August 10th and *Schedule 288* from August 8th to 10th, 1981 (the data: Saturday ... 35 m // 8 m . 8 m . 1 m . 9 m . 8 m . 1 m .... Sunday ... 34 m // 1 m . 5 m . 8 m . 1 m . 9 m . 8 m . 1 m). In the piece *OKTORÚ-RUTOKO* (a play on the Slovak word *útorok* [Tuesday], the day on which it was staged) of August 11th the agenda includes not just the numbers of the date and names of objects but also specification of the attributes of the object or activity, with the words in Slovak for gold, stretched-out figure, sprinkle, adapt, place on, aromatic whose initial letters, moreover, spell the name Zuzana. August 11th was the day for the piece *Zasex*, an erotic ritual in which a naked Oravec »performs« on stone genitalia following the schema »beloved ... paranoid ... stone // ... // enticing ... weary ... stone // ... // splendid ... aloof ... stone //---. Stones are placed to form two »legs« and create the image of a crotch: a stone crotch which the »priest« of the ritual is instructed to »smile at, pat, feel, push apart, commune with and kick.«

Similar approaches to the construction of ritual or performance are also to be found in the *Sun* (1983) or *Root II (1984)* actions at the Orava dam. Artprospekt P.O.P also employed a deliberate alphanumerical agenda – at once revelatory and arcane – in the contributions – both private and political – to *Terrain*. It also appears – in a fusion of performance and installation – in the important show *Oravec 30 Pagáč* held at the exhibition rooms of the Slovak Fine Arts Fund on Bratislava's Michalská ulica (street) and masterminded with great invention by Jana Demová, the wife of Viktor Oravec. The form of the concluding phase of action, that of the body-art ritual, thus acquired in the work of P.O.P a robust, clear and yet unexpectedly »elastic«, as well as obscuringly complicated, form which has been discussed and elucidated in many very different and even contradictory ways.

The history of action does not, of course, come to an end with this magnificent contribution. In 1984 Michal Murin began an oeuvre whose development has involved association with Transmusic Comp. and the Balvan mime theatre. Among older artists, Jana Želibská from the group of »founders« allies the continuing development of performance with video work (*Message*, staged in Prague in 1996). And this continuity is a message of life and death, a message truly monumental. It is entirely licit that on a new level and in new circumstances a reassessed principle of body art should begin to surface. We welcome such a development: because it reminds us of body-art endeavours of the past; because it celebrates Slovak body art, which, particularly in the rituals of the 1970s and 1980s, matured into an unbelievable miracle of human self-liberation; because body art, which has the power to mature once more in a new guise, is capable of transcending new borders unassailable for painting, sculpture and other forms which here preceded it in the endeavours at the end of the 1950s and the first half of the 1960s.

ARTPROSPEKT P.O.P

Člani / Members: **Ladislav Pagáč, Viktor Oravec, Milan Pagáč**

Drznost, 1981, L'ubietová

Drznost je del *I. simpozija* Artprospekta P.O.P (8.-16.8.1981, L'ubietová) in je zabeležen v načrtu (*Razpored 288*, 08.8.1981-16.8.1981) in dokumentaciji z dne 12.8.1981. Ta datum določa dolžino trakov, na katerih Milan Pagáč visi gol z rokami iztegnjenimi proti tlem nad ceremonialnim prostorom (glava = 1 m, prsi = 2 m, popek = 8 m, boki = 1 m, golenice = 9 m, gležnji = 1 m). Obred *Drznost* sestavlja več delov: *Dimne zavese, Akustične zaznave* (Viktor Oravec ustvarja kakofonijo zvokov in vpije v gozdu), *Začetek guganja, Instalacija* (Oravec na viseče telo položi hipodermično iglo, nit, zavojček oranžade v prahu, travo, abecednik, lobanjo, izvod avtomobilistične revije, limono, kremo za telo in aluminijasto folijo). Del z naslovom *Pantomima* je podobno razdeljen na tresenje, požiranje, stiskanje, vrtenje itd. Obred je trajal približno pet ur.

Radislav Matuštík

***Daring,* 1981, L'ubietová**

***Daring* is part of Artprospekt P.O.P's *Symposium I* (8.-16.8.1981, L'ubietová) and appears in the plan (*Schedule 288,* 08.8.1981 -16.8.1981) and in documentation dated 12.8.1981. This date determines the length of ribbons on which Milan Pagáč hangs naked, his hands stretched towards the ground, above the ceremonial space (head = 1 m, chest = 2 m, navel = 8 m, hips = 1 m, shins = 9 m, ankles = 1 m). The *Daring* ritual comprises the parts *Smoke Screens, Acoustic Perceptions* (Viktor Oravec produces cacophony and shouts in the wood), *Starting to Swing, Installation* (Oravec places on the suspended figure a hypodermic syringe, a thread, a sachet of sherbet powder, grass, a spelling primer, a skull, a copy of a motoring magazine, a lemon, skin cream and aluminium wrapping foil). The part *Mime* is similarly divided into shaking, downing at one gulp, squeezing, rotating... The ritual lasted about five hours.**

Radislav Matuštík

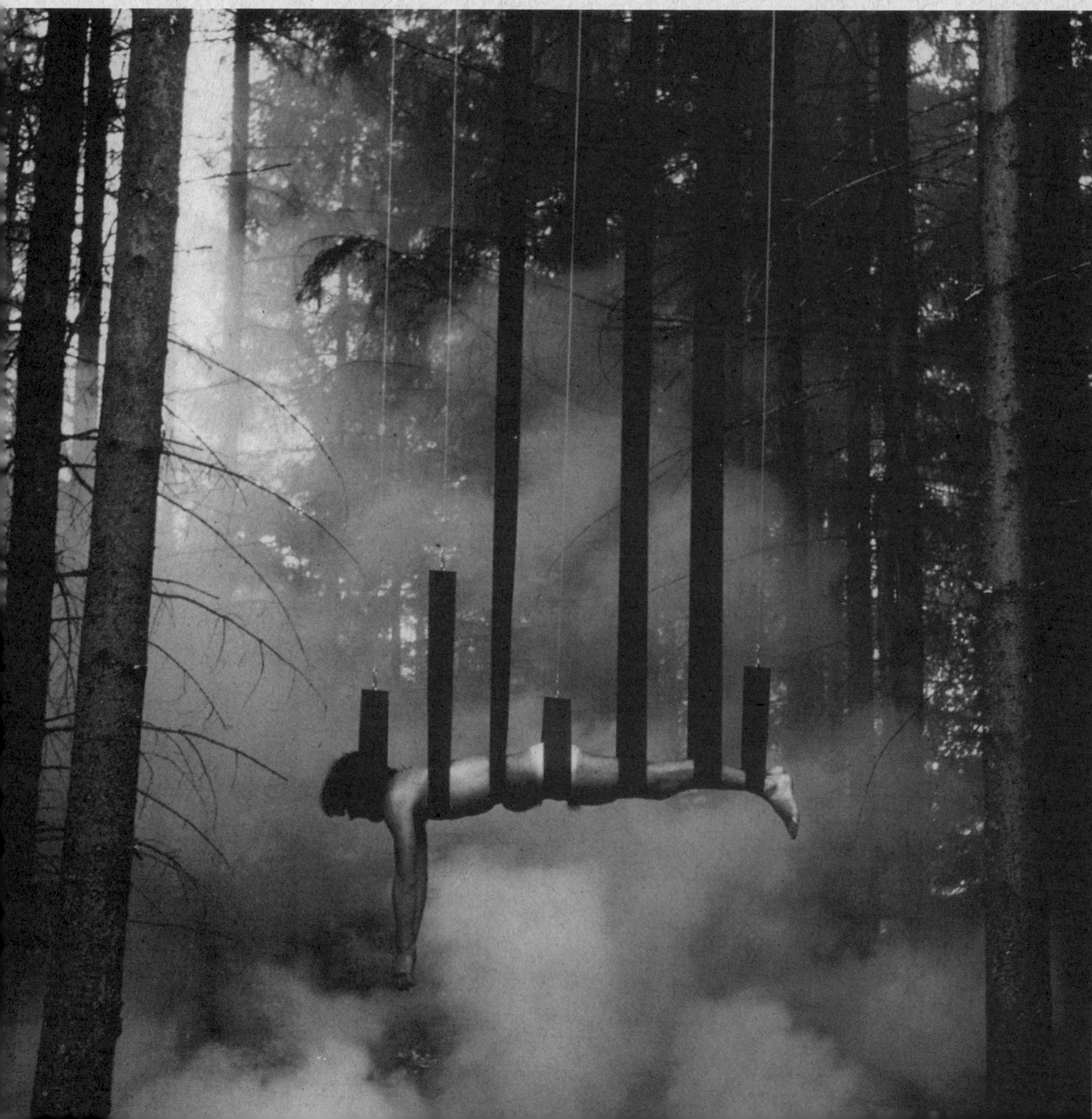

ARTPROSPEKT P.O.P. : **1979 – 1985**

Člani / Members: **Ladislav Pagáč, Viktor Oravec, Milan Pagáč**

BIOGRAFIJA / BIOGRAPHY

Ladislav Pagáč
Rojen / Born : **1949**
Šolanje / Education : **1970 – 1977 University of Fine Arts and Design, Bratislava**
Živi in dela / Lives and works : **Lednické Rovne**

Viktor Oravec
Rojen / Born : **1960**
Šolanje / Education : **1979 – 1985 University of Fine Arts and Design, Bratislava**
Živi in dela / Lives and works : **Bratislava**

Milan Pagáč
Rojen / Born : **1960**
Šolanje / Education : **1979 – 1985 University of Fine Arts and Design, Bratislava**
Živi in dela / Lives and works : **Bratislava**

IZBRANA BIBLIOGRAFIJA
SELECTED BIBLIOGRAPHY

Vladimír Beskid, *Elektráreň T = Power Station T*, razstavni katalog / exhibition cat., Poprad, 1993.
Vladimír Beskid, *Viktor Oravec – Milan Pagáč*, razstavni katalog / exhibition cat., Vojtech Löffler Museum, Košice, 1995.
Jana Demová, *Oravec 30 Pagáč*, razstavni katalog / exhibition cat., Exhibition hall of SFVU, Bratislava, 1990.
Radislav Matuštík (ur./ed.), *Terén = Terrain, I – V*, samizdat, Bratislava, 1982, 1983, 1984, 1984, 1985.
Radislav Matuštík, *Suterén = Basement*, razstavni katalog / exhibition cat., samizdat, Bratislava, 1989.
Alena Vrbanová, Ratislav Matuštík, *Untitled*, razstavni katalog / exhibition cat., State Gallery, Banská Bystrica, 1995.
_____, *Umění akce = Art of Action*, razstavni katalog / exhibition cat., Mánes, Praga / Prague ; Žilina, 1991.

Peter Bartoš

Balnea, 1970, Bratislava

Na *I. Odprtem ateljeju* v Bratislavi novembra 1970 se je Bartoš predstavil z instalacijo, akcijo-instalacijo in prvim primerom body arta na Slovaškem. Na verandi hiše, ki je bila spremenjena v neuradno zasebno galerijo, je v umivalnik izpraznil škatlo za izvoz namenjenega blata iz zdravilišča Piešťany. V blato je pomočil roke in dlani ter prste pritisnil na belo brisačo. Nato se je priklonil in odtise pokazal navzočim, ki jih je povabil, da naj dejanje ponovijo.

Radislav Matuštík

***Balnea,* 1970, Bratislava**

At the *1st Open Studio* in Bratislava in November 1970 Bartoš contributed, in addition to installation and action-installation ideas, the first-ever body-art piece in Slovakia. In the porch of a house which had been transformed into an unofficial private gallery he emptied into a washbasin a cube of export-quality mud from the spa resort of Piešťany. He then plunged his hands into the mud and pressed the palms and fingers of both onto a white towel. Stooping forward, he presented these impressions to the participants and invited them to repeat this simple gesture.

Radislav Matuštík

BIOGRAFIJA / BIOGRAPHY

Šolanje / Education : **1960 – 1966 University of Fine Arts and Design, Bratislava**
Živi in dela / Lives and works : **Češka / Czech Republic (od 1991 / since 1991)**

IZBRANA BIBLIOGRAFIJA
SELECTED BIBLIOGRAPHY

Radislav Matuštík, *»...predtým« = »...before« : Crossing the Limits, 1964 – 1971*, Museum of Arts, Žilina, 1994.
Tomáš Štraus, *Slovenský variant moderný = Slovak Variant of Modern Art*, Bratislava, 1992.
_____, »Skepsa proti optimizmu = Scepticism versus optimism«, *Výtvarný život*, vol. 35, no. 7, 1990, pp. 1 – 10; *Výtvarný život*, vol. 35, no. 8, 1990, pp. 1 – 12, diskusija / discussion : **Tomáš Štraus, Radislav Matuštík, Július Koller, Michal Kern, Peter Bartoš.**

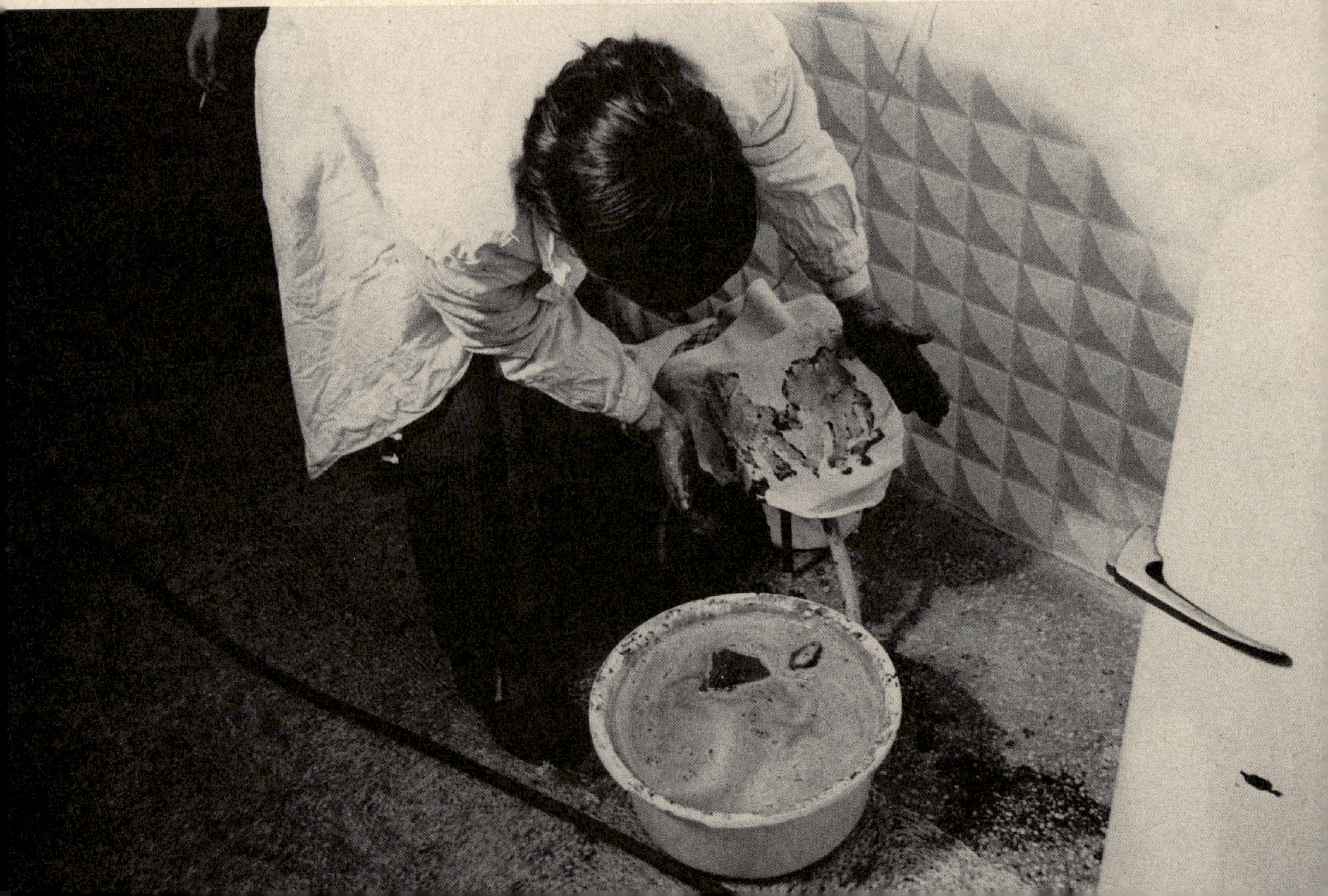

L'ubomír Ďurček

Horizontalno in vertikalno gibanje, 1987, Bratislava

V letih represije je Ďurček opustil slikarstvo in se med drugim začel ukvarjati s prepovedano akcijo, alternativnimi filmi, videom in delom s časopisi. Njegov pomemben prispevek k body artu je umeščen v mesto, kjer odkriva absurd in znake propada. *Horizontalno in vertikalno gibanje* je delo, ki je uprizorjeno v središču Bratislave, na začetku Obchodne ulice, v množici mimoidočih. Umetnik mimoidoče »ovira«, roke drži ujete pod svojimi nogami, pri tem pa opazuje, kaj se dogaja okrog njega. Potem se poskusi zravnati, iztegniti noge, a ker so roke pod nogami, ostane v istem, pripognjenem položaju. Kakršna koli možnost za zravnano držo je izključena ...

Radislav Matuštík

***Horizontal and Vertical Movement,* 1987, Bratislava**

In the years of repression Ďurček turned from painting to the banned pursuits of action, alternative film and video, work with newspapers, and so on. His body-art pieces located in the city, where he discovers absurdity and signs of decay, are important. *Horizontal and Vertical Movement* is a piece he staged in the centre of Bratislava, at the beginning of Obchodná ulica (street), amid large numbers of passers-by. He stands »in the way«, his hands trapped under his feet, and observes what is going on around him. Then he tries to stand upright, to straighten his legs – but, given that his hands are under his feet, he is forced to remain bent over. The possibility of an upright position is excluded...

Radislav Matuštík

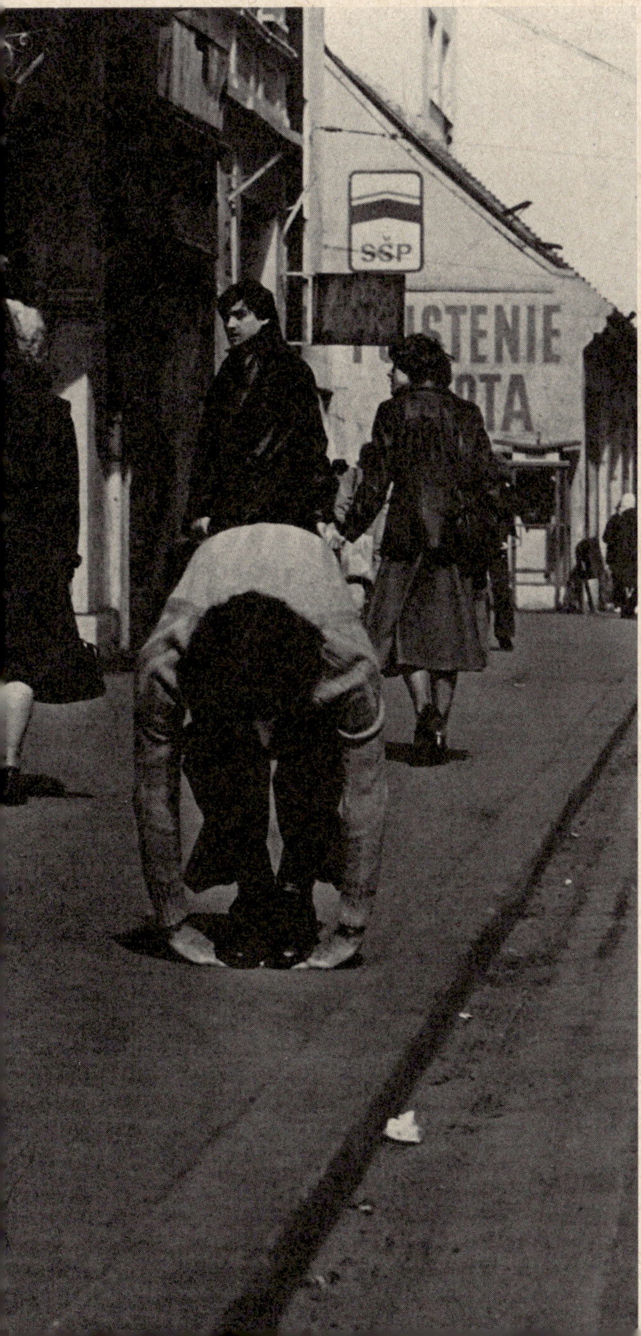

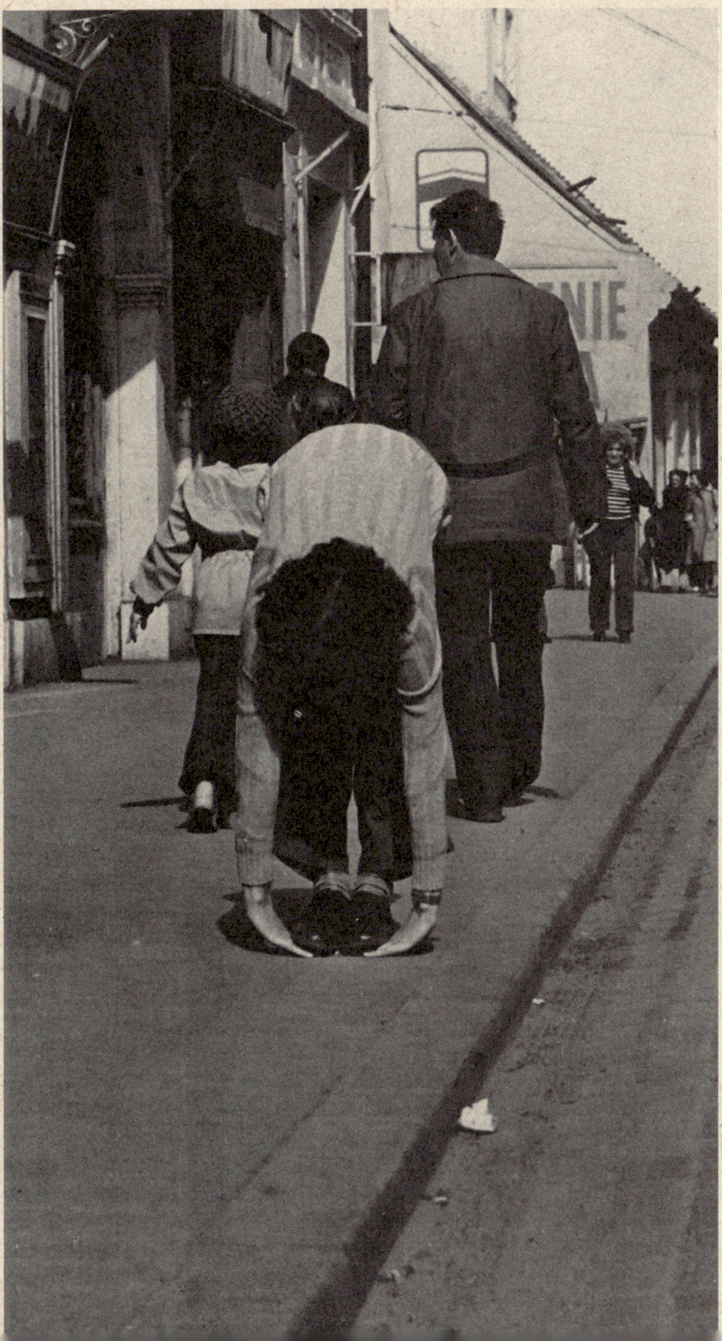

BIOGRAFIJA / BIOGRAPHY

Rojen / Born : **1948**
Šolanje / Education : **University of Fine Arts and Design, Bratislava**
Živi in dela / Lives and works : **Bratislava**

IZBRANA BIBLIOGRAFIJA
SELECTED BIBLIOGRAPHY

J. Macko, »Slovak Alternativ and Experimental Film«, *Moveast*, no. 2, 1985, pp. 25 – 37.
Radislav Matuštík (ur./ed.), *Terén = Terrain, I – V*, samizdat, Bratislava, 1982, 1983, 1984, 1984, 1985.

Michal Kern

Sledovi v pesku, 1976, Močiare pri Liptovskem Mikulášu

Tako kot večino svojih manjših akcij izvaja pred kamero na stativu v zasebnosti svojega družinskega doma v Močiarah v osrednji Slovaški, Kern tudi svoja body art dela uprizarja v ozkem krogu družine in prijateljev ter občasno razstavlja fotografije na Moravskem ali pa jih pokaže svojim prijateljem v Bratislavi. V letih, ko so bili land art, konceptualistična umetnost in performans prepovedani, je izvedel svoje delo *Sledovi v pesku.* Gole človeške noge puščajo sledove v pesku Zemlje. Človek vstopi v naravo gol, kot je narava sama, in s spoštovanjem si ogleduje odtise svojih bosih nog med odtisi in sledovi živali, žuželk, vetra in dežja.

Radislav Matuštík

***Tracks in Sand,* 1976, Močiare near Liptovský Mikuláš**

Just as Kern carries out the majority of this mini-actions for still camera in the isolation of his family home at Močiare in Central Slovakia, so, too he stages his body-art pieces in the circle of family or friends, perhaps subsequently exhibiting the photographs in Moravia or bringing them to Bratislava to show to friends. In the years when land-art, conceptual and performance activities were banned, he executed his *Tracks in the Sand*. Naked human feet make tracks in the sand of this Earth. Man enters Nature naked as Nature is herself, and in awe looks at the impression of his own unshod foot among the impressions and tracks of animals, insects and the wind and the rain.

Radislav Matuštík

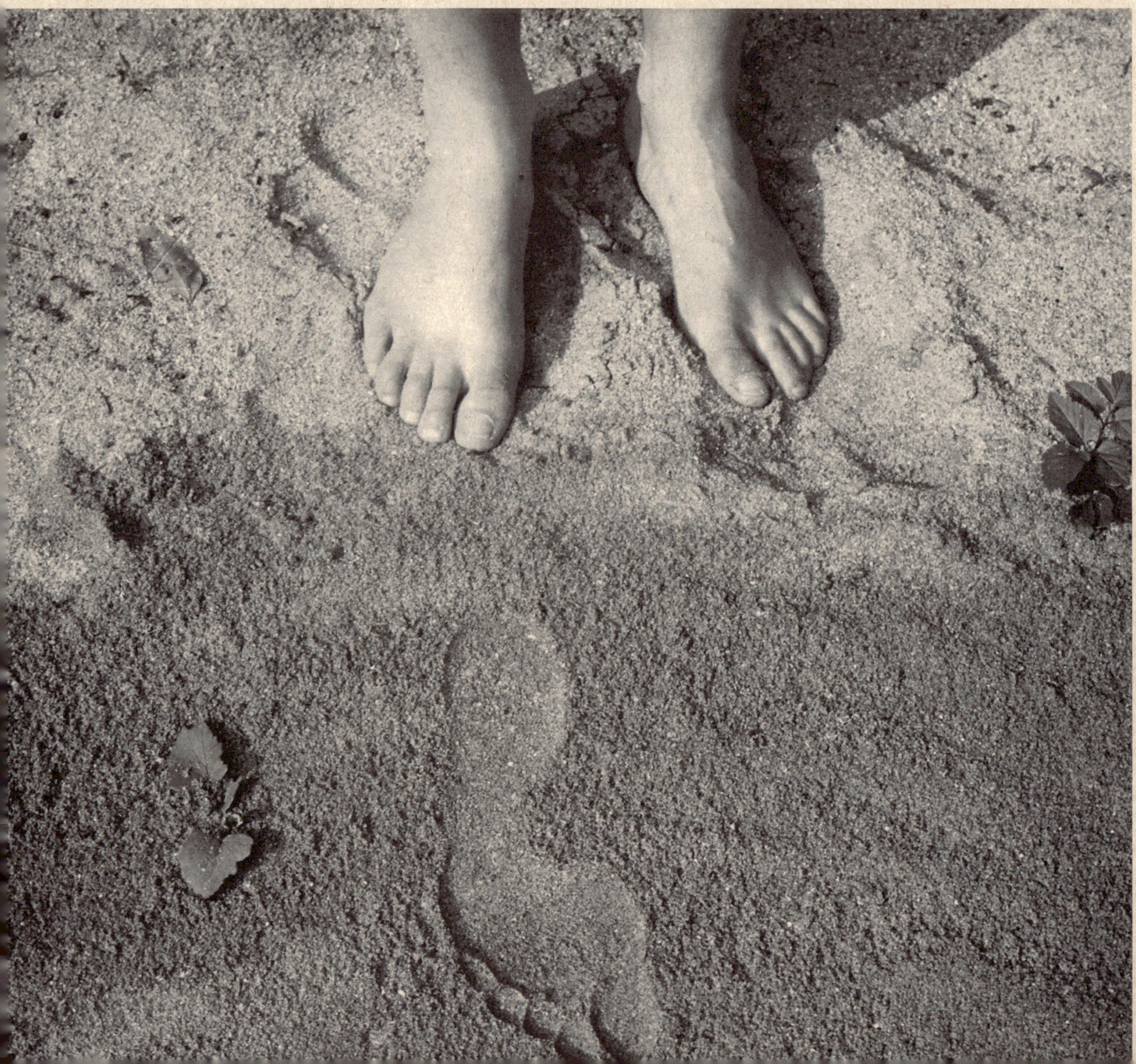

BIOGRAFIJA / BIOGRAPHY

Rojen / Born : **1938**
Šolanje / Education : **1956 – 1962 University of Fine Arts and Design, Bratislava**
Umrl / Died : **1994**

IZBRANA BIBLIOGRAFIJA
SELECTED BIBLIOGRAPHY

Ivo Janoušek, *Michal Ker : Stopy a pocity, 1975–1981*, razstavni katalog, exhibition cat., Ostrava, 1981.
Radislav Matuštík, *Nicgal Kern*, razstavni katalog / exhibition cat., Fiatal Művészak Klubja, Budimpešta / Budapest, 1987.
Radislav Matuštík, *Michal Kern : Jubilejná výstava: Tvorba s rokov +975 – 1988*, razstavni katalog / exhibition cat., Mikuláš, 1988.
Radislav Matuštík, Katarína Rusnáková, Rudolf Sikora etc., *Michal Kern*, razstavni katalog / exhibition cat., PGU, Žilina, 1996.
Zora Rusinová etc., *Slovak Art in 60–ties* , razstavni katalog / exhibition cat., Slovak National Gallery, Bratislava, 1995.
Katarína Rusnáková, Radislav Matuštík etc., *Museum of Art Žilina 1976–1996*, razstavni katalog / exhibition cat., Museum of Art, Žilina, 1996.
Ladislav Snopko, Zuzana Bartošová, *Dotyky a spojenia 3*, Bratislava, 1986.
_____, *Hills and Mills*, razstavni katalog / exhibition cat., Amsterdam, Bratislava, 1992.

Peter Meluzin

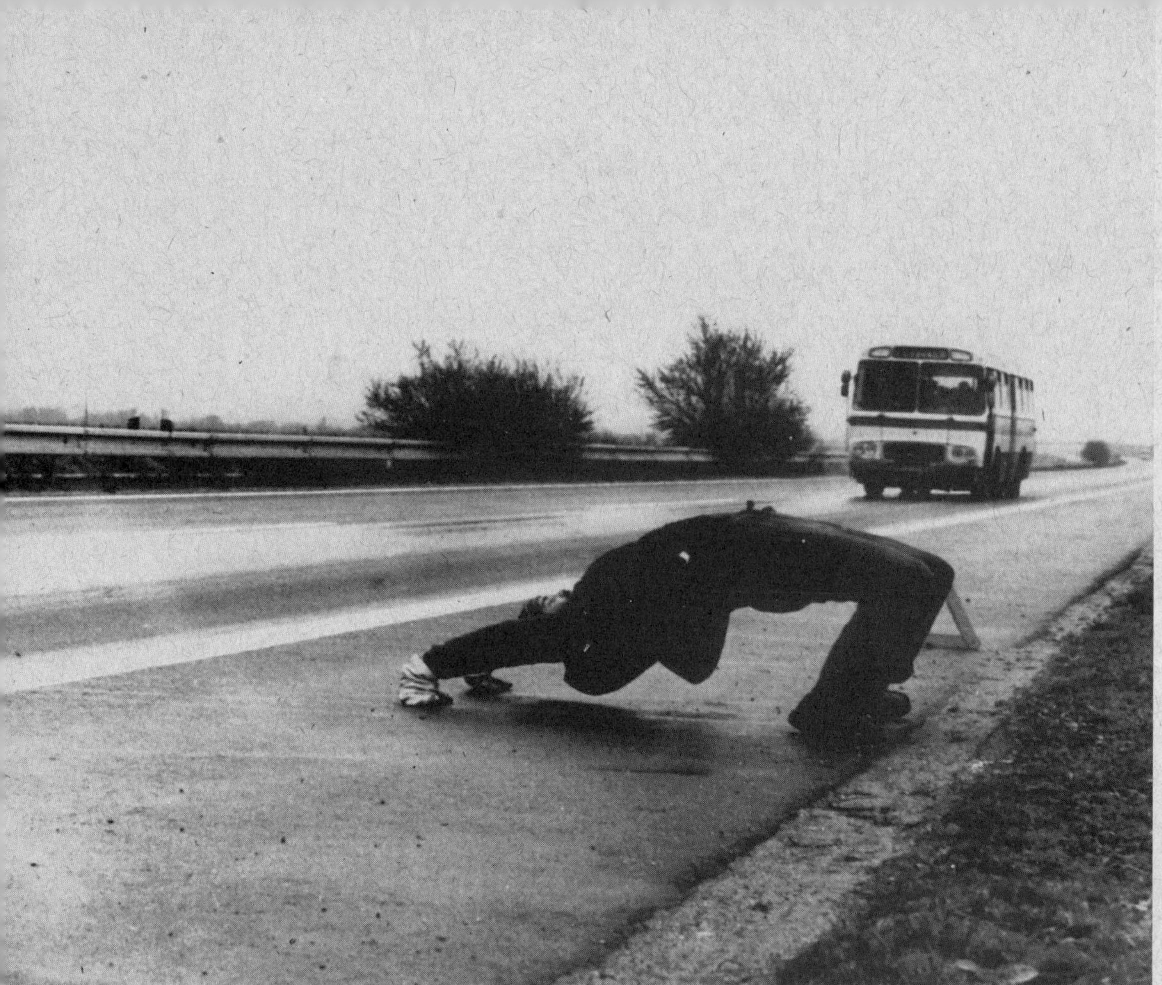

Event-ualnost, 1981, okolica Bratislave

Meluzin je to body art delo – iz serije akcij, ki vključujejo njegove prijatelje – izvedel ob avtocesti, ki prek Brna povezuje Prago z Bratislavo. Ko prispe avtobus iz Moravske, ga pozdravi tako, da izvede popolno gimnastično figuro most za rdečim odsevnim trikotnikom, ki se ponavadi uporablja pri avtomobilski nesreči. Avtobus prihrumi mimo Meluzina z vso hitrostjo in v rahlem pljusku vode s površine avtoceste se most zlomi in podre. Umetnik pade z rameni hrbtno na cesto.

Radislav Matuštík

***Event-uality,* 1981, near Bratislava**

Meluzin executed this body-art piece – part of a series of activities involving his friends – at the side of the motorway from Prague to Bratislava via Brno. When the bus from Moravia arrives, he greets it with his body forming a perfect gymnastic bridge behind a red reflecting triangle of the kind used in the case of a break-down. The bus passes at full speed around Meluzin and in the faint spray of water from the motorway surface the bridge is broken and collapses. The artist falls with his shoulders and back on the road.

Radislav Matuštík

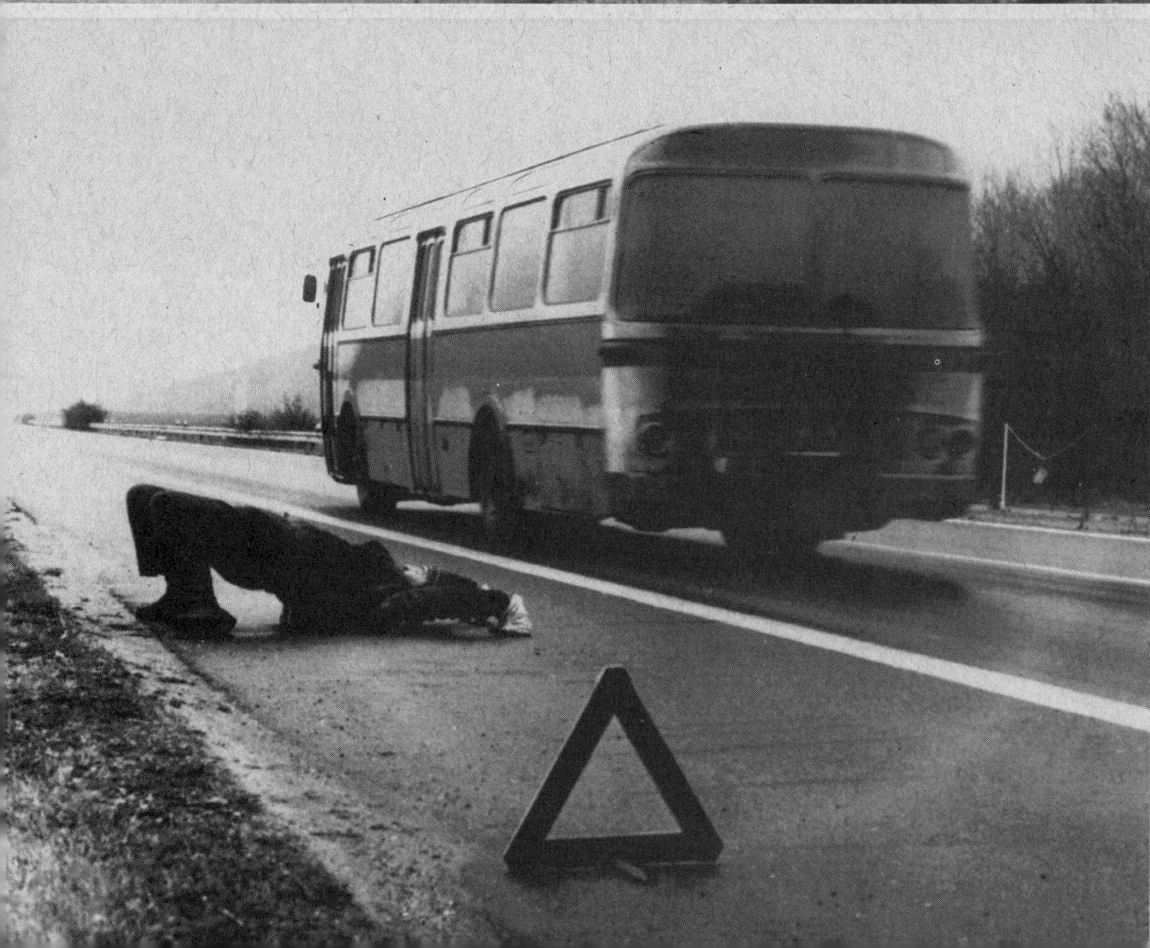

BIOGRAFIJA / BIOGRAPHY

Rojen / Born : **1947**
Šolanje / Education : **1965 – 68 Technical University, Bratislava ; 1968 – 1970 Comenius University, Bratislava ; 1970 – 1976 University of Fine Arts and Design, Bratislava**
Živi in dela / Lives and works : **Bratislava**

IZBRANA BIBLIOGRAFIJA
SELECTED BIBLIOGRAPHY

Vladimír Beskid, *Elektráreň T = Power Station T*, razstavni katalog / exhibition cat., Poprad, 1993.
Peter Bläuer, *Tu a tam = Hier und dort*, razstavni katalog / exhibition cat., Bratislava, 1994.
Radislav Matuštík (ur./ed.), *Terén = Terrain, I – V*, samizdat, Bratislava, 1982, 1983, 1984, 1984, 1985.
Braňo Rezník, Ratislav Matuštík, *Disperia : Contemporary Slovak Art*, razstavni katalog / exhibition cat., Art Gallery, Ostrava, 1994.
Zora Rusinová, *Garden of Epicurus*, razstavni katalog / exhibition cat., Slovak National Gallery, Bratislava, 1996.
Zora Rusinová, *Limitlos–Mimo Limity*, razstavni katalog / exhibition cat., Kunsthalle, Dresden, 1997.
Katarína Rusnáková, *Mouse Killer*, razstavni katalog / exhibition cat., Museum of Art, Žilna, 1995.
Katarína Rusnáková, Radislav Matuštík etc., *Museum of Art Žilina 1976–1996*, razstavni katalog / exhibition cat., Museum of Art, Žilina, 1996.
Alena Vrbanová, Ratislav Matuštík, *Untitled*, razstavni katalog / exhibition cat., State Gallery, Banská Bystrica, 1995.

Vladimír Kordoš

Hommage Messerschmidtu, 1989, Nové Zámky

Na *Festivalu alternativne umetnosti* v Novih Zámkah je Kordoš na video posnel (iz negibnega zornega kota) body art delo, ki združuje besedilo, diaprojekcijo umetniških del, striženje umetnikovih las in obrazne grimase. Vse to se nanaša na kiparja Messerschmidta in njegove študije različnih glav. Kordoš sedi na odru, oblečen v hlače in belo srajco, ter bere odlomke besedil o tem bratislavskem kiparju. Diaprojekcija Messerschmidtovih študij je izvedena na karton, ki ga drži v višini svojih prsi. Potem si sleče srajco. Pojavi se frizerka, ki razprostre belo ogrinjalo okrog njegovih ramen in mu začne striči lase. Ko frizerka odide, Kordoš inhalira iz steklenice s kemikalijami, kar povzroči grimaso, podobno tistim v Messerschmidtovem delu.

Radislav Matuštík

***Homage to Messerschmidt,* 1989, Nové Zámky**

At the *Festival of Alternative Art* in Nové Zámky Kordoš videotaped (from a fixed angle) a body-art piece which brings together text, slide projection of works of art, the cutting of the artist's hair and the pulling of faces, all alluding to the sculptor Messerschmidt and his character studies of heads. Kordoš sits on the stage wearing trousers and a white shirt, reads extracts about this Bratislava sculptor, and has slides of his studies projected on a card which he holds against his chest. He then takes off his shirt, a (female) hairdresser arrives, spreads a white cloth over his shoulders and begins to cut off his hair. When she has left, Kordoš inhales from a bottle containing chemicals which induce a striking grimace of the kind associated with Messerschmidt's works.

Radislav Matuštík

BIOGRAFIJA / BIOGRAPHY

Rojen / Born : **1945**
Šolanje / Education : **1960 – 1964 University of Fine Arts and Design, Bratislava**
Živi in dela / Lives and works : **Bratislava**

IZBRANA BIBLIOGRAFIJA
SELECTED BIBLIOGRAPHY

Etienne Cornevin, Jiří Valoch, Jana Geržová, *A – R*, razstavni katalog / exhibition cat., Bratislava, 1992.
Ivan Jančár, *Bratislava – Amsterdam : Close Encounter*, Bratislava 1993.
Václav Macek, *Súčasná slovenská fotografia = Slovak Contemporary Photography*, razstavni katalog / exhibition cat., MK SR, Bratislava, 1991.
Radislav Matuštík (ur./ed.), *Terén = Terrain, I – V*, samizdat, Bratislava, 1982, 1983, 1984, 1984, 1985.
Radislav Matuštík, *»...predtým« = »...before« : Crossing the Limits, 1964–1971*, Museum of Arts, Žilina, 1994.
Dezider Tóth (ur./ed.), Radislav Matuštík, *Mýtus = Myth : 7th Bratislava Championship in the Shunting of an Artefact*, Bratislava, 1984.
_____, *Posun = Shunt : In memoriam Igor Kalný*, samizdat, Bratislava, 1986.

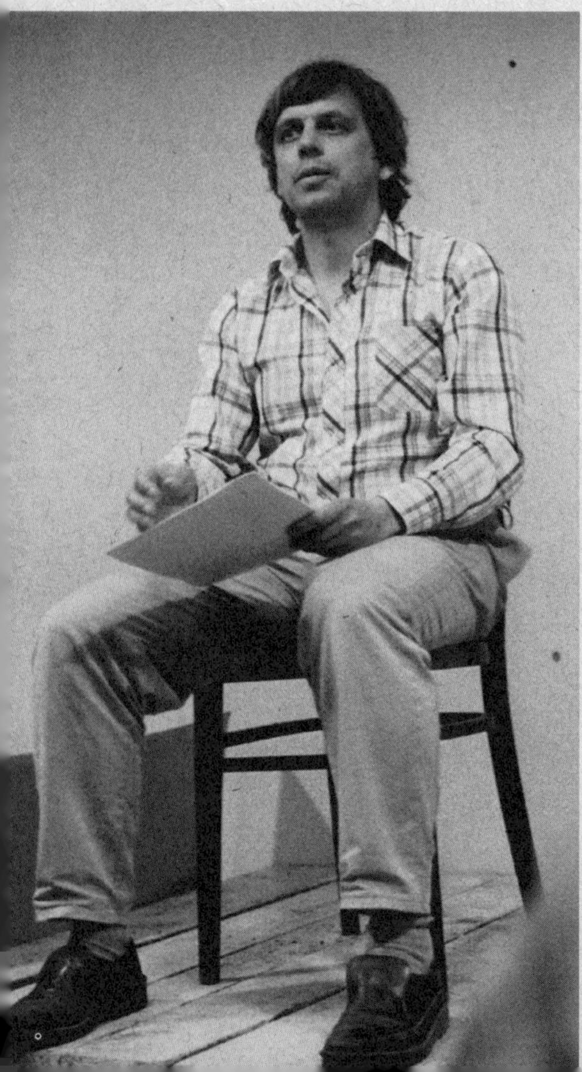

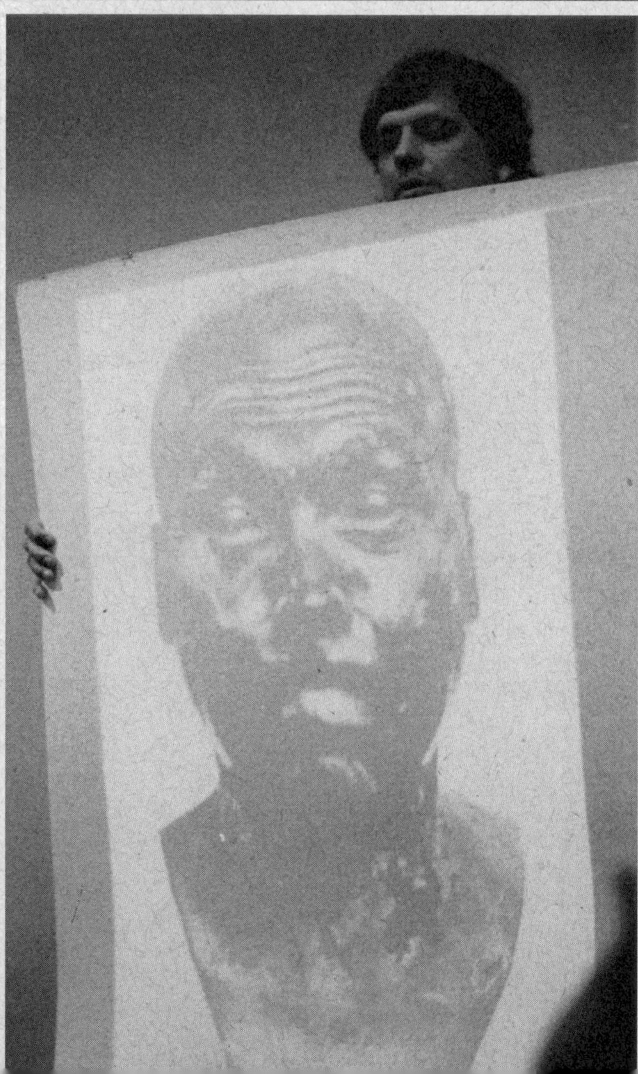

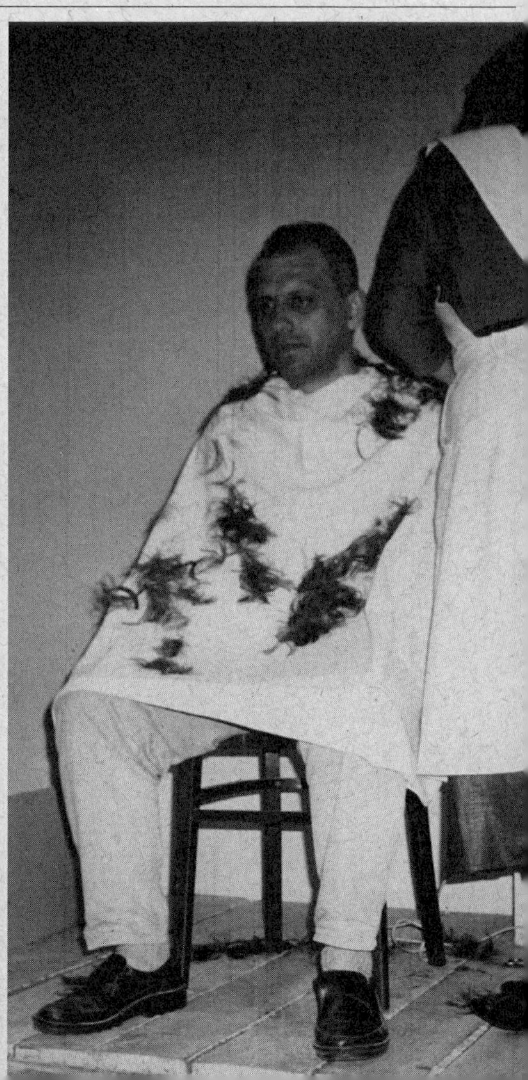

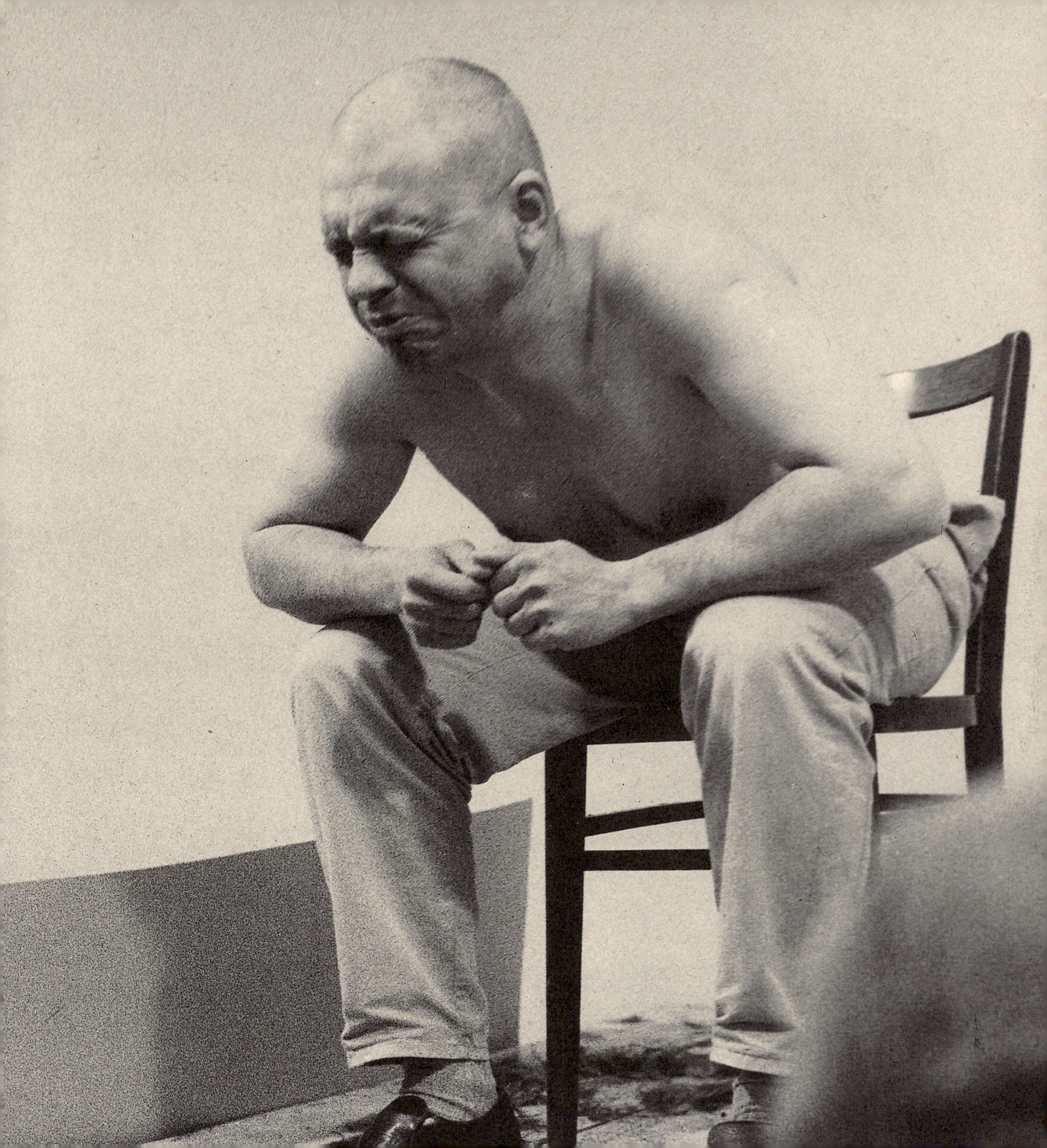

Dezider Tóth / D.T.

Romanje k usmiljenim okovom, 1974, okolica Bratislave

V gozdu na obrobju Bratislave, v bližini Železne studničke, je Tóth izvedel eno izmed mnogih akcij komunikacije z naravo. Ob tej priložnosti si je pridobil biblično in erotično razumevanje znanja. Spoznal je skrivnost narave tako kot moški pozna žensko. Delal je bos, s travnatimi semeni in medom. Z medom si je namazal noge in jih posul s semeni, ki so se prilepila na noge. Med hojo je nato »oplodil« tla in prenesel sporočilo rasti. Hodil je tako po zemlji kot po pustih kamnitih tleh. S tem služenjem naravi je prišel do globljega razumevanja.

Radislav Matuštík

***Pilgrimage to Merciful Shackles,* 1974, near Bratislava**

In a forest on the outskirts of Bratislava, near Železná studnička Tóth executed one of his many acts of communication with nature. On this occasion he attained to biblical and erotic understanding of knowing. He knew the mystery of nature as a man knows a woman. He worked with bare feet, grass seeds and honey, smearing his feet with the honey and then pouring the seeds onto his feet, to which they stuck. By walking about he then »fertilised« the ground, bringing the message of growth. He walked both on soil and on barren and stony ground, doing so in the service of nature and for deeper understanding.

Radislav Matuštík

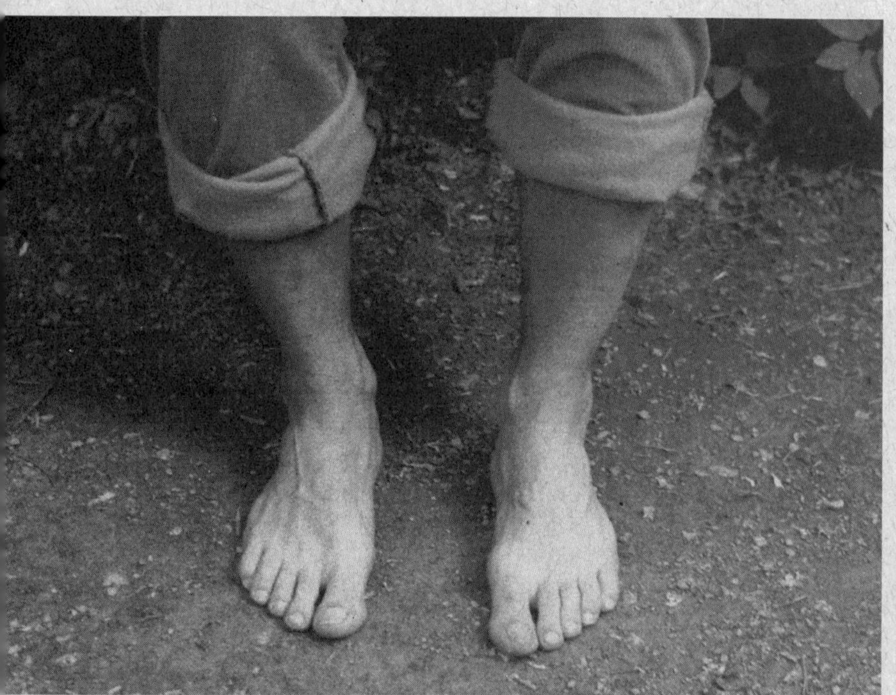

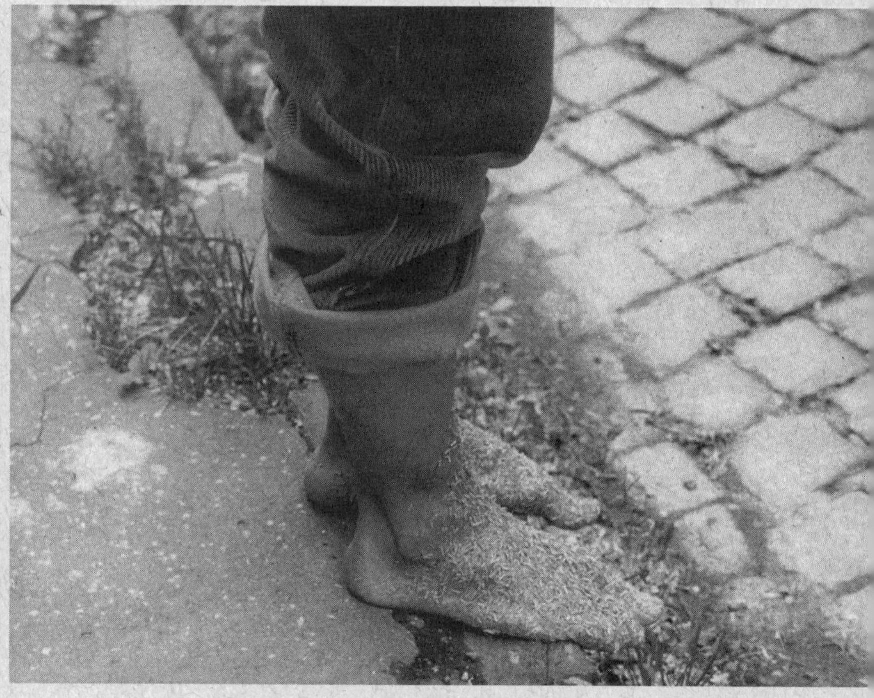

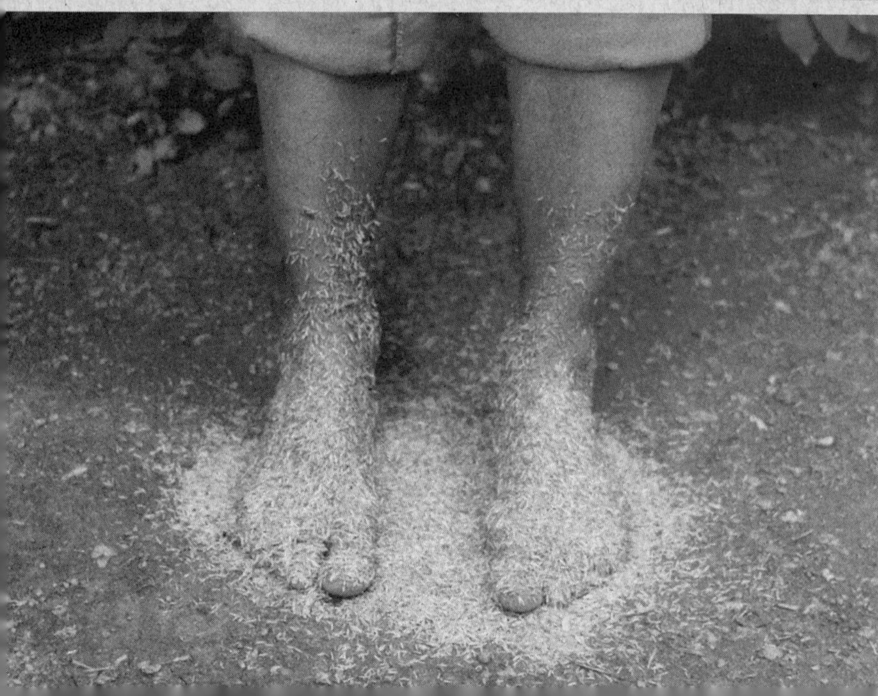

BIOGRAFIJA / BIOGRAPHY

Rojen / Born : **1947**
Šolanje / Education : **1966 – 1972 University of Fine Arts and Design, Bratislava**
Živi in dela / Lives and works : **Bratislava**

IZBRANA BIBLIOGRAFIJA / SELECTED BIBLIOGRAPHY

Zuzana Bartošová, Radislav Matuštík, Jiří Valoch etc., *Dezider Tóth 67 – 94*, razstavni katalog / exhibition cat., O.K.O. Agency, Bratislava, 1994.
Radislav Matuštík (ur./ed.), *Terén = Terrain, I – V*, samizdat, Bratislava, 1982, 1983, 1984, 1984, 1985.
Geraldine Ondrizek etc., *Samizdat : Book and Installation Art from Central and Eastern Europe 1970 – 1996*, Portland (Oreg.) : Reed College, 1997.
Zora Rusinová, *Garden of Epicurus*, razstavni katalog / exhibition cat., Slovak National Gallery, Bratislava, 1996.
Dezider Tóth (ur./ed.), Radislav Matuštík, *Mýtus = Myth : 7th Bratislava Championship in the Shunting of an Artefact*, Bratislava, 1984.
_____, *Posun : Shunt : In memoriam Igor Kalný*, samizdat, Bratislava, 1986.

Slovenija / Slovenia

Igor Zabel

Body art v slovenski umetnosti: od šestdesetih do osemdesetih let

OHO: od osvobojenega do kozmičnega telesa

Začetki body arta v slovenski umetnosti so povezani z OHO-jem, avantgardističnim gibanjem, ki je od srede 60. let do samoukinitve leta 1971 razvilo živahno in raznolično umetniško dejavnost. V skladu s širjenjem pojma in področja umetniške dejavnosti po eni strani in osvobajanjem telesa od tradicionalnih konvencij in omejitev po drugi je ohojevska dejavnost tako rekoč ves čas vključevala telo kot svojo pomembno komponento. Vendarle je treba reči, da vseh različnih primerov rabe telesa ne bi mogli uvrstiti v body art v ožjem smislu (kolikor ga razumemo kot tisto umetnost, pri kateri umetnik neposredno rabi lastno telo); šlo je tudi za performanse, hepeninge itn., pa tudi za dogodke, ki jih ne bi mogli enoznačno opredeliti (ideja »vmesnosti«, »intermedialnosti« je bila na sploh značilna za OHO).[1]

Problematiko ohojevskega body arta moramo začeti z akcijo, ki jo je član OHO-ja Marko Pogačnik izpeljal na razstavi del gorenjskih likovnikov v Kranju leta 1966. Šlo je pravzaprav za protestno akcijo; Pogačnikova dela so namreč zaradi pritiskov lokalnih politikov odstranili z razstave. Avtor se je zatorej odločil, da bo razstavil samega sebe, svoje telo. V času, ko je bila razstava odprta, je stal v razstavnem prostoru, in sicer v klasičnem kontrapostu, okrog vratu pa je nosil tablo, na kateri je pisalo, da razstavlja svoje telo, ker mu ne dovolijo razstavljati del.[2] Tu je pomembno, da Pogačnik te akcije ni razumel zgolj kot protest, temveč eksplicitno tudi kot možnost rabe lastnega telesa kot umetniškega sredstva.[3] Vsaj deloma je bila akcija tako tudi razumljena.[4]

Kljub temu zgodnjemu začetku ohojevskega body arta pa nadaljnjih projektov, pri katerih je bilo izraziteje angažirano telo, ne bi mogli uvrstiti v body art v ožjem smislu, temveč gre bolj za hepeninge in performanse (nekateri pisci[5] govorijo tudi o »fluxus akcijah«).[6] Pač pa bi lahko v body art uvrstili akcijo, ki jo je Andraž Šalamun leta 1969 izpeljal v svojem ambientu *Gozd*. Šalamun je izrabil ambient iz napihnjenih, mehkih oblik kot erotično okolje za svoje telo. Erotizirano telo je bilo nato še bolj izrazito navzoče v projektu *Kama Sutra*, ki je bil v fotografski obliki objavljen leta 1970.

V kontekstu body arta je zanimiv tudi projekt Tomaža Šalamuna *Skulptura 117° C*. To delo moramo sicer razumeti predvsem iz avtorjeve osnovne težnje, da najrazličnejše predmete, situacije, razmerja itn. razglaša za »skulpture«, pri čemer mu fotografija rabi kot sredstvo za registriranje in posredovanje teh situacij. Toda pri omenjenem delu gre tudi za konkretno fizično izkušnjo vročine in mraza.[7]

Tomaž Šalamun se je izrazito telesno angažiral tudi pri dveh sorodnih si projektih, ki jih je izpeljal konec leta 1969 v Novem Sadu in Beogradu. V prvem primeru je šel peš od galerije do Petrovaradinske trdnjave in pri tem s kredo vlekel črto po tleh, v drugem pa je po tleh galerijskega prostora s flomastrom risal vzporedne črte. Pri obeh projektih gre kajpak za idejo risanja črte, vlečenja sledi itn., ki je bila močno navzoča v umetnosti 60. let, toda tu je treba črto razumeti tudi kot ostanek, sled telesnega gibanja.

Kot začetek ohojevskega body arta pa se pogosto omenja neki drug projekt, in sicer *Kozmologija* (1969) Davida Neza.[8] Delo samo najprej ni bilo zamšljeno kot okolje za umetnikovo telo, toda ko je Nez legel vanj, si položil kamen na trebuh in na poseben način dihal, ga je smiselno dopolnil in močno razširil njegove pomenske implikacije. Drža ležečega telesa v krogu, na primer, spominja na znano Leonardovo risbo; toda *Kozmologija* ne nakazuje toliko antropocentrične vizije kozmosa kot ekstatično doživetje telesa, ki se (npr. z dihanjem in meditacijo) harmonizira in zlije s kozmosom. Tu je treba omeniti, da se je Nez v zadnjem obdobju ohojevskega dela in še po samoukinitvi skupine intenzivno ukvarjal prav z dihanjem in idejo koordinacije telesnih procesov.[9]

Igor Zabel

Body Art in Slovene Art: 60s to 80s

OHO: From the Liberated to the Cosmic Body

The beginnings of body art in Slovenia are connected with OHO, an avant-garde movement which, from the mid-sixties until it dissolved in 1971, developed an intense and varied artistic activity. Following the extension of the concept and scope of art on the one hand and tendencies to liberate the body from traditional conventions and limitations on the other, the activities of OHO in general included the body as an essential aspect. Not all the cases of the use of the body, however, could be described as body art in the narrower sense (i.e. as an artistic activity in which the artist makes use of his/her own body), there were also performances, happenings or intermediate actions (The idea of an »intermediate« position was characteristic of OHO work in general.)[1]

The problematics of OHO body art began with the action of one of the founding members, Marko Pogačnik, which occured at an exhibition of regional artists in Kranj in 1966. This was, in fact, a protest action; because of pressure from local politicians, Pogačnik's works were removed from the show. The artist therefore decided to exhibit himself, i.e. his own body. During the opening hours, he stood in the exhibition room, in the classical contraposto stance, with a board hanging from his neck on which he had written that he was exhibiting his own body since he was unable to exhibit his works.[2] An important aspect here is that Pogačnik did not see this action merely as a protest, but explicitly also as the possibility of using his own body as a mean of artistic expression.[3] And at least some of the visitors understood it in such a way.[4]

In spite of this early beginning of body art issues in the work of OHO, the following projects which included a strong role of the body could not be described as body art proper, but as happenings and performances (some writers[5] speak about »Fluxus actions«).[6] The action by Andraž Šalamun in his environment, *Gozd* (*The Wood*), however, can be seen as body art. Šalamun used his environment made of soft forms, filled with air, as an erotic field for his body. The eroticized body was, even more emphatically, present in his *Kama Sutra* project, published as a photowork in 1970.

Tomaž Šalamun's project *Sculpture 117° C*, too, is interesting in the context of body art. This work should be understood from the artist's basic idea of declaring the most diverse objects, situations and relations to be »sculptures«, using photography as a means of registering and mediating these situations. The mentioned work, however, also includes a concrete physical experience of heath and coldness.[7]

In addition to this sculpture, Tomaž Šalamun involved his body in two related projects realized late in 1969 in Novi Sad and Belgrade. In the first case, he walked from the gallery in the city centre to Petrovaradin Forteress, continuously drawing a line with chalk, and in the second case, he drew parallel lines on the floor of the gallery room. Both projects, of course, involve the idea of drawing a line, leaving a trace etc., which was strongly present in the art of the sixties, but here, the line has to be understood also as the leftover trace of the involvement of the body.

The project which was often cited as the beginning of OHO body art is David Nez's *Cosmology* (1969). Originally, the work was not intended to be an environment for the artist's body, but since Nez decided to lie in it, put a stone on his stomach and breathe in a special way, he significantly supplemented his piece, and greatly expanded its connotations.[8] The posture of the recumbent body inside the circle, for example, is reminiscent of a well-known drawing by Leonardo; *Cosmology*, however, does not suggest the idea of an anthropocentric universe but rather an ecstatic experience of the body which can (through breathing and meditation)

Osemdeseta leta: uprizoritev, realnost in telo

Če ohojevski projekt vključuje idejo osvoboditve telesa in nato (prek ponovnega discipliniranja telesa v meditacijskih praksah, ritualih in ezoteričnem »šolanju«) vodi do njegove uskladitve s kozmosom ter se dopolni s poskusom celovite skupnosti, ki ne bi več ločevala življenja in umetnosti in bi živela usklajeno med seboj in z naravo oziroma kozmičnim redom (»Družina v Šempasu«), pa je telo v osemdesetih letih postavljeno v bistveno drugačne koordinate. Idejo telesa kot neposrednega, spontanega »izraza« je zamenjal razcep med identiteto in pojavnostjo, ki se najbolje realizira v ideji »imidža«. Tako imenovano »huligansko« obnašanje in oblačenje v 60. letih je vsebovalo idejo izražanja lastnega jaza proti konformizmu razvijajoče se porabniške družbe, »imidž« pa je zavestno prevzemanje vloge, torej igranje, prezentacija. V tem premiku se izraža resignirana odpoved utopiji 60. let, po kateri se je mogoče osvoboditi socialnih konvencij in določil in zaživeti pristno, neposredno in svobodno življenje. Pozna 70. in 80. leta so, narobe, pokazala, da je »pristnost« le iluzija ali celo ideološki obrazec; posameznik je neizbežno določen s socialnimi obrazci in formami (ki so, povrhu tega, oblike, skozi katere operira moč), zato je bilo treba razviti takšne oblike obnašanja in delovanja, ki so upoštevale to spoznanje. Nekateri performansi Marka Kovačiča, na primer *Casus belli*, so demonstrirali prav to ujetost posameznika in njegovega telesa v vnaprej dane vloge in položaje; poskus preboja te ujetosti v poudarjeni telesni izkušnji se zdi kot dejanje iz obupa in je obenem iluzorno.

Slikar Jože Slak – Đoka je od leta 1979 ob otvoritvah svojih razstav uprizarjal performanse, ki niso bili le parodično destruiranje uradnih ceremonialov ob odpiranjih in norčevanje iz klišejev o trpečem (slovenskem) umetniku, ki slika s svojo »srčno krvjo« itn.[10], temveč so bili tudi iskanje položajev in izkušenj, ki bi spodkopali prostor umetnosti kot območje udobne fikcije; gledalec naj bi se ob teh performansih počutil neprijetno, nelagodno. Tako je na neki razstavi naslikal na steno grafit, nato pa se je z žebljem pribil na steno; svojih sodelavcev sicer ni mogel prepričati, naj mu pribijeta še drugo roko, zato pa sta ga pobruhala po zelo formalni črni obleki, ki jo je oblekel za to priložnost.

Ideja »imidža« je torej izraz dobe, ki je imela idejo »avtentičnosti« za naivno in ki je razumela zavestno igro z videzi in vzorci obnašanja kot način preživetja in celo odporniške drže. Tako se v tem času odporniška, subverzivna pozicija, zlasti v okviru tako imenovane alternativne kulture 80. let, uresničuje prav skozi igro z (re)prezentacijskimi strategijami. Te so provokativne in ekscesne, ker razkrivajo travmatične, (družbeno) potlačene vsebine. Razpon te subverzivne prezentacije sega od discipliniranega telesa, ki demonstrira svojo podrejenost totalitarnim vzorcem, do »ekscesnega« telesa, ki je zlasti seksualno: sado-mazohistično, homoerotično, itn. Ob tem lahko omenimo dejavnost Petra Mlakarja, ki je kot filozof (predstavnik *Oddelka za čisto in uporabno filozofijo* pri NSK) razvil vprašanje telesa, zlasti v skrajnih situacijah seksualnega užitka in trpljenja, kot eno središč svoje misli; govore in predavanja, kjer ob različnih priložnostih (na primer, ob koncertih skupine Laibach) podaja svojo filozofijo, pogosto spreminja v performanse s poudarjeno vlogo telesnosti.

Ta razpon sta znotraj alternativne scene najbolje ponazarjali dve glasbeni skupini, ki sta pravzaprav nastopali v smislu celostnega dela, ki je, poleg glasbe, obsegalo tudi projekcije, performanse itn.; pri obeh je imelo telo ključno vlogo. Na eni strani je bil Laibach s svojo skrajno discipliniranostjo, strogo podreditvijo totalitarnim vzorcem kolektivnega obnašanja, nenehnim vztrajanjem v vlogi, ki, nemara, ni le vloga.[11] Na drugi strani je Borghesia, prav narobe, gradila svojo retoriko in estetiko s podobjem tabuiziranega, prepovedanega in potlačenega. V nekem smislu je bila strategija Borghesije analogna strategiji Laibacha: v težnji, da se čim bolj približa meji, ki loči videz in resničnost, da torej prodre v resničnost in da svoji prezentacijski pojavnosti status realnosti, realnost pa spremeni v oddaljeno podobo.

Pri tem je pomembno, da prezentacija, v katero je vpeto telo, ni nikakršna poljubna fikcija, da se skozi igro uprizarja realnost, in to travmatična, spregledovana in potlačena realnost. Tako je v osemdesetih telo ujeto v vzajemno igro distanc in identifikacij, realnosti in uprizoritev. Pri tem pomeni težnja proti robnim telesnim izkušnjam tudi poskus, iztrgati se igri obrazcev in kodov, ki določajo posameznika in ga delajo za »nerealnega«, tako rekoč za nekaj drugega od njega samega. Po drugi strani pa se tudi ta izkušnja zlahka spremeni v podobo, v imidž ali celo ikono.[12]

harmonize and unite with the cosmos. It should be mentioned here that Nez, in the last period of OHO and still after the group dissolved, was greatly interested in breathing and in the idea of the co-ordination of bodily processes.[9]

The eighties: representation, reality and body

The OHO project, thus, implies the idea of the liberation of the body and then (through a re-disciplinization of the body in meditation practices, rituals and esotheric »schooling«) leads to its re-harmonization with the universe and eventual completion of itself in an attempt at a total community, in which art and life are not separated and which lives in harmony with itself, nature and the cosmic order. The body in the eighties, however, was placed in a totally different context. The idea of the body as direct, spontaneous »expression« was replaced by a division between identity and appearance, which was most obvious in the idea of the »image«. So-called »hooligan« behaviour and dress in the sixties implied the idea of expressing one's own self against the conformism of the developing consumer society; »image«, on the other hand, is the deliberate acceptance of a role, i.e. a play, a (re)presentation. This shift reflects the abandonment of the utopian visions of the 60s according to which one can get rid of social conventions and determinations and start to live an authentic, true and free life. The late 70s and the 80s, on the other hand, demonstrated that »authenticity« is only an illusion, or even an ideological notion; an individual cannot escape from being determined by social patterns and forms (which are, moreover, the forms through which power operates); it therefore seemed necessary to develop forms of behaviour and action which would take this insight into account. Some of Marko Kovačič's performances, e.g. *Casus belli*, demonstrated exactly how an individual and his/her body remains caught in pre-determined roles and positions; an attempt to break through this determination by accentuating the bodily experience seems an act of despair, and remains illusory.

The painter, Jože Slak – Đoka, has presented performances at the openings of his exhibitions since 1979. These actions were not only a parodic destruction of official opening ceremonies and a mockery of the cliches of the suffering (Slovene) artist painting »with blood from his own heart«;[10] they were also a search for situations and experiences which would undermine the space of art as a space of cozy fiction: a viewer observing these actions is meant to have an unpleasant, uncanny feeling. At a group show, for example, Slak first painted graffiti on the gallery wall, and then nailed himself to the wall; he could not persuade his two collaborators to nail his other hand, too; instead, they vomited over the very formal black dress he was wearing for this occasion.

The idea of the »image« is, therefore, characteristic of an era which considered the idea of »authenticity« to be naive and which understood a deliberate game with appearances and patterns of behaviour as a way of survival, and even resistance. A subversive, revolutionary position was achieved (especially in the context of the so-called alternative culture in the eighties) exactly through a play with the strategies of (re)presentation. These games are necessarily provocative and excessive, since they disclose the traumatic, (socially) repressed contents. This subversive presentation ranges from the disciplined body demonstrating its own submission to totalitarian patterns, to the »excessive« body which is basicaly sexualized: sado-masochistic, homoerotic, etc. Here can be mentioned the activity of Peter Mlakar who, as a philosopher (representative of the *Department of Pure and Applied Philosophy* at the NSK) developed the question of the body, especially in extreme situations of sexual enjoyment and suffering, as one of the centres of his thought: his speeches and lectures explaining his philosophy on different occasions (for example, at concerts of the Laibach group) often turn into performances with a strong role of the body.

These two oppositions were, within the alternative scene, best represented by two music groups which, as a matter of fact, both worked in the sense of a total work of art including, in addition to the music itself, also projections, performances etc. The body played an essential role for both

[1] Lilijana Stepančič je v svoji razpravi »Body art in OHO«, (v: *Konceptualna umetnost 60. in 70. let. This Art is Recycled.* Galerija ŠKUC, Ljubljana, 1997, str. 27-31) zastavila idejo body arta širše in je upoštevala vse zglede telesne angažiranosti v različnih projektih, tudi tiste, pri katerih umetnik sam sploh ni neposredno sodeloval (npr. projekt *Morje* Tomaža Šalamuna iz leta 1969).
[2] Pogačnikova protestna akcija je bila zgledno odporniško dejanje. Pri tem ne mislim le na uporabljene reference na partizanski odporniški boj (Pogačnik je bil oblečen v vojaški jopič, ki ga je kot partizan nosil njegov tast, tabla, ki jo je nosil okrog vratu, pa je spominjala na table, ki so jih med drugo svetovno vojno obešali okrog vratu talcem), temveč tudi na precizno izrabljanje legalnih možnosti: tako ni na silo prinašal na razstavo svojih del, izrabil pa je svojo pravico, da v času, ko je galerija odprta ostane v njej kot kateri koli drugi obiskovalec. Žal pa takratna politika ni ravnala legalistično in Pogačnik je zaradi groženj uslužbencem muzeja opustil svojo akcijo.
[3] O tem priča pismo, ki ga je Pogačnik poslal 27. julija 1969 dr. Cenetu Avguštinu, direktorju muzeja, in mu v njem pojasnil nameravano akcijo. Tu je zapisal tudi: »Drugič gledam na svoje telo kot na vizualno sredtvo izražanja. Tako tudi razumem renesančno in antično upodabljanje telesa, samo da ga jaz *uporabljam* za izražanje, oni pa so ga *upodabljali*, da bi se izrazili.« Pismo hranijo v arhivu Gorenjskega muzeja v Kranju, njegovo fotokopijo mi je prijazno posredoval kustos mag. Damjan Globočnik.
[4] *Cf.* Franci Zagoričnik, »Človek v galeriji«, *Glas* (Kranj), 30. julija 1966. Zagoričnik je Pogačnikovo akcijo opisal kot happening.
[5] Tomaž Brejc, *OHO 1966—1971*. Galerija ŠKUC, Ljubljana; Lilijana Stepančič, *op. cit.*
[6] Med njimi je zaradi fizičnega angažiranja nemara treba omeniti projekt Milenka Matanovića (zima 1968-1969), ko je umetnik tisočkrat prehodil neko razdaljo in tako naredil pot. To delo sicer močno spominja na delo Richarda Longa *A Line Made By Walking* iz leta 1967, toda Matanović je dodal prav razsežnost potenciranega napora lastnega telesa.
[7] *Cf.* Miško Šuvaković, »Tri branja funkcije telesa pri Merleau-Pontyju«, *M'ars* (Ljubljana), 1997, št. 2.
[8] Po nekaterih pričevanjih (*cf.* Maja Breznik, »Urbani teater (happeningi skupine OHO 1966-1969)«, *M'ars* (Ljubljana), 1995, št. 3-4, str. 5-11, gl. str. 10) zamisel o tem, da se v to celoto vključi tudi telo, ni bila Nezova, marveč je umetnik sprejel pobudo Sama Simčiča.
[9] Prim. npr. projekt *Koordinacija telesnih procesov* (1970).
[10] Slak je v performansu *Mojo srčno kri škropite* iz kupa zemlje dvignil rjuho, poškropljeno z njegovo krvjo.
[11] Za nelagodno nejasnost razmerja med ironijo in identifikacijo pri Laibachu prim.: Slavoj Žižek, »Why Are Laibach And NSK Not Fascists?«, *M'ars* (Ljubljana), 1993, št. 3-4, str. 3-4.
[12] Zgled za to je posnetek krvavečega obraza Tomaža Hostnika, pevca skupine Laibach, v katerega je nekdo med koncertom vrgel kamen. Laibach in vsa NSK sta ta dogodek zavestno spremenila v mit, fotografijo, v kateri lahko razberemo ne le prezentacijo totalitarnih kodov, temveč tudi osebno predanost in fanatizem, ki lahko presežeta fizično bolečino, pa v ikono.

groups. On the one hand there was Laibach, with its extreme discipline, its radical submission to the totalitarian patterns of collective behaviour, and its ceaseless persistence in a role which, maybe, isn't only a role.[11] Borghesia, on the other hand, created its rhetorics and aesthetics using imagery of the tabooed, prohibited, and repressed. In a certain sense, the strategy of Borghesia was comparable to that of Laibach: in its aim to come as close as possible to the line dividing appearance and reality, to break into reality and turn its presentational appearance into something real, changing, at the same time, reality itself into a distant image.

It is important that a presentation in which body plays part, is no arbitrary fiction, that the play stages reality, namely the traumatic, overlooked and repressed reality. So, in the eighties, the body is caught in an endless game of distances and identifications, of realities and representations. The wish to approach border experiences is here also an attempt at disengaging oneself from the game of patterns and codes which determine every individual, making him/her »unreal«, something different from him/herself. Paradoxically, this very experience can easily turn into an image or even icon.[12]

[1] Lilijana Stepančič, in her essay »Body art in OHO« (»Body Art and OHO«), published in *Konceptualna umetnost 60. in 70. let. This Art Is Recycled.* (Conceptual Art of the 60s and 70s), Galerija ŠKUC, Ljubljana, 1997, p. 27-31, understands the idea of body art in a broader sense; she deals with all examples of body activities in different projects, even those where the artist himself does not participate as a performer (for example, Tomaž Šalamun's project *The Sea* from 1969).
[2] Pogačnik's protest action was an exemplary act of resistance. Here, I do not think only about his use of references to the partisan struggle (he was wearing a military jacket which his father-in-law had worn as a partisan; the board hung from his neck was a reference to similar boards which hostages during the second World War had to wear before they were shot), but especially because of his precise use of legal possibilities; he did not, for example, bring his works into the exhibition room by force, but he used his right to remain in the gallery during the opening hours just as any other visitor. Unfortunately, the politicians at that time didn't behave legalistically, they began to threat the staff of the gallery, and Pogačnik was forced to stop his action.
[3] Evidence of this is a letter sent by Pogačnik to Dr. Cene Avguštin, director of the museum, on 27 July 1966 explaining his planned action. Here, he also wrote: »Second, I consider my body to be a visual means of expression. That is how I understand the depiction of the body in the Renaissance and Classical art, except that I use it for expression, and they were depicting it to express themselves.« The letter is kept in the archives of the Gorenjski muzej in Kranj; I am thankful to Mr. Damir Globočnik, curator of the museum, for drawing my attention to this letter and providing me with a copy of it.
[4] *Cf.* Franci Zagoričnik, »Človek v galeriji« (»A Man in the Gallery«), in: *Glas* (Kranj), 30 July 1966. Zagoričnik described Pogačnik's action as a happening.
[5] Tomaž Brejc, *OHO 1966—1971*. Galerija ŠKUC, Ljubljana, 1978; Lilijana Stepančič, *op. cit.*
[6] Because of the role of physical effort, we could mention Milenko Matanović's project (from winter 1968-69); the artist walked a thousand times a certain distance, thus making a path. This work is strongly reminiscent of Richard Long's *A Line Made By Walking* (1967); the dimension added by Matanović, however, is the great effort of his own body.
[7] Cf. Miško Šuvaković: »Three Readings of Body Functions in Merleau-Ponty«, *M'ars* (Ljubljana), 1997, no. 2.
[8] According to some witnesses (*cf.* Maja Breznik, »The Urban Theater (Happenings of the OHO Group 1966-1969)«, *M'ars* (Ljubljana), 1995, no. 3-4) Nez accepted Samo Simčič's idea of including the body in the installation.
[9] *Cf.* his project *The Co-ordination of the Body Processes* (1970)
[10] In the performance *Mojo srčno kri škropite* (Sprinkle the blood of my hearth; the title is a well-known quotation from the Slovene poet, Simon Gregorčič), Slak raised a sheet sprinkled with his blood out of a pile of earth.
[11] For the unclear and uncanny relationship between irony and identification in Laibach see Slavoj Žižek, »Why Are Laibach And NSK Not Fascists?«, *M'ars* (Ljubljana), 1993, no. 3-4, p. 3-4.
[12] An example of this is the photograph of the bleeding face of Tomaž Hostnik, singer of the Laibach group who was hit by a stone during a concert. Laibach and the whole NSK turned this event into a myth, and the picture (in which we can read not only a presentation of totalitarian codes, but also a personal commitment and fanaticism) into an icon.

Jurij V. Krpan

Poudarjanje razsežnosti telesa kot odgovor na grozo padca v kulturo

Razvita oblika performansov, ki se ukvarjajo s telesom in ki jih je predstavil tematski niz, ki smo ga predstavili v galeriji Kapelica, nadgrajuje eksperimentalni značaj bodiartističnih performansov iz šestdesetih in sedemdesetih let, kjer je šlo za ponovno odkrivanje možnosti in mej medija in za iskanje razdalje do ultimativnega reza – smrti. Danes ta meja ni aktualna v smislu iniciacijskih ali eksorcističnih ritualov, temveč kot shojena pot, s katere nas strašijo politični miti oziroma miti, ki jih instrumentalizirajo veliki ideološki sistemi. Danes gre v teh performansih za to, da ti miti padejo.

Ive Tabar je s svojim performansom razširil tematiziranje izkušnje in ambivalentnost tehničnih pomagal na področja medicinskih praks, kjer tehnološki park, ki posega v funkcionalno območje človeškega telesa, enkrat nastopa kot pomagalo, drugič pa kot proteza, ki sili v odvisnost. Performans je vodila profesionalna sedemčlanska zdravniška ekipa iz izolske bolnišnice. Anestezist je Tabarja uspaval in njegovo stanje nadzoroval ves čas posega. Zdravnica je vstavila intubator in upravljala z dihalnim aparatom, ki je spuščal zlovešče zvoke, ostali v ekipi pa so na monitorjih nadzorovali procese življenjskih funkcij. Oživljanje je trajalo približno tako dolgo kot začetni del, vendar je bilo zaradi nenadzorovanih podzavestnih gibov veliko bolj dramatično, saj je bila meja med življenjskimi funkcijami in smrtjo dobesedno uprizorjena. Surova mehaničnost posega je reducirala umetnikovo telo na inerten, skoraj strojni kos, ki ga je bilo mogoče manipulirati kot predmet tehničnega, skoraj strojnega diskurza. Obsoletnost[1] telesa je bila očitna. V tem Tabarjevem delu konvergira več različnih umetniških poetik, ki so si jih za svoj umetniški izraz vzeli umetniki, ki delujejo v polju strojne mehanike in kibernetike. Še omenjena obsoletnost, pigmalionovska večna tema oživljanja inertnih umetniških figur, ki jih mehanika oživlja v antropomorfne ali zoomorfne metafore življenja, ritualno *flat-line* preizkušanje človeških robov, manipuliranje z nesimbolizabilnimi vdori realnega, ki nas s svojo sublimno lepoto naredijo tako majhne.

Marionetna manipulibilnost teledirigiranih funkcij ipd. doseže, da je telo kot zadnja meja čutne izkušnje postavljeno pred oklepaj duhovnih procesov; ker teh ne motivirajo telesne funkcije, padejo v čisto druge označevalne nize. Burni odziv javnosti na omenjeni performans se je iz galerije, kjer je nekaj ljudi dobesedno napadlo zdravniško ekipo, prenesel v medije, kjer so novinarji opozarjali predvsem na zdravniško etiko in na posvečenost in nedotakljivost zdravstvenih inštitucij. Iz te perspektive je bila inštitucija medicine videti kot velikanski tabu, ki mu je v njegovi nedotakljivosti, podobno kot inštituciji vojske, dovoljeno, da je dogmatično nedotakljiv. Tabuizacijo medicine so tematizirali tudi Critical Art Ensemble, gostje iz Amerike, ki svoje delovanje alternirajo okoli manipulacij z genetskimi materiali, ki so, kot orožje korporativnega kapitala, varovani kot najstrožja tajnost, saj se razvijajo v orožja prihodnosti.

Leta 1997 smo v galeriji gostili francosko umetnico Orlan, ki je za svoj umetniški izraz izbrala plastične operacije na sebi. Njeno telo se je izpostavilo kot bojno polje povsem drugačne vrste. Medicinska etika se je upognila pod silo denarja, vendar je težišče umetniške poetike v problematiziranju družbe v celoti. Emancipatorične razsežnosti, ki jih odpira manipulacija s pojmi estetike, spola ali seksualnosti, srečamo skoraj v istem času tudi pri dveh dogodkih v dveh različnih galerijah: Kapelici in galeriji Anonimus. V prvi je Janja Žvegelj svoje telo postavila kot diametralno nasprotje instituciji: zastavila ga je kot garant[2]. Na eni strani njeno ranljivo golo telo v procesu nastajanja – produkcije umetnine, na drugi strani aseptično nevtralna institucija galerije. Projekt je začela z izdelovanjem kustosovega kipa, ki ga je javno modelirala v galeriji, kamor je za več dni preselila svoj atelje. Ko je bil portret zmodeliran, ga je rit-

Jurij V. Krpan

Stressing the extent of the body as an answer to the terrible fall into culture

The developed forms of performance which are concerned with the body, presented in the thematic series at the Kapelica gallery, build on the experimental character of body art performances from the sixties and seventies, in which the possibilities and boundaries of the medium are rediscovered, in which the distance to the ultimate cut – death – is sought. Today, this boundary is not topical in the sense of initiation or excorcistic rituals, but as a beaten path with which political, or those myths which are instrumentalised by large ideological systems, frighten us. Today, in these performances, these myths fall.

On the theme of experience and the ambivalence of technical aids, Ive Tabar extended performance into the sphere of medical practice, whereby a technological park which encroaches on the functional region of the human body, is once perceived as an aid, another time as a prosthesis which forces dependence. The performance was lead by a professional seven member medical team from Izola hospital. An anaesthetist put Tabar to sleep and supervised his condition throughout the entire operation. A doctor set up the incubator and administered the breathing apparatus which released a sinister sound, and others on the team supervised the processes of the life functions on monitors. Resuscitation lasted approximately as long as the starting work, but because of uncontrolled subconscious movements, it was a great deal more dramatic, since the boundary between life function and death was presented literally. The raw mechanicalness of the intervention reduced the artist's body to an inert, almost mechanical lump, which could be manipulated as a subject of technical, almost mechanical discourse. The obsolescence[1] of the body was clear. A number of different artistic poetics converge in this work of Tabar's, which artists who operate in the field of mechanics and cybernetics have adopted for their artistic expression. The obsolescence already mentioned, the eternal Pygmalion theme of bringing to life inert artistic figures, which mechanics bring to life in anthropomorphic or zoomorphic metaphors of life, the ritual *flat-line* of testing human limits, manipulating non-symbolic irruptions of the real whose sublime beauty does so little for us.

The puppetry manipulability of radio-controlled functions etc, cause the body, as the last boundary of sensory experience, to be set before the bracket of spiritual processes which, unmotivated by bodily functions, fall into a completely different symbolic series. The stormy response of the audience to the mentioned performance is transferred from the gallery, where some people literally attack the medical team, to the media, in which journalists draw attention primarily to medical ethics and to the hallowed and untouchable nature of medical institutions. From this perspective, the institution of medicine could be seen as a giant taboo, which in its untouchability, similar to the institution of the army, is allowed to be dogmatically untouchable. The creation of taboo round medicine is also made a theme by the Critical Art Ensemble, being hosted from America, who alternate their activities around the manipulation of genetic material, which as weapons of corporate capital are protected as the strictest of secrets, since they are being developed into the weapons of the future.

In 1997, we hosted the French artist, Orlan, in the gallery, who chose for her artistic expression the operation of plastic surgery on herself. Her body was set up as a battlefield of a completely different kind. Medical ethics are distorted under the force of money, though the centre of gravity of the artist's poetics is questioning society as a whole. We meet the emancipatory extensions that manipulation of the notion of aesthetics

ualno odlila v mavec. To sklepno dejanje rojstva kipa je izvedla gola v intimnosti zaklenjene galerije, kar je še povečalo tenzijo in seksualni naboj, saj se je navadni, rutinski akt, sicer projiciran v prihodnost neke možne razstave v galeriji, spremenil v nemogoč spolni akt med živo umetnico in mrtvo snovjo institucije. V razstavi, ki je trajala že štirinajst dni, je na omenjeni dogodek spominjalo ateljejsko razdejanje in videoposnetek sklepnega akta – nekrofilski pornič.

Performans Leonore Mark v galeriji Anonimus je obravnaval polje spolnega razmerja. Tematizirala je vprašanje spolne razlike, ki nam je kulturno posredovana kot polarna, antagonistična platforma. Na eni stani ženske, na drugi moški. Njeno umetniško izrazno polje se giblje v področju hrane, ki jo, kot material z docela določenimi simbolnimi atributi, s pomočjo metaforičnega premeščanja pervertira v motivirano zgodbo, ki problematizira nekatere modalnosti užitka. Performans je tekel tako, da je Leonora ležala na postelji gola, nanjo pa je bil položen prsni del v čokolado odlitega moškega torza, ki ga je umetnica topila s toploto svojega telesa. Performans je bil končan, ko je stopljeni moški torzo privzel obliko ženskega. Poanta tega dejanja je pravzaprav dokaz, da je spolno razmerje po definiciji nemožno, saj se moški in ženska v aktu najbolj dosledno zgrešita v vseh etapah – razen v mehanskih. V polju imaginarnega se moški da ženski v takšni obliki, v kakršni bi si želel, da ga želi, v obliki čokolade – v obliki objekta razloga želje, toda ženska ga ne poje, temveč ga dobesedno vzame nase ter se z njim zlije v eno, v falično prezenco gospodarja – označevalca tistega, kar ji manjka. Manipuliranje s hrano, še zlasti s sladkarijami, je tesno povezano z obscenim uživanjem v prepovedanem, kjer se erotična izkušnja, začeta v oralni fazi, potencira s kršenjem simbolnih presežkov higienskih in estetskih norm porabniške družbe, ki nam ne zapoveduje le stanja duha, temveč tudi stanje telesa.

Tema orgazmičnega manipuliranja je tudi motiv perfektne fotografske razstave Franca Purga v galeriji Društva slovenskih likovnih umetnikov leta 1997. To ni bil performans v živo, temveč fotografski zapisi tega projekta, ki ni bil javen in je potekal v intimi z njegovo ženo. Žena je v vlogi fotografa dokumentarista portretirala Franca v trenutku orgazma. Iz fotografij ni razvidno, ali so bile posnete med spolnim odnosom ali med masturbiranjem, videti je le v ekstazo zamaknjeni izraz. To je izraz, napolnjen z notranjim dogajanjem, ki bi ga Purg med orgazmom lahko kadarkoli opazoval v ogledalu, toda zaradi odseva ogledala bi se odnos spremenil v avtoerotično zanko. Fotografija – narobe – dovoli kontemplacijsko distanco, potem ko je izbrizgano seme še zdavnaj mimo. Tu se lahko v izrazu zamaknjenja vidi tisto drugo, onkraj pogleda, pravzaprav tisto, kar je v orgazmičnem srečanju gledalo njega samega. Prvič je zagledal tisti zamaknjen pogled, ki ga njegova žena, tokrat fotografinja, vidi vsakič, ko mu pride. Na fotografijah lahko avtor opazuje nekaj, kar pravzaprav ni njegovo, kar ne pripada naboru podob, ki konstituirajo njegov vidni, pojavni svet – njegovo skopično polje, saj podobe ostajajo skrite kot prividi, skriti za napol priprtimi vekami. »What makes me look like this?« je vprašanje, ki je naslavljalo še njegovo prejšnjo razstavo v Kapelici. Razsežnost nedojemljivega. Bližnje srečanje tretje vrste, bi rekli drugi. Ljubezen, bi rekla Berninijeva Tereza, zamaknjena v ekstazo.

[1] Izraz je tipičen za diskurz, ki ga zagovarja avstralski umetnik Stelarc. Diskurz temelji na spoznanjih, da je telo s stališča svojih mehaničnih možnosti inferiorno (obsolete: zastarelo) strojni mehaniki, ki je veliko bolj odporna, se manj kvari, pogoji za delovanje niso tako omejeni itn. Stelarc raziskuje možnosti razširitve in nadomeščanja človeškega telesa s strojnimi elementi in tako širjenja obsega delovanja in vztrajanja telesa tudi v okoliščinah, ki so drugače nenavadne in jih je sicer nemogoče izkusiti.

[2] Performans, kjer je bilo telo zastavljeno kot porok za avtentično nenevarnost, je bil tudi performans Vlaste Delimar leta 1996, le da je bil kot nevarni protipol tematiziran fenomen vojn, ki so ga še ravnokar izkušali na Hrvaškem.

[1] The expression is typical of the discourse which the Australian artist, Stelarc, favours. Discourse is based on the recognition that the body, from the point of view of its mechanical possibilities, is inferior (obsolete: outmoded) to a mechanical mechanism, which is a great deal more resistant, decays less, conditions for use are not so restricted, etc. Stelarc studies the possibilities of extending and replacing the human body with machines and thus increasing the range of operation and durability of the body, even under conditions which are by tradition unusual and cannot otherwise be experienced.

[2] A performance by Vlasta Delimar in 1996 was also a performance in which the body was pledged as a guarantor of authentic danger, except that the phenomenon of war, which they had just experienced in Croatia, was thematicised as the dangerous anti-pole.

opens, sex or sexuality, at almost the same time in two events in two different galleries: Kapelica and the Anonimus gallery. In the first, Janja Žvegelj set her body as diametrically opposed to institutions: she pledges it as a guarantee[2]. On the one hand, her vulnerable body in the process of creation – production of a work of art, on the other hand, the aseptic, neutral institution of a gallery. The project began with the production of a statue of a custodian, which she publicly sculpted in the gallery, to which she moved her studio for a number of days. When the portrait had been modelled, she ritually cast it in plaster. She carried out this concluding act of the birth of a sculpture naked in the intimacy of the closed gallery, which further increased the tension and sexual charge , since the normal, routine act projected into the future of some possible exhibition in the gallery, was transformed into an impossible sexual act between the living artist and the dead materiality of the institution. In the exhibition, which lasted a further fourteen days, the event cited was reminiscent of the destruction of the studio, and the video of the final act – of necrophylliac pornography.

The performance by Leonora Mark in the Anonimus gallery dealt with the sphere of sexual relations. She made her theme the question of sexual difference which is mediated by culture as polar, antagonistic platforms. On the one side women, and on the other men. Her artistic field of expression moves in the region of food which, as a material with entirely predetermined symbolic attributes, by metaphorical transference is perverted into a motivated story which questions specific modalities of enjoyment. The performance took place such that Leonora lay on a bed naked, and on her was laid the chest part of a male torsa cast in chocolate, which the artist melted with the warmth of her body. The performance ended when the heated male body took on the shape of a woman. The point of this act is to prove that sexual difference is by definition impossible, since a man and a woman in the act are most consistently missing in all stages - except the mechanical. In the field of the imagination, a man gives himself to a woman in such a form as he would like to be desired, in the form of chocolate - in the form of the object of reason of desire, but the woman does not eat him, simply takes him to herself and fuses with him into one, into a phallic presence of the master – the symboliser of that which is lacking. Manipulating food, especially sweets, is closely linked with the obscene enjoyment of the forbidden, in which erotic experience, begun in the oral phase, is intensified by violation of the symbolic surplus of hygienic and aesthetic norms of the consumer society, which dictates not only the state of the spirit but also the state of the body.

The theme of orgasmic manipulation is also the motif of the perfect photographic exhibition of Franc Purg in the Gallery of the Society of Slovene Fine Artists (ZDSLU) in 1997. This was not a live performance but a photographic record of this project, that was not public but took place in intimacy with his wife. The wife, in the role of photographic documentalist, portayed Franc at the moment of orgasm. It is not evident from the photographs whether they were taken during sexual relations or during masturbation, only the ecstasy of expression can be seen. This is an expression filled with internal happenings which Purg could trace at any time in a mirror during orgasm, but the reflection in the mirror would make the relation transform into auto-erotic looping. Photography – in contrast – allows contemplative distance when the spurted semen is already long past. Here one can see in the expression of ecstasy something else, beyond the gaze, actually that which watched itself in an orgasmic meeting. First it caught sight of that ecstatic gaze which his wife, then the photographer, sees each time that he comes. In the photographs, the author can observe something which is not actually his, which belongs to the charge of the images which constitute his visible phenonomenal world - his scopic field, since the image remains hidden like an apparition, concealed behind half closed eyes. »What makes me look like this?« was the question to which he addressed his previous exhibition in Kapelica. The extent of the ungraspable. A close encounter of the third kind, one could say. Love, Bernini's Theresa would say, rapturous in ecstasy.

BORGHESIA

Lustmörder, Cankarjev dom, Ljubljana, 1984
V performansu *Lustmörder* je nastopala tudi Marina Gržinić, kostumografinja je bila Lidija Bernik.

Jeseni 1984 je ekipa Borghesie gostovala v Cankarjevem domu s performansom *Lustmörder*. Slavenka Drakulić-Ilić je v Startu pisala o ljubljanski sceni in jo mimogrede označila za fašistoidno. O performansu *Lustmörder* je povedala naslednje: » ... ena protagonistka je položila kose krvavih jeter na gole prsi moškega, ki je ležal na povišanem delu odra (oltarju?). Moški je imel na sebi le usnjeno čelado, usnjene hlačke in verige. Drugi moški, ravno tako napol nag, z našminkanim obrazom, je mečkal jetra in jih razmazoval po ležečem moškem. Na koncu ta moški drži nož visoko nad krvavimi prsmi drugega moškega. Spominjalo je na ritualen uboj ali na seksualen obred . . . Tematika videa na ekranih v ozadju sadomazohizem, nasilje, fašizem, vojna, vojska, parada, socrealizem. Muzika je v funkciji atmosfere, dramske napetosti, medtem ko se po odru gibata dekleti v sadomazohističnih kostumih, z biči v rokah in vojaškima kapama na glavah. Zakaj ravno ti elementi, zakaj seks, perverznost, nasilje, militarizem . . . Izražanje nasilja, deviantnih oblik seksualnosti, transvestizem, perverznost po mišljenju skupine nakazuje proces metafizičnega odkrivanja skritega bistva represije.« Na ozadju scene performansa je bil projiciran plakat Dušana Mandiča z napisom: »L. 1968 je minilo. L. 1983 je minilo. Prihodnost je med vašimi nogami.«

Zemira Alajbegović, »Ljubezen je hladnejša od smrti. Dokumenti«, v: *Likovne besede*, Ljubljana, januar 1992, št. 21, 22, str. 19, 20

***Lustmörder,* Cankarjev dom, Ljubljana, 1984**
In the performance *Lustmörder* they were joined by Marina Gržinić (performer) and Lidija Bernik (costume design).

In the fall of 1984 the Borghesia group appeared in Cankarjev dom with the performance *Lustmörder.* Slavenka Drakulić-Iliž wrote about the Ljubljana scene in the magazine *Start* and in passing labeled it as fascistic. About the performance *Lustmörder,* she said the following: ». . one of the female protagonists placed bloody pieces of liver on the nude chest of a man lying on an elevated part of the stage (an altar?). The man was wearing only a leather helmet, leather briefs, and chains. Another man, equally half-naked, with a made-up face, crushed the liver in his hands and smeared it over the supine man. In the end this man held a knife high above the bloody chest of the other man. It recalled a ceremonial killing or a sexual ritual ... The themes of the video projected on the screens in the background were sadomasochism, violence, fascism, war, army, parade, socialist realism. The music was in the function of atmosphere, of suspense, while two girls in sadomasochist costumes moved about the stage, with whips in their hands and military hats on their heads. Why these of all elements, why sex, perversity, violence, militarism ... The expression of violence, of deviant forms of sexuality, transvestitism, perversity, indicate, in the view of the group, the process of a metaphysical discovery of the concealed essence of repression.« Projected on the back of the set was a poster of Dušan Mandič with the inscription: »1968 is over. 1983 is over. The future lies between your legs.«

Zemira Alajbegović, »Ljubezen je hladnejša od smrti. Dokumenti«, in: *Likovne besede,* Ljubljana, January 1992, no. 21, 22, pp. 19, 20

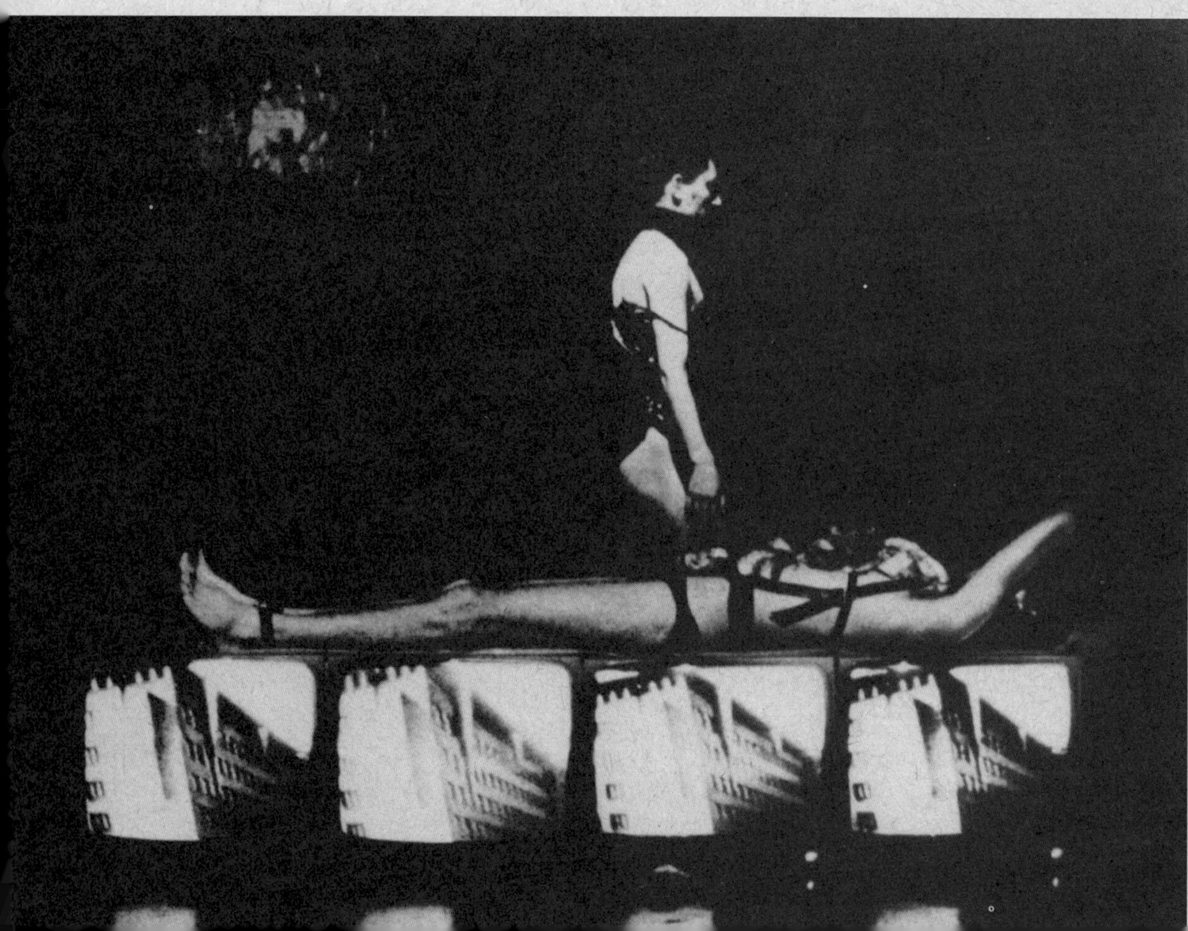

BORGHESIA je kot glasbena in multimedijska skupina delovala od leta **1983 do 1989**. / **BORGHESIA** was a music and multi–media group which was active between **1983 and 1989**.

BIOGRAFIJA / BIOGRAPHY
Zemira Alajbegović
Rojena / Born : **1958, Pula, Hrvaška / Croatia**
Živi in dela / Lives and works : **Ljubljana**
Goran Devide
Rojen / Born : **1960, Zagreb, Hrvaška / Croatia**
Umrl / Died : **1988, Maribor**
Aldo Ivančić
Rojen / Born : **1959, Pula, Hrvaška / Croatia**
Živi in dela / Lives and works : **Ljubljana**
Neven Korda
Rojen / Born : **1956, Rab, Hrvaška / Croatia**
Živi in dela / Lives and works : **Ljubljana**
Dario Seraval
Rojen / Born : **1959, Pula, Hrvaška / Croatia**
Živi in dela / Lives and works : **Ljubljana**

IZBRANA BIBLIOGRAFIJA / SELECTED BIBLIOGRAPHY
Zemira Alajbegović, »Ljubezen je hladnejša od smrti«, *Likovne besede*, Ljubljana, no. 21 – 22, January 1992, pp. 19 – 20.
Slavenka Drakulić – Ilić, »Fašizam na ljubljanskoj alternativnoj sceni«, *Start*, Zagreb, 28. 7. 1984.
Tomi Gračanin, »Mladi zaporniki«, *Mladina*, Ljubljana, 25. 10. 1984.
Bogdan Lešnik, »Borghesia – Noč na obroke«, *Ekran*, Ljubljana, no. 7 – 8, 1984, pp. 68 – 69.
Marjan Ogrinc, »Umetnostna avantgarda ali izpraznjena poza«, *Teleks*, Ljubljana, 8. 11. 1984.
Uroš Smasek, »Nemoč pred nakopičeno tehniko«, *7D*, Maribor, October 1984.
_____, »Incredibles Yugoslavos«, *El Pais*, Barcelona,

Leonora Jakovljević-Mark

Metamorfoza, Galerija Anonimus, Ljubljana,1997
Foto: Igor Anđelić

Performans je bil zgrajen na dihotomiji spolnega razlikovanja. Moški in ženske, dva ideološka vzorca, ki ju kultura vztrajno razločuje in te razlike utemeljuje v okvirih reproduktivne logike, zamračuje pa vso kompleksnost psihičnega ustroja. Ta enoznačna redukcija je bila tematizirana tako, da je za performans ponovno uporabila material – tokrat čokolado –, ki je tudi sicer medij njenega umetniškega izraza, ki je tesno vezan na najbolj bazične erotične izkušnje, kjer se v oralni fazi poskuša ponotranjiti željeni objekt. To je material s spominom, ki ga je Leonora tokrat oblikovala v odliti moški torzo, ki ga je stopila na svojem golem telesu. Performans se je končal, ko je čokolada privzela obliko njenega telesa.

Jurij V. Krpan

***Metamorphose,* Galerija Anonimus, Ljubljana, 1997**
Photo: Igor Anđelić

The performance was constructed on the dichotomy of sexual discrimination. Men and women, two ideological patterns our culture persistently differentiates, founding the differences on the basis of reproductive logic, obscuring all the while the complexity of the psychic make-up. The artist dealt with this unilateral reduction by again using for her performance a material – chocolate this time – which is also otherwise a medium of her artistic expression, closely related to the most fundamental erotic experience, where in the oral stage an attempt is made to internalize the object of desire. This is a material with a memory, which Leonora here shaped into a cast male torso which she proceeded to melt on her nude body. The performance ended when the chocolate assumed the shape of her body.

Jurij V. Krpan

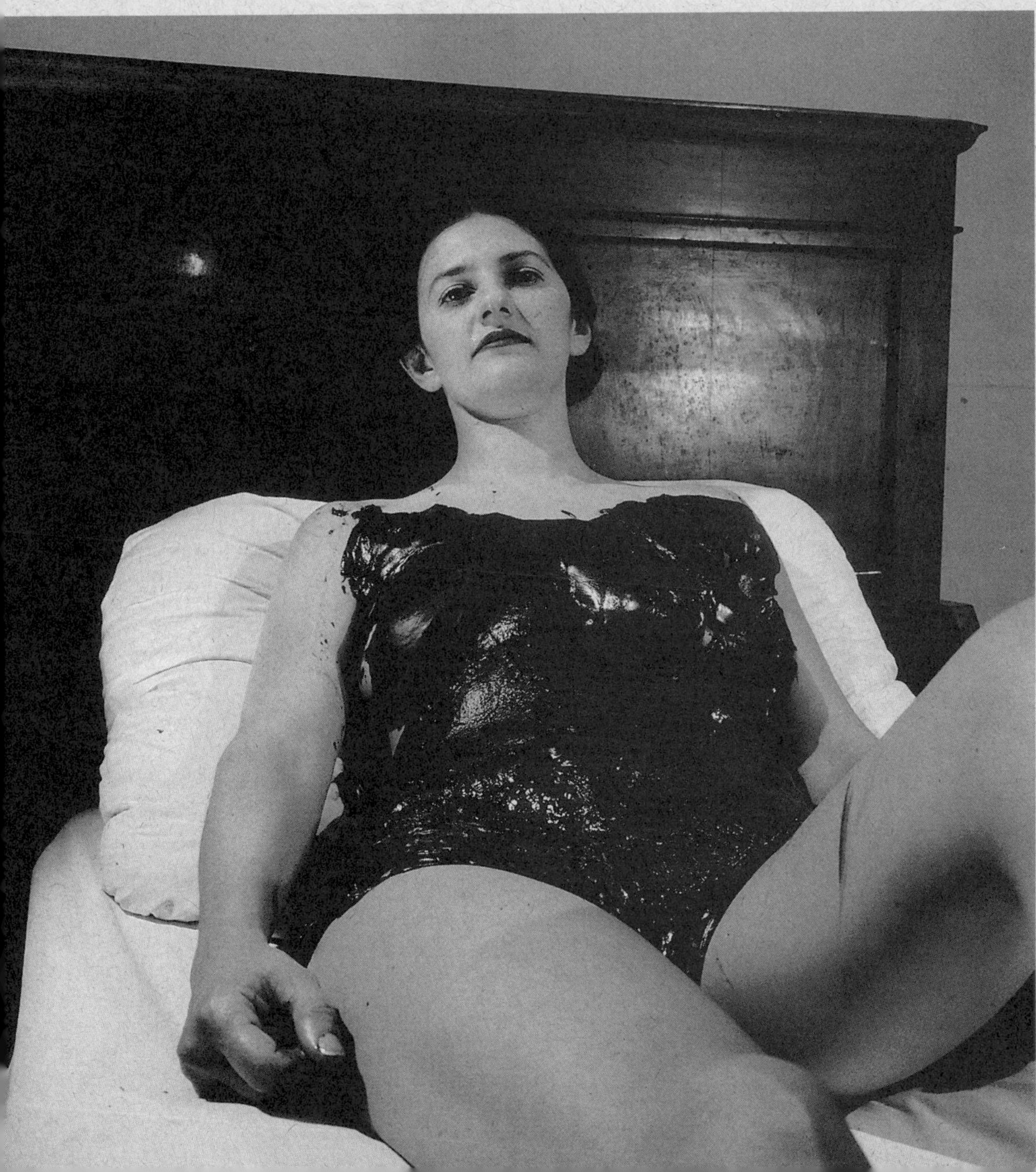

BIOGRAFIJA / BIOGRAPHY

Rojena / Born : **1964, Postojna, Slovenija / Slovenia**
Šolanje / Education : **Naravoslovnotehniška fakulteta (oblikovanje oblačil in tekstilij) / Faculty of Natural Sciences and Engineering (Fashion and Textile Design)**
Živi in dela / Lives and works : **Šempeter pri Novi Gorici**

IZBRANA BIBLIOGRAFIJA
SELECTED BIBLIOGRAPHY

Jelena Grujić, »Ljubljančani u Beogradu. Suknjice od šećerne pene«, *Vreme*, Beograd, 10. 4. 1995.
Jurij V. Krpan, »Zakaj tako in ne drugače«, *Kontra Dibidon*, razstavni katalog / exhibition cat., Beograd ; Ljubljana : Soros Center for Contemporary Arts, 1995.
Francesca Alfano Miglieti, »Leonora Mark«, *VIRUS mutations*, Italija / Italy, no. 3, May 1998 (intervju / interview).
Michaela Ridolfi, »Leonora Mark«, *L'indipendente*, Italija / Italy, no. 143, 1998.

Marko A. Kovačič

Casus belli, Galerija ŠKUC, Ljubljana, 1983
Foto: Dušan Pirih Hup, Barbara Borčić

Performans *Casus belli (Vojna napoved)* je bil kombinacija skulpture, geometrije, telesa, akcije in glasbe. Dogajal se je na presečišču skonstruiranega in realnega prostora, gibanja in nepremičnosti, zaustavljenega časa in časa, ki teče. Provokativni in sugestivni gibi, gibanje in akcija so imeli intenziven intelektualen, estetski, čuten in emocionalen učinek na gledalce.

Barbara Borčić: V prvem delu performansa *Casus belli* je bilo dogajanje omejeno na platno in spremljajočo glasbo. Stopal si v konstruktivistično zasnovana prizorišča, projicirana na platnu, gledalci smo videli samo silhueto tvojega telesa, gibanje je bilo mehanično.
Marko Kovačič: Šlo je za odkrivanje podobe, najprej za zamrznjeno podobo, za odsotnost podobe, potem pa se je zgodil preobrat, ko se je podoba, ki se je prej kazala kot medijska, transformirala v realno figuro in v realen zvok trganja selotejpa.
B.: Sledila je ekspresivna akcija, ko si si selotejp ovijal okoli glave.
M. K.: Šlo je za nekakšno samouničenje, mogoče tudi za nemoč pred institucijo, pred umetniškim sistemom, ki ga ne moreš ali pa nočeš sprejeti in se vanj vključiti. Hkrati je šlo za nemoč interpretacije skozi kakšen drug medij, zaradi česar sem se pravzaprav obrnil na živo akcijo, na performans. Tu gre za konkreten kontakt z občinstvom: ljudje od zelo blizu vidijo, kako se en tip špona s selotejpom okrog obraza, in jasno je videti, da mu začenja zastajati kri.

Odlomek iz intervjuja »Pesem mesa in podoba je telo postala«, v: *Likovne besede*, Ljubljana, januar 1992, št. 21/22, str. 21

***Casus belli,* Galerija ŠKUC, Ljubljana, 1983**
Photo: Dušan Pirih Hup, Barbara Borčić

The performance *Casus belli (Declaration of War)* was a combination of sculpture, space, geometry, the body, action and music, emerging at a point where constructed space intersects with the real, motion with immobility, time suspended with time passing by. Provocative and suggestive, the gestures, movement and action made a strong intellectual, aesthetic, sensual and emotional impact on the audience.

Barbara Borčić: In the first part of the *Casus belli* performance, the happening was restricted to the screen and the accompanying music. You entered settings conceived in a Constructivist manner and projected on the screen, while the viewers only saw the silhouette of your body, your movements were fairly mechanical.
Marko Kovačič: That was about the discovery of the image: first the frozen image, the absence of the image, and then the reversal happened, when the image, which prior to that appeared as a media image, transformed into a real figure and into a real sound of tearing Scotch tape.
B. B.: What followed was an expressive action, when you wound Scotch tape around your head.
M. K.: It was about a kind of self-destruction, perhaps also about helplessness in the face of the institution, the art system which you can't or won't accept and integrate with. At the same time it was about the impossibility of expressing myself through another medium, which is why I turned to live action, to performance in the first place. Here it is possible to establish a direct contact with the audience: people can see, from close proximity, how some guy is fiddling about with Scotch tape all over his face, and it is clear to everyone that his blood circulation is beginning to fail.

Excerpt from the interview »Pesem mesa in podoba je telo postala«, in: *Likovne besede*, Ljubljana, January 1992, no. 21/22, p. 21

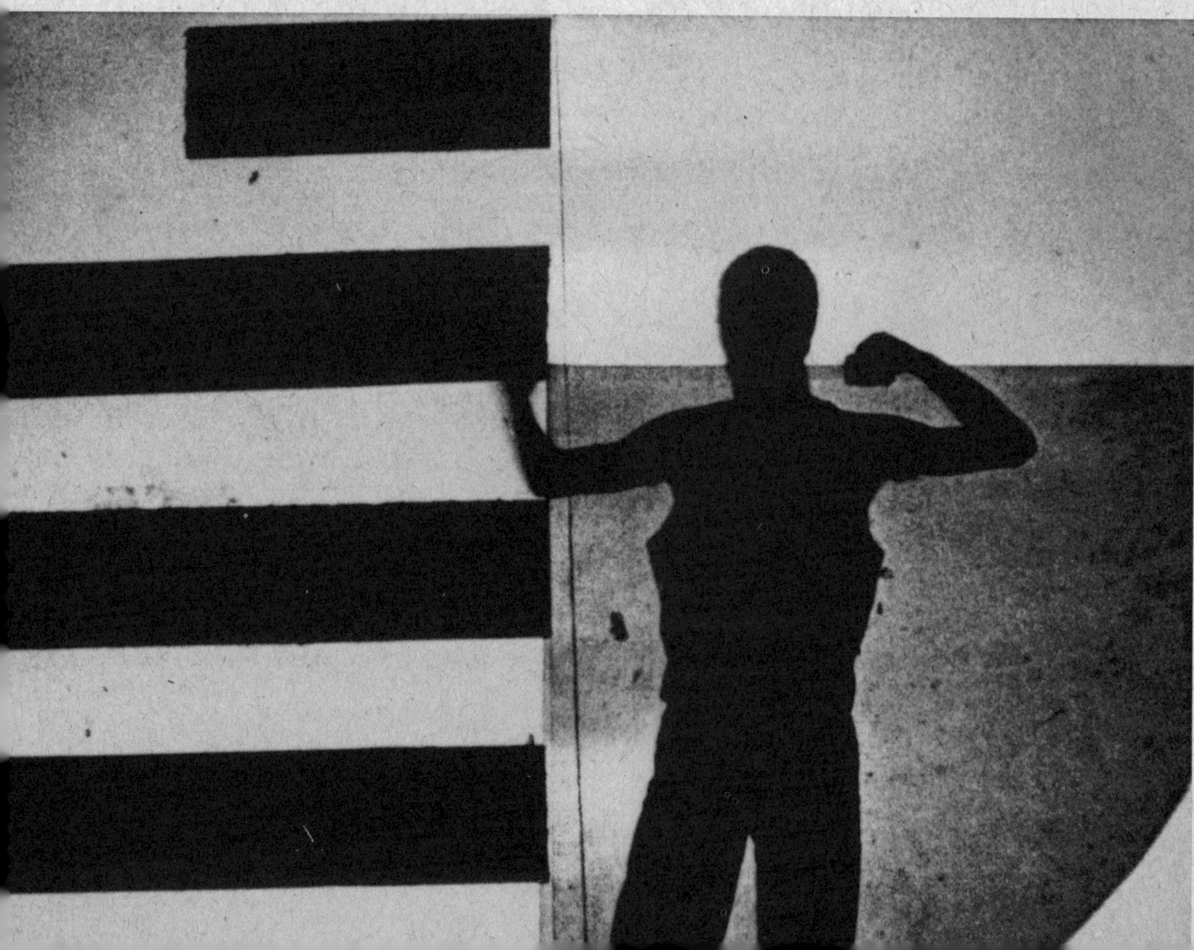

BIOGRAFIJA / BIOGRAPHY
Rojen / Born : **1956, Ljubljana, Slovenija / Slovenia**
Šolanje / Education : **1980 – 1984 Akademija za likovno umetnost (kiparstvo) / Academy of Fine Arts (Sculpture), Ljubljana ; 1986 – 1988 Akademija za likovno umetnost (kiparstvo) / Academy of Fine Arts (Sculpture)**
Živi in dela / Lives and works : **Ljubljana**

IZBRANA BIBLIOGRAFIJA / SELECTED BIBLIOGRAPHY

Barbara Borčić (ur./ed.), *Marko A. Kovačič : Thing = Stvar*, izšlo ob razstavi *Naprej v preteklost* / published in conjunction with the exhibition *Forth into the Past*, Galerija Škuc, Ljubljana ; Galerija Sodobnih umetnosti, Celje; Razstavni salon Rotovž, Maribor, 1994.
Bogdan Lešnik, *Marko A. Kovačič : Zatišje pred viharjem*, razstavni katalog / exhibition cat., Bežigrajska galerija, Ljubljana, 1996.
Rastko Močnik, »Ljubeči pogledi = The Loving Sights«, *Urbanaria, drugi del = Urbanaria, part two*, razstavni katalog / exhibition cat., Ljubljana : Soros Center for Contemporary Arts, 1997, s.p.
Nadja Zgonik, *Marko A. Kovačič : Laterna Magica*, razstavni katalog / exhibition cat., Mala galerija, Ljubljana ; Ljubljana : Moderna galerija, 1995.
Nadja Zgonik, *Marko A. Kovačič : Katastropolis 2227*, razstavni katalog / exhibition cat., Galerija Loža, Koper, 1995.
_____, *Medij v mediju*, razstavni katalog / exhibition cat., Mestna galerija, Ljubljana ; Ljubljana : Soros Center for Contemporary Arts, 1997.

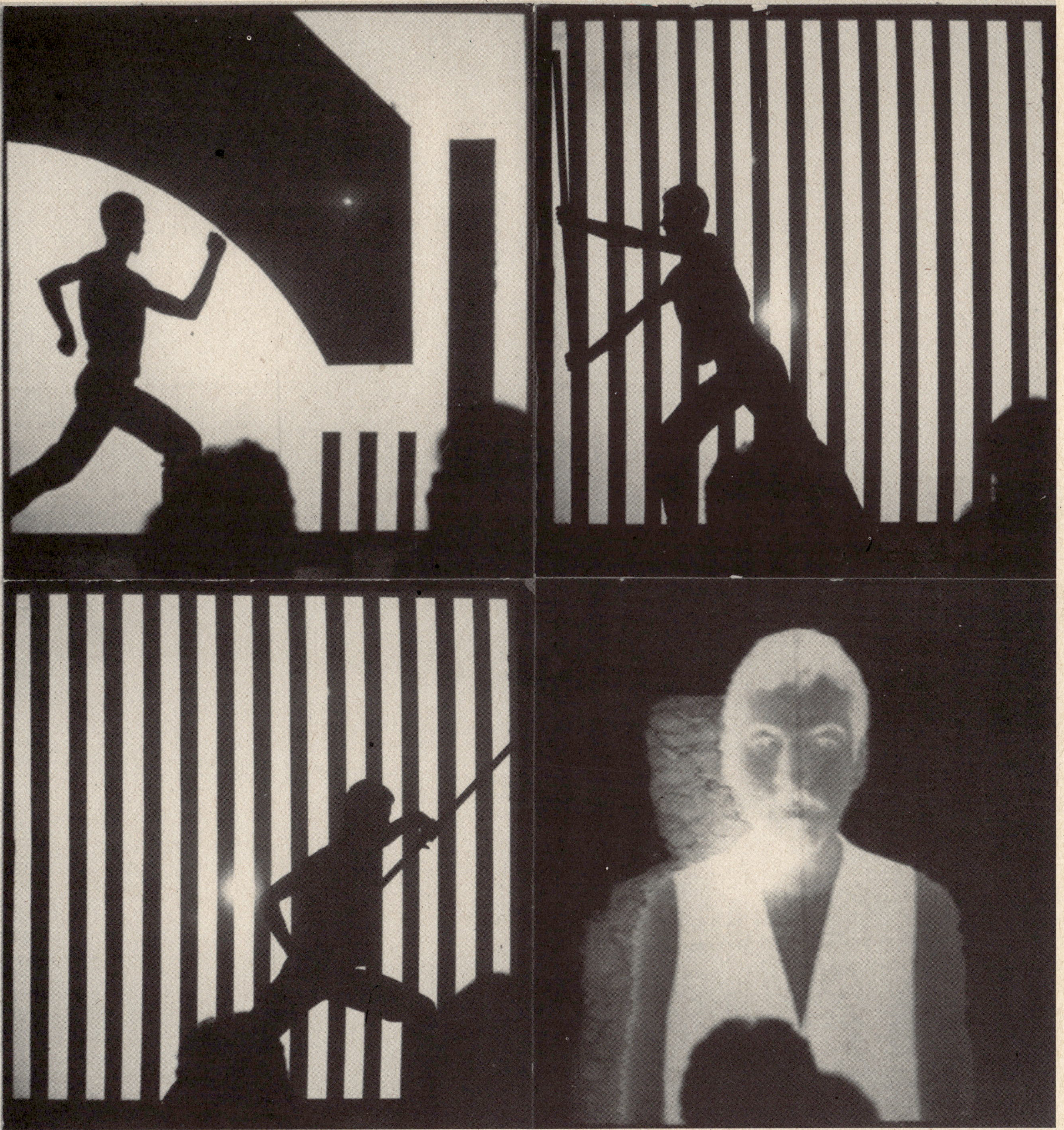

LAIBACH

Intervju, junij 1983

LAIBACH prakticira provokacijo na odtujeno zavest. Skozi TV akcijo smo izkoristili televizijski medij, preizkusili represivno moč informacije in okusili užitek samožrtvovanja. Povzročili smo konfuzijo in pretipali (obrambne) mehanizme masovne pozitivne zavesti. Sledila je živčna in razcepljena reakcija naslovnikov kot nedvomna posledica ideološke nestabilnosti in verifikator razmerja sil. (Dualizem v percipiranju LAIBACH sporočila demaskira nevrozo družbe; *LAIBACH združuje bojevnike in nasprotnike v izraz krika statičnega totalitarizma).*

Odlomek iz intervjuja, ponatisnjenega v: *Neue Slowenische Kunst,* Grafički zavod Hrvatske, Zagreb, 1991, str. 50

***Interview,* June 1983**

LAIBACH practices provocation of the alienated consciousness. Through the TV campaign, we exploited the television media, tested the repressive power of information and tasted the pleasure of self-sacrifice. We caused confusion and probed the (defense) mechanisms of mass positive consciousness. A nervous and divided reaction of those addressed followed, undoubtedly as an unambiguous consequence of ideological instability and a verifier of the balance of power. The dualism in perceiving the LAIBACH message unmasks the neurosis of society; *LAIBACH unites warriors and opponents into a scream of static totalitarianism).*

Excerpt from an interview, reprinted in: *Neue Slowenische Kunst,* AMOK Books, Los Angeles, 1991, p. 50

BIOGRAFIJA / BIOGRAPHY
Ustanovljen / Established: **1980, Trbovlje, Slovenija / Slovenia**
Državljan Neue Slowenische Kunst / A citizen of Neue Slowenische Kunst

IZBRANA BIBLIOGRAFIJA / SELECTED BIBLIOGRAPHY

Peter Culshaw, »Provocation«, *Emois*, no. 6, November 1987.
Tine Hribar, »Postmodernizem, transavantgarda in retrogardizem«, *Problemi*, Ljubljana, no. 3 – 4, 1986.
Taras Kermauner, »X + (–) 11 = ?«, *Nova revija*, Ljubljana, vol. 2, no. 13 – 14, 1983, pp. 1470 – 1489; vol. 2, no. 15 – 16, 1983, pp. 1690 – 1702.
Dejan Keršić, »Die Entartete Kunst«, *Quorum*, Zagreb, no. 6 – 7, 1987.
Vlado Krušić, »Nešto sasma drugo drugo...«, *Gordogan*, Zagreb, vol. 9, no. 25, 1987.
Kenneth Laddish, »The Fub Vier Dissecting the Body Politic : Laibach at Home and Abroad«, *Mondo 2000*, no. 9, 1993.
Sabrina Petra Ramet, *Rocking the State*, Westview Press, 1994.
Dirk Schneidinger, »Laibach – Pop goes Neo-Collectivism«, *Apart*, no. 9, September – October 1987.
Blanka Tironis, »Neue Slowenische Kunst v vrhu svetovne avantgarde«, *Maske*, Ljubljana, no. 4, 1986.
Slavoj Žižek, »Pismo izdaleka«, *Gordogan*, Zagreb, vol. 9, no. 25, 1987.
Slavoj Žižek, »Enlightenment in Laibach«, *Art & Design*, London, vol. 9, no. 3 – 4, 1994, pp. 80 – 87.
_____, »Znanstveno preučevanje avantgard«, *Primerjalna književnost*, Ljubljana, no. 2, 1985, diskusija / discussion: **Janko Kos, Boris Paternu, Peter Krečič, Nada Pagon Brglez, Jola Škulj, Andrej Rijavec, Tomaž Brejc, Milček Komelj, Darko Dolinar, Igor Zabel, Borut Loparnik, Majda Stanovnik, Evald Koren, Alenka Koron etc.**
_____, »Umjetnost i totalitarizam se (ne) isključuju«, *Novi Prolog*, Zagreb, no. 4 – 5, 1987, diskusija / discussion: **Vesna Kesić, Dejan Kršić, Srđan Dvornik, Emil Matešić, Tadej Zupančič, Igor Vidmar, Aleksandar Flaker, Vjeran Zuppa, Božo Kovačević, Dunja Blažević, Biljana Tomić, Jürgen Harten etc.**

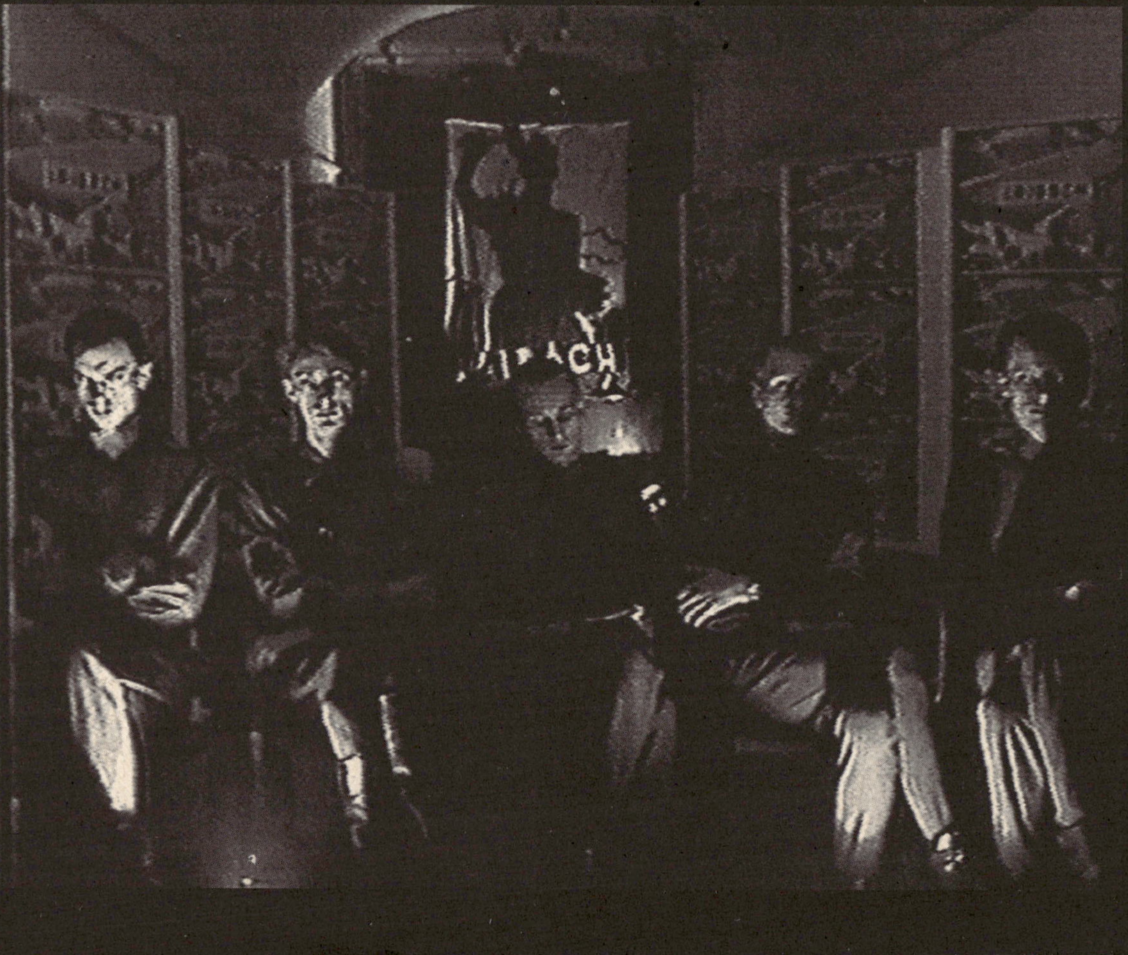

Oddelek za čisto in praktično folozofijo pri NSK

Department of Pure and Applied Philosophy at NSK

Peter Mlakar

Fotografija in video prikazujeta predavanje Petra Mlakarja v okviru projekta NSK STAAT – BERLIN, oktobra 1993 v gledališču Volksbühne v Berlinu. Naslov predavanja je »Božje obličje in nemška seksualna disciplina« ter je v integralni različici objavljeno v knjigi *Uvod v Boga* (Založba NSK, 1997). Avtor predavanja je besedilo prebral in povedal v družbi dveh profesionalnih prostitutk, ki sta s svojo spolno privlačnostjo, žensko energijo in zavidljivo stopnjo vključitve v duha tega besedila dopolnjevali idejo teksta ter spodbujali filozofovo vživljanje v napisano.

Foto: Diego Gomez

The photograph and the video present Peter Mlakar's lecture, which formed part of the project NSK STAAT – BERLIN in October 1993 at the theater Volksbühne in Berlin. The lecture was entitled »The Countenance of God and German Sexual Discipline«, and it was published in integral form in the book *Uvod v boga* (*An Introduction to God*, Založba NSK, 1997). The lecturer read and recounted his text accompanied by two professional prostitutes who complemented the idea of the text with their sexual attractiveness, feminine energy and an enviable degree of participation in the spirit of the text, encouraging the philosopher to empathize with what had been written.

Photo: Diego Gomez

Člani / Members: **Peter Mlakar, P. Traven**

BIOGRAFIJA / BIOGRAPHY

Peter Mlakar
Rojen / Born : **1951, Ljubljana, Slovenija / Slovenia**
Šolanje / Education : **Filozofska fakulteta (filozofija) / Faculty of Philosophy (Philosophy), Ljubljana ; član Neue Slowenische Kunst / member of Neue Slowenische Kunst**
Živi in dela / Lives and works : **Ljubljana**

IZBRANA BIBLIOGRAFIJA / SELECTED BIBLIOGRAPHY

P. Traven, *Mera in čut*, Ljubljana : Založba ŠKUC, 1988.
Peter Mlakar, v/in: Novi Kolektivizem, Milan Zinaić (ur./ed.) : *Neue Slowenische Kunst*, Zagreb : Grafički zavod Hrvatske ; Los Angeles : Amok Press, 1991.
Peter Mlakar, *Spisi o nadnaravnem*, Ljubljana : Društvo za teoretsko psihoanalizo (Zbirka Analecta), 1992.
Peter Mlakar, *Reden an die deutsche Nation*, Dunaj / Vienna : Verlag Turia & Kant, 1993.
P. Traven, *Skrivnosti srca*, Ljubljana : Društvo za teoretsko psihoanalizo & Založba NSK, 1995.
Peter Mlakar, *Uvod v Boga*, Ljubljana : Založba NSK, 1997.

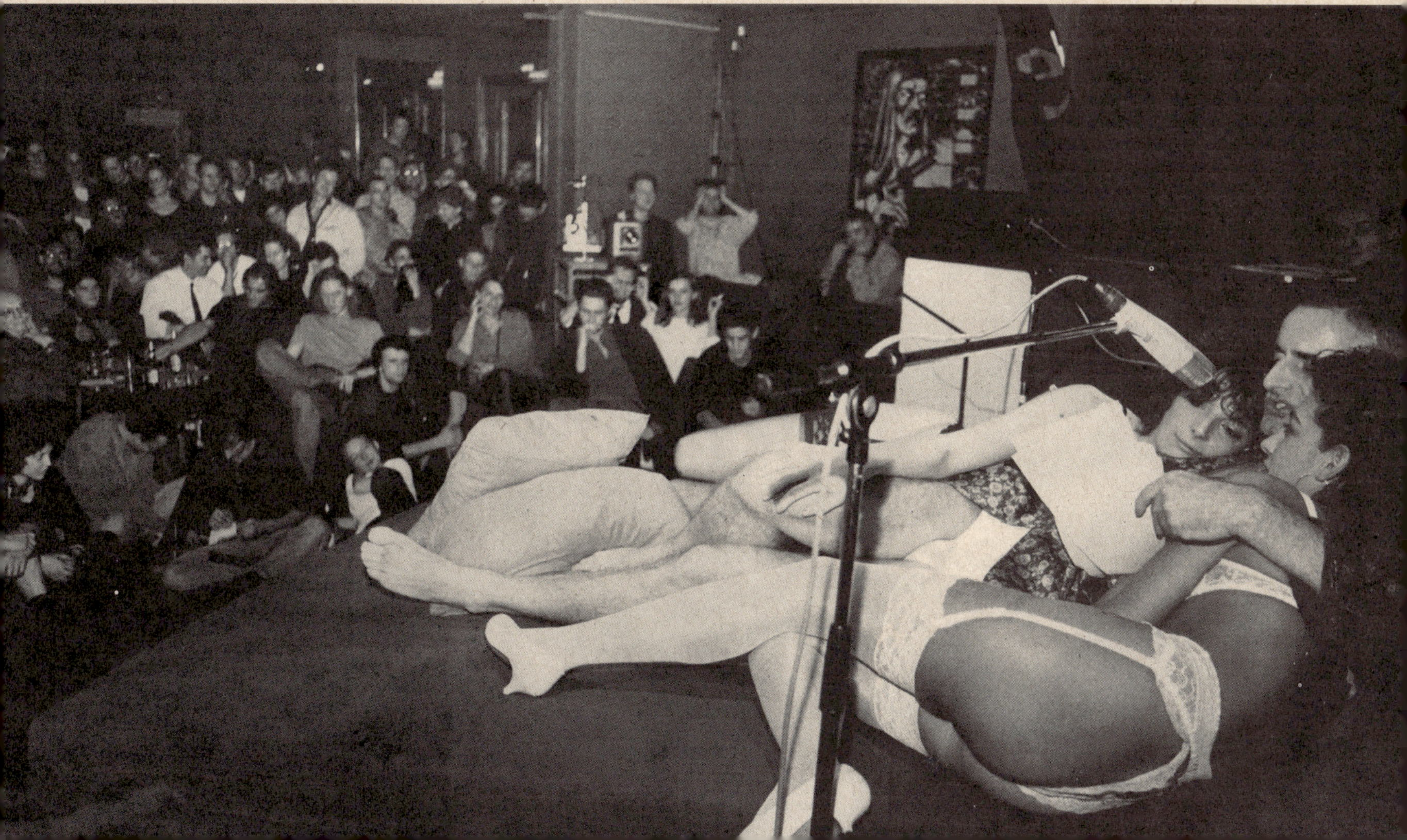

OHO

OHO : 1966–1971
Člani / Members: **Marjan Ciglič, Drago Dellabernardina, Srečo Dragan, Iztok Geister (I. G. Plamen), Matjaž Hanžek, Aleš Kermavner, Vojin Kovač – Chubby, Naško Križnar, Milenko Matanović, David Nez, Marko Pogačnik, Andraž Šalamun, Tomaž Šalamun, Franci Zagoričnik.**

IZBRANA BIBLIOGRAFIJA
SELECTED BIBLIOGRAPHY

Tomaž Brejc, *OHO 1966 – 1971*, razstavni katalog / exhibition cat., Galerija ŠKUC, Ljubljana, 1978.
Maja Breznik, »Urbani teater (happeningi skupine OHO 1966–1969)«, *M'ars*, Ljubljana, vol. 7, no. 3–4, 1995, pp. 5–11.
Lilijana Stepančič, » Body art in OHO«, *Konceptualna umetnost 60-ih in 70-ih let : This Art is Recycled*, razstavni katalog / exhibition cat., Galerija ŠKUC, Ljubljana, 1997, str. 27 – 31.
Igor Zabel, *OHO : retrospektiva*, razstavni katalog / exhibition cat., Ljubljana : Moderna galerija, 1994.

David Nez

Kozmologija, 1969

Umetnik je na tleh oblikoval krog iz neonskih svetilk, ki jih je pobral iz stropnih luči. Nad krog je obesil gorečo žarnico, v krog pa je postavil kamen, ki ga je našel pred galerijo. Nez je elementom dela pripisal tudi kozmične pomene: krog je bil »Sonce«, žarnica je pomenila »Luno«, kamen pa »Zemljo«. To je bilo po eni strani povezano s takratnim navdušenjem za vesoljske polete, zlasti polete na Luno, po drugi strani pa je ta postavitev nakazovala tudi skoraj ritualno kozmogonično dejanje. Avtor je celoto dopolnil s tem, da je ležal v krogu s kamnom na trebuhu in na poseben način dihal. S tem je nakazal uskladitev telesa (prek meditacijskih praks, kot je sistem dihanja) s celoto kozmosa.

Igor Zabel

***Cosmology*, 1969**

The artist formed on the floor of the gallery space a circle made of neon tubes, taken from the ceiling lights. Above the center of the circle, he hung a switched-on bulb, and into the circle, he put a stone found in front of the museum. Nez ascribed cosmical meanings to the elements of the work: the circle was the Sun, the bulb represented the Moon, and the stone was the Earth. This imagery was connected with the contemporary enthusiasm for space travel, especially travels to the Moon, but it also indicated an almost ritual cosmogonical act. The artist completed the work by lying down in the circle, with the stone on his stomach, and breathing in a particular way. His presence indicated a harmony between the body and the whole cosmos attained through meditative practices (such as systematic breathing).

Igor Zabel

BIOGRAFIJA / BIOGRAPHY

Rojen / Born : **1949, Cambridge (Massachusetts), ZDA / USA**
Šolanje / Education : **1967 – 1971 Akademija za likovno umetnost / Academy of Fine Arts, Ljubljana**
Živi in dela / Lives and works : **Baltimor (Maryland)**

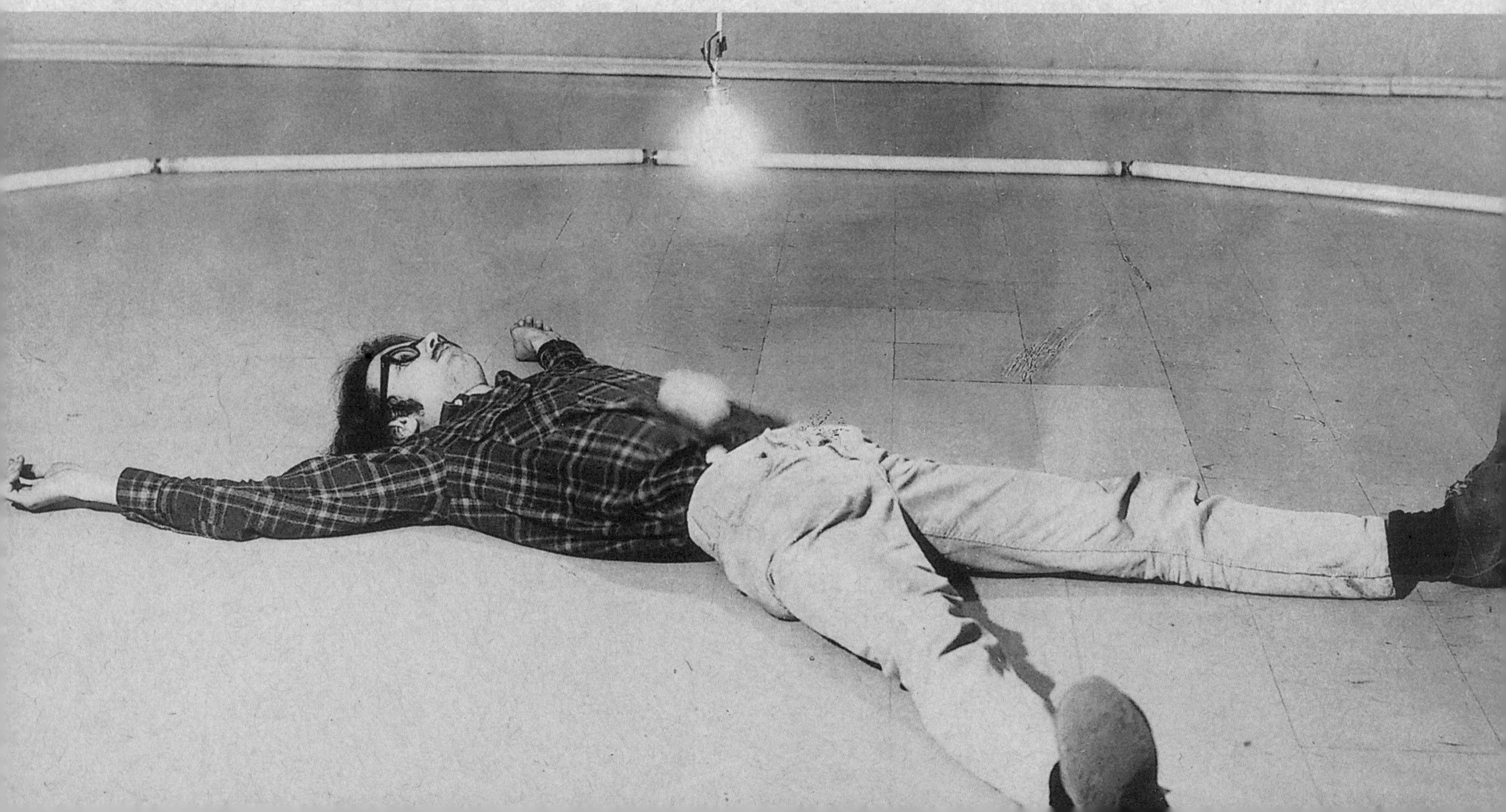

OHO

Andraž Šalamun

Gozd, 1969

Gozd je bil ambient, zgrajen iz napihnjenih elementov. Avtor je ta ambient uporabil kot okolje za svoje telo: med elementi je ležal, se plazil po njih, se z njimi igral itn. S svojim telesom je ustvaril izrazito erotično napetost, ki pa ni bila usmerjena na neki objekt, temveč se je kazala kot bistvena lastnost telesnosti same.

Igor Zabel

***The Wood,* 1968**

The *Wood* was an environment built from elements filled with air. The artist used the environment as a space for his own body; he was lying between the elements, he was crawling over them, playing with them, etc. With his body, he produced an erotic tension which was, however, not aiming at any particular object; it appeared as an essential dimension of the body itself.

Igor Zabel

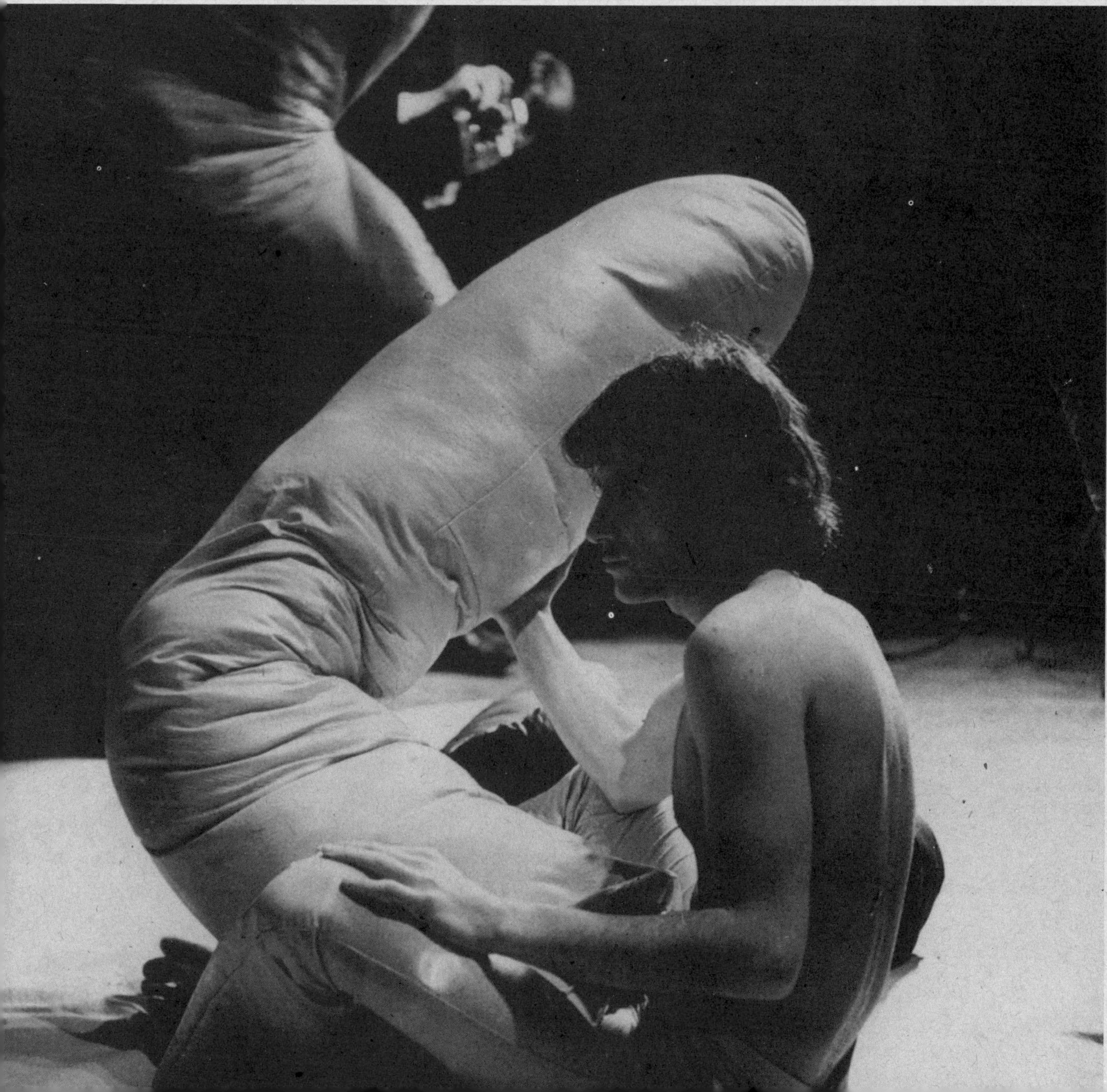

BIOGRAFIJA / BIOGRAPHY

Rojen / Born : **1947, Ljubljana, Slovenija / Slovenia**
Šolanje / Education : **Filozofska fakulteta (primerjalna književnost, filozofija) / Faculty of Philosophy (Comparative Literature, Philosophy), Ljubljana**
Živi in dela / Lives and works : **Koper**

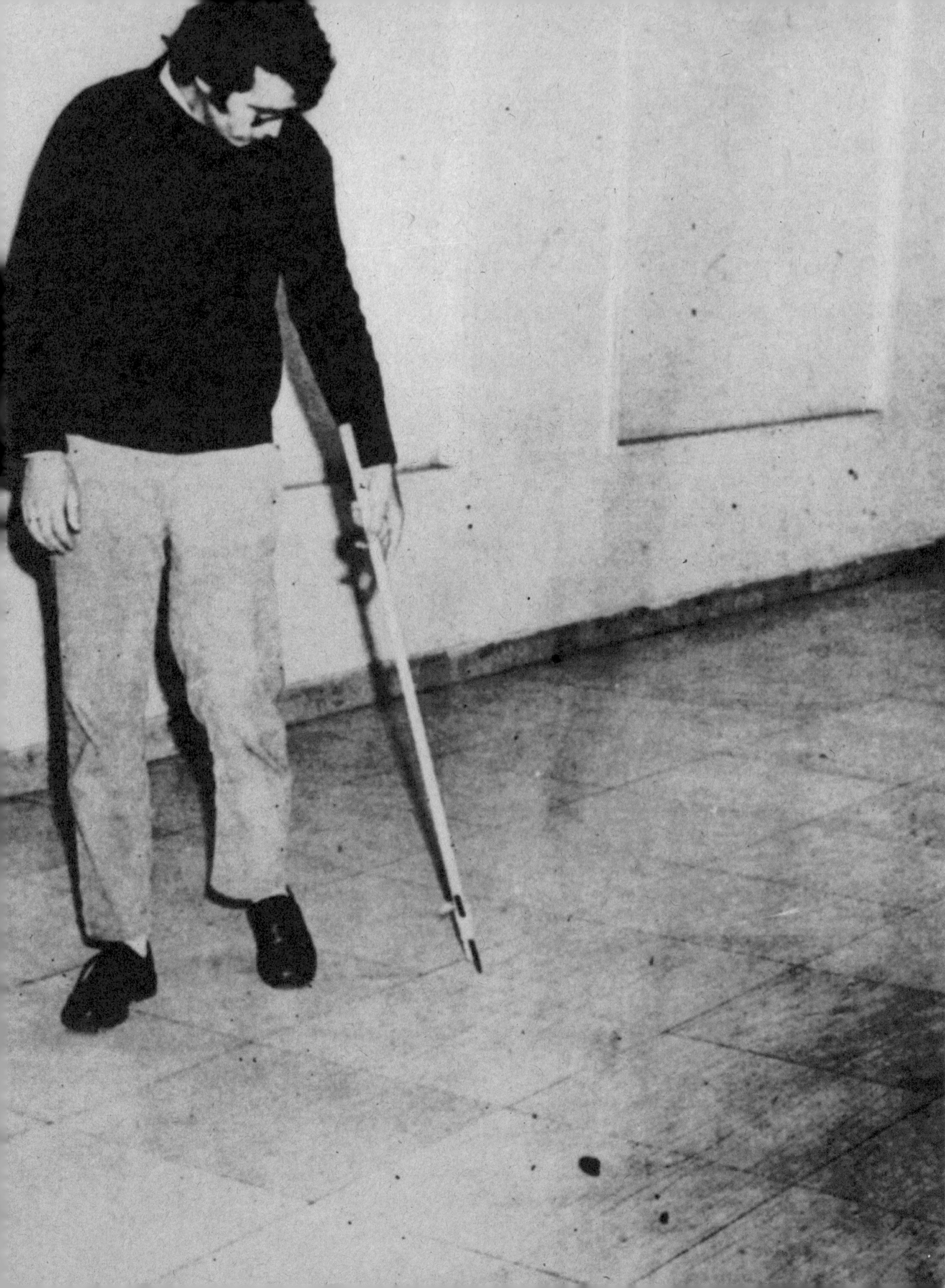

OHO

Tomaž Šalamun

Vlečenje črte, Novi Sad, 1969

V okviru nastopa skupine OHO v Novem Sadu novembra 1969 je Tomaž Šalamun prehodil pot od Galerije Tribine mladih do Petrovaradinske trdnjave nad mestom. Pri tem je po tleh ves čas vlekel črto s kredo.

Igor Zabel

***Drawing the Line,* Novi Sad, 1969**

In the context of the appearance of the OHO Group in Novi Sad in November 1969, Tomaž Šalamun walked from the Tribina mladih Gallery to the Petrovaradin Fortress above the city, drawing with a piece of chalk a continuous line on the floor.

Igor Zabel

BIOGRAFIJA / BIOGRAPHY

Rojen / Born : **1941, Zagreb, Hrvaška / Croatia**
Šolanje / Education : **Filozofska fakulteta (umetnostna zgodovina) / Faculty of Philosophy (History of Art), Ljubljana**
Živi in dela / Lives and works : **Ljubljana, New York**

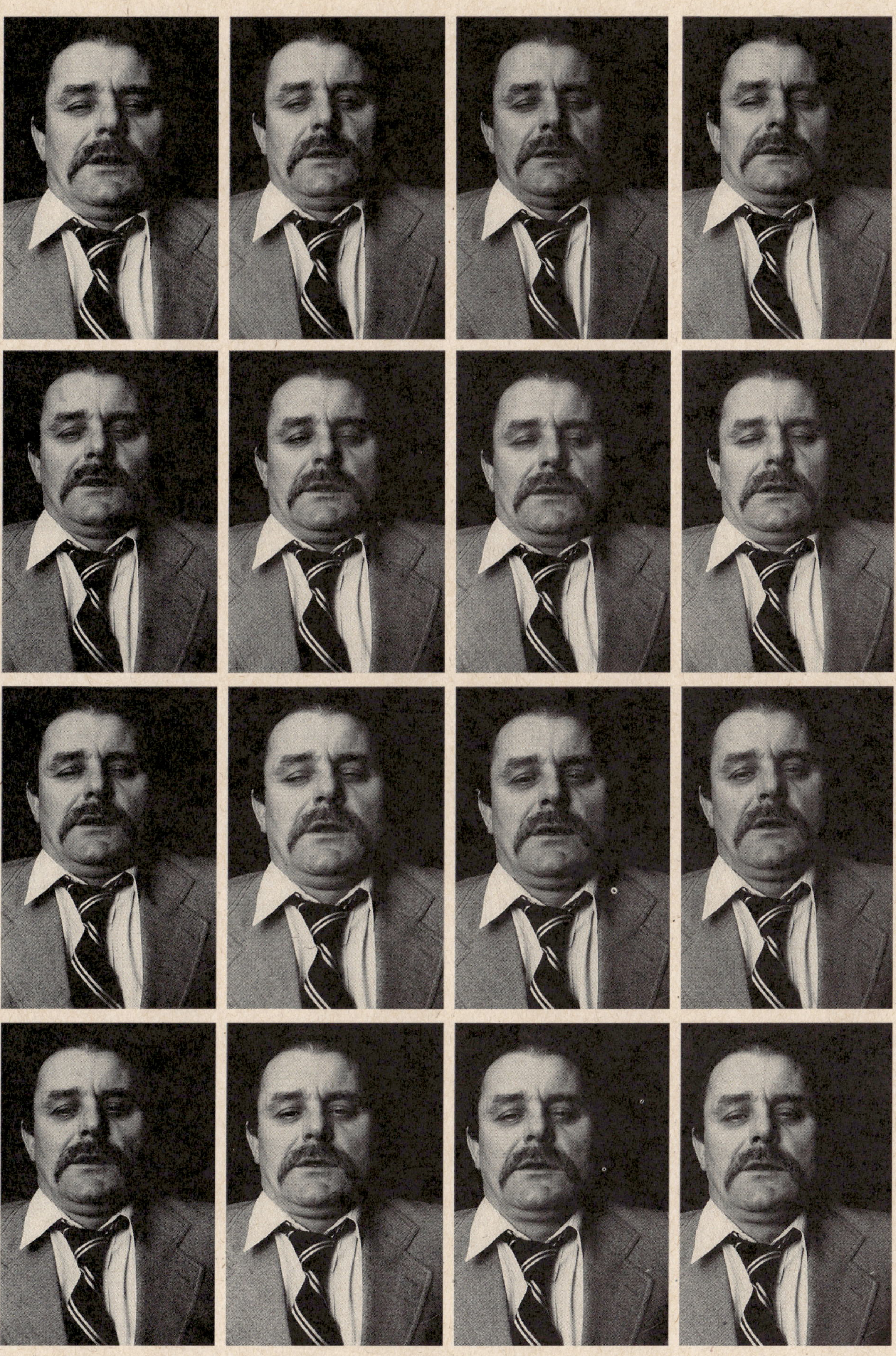

Franc Purg

Avto Portret, 1997
Galerija ZDSLU, Ljubljana
Foto: Nevenka Šivavec

Gre za črnobel video, ki ni bil posnet s kamero, ampak je sestavljen iz zaporednih, hitrih foto posnetkov (drive), ki so nastali kot del ljubezenskih igric v domači spalnici. V glavni vlogi nastopa – avtor.

F. P.

***Self Portrait,* 1997**
Galerija ZDSLU, Ljubljana
Photo: Nevenka Šivavec

The project is a black-and-white video which was not shot with a video camera but composed of a succession of continuous photographs which were taken as part of love games in the artist's bedroom. Appearing in the leading role – the artist.

F. P.

BIOGRAFIJA / BIOGRAPHY

Rojen / Born : **1955, Ptuj, Slovenija / Slovenia**
Šolanje / Education : **1973 – 1979 Akademija za likovno umetnost (kiparstvo) / Academy of Fine Arts (Sculpture), Ljubljana**
Živi in dela / Lives and works : **Celje**

IZBRANA BIBLIOGRAFIJA
SELECTED BIBLIOGRAPHY

Mark Ewart, »Franc Purg«, *The Irish Times*, 24. 9. *1996* (http://www.irish–times.com/irish–times/paper/1996/0924/fea5.html).
Aleksandra Kostić, »Demistifikacija umetnosti«, *Katedra*, Maribor, vol. 34, no. 4, July 1994, p. 12 (http://www.kibla.org/kostic).
Judita Krivec Dragan, *Franc Purg : Avto Portret*, Ljubljana : Galerija ZDSLU, 1997.
Jurij V. Krpan, »Penis / falos / kurac = A Penis / Phallus / Dick«, *Franc Purg : what makes me look like this*, razstavni katalog / exhibition cat., Ljubljana : Galerija Š.O.U. Kapelica, 1997 (http://www.kapelica.org/purg/main.htlm).
Alenka Pirman, »Franc Purg«, *Sculpture*, Washington D.C., vol. 16, no. 7, September 1997, pp. 85 – 86 (http://www.ljudmila.org/scca/purg/).
Nevenka Šivavec, »Peti evangelij = The Fifth Gospel«, *Franc Purg : what makes me look like this*, razstavni katalog / exhibition cat., Ljubljana : Galerija Š.O.U. Kapelica, 1996.
Nadja Zgonik, *Franc Purg : Majski vrh = May Height*, razstavni katalog / exhibition cat., Galerija Media Nox, Maribor ; Galerija Equrna, Ljubljana, 1994.

Marko Peljhan

LADOMIR-ФАКТУРА: Druga površina – Pričakovali smo vas!
»The Incident«, Belluard-Bollwerk 1995, Fribourg, Švica
komunikacija-spanje 13. 7. 1995 od 22:30 do 08:17 naslednjega dne, 14. 7. 1995 od 22:30 do 06: 43 naslednjega dne

Sceno se da opisati na kratko: Moški, od glave do pet zavit v nepropustno aluminijasto plahto, leži na nosilih. Na steno za njim je projiciran satelitski posnetek zemlje z vrtinčastimi oblaki, kakor ga lahko vidimo pri vremenskih napovedih. To se nepretrgoma ponavlja v trisekundnem tempu. Iz velikih zvočnikov zazveni popačena glasba in mestoma nerazumljiv človeški glasovi. Na spodnjem koncu nosil teče digitalna štoparica. Rdeči kazalec meri stotinke sekunde in ure. Na levi strani je v ozadju majhen monitor, na katerem odsekano šviga modri val.
Potek se da opisati še hitreje, kajti s strani »Projekta Atol« se zdaj ne zgodi nič več. Izkaže se, da je performans pravzaprav instalacija. V sebi zaključen sistem ne pozna razvoja. Vrtinci oblakov v neskončni pentlji predstavljajo istočasno večnost in nesmisel. Čas sistema, ki ga lahko natančno odčitamo na štoparici, je brez pomena, saj ne more biti merilo sprememb, ki jih nikoli ne bo.

Spodletel poskus vzpostavitve stika

Dva žarometa osvetljujeta sceno. Eden je usmerjen na ležečega aluminijastega moškega, drugi pa opozarja na mikrofon, ki stoji pred gledalci. Mar se da na tak način vzpostaviti stik z instalacijo? Po četrt ure, ko so prvi gledalci že odšli, postajajo ostali čedalje bolj nejevoljni ter nestrpni in eden stopi do mikrofona. Toda njegov »Nehajte!« se ne sliši, saj mikrofon glas popači in povzroči eho. Povedano postane nerazumljivo, postane nesmiseln hrup, podobna zmešnjava kot prej pri glasbi in glasovih iz zvočnikov.
Tudi če greš na sceno, se nič ne spremeni. Upanje, da boš prodrl v sistem, se izkaže kot zmota, ki hermetično strukturo instalacije le potrdi. Gledalci pa kljub temu ne vzdržijo, da vse ostaja isto, kar postaja nevzdržno. Tudi oni poskušajo neuspešno kaj povedati, in tako še toliko bolj uvidijo nezmožnost, da bi se izrazili – avtizem najdemo na obeh straneh.
Tukaj umetno ustvarjeno situacijo, v kateri se nič ne dogaja, lahko razumemo kot kritiko moderne razvedrilne tehnologije: brezkompromisna in samozadovoljna monotonija »egoritma« razkriva, kaj se skriva za dimom podob in poplavo dražljajev, na primer videov: enostranskost »komunikacije«, pasivna, le receptivna drža konzumenta.
Konca »nastopa« najbrž ni dočakal nihče. Šele ko zadnji gledalec obupa in sprejme nemožnost komunikacije in zapusti trdnjavo, se aluminijasti človek dvigne. Egoritmov se ne da premagati – in to so hoteli dokazati.

Oliver Hochadel, »Vrtinec oblakov v neskončni pentlji: simbol večnosti«, v: *Freiburger Nachrichten*

LADOMIR-ФАКТУРА: Second Surface – We Were Expecting You!
»The Incident«, Belluard-Bollwerk 1995, Fribourg, Switzerland
communication-sleeping 13 July 1995 from 22:30 until 08:17 next day, 14 July 1995 from 22:30 until 06:43 next day

The scene can be described briefly. A man, wrapped from head to foot in impermeable aluminum foil, lies on a stretcher. On the wall behind him is projected a satellite picture of the earth with swirling clouds, such as one sees in weather forecasts. This reappears without a break at three second intervals.Distorted music and here and there incomprehensible human voices come from large speakers. At the bottom of the stretcher runs a digital stopwatch. A red indicator measures hundredths of seconds and hours. On the left side in the background is a small motor from which rises a truncated blue cylinder.
The course of events can be described quickly, since on the part of »Project Atol« nothing more now happens. It appears that the performance is actually an installation. A closed system does not recognise development. The swirling clouds in an endless mesh represent simultaneously eternity and futility. The time of the system, which can be read precisely on the stopwatch ,is without meaning, since it cannot measure changes which will never occur.

Unsuccessful attempt to establish contact.

Two searchlights light the scene. One is directed at the recumbent aluminium man, the other highlights a microphone which stands in front of the viewer. Can cantact with the installation be established in such a way? After quarter of an hour, when the first viewers have already left, those remaining become all the more dissatisfied and impatient and one steps up to the microphone. However, his »Stop« is not heard, since the microphone distorts his voice and causes an echo. What is said becomes incomprehensible, becomes senseless noise, similar to the previous mixture of music and voices from the speakers.
Even if you enter the scene, nothing changes. The hope that one will break into the system appears mistaken, which the hermetic structure of the installation only confirms. The viewers nevertheless do not stand for everything remaining the same, which becomes unsustainable. They, too, try unsuccessfully to say something, and thus see even more clearly the impossibility of expressing anything - we find autism on both sides.
Here the artificially created situation in which nothing happens can be understood as a criticism of modern recreational technology: the uncompromising and arbitrary monotony of »egorhythm« reveals what is concealed behind the smoky images and flood of irritants, in the case of videos: one-sided »communication«, a passive, merely receptive attitude of consumption.
Probably nobody waits for the end of the »show«. Only when the last viewer gives up and accepts the impossibility of communication and abandons the citadel does the aluminium man rise. Egorhythm cannot be overcome – and this is what they wanted to demonstrate.

Oliver Hochadel, »The swirl of clouds in an endless mesh: a symbol of eternity, in: *Freiburger Nachrichten*

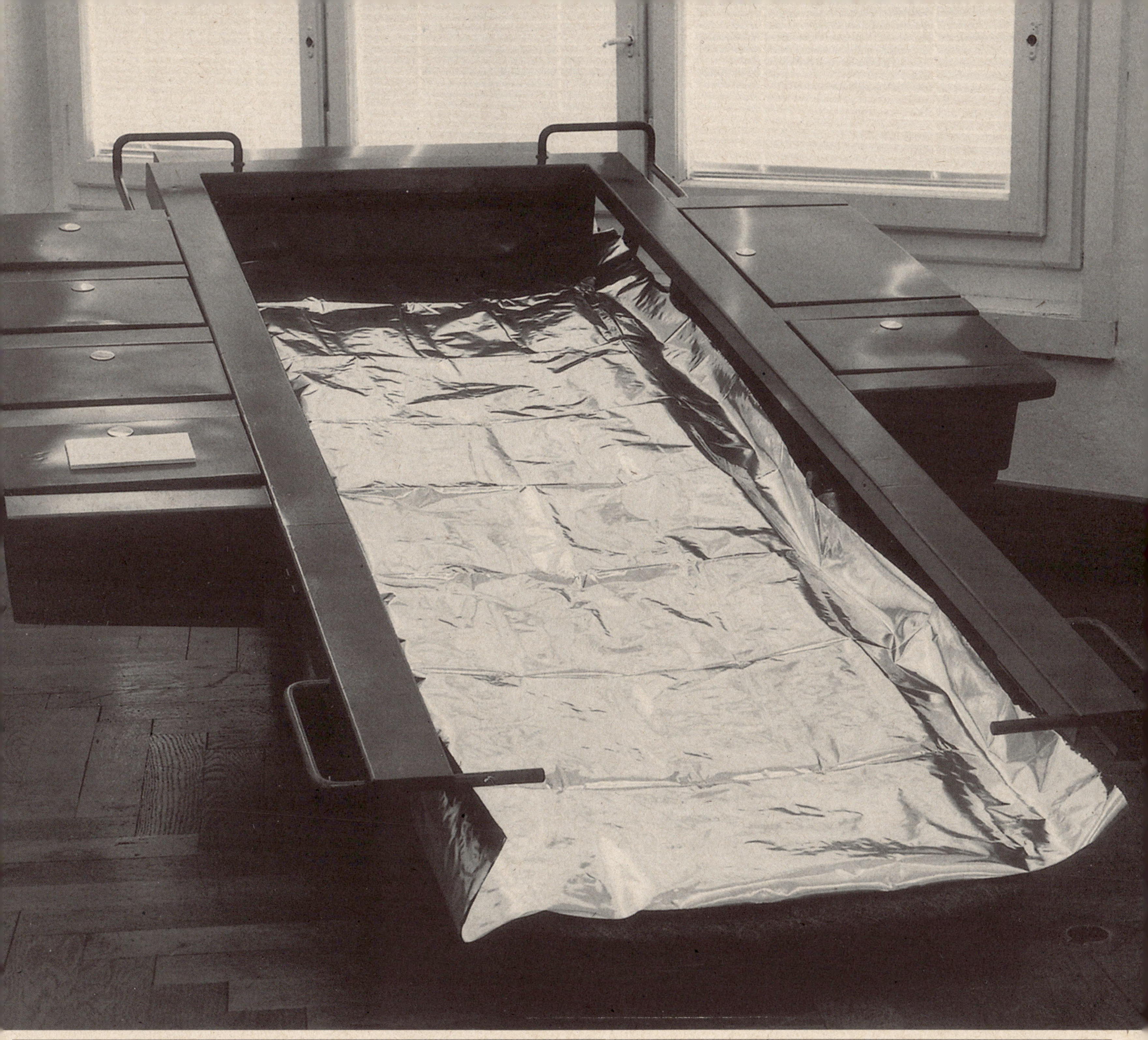

BIOGRAFIJA / BIOGRAPHY

Rojen / Born : **1969, Nova Gorica, Slovenija / Slovenia**
Šolanje / Education : **1988 – 1992 Akademija za gledališče, radio, film in televizijo (gledališka in radijska režija) / Academy of Theatre, Radio, Film and Television (Theatre and Radio Directing), Ljubljana**
Živi in dela / Lives and works : **Ljubljana**

IZBRANA BIBLIOGRAFIJA
SELECTED BIBLIOGRAPHY

Johannes Birringer, »The Utopia of Postutopia«, *Theatre topics*, 6. 2. 1996.
Lisa Haskel, »Pretty Good Pirates«, *Mute*, no. 9. 1998.
Oliver Hochadel, »Wolkenwirbel in der Endlosschlaufe : Symbol der Ewigkeit«, *Agglomeration*, Kanton Freiburg, 14. 7. 1995.
Geert Lovink, »A Trevel through Asia–Pacific Mediascapes«, *Intercommunication*, no. 24, 1998.
Laura McGough, »Prosthetic Aesthetics«, *Performance Journal*, 1996.
Špela Mlakar, »Marko Peljhan«, *M'ars*, Ljubljana, vol. 9, no. 1, 1997, pp. 19 – 21.
Marko Peljhan, »http://macrolab.ljudmila.org«, *Maska*, Ljubljana, vol. 7, no. 1 – 2, 1998, pp. 32 – 36.
Marko Peljhan, »What is Macrolab?«, *Intercommunication*, no. 25, 1998.
Irena Štaudohar, »Novi V–efekt«, *Maska*, Ljubljana, vol. 3, no. 2 – 3, February–May 1993, pp. 26 – 27.
Igor Zabel, »The Immaterial World of Signals«, *Index*, Stockholm, no. (2) 22, 1998.

Jože Slak – Đoka

Mojo srčno kri škropite, Galerija ŠKUC, Ljubljana, 1979
Foto: Dušan Pirih Hup

Akcija je nosila naslov *Mojo srčno kri škropite* po pesmi Simona Gregorčiča, ki jo je avtor skušal vzeti kar najbolj dobesedno, jo iz čisto simboličnega prenesti tudi v konkretno dogajanje. Galerijski prostor je bil nabito poln. Na začetku akcije je Jože Slak stopil pred medicinski voziček, prekrit z belo tkanino, in prebral svojo govorniško izjavo. Potem je odgrnil tkanino, pod katero je bil zajeten kos surovega mesa, in jo razgrnil po tleh. Z britvico si je porezal notranjo stran zapestja in ga z drugo roko tako močno stiskal, da je iz njega začela curljati kri. Kaplje krvi so padale na belo tkanino... Kasneje je nanjo vsul temno prst in jo ob zvokih nekakšne himne dvignil pred gledalce. Akcija, ki je aludirala tudi na odkrivanje spomenikov, je bila s tem zaključena.
Opisana akcija slikanja kot določen pristop do »delanja slike« je prestavila pomen od končnega produkta-slike k samemu procesu. Proces je bil obenem stvaren in alegoričen. Umetnikovo telo kot ekspresiven element je bilo tu postavljeno v okvir samoagresivnega akta, ki je zadobil obliko šoka, obenem pa je priklical asociacije na ritualne iniciacije, žrtvovanja, oploditve in utelesitve. Verigo platno-kri-zemlja-slika je povezal umetnik s svojo telesno navzočnostjo in akcijo, ki pa bi jo lahko videli tudi kot željo po eksperimentiranju, slikanju z različnimi materiali...

Barbara Borčić, »Mejna jugoslovanska prizorišča - fragmenti«, v: *Likovne besede*, Ljubljana, januar 1992, št. 21, 22, str. 21

This Is My Blood You Shed, Galerija ŠKUC, Ljubljana, 1979
Photo: Dušan Pirih Hup

The action was entitled *This Is My Blood You Shed*, based on a poem by Simon Gregorčič, which the artist attempted to interpret as literally as possible and transfer it from a symbolic into an actual happening. The gallery space was crowded. At the beginning of the action, Jože Slak stood before a rusty hospital trolley covered with a white fabric and read his statement. Then he lifted the fabric, unveiling a sizable chunk of raw meat, and spread the cloth on the floor. With a razor blade he incised the inside of his wrist and pressed it vigorously with his other hand until blood started to trickle. Drops of blood fell onto the white cloth. . . Later he poured dark soil on top of it, and lifted it to the sound of a sort of anthem in front of his audience. The action, which also alluded to unveiling of monuments, was thus completed.
The described action of painting as a certain approach to »making a picture« shifted the focus from the final product-the painting to the process itself. The process was both real and allegoric. The artist's body as an expressive element was here placed within the framework of a self-aggressive act which assumed the form of shock and at the same time called up associations of rituals of initiation, sacrifice, fertilization, and incarnation. The series canvas-blood-soil-painting was linked up by the artist and his physical presence and the action, which could, however, be also seen as a desire to experiment, to paint with different materials. . .

Barbara Borčić, »Mejna jugoslovanska prizorišča – fragmenti«, in: *Likovne besede*, Ljubljana, January 1992, no. 21, 22, p. 21

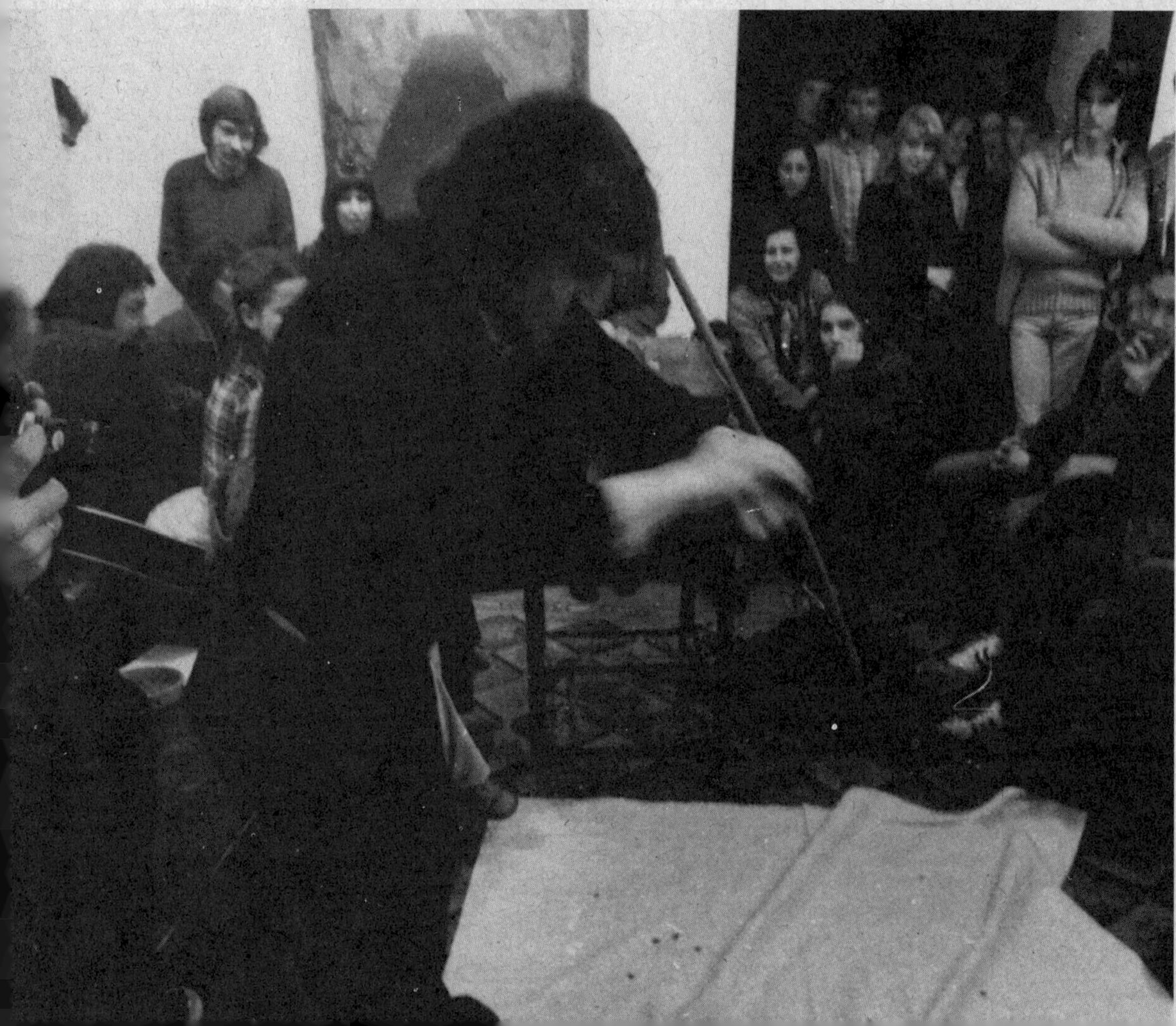

BIOGRAFIJA / BIOGRAPHY

Rojen / Born : **1951, Jablan, Slovenija / Slovenia**
Šolanje / Education : **1971 – 1975 Akademija za likovno umetnost (slikarstvo) / Academy of Fine Arts (Painting), Ljubljana ; 1985 – 1987 Shiritsu Geijutsu Daigaku, Kyoto**
Živi in dela / Lives and works : **Brezovica**

IZBRANA BIBLIOGRAFIJA
SELECTED BIBLIOGRAPHY

Nela Malečkar, »Mentalno obrtništvo«, *Mladina*, Ljubljana, no. 38, 6. 11. 1987, pp. 40 – 41; ponatis v / reprinted in : **Nela Malečkar**, *Ne le intervjuji*, Ljubljana : ŠOU – Študentska založba, 1997, pp. (152) – 156.
Andrej Medved, »Shaped Canvas : Fragmenti o Slakovem slikarstvu«, *Jože Slak – Đoka: I do it my way*, razstavni katalog / exhibition cat., Ljubljana : Moderna galerija ; Obalne galerije Piran, 1993.
Blaž Ogorevc, Miha Đ. Štamcar, »Đokasan«, *Mladina*, Ljubljana, no. 12, 30. 3. 1993, pp. 37 – 39.
Tadej Pogačar, »Jože Slak – Đoka (maj 1988)«, *M'ars*, Ljubljana, vol. 1, no. 1, 1989, pp. 29 – 30 (intervju / interview).
Jože Slak, *Slak Jože*, samozaložba / published by the author, Ljubljana, 1992; v ang.j. / in English: 1993.
Jože Slak, »O mojem slikarstvu«, *Jože Slak – Đoka: I do it my way*, razstavni katalog / exhibition cat., Ljubljana : Moderna galerija ; Obalne galerije Piran, 1993.
Igor Zabel, »O Slakovem slikarstvu«, *Jože Slak – Đoka: I do it my way*, razstavni katalog / exhibition cat., Moderna galerija, Ljubljana; Obalne galerije Piran, 1993.

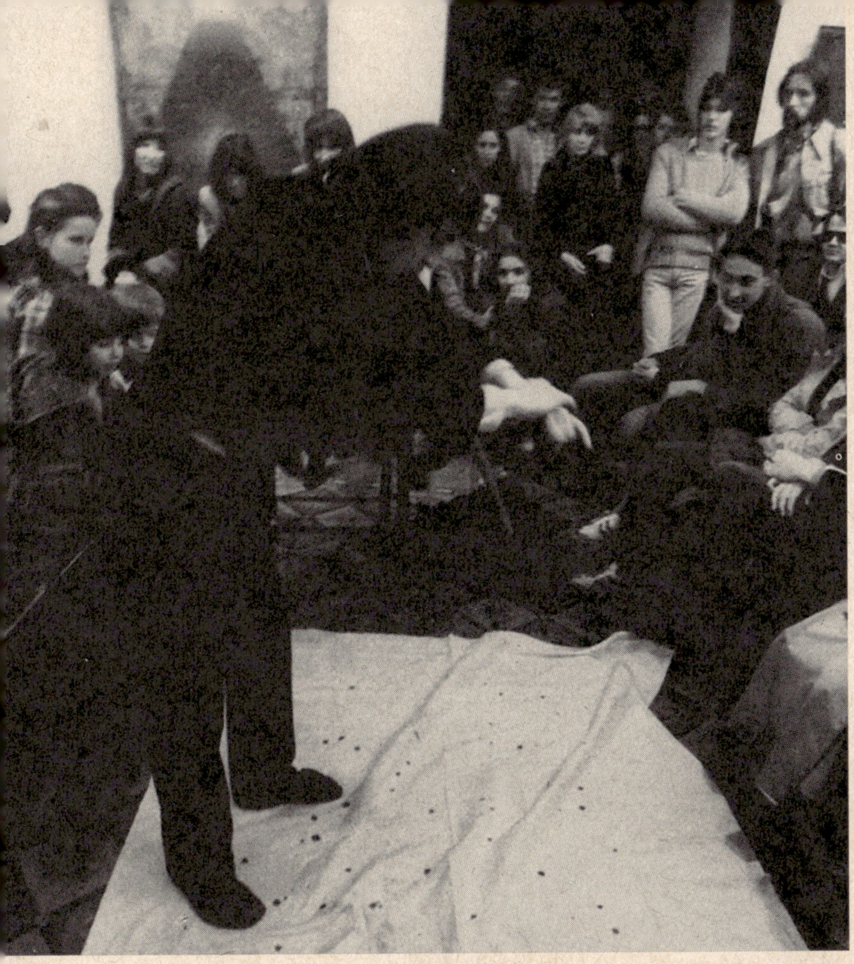
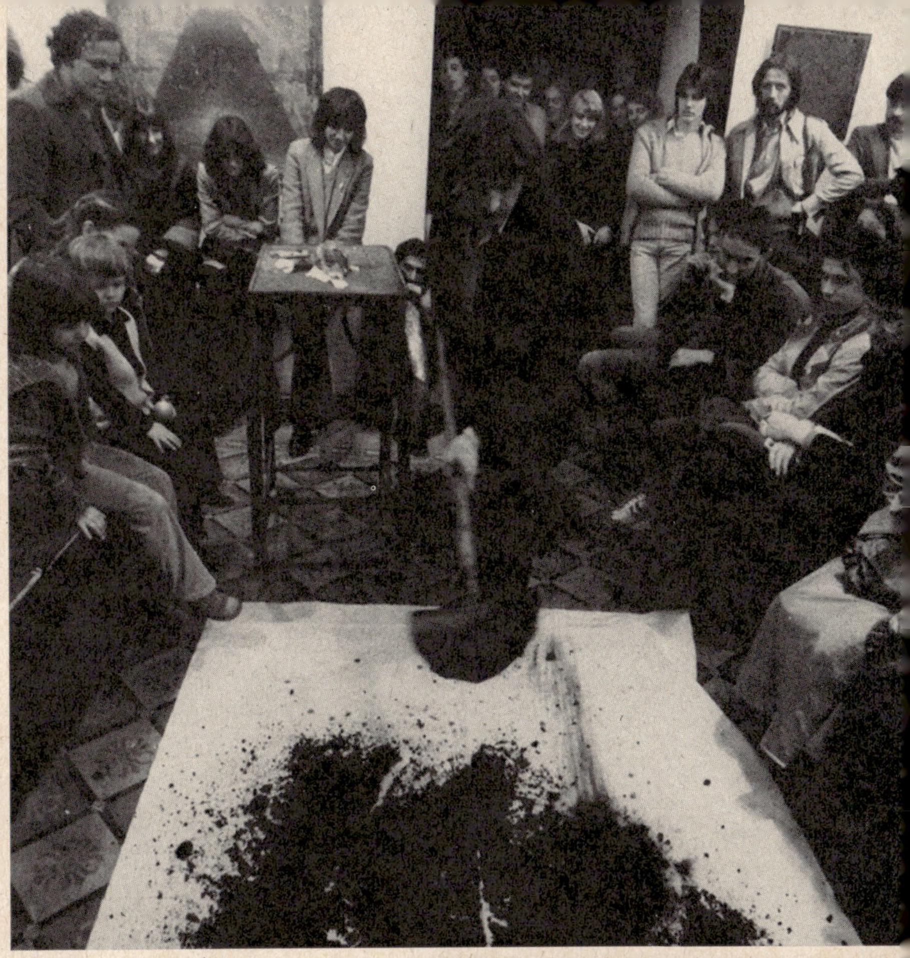
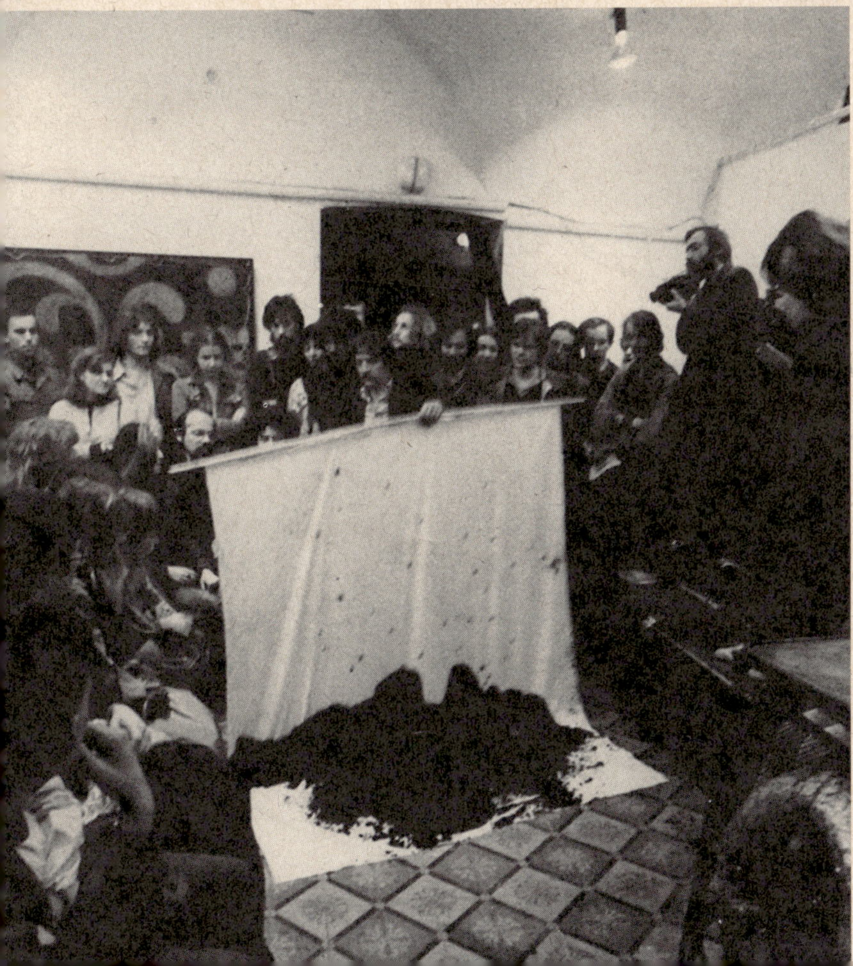
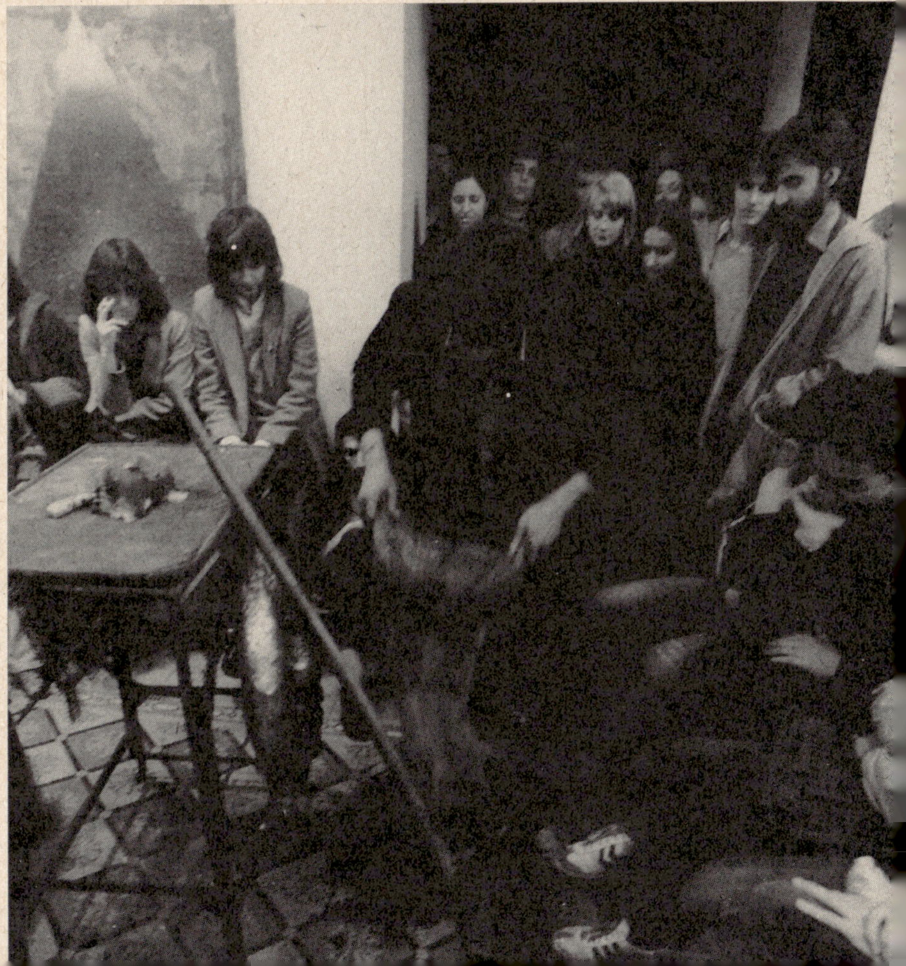

Ive Tabar

Intubacija, Galerija Š. O. U. Kapelica, Ljubljana, december 1997
Foto: Igor Anđelić

Ive Tabar je s svojim performansom tematiziral soodvisnost človeškega telesa in strojne proteze, ki lahko sistemsko nadomešča neko življensko funkcijo. Zaradi umetnega dima, ki je napolnjeval galerijo se je identifikacijski moment občinstva zgodil ravno na ravni težav z dihanjem, saj se je od narkoze dalje vse okoli Tabarja dogajalo v povezavi z dihanjem oziroma s preklapljanjem na umetno dihanje, nadzorovano preko dihalnega aparata. Struktura performansa je bila sestavljena iz treh različnih faz (uspavanje, intubacija, oživljanje), od katerih je še posebno zadnja delovala izrazito stresno, saj je bil povratek k zavesti povsem spontan in je negotovost izida legla na vse priče dogajanja. Reakcije nekaterih v občinstvu lahko dojemamo prav skozi to neznosno težo soodgovornosti, ki jih je v vsej svoji zaresnosti zalotila povsem nepripravljene, in so zato burno protestirali.

Jurij V. Krpan

***Intubation*, Galerija Š. O. U. Kapelica, Ljubljana, December 1997**
Photo: Igor Anđelić

In his performance, Ive Tabar dealt with the interdependence between a human body and a mechanical prosthesis which can systematically replace a vital function. Due to artificial smoke which filled the gallery, the audience's process of identification also occurred on the level of breathing difficulties, as from the moment of Tabar's being anesthetized onward, everything involving him happened in relation to his breathing or his being attached to the respirator which artificially controlled his breathing. The structure of the performance consisted of three stages (anesthetization, intubation, reanimation), of which particularly the last one had an extremely stressful effect on the viewers, since his regaining consciousness was completely spontaneous and the uncertainty of the outcome weighed heavily on everyone present. The reaction of some of the spectators – who protested vigorously – can be understood in view of the insupportable weight of shared responsibility which had, in all its gravity, caught them totally unprepared.

Jurij V. Krpan

BIOGRAFIJA / BIOGRAPHY

Rojen / Born : **1966, Koper**
Šolanje / Education : **1981 – 1985 Srednja zdravstvena šola / Medical school, Koper ; zaposlen v bolnici na oddelku za intenzivno nego / employed at a hospital, intensive care unit**
Živi in dela / Lives and works : **Koper**

Sodeluje z **Grupo Šok** (Brane Siniko, Tilen Žbona) / Works in collaboration with the **Šok Group** (Brane Siniko, Tilen Žbona).

IZBRANA BIBLIOGRAFIJA
SELECTED BIBLIOGRAPHY

Jurij V. Krpan, *Performansi 97*, katalog / catalogue, Ljubljana : ŠOU & Galerija Kapelica, 1998 (pred izidom / to be published soon).

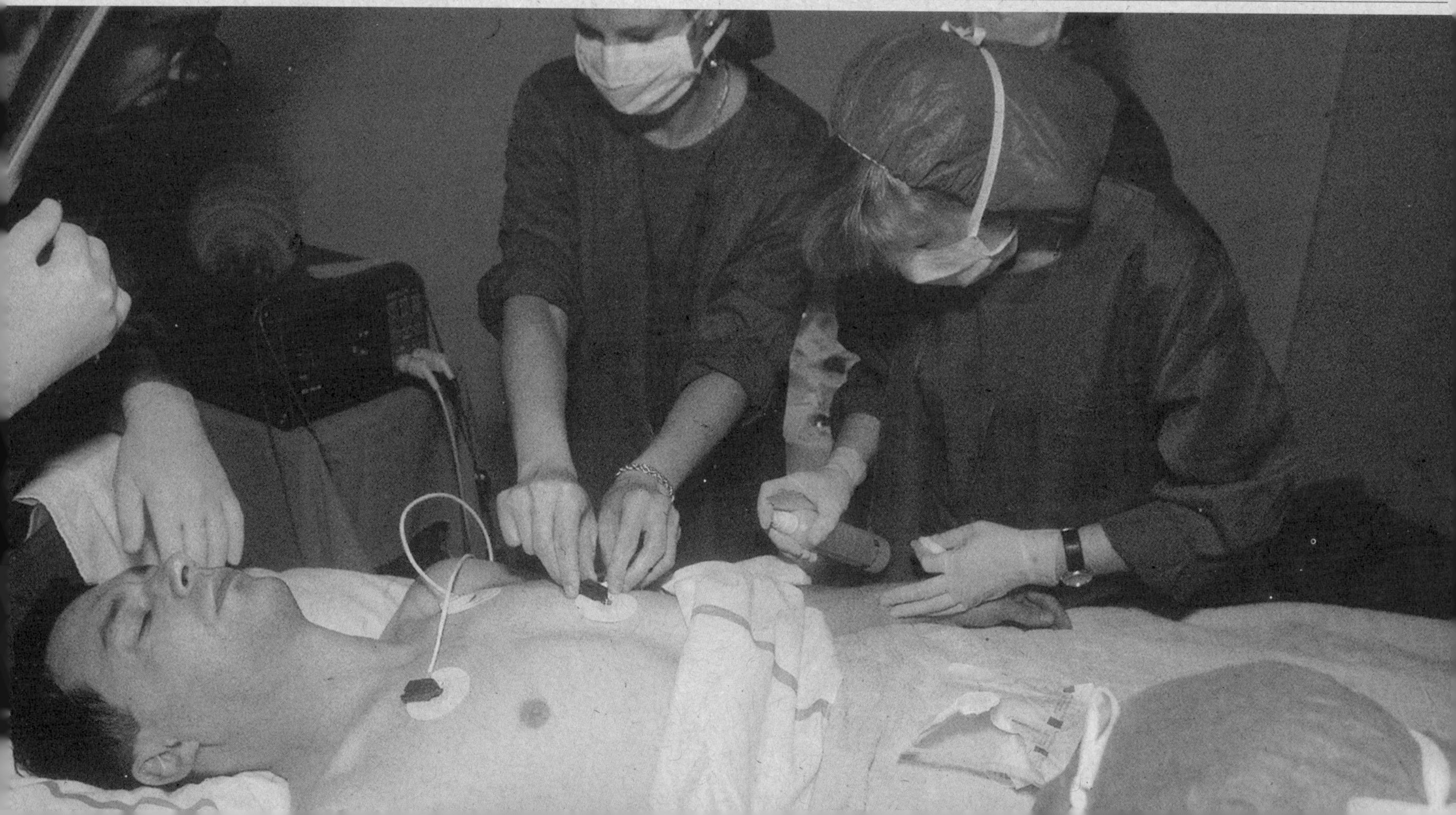

Janja Žvegelj

Atelje, Galerija Š.O.U. Kapelica, Ljubljana, november 1996
Foto: Janja Žvegelj

Njena dvajsetdnevna akcija »Atelje« je bila v galeriji Kapelica zaključena s sklepnim dejanjem odlivanja kustosovega kipa, ki je bil izveden v intimi dialoga med golim dajanjem umetnice in aseptično prezenco institucije galerije. Tenzija med tema divergentnima simbolnima pozicijama je naredila erotiko razmerja med umetnico in kipom za enako nemožno, kot je nemožen simbolni pakt med umetniki in inštitucijo galerije.

Jurij V. Krpan

***The Studio*, Galerija Š.O.U. Kapelica, Ljubljana, November 1996**
Photo: Janja Žvegelj

Her twenty-day long action *The Studio* was completed in the Kapelica gallery with the final act of casting the curator's statue, which was carried out in the intimacy of a dialog between the act of giving of the nude artist and the aseptic presence of the institution of the gallery. The tension between these two divergent symbolic positions made the eroticism of the relationship between the artist and the statue equally impossible as is impossible a symbolic pact between artists and the institution of a gallery.

Jurij V. Krpan

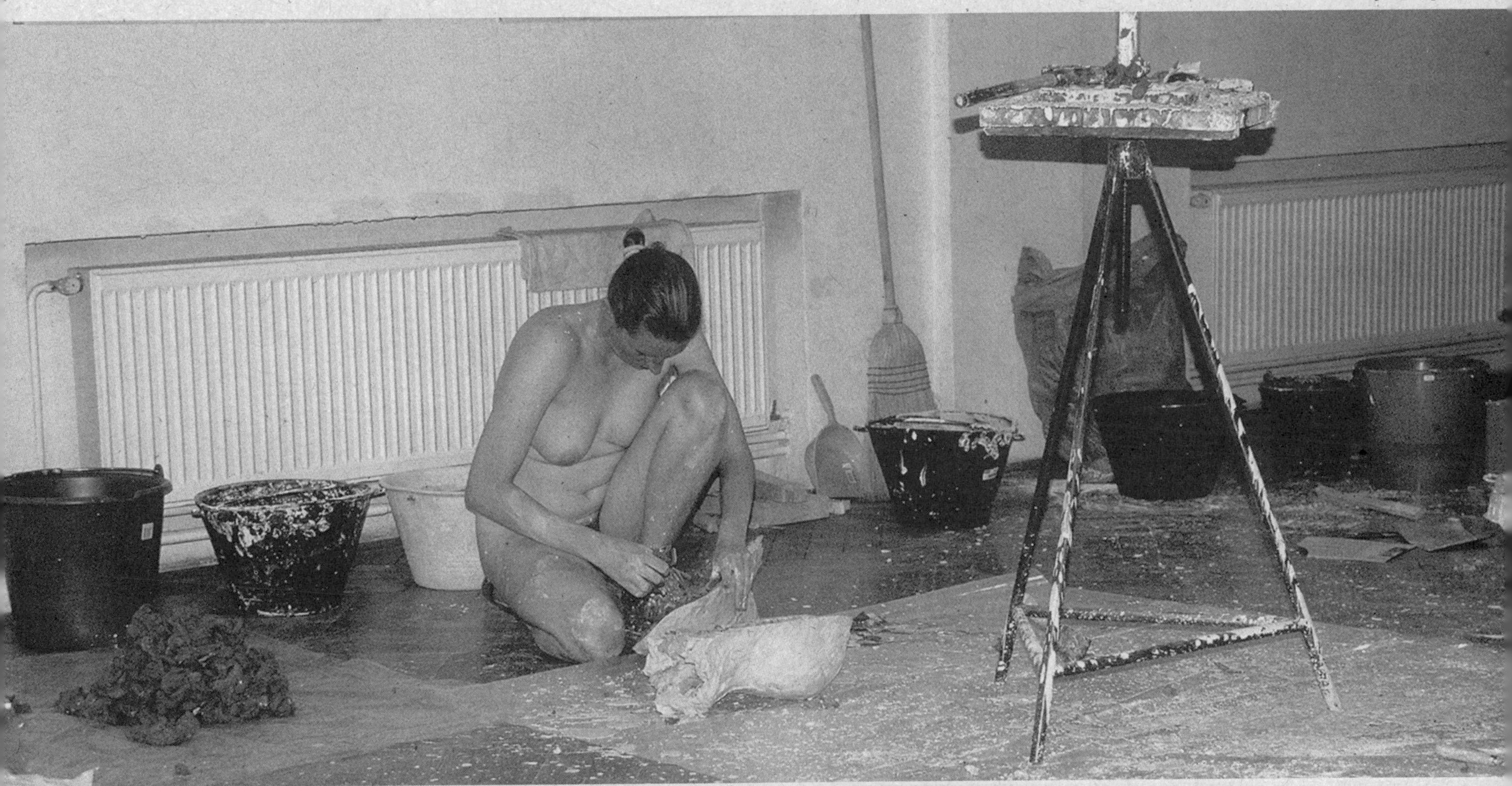

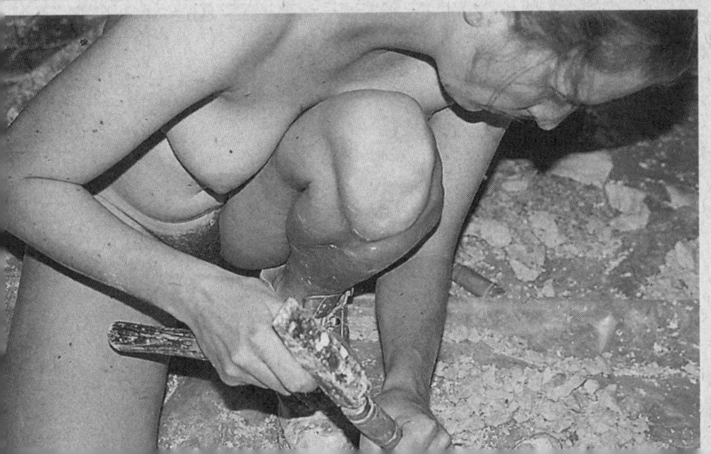

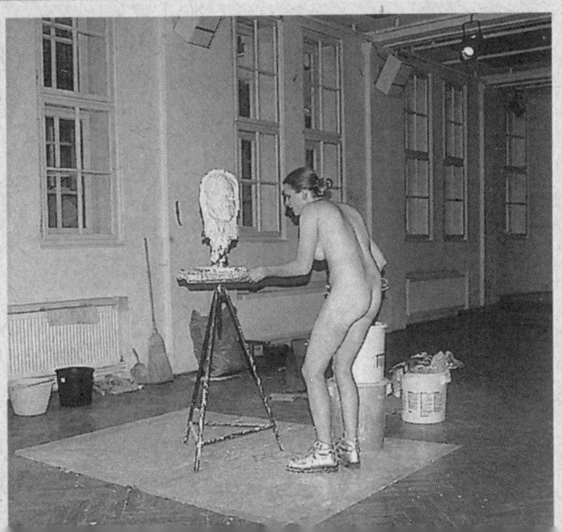

BIOGRAFIJA / BIOGRAPHY

Rojena / Born : **1967, Ljubljana**
Šolanje / Education : **1990 – 1995, Akademija za likovno umetnost (kiparstvo) / Academy of Fine Arts (Sculpture), Ljubljana**
Živi in dela / Lives and works : **Ljubljana**

IZBRANA BIBLIOGRAFIJA
SELECTED BIBLIOGRAPHY

Jurij V. Krpan, » Adijo moj galerist = Adio my Custodian«, *Janja Švegelj : Atelje*, razstavni katalog / exhibition cat., Ljubljana : Galerija Š.O.U. Kapelica, 1996.
Špela Mlakar, Igor Zabel, »Introducing the ySas : young Slovenian artists«, *Make*, London, Global Issue 80, June – August 1998, pp. 18 – 19.

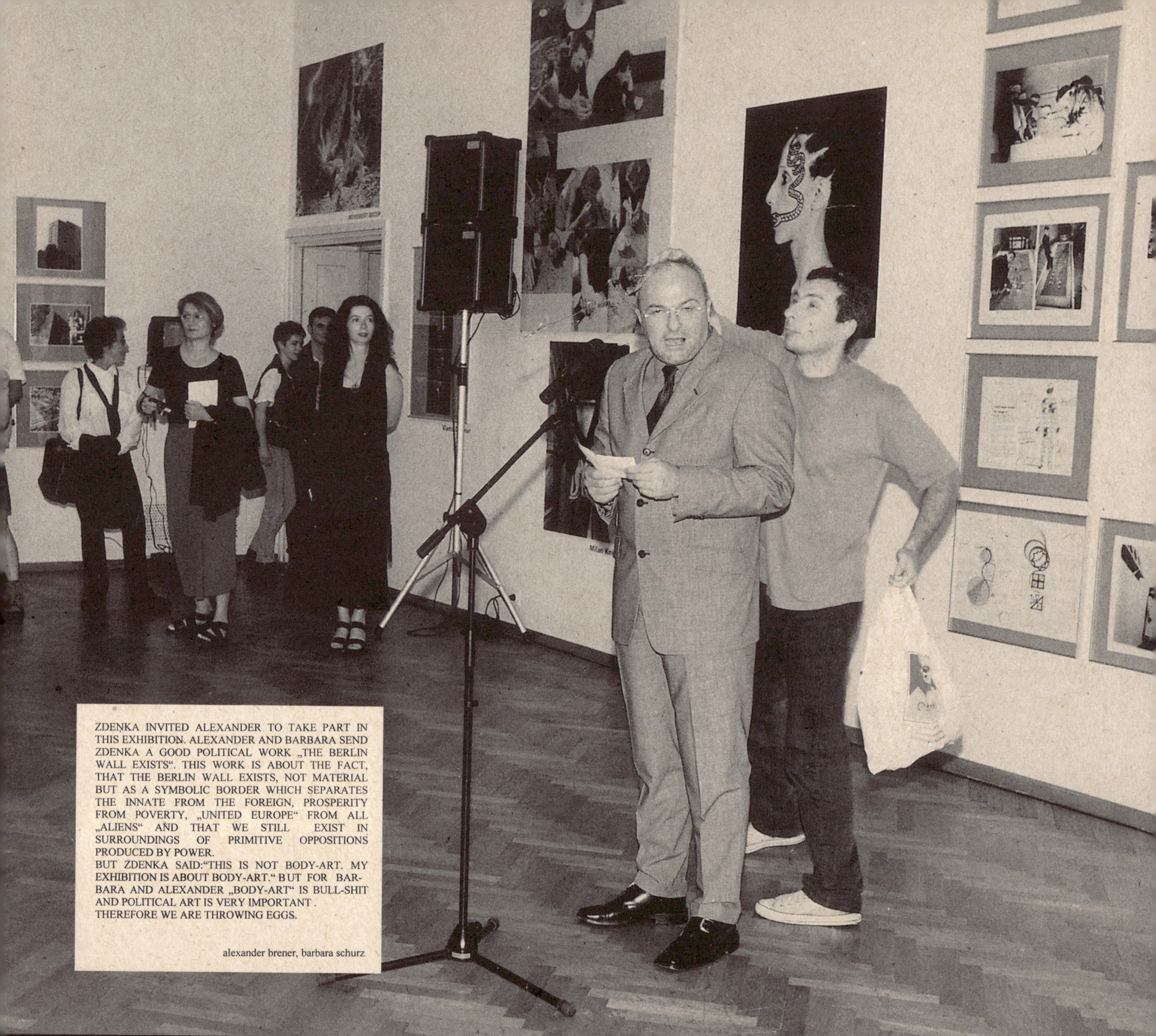

ZDENKA INVITED ALEXANDER TO TAKE PART IN THIS EXHIBITION. ALEXANDER AND BARBARA SEND ZDENKA A GOOD POLITICAL WORK „THE BERLIN WALL EXISTS“. THIS WORK IS ABOUT THE FACT, THAT THE BERLIN WALL EXISTS, NOT MATERIAL BUT AS A SYMBOLIC BORDER WHICH SEPARATES THE INNATE FROM THE FOREIGN, PROSPERITY FROM POVERTY, „UNITED EUROPE“ FROM ALL „ALIENS“ AND THAT WE STILL EXIST IN SURROUNDINGS OF PRIMITIVE OPPOSITIONS PRODUCED BY POWER.
BUT ZDENKA SAID:“THIS IS NOT BODY-ART. MY EXHIBITION IS ABOUT BODY-ART.“ BUT FOR BARBARA AND ALEXANDER „BODY-ART“ IS BULL-SHIT AND POLITICAL ART IS VERY IMPORTANT . THEREFORE WE ARE THROWING EGGS.

alexander brener, barbara schurz

OTVORITVENI PERFORMANS / PERFORMANCE AT THE OPENING: Aleksander Brener / Alexander Brener (RUS): 20.15 – 20.30 / 8.15 – 8.30 p.m.

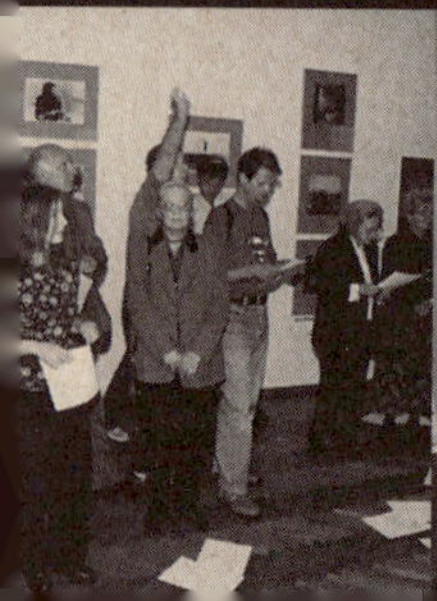
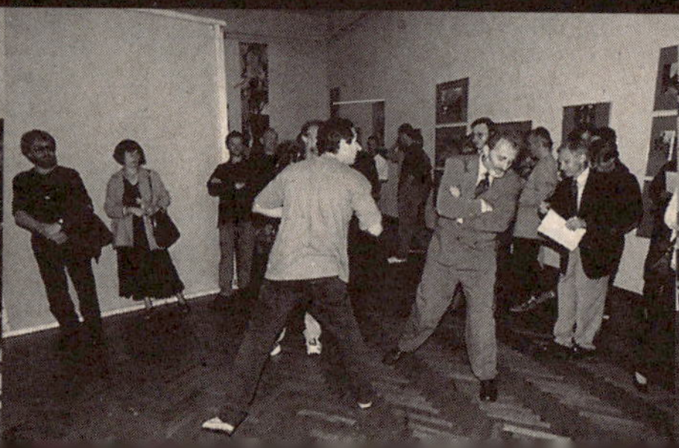
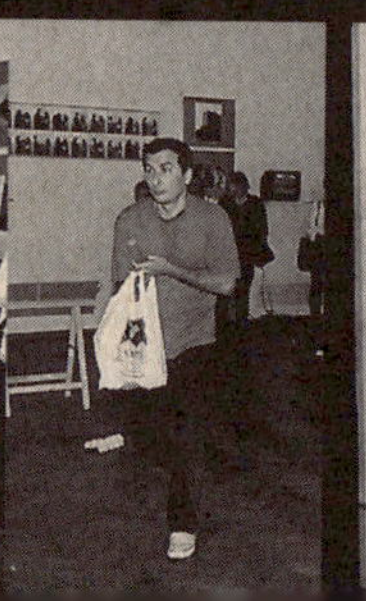
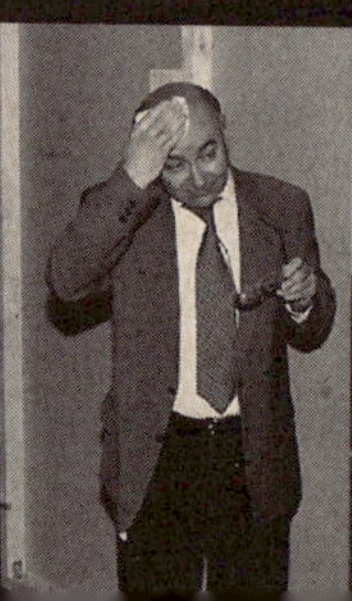
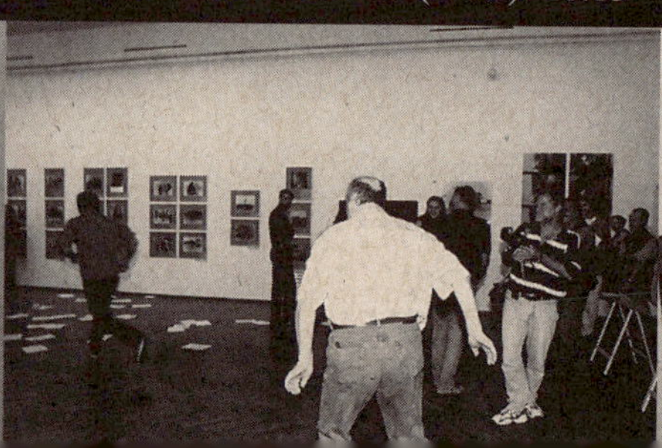
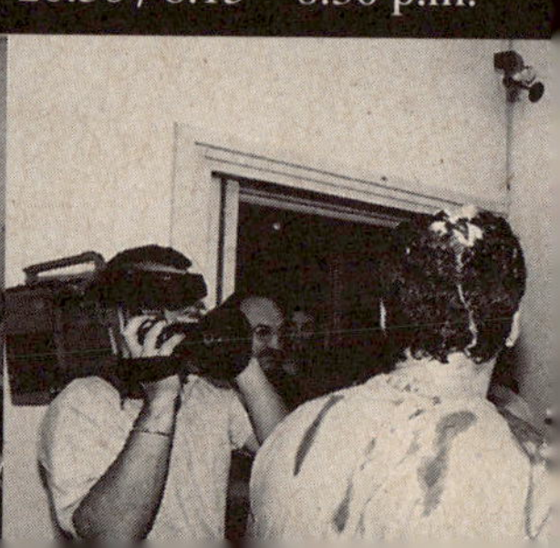

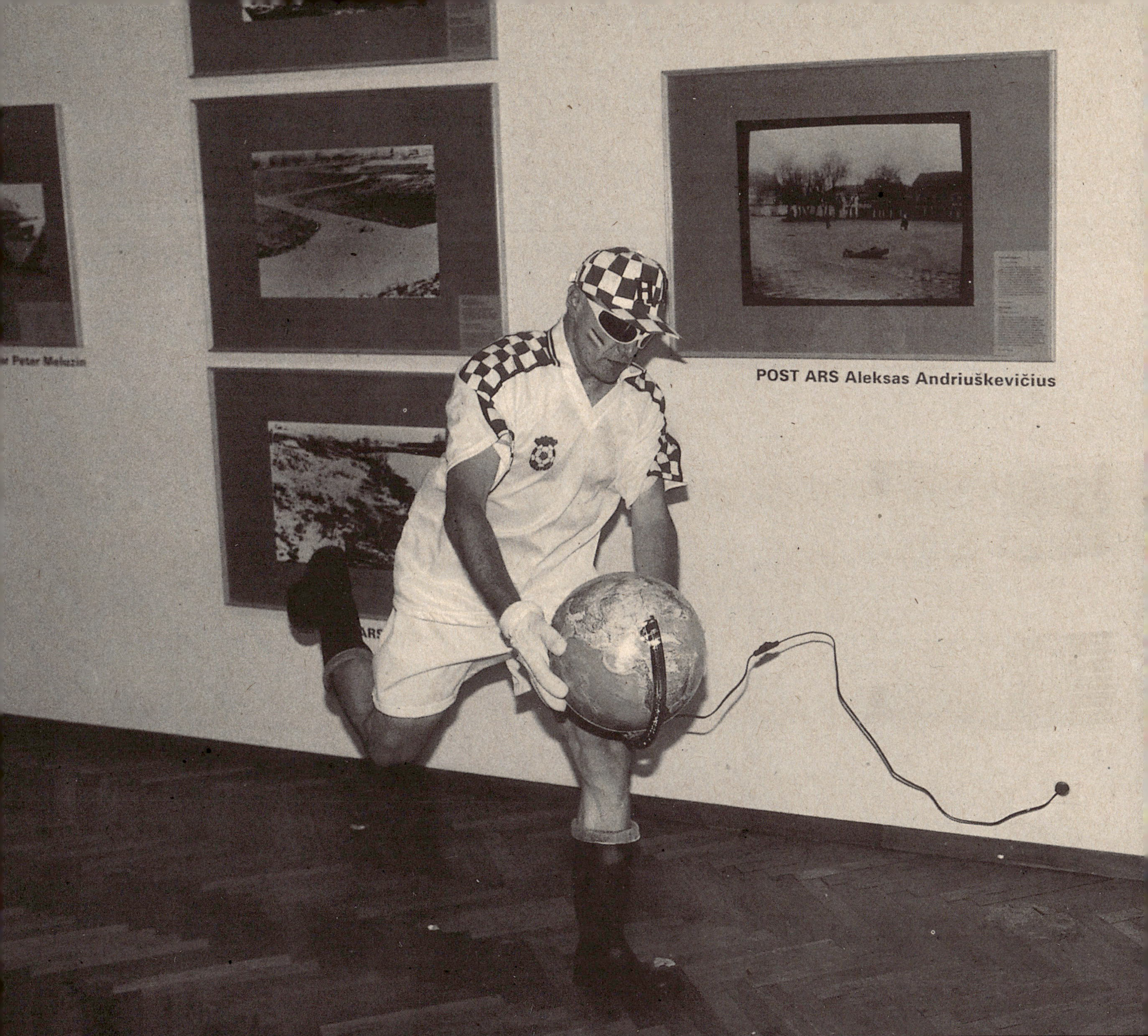

OTVORITVENI PERFORMANS / PERFORMANCE AT THE OPENING: Nenad Dančuo (CRO): 20.45 – 21.30 / 8.45 – 9.30 p.m.

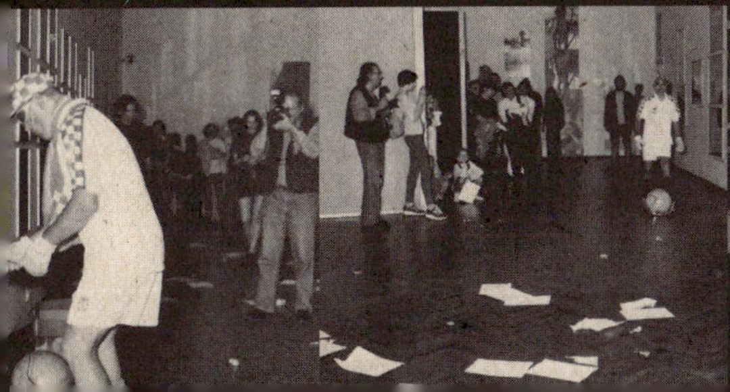

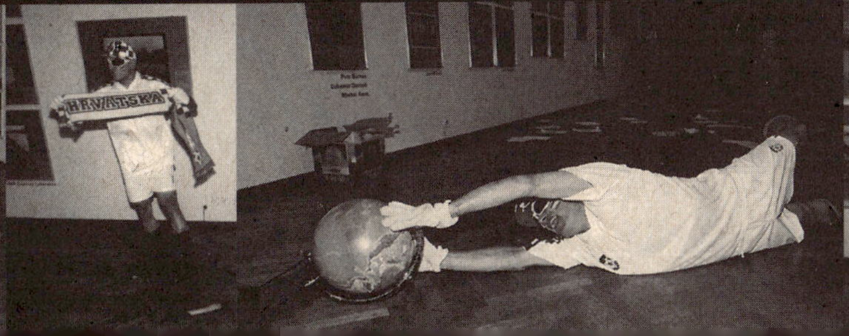

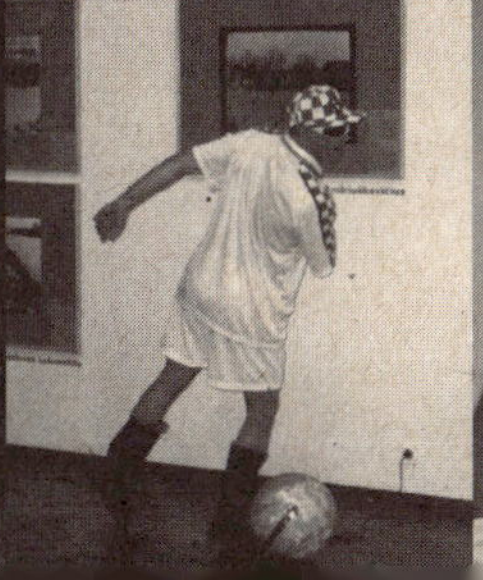

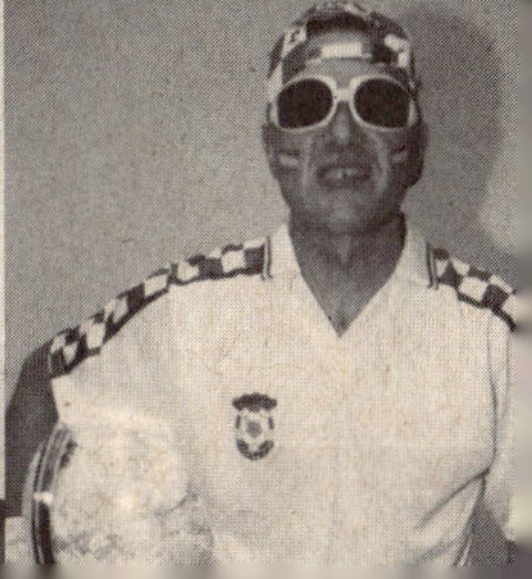

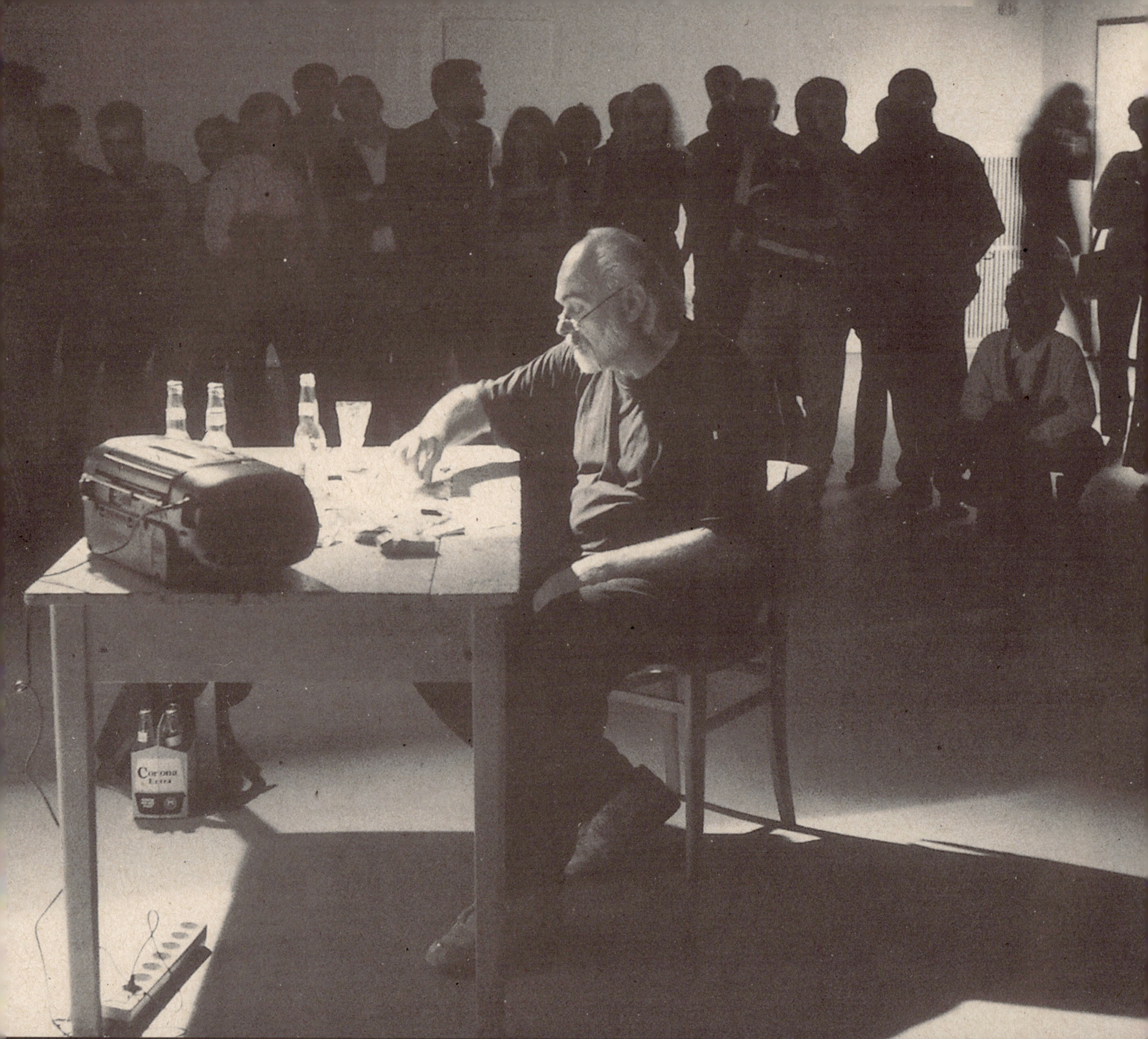

OTVORITVENI PERFORMANS / PERFORMANCE AT THE OPENING: Tomislav Gotovac (CRO): 20.30 – 21.00 / 8.30 – 9.00 p.m.

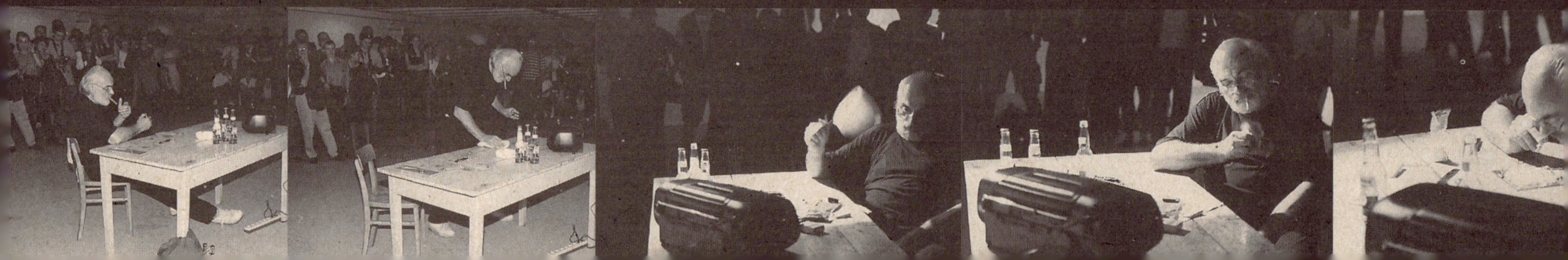

IZBRANA SPLOŠNA BIBLIOGRAFIJA / SELECTED GENERAL BIBLIOGRAPHY

KNJIGE / BOOKS

Auslander, Philip. *From acting to performance. Essays in modernism and postmodernism.* London ; New York : Routledge, 1997.

Goldberg, RoseLee. *Performance art : from futurism to the present.* London : Thames & Hudson, 1988.

Hyde, Alan. *Bodies of law.* Princeton, N.J. : Princeton University Press, 1997.

Jappe, Elisabeth. *Performance, Ritual, Prozess : Handbuch der Aktionskunst in Europa.* München ; New York : Prestel Verlag, 1993.

Jones, Amelia. *Body art : performing the subject.* Minneapolis ; London : University of Minnesota Press, 1998.

Kaprow, Allan. *Essays on the blurring of art and life.* Berkeley : University of California Press, 1993.

Mirzoeff, Nicholas. *Bodyscape : art, modernity and ideal figure.* London ; New York : Routledge, 1995.

Neue Slowenische Kunst. Uredili / Edited by Novi Kolektivizem, Milan Zinaić. Zagreb : Grafički zavod Hrvatske, 1991.

Phelan, Peggy. *Unmarked : the politics of performance.* London ; New York : Routledge, 1993.

KATALOGI / CATALOGUES

Frakcija jugoslovenske kulture : Fra –Yu –Kult. Razstavni katalog / Exhibition cat., Frančiškanski samostan, Široki Brijeg, 1990.

Inovacije u hrvatskoj umjetnosti sedamdesetih godina. Razstavni katalog / Exhibition cat., Galerija suvremene umjetnosti, Zagreb, marec 1982 ; Galerija savremene umetnosti, Beograd, april 1982. Teksti / Texts by : Davor Matičević, Marijan Susovski, Dimitrije Bašičević, Želimir Koščević.

It's a better world : Russischer Aktionismus und sein Kontext. Razstavni katalog / Exhibition cat., Wiener Secession, Dunaj / Vienna, 6.6. – 13. 7. 1997. Teksti / Texts by : Joseph Backstein, Johanna Kandl, Kathrin Rhomberg, Mikhail Ryklin.

Nova umetnost u Srbiji 1970 – 1980. Pojedinici, grupe, pojave. Katalog razstave / Exhibition cat., Muzej savremene umetnosti, Beograd, april 1983 ; Galerija suvremene umjetnosti, Zagreb, maj 1983. Tekst / Texts by : Ješa Denegri, Jadranka Vinterhalter, Vladimir Jovanović, Dejan Ećimović, Jasna Tijardović, Slavko Timotijević, Miša Savić.

Nova umjetnička praksa 1966 – 1978. Dokumenti 3 – 6. Katalog razstave / Exhibition cat., Galerija suvremene umjetnosti, Zagreb, 1978. Uredil / Edited by : Marijan Susovski.

Out of Actions : between performance and the object 1949 – 1979. Katalog razstave / Exhibition cat., The Museum of Contemporary Art, Los Angeles, 8. 2. – 10. 5. 1998. Teksti / Texts by : Kristine Stiles, Guy Brett, Hubert Klocker, Shinichiro Osaki, Paul Schimmel.

Urbanaria, drugi del: november 1994 – marec 1996 = Urbanaria, Part Two, November 1994 – March 1996. Katalog / Catalogue, Soros Center for Contemporary Arts, Ljubljana, 1997. Urednica / Editor Lilijana Stepančič.

Works and words : international art manifestation Amsterdam. Razstavni katalog / Exhibition cat., De Appel, Amsterdam, 1980. Uredili / Edited by : Josine van Droffelaar, Piotr Olszanski.

Zona Europa de Est = Eastern Europe Zone : Festival de Performance. Katalog razstave / Exhibition cat., Timišvara / Timisoara, 11. –13. 10. 1996. Tekst / Text by : Ileana Pintilie.

ČLANKI / ARTICLES

Borčić, Barbara ; Sosič, Polona (ur./ed.). » Umetnost je močnejša od smrti = Art is stronger than death«, *Likovne besede*, Ljubljana, no. 21 – 22, 1992 : tematska številka / thematic issue.

McEvilley, Thomas. »Diogenes of Sinope (c.410 – c.320 BC) : Selected Performance Pieces«, *Artforum*, New York, March 1983.

McEvilley, Thomas. »Art in the dark«, *Artforum*, New York, Summer 1983, pp. 62 – 71.

»Performance Art«, *Art & Design – Profile*, London, no. 38, 1994 : special issue.

CIP - Kataložni zapis o publikaciji
Narodna in univerzitetna knjižnica, Ljubljana

7.01:391.91(4)(082)
391.91:7.01(4)(082)

BODY and the eat : od šestdesetih let do danes : Moderna galerija Ljubljana, [7. julij - 27. september 1998] = from the 1960s to the present : Museum of Modern Art, [Ljubljana, 7 July - 27 September 1998] / [urednica kataloga Mika Briški ; avtorji uvodnih esejev Zdenka Badovinac … [et al.] ; ureditev biografskih in bibliografskih podatkov Katja Kranjc, Sabina Povšič ; prevodi Amidas … [et al.] ; fotografije otvoritvenih performansov Denis Sarkić … [et al.] - Ljubljana : Moderna galerija, 1998

1. Briški, Mika

77482240

Pojasnilo slovenskim bralcem

Ker je katalog v prvi vrsti namenjen temu, da z vzhodnoevropsko umetnostjo seznani bralce na Zahodu, pri zapisu osebnih, zemljepisnih in stvarnih imen nismo dosledno upoštevali slovenskih pravil o prečrkovanju, saj bi podvajanje imen v različnih pisavah utegnilo povzročiti zmedo oz. nejasnosti. Tako smo imena, predvsem v naslovih, pustili zapisana v takšni obliki, v kakršni so nam jih posredovali strokovni svetovalci iz posamičnih dežel oz. umetniki sami, večinoma torej v izvirni pisavi oz. – predvsem pri imenih iz cirilčnih pisav – prečrkovana v angleško pisavo.

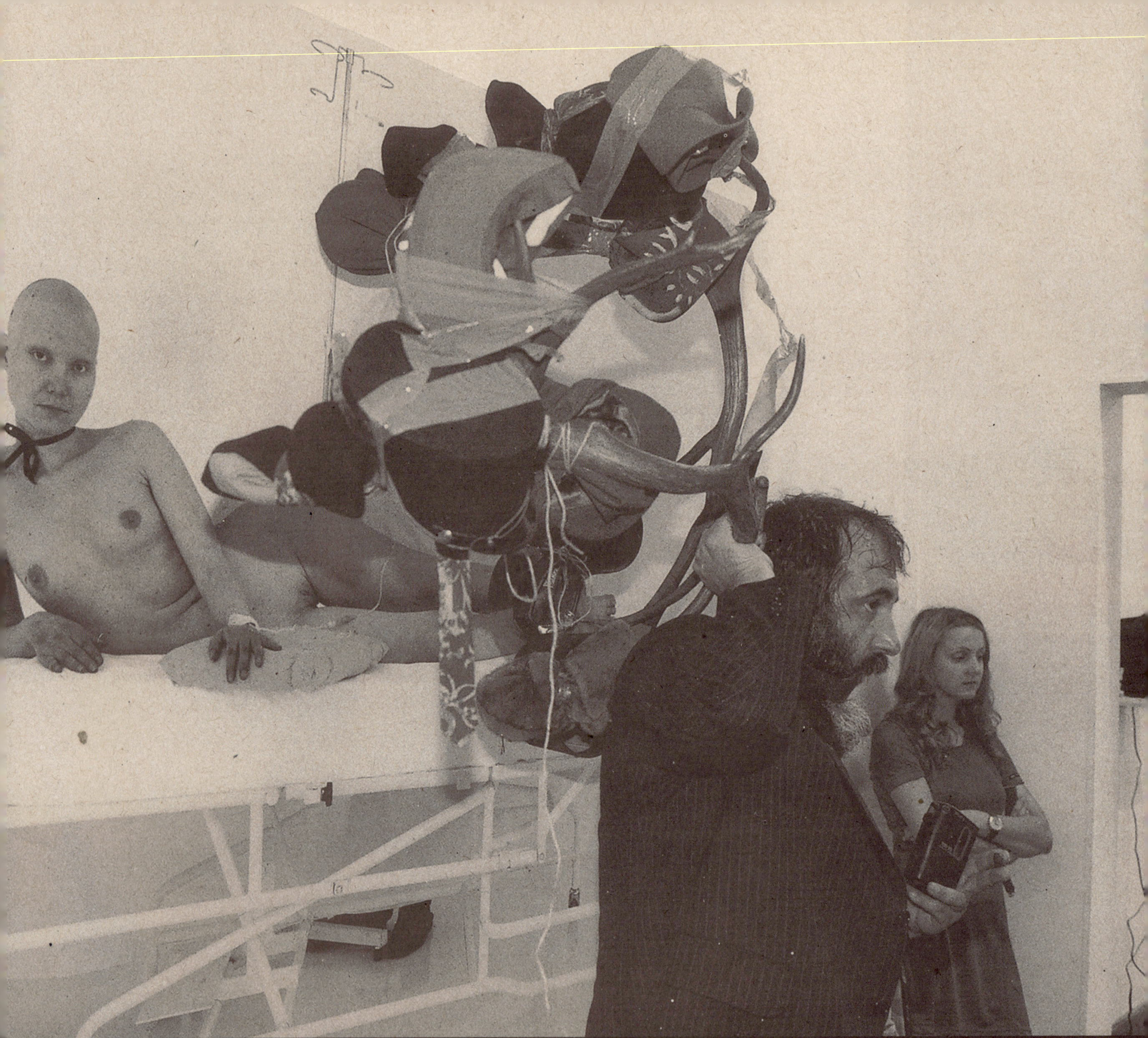

OTVORITVENI PERFORMANS / PERFORMANCE AT THE OPENING: Jusuf Hadžifejzović (BiH): 21.00 – 22.00 / 9.00 – 10.00 p.m.

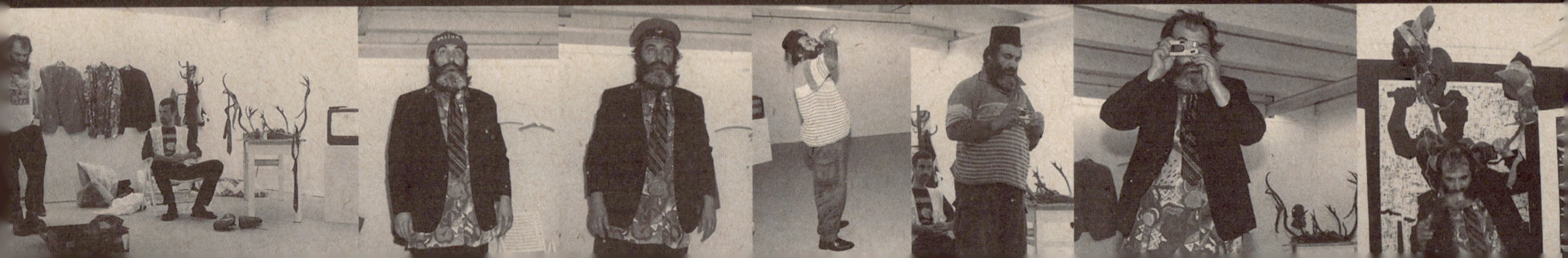